난잡한 지식

Promiscuous Knowledge: Information, Image, and Other Truth Games in History
by Kenneth Cmiel and John Durham Peters

Promiscuous Knowledge
Information, Image, and Other Truth Games in History

난잡한 지식

케니스 커밀·존 더럼 피터스 지음
배현석 옮김

역사 속의 정보, 이미지, 그리고 기타 진실·게임

한울
아카데미

일러두기

1. 인명, 지명, 단체명 등 고유 명사와 책, 잡지, 신문, 영화, TV 프로그램 등의 제목이 처음 나올 때 원어를 병기했다. 외래어의 한글 표기는 원어 발음에 가깝게 표기하는 것을 원칙으로 했다.

2. 본문의 강조, 괄호 안의 설명, 각주는 지은이가 작성한 것이다. 옮긴이의 각주는 따로 표시했다.

3. 그림 출처는 아래와 같다.

그림 0-1 University of Iowa Special Collections, Kenneth Cmiel papers, box 2.

그림 1-1 Metropolitan Museum of Art.

그림 1-3, 1-4 Wellcome Collection. CC BY.

그림 1-5 Courtesy of Linda Hall Library of Science, Engineering, and Technology.

그림 1-6 Rijksmuseum, Amsterdam.

그림 1-7 *Encyclopédie, ou Dictionnaire raisonné des sciences, des arts et des métiers, etc.* ed. Denis Diderot and Jean le Rond d'Alembert. University of Chicago: ARTFL Encyclopédie Project, Autumn 2017 edition, ed. Robert Morrissey and Glenn Roe.

그림 2-2 Amherst College Archives and Special Collections.

그림 2-3 Courtesy Jeff Green and Amherst College Archives and Special Collections.

그림 2-5 Library of Congress, Prints and Photographs Division, LC-DIG-ppmsca-06607.

그림 2-6 Courtesy of Julie at the Old Design Shop.

그림 3-1 Detroit Institute of Fine Arts.

그림 3-2 Used with permission of the Yale Peabody Museum of Natural History.

그림 4-1 Library of Congress, Prints and Photographs Division, LC-DIG-fsa-8b29516.

그림 4-2 Smithsonian American Art Museum, Washington, DC/Art Resource, New York.

그림 4-4, 4-5 © 2010 MIT. Courtesy MIT Museum.

그림 5-3 Courtesy NASA on The Commons, image #: 72-H-192.

그림 5-4 Smithsonian Institution, National Postal Museum. © United States Postal Service. All rights reserved.

나는 우정이 눈과 웅변뿐만 아니라 발도 가지고 있기를 바란다.
달 위로 날아오르기에 앞서, 우정은 반드시 땅에 뿌리를 내려야 한다.
나는 우정이 천사가 되기에 앞서, 조금 더 시민이 되기를 바란다.

랠프 월도 에머슨

차례

서문

2006년 성촉절(Groundhog Day)[1]에 케니스 커밀(Kenneth Cmiel. Camille로 발음됨)은 아이오와(Iowa)주 아이오와시티(Iowa City)에서 발견하지 못한 뇌종양으로 의식을 잃고 쓰러졌다. 쓰러진 직후 그는 아내와 세 자녀, 전 세계에 있는 많은 친구, 완성하지 못한 몇몇 연구 프로젝트와 답신을 하지 못한 이메일, 엄청난 양의 장서, 그리고 큰 슬픔을 남긴 채 51세의 나이로 세상을 떠났다. 모두가 알고 있듯이, 1987년 아이오와 대학교(University of Iowa) 중앙 도서관에서 우연히 만나 두 사람이 신기할 정도로 비슷한 프로젝트를 수행 중이라는 것을 알고부터 켄(Ken)은 나의 절친이자 공동 연구자였다. 그때부터 그가 세상을 떠날 때까지 우리가 썼거나 읽은 거의 모든 것과 읽지 못한 많은 것에 대해 대화를 나눴다.

켄을 나타낼 수 있는 표현은 참 많다. 사학자, 가정적인 남자, 시카고(Chicago) 사람, 컵스(Cubs) 팬, 자칭 음악가, 천주교 냉담자, 클래식 할리우드(Hollywood) 영화 애호가, 인생을 즐기는 사람, 프랑스 사상을 좋아하는 미국 연구가, 학과장, 불면증에 시달리는 사람, 인권 운동가, 멀티태스커, 일을 뒤로 미루는 사람, 독특한 천재, 그리고 친구. 그를 아는 많은 사람은 그들이 만나본 사람들 가운데 그가 가장 똑똑한 사람이라고 말했다. 그는 자

---

1   미국에서 마멋(woodchuck)이 겨울잠에서 깨어난다는 날로 2월 2일. 이날 해가 나서 마멋이 자기 그림자를 보게 되면 다시 동면 상태로 돌아가므로 겨울 날씨가 6주 동안 더 계속된다는 설이 있다. _옮긴이

신의 삶과 글에서 모순과 균형 잡힌 대비를 즐겼다. 그의 지적 생활은 눈부실 정도로 다방면에 걸쳐 있었으며, 나는 이 책의 자매편을 통해 그의 저작 몇 편을 모아서 간단한 지적 여정을 제공할 수 있기를 바란다.

이 책은 어느 책과는 상당히 다르다. 그가 세상을 떠난 후 어느 순간 나는 그의 이름으로 이 책을 완성하기로 했다. 그의 첫 번째 저서인『민주적 웅변: 19세기 미국의 대중 연설을 둘러싼 싸움(*Democratic Eloquence: The Fight over Popular Speech in Nineteenth-Century America*)』(1990)은 미국 공적 영역의 담론 양식을 선구적으로 다룬 지성사(知省史)[2]였으며, 그의 두 번째 저서인『다른 종류의 집: 시카고의 한 고아원과 아동 복지의 얽힘(*A Home of Another Kind: One Chicago Orphanage and The Tangle of Child Welfare*)』(1995)은 부모가 없는 아이를 어떻게 돌보아야 하는가를 놓고 벌인 한 세기 동안의 논쟁을 선구적으로 다룬 제도사(institutional history)였다. 『난잡한 지식』역시 그의 핵심 주제인 미국 정치 문화에 관한 것이지만, 이미지와 정보에 새롭게 초점을 맞추고 있으며 더 접근하기 쉬운 스타일로 쓰여 있다. 미디어 역사는 내 분야여서, 이 3부작의 마지막 편을 충분히 쉽게 마무리 지을 수 있겠다고 생각했다!

나는 그것이 얼마나 어려울지 전혀 알지 못했다. 시작했다가 멈추기를 반복했고, 그래서 많이 지연되었다. 세 번의 시도 끝에 2015년 여름 나는 시카고 대학교 출판부(University of Chicago Press)와 계약을 맺었다. 확실히 두 가지가 특히 어려웠는데, 바로 저자의 목소리(voice)[3]와 타이밍이었다.

처음에는 켄의 목소리로 책을 쓸 수 있다고 생각했지만, 나는 곧 다른 사

2　역사 속의 행위자가 남긴 발화와 주장을 탐구함으로써 과거를 조망하는 것을 말한다. _옮긴이

3　수사학과 문학에서 저자의 목소리란 글의 특정 부분(또는 여러 작품) 내의 통사, 발음, 문장 부호, 성격화, 대사 등의 일반적 용법의 조합이자 저자의 개별적인 글쓰기 방식을 말한다. _옮긴이

람 심지어 친한 친구와도 무언가를 공동 집필하려고 할 때, 특히 대화의 양쪽 측면 모두를 제시해야 할 때, 두 사람이 생각하고 쓰는 방식이 매우 다르다는 것을 알게 되었다. 존재하지 않는 동료와 함께 쟁기를 조종하는 것은 어렵다. 나는 복화술을 여러 번 시도한 끝에 결국 포기했다. 그럼에도 그의 목소리는 많이 남아 있다. 켄은 이 책의 초고에 흔히 자신의 일상생활에 대한 짧은 고백의 순간들을 첨가했는데, 나는 색깔과 풍미를 살리기 위해 그것들을 보존했다. 이 책의 본문에 나오는 '나'는 켄 자신이 한 표현으로 당연히 켄을 가리킨다. 중요하지 않은 부분에서는 주의를 끌지 않는 선에서 나는 다른 대부분의 '나'를 '우리'로 바꾸었다. 비록 사용된 단어들 대부분이 나의 단어이고 또 우리의 목소리가 때때로 대위법적[4] 형식을 띤다고 할지라도, 책의 전반적인 설계와 핵심 개념은 켄의 것이다.

켄은 1990년대 초반부터 중반까지 이 책을 구상했고 대략 2002년까지 집필 작업을 계속했으며 2004년에 마지막 업데이트를 했다. 모든 부분이 어느 정도 제자리를 잡은 때는 1996년 11월 즈음이었다. 그는 이 책을 새로운 천년으로 전환되는 시기에 고조되고 있다고 생각했던 "이미지와 사운드의 소용돌이"와 정보 과부하의 전사(前史)[5]로 설계했다.[6] 이것은 '탈근대(postmodern)'에 들어 이미지가 실재성(reality)을 삼켜버리는 것에 대한 최고 수준의 걱정이었다. 기술 세계에서 1996년 또는 2002년은 매우 오래전이며, 디지털 영역에서처럼 지적 영역과 정치 영역에서도 상황은 급격히 변했다. 켄은 그가

---

4   두 개 이상의 독립적인 선율을 조화롭게 배치하는 작곡 기술을 말하는데, 여기서는 켄과 나의 목소리를 조화시키는 것을 말하는 것으로 보인다. _옮긴이

5   전사(prehistory)란 당면한 역사의 원인을 설명하기 위해 쓰는 그 이전의 역사를 말한다. _옮긴이

6   Kenneth Cmiel, "The Swirl of Image and Sound: On the Latest Version of Antirealism," in Casey Nelson Blake(ed.), *The Arts of Democracy: Art, Public Culture, and the State* (Philadelphia: University of Pennsylvania Press, 2007), pp. 233~252 참조.

말하는 '오트 불가리자시옹(haute vulgarisation)', 즉 고급 대중화(highbrow popularization)[7]를 좋아했으며 평소 역사가가 항상 해야 한다고 생각했듯이 현재의 역사를 쓰고 싶어 했다. 그리고 그는 커뮤니케이션의 역사를 진지하게 받아들였는데, 역사가들은 좀처럼 그러지 않는다.

그러나 그가 알고 있던 현재는 오래전에 사라졌다. 그가 정보 과부하를 디지털 생활의 중심 이야기로 강조하는 것은 여전히 중요하지만, 오늘날 우리는 감시, 반향실 효과(echo chamber),[8] 가짜 뉴스(fake news), 인종 차별적 알고리즘과 성차별적 트롤링(trolling),[9] 데이터 침해(data breach), 방화벽(firewall), '콤프로마트(kompromat)',[10] 선거 조작(election tampering), 소셜 미디어의 진부함(banality),[11] 망 중립성(net neutrality)[12]의 종말과 같은 인터넷의 구조적 병리에 대해 걱정할 가능성이 더 높다. 나는 자료와 그가 쓸 수 없었던 업데이트(예를 들어 '셀카'에 관한 사이드바)를 자유롭게 추가하긴 했지만 그가 말하고자 했던 골자와 프레임은 그대로 남아 있다.

켄의 분석은 우리 시대에 매우 명백히 드러나고 있는 진실의 불안정한 상태가 어디에서 비롯되었는지를 보여주는 긴 계보를 제공한다. 그는 이 책이

---

7   난해한 것을 알기 쉽게 해설해 대중화하는 것을 말한다. _옮긴이

8   뉴스 미디어가 전하는 정보를 이용하는 이용자가 갖고 있던 기존의 신념이 닫힌 체계로 구성된 커뮤니케이션에 의해 증폭, 강화되고 같은 입장을 지닌 정보만 지속적으로 되풀이 수용하는 현상을 비유적으로 나타낸 말이다. _옮긴이

9   관심 끌기, 관심 유발, 화나게 하기 등 이런 일을 일부러 하는 것을 말하며 오히려 즐기는 것을 뜻한다. _옮긴이

10   몰카나 도청 장치 등을 이용해 유명 인사들의 약점을 잡은 뒤 협박하는 공작을 뜻한다. _옮긴이

11   자라 디넨(Zara Dinnen)은 『디지털의 진부함(*The Digital Banal*)』(Columbia University Press, 2018)에서 현대 문화는 미디어에 사로잡혀 있는데 디지털 미디어는 보편화되면서 점점 진부해졌으며, 이로 인해 우리가 그들의 참신함이나 그들이 일으킨 사회적 변화의 범위를 인식하기가 더 어려워졌다고 말한다. _옮긴이

12   모든 망 사업자는 모든 인터넷 콘텐트를 동등하게 처리해야 하고, 어떠한 차별도 해서는 안 된다는 개념이다. _옮긴이

진실과 진실 제조(truthmaking)의 역사에 기여할 것으로 보았으며, 사진과 사실, 이미지와 정보를 짝지워 이 책의 주인공으로 삼기로 했다. 그는 그 문제와 관련해 '이미지', '정보' 및 '지식'이나 '진실'을 단 하나로 명확하게 정의하지 않았는데, 그렇게 한 이유 가운데는 이러한 용어들이 시대에 따라 분명히 다른 의미를 가진다고 믿었던 것도 포함되어 있다. 6장에서 그는 난잡한 지식을 1970년대 이후의 독특한 역사적 상태로 제시했지만, 이 책 전체는 어느 시대에나 때로는 사회 통념에 어긋날 정도의 풍부한 지식을 수용(收容)하는 것의 어려움에 대해 다루고 있다. 그의 중심 개념에는 약간의 모호함이 있는데, 사례들의 역사적 구체성을 통해 그러한 개념들이 풍부해지기를 희망한다.

이 책을 쓰는 것은 우정과 애도의 행위였다. 이 책의 주요 장에서는 정보와 이미지의 다채로운 역사에 관해 다루지만, 후기와 함께 읽으면, 지식, 문서, 거리(距離) 및 죽음, 즉 서로 다른 종류의 난잡한 지식에 관한 명상인 메타북(metabook)이기도 하다. 이 서문은 이 책의 집필에 대해 이야기하고 있지만, 후기는 집필, 죽음, 상실에 대한 훨씬 더 광범위하고 진심 어린 명상록이다.

켄은 이 책의 몸통에 해당하는 부분만 남기고 떠났다. 나는 그의 생각을 존중하면서 그것이 완전한 모습을 갖추게 하려고 노력했다. 이 원고의 초기 버전을 검토한 두 명의 훌륭한 시카고 대학교 출판부 심사 위원은 이 책을 진행할 방법에 대해 엇갈린 조언을 해주었다. 피터 시먼슨(Peter Simonson)은 내게 켄의 목소리와 비전에 더 가까이 다가가라는 의견을 주었고, 프레드 터너(Fred Turner)는 켄의 개요를 구조, 주제, 생기 있는 호기심에 영감을 주는 것으로 삼되, 그것에서 벗어나서 자유롭게 내가 원하는 방식으로 책을 쓰라는 의견을 제시했다. 긴 망설임 끝에 나는 두 번째 길을 택하려고 했지만 계속해서 첫 번째 길로 돌아갔다. 장들의 구조, 많은 주제의 선택, 전반적인 논지는 모두 켄의 것이다. 초안과 초고에서 가져온 많은 단어도 마찬가지이다. 켄의 유산은 너무 강해서 내가 출구 속도(exit velocity)[13]에 도달할 수 없을 정도의 중력을 가지고 있었다. 켄에게서 벗어나서 우리가 함께한 순간에 대한 나 자신의 생각을 자유롭게 쓰려고 했다면 완전히 새로운 시작점이 필요했을 것이다.

이 책은 일종의 실험이기도 하고, 산 자와 죽은 자 간의 타협이기도 하다 (우리가 살고 있는 세상이 대부분 그렇지 않은가).

그 결과가 항상 우리 둘 가운데 한 사람이 말하고 싶어 했던 것은 아니며 또한 켄이 말했던 방식도 분명 아니다. 그렇다고 이 책이 겉으로만 그의 생각처럼 보이게 옮겨 적어놓은 것이거나 그의 생각을 추정한 것은 아니다. 만약 내가 블라디미르 나보코프(Vladimir Nabokov)의 『창백한 불꽃(Pale Fire)』[14]의 열광적인 해설자이자 내레이터의 말을 그대로 되풀이한다면, 나의 사랑하는 친구는 다음 말에 상당 부분 아마 동의하지 않았을 테지만, 좋건 싫건 살아남은 자가 최종 발언권을 갖는다.[15]

이미 출간된 바 있는 한 편의 에세이[「그림에 압도당하기(Drowning in Pictures)」], 한 편의 에세이 초안[「지식에서 정보까지(From Knowledge to Information)」], 강연 초안[「사실에서 미학적 예화까지(From Facts to Aesthetic Exemplum)」], [스티븐 콘(Steven Conn)의 『박물관과 미국인의 지적 생활(Museums and

---

13 출구 속도 또는 탈출 속도(escape velocity)는 물리학(특히, 천체 역학)에서 추진되지 않은 자유 물체가 무거운 물체의 중력 영향을 벗어나 무한한 거리에 도달하는 데 필요한 최소 속도를 말한다. _옮긴이

14 이 소설에서도 유명 시인 존 셰이드가 미완의 시 「창백한 불꽃」을 남긴 채 사망하자 그와 막역한 사이였던 동료 교수 킨보트는 색인 카드 80장에 흩어진 유고를 취합해 주석을 달아 출판한다. _옮긴이

15 Vladimir Nabokov, *Pale Fire* (1962; repr., New York: Vintage, 1989), p. 29.

American Intellectual Life)』에 대한] 서평, 켄의 컴퓨터에 남아 있는 몇몇 불완전한 초고와 초안, 그가 소장했던 방대하고 다양한 책들(내가 물려받았음), 네 상자 분량의 연구 자료, 그와 나누었던 대화, 한 학기와 여름 학기 동안 함께 한 팀 티칭, 그리고 수년간의 우정이 이 책의 원자료이다. (이 책에 대한 켄의 원본 문서는 아이오와 대학교 웹 사이트에서 온라인으로 볼 수 있다. 궁금한 독자들은 켄이 남긴 것과 그것이 이 책에 어떻게 반영되었는지 https://doi.org/10.17077/ocj3-36ob에서 비교할 수 있다.) 유작을 공동 집필하는 과정에서 이 책의 주제 가운데 많은 것(사실의 산만함, 이미지의 매혹 및 지식의 수용 불가성)이 마법처럼 다시 떠올랐다. 이 책은 난잡한 지식에 관한 책일 뿐만 아니라, 난잡한 지식을 그것의 격차와 과잉 그리고 사실들을 더 큰 이야기 안에 수용하기 위한 노력의 측면에서 풀어간다.

내가 각 부분을 완성하는 데 있어서 겪은 특별히 어려웠던 문제들을 여기에서 간단히 언급하고 넘어가고자 한다.

도입부의 원자료는 켄이 2002년경에 쓴 출간 제안서에서 가져온 것이다. 그는 2000년의 닷컴 버블을 (그가 참조한 많은 책에서 따온 두 개의 제목을 들자면) 사용해 "데이터 과잉(data glut)" 또는 "데이터 스모그(data smog)"라는 중심 주제로 삼았다. 이 제안서의 어디를 봐도 책이 어떻게 출간되게 되었는지 설명하지 않아서(이 책은 결국 켄이 원했던 것만큼 가볍거나 경쾌하지 않았음) 여기에 포함하지는 않았지만, 마지막 단락은 켄의 가장 엉뚱하고 자기 비하적인 모습을 보여준다.

나의 첫 번째 저서(『민주적 웅변』)는 많은 사실을 포함하고 있는데, 이 책은 읽을 수 없을 정도로 사실들이 너무 많다. 두 번째 저서(『다른 종류의 집』)에서는 사실들이 다소 줄었다. 세 번째 저서인 이 책에는 사실들이 훨씬 더 적다. 나는 애처로울 정도로 글쓰기에 에너지를 쏟으려 애쓴 결과 마침내 간결한 것이 읽기에 더 낫다는 것을 알게 되었다. 짧게 그리고 몇 장의 사진을 추가하라는 것은 물론 하이퍼텍스트 시대의 선전의 일부이다. 하지만 지난번에 매우 우울한 주제에 대한 책을 썼고, 이제 막 또 다른 심각한 주제에 관한 책(학살과 인권의 역사에 관한 미완성 프로젝트)을 쓴 후, 나는 이러한 간결함의 문화가 만들어낸 최고의 걸작인 가벼움과 엉뚱함에 감사한다. 언젠가는 각각의 프로젝트가 그 유명한 고양이처럼[16] 미소만 남을 때까지 점점 더 적은 사실을 갖게 되기를 바라면서 이 길을 계속 걸어가고 싶다.

사실과 이미지에 대한 초기 근대적 사고의 부상(浮上)에 대해 개괄적으로 설명하는 1장은 켄 자신의 목소리로 써진 이 책의 가장 농축된 부분 가운데 하나로 시작하는데, 그의 재치와 반어법이 돋보인다. 1장의 나머지 부분에서는 17세기에 관해 그가 남긴 메모들이 이어진다. 그는 분명 성상 파괴(iconoclasm)라는 주제를 펼치고 싶었을 테지만, 선구적으로 현미경을 사용했던 안토니 판 레이우엔후크(Antonie van Leeuwenhoek)에 관한 약간의 내용을 제외하고는 이미지에 대해 거의 아무것도 남기지 않았다. 그리고 지적 정보를 복구해야 하는 일을 하다 보면 흔적도 없이 사라진 미스터리한 텍스트가 흔히 있다. 나는 2000년 즈음에 '신고전주의'[17]와 '바로크' 양식의 지식

---

16 체서 고양이(Cheshire cat)를 말하는 것으로 보이는데, 디즈니(Disney) 만화 영화 〈이상한 나라의 앨리스(Alice's Adventures in Wonderland)〉[루이스 캐럴(Lewis Carroll) 원작]에는 자주색 줄무늬의 고양이로 나온다. 작중에서 체서 고양이가 자꾸 웃는 것은 이 캐릭터가 당시 자주 사용되던 "grin like a Cheshire cat(체서 고양이처럼 웃다)"이라는 표현에서 유래되었기 때문이다. _옮긴이
17 신고전주의(neo-classicism)는 18세기 말 프랑스를 중심으로 유럽에서 발전한 미술 사조다. 고대 그리스와 고대 로마 문화의 고전적 예술로부터 영감을 받은 장식, 시각예술, 문학, 연극, 음악, 건축을 이른다. 18세기 계몽주의와 비슷한 시기에 일어나 19세기 초까지 이어졌으며, 후에 낭만주의와 대립한다. _옮긴이

체계화에 대해 켄이 강의하는 것을 들은 적이 있는데, 이 강의 내용이 이 장을 상당히 풍성하게 해주었을 테지만 내 기억 속에 남아 있는 것을 제외하고는 사라져버리고 없었다. 그는 강의에 사용한 후에 강의 원고를 아무렇게나 팽개쳐버렸을 수도 있기 때문에 그의 파일이나 내 파일을 찾아보았지만 남아 있는 기록은 없었다. 몇 장의 종이쪽지가 이 책 전체를 짜 맞추어야 하는 퍼즐을 풀 수도 있겠다는 (잘못된) 환상을 가진 것이 비단 이번뿐만은 아니다!

1장의 끝부분에 있는 몇 개의 단락으로 18세기 전체를 다루는 참으로 말이 안 되는 상황이 요점을 압축한다는 점에서는 어느 정도 타당해 보였던 것에 반해, 19세기에 관한 2장에서는 매번 미로에 빠질 뻔했다. 매슈 브래디(Mathew Brady)[18]의 사진, 연극 광고 전단의 역사, 대중 과학, 혹은 P. T. 바넘(P. T. Barnum)[19]에 대해 각각 한 권의 책을 쓸 수도 있을 것이다. 실제로 사람들은 그런 책들을 가지고 있고 그것들은 좋은 책이다. 19세기 초 풍부한 사실들로 흘러넘쳤던 시기에서 1870년대에 시작된 사실들을 울타리 안에 수용하기 위한 노력으로의 전환에 대한 켄의 내러티브를 따라가면서, 나는 다른 많은 것을 채워 넣었고 지나 지오타(Gina Giotta)[20] 또한 그랬는데 그녀가 쓴 세 개의 '사이드바'와 다른 기여는 이 책 여기저기에서 울림과 상세한 기술을 더해준다. 프레더릭 더글러스(Frederick Douglass)[21]에 관한 사이드바의 초고는 켄이 썼다.

---

18   매슈 브래디(1882~1896)는 미국의 남북 전쟁을 최초로 사진으로 기록한 사람이다. _옮긴이
19   피니어스 테일러 바넘(Phineas Taylor Barnum, 1810~1891)은 미국의 하원 의원, 엔터테이너, 기업인, 사기꾼이다. _옮긴이
20   캘리포니아 주립대학교(California State University) 교수로 미디어 사학자이다. _옮긴이
21   프레더릭 더글러스(1818~1895)는 미국의 노예제 폐지론자, 신문 발행인, 강연자, 정치가이자 개혁가였다. _옮긴이

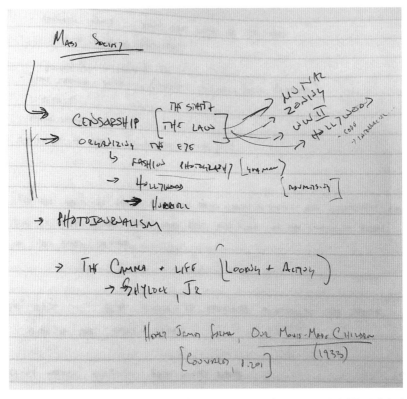

그림 0-1 케니스 커밀이 '미국의 이미지(The Image in America)' 강의를 위해 준비한 20세기 미국의 이미지 검열에 관한 메모(2000년대 초)

3장은 전간기(戰間期)[22]의 문화 결정자(cultural arbiter)[23]들이 어떻게 문화 요약(cultural summary)이라는 전략을 통해 사실을 관리하는 새로운 방법을 만들어냈는지에 관한 장이다. 대부분의 다른 장과 달리 이 장은 상대적으로 빨리 제자리를 잡았다. 켄이 이미 이 장의 개요에 대한 정리를 상당 부분 끝

---

22 제1차 세계대전 종결에서 제2차 세계대전 발발까지, 즉 기본적으로는 1918년 11월 11일에서 1939년 9월 1일 사이의 시기를 말한다. _옮긴이

23 문화가 이해되고 제시되는 방식에 상당한 영향을 미칠 수 있는 위치에 있는 개인이나 기관을 말한다. _옮긴이

낸 상태였으며, 그의 연구 자료 폴더들이 들어 있는 상자에는 그가 짜놓은 개요에 추가할 많은 자료가 들어 있었다. 켄은 존 듀이(John Dewey)에 관한 사이드바의 초고를 썼다. 아이오와 대학교 특별 컬렉션 룸에 있는 디스켓에서 마지막 순간에 발견된 "베트남의 인상"은 켄의 원숙한 스타일을 자세히 보여준다.

4장은 정보에 관한 3장의 초점에 대응하는 이미지에 관한 장이다. 5장의 부분들과 마찬가지로 4장은 켄이 출판한 에세이 「그림에 압도당하기」와 그가 남긴 연구 자료 상자를 기반으로 썼다.[24] 신화적 이미지의 일시적 지배에 대한 그의 중심 논지는 분명했지만, 전체 장들 가운데 이 장에 대해 그가 남겨놓은 흔적이 가장 희미했다. 그는 할리우드, 포토저널리즘, 라이카(Leica), 그리고 조지 허렐(George Hurrell), 제임스 밴더지(James VanDerZee), 위지(Weegee) 같은 사진작가들에 관한 메모를 남겼다. 나는 편의적으로 1945년을 하나의 전환점으로 삼고 이 장의 중심을 이해에 맞추었다. 전쟁 사진에 대한 사이드바는 켄의 2005년 아이오와 대학교 총장 강연에서 발췌한 것이며, 이 책의 자매편에 전문을 게재할 예정이다. 1945년이 '레비타스(levitas)'와 '그래비타스(gravitas)', 즉 장난스러움과 진지함의 특이한 혼합(이것은 그가 생각한 모든 것의 중심임)을 종합해 놓은 해가 될 수 있다는 것을 깨달으면서 나는 마침내 이 장을 순조롭게 진행할 수 있었다.

3장과 4장은 20세기 중반의 미국을 하나의 '대중문화 체계'로 본 켄의 견해를 제시한다. 복지 국가는 국가적 연대감, 공동선을 위한 보호 수단으로 폭넓은 지지를 받는 조세 정책, 리스크 완화에 대한 약속을 의미했다.[25] 사

---

24 Kenneth Cmiel, "Drowning in Pictures," in Mark C. Carnes(ed.), *The Columbia History of Post-World War II America* (New York: Columbia University Press, 2007), pp. 36~54.

25 프랑수아 에발드(François Ewald)의 복지 국가에 대한 연구는 켄에게 중요했다.

회 계획과 인간의 조건(human condition)[26]을 개선할 수 있는 전문가의 능력에 대한 어느 정도 일반적인 믿음이 존재했다. 미학과 대중문화는 결정화된 본질(crystallized essence)과 이미지를 친절한 수용기(收容器, container)[27]로 존중했다. 영화, 라디오, 텔레비전, 저널리즘은 폭넓은 대중성을 가진 프로그램을 제공했다. 그는 대중문화가 사람들을 결집해 갈등을 줄일 수 있는 하나의 수단이라고 생각했다. 모든 사람이 같은 것을 보고 들었다. 켄은 그러한 시스템에 성차별과 인종 차별에 관한 사각지대와 같은 명백한 한계가 있다는 것을 알았지만, 영화, 음악, 그리고 그것이 만들어낸 국가적 연대를 높이 평가했다. 그는 우리 시대를 대조적인 관점에서 이해해야 한다고 단순하게 생각했다. 5장과 6장이 보여주듯이, 20세기 말까지도 여전히 해결책이 거의 마련되지 않았다.

켄은 5장의 전체 초안뿐만 아니라 세부적인 것에 대한 메모도 많이 남겼다. 5장은 이미지/정보 코인의 이미지 면으로 6장과 짝을 이룬다. 이 마지막 두 장은 자료가 낡았다는 분명한 이유뿐만 아니라 접근 방식 때문에 어떻게 해야 할지 판단하기가 가장 어려웠다. 켄은 여기에서 커뮤니케이션 역사를 한 국가의 미디어 콘텐트[28]에 대한 정치적 투쟁의 이야기로 구성하면서 기술 시스템이 우리 등 뒤에서 작용하는 방식을 무시했는데, 이것은 내 접근 방법과는 매우 다르지만 그럼에도 많은 것을 배울 수 있는 접근 방법이었다.[29]

---

26 인간 존재의 독특한 특징을 나타내는 용어이다. 존재와 실존에 관한 희로애락 등을 기술하는 형이상학적 개념으로도 사용된다. _옮긴이

27 여기서 '수용기'는 물체나 재료 혹은 공간을 분리해 수용하는 데 사용할 수 있는 모든 장치나 도구를 의미한다. _옮긴이

28 흔히 '콘텐츠'로 표기하나, 영어 'contents'는 전체를 구성하는 내용물들(예, 통조림 속의 과일 알갱이들)이나 책 전체를 구성하고 있는 개별 장들을 나타내는 목차를 의미한다. 추상적인 의미의 '내용'은 단수인 'content'로 사용하기 때문에 추상적인 '내용'이나 주제 혹은 아이디어를 뜻하는 'content'를 '콘텐츠'로 표기하는 것은 잘못이다. _옮긴이

그리고 5장의 글에는 톤[30]이 담겨 있다. 그것은 쇠퇴와 몰락에 대한 이야기까지는 아니더라도 분명 혼란을 가중하는 이야기로 들린다. 이 장을 읽으면 그가 약간 우울한 사람이거나 적어도 근엄한 분위기의 사람처럼 느껴진다. 이 장에서 그는 조잡해진 시각 문화에 대한 문화적으로 보수적인 우려에 공감하며 (6장에서 많이 드러나는) 탈근대적 유희성에는 거의 관심을 보이지 않는다. (4장과 다른 에세이에서처럼) 그는 이미지의 무겁고 가벼운 면 모두를 알고 있었지만,[31] 이 장은 결국 무거운 쪽으로 기울어졌다. 그가 기술하는 그런 종류의 텔레비전 프로그램, 즉 주의력이 산만해진 시청자들 앞에 쏟아내는 내러티브 감각이 없는 텔레비전 프로그램은 기교가 뛰어난 TV 시리즈와 몰아보기(binge-watching)의 현시대와는 거의 맞지 않다. 그럼에도 켄은 무언가를 찾아냈다. 20세기 말의 많은 시각 문화에서 볼 수 있었던 천박함을 놓치는 것은 진실을 제대로 보지 못하는 것과 다름없었다. 예를 들어, 나는 포르노그래피에 대한 그의 우려가 적절하다고 생각한다. 여기서 그는 다른 어떤 것보다 20세기 중반의 주류적 태도로부터의 변화를 나타내는 단 하나의 이미지 장르에 집중했다. 어쨌든 켄은 종말론을 믿지 않았다. 이 책의 원자료 가운데서 나는 다음과 같은 독특한 보석 같은 글을 발견했다. "어리석은 주장은 세상이 쇠퇴하고 몰락하고 있다는 것이다. 세상은 항상 지옥으로 가고 있었으며, 지옥으로 가는 다른 방법을 찾을 뿐이다."

---

29 프랑크 켈레터(Frank Kelleter)는 이 원고에 대한 훌륭한 비평에서 5장의 '지배적인 어조'가 '깊이가 없는 탄식조'라고 생각했으며, 프레드 터너는 5장과 6장이 모두 전산(電算)의 부상에 대한 이야기를 놓치면서 궤도를 벗어났다고 말했다. 나는 두 비판 모두에 공감하지만, 이에 완전하게 답하려면 다른 책 한 권을 써야 할 것이다.

30 글의 톤이란 글에 담을 수 있는 감정을 의미한다. _옮긴이

31 예를 들면, 다음 참조. Cmiel, "The Swirl of Image and Sound"; Cmiel, "The Politics of Civility," in David Farber(ed.), *The Sixties: From Memory to History* (Chapel Hill: University of North Carolina Press, 1994), pp. 263~290.

6장은 1970년대와 1990년대의 지식 다툼(knowledge fights)에 대한 독창적인 분석이자 디지털 문화를 받아들이려는 노력이다. 여기에서 다시 켄은 운동가, 변호사, 의사 및 공중에 대한 근사한 이야기를 더 많이 하기 위해 기술 시스템에 대한 구조주의적 이야기를 무시했다. 그는 〈사랑의 전주곡(Desk Set)〉에 관한 사이드바를 위한 아이디어를 포함해 훌륭한 초고를 남겼으며, 벨(Daniel Bell)과 리오타르(Jean-François Lyotard)[32]에 관한 사이드바는 그가 쓴 것이다. 인터넷에 관한 최근의(1990년대) 학문에 대해 논의한 일부 초고는 더 이상 관련이 없는 것으로 보고 뺐다. 6장은 난잡한 지식을 새로운 체제의 핵심으로 제시하면서 이 책의 대미를 장식한다.

이러한 생각은 최소한으로 걸러지는 인터넷과 1980년대와 1990년대의 탈근대적 이론과 잘 어울렸지만, 여전히 매우 시사하는 바가 크다. 전문가의 지식과 대중의 의심은 지금도 여전히 공존하고 있다. 브렉시트(Brexit)와 2016년 미국 대선 이후, 아무도 디지털 혁신이 새로운 계몽 시대[33]를 의미한다고 믿지 않는다. 많은 사람은 전문가의 인식론적 도구에 배신감을 느꼈고, 여론 조사, 뉴스 미디어, 데이터, 전문가와 예감은 모두 빗나갔다. 한때 이론가들이 위대한 민주화 세력으로 칭송했던 인터넷의 수평적 구조가 이제는 자기 방어의 전략적 실패에 더 가까워 보인다. 국회 대신 우리는 봇(bot)과 선전가 그리고 트롤[34]을 가지고 있다. 여론이 지니고 있는 고유의

---

32 장 프랑수아 리오타르(1924~1998)는 프랑스의 철학자, 사회학자 및 문학 이론가였다. 그의 학제적 담론은 인식론과 커뮤니케이션, 인체, 현대 미술과 탈근대적 예술, 문학과 비평 이론, 음악, 영화, 시간과 기억, 공간, 도시와 풍경, 숭고함, 그리고 미학과 정치학의 관계로 확장된다. _옮긴이

33 유럽과 신세계가 계몽주의라는 광범위한 사회 진보적·지적 사상운동에 휩싸였던 17세기, 18세기를 말한다. _옮긴이

34 인터넷 문화에서 고의적으로 논쟁이 되거나, 선동적이거나, 엉뚱하거나 주제에서 벗어난 내용, 또는 공격적이거나 불쾌한 내용을 공용 인터넷에 올려 사람들의 감정적인 반응을 유발시키고

민주적 지혜에 대한 오래된 환상을 영원히 폐기할 이유를 찾는 사람들은 아마 온라인 댓글 섹션을 들출 것이다. 현시대는 역사적으로 지식을 강화해준 여러 수단에 대한 켄의 분석을 절실히 필요로 한다.

켄은 20세기 말을 대중문화 체계의 점진적인 해체, 침식, 심지어 붕괴로 보았다. 그는 탈근대적 건축에서 정치와 미학 간의 갈등이 커지고, 마술적 리얼리즘(magical realism)[35] 영화에서 이미지가 일상생활에서 멀어지고, 과세(課稅)를 통한 국가 개량에 대한 지지가 시들해지고, 단 하나의 표현 전략이 사회 전체를 수용할 수 없는 것과 같은 몇 가지 추이를 보았다. 켄은 어둠 속을 들여다볼 수 있는 재능이 있었지만, 종말론적인 어조는 대체로 피했다.[36] 이성과 전문성이 무너지지는 않았지만, 그것들은 그야말로 더 큰 저항에 시달렸고, 더 불안정하고 더 다루기 힘들어졌으며, 어쩌면 더 흥미로워졌다. 그는 스스로 구체제에 대한 향수를 허용하지 않았고 구체제가 더 이상 실행 가능하지 않거나 신뢰할 수 없다는 것을 알았지만, 검정되지 않았고 잠재적으로 더 비참할 수도 있는 다른 옵션을 택하기 위해 아무 생각 없이 그것과 그것의 유산을 버리고 싶지는 않았다. 그는 어떤 새로운 괴물이 태어날지 궁금해했다. 그가 우리 곁에 있으면서 우리가 그걸 알아내도록 도와주면 얼마나 좋을까!

모임의 생산성을 저하시키는 사람을 가리킨다. _옮긴이

35 판타지와 현실의 경계를 모호하게 만드는 마술적 요소를 통합하면서 현실적인 세계관을 제시하는 소설과 예술의 스타일 또는 장르이다. _옮긴이

36 드물게 종말론적으로 격분한 켄의 어조를 보려면 다음 참조. Kenneth Cmiel, "The Fate of the Nation and the Withering of the State," *American Literary History*, 8, 1996(Spring), pp. 184~202, at 200.

도입

우리는 '정보가 너무 많은' 시대에 살고 있는가? 20세기 말에 많은 사람들은 분명 그렇게 생각했다. 과학자들은 정보를 따라잡을 수 없었고, ≪크로니클 오브 하이어 에듀케이션(*The Chronicle of Higher Education*)≫의 표지 기사는 "천문학에서 동물학에 이르기까지 연구자들은 전례 없이 풍부한 정보에 직면해 있다"고 적었다.[1] 한 급진적인 학자이자 운동가는 다른 곳에서 "정보가 너무 많다"고 언급한 바 있다. 또 다른 관찰자는 우리 시대는 "데이터 스모그" 시대라고 말했다.[2] 시민 토론이 그러한 급류를 막을 수 있기라도 할 듯이 시민 토론에 더 많은 시간을 할애해야 할 필요가 있다는 말도 들린다. 사회학자 브뤼노 라투르(Bruno Latour)[3]는 모든 종류의 연구자들이 "데이터의 바다에 압도당하고 있다"고 적었고 "나도 이 문제를 겪고 있다"고 덧붙

---

1   Lila Guterman, "Learning to Swim in the Rising Tide of Scientific Data," *Chronicle of Higher Education*, June 29, 2001, https://www.chronicle.com/article/Learning-to-Swim-in-the-Rising/11827. 좀 더 최근에는 학자보다는 학생을 대상으로 한 글이 올라왔다. Alison J. Head and John Wihbey, "At Sea in a Deluge of Data," *Chronicle of Higher Education*, July 7, 2014.

2   David Shenk, *Data Smog: Surviving the Information Glut* (New York: Harper-Collins, 1997).

3   브뤼노 라투르(1947~2022)는 프랑스의 인류학자이자 사회학자이자 철학자로, 특히 과학 기술학 분야에서 유명하다. 현재 이 분야에서 가장 영향력 있는 학자 중 한 사람이다. 파리 광업 대학과 런던 경제 대학, 하버드 대학, 파리 정치 대학 교수를 역임했다. 현대 과학 기술에 관한 인류학적이고 철학적인 연구로 널리 알려져 있다. _옮긴이

였다.[4]

그러한 우려가 갑자기 치솟게 된 주된 맥락에는 인터넷이 있었다. 1993년에 브라우저가 도입되기 전 인터넷은 주로 학계와 군대에서 일상생활이 아닌 전문적인 목적에 사용되었다. 1990년대 초 인터넷이 대중화되기 시작했지만 애그리게이터(aggregator)[5]와 검색 엔진은 아직 초기 단계였다. 그 당시에는 표지와 속표제지가 뜯겨 나간 상태로 책들이 바닥에 던져져 있는 파손된 도서관과 인터넷을 비교하는 것이 일상적이었다.[6] 온라인 색인화[7]는 여전히 원시적이었다. 연결된 컴퓨터들이 뒤엉켜 있는 가운데서 임의의 보물을 찾는 것은 한때 짜릿했다. 내 동료 가운데 한 사람은 1993년경 10대 아들이 어느 날 오후 아이오와 대학교의 '정보 아케이드(Information Arcade)'에서 친구와 웹 서핑을 하면서 몇 시간을 보낸 끝에 칠리(chili) 요리법이라는 흥미진진한 발견물을 가지고 나타난 이야기를 해준 적이 있다.

그러한 경험은 사라진 지 오래다. 자판을 몇 번 두드리기만 하면 원하는 것보다 더 많은 칠리 요리법을 얻을 수 있을 것이다. 보통 사용자들은 인터넷이 하드웨어와 데이터의 거대한 "혼돈 속의 조화(chaosmos)"[이 용어는 제임스 조이스(James Joyce)가 사용한 용어임[8]]라는 것을 알 수도 있지만, 기기들은 우리가 케이블과 데이터 센터의 내부 장기를 보지 못하도록 가린다. 책

4　Bruno Latour, *Pandora's Hope: Essays on the Reality of Science Studies* (Cambridge, MA: Harvard University Press, 1999), p. 39.

5　다른 기업의 인터넷 페이지에서 정보를 수집해 단일 웹 사이트에 게시하는 개인 또는 조직을 말한다. _옮긴이

6　다음 사이트의 의견란 참조. info.org.il/english/books_on_the_floor.html(접속일: 2016.4.21).

7　색인화 혹은 인덱싱이란 원하는 데이터에 빨리 접근하기 위한 방안으로, 먼저 색인을 찾고 그것이 가리키는 주소를 따라가 원하는 데이터에 접근하게 된다. _옮긴이

8　아일랜드의 소설가 제임스 조이스가 소설 『피네간의 경야(*Finnegans Wake*)』에서 처음 사용한 용어로 'chaos'와 'cosmos'를 합친 말이다. _옮긴이

은 더 이상 바닥 여기저기에 흩어져 있지 않으며, 설사 바닥에 흩어져 있다 하더라도 검색 엔진이 책 내용을 색인화하는 방법을 알고 있기 때문에 괜찮다. 구글(Google)과 같은 데이터 채굴업자(data miner)의 카드 목록 같은 서비스를 사용하면 온라인에서 검색 가능한 항목을 찾는 것이 상대적으로 어렵지 않다. 무질서나 과부하에 대한 은유는 다른 우려로 바뀌었다. 혼란 상태는 더 이상 사이버 공간의 지배적인 경험이 아니다. 우리는 디지털 생활의 지나친 풍부함에 낚인 만큼이나 디지털 생활의 왜곡(perversity)[9]에도 낚일 가능성이 높다.

양의 변화는 질의 변화로 이어질 수 있으며, 정보 과부하의 역사는 우리 시대가 진실을 확증하는 데 어려움을 겪고 있는 것을 이해하는 중요한 배경이다. 너무 많은 정보에 대한 불안은 적어도 17세기부터 계속되는 주제이다. 1600년대의 형식적 지식(formal knowledge)[10] 생산의 가속화는 통제 불가능한 사실에 대한 두려움을 즉각적으로 불러일으켰고 그 이후로 그러한 우려는 멈추지 않았다. 1장에서 살펴보겠지만, 유럽인의 지구 항해, 현미경, 망원경, 새로운 과학 사회로 인해 17세기 무렵 자연의 풍요로움 그 자체는 더욱더 분명해졌다. 알려진 특수자(particulars)[11]의 수가 엄청나게 늘어났

---

9 'perversion'은 누군가나 무엇을 왜곡하는 행위(the action of perverting someone or something)를 말하고 'perversity'는 왜곡되어 있는 성질(the quality of being perverse)을 뜻한다. _옮긴이

10 암묵적 지식(tacit knowledge)이 형식(이론과 공식)을 갖추어 표현된 것을 형식적 지식이라고 한다. 암묵적 지식은 학습과 체험을 통해 개인이 습득했지만 겉으로 드러나지 않는 상태의 지식을 뜻한다. '형식지', '공식적 지식', 혹은 '공식지'로 번역되기도 한다. _옮긴이

11 감성적 인식의 대상으로서 경험적 실재를 말한다. 예를 들어, 어떤 특수한 인간, 특수한 경우를 말하는데 이를 특히 보다 포괄적 개념인 보편자(universals)와 대립된 것으로 보는가, 또는 종속의 관계로 보는가는 철학에 따라 다르다. 즉, 플라톤(Platon)적 관념론에서는 보편자는 실재하고 특수자는 그 그림자에 불과한 데 비해, 경험론에서는 특수자는 실재하고 보편자는 추상적 산물, 또는 편의적 기호라고 본다. _옮긴이

다. 유럽인들은 이제 수많은 새로운 미네랄 물질, 식물 및 동물 종에 직면했다. 연구자들은 현미경을 들여다보면서 그들이 본 것이 동물인지, 식물인지, 아니면 이 둘이 조금씩 섞여 있는 것인지를 판단하는 데 어려움을 겪었다. 데카르트(René Descartes)는 한때 실험 보고서들이 그가 생각하기에 모든 지식을 살아 움직이게 하는 기본 원리를 찾아내는 작업을 방해했기 때문에 그러한 보고서를 읽지 않기로 결심했다. 그는 과도하게 많은 사실이 점진적으로 발전해 가고 있던 그의 철학적 입장을 어지럽히는 것을 원하지 않았다.

특히 길들지 않은 사실들은 잠재적으로 파괴적인 것으로 간주되었다. 사실상 지난 3세기 동안 그 어떤 시기에도 질서에 따르는 대신 질서를 뒤집으면서 통제에서 벗어난 사실들에 긴장하는 논평가들은 있었다. 1740년에 한 프랑스 철학자는 "독특한 사실은 괴물 같은 사실이다"고 말했고,[12] 1867년에 한 미국 저널리스트는 새로운 사실의 수는 "놀라웠고 지식인이 이해할 수 있는 범위를 완전히 넘어섰다"고 말했다.[13] 1939년에는 철학자 존 듀이가 "관련 없는 사실의 수와 그러한 사실의 다양성의 증가"는 사람들이 분석이 아닌 슬로건을 받아들이게 만들었다고 말했다.[14] 17세기 이전에는 오늘날 우리가 아는 것과 같은 사실은 아직 존재하지 않았으며, 사실은 오늘날 또 하나의 역사적 전환의 한가운데에 있을 수도 있고 그렇지 않을 수도 있다.

정보는 흔히 폭발적으로 증가했지만, 이미지는 그렇지 않다. 우리가 이미지의 밀도가 낮은(image-thin)[15] 시대로 되돌아가는 것을 생각해보는 것은

---

12 예수회 철학자 카스텔(Louis Bertrand Castel)을 인용한 다음 문헌 참조. Peter Dear, *Discipline and Experience* (Chicago: University of Chicago Press, 1995), p. 18.

13 E. L. Youmans, *The Culture Demanded by Modern Life* (New York: Appleton, 1867), p. 27.

14 John Dewey, *Freedom and Culture* (New York: G. P. Putnam's Sons, 1939), pp. 46~47.

비교적 어렵지 않다. 오랫동안 단 한 장의 은판 사진[16]이 시인 에밀리 디킨슨(Emily Dickinson)의 전형적인 이미지를 제공했으며, 이전의 두 차례의 거짓 경보(警報) 이후 2012년에 공개된 두 번째 이미지는 큰 흥분을 불러일으켰다(2장 참조).[17] 소심해 보이는 한 젊은 여성의 이미지는 더 자신감 있고 사교적이며 육체적 존재감으로 보완되었다. 디킨슨의 초상화는 현재 두 장이 남아 있지만, 지금까지 살아왔던 사람들은 대부분 아무것도 남기지 않았다. 그러나 오늘날은 상황이 완전히 다르기 때문이다. 디지털로 포화된 사회의 사람들은 대부분 부족하기 때문이 아니라 풍부하기 때문에 도상적 이미지[18]가 없다. 오늘날 일부 유명 인사들은 끊임없이 변화하는 외모의 가소성을 지적한다. 레이디 가가(Lady Gaga)가 '정말' 어떻게 생겼는지 아는 사람 있는가? 2015년의 한 설문 조사는 평균적인 밀레니얼 세대가 평생 2만 5700장의 셀카를 찍을 것이라고 보고했는데 조사의 정확성이 의심스럽긴 하다(〈사이드바 5-3〉 참조).[19] 오늘날은 누구든 엄청난 노력 없이는 달성할 수 없

---

15   '두터운' 혹은 '중층적(thick)'이라고 번역되곤 하는 이 단어는 문화 인류학자 클리퍼드 기어츠(Clifford Geertz)가 1973년 저서 『문화의 해석(The Interpretation of Cultures)』에서 민족지 기술 방법으로 제시하며 사용되기 시작했다. 그러나 'thick'에는 '밀도 높은(dense)'이라는 의미도 있으며 실제로 'thick'과 'dense'가 번갈아 사용되어 'dense description'이라고 사용하는 학자도 있다. 따라서 여기서는 'thick'을 '밀도 높은'으로 번역한다. '밀도 높은 기술(thick description)'이라고 하는 이 기술 방법은 인간 행동을 대할 때, 상황을 전혀 모르는 사람이라도 그 행동을 잘 이해할 수 있도록, 행동 그 자체만이 아니라 맥락도 포함해 설명하는 것을 가리키며 이러한 특성을 가진 데이터를 'thick(dense) data', 즉 '밀도 높은 데이터'라고 한다. _옮긴이

16   프랑스 물리학자 다게르(Louis Jacques Mandé Daguerre)가 발명한 초창기의 은판 사진술인 다게레오타이프로 만든 사진을 말한다. _옮긴이

17   또 다른 19세기 작가에 관해서는 다음 참조. "디킨스의 사진 한 장이면 30년, 1만 페이지의 작업을 담기에 충분하다." Geoff Dyer, Out of Sheer Rage: Wrestling with D. H. Lawrence (New York: Picador, 1997), p. 36.

18   도상적(iconic) 이미지란 이미 널리 받아들이고 있거나 쉽게 인지가 가능한 대상과 연관된 행동, 물체, 개념을 표현하는 그림 이미지를 말한다. _옮긴이

19   Julia Glum, "Millennials Selfies: Young Adults Will Take More Than 25,000 Pictures of Them-

는 신비의 페르소나를 갖는 것이 어려울 것이다.[20]

현대에는 나이키 스워시(Nike swoosh),[21] 우상적 스포츠 영웅, 유명 인사의 터무니없는 행동, 최근의 대혼란과 같은 독특한 이미지가 과다하게 존재한다고 해도 과언이 아니다. 일부 추정에 따르면, 60초마다 20만 개 이상의 새로운 이미지가 페이스북(Facebook)에 업로드된다고 한다. 주의(attention) 심리학 연구를 기반으로 한 시선을 사로잡는 광고가 화면 가장자리에 갑자기 나타난다. 시각적으로 강렬한 비디오 게임의 세계가 10대 소년들을 지배하고 있다. 교실은 파워포인트(PowerPoint)의 대량 서식지가 되었다. 우려하는 중산층 부모들은 자녀의 '스크린 타임'을 할당한다.

20세기 말에 지식인들은 텔레비전 대(對) 책, 이미지 대 단어에 대해 논쟁을 벌였다. 그러한 이원론이 그때까지는 정말로 존립 가능했다 하더라도 그 후 그것은 파기되었다.[22] 디지털 기기는 텍스트와 비디오를 난잡하게 제시한다. 수년 동안 우리는 우리가 보는 방식에 대해 더 많이 배우기 위해 "시각 리터러시(visual literacy)가 있는" 사람이 되라는 요청을 넘치도록 받아왔다. 그리고 우리 주변에 사진들이 끊임없이 쏟아지는 것을 고려하면 이것이 나쁜 조언은 아니다. 그러나 이러한 이슈들은 새로운 것이 아니다. 뭔가를

---

selves during Their Lifetimes: Report," *International Business Times*, September 22, 2015, http://www.ibtimes.com/millennials-selfies-young-adults-will-take-more-25000-pictures-themselves-during-2108417.

20 좀처럼 눈에 띄지 않는 작가인 토머스 핀천(Thomas Pynchon)은 이 규칙을 증명하는 예외이다.

21 가파른 우하향 곡선을 그리며 급하강하다가 최저점에 다다른 뒤 완만한 우상향 직선을 그리는 나이키 로고 모양을 말하며, 경제 분야에서 경기가 이런 모양으로 반등하는 것을 두고 '스워시 반등'이라고 한다. _옮긴이

22 예를 들면, Camille Paglia and Neil Postman, "She Wants Her TV! He Wants His Book!" *Harper's*, March 1991, pp. 44~59; Mitchell Stephens, *The Rise of the Image, the Fall of the Word* (New York: Oxford University Press, 1998) 참조. 유튜브(YouTube)를 정확하게 예측한 책이다.

보여주는 것이 그것에 대해 가르치는 좋은 방법인가 아니면 시각은 우리를 유혹해서 중요한 문제에 대한 '진지한' 생각에서 멀어지게 하는가에 관한 논쟁은 아주 오래되었다. 플라톤(Platon)은 사물을 바라보는 좋은 방법과 나쁜 방법에 집착했다. 우상 파괴는 구약 성서에서 반복되는 주제였다. 신약에서 성 토마스(St. Thomas)는 부활한 예수를 (믿지 못하고) 보는 것으로는 모자라 만져봐야만 했다. 만약 토마스가 물리적 접촉 없이 사진들이 우리 앞에서 춤추는 가상 현실 세계에 있었다면 토마스는 어떻게 했겠는가? 웹 사이트를 개설해 말씀을 전파하거나 저녁 뉴스에 사운드 바이트(sound bite)[23]로 나타난 부활한 예수를 토마스는 어떻게 대했을까?[24]

우리는 정보 시대에 살고 있는가 아니면 이미지 시대에 살고 있는가? 물론 대답은 둘 다이다. 의사, 건축가, 엔지니어 및 과학자들은 '정보 대 이미지'라는 진부한 표현을 넘어선 지 오래다. 데이터 시각화 기술은 이제 과학, 비즈니스 및 정부에 필수적이다. CAT 스캔 및 자기 공명 영상(MRI: Magnetic Resonance Imaging)은 진단 데이터를 그래픽으로 보여주는 긴 의료 역사의 최신 편(篇)에 불과하다. 국가안보국(NSA: National Security Agency)은 그들의 조사 결과를 해석해 내기 위해 그래픽 디자이너를 고용하지만 아마도 항상 효과적이지는 않아서, 2013년에 유출된 NSA 파워포인트 슬라이드는 인터넷을 통해 널리 퍼져 나갔고 그들의 추악함을 비웃는 조롱의 대상이었다. 그리고 아이오와 대학교 캠퍼스에 '이미지 분석 센터(Image Analysis Facility)'가 미술 및 미술사 학부나 영화 예술학과가 아닌 생물학과에 있다는 점은

---

23 원래 긴 녹음에서 발췌한 짧은 길이의 오디오 파일을 의미하는데, 언론 보도에서는 연설이나 인터뷰에서 뽑아낸 한 문장 또는 짧은 구절을 의미한다. _옮긴이

24 여기 표현들은 다음에서 가져온 것이다. Kenneth Cmiel, "Seeing and Believing," *Culturefront*, 1999(Summer), pp. 88~90[Steven Conn, *Museums and American Intellectual Life, 1876-1926* (Chicago: University of Chicago Press, 1998)의 리뷰이다].

주목할 만하다.

이 책은 한때 유행처럼 '정보 시대'라고 불렸던 것, 특히 사실, 이미지 및 지식에 대해 우리가 생각하는 방식의 변화를 역사계보적으로 추적한다. 이 책은 영화나 텔레비전, 사진이나 포토저널리즘, 디지털 이미지나 그림에 대한 단순한 역사가 아니다. 이 책은 도서관(사실의 주된 조직자)에 대한 단순한 역사도 아니고 박물관(이미지의 주된 조직자)에 대한 단순한 역사도 아니지만, 그래도 이러한 기관들을 흔히 배경으로 다루기는 한다. 오히려 이 책은 정보와 이미지가 역사적으로 어떻게 체계적으로 정리되었는지에 대한 일련의 조사를 통해 이러한 이슈들에 접근한다. 우리는 우리 자신의 추정을 과거에 정보와 이미지가 논의된 방식과 대조함으로써 그러한 추정을 더 잘 평가할 수 있다.

이 책은 하나의 커뮤니케이션 문제로서의 정보 정치(information politics)[25]에 대한 책이다. 이 책은 진실과 권위에 대한 바뀌고 있는 태도, 즉 장 프랑수아 리오타르가 불렀던 것처럼 상이한 "진실 게임들(truth games)"에 대한 책이다. 다양한 문화가 사실과 이미지의 흐름을 관리하고 체계적으로 정리하려고 시도한 방식에 대한 역사를 살펴보면 다양한 문화가 특정 시점에 가졌던 희망과 불안뿐만 아니라 '진실'로 간주되는 것에 대해 많은 것을 알 수 있다. 이러한 관점에서 볼 때 당대의 지식을 이해하기 위한 핵심 포인트는 과학 출판물의 확산, 데이터 '클라우드(cloud)', 혹은 정당한 지식을 두고 벌이는 경쟁이 아니라, 그러한 것들에 대한 새로운 태도이다. 오늘날 세계가 그 어느 때보다 다양한 모양과 크기의 더 많은 정보와 더 많은 그림을 보유

---

25 조직 문화에 대한 범주적 관점을 제공하는 조직의 구조, 권력 및 정보 사용 간의 상호 작용을 의미한다. _옮긴이

하고 있다는 사실을 부인하는 사람은 거의 없을 것이다. 그러나 문제는 그러한 것들이 어떻게 철저하게 검토·분류되고 색인화되며 해석되어 왔는가 하는 것이다.

근대성(modernity)[26]이 느끼는 한 가지 큰 중압감은 흘러넘칠 위험이 있어 보이는 정보를 분리 수용할 수용기를 만드는 것이다. 이러한 수용기들(학회, 분류 체계, 학문 분야, 취향[27]의 개념들, 전문가 네트워크, 학술지, 백과사전, 판결 요록, 법률, 관습, 스키마, 검색 엔진, 그리고 박물관, 도서관, 대학교 및 국가와 같은 기관)은 모두 지난 몇 세기 동안 각기 다른 시기에 어수선한 인지의 세계를 정리하는 데 기여했다. 가장 중요한 수용기는 '지식'이라 불리는 것인데, 지식은 정보와 꽤 뚜렷이 구별된다. 근대성의 가장 일반적인 주제는 정보 대 '무지'였는 데 반해, 지식의 안정성은 미신'과' 통제되지 않는 사실(wild fact) 모두에 의해 늘 위협받는다. 정보는 지식의 안락함을 위협한다.

'이미지'는 정보를 수용하는 데 사용되는 수용기 가운데 하나이다. 20세기 초반부터 중반까지 이미지 문화가 폭발했는데, 이미지 문화는 새로웠고 공중에게 지식을 질서 정연하게 보여주려는 노력의 가장 중요한 부분을 차지했다. 이미지의 부드러운 유혹은 지식을 수용할 뿐만 아니라 20세기 대중문화의 유대 관계를 구축할 것으로 기대되었다. 20세기 말의 이야기(story)는 그러한 이미지에 대한 불신을 증가시켰다. 이미지는 더 이상 선의의 지식 저장소가 아니라 다른 어떤 것들보다 더 사악한 창조물이었다. 문화를 안정화시키는 이미지의 붕괴는 이 책의 핵심 논지이다.

지식이 소수만 이해하는 근원에서 나와 덜 규율된 사회적 공간으로 이동

---

26 학문 분야에 학자들에 따라 차이가 있으나 일반적으로 탈근대 시대가 20세기 중반부터 시작되는 것으로 보기 때문에 근대는 중세 이후에서 20세기 중반까지로 보면 될 것 같다. _옮긴이
27 피에르 부르디외(Pierre Bourdieu)는 취향의 차이가 사람들을 '구별' 지어 사회적 신분을 만들어내기 때문에 취향은 계급적이며 사회적 관계를 취한다고 주장한다. _옮긴이

하는 바로 그 지점에서 위험은 현실이 된다. 갈릴레이(Galileo Galilei)와 교회, 대중 신문에 참패했던 19세기의 형식적 지식, 배심원에게 증언하는 당대의 전문가, 편집인의 제약을 받지 않는 소셜 미디어 뉴스와 루머의 잡화점과 같이 지식이 외부 세계에 닿는 지점이 가장 중요한 부분이다. 지식 관리는 흔히 그것이 다른 형태로 바뀌어 대중화하는 것을 의미한다. 진실 주장(truth claim)[28]이 더 많은 공중에게로 넘어갈 때 그것은 다양한 방식으로 복잡해진다. 이 책의 한 가지 특별한 관심사는 형식화된[29] 지식과 대중, 혹은 외부 세력이 주장하는 지식 사이의 확실한 경계선이 무너지는 것이다. (경계선이 없어지는 것이 아닌) 경계선이 무너지는 것은 대중의 지식과 전문가의 지식이 뒤섞여 지식을 난잡하게 만드는 핵심 요인 가운데 하나이다. 형식적 지식 공동체는 끊임없이 제기되는 새로운 어려움에 직면해 있다. 경계가 결코 사라진 것이 아니라, 더 많은 경계 분쟁이 존재한다. 우리는 난잡한 지식이 우리 정보 정치의 핵심 부분이라고 주장할 텐데, 정보 정치라는 개념은 액트-업(ACT-UP)[30]의 갑작스런 AIDS 연구 공격, 법정에서의 전문가 증언에 대한 다툼, 누드 사진이나 역외 금융 데이터 유출만큼이나 이질적인 상황들을 우리가 이해하는 데 도움을 준다.

지식의 진보에 대한 희망이 시들해지고 지식 체계에 대한 불신이 생기는 것은 우리 시대의 주요한 이야기 가운데 하나이다. 인식론적 수용기의 역사는 다채롭지만, 과학에 대한 회의와 전문 지식에 대한 불신이 증가한 20세기의 마지막 1/3에 해당하는 시기에 그러한 수용기들은 모두 새기 시작했다. 그러나 이러한 회의론은 그 자체의 반발을 야기한다. 공동체주의자들은

---

28 경험에 의해 아직 검정되지 않은 가설을 말한다. _옮긴이
29 앞의 '형식적 지식'에서의 형식과 같은 의미이다. _옮긴이
30 정부의 AIDS 대책 강화를 요구하는 미국의 단체이다. _옮긴이

만약 사실의 기반이 없다면 우리의 공동생활은 위험에 처할 것이라고 우려한다. 여론은 사운드 바이트에 의해, 지식 격차에 의해, 정보가 아니라 우리의 텔레비전이나 컴퓨터 화면을 스쳐 지나가는 가장 매혹적이거나 섬뜩하거나 터무니없는 그림에 지배당하게 될 것이다. 사실에 대한 규율이 없다면, 정치적 숙의는 포퓰리스트의 광란이나 잘못된 판단의 위험에 처할 것이다. 그러나 전문가를 지나치게 존중하는 것 역시 다양하고 폭넓은 대중 정서가 무시될 위험이 있다. 어느 쪽이든 우리는 고통스러운 딜레마에 직면한다.

오늘날은 그 어느 때보다 많은 정보가 만들어진다. 구름과 기후 혹은 사람들의 '좋아요' 수처럼 한때는 알 수가 없어서 무시되었던 것들이 지금은 변함없는 대량 감시(massive surveillance)의 대상이다. 그러나 이러한 다수의 사실들이 쌓여 누적된 지혜가 되기는커녕 누적된 지식이 될 것이라고 주장하는 사람은 아무도 없다. 어떠한 궁극적인 종합(synthesis)에 대한 확신이 없는 것은 우리 시대의 특징인데, 그러나 이러한 확신이 없다는 것이 우리의 지식 체제[31]를 없애고 싶어 한다는 뜻은 아니다. 눈사태처럼 쏟아지는 정보에서 벗어나려는 실질적인 움직임이 없는 이유는 정확히 아주 많은 사람들이 권력과 지식의 친밀한 관계에 대한 천박한 푸코주의(Foucaultism)라고 할 수도 있는 것을 직관적으로 받아들이고 있기 때문이다. 그것은 너무나도 중요한 무기여서 포기할 수 없다. 빅 데이터는 공중 계몽으로 이어지지 않을 수도 있지만, 그것은 분명 풍부한 도구 상자이다. 오늘날 지식의 궁극적인 발전을 믿는 운동가는 아주 적지만, 사실, 주장, 그리고 증거를 정리하는 것을 포기하는 사람은 훨씬 더 적을 것이다. 지식이 난잡한 상태는 우리가 오래된 지식의 수용기를 의심하기는 하지만 그래도 계속해서 전문가

---

31 지식 체제(knowledge regime)는 특정 지식 분야의 구조화된 관행, 규범 및 권위 계층의 구성으로 정의할 수 있다. _옮긴이

의 작업에 의존한다는 것을 의미한다.

이 책은 우리 시대와 대비되는 것들을 몇 가지 제시한다. 2장에서 볼 수 있듯이, 19세기 중반에는 그 누구도, 2016년 버락 오바마(Barack Obama) 대통령이 한 연설에서 그랬듯이, 사실의 내재적 가치를 옹호하는 것에 감동을 받지 않았을 것이다.[32] 19세기 대부분의 기간 동안 사람들은 일반적으로 더욱더 많은 사실을 만들어내는 것이 민주적인 프로젝트를 진전시킨다고 생각했다. 정보는 가장 기초적인 대중적 수준에서 지식을 북돋워야 했는데, 대중적 수준에서의 지식 확산은 정치적 진보와 인간 해방에 기여했을 것이다. 더욱이 걸러지지 않은 정보로 인해 위기감이 초래된 것은 최근 수십 년 동안에 처음으로 일어난 일은 아니다. 1920년대와 1930년대에 문화 결정자들은 복잡성의 위기에 직면했고 어떻게 하면 눈사태처럼 쏟아지는 정보를 더 잘 관리해서 널리 전파할 수 있을지에 대해 걱정했다(3장). 우리 시대를 이해하려면 이전 시기의 사실에 대한 믿음과 어떤 종류의 문화가 20세기 초에 그것을 대체했는지 그리고 왜 이전의 해결책이 더 이상 유효하지 않은지 구체화해 보는 것이 도움이 된다.

우리 시대의 지식이 보여주는 가장 큰 특징은 우리 스스로 사실의 수용기를 무시하거나 무신경하게 다루려 한다는 것이다. 우리는 오늘날 독특한 것을 새로운 기술 측면에서가 아니라 정보의 흐름과 관리 행위에 대한 일단의 새로운 감성으로 이해해야 한다. 불신과 의혹은 학계를 넘어 대중문화, 언론, 법정에까지 퍼져 나간다. 정보와 이미지의 최고 관리자인 사서, 박물관 큐레이터, 그리고 학자들은 이러한 분열을 끊임없이 조종한다. 엘리트와 대

---

32 Mark Mueller, "Full text of President Obama's speech at Rutgers commencement," nj.com, http://www.nj.com/news/index.ssf/2016/05/full_text_of_president_obamas_speech_at_rutgers_co.html(최종 수정일: 2016.5.15).

중 모두 형식화된 지식에 의해 회의적이다. 그러나 전문가의 전문 지식도 형식적 지식도 그냥 즉석에서 묵살되지는 않았다. 오히려 '정보 폭발(information explosion)'은 개인들이 전문가들의 횡포 없이 그들 자신의 삶을 관리할 수 있는 하나의 방법이다. 물론 그것은 그리 간단하지 않으며, 우리는 마지막 장에서 이것에 대해 더 많이 이야기할 것이다. 그러나 기본 요점은 난잡한 지식이 이미지와 사실에 대한 불신과 의존의 혼합이라는 것이다. 계몽주의를 기이한 것으로 신격화하든 아니면 영광스러운 성공으로 신격화하든, 디지털 문화를 계몽주의의 신격화로 보기보다는 디지털 문화는 퍼지 논리(fuzzy logic)[33]의 승리, 근대성의 위대한 안정 장치 가운데 하나인 지식에서 벗어나지는 않았지만 지식에서 조금은 풀려난 정보의 승리이다.

디지털 생활에 대한 우리의 견해는 분명 그것을 칭송하는 쪽은 아니다. 실리콘 구원(silicon salvation)에 대한 수많은 상상이 펼쳐지고 있지만 우리는 전에도 비슷한 이야기를 들은 바 있다. 그 이야기는 첫 번째 전신 타전 소리, 처음으로 듣는 라디오의 지직거리는 소리와 함께 전해졌다. 그것은 어떤 커뮤니케이션 미디어가 너무 신기해서 유토피아가 그럴 듯하게 들릴 때 떠도는 이야기로, 그런 웅성거리는 소리는 너무 강렬해서 어떤 것이든 가능한 것처럼 보인다.

그러나 모든 새로운 기술도 첫 순간은 지나가기 마련이다. 몇 년 안에 신기함은 사라지고 새로웠던 기계는 일상이 되고 만다. 부족함과 규범이나 윤리

---

33 퍼지 논리 혹은 퍼지 이론은 아제르바이잔 출신 미국인 수학자이자 공학자인 롯피 자데(Lotfi A. Zadeh)가 처음으로 제안했다. 우리가 흔히 알고 있는 명제 혹은 집합에서는 참, 거짓과 같이 객관적으로 뜻이 명확한 것들만을 다룬다. 그러나 그런 이상적인 상황과는 달리, 실제 생활에서는 뭐든지 참이나 거짓으로 딱 부러지게 나뉘지 않는다. 이러한 애매모호한 기준을 다루기 위해 생긴 수학적 도구가 바로 퍼지 이론이다. 따라서 퍼지 이론에서는 불분명하거나 주관적인 기준 역시 명제, 집합 따위를 이용해 설명할 수 있다. _옮긴이

에 반하는 행위가 계속해서 우리를 괴롭힌다. 정치 과정(political process)[34]은 기능 장애와 교착 상태에 빠진다. 우리 몸은 천천히 무너져 내린다. 그렇다면 우리는 다른 이야기가 필요하다.

이제는 평화, 사랑, 칠리 요리법을 끊임없이 공급하는 인터넷에 대한 들뜬 낙관주의의 첫 번째 파도도 지나간 지 한참 되었지만, 유토피아적인 꿈은 되풀이해서 나타나는 두더지 잡기 게임과 같은 속성을 지니고 있다. 채광 작업이 독성 유출물을 배출하는 것과 같은 방식으로 IT 산업은 새로운 지평에 대한 이념적 환상을 만들어낸다. 테크노픽스(technofix), 즉 문제에 대한 기술적 해결의 공허함은 정보 과부하에 대한 두려움만큼이나 긴 세월 동안 되풀이되는 문제이다. 이러한 경향들에 대해 이 책은 일종의 해독제 역할을 해내고자 한다.

이 책은 무엇보다도 종합에 대한 책이다. 최근 세대들에서 볼 수 있는 한 가지 변화는 학계에서 시각 문화에 대한 글이 폭발적으로 증가했다는 것이다. 이 학문 저 학문 할 것 없이 이미지를 연구하는 것에 대한 조심성이 사라졌다. 우리는 이미지에 압도당할 뿐만 아니라 이미지에 대한 글에도 압도당하고 있다.

이 책은 역사적 시기들 간의 일련의 대비를 제공한다. 감당 가능한 수준에서 서술하기 위해 우리는 세 개의 서로 다른 시기, 즉 19세기 후반(2장), 1920년대부터 1945년까지(3장과 4장), 그리고 1975년에서 2000년(5장과 6장)까지에 초점을 맞춘다. 주로 2차 자료를 사용하는 첫 번째 장에서는 17세기의 이러한 이슈들을 광범위하게 살펴본다. 마지막 네 개의 장은 서로 짝을 이룬

---

34 정치 현상을 법적·정치적 제도보다 여러 제도가 부여된 여러 행위자의 상호 협상의 과정으로서 받아들이는 말이다. _옮긴이

다. 3장은 적절한 사실의 응축(condensation) 문화의 출현을 다루고, 4장은 20세기 중반에 이미지를 신화적 통일체로 칭송한 것에 대해 다룬다. 5장에서는 이미지에 대한 믿음의 붕괴에 대해서 그리고 6장에서는 관리 가능하고 점진적으로 성장하는 지식 세계에 대한 확신의 약화에 대해서 다룬다. 우리는 이러한 특정 시기들에 초점을 맞추지만 현재를 포함해 이러한 특정 시기 외에 발생하는 변화에 대해서도 자유롭게 언급한다. 이 책의 전략은 전적으로 실용적이다. 즉, 우리는 비교를 강조하기 위해 눈에 띄게 서로 다른 명확히 규정된 시기들을 선택했다. 우리는 그러한 시기들 사이에 발생한 변화를 기술하는 데 과도한 시간을 쓰지 않으면서 그러한 모든 변화를 넌지시 암시할 수 있다. 이러한 주요 시기들의 선택을 통해서 독자 친화적인 책을 만들고자 한다.

몇몇 뛰어난 역사가들 역시 근대성 출현의 일환으로서, 사회가 스스로를 체계적으로 정리하는 방식의 일환으로서, 혹은 기술(技術)의 역사로서 정보의 증가에 대한 글을 썼다. 스티븐 샤핀(Stephen Shapin), 피터 갤리슨(Peter Galison), 피터 디어(Peter Dear), 바버라 샤피로(Barbara Shapiro), 시어도어 포터(Theodore Porter), 메리 푸비(Mary Poovey)는 '진실'의 역사, 진실로 간주되는 것, 객관성 개념의 진화, 그리고 권위적인 느낌을 가지고 있는 문화적 관행에 대한 글을 썼다.

근대 과학 역사가인 로레인 대스턴(Lorraine Daston)의 '사실'의 역사와 객관성의 역사에 관한 연구가 특히 도움이 되었다. 대스턴은 객관성을 찬양하거나 비난하는 대신 우리에게 그것의 역사와 실천을 자세히 분석하라고 요청한다.[35] 식물의 과학 삽화에 대한 글을 쓰든, 유리 꽃 모형에 대한 글을 쓰

---

35 Kenneth Cmiel, "After Objectivity: What Comes Next in History?" *American Literary History*, 2(1), 1990, pp. 170~181 참조.

든, 구름 사진에 대한 글을 쓰든, 사실적 재현(representation)에 대한 어떤 시도에서든 그녀는 늘 과잉을 절감하고 있다.[36] 개별 사례 특유의 실재성에 충실한 것은 세부적인 사실을 드러낼 수도 있지만 동시에 그 유형의 일반 형태(general morphology)를 모호하게 할 수도 있다. 예를 들어, 사진술은 개별적인 꽃이나 구름은 잘 포착하지만 일반 형태를 결코 보여줄 수는 없다. 그녀의 연구는 이 책의 핵심 관심사인 지식이 정보의 풍부함과 이미지의 과잉을 다루는 방법을 살펴볼 수 있는 길을 열어준다. 진실 주장이 공중과 연결될 때 그것이 부자연스러워지는 방식에 대한 우리의 관심은 대스턴의 정신을 매우 많이 따르는 것이라 할 수 있다. 왜냐하면 우리가 내부의 지식 생성 공동체에서 벗어나 불안감이 매우 극심하게 발생하는 외부 세계와 맞닥뜨리는 곳이 바로 공중과의 접촉 지점이기 때문이다.

이 책은 그러한 경계선의 양쪽 모두에 다리를 걸치면서 디지털에 당혹해하는 사람들에 대한 안내서가 되기를 원한다. 그러나 이 책에는 분명한 한계가 있다. 1장은 서유럽 전역을 포괄하지만, 이 책의 나머지 장에서는 이미지와 정보에 대한 질문이 미국 맥락에서 어떻게 나타나는지에 초점을 맞추면서 대서양 건너편이나 전 세계 다른 모든 곳에 대해서는 가끔씩만 들여다볼 뿐이다. 이 책은 닫혀 있는 주장을 펴는 것이 아니라 일종의 이야기를 들려주고자 한다. 그리고 이 책은 주류 중산층의 문화적 태도와 관행에 대한 연구이다. 우리는 이런 종류의 역사의 함정을 매우 잘 알고 있다. 대부분의 장에서 적어도 하나의 사이드바는 주류 밖에 있는 사람들의 문제를 직접 다룬다. 대여섯 단락에서부터 여러 쪽에 이르는 사이드바들은 본문이 다루지

---

36 여기 전체에 인용된 저작물들 외에도 다음 참조. Lorraine Daston, "The Glass Flowers," in *Things That Talk: Object Lessons from Art and Science* (New York: Zone, 2004), pp. 223~254; Daston, "Cloud Physiognomy," *Representations*, 135, 2016(Summer), pp. 45~71; Lorraine Daston and Peter Galison, *Objectivity* (New York: Zone, 2007).

못하는 세부 영역과 주장을 제시한다. 무언가를 사이드 바(side bar) 안에 집어넣으면 주목을 끌게 되고 시각적으로 눈에 띈다. 그것은 독자들이 외부자들의 중요성을 가볍게 여기지 않게 하는 확실한 방법이다. 그것은 또한 진실의 역사에는 무수한 샛길이 있다는 것을 독자들에게 상기시켜 주는 방법이기도 하다.

1장

호라티오에게 경고하기

사실과 사진

우리가 사실에 대해 흔히 들을 수 있는 이야기가 몇 가지 있다. 사실은 기본 구성요소라고 하는 말이 그 가운데 하나이다. 사실은 벽돌과 같아서 조심스럽게 나란히 붙이고 쌓아서 더 큰 어떤 것, 즉 지식을 만드는 데 사용된다. 우리는 참을성 있게 사실을 수집하고 이를 하나로 합친 다음, 진실의 강함과 힘으로 빛나는 튼튼하고 우아한 건물을 완성한다. 이것은 실증주의(positivism)의 이야기이다.

이것의 대안으로 '사실'은 우리가 찾거나 발견하거나 수집하는 것이 아니라는 이야기도 있다. 사실은 우리가 만드는 것, 때로는 큰 노력을 기울여 만드는 것이다. 사실은 '진실'처럼 영구적인 어떤 것을 만들어내지는 않지만 기존의 세계관을 지지하는 데 사용되는 사회적 통념이다. 우리가 강조하는 사실은 문화에 의해 규정된다. 프리드리히 니체(Friedrich Nietzsche)는 "'사실 그 자체'는 존재하지 않는다"고 생각했는데, "왜냐하면 '사실'이 존재할 수 있기에 앞서 어떤 의미가 사실에 항상 투사되어야 하기 때문이다".[1] 이것은 흔히 '사회 구성주의(social constructionism)'라고 불리는 이론의 이야기이다.

이러한 이야기들은 그 이면을 들여다보면 서로 그리 크게 다르지 않다. 그것들을 사실에 대한 카인(Cain)과 아벨(Abel)의 이야기로 생각해보라. 왜냐하면 그들은 서로 미워하지만 여전히 형제이기 때문이다. 두 이야기 모두 사실을 일차원적 조연 역할로 줄인다. 사실은 세상에 대한 더 큰 이야기를 뒷받침하기 위해서만 존재한다. 한 이야기(카인? 아벨? 당신이 고르라)에서는 이러한 사실이 '참'이고 다른 이야기에서는 그것이 구성되는 것뿐이다. 한

---

1   Friedrich Nietzsche, *The Will to Power*, trans. Walter Kaufmann and R. J. Hollingdale (New York: Vintage Books, 1967), p. 301.

이야기에서는 사실이 '지식'을 만들어내는 반면, 다른 이야기에서는 사실이 기존의 세계관이나 권력 구조에 기여한다. 그러나 '사실'은 이러한 각각의 도덕극(morality play)[2]에서 동일하게 단순해 빠진 멍청이 역할을 한다.

그러나 사실(과 정보)은 이 두 이야기가 묘사하는 것 훨씬 이상이다. 심지어 서양 철학 전통에서도 사실의 의미는 매우 다양하다. 임마누엘 칸트(Immanuel Kant)는 독일어 Tatsache와 라틴어에서 온 *Faktum*, 이 두 가지를 '사실'을 나타내는 용어로 사용했으며 그 의미는 비판서[3]마다 달랐다.[4] 루트비히 비트겐슈타인(Ludwig Wittgenstein)은 『논리철학논고(*Tractatus*)』[5]의 집필을 '사실'과 '사물(thing)'을 대비함으로써 시작한 것으로 유명하다. 잠바티스타 비코(Giambattista Vico)는 *factum*('하다'라는 의미의 라틴어 *facere*의 과거 분사로 '행위'라는 의미에 가까움)과 *verum*(진실)을 구분했는데, 그는 고대인들에게서 이러한 대비를 빌려 왔다. 매우 다양한 견해를 가진 학자들이 과학의 역사와 과학 철학에서 사실의 개념에 대한 유사한 복잡성과 미묘한 차이를 보여 주었다.

사실에 대한 이 두 반사적인 이야기의 단조로움과 두 이야기가 사실이 세상에서 작동하는 다양한 방식을 어떻게 놓치고 있는지를 보는 것은 어렵지 않다. 실제로 사실은 주변과의 어울림과 그것이 만들어내는 결과라는 면에서 카멜레온 같다. 사실은 지식을 구축해 주지만, 또한 우리에게 사건에 대해 계속해서 알려주고 잡다한 상식으로 우리를 즐겁게 해주며 우리가 생활 세계[6]를 탐색하는 데 실용적인 도움을 주기도 한다. 버스 운행 시간표는 사

---

2 15~16세기에 유행했던 도덕적 교훈을 가르치는 것을 목적으로 한 연극 형태를 말한다. _옮긴이
3 칸트는 3대 비판서로 『순수이성 비판』, 『실천이성 비판』, 『판단력 비판』을 남겼다. _옮긴이
4 Howard Caygill(ed.), *A Kant Dictionary* (Oxford: Blackwell, 1995), 표제어 'fact'.
5 이 책의 전체 제목은 *Tractatus Logico-Philosophicus*이다. _옮긴이
6 생활 세계(lifeworld)란 경험이 가능한 실재하는 세계로서 개인이나 집단의 평범한 생활을 의

실의 묶음이거나 사실의 묶음이어야 한다. 사실은 안정적일 수도 있고 불안정할 수도 있다. 안정적인 것 가운데 일부는 분명 거짓으로 판가름 날 것이다. 12세기부터 17세기까지 많은 유럽인은 이슬람 세계 너머에 프레스터 존(Prester John)[7]이 통치하는 번성하는 기독교인 지역이 있다고 확신했다. 더 최근에는 더 으스스하게도 수백만 명이 20세기 초 반유대주의적 위서(僞書)인 『시온 장로 의정서(*The Protocols of the Elders of Zion*)』[8]가 '사실'이라고 확신했다. 더 최근의 예를 떠올리는 것은 결코 어려운 일이 아니다.

사회 구성주의자와 실증주의자의 이야기 모두 사실은 차갑고 용의주도하며 중립적이고자 한다고 가정한다. 그러나 사실은 무지개 같은 정서적 색조를 가지고 있다. 언젠가 시카고 컵스가 월드 시리즈(World Series)에서 우승했다는 소식(프레스터 존 전설 같은 느낌을 주는 주장)을 듣는 것은 중립적이지도 않고 명백하지도 않은 사실이지만 오랫동안 마음고생을 해온 팬들에게 엄청난 기쁨을 주는 사실일 것이다.[9] 사실은 흥미진진하게 만들기도 하고, 괴롭히기도 하고, 놀라게 만들기도 한다. 사실은 격분을 달랠 수도 있다. 우리는 어떤 사실에 필사적으로 집착할 수도 있다("그녀는 날 사랑해"). 사실의 감정은 우리 몰래 작용할 수도 있다. 어떤 사실은 우리에게 엄청난 충격을 줄 수도 있다("테스트 결과는 양성입니다").

나의 첫 번째 책은 사실의 난장판과도 같은 것으로, 지극히 평범한 포르노처럼 엄청나게 지루하게 구성된 예들의 연속이었다. (그 책을 쓰면서, 포르

미하기도 한다. _옮긴이

7   사제왕 요한(Presbyter Johannes) 혹은 프레스터 존 전설은 중세 시대에 동방 어딘가에 거대하고 풍요로운 기독교 왕국이 있다는 이야기이다. _옮긴이

8   간단히 『시온 의정서(*The Protocols*)』라고 부르는 이것은 전 세계를 정복하려는 유대인의 계획을 담고 있는 내용으로, 반유대주의를 조장하기 위해 만들어진 위서이다. _옮긴이

9   시카고 컵스는 실제로 2016년에 월드 시리즈에서 우승을 했고, 켄 커밀이 세상을 떠난 지 10년 뒤였다.

노는 보는 것보다 읽는 것이 훨씬 덜 유혹적이라는 말을 덧붙일 수도 있었을 것이다!) 이것은 내게서 엿보이는 실증주의였을까? 결코 아니다. 그때도 나는 그 만트라(mantra), 즉 실증주의에 대한 믿음이 없었다. 그것은 나의 불안감이었다. 예를 많이 제시하면 나 자신이 무슨 말을 하는지 모른다고 아무도 불평할 수 없을 것이라고 판단했다. 그 책에 나오는 사실들은 나를 보호하기 위해 지루하고도 끔찍한 방식으로 이어졌다. 실증주의를 위해 이러한 너무나 지루한 정보의 난장판이 펼쳐진 것이 아니라 그것은 처음 책을 쓴 저자의 신경질적인 방어였다. 나는 과학을 한 것이 아니라 요새를 짓고 있었던 것이다.[10]

나는 실증주의자가 아니다. 나는 '사실'이 거기에 있다고 믿지 않으며 사실이 연구자들이 단순히 '찾아냈거나' '발견한' 것이라고 믿지 않는다. 만들어진 것으로서의 사실을 뜻하는 고대 라틴어 *factum*은 긍정적으로 검토해볼 만한 점들이 많다. 그러나 적어도 사회 구성주의라는 용어가 흔히 사용되는 방식에서 보자면 나는 사회 구성주의자도 아니다.[11] (우리가 사실로 받아들이는 어떤 것들이 매우 당연히 틀릴 수도 있지만) 사실은 기본적으로 허구가 아니다. 대신 '사실'은 '지시어(pointer word)'이다. 우리는 과학, 법률, 또는 일상생활에서 어떤 것을 가리키면서 그것을 경험의 흐름에서 꺼내 고려 대상으로 표시하고 싶을 때 그것을 '사실'이라 부른다. 우리가 '사실'로 여기는 것들은 한편으로는 지식, 세상에 대한 문화적 상(像), 또는 우리 자신의 형이

---

10 Kenneth Cmiel, *Democratic Eloquence: The Fight over Popular Speech in Nineteenth-Century America* (New York: Morrow, 1990) 참조.

11 여기 사회적 구성주의에 대한 비판과 '사실'의 본질에 대한 이 단락의 설명은 이언 해킹(Ian Hacking)의 『무엇의 사회적 구성?(*The Social Construction of What?*)』(Cambridge, MA: Harvard University Press, 1999)에 많은 도움을 받았다. 해킹이 "엘리베이터어(elevator words)"라고 부르는 것(우리는 여기서 "지시어"라고 부름)에 대한 구체적인 설명을 보려면 같은 책, pp. 21~24 참조.

상학적 확실성(metaphysical certainty)[12]과 다른 한편으로는 우리 주변의 흙, 먼지, 숲 및 고통 사이에 걸터앉아 있다. 우리가 사실로 여기는 것들은 후자를 전자로 이어주는 다리이다. 따라서 사실은 만들어지지만 반드시 허구는 아니다. 새벽 2시에 뉴 파이어니어 코옵(New Pioneer Co-op)[13]에 가면 문이 닫혀 있을 것이다. 그것은 사실이다.

더 큰 이야기('지식' 혹은 '사회적 구성')를 뒷받침하는 것이 유일한 임무인 사실은 또한 모호함이나 혼동의 여지를 거의 남기지 않는다. 특수자(特殊者)들은 세탁소에 있는 셔츠처럼 깔끔하게 내러티브 안으로 접힌다. 심지어 파울 파이어아벤트(Paul Karl Feyerabend)[14] 같은 날카로운 철학자도 한때 '있는 그대로의 사실(bare fact)' 같은 것은 없다고 생각했다. 그는 모든 것이 이론으로 가득 차 있으며, 사실은 "본질적으로 관념적"이라고 생각했다.[15] 이러한 고전적인 사회 구성주의적 견해를 가지고 있던 파이어아벤트는 갈릴레이를 처음부터 잘 형성되어 있는 우주에 대한 이야기를 하기 위해 자신이 발견한 사실을 사용한 사람으로 묘사했다. 파이어아벤트에 따르면, 갈릴레이는 똑똑하고 영리했지만 혼란스러워하지 않았다. 파이어아벤트의 설명의 문제점은 1610년 이후 몇 년 동안 갈릴레이가 혼란스러워'했다는' 것이다. 그는 망원경을 통해 토성을 바라보았지만 항상 같은 것을 보지는 못했다. 때로는 연이어 있는 세 개의 물체를 보았고, 때로는 그의 도구에 대해 불평하기도 했다. 마침내 그는 고리로 둘러싸인 행성을 그려냈다. 한동안 갈릴

---

12   실재의 본질에 대한 일부 진실이 특정 경험이나 관찰과 무관하게 절대적으로 확실하게 알려져 있다는 믿음을 말한다. _옮긴이
13   미국 지역에 있는 유기농 식료 잡화 매장이다. _옮긴이
14   파울 카를 파이어아벤트(1924~1994)는 오스트리아의 과학 철학자로 UC 버클리(University of California, Berkeley)에서 철학 교수를 역임하며 현대 과학 철학에 크게 공헌했다. _옮긴이
15   Paul Feyerabend, *Against Method*, 3rd ed.(London: Verso, 1993), p. 11, 22.

레이는 결과적으로 그것이 무엇을 보여주는 것인지 확신하지 못했다.[16]

더 큰 이야기 속에 쉽게 어울릴 수 없는 사실은 모호함과 심지어 궁금함을 자아내는 데 도움이 된다. 이것은 우리의 논지에 부수적인 것이 아니다. 그것은 우리 논지의 핵심이자 중심 출발점이며, 파울 파이어아벤트가 나중에 심사숙고한 결과에 많은 빚을 지고 있는 것임을 우리는 덧붙였을 수도 있을 것이다. 모호함은 사회 구성주의나 실증적인 지식으로 모든 사실을 설명하는 것이 불가능함을 가리킨다. 사실은 항상 과잉될 가능성이 있다. 사실은 수용기에서 새어 나올 수 있다. 과학주의(scientism)[17]가 가장 잘못되었을 때가 언제인가 하면 "과학은 우주의 모든 것을 설명할 수 있다"고 과도하게 부풀릴 때이다. (대부분의 과학자는 이러한 진부한 표현을 입에 담지 않을 것이라고 나는 장담한다.)

"호라티오(Horatio), 하늘과 땅에는 자네의 철학에서 꿈꾸는 것보다 더 많은 것이 있네"라는 햄릿(Hamlet)의 유명한 조언은 유령을 본 직후에 나왔다는 것을 기억하라. 에피쿠로스(Epicouros), 몽테뉴(Montaigne), 월트 휘트먼(Walt Whitman), 윌리엄 제임스(William James),[18] 그리고 좀 더 최근 인물인 파이어아벤트, 이언 해킹(Ian Hacking), 이탈로 칼비노(Italo Calvino)와 같은 나의 영웅들은 모두 이와 같이 생각했다. 핵심은 과학을 결코 증오하는 것이 아니라 우리 지식에는 외적 한계가 있다는 중요한 감각을 유지하는 것이다.

---

16 파이어아벤트의 갈릴레이에 대한 묘사에 대해서는 다음 참조. Feyerabend, *Against Method*, passim. 그러나 갈릴레이에 대한 좀 더 모호한 묘사는 다음 참조. Umberto Eco, *Kant and the Platypus* (New York: Harcourt, Brace, 1997), pp. 359~360.

17 과학적 방법과 연구 방식의 보편적 적용 가능성에 대한 믿음, 그리고 과학이 가장 정통적인 세계관이거나, 인간의 학문 중에서 다른 모든 관점을 배제할 정도로 가장 가치 있는 것이라는 견해를 가리키기 위해 보통 경멸적인 의미로 사용된다. _옮긴이

18 윌리엄 제임스(1842~1910)는 미국의 철학자, 심리학자이며 프래그머티즘(pragmatism) 철학의 확립자로 알려져 있다. _옮긴이

우주는 우리의 이해를 잘도 피해 나가는 데가 많은 경이로운 곳이다.

최근 들어 이미지는 정반대의 혹평을 받는다. 이미지는 단순해 빠진 멍청이가 아니라 음흉하고 복잡한 것으로 쉽게 묘사된다. 이미지는 지적 역사의 누아르(noir), 생각의 팜므 파탈(femme fatale)이다. 우리를 조종하는 이미지의 능력은 당연한 것으로 여겨진다. (대개 지식인들은 이것을 어이없게도 '다른 사람들'을 조종할 수 있는 능력으로 소개한다.) 우리는 이미지에 집착한다. 이미지는 우리를 꼼짝 못 하게 만들고 우리를 압도한다. TV의 폭력, 비디오 게임이나 인터넷 포르노그래피로 인한 트랜스 상태, 불만을 품은 젊은이들 사이에서 인기 있는 지하디스트(jihadist) 비디오, 군용 드론 운영자를 당황하게 만드는 충격 후 정서적 마비 같은 이미지에 대한 우려가 문화 전체에 퍼져 있다. 참수당하는 사진이나 물에 빠져 우는 아이의 사진은 국가를 움직일 수 있다. 이미지는 분노, 경이, 혐오감, 흥분, 통찰력, 공감, 각성, 또는 메스꺼움을 유발할 수 있다. 사진은 실재성을 잡아채지만 또한 우리도 잡아채기 때문에 우리는 두려워한다.

지식인과 설교자들은 적어도 이것에 대해서만은 흔히 동의한다. 이미지는 기만적이고 유혹적이어서 믿을 수 없다. 문학 이론가인 프레드릭 제임슨 (Fredric Jameson)은 자신의 더 주목할 만한 문장 가운데 하나에서 "눈으로 보이는 것은 '본질적으로' 외설적"이라고 주장한다.[19] 그러나 이러한 표현 자

---

19 Fredric Jameson, *Signatures of the Visible* (London: Routledge, 1990), p. 1. 전체 문장은 다음과 같다. "눈에 보이는 것은 '본질적으로' 포르노그래피적인데, 말하자면 그것은 황홀하고 무의미한 매혹으로 끝이 난다는 뜻이다; 그 속성에 대해 생각하는 것은, 그것이 그 대상을 배신할 의향이 없다면, 그것의 부속물이 된다." 제임슨은 '포르노그래피'를 강박적인 것과 연관시키지만 반드시 성적인 것과 연관시키지는 않는다. 또한 제임슨은 이미지가 어떻게든 우리를 비판적 사고에서 멀어지게 하는 것으로 본다는 점에도 주목하라.

체가 단순함에서 비롯된 것이다. 이미지는 우리에게 속임수를 쓰지 않는다. 이미지는 정말 우리가 이미지에 집착하게끔 만들지 않는다. 이미지는 '본질적으로' 포르노그래피가 아니다. MRI와 CAT 스캔은 매우 중요한 정보를 제공한다. 출장 갈 때 아이들의 사진을 가지고 다니는 것을 나는 쑥스러워하는 것이 아니라 자랑스럽게 여긴다. 나는 영화의 아름다운 순간을 즐긴다. 강박적일 정도로 이 모든 것을 문질러 없애는 것은 부분을 보고 전체로 착각하는 일반적인 오류를 범하는 것이다. 프레드릭 제임슨, 하늘과 땅에는 당신의 철학에서 꿈꾸던 것보다 더 많은 것이 있다.[20]

그러나 이미지는 우리에게 은근히 위협하듯 작용하는 것으로 여겨지기도 하지만, 흔히 단순한 메시지를 가지고 있는 것으로 소개되기도 한다. 사진은 무언가를 요약해서 보여준다. 사진은 도상적으로, 한순간[켄트 주립대학교(Kent State University) 학살 사건[21] 사진], 신화[조 디마지오(Joe DiMaggio)[22]의 스윙], 국가[노먼 락웰(Norman Rockwell)[23]의 그림 〈결핍으로부터의 자유(Freedom from Want)〉]의 본질을 포착한다. (이미지는 또한 비용이 많이 드는데, 위의 이미지들을 사용하려면 2000달러나 들기 때문에 이 책에 사용하지 못했다. 당신은 이

---

20 알베르토 망겔(Alberto Manguel)은 그의 아름다운 『나의 그림 읽기(*Reading Pictures*)』(New York: Knopf, 2000)에서 제임슨보다 훨씬 더 나은 결과를 얻었다. 망겔에게 이미지는 이야기, 부재, 수수께끼, 악몽, 폭력, 철학 등이 될 수 있다

21 켄트 주립대 학살 사건은 1970년 5월 5일 오하이오(Ohio)주 켄트에 소재한 켄트 주립대학교에서 오하이오 국민 위병(National Guard)이 비무장 학생 시위대에게 실탄을 발포한 사건이다. 28명의 국민 위병 병사들이 13초 동안 67발을 쏘았으며, 학생 네 명이 죽고 아홉 명이 부상당했다. _옮긴이

22 1930~1940년대를 상징하는 미국의 아이콘 중 한 명이자 베이브 루스(Babe Ruth)의 뒤를 이은 뉴욕 양키스(New York Yankees)의 간판 프랜차이즈 스타였다. 지금까지도 깨지지 않고 있는 56경기 연속 안타를 기록했으며 리그 최고 타율 2번, 최다 홈런 2번, 최다 타점 2번과 함께 리그 MVP 3회, 전 시즌 올스타전 출장, 월드 시리즈 우승 9회를 기록했다. _옮긴이

23 노먼 락웰(1894~1978)은 미국의 화가이자 일러스트레이터이다. _옮긴이

이미지들을 상상해 볼 수도 있다. 아니면 구글링을 해보라.) 우리는 이야기의 한 면만을 말하는 이미지의 힘을 두려워한다. 그러나 또다시 그림이 간단한 요약을 제공한다는 생각은 햄릿의 진실을 무시한다. 영화감독 장-뤽 고다르(Jean-Luc Godard)는 자신의 생애 후반기에 어떤 이미지도 본질을 완전히 '포착할' 수 없다는 것을 인정하면서 "전 세계를 하나의 이미지로 담아내기에는 너무 벅차다"고 말했다.[24] 사실과 마찬가지로 이미지도 그러해서, 늘 포착하지 못하는 바깥 세계가 존재한다.

게다가 이미지를 바라보는 사람들은 그러한 상징들을 다르게 이해한다. 그렇다. 짧은 순간이지만 어떤 때 장난스럽게 보이고, 어떤 때 억압적으로 보이며, 어떤 때 애처롭게 보이는가? [〈7년만의 외출(The Seven-Year Itch)〉에서 지하철 환풍구 위에 있는 매럴린 먼로(Marilyn Monroe)를 생각해보라.] 대답은 당신의 시선이 그림의 어느 부분에서 길을 잃고 방황하는지 그리고 당신이 그것을 어떻게 생각하는지에 달려 있다.

롤랑 바르트(Roland Barthes)[25]가 한때 매우 예리하게 지적했듯이, 모든 사진에는 항상 과잉이 존재했다. 바르트에게 우리의 눈길을 끌고 사진 설명이나 일반적으로 인정되는 해석 이상의 어떤 것을 시사하는 것은 바로 세부 사항이었다. 사진은 그것의 의미들을 춤추게 하는 놀라움과 사건으로 가득 차 있다. 때때로 미련스러울 정도로 충실한 사진의 표현은 그렇지 않으면 달아나버렸을 것들을 포착할 수 있다.

정보와 이미지 모두 쓰임새가 다양하다. 정보와 이미지는 사악하면서도 아름다울 수 있고, 감상적이면서도 냉소적일 수 있다. 정보와 이미지는 곤봉처럼 딱딱하거나 애무처럼 부드러울 수 있다. 그리고 둘 모두 지나치게

---

24 Jean-Luc Godard, *Son + Image, 1974-1991* (New York: Museum of Modern Art, 1992), p. 171.
25 롤랑 바르트(1915~1980)는 프랑스의 철학자이자 비평가이다. _옮긴이

많아서, 우리가 그것들을 담아두는 수용기에서 흘러넘치기도 하고 우리 삶을 관리하기 위해 사용하는 틀을 벗어나기도 한다. 이미지와 정보는 확실하게 해주거나 불안하게 할 수 있다. 사실과 사진은 지식을 만들어내고 편견의 은유 역할을 하지만, 동시에 모호함과 혼란을 드러내 보여주기도 하고 많은 세상사를 지속적으로 증언하기도 한다. 우리가 주의를 기울인다면, 사실과 사진은 우리가 아는 것이 얼마나 적은지 가르쳐준다. 그러나 또한 우리가 주의를 기울인다면 사실과 사진이 다른 시대와 장소에서 어떻게 말하는지에 대해서도 우리에게 가르쳐줄 수 있다.

초기 근대의 통제되지 않는 사실들

1600년대에 근대적인 사실이 유럽 문명 속으로 밀고 들어왔다. 근대적 사실은 데이터, 정보, 또는 표본과 같은 것이었다. 로레인 대스턴의 유용한 문구를 빌리자면, 근대적 사실은 "경험의 조각들(nugget of experience)"이었다. 가장 중요한 것은 그것이 이론에서 자유로운 산물이라는 것이었다. 그것은 다른 것들과 독립적이었다. 사실들이 "자력으로 행동할 수 없기로 유명했다. 즉, 사실들은 '고집스럽거나' '완강하거나' 심지어 '심술을 부리기'까지 하며 해석과 추론에 저항했다".[26]

이전에도 특수자는 존재했으며, 특수자에 대한 건강한 논쟁은 13세기와 14세기 철학으로 쭉 이어졌지만, 학식이 풍부한 대부분의 주석자에게 특수자의 가치는 일부 분류를 제외하고 미미했다. 모든 고대 그리스인들처럼 사실에 대한 관념이 없었던 아리스토텔레스(Aristoteles)는 더 일반적인 설명이 없는 특수자를 경멸했다. 그의 제자인 토마스 아퀴나스(Thomas Aquinas)도

---

26 Lorraine Daston, "Marvelous Facts and Miraculous Evidence in Early Modern Europe," *Critical Inquiry*, 18, 1991(Fall), p. 93.

마찬가지였다. 그들에게 특수자는 보편자[27]를 예시하거나 심지어 구현하기 위한 것이었다. '정보(information)'라는 용어의 중세의 기원은 실제로 이러한 관점을 암시했다. 즉, 정보는 보편적인 형상이 세상의 특수한 질료에 생명을 불어넣는 과정이었다.[28]

이에 반해 17세기 경험주의자들[프랜시스 베이컨(Francis Bacon), 로버트 보일(Robert Boyle), 존 로크(John Locke) 같은 남성들]은 특이하고 다루기 힘든 사실에 대해 좀 더 규율 있는 시도를 함으로써 과학을 진전시키고 싶어 했다. 이것은 중세에 [단테(Alighieri Dante)에 의해] "식자들의 스승"으로 숭배되었지만 17세기 경험주의자들을 괴롭히는 존재가 된 아리스토텔레스를 박살낼 수 있는 한 가지 방법이었다. 넓은 바깥 세계가 손짓을 하는 때에 수학자이자 천문학자인 요하네스 케플러(Johannes Kepler)가 조롱하듯 부른 "종이 위의 세상"에 스콜라 철학자들이 의존하는 것을 그들은 참을 수 없었다.[29]

대체로 17세기 이전에는 아무도 사실을 믿지 않았다. 사람들은 사물을 믿었다. "우리 자신처럼 사물은 본질을 내내 유지하면서 크게 변화하고 성장할 수 있다. 반면에 사실은 고정되어 있어 변하지 않는다."[30] 그와 같은 견해

---

27 보편자(universals)와 개별자(individuals)에 관련된 논의는 중세 철학에서 보편 논쟁으로 대표된다. 이 논쟁은 보편자('종'이나 '유' 개념)가 단순한 이름이나 말, 혹은 정신 내부의 개념상의 존재인지, 아니면 정신 밖의 존재가 실제로 있는지에 관한 물음이었다. 개별자라는 개념은 처음 플라톤에 의해서 이데아를 분유(分有)하는 것으로 소개되었다. 보편자는 하나의 실체인 이데아로 모든 개별자를 앞서고 있으며, 개별자는 보편자를 분유하는 것이다. 아리스토텔레스에 의하면 개별자는 현실에 존재하는 각각의 형상이며, 이 개별화된 형상을 추상화함으로써 보편자가 얻어질 수 있다고 한다. _옮긴이

28 John Durham Peters, "Information: Notes toward a Critical History," *Journal of Communication Inquiry*, 12(2), 1988, pp. 9~23.

29 Richard Panek, *Seeing and Believing: How the Telescope Opened Our Eyes and Minds to the Heavens* (New York: Viking, 1998), p. 55.

30 Guy DeBrock, "Aristotle Wittgenstein, Alias Isaac Newton between Fact and Substance," in P. B. Scheurer and Guy DeBrock(eds.), *Newton's Scientific and Philosophical Legacy*

는 19세기와 20세기 대부분의 기간 동안 널리 퍼져 있었다. 그러나 17세기에는 사실이 그렇게 안정적이지 않았다. 사실이 법의 영역에서 더 넓은 분야로 들어왔을 때, 그것은 경이로움, 기이함, 참신함으로 빛났다. 과학적 행위를 통해 사실을 안정적으로 만드는 방법을 발견함에 따라 사실은 지속성과 일관성을 갖기 시작했다. 사실은 "경이로움으로 시작해서 규칙성으로 끝을 맺었다". 대스턴이 주장하듯이, 이러한 변화는 '과격한 경험주의자'인 로버트 보일과 같은 사람과 프랑스의 물리학자이자 화학자인 샤를 프랑수아 드 시스테르네 듀 페(Charles François de Cisternay du Fay)의 1730년대 연구 간의 차이에서 특히 분명히 드러나는데, 보일의 과격한 경험주의는 희귀한 사실에 대한 불규칙한 놀람을 즐긴 반면, 듀 페는 사실의 변함없고 안정적인 성질을 소중하게 여겼다.[31] 17세기 유럽 과학의 전반적인 경향은 있는 그대로의 사실에 주의를 기울이는 것이었고, 18세기의 경향은 사실들을 과(科)와 목(目) 같은 분류 항목으로 체계적으로 정리하는 것이었다.

유럽 언어에서 '사실'에 대한 새로운 의미가 17세기에 등장하기 시작한다. 스페인어 hecho, 이탈리아어 fatto, 독일어 Tatsache, 프랑스어 fait, 네덜란드어 feit는 모두 근대 초기에 새로운 의미를 얻었다. 『옥스퍼드 영어사전(Oxford English Dictionary)』에 '사실'의 근대적 의미가 처음 등장한 때는 1632년이었다. 프랑스어 fait는 18세기가 되어서야 비로소 행위(또는 행위에 대한 설명)라는 의미를 잃었지만, 이 의미는 fait accompli라는 용어 속에 계속 살아남아 있다. 그리고 영어 'matters of fact(사실 문제)'를 독일어로 옮긴

(Dordrecht: Kluwer, 1988), pp. 355~377.

31 Lorraine Daston, "The Cold Light of Facts and the Facts of Cold Light: Luminescence and the Transformation of the Scientific Fact, 1600-1750," in David Rubin(ed.), *Signs of Early Modern France II: 17th Century and Beyond* (Charlottesville, NC: Rockwood Press, 1997), pp. 17~44, at 21.

Tatsache라는 용어는 1756년에서야 비로소 독일어에 들어왔다. 이 모든 용어는 약간의 독립적인 경험으로서의 새로운 사실, 인간의 상상력으로 결코 지어낼 수 없는 독특함으로 억세게 단단한 껍질을 이루고 있는 것을 가리킨다. 사실은 인간의 조작에 대한 무관심함에 있어 변덕이 심하다. 레이먼드 챈들러(Raymond Chandler)가 만들어낸 가상의 캐릭터인 사설탐정 필립 말로우(Philip Marlowe)는 증인의 증언이 "씨실처럼 얽힌 사실이 아닌 극단적으로 간결한 허구"처럼 들린다고 불평하면서 17세기에 시작된 해석을 계속 이어갔다.[32] 사실은 우리가 지어낼 수 있는 그 어떤 것보다 더 이상했다.

고대 그리스인들에게는 사실에 해당하는 단어가 없었으며, 사실이라는 개념을 처음으로 사용했던 사람들은 스토아(Stoa)학파인 것 같다. 아리스토텔레스는 손에 쥐어져 있는 사물을 뜻하는 '프라그마타(*pragmata*)'에 대해서는 간접적으로 알고 있었지만, 로마인들이 고안한 개념인 '팍타(*facta*)'에 대해서는 알지 못했다. 사물, 사건, 소송을 의미할 수 있는 파악하기 힘든 단어인 '레스(*res*)'에서 '사실'이라는 단어의 등장을 예상해 볼 수 있다. 사실의 근대적 의미는 적어도 영국에서는 법적 맥락에서 나온 것 같다.[33] 영국 법에서 배심원은 '사실 문제'를 결정하고 '법률 문제(matters of law)'를 판단하기로 되어 있는데, 이는 사실과 이론이 분리됨을 의미한다. 로마법에서 시작된 후 중세에 사라진 이러한 구분은 13세기에 다시 등장했으며 1300년대에 이르러서는 법률가들에게 널리 알려졌다.[34] 앞에서 언급했듯이, 로마어

---

32 Raymond Chandler, *The Big Sleep* (New York: Vintage Books, 1992), p. 169.

33 Barbara Shapiro, *A Culture of Fact: England, 1550-1720* (Ithaca, NY: Cornell University Press, 2000).

34 Morris S. Arnold, "Law and Fact in thle Medieval Jury Trial: Out of Sight, Out of Mind," *American Journal of Legal History*, 18, 1974, pp. 267~280; Jerome G. Lee, "The Law-Fact Distinction: From Trial by Ordeal to Trial by Jury," *AIPLA Quarterly Journal*, 12, 1984, pp. 288~294.

*factum*은 인간이 이룬 것을 일컫는데, 후손에게 '위업'을 물려준다는 의미이다. 그러나 이것은 아직 근대적인 사실이 아니었다. 홉스(Thomas Hobbes)가 『리바이어던(*Leviathan*)』에서 "사실이 행하는 것(a fact doing)"[35]이라고 언급했을 때, 그는 이러한 더 오래된 의미를 사용하고 있었던 셈이다.[36] 중세 법률가들의 경우, '사실 문제'는 인간 행위 및 행동, 구체적으로 말하자면 범죄 행위와 특히 관련되었다. 이에 반해 17세기의 사실은 자립적이어서 이론이나 해석에 반항하거나 저항했다. 그 안에 약간 마초 끼가 있는 것 이상이었다.[37]

초기 근대 철학은 사실이 '자연스러울 수 있다'는 혁신적인 생각을 우연히 하게 되었다. 스콜라주의적 사고에서는 자연이나 신에 의해 만들어지는 사물은 반드시 참(*vera*: '참된 사물')이고 인간에 의해 이루어지거나 만들어지는 사물은 비필연적인 질료(*facta*: '만들어지거나 이루어지는 사물')였다. '자연적 사실(natural fact)'이라는 관념은 모순 어법이었을 것이다.[38] 그러나 이것이 바로 경험주의자들이 찾고 있었던 것이다. 근대적인 사실은 *verum*과 *factum*이라는 낡은 대조 사이의 공간에서 간신히 새로운 존재를 드러냈다. 즉, 근대적 사실은 *verum*처럼 인간의 의도로부터 자율적이었고, *factum*처럼 분석과 시험의 집단적 절차에 영향을 받기 쉬웠다.

새로운 사실은 '경험'에 대한 새로운 관념들과 연결되었다. 역사가 피터

---

35 해당 문장의 앞부분을 보면 "when we see 'a fact doing'"이라고 되어 있다. _옮긴이

36 Thomas Hobbes, "Of the Severall Subjects of Knowledge," in *Leviathan* (1651). 또한 다음 참조. Steven Shapin and Simon Schaffer, *Leviathan and the Air-Pump: Hobbes, Boyle, and the Experimental Life* (Princeton, NJ: Princeton University Press, 1985), p. 101.

37 사실과 증거의 구별에 관해서는 다음 참조. Daston, "Marvelous Facts," p. 93. 행위로 이루어진 것으로서의 사실에 관해서는 다음 참조. Shapiro, *Culture of Fact*, pp. 9~11.

38 Catherine Gallagher, "Matters of Fact," *Yale Journal of Law and the Humanities*, 14, 2002 (Summer), pp. 441~447.

디어는 경험에 대한 이해의 변화 과정을 기록했다. 중세 스콜라 철학에서 경험은 "자연에서" 일반적으로 "일어나는 일에 대한 진술"이었다. 17세기 경험주의에서 경험은 일반화되기보다는 특수화되었으며 흔히 실험실에서 인간에 의해 유발된 사건을 포함했다. 이러한 관행은 영어 단어 experience와 experiment를 구별하는 데 도움을 주었는데, 이 두 단어는 다른 현대 유럽언어에서도 여전히 연결되어 있다. 경험의 특이화(singularization)는 근대적 사실을 해방시켜 주는 데 특히 중요했다. 탐구자들은 자연의 '이유'보다는 '본질'을 알고 싶었으며, 목적론적 확신[39]이 아닌 규칙적인 패턴을 원했다.[40]

전형적인 근대적 '사실'은 박물학자, 천문학자, 탐험가, 지도 제작자, 화가, 그리고 과학계의 남성들과 몇몇 여성들의 소유였다. 그러나 근대적 사실은 또한 새로운 감수성을 보여주었는데, 이것은 정보를 수집하면서 놀라운 가치를 발견하는 그런 감수성이다. 새로운 사실들은 아주 많았다. 사실과 기이함은 아직 적(敵)이 아니었다. 17세기의 경험주의에 관한 자신의 중요한 연구에서 대스턴은 새로운 과학에 '기이한 사실'이 중심 위치를 차지하고 있음을 밝혀냈다. 근대적인 사실 문화의 출현에 매우 중요했던 것은 바로 기이함이라는 범주를 없애는 것이었다고 대스턴은 주장한다.

사실을 수집하고 기록하기 위한 치열한 다툼은 초기 근대인들이 이전의 경계들을 무너뜨리면서 세계를 새롭게 다루는 한 가지 방법이었다. 복식 부기, 생명표,[41] 회람 시사 회보,[42] 선박 일지, 곤충 표본 세트, 동물원, 정물화,

---

39 목적론은 철학적 세계관 중 하나로 모든 세계의 사물이나 현상은 일정한 목적을 실현시키기 위해 존재하기도 하고 나타나기도 한다는 것이다. 예컨대, 신이 수립한 세계의 질서를 나타내기 위해 모든 것이 있다는 것 등이다. _옮긴이

40 Peter Dear, *Discipline and Experience: The Mathematical Way in the Scientific Revolution* (Chicago: University of Chicago Press, 1995), p. 125.

41 생명표(actuarial table, mortality table, 또는 life table)란 현재의 연령별 사망 수준이 그대로 유지된다는 가정 아래 장래의 기대 여명을 산출해 정리한 표를 말한다. _옮긴이

진품(珍品) 전시실(cabinet of curiosities),[43] 자연의 경이로 가득 찬 초기 박물관과 같이 사실을 편집하는 다양한 방법이 등장했다.[44] 초기 근대는 과학, 제국 및 예술 분야에서 이 세상의 사물들을 수집·수용해 관리하겠다는 정신을 가지고 있었다. 르네상스 인문주의자들은 '정보 열망'에 사로잡혀 있었다.[45] 17세기의 과학 데이터의 급속한 축적은 오늘날 사람들이 '빅 데이터'에 대해 말하는 방식과 비교할 만하다. 그 충격은 똑같이 상당했다.

예를 들어, 펠리페 2세(Felipe II, 1527~1598)가 통치하던 스페인에서는 보물과 영토 그리고 제국의 지배를 받는 신민들을 추적하기 위한 새로운 일단의 관행들이 나타났다. 펠리페 2세는 전 세계에 흩어져 있는 제국의 해안선과 해류, 강과 조수, 동물과 식물, 금화, 통행자, 유랑자, 거지에 대한 표, 지도 및 기술 형태의 장부를 모아나갔다. 펠리페 2세는 문서화하는 것을 좋아했기 때문에 때때로 서류 작업의 왕(el rey papelero)으로 불렸다. 그는 중세 군주의 전형이었던 왕의 행차 의례로 왕국을 돌아다니는 대신 그의 왕국에 매일 산더미 같은 문서를 가져오라고 요구했다. 세비야(Sevilla)에 있는 정보 센터인 상무원(casa de la contratación)은 스페인이 해외 영토를 하나씩 정복할 때마다 그에 상응하는 스페인의 해외 영토에 대한 완전하고도 지속적으로 업데이트되는 왕실 기록부(padrón real)를 만들겠다는 다소 터무니없는

---

42 17세기 말~18세기 초 구독자에게 시사 문제를 써서 보낸 편지식 주간 신문(newsletter)으로 현대 신문의 효시라고 할 수 있다. _옮긴이

43 약 16세기경부터 18세기까지 다양하게 발전했던 '진품 전시실'은 예술 작품, 골동품, 장식품, 희귀하거나 이국적인 수집품처럼 주목할 만한 전시물들을 소장해 전시하는 공간을 말하는데 점차 사설 박물관 형태로 발전했다. _옮긴이

44 르네상스 시대의 '축적' 비유에 대한 유용한 논의를 보려면 다음 참조. Debra Hawhee, *Rhetoric in Tooth and Claw: Animals, Language, Sensation* (Chicago: University of Chicago Press, 2017), chap. 6.

45 Ann M. Blair, *Too Much to Know* (New Haven, CT: Yale University Press, 2010), p. 6.

야심을 가지고 있었다. 세비야는 신세계에서 온 이국적인 물품, 동물, 식물, 광물이 구세계로 흘러들어간 곳이기도 했다. 세계를 지도로 보여주고자 한 이러한 열망은 합스부르크(Habsburg)[46] 관료제의 한때 목표였을 뿐만 아니라 근대 과학의 경험주의 정신의 중심이었다.[47]

최근 세대의 역사가들은 더 오래된 '과학 혁명(scientific revolution)'의 개념을 뒤흔들어놓으려고 노력했는데, 더 오래된 과학 혁명의 개념은 근대가 중세를 대체하고 과학이 미신을 정복한 17세기의 엄청난 변화에 대한 이야기였다. 몇몇 역사가들은 이 용어를 완전히 없애자고 제안했다. 어쨌든 '과학 혁명'이라는 용어는 1880년대가 되어서야 생겨났고 1939년 이후에야 비로소 일반적으로 사용되었다.[48] 비록 과학 혁명이 일어나지는 않았지만, 17세기의 새로운 과학은 이제 이전에 생각했던 것보다 더 복잡하고 덜 완전하게 형성된 것으로 여겨진다. 옛것과 새것이 뒤섞였으며, 새것은 완전히 '우리의' 새것이 아니었고, 그것의 열렬한 지지자들은 아직 정확히 '우리'가 아니었다. 아이작 뉴턴(Isaac Newton)은 연금술에 관심을 가졌고, 프랜시스 베이컨은 괴물에 상당한 관심을 기울였다. 영국 실험 과학을 대표하는 인물인 위대한 화학자 로버트 보일은 달의 위상이 알맞을 때 말린 두꺼비의 가루와 처녀의 첫 생리혈이 들어 있는 부적을 몸에 지니면 일련의 질병을 막을 수 있을 것이라고 생각했다.[49]

20세기 말의 실증주의와 사회 구성주의의 이야기가 사실과 이론이 어느

46 펠리페 2세는 합스부르크 왕가 출신의 스페인 국왕이었다. _옮긴이

47 Bernhard Siegert, *Passage des Digitalen: Zeichenpraktiken der neuzeitlichen Wissenschaften, 1500-1900* (Berlin: Brinkmann und Bose, 2003), pp. 65~120.

48 Steven Shapin, *The Scientific Revolution* (Chicago: University of Chicago Press, 1996), p. 2.

49 Edward S. Golub, *The Limits of Medicine: How Science Shapes Our Hope for the Cure* (Chicago: University of Chicago Press, 1997), pp. 50~51.

정도 깔끔하게 맞아떨어짐을 보여준다면, 17세기의 경험주의는 사실과 이론의 어울림을 복잡하게 만든다. 과학 혁명의 다른 많은 것과 마찬가지로, 17세기의 사실은 근대적이었지만 완전히 근대적이지는 않았다. 사실은 아무런 설명 없이 이리저리 그것도 공격적으로 돌아다녔다. 사실은 위협적으로 혹은 흥겹게 범주들 사이에 걸쳐 있었다. 근대 경험주의는 태어났을 때부터 무질서하게 퍼져 나갔고, 불안정했고, 위태롭게 질주했다. 사실과 이론은 잘 어우러지지 않았다.[50]

처음부터 사실이 통제 불능이 될 수 있다는 두려움이 있었다. 새로운 정보가 '너무 많았다'. 세계 먼 지역으로의 여행은 점차 자연계에 대한 오래된 관념들을 깨뜨렸다. 유럽은 고사하고 아프리카, 아시아, 신세계의 모든 동물과 식물의 목록을 누가 작성할 수 있었겠는가? 아르마딜로, 토마토, 식인종을 보고 그것들이 무엇이라고 생각했을까? 한스 블루멘베르크(Hans Blumenberg)[51]는 "항해와 미지의 땅 발견"이라는 아주 흔한 은유를 통해 초기 근대 지식을 설명하면서 "표준 척도, 관찰 기기 및 방위가 거의 존재하지 않는 현실에서" 정확하게 판단하는 것이 얼마나 어려운지 보여준다.[52] 프랜시스 베이컨은 『새로운 아틀란티스(New Atlantis)』에서 영국의 경험주의를 영국의 라이벌인 스페인의 항해 및 발견의 기량과 연결하면서 그의 새로운 과학 학술원에서 '스페인어'가 사용되는 것을 상상했다.[53] 심지어 현미경을 이용한 연구조차도 액체 방울 속에서의 미니어처 항해로 이해되었다. 영국 왕립 학

---

50 Lorraine Daston and Katharine Park, *Wonders and the Order of Nature, 1150-1750* (New York: Zone Books, 1998), chap. 6.

51 한스 블루멘베르크(1920~1996)는 독일 철학자이자 지적 역사가이다. _옮긴이

52 Catherine Wilson, *The Invisible World: Early Modern Philosophy and the Invention of the Microscope* (Princeton, NJ: Princeton University Press, 1995), p. 180; Hans Blumenberg, *Die Lesbarkeit der Welt* (Frankfurt: Suhrkamp, 1981), p. 68.

53 Siegert, *Passage des Digitalen*, p. 124 ff.

회(British Royal Society) 사무국장인 로버트 후크(Robert Hooke)는 현미경과 망원경을 "신세계와 테라-인코그니타(Terra-Incognita)[54]를 우리의 시야에 들어오게 해준 배"라고 생각했다.[55]

프랜시스 베이컨은 하나의 전환점이었는데, 그는 역사에 관한 일련의 글을 통해 더 큰 해석 체계에 영향을 받지 않는 진기한 특수자들의 긴 목록을 작성했다. '기이한 사실'이라는 이데올로기의 첫 번째 신봉자(ideologue)였던 베이컨은 기이한 것이 새로운 범주로 편입되어야 한다고 믿었다. 그는 단순한 경험주의자가 아니었다. 비록 자연의 기형적인 것들이 쉽게 설명되지 않는다 하더라도 (어쩌면 쉽게 설명되지 않는 바로 그 이유 때문에) 그것들은 매우 중요했다. 그는 "자연의 오류와 같은 일탈 사례, 또는 자연이 통상적인 과정에서 벗어나 그것을 외면하는 기이하고 기괴한 사물"을 수집하는 것이 자연 철학자의 임무라고 생각했다.[56] 17세기 자연 과학의 사실은 기이한 것에 고착되어 있었다. 베이컨은 기이한 사실을 정리하고 수집하는 것이 인간의 생존 상태를 향상하는 데 중요한 부분이라고 생각했다. "과학적인 사실로 인해 베이컨이 아리스토텔레스의 공리와 자연 종(natural kinds)[57]을 파괴하는 데 사용했던 변칙과 예외가 더 이상 존재하지 않은 지 오랜 시간이 지난 후에도 과학적 사실은 여전히 다루기 힘들기로 유명했다."[58] 자연은 너무

---

54 미지의 땅을 의미하는 라틴어로, 이민족과 괴물이 사는 이질적인 곳을 가리키는 말로 사용되어 왔다. _옮긴이

55 Robert Hooke, "Preface," in *Micrographia, or Some Physiological Descriptions of Minute Bodies Made by Magnifying Glasses with Observations and Inquiries Thereupon* (1665; repr., New York: Dover, 1961), d4.

56 Bacon, *Novum Organum.* Daston, "Marvelous Facts," p. 111에서 재인용.

57 일부 실재론자는 자연에는 인간이 만들어낸 것이나 상상한 것이 아니라 객관적으로 실재하는 것이 있으며 과학이 발전하면서 이러한 사물의 종류가 하나둘 발견된다고 말하면서, 자연 종이라는 개념으로 이러한 입장을 옹호한다(출처: https://www.ziidok.com/front/product_view?id=204). _옮긴이

다채로워서 우리가 지식에서 어떤 발전을 이루든 늘 그것을 이해할 수 없을 것이라고 베이컨은 생각했다. 새로운 사실은 견고해서가 아니라 "설명을 거부했기 때문에" 다루기 힘들었다.[59]

매우 많은 새로운 사실들이 자연의 아주 크고 흉물스러운 것, 기이한 기형이라는 점을 감안할 때, 그것들은 정확히 모사하기가 미칠 지경으로 어려웠다. 기구들은 새로웠고, 그것들을 사용하는 관행이 아직 확립되지 않았다. 유리구슬 현미경[60]으로 작은 생물을 보기 위해서는 오랜 훈련이 필요했다. 실험 절차는 아직 정해지지 않았다. 사실은 오래 지속된다는 우리 자신의 관념과는 달리, 17세기의 사실은 덧없었다. 영국 왕립 학회 최초의 역사가이자 홍보 담당자인 토머스 스프라트(Thomas Sprat)[61]는 실험은 "흔히 제각각이었고 일관성이 없었으며" 심지어 "같은 실험자들의 … 손에 맡겨졌음"을 인정했다.[62] 보일은 자연 과학이 '결코' 수학의 정확성에 도달하지 못할 것이라고 생각했다. 수학적 모델은 보편성(generality) 측면에서는 괜찮았지만 특수자에 더 가까이 다가갈수록 그것은 작동하지 않았다. 화학 물질은 특이성(idiosyncrasy)에서 결코 벗어날 수 없었다. 보일은 '순수한' 공기 같은 것은 결코 존재하지 않기 때문에 과학자는 법칙과 같은 이해에 결코 도달할

---

58   Daston, "Marvelous Facts," p. 124.

59   Lorraine Daston, "The Moral Economy of Science," *Osiris*, 10, 1995, pp. 3~24, at 16.

60   광학 현미경의 아버지로 불리는 네덜란드의 직물상이자 발명가인 안토니 판 레이우엔후크(1632~1723)의 현미경은 작은 유리구슬을 갈아서 두 개의 구리판 사이에 끼운 형태로 현미경을 사용하는 사람이 유리구슬을 조절해 초점을 맞출 수 있도록 구리판에 나사를 설치했다. 크기는 엄지손가락보다 약간 큰 정도였으나 당시에 존재하던 다른 어떤 현미경보다도 분해능이 뛰어나 배율이 273배나 되었다. _옮긴이

61   토머스 스프라트(1635~1713)는 영국의 성직자이자 작가로 1684년부터 로체스터 주교(Bishop of Rochester)였다. _옮긴이

62   Thomas Sprat, *The History of the Royal Society of London for the Improving of Natural Knowledge* (London: J. Martyn, 1667), p. 469. 원래 스펠링을 유지했다.

수 없다고 생각했다. 그러한 분위기는 구성 요소들이 반응하는 방식을 바꾸어놓았다. 보일은 가설을 검정하는 것을 좋아했지만 그와 같은 규칙성은 신의 뜻에 지배된다고 생각했기 때문에 '자연의 법칙'이라는 관념에 주저했다.[63] 그는 더더욱 신이 자연을 자신의 조수로 필요로 한다는 생각이 잠재적으로 신에 대한 모독이라고 생각했다.[64]

초기 근대의 과도한 이미지

근대적 사실이 밀치고 들어왔던 것과 마찬가지로 근대적 이미지 역시 그러했다. 근대적 사실이 17세기에 갑작스럽게 등장했다면, 마찬가지로 갑작스러운 근대적 이미지의 역사적 전환점은 고전적으로 이탈리아 르네상스에서 선 원근법[65]의 발견과 묘사에 있어서 새로운 종류의 리얼리즘의 탄생이다. 15세기 피렌체(Firenze)의 필리포 브루넬레스키(Filippo Brunelleschi)와 레온 바티스타 알베르티(Leon Battista Alberti)[66] 같은 예술가이자 기술자들은 물체의 크기가 거리에 비례해 변화하는 새로운 회화 제작 분야를 펼쳐냈다. 원근법은 소실점과 격자를 사용해 2차원 표면에 3차원 장면을 재현하는 방법을 보여주었으며 그 결과는 놀라웠다. 이 이야기('지금 여기'에 대한 관심과는 근본적으로 담을 쌓은 이탈리아 르네상스 시대에 대한 이야기)는 그 시대의 화가와 사상가들이 지어낸 이야기였다.

---

63 Shapin, *Scientific Revolution*, p. 150.

64 Daston and Park, *Wonders and the Order of Nature*, p. 297.

65 투시도법이라고도 하는 선 원근법은 3차원의 대상물을 평면에 그리고 입체성과 원근감을 표현하려고 시도해, 기하학적 원근화법, 즉 소실점의 기하학적 의미를 명확히 포착하는 기법으로, 이탈리아 르네상스 시기의 건축가 필리포 브루넬레스키(1377~1446)에 의해 1410년경에 발견되었다. _옮긴이

66 레온 바티스타 알베르티(1404~1472)는 이탈리아 초기 르네상스의 철학자이자 건축가이다. _옮긴이

건축 계획, 도시의 조감도, 영토와 동일한 모양의 지도, 정교한 그림에서 기하학적으로 영감을 받은 세상의 모방(mimesis)을 추구하려는 이미지 만들기가 이탈리아와 플란데런(Vlaanderen)[67]에서 폭발적으로 늘어났다. (물론 많은 위대한 화가들은 그러한 새로운 규칙을 맹종한 것이 아니라 스타일과 효과를 위해 그러한 규칙을 편리한 대로 해석했다.) 연대순으로 정렬해 놓은 유럽 미술관에서 14세기에서 15세기로 발걸음을 옮길 때 이미지가 바뀌기 시작하는 것을 볼 수 있는데, 새로운 유화 매체와 새로운 원근법 덕분에 지평선, 식물, 직물, 색상, 깊이감, 이 모든 것이 캔버스에서 눈에 확 띈다. 화가들은 영적 실재성의 내면이 아닌 세상의 외관을 바라보면서 외양을 즐겼다. 15세기 유화에서 창틀을 통해 보이는 작은 성(城)은 전경(前景)의 사람, 태피스트리 및 타일 뒤의 절벽 끝에 불안정하게 서 있으며, 이 모든 것들은 색상, 모양 및 음영 처리를 통해 솜씨 좋게 표현되었다. 점, 선, 평면을 의식하지 않은 유클리드 공간[68] 덕분에 원근법은 눈이 멀리 있는 물체를 보는 것에 대해 화가들이 생각하는 방식이 아니라 눈이 멀리 있는 물체를 보는 방식을 화가들에게 보여주었다. 심지어 과학 삽화의 획기적인 책인 베살리우스(Andreas Vesalius)[69]의 인체 해부학 교과서 『인체의 구조에 관하여(De humani corporis fabrica)』

---

67 플란데런은 870년부터 1790년까지 저지대에 존재했던 백국(伯國)으로 당시의 영토는 현재 벨기에의 베스트플란데런(West-Vlaanderen)과 오스트플란데런(Oost-Vlaanderen), 프랑스의 노르(Nord) 자치주의 서부, 네덜란드 제일란트(Zeeland)의 남부에 위치한다. 플란데런 백작은 원래 프랑스 왕국의 12대 대귀족 중 하나였다. 15세기 중반 이후 프랑스와 신성 로마 제국의 이중 지배에 놓이게 되는데, 스헬더(Schelde)강을 경계로 서쪽은 프랑스 왕국 소속으로 왕령 플랑드르(Kroon-Vlaanderen)라 불리었고 동쪽은 신성 로마 제국 소속으로 황령 플란데런(Rijks-Vlaanderen)이라고 했다. _옮긴이

68 유클리드 공간(Euclidean space)은 유클리드가 연구했던 평면과 공간을 일반화한 것이다. 이 일반화는 유클리드가 생각했던 거리와 길이와 각도를 좌표계를 도입해, 임의 차원의 공간으로 확장한 것이다. _옮긴이

69 안드레아스 베살리우스(1514~1564)는 벨기에 의학자이자 근대 해부학의 창시자이다. _옮긴이

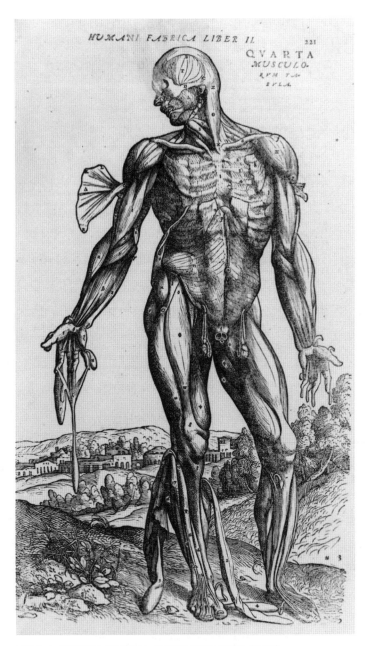

그림 1-1 안드레아스 베살리우스, 『인체의 구조에 관하여』(1555)

(1543)에서도 어울리지 않게 격식을 갖춘 자세를 취하고 있는 피부가 벗겨진 몸은 나무, 건물, 먼 산기슭이 보이는 깊이감 있는 지평선 앞에 서 있다. 원근법은 너무 흥미로워 주목하지 않을 수 없는 이미지 만들기 기법이어서 심지어 그것의 즉각적인 효용성이 분명하지 않은 경우에도 무시할 수 없었다.

그러나 모든 기하학적 규율 속에서 마치 반란이 일어나기라도 한 듯이 원근감을 보여주는 격자에 저항하는 물체를 볼 수도 있다. 불가능해 보이는 상황에도 불구하고 구름은 새로운 체제하에서도 번창하고 있다. 구름의 색상, 모양 및 흐릿한 형체는 원근법의 평면, 선 및 점을 무시한다. 레오나르도 다 빈치(Leonardo da Vinci)는 『회화론(*Treatise on Painting*)』에서 화가에게 "벽의 반점, 불에 타고 남은 재, 구름, 진흙"과 같은 것들과 기타 평범해 보이는 것들을 무시하지 말라고 당부했다. 그는 구름이 항상 흰색이 아니라 관찰력 있는 화가가 주목해야 할 다양한 색상을 숨기고 있는 것처럼 그림자도 항상 검은 것이 아니라고 말했다. 〔실제로 15세기부터 회화에 대한 영향력 있는 핸드북인 『회화술의 서(*Il libro dell'arte*)』는 다양한 종류의 검은색 처리 비결에 많은 시간을 할애한다.〕 얼마 후 로테르담(Rotterdam)의 에라스무스(Desiderius Erasmus)는 독일 예술가 알브레히트 뒤러(Albrecht Dürer)가 "불, 광선, 천둥소리, 벼락, 번개 섬광, 심지어 구름"과 같은 "그릴 수 없는 것들"을 그렸다고 언급했다.[70] 이 세상의 사물을 인간의 눈에 보이는 대로 묘사하는 것에 대한 이러한 관심은 새로운 태도, 즉 경이에서 묘사로, 전조에서 증상으로, 시각적 풍유(諷諭, allegory)[71]에서 외형으로의 전환을 나타낸다. 알베르티는 화가가 눈에 보이지 않는 것에 관심이 없을 거라는 것을 당연하게 여겼지만, 초기 화

---

70   Hubert Damisch, *Theorie du nuage: Pour une histoire de la peinture* (Paris: Seuil, 1972), pp. 51~52(다 빈치 인용), p. 180(에라스무스 인용).

71   풍유법은 비유법 중에서 차원이 높은 것으로, 무엇을 무엇에 비유한다는 것을 드러내지 않고 비유하는 말만을 들어 그 뜻을 알게 하는 방법을 말한다. _옮긴이

가들은 천사, 용, 후광 등 눈에 보이지 않는 많은 '실재하는' 것들을 자유롭게 그렸다. 종교적 주제는 여전히 중요했지만, 새롭게 생겨나는 세속적인 것 또한 존재하는데, 이것은 과학적 감수성이 높아지면서 강조되었다.

17세기에는 외양에 대한 관심이 새로운 과학 이론 및 시각 기구와 함께 발전했다. 수학자이자 천문학자인 요하네스 케플러의 연구는 결정적이었다. 원근법은 적어도 유클리드까지 거슬러 올라가는 오랜 역사를 가지고 있으며, 케플러는 중세 무슬림과 기독교 학자들이 개발한 과학 이론을 기반으로 광학 분야에서 획기적인 발전을 이루었다. 케플러는 안구의 수정체가 망막에 그림을 투영한다는 것을 알고 있었다. 그는 카메라 옵스큐라(camera obscura)[72] 안의 빛처럼 망막을 비추는 빛이 거꾸로 뒤집어진다는 것을 깨달았다. 우리는 보는 과정에서 우리가 본다고 생각한 똑바로 선 이미지를 만들기 위해 시각적으로 입력된 것을 어떻게든 한 번 더 뒤집었다. 그는 반전된 이미지를 뇌 혹은 마음이 어떻게 처리하는지 설명하지 않았기 때문에 그의 발견은 지각에 대한 신경 생리학적 발견이라기보다는 광학적 발견이었다. 따라서 눈은 세상을 보는 창이 아니라 처리와 해석에 적극적으로 관여하는 일종의 기구였다. 근대 사상에서 우리는 우리도 모르게 세상을 거꾸로 본다는 관념과 같은 이력을 가진 은유는 거의 없을 것이다.

최근의 한 책이 주장하듯이, 케플러가 기술적인 과정으로서 시각이 작용하는 방식을 발견함에 따라 그를 근대성의 핵심으로 간주하는 것은 어쩌면 당연한 일일 것이다.[73] 눈 바깥쪽에 우리의 시각을 보완해 줄 수 있는 렌즈가 있었던 것과 마찬가지로 우리가 볼 수 있게 해주는 렌즈가 눈 안에도 있

---

72 카메라 옵스큐라 또는 암상(暗箱)은 그림 등을 사실적으로 그리기 위해 발명한 광학 장치로, 많은 화가들이 이 기술을 사용해 그림을 그렸다. 이는 사진술의 전신이다. _옮긴이

73 Horst Bredekamp and Claudia Wedepohl, *Warburg, Cassirer, und Einstein im Gesprach: Kepler als Schlussel der Moderne* (Berlin: Wagenbach, 2015).

었다.[74] 케플러는 (아리스토텔레스가 생각한 것처럼) 눈이 빛의 투사체가 아니라 수용-체라는 점과 [갈레노스(Claudius Galenos)[75]가 생각한 것처럼] 수정체가 아닌 망막이 시각적 흡수 부위라는 점을 분명히 했다. 케플러는 눈이 일종의 카메라 옵스큐라(1611년에 그가 만들어낸 용어로 '어두운 방'을 의미함)와 같이 렌즈, 방, 스크린(망막)으로 구성되어 있다는 것을 알았다. 따라서 감각은 (이후의 특징을 사용하는) 지각과 동일하지 않았으며, 시각의 원재료는 우리가 본다고 생각하는 것으로 해석되어야 했다. 케플러의 언어는 회화(繪畫) 은유로 가득 차 있었는데, 미술 작품과 시각의 작동을 연결하면서 망막에 맺히는 이미지는 '픽투라(pictura)'[76]였고, 수정체를 통과하는 다수의 광선은 화가의 붓을 가리키는 라틴어인 '펜실리(pencilli)'라고 불렀다.[77] 실제로 그는 '픽투라'라는 용어를 사용해 망막에 투사된 이미지로서 시각을 이해한 최초의 인물이었다.[78]

시각은 17세기 과학, 철학 및 예술의 핵심 주제 가운데 하나였다. 당시 사람들은 회화의 빛, 의학의 눈 해부학, 인식론의 정신적 이미지 만들기 과정에 새롭게 매료되었다. 케플러, 르네 데카르트, 바르쉬 (베네딕투스) 데 스피노자(Baruch Benedictus de Spinoza)와 같은 철학자이자 과학자들은 광학, 해부학적 절개, 철학과 같이 지금은 뚜렷이 구분되는 분야들을 추구해 나갔다. 분명 중세 사상은 빛에 매료되었지만 새로운 광학은 경험적이고 현실적

---

74 다음의 고전적인 출처 참조. David C. Lindberg, *Theories of Vision from al-Kindi to Kepler* (Chicago: University of Chicago Press, 1976), 특히 pp. 178~208.

75 클라우디오스 갈레노스(129~199?)는 로마 제국 당시 고대 그리스의 의학자이자 철학자이다. _옮긴이

76 그림이라는 뜻이다. _옮긴이

77 Laura J. Snyder, *Eye of the Beholder: Johannes Vermeer, Antoni van Leeuwenhoek, and the Reinvention of Seeing* (New York: Norton, 2015), p. 140.

78 Lindberg, *Theories of Vision*, p. 202.

이며 수학적이었다. 17세기 학자들은 무지개, 프리즘, 거울, 반사, 굴절, 렌즈, 파리의 겹눈을 연구했다. 그들은 빛을 숭배하기만 한 것이 아니라 측정하고 지배하기를 원했다. 화가들은 트롱프 뢰유(trompe l'oeil)[79] 회화로 눈을 속이려 했으며 자주 성공했다.

17세기의 렌즈는 오늘날의 컴퓨터 코드와 같이 '대표적인' 최첨단 기술이었다. 광학에 관한 책인 데카르트의 『굴절 광학(La Dioptrique)』(1637) 역시 렌즈 사용 설명서였다. 데카르트는 렌즈 제작이 복불복식의 운에 맡기는 장인들의 관리하에서 너무 오래 활력을 잃었다고 불평했으며, 빛의 원리를 더 깊이 이해함으로써 혁신의 속도를 높이고 싶어 했다. 그는 최근에 자연에 대한 지식이 발전한 것을 칭송하면서 자신의 첫 번째 에세이의 첫 문장을 다음과 같이 시작했다. "사용되기 시작한 지 얼마 되지 않는 이 놀라운 망원경은 하늘에서 우리가 이전에 본 것보다 더 많은 새로운 별을 그리고 지구 상에서 수많은 물체를 이미 발견했다."[80] 후크와 레이우엔후크도 머지않아 현미경에 대해 비슷한 말을 할 것이다. 데카르트는 어느 정도 침착함을 유지하면서 최근에 죽은 사람 또는 적어도 큰 동물의 안구를 가져와서 뒷부분을 잘라낸 다음 현미경을 사용해 어두운 방에 있는 어떤 표면에 빛을 비추면 방 바깥에 있는 세계의 뒤집어져 있지만 충실한 이미지를 볼 수 있다고 언급했다. 어떤가! 안구를 카메라 옵스큐라로 사용한 것이.[81] (시체에서 채취한 신체 부위는 흔히 감각을 증강하는 매체에 대한 상상과 발명 모두에 기여했다.[82])

스피노자는 렌즈 연마공으로 생계를 이어갔는데, 이것은 마치 아침에 렌즈를 연마하고 저녁 식사 후에 『윤리학(Ethics)』을 쓴 것처럼 때로 철학자 스

---

79 사람들이 실물인 줄 착각하도록 만든 그림이나 디자인을 뜻한다. _옮긴이

80 Rene Descartes, *La dioptrique* (1637) 1, https://fr.wikisource.org/wiki/La_Dioptrique.

81 Snyder, *Eye of the Beholder*, pp. 140~142 and passim.

82 Friedrich Kittler, *Grammophon Film Typewriter* (Berlin: Brinkmann und Bose, 1986), p. 117.

피노자가 보잘것없지만 고귀한 수공 작업에 참여한 것으로 묘사되기도 한다. 이러한 묘사가 완전히 틀린 것은 아니지만, 렌즈 연마는 양조, 염색, 혹은 직조와 같은 낡은 수공 작업이 아니었다. 렌즈는 당시의 '대표적인' 전위적 기술이었다. 그가 하고 있던 일은 과학적 정보를 토대로 한 기구 설계보다 수공 노동력이 적게 들었다. 스피노자는 당대 가장 급진적인 기술에 세계 최고 수준으로 몰두하고 있었다. 그는 속세를 초월한 현자가 아니라 세계적으로 유명한 기술자이자 사상가였다. 렌즈 작업에서는 데카르트와 스피노자가 당시 최고의 기술자였다.

새로운 광학 기술은 우주와 우주를 이해하는 우리의 수단 모두를 바꿔놓았다. 망원경의 결정적인 효과 가운데 하나는 한스 블루멘베르크가 '가시성 공준(postulate of visibility)'[83]이라고 부르는 것을 깨뜨리는 것이었는데, 가시성 공준이란 중세 아리스토텔레스주의[84]의 개념으로 육안은 알아야 할 모든 것을 파악할 수 있다는 것이다. 갈릴레이에게 망원경은 시각에 도움을 주는 도구일 뿐만 아니라 아리스토텔레스학파의 '마음(*nous*)'의 대리인으로서 자연의 눈을 대체한 새로운 종류의 감각 기관이기도 했다. 영국 왕립 학회 사무국장으로서 일종의 진기한 사실과 유물의 초창기 큐레이터로 일한 만능 실험가였던 후크는 현미경에 관한 삽화가 많이 포함된 저서 『마이크로그라피아(*Micrographia*)』(1665) 서문에 그것을 다음과 같이 잘 표현했다. "감각과 관련해 그다음으로 주의해야 할 것은 '기구'로 감각의 결함을 메꾸

---

83 공준(公準)이란 공리(axiom)처럼 확실하지는 않으나 원리로 인정되어 이론 전개에 기초가 되는 명제를 말하며, 따라서 공리가 공준보다 더 일반적이고 당연하게 받아들여지는 사실이다. _옮긴이

84 고대 그리스의 철학자 아리스토텔레스의 사상·철학을 계승하는 사상적 입장의 총칭이다. 아리스토텔레스의 리케이온(Lykeion)에서의 직접적인 제자들인 기원전 4세기 무렵의 소요학파를 효시로 해, 3세기 무렵의 신플라톤주의, 11~12세기 무렵의 이슬람 철학, 13세기 무렵의 스콜라주의, 그리고 프랑스·독일의 근대 철학의 일부 등이 이에 해당한다. _옮긴이

는 것으로, 이를테면 '자연적인 것'에 '인공 장기'를 추가하는 것이다." 이 가운데서 가장 중요한 것은 망원경과 현미경 같은 "광학 안경"이었다.[85] 그래서 그들은 미디어, 즉 매개체는 인간의 감각 기관의 연장이라고 말한다.

케플러와 데카르트 같은 사람들은 안구와 광학 기기를 똑같이 도구적으로 보면서 눈의 본래 성질을 바꿀 뿐만 아니라 원격 지각 도구로서 렌즈에 대한 우려를 없애는 데도 도움을 주었다.[86] 유리 렌즈는 가까운 것과 먼 것의 관계를 혼란스럽게 하면서 크기를 왜곡하기 때문에 오랫동안 신뢰할 수 없는 관찰 기구로 간주되었다. 17세기에 눈의 전위[87](또는 증강)는 과학적 이점으로 재평가되었는데, 재평가된 부분적인 이유는 렌즈 모양의 뒤틀림을 방지할 수 있는 많은 전략이 발전했기 때문이다.[88] 광학 보조 기기는 광학의 도움을 받지 않은 시각을 오만한 인식론적 지위에서 끌어내리고 일부 사람들이 근대 철학에서 " '이데아' 사상(the 'idea' idea)"이라고 부른 것이 시작되게 하는 데 도움을 주었는데, 이것은 세상에 대한 접근은 항상 매개되고 우리는 사물이 아니라 재현물(representation)을 지각한다는 개념이다.[89]

주체와 객체를 엄격히 구분하는 근대 철학이 이미지 개념의 근본적인 재정의와 함께 등장한 것은 우연이 아니다. 데카르트는 저서 『굴절광학』에서 중세의 의도적 종(intentional species)[90]의 개념을 명백히 거부했는데, 그는

---

85 Hooke, "Preface," in *Micrographia*.

86 Joseph Vogl, "Becoming-Media: Galileo's Telescope," *Grey Room*, 29, 2007(Fall), pp. 15~25.

87 전위(dislocation), 즉 위치 변화란 망원경이나 현미경의 등장으로 인해 자연스런 눈의 원래 위치가 변해 이동한 효과가 나타난 것을 표현하는 것으로 보인다. _옮긴이

88 Svetlana Alpers, *The Art of Describing: Dutch Art in the Seventeenth Century* (Chicago: University of Chicago Press, 1983), pp. 18~22, 33~35, and passim.

89 Godfrey Vesey, "Foreword: A History of 'Ideas'," in Godfrey Vesey(ed.), *Idealism Past and Present* (Cambridge: Cambridge University Press, 1982), pp. 1~18.

90 아리스토텔레스 철학에서 물리적 객체에서 방출되는 질료가 없이 눈으로 관찰되는 형태, 즉 감각과 인지에 의해 생성된 정신적인 이미지나 형태를 말한다. _옮긴이

그것을 허공을 통해 우리 눈으로 휙 들어오는 것이라고 조롱했다.[91] 객체가 존재했고 그리고 그 객체가 우리의 감각에 주는 인상이 존재했지만, 둘 모두에서 발견되는 (혹은 둘 모두를 초월하는) 본질이 있다는 관념을 그는 분명하게 거부했다. 실재성은 더 이상 세상의 이면에 있는 근본적인 형태의 문제가 아니라 감각을 정보로 여기게 하는 외양들로 구성되었다.

새로운 광학 기기는 기이한 사실들을 동반했다. 그리고 광학의 도움을 받지 않는 시각이 허물어짐으로 인해 어떤 미지의 새로운 무서운 것들이 모습을 드러냈는가? 분화구가 있는 지구와 닮은 달, 오리온의 벨트[92]를 가득 채우고 있는 새로운 별들, 멀어지는 우주의 검은 거시 공동(巨視空洞),[93] 은하수를 구성하고 있는 수많은 별이 그것들이다. 그와 같은 발견을 알린 소책자인 갈릴레이의『별들의 소식(Sidereus Nuncius)』(1610)은 과학 삽화 사용의 선구자였는데, 분화구가 있는 불완전한 달 표면을 보여주는 그의 달 판화는 초기 근대 과학에서 가장 중요한 이미지 가운데 하나였으며, 이후의 해적판들은 갈릴레이의 그림을 자주 베꼈다(그리고 베끼는 과정에서 변형되었음).[94] 그와 같은 발견은 날개 달린 도롱뇽, 유니콘 뿔, 또는 보석을 빻아서 만든 약과 같은 중세의 잡다한 유물처럼 낯설긴 했지만, 그것들은 매우 다른 지적 프레임워크에 잘 들어맞았다. (갈릴레이의 경쟁자 가운데 한 명은 망원경으로 발견한 결과를 '기괴한 것'이라고 불렀다.[95])

---

91 Emanuele Coccia, *Sensible Life: A Micro-ontology of the Image*, trans. Scott Alan Stuart (New York: Fordham University Press, 2016).

92 오리온자리에 있는 세 개의 별로, '오리온의 허리띠(Orion's belt)'로 불린다. _옮긴이

93 천문학에서, 거시 공동은 은하 필라멘트(우주에서 가장 거대한 규모의 구조) 사이에 있으며, 은하가 없거나 극소수로 구성된 아주 거대한 빈 공간이다. _옮긴이

94 Adrian Johns, *The Nature of the Book: Print and Knowledge in the Making* (Chicago: University of Chicago Press, 1998), pp. 20~25 and passim.

95 Dear, *Discipline and Experience*, p. 162. 비판자는 예수회 천문학자 클라비우스(Clavius)였다.

그림 1-2 갈릴레이의 달 스케치, 『별들의 소식』(1610)

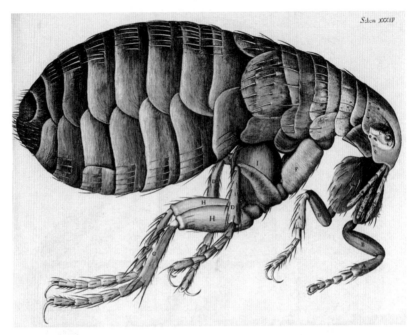

그림 1-3 로버트 후크의 벼룩 판화, 『마이크로그라피아』(1655)

 현미경은 어떤 면에서 망원경보다 훨씬 더 급진적이었다. 망원경은 우리가 알고 있는 것과 비슷한 세계를 보여주었다. 다른 행성을 도는 위성과 같이 이러한 세계는 분명 낯설긴 했지만 전에 결코 본 적이 없는 현상은 아니었다. 그러나 현미경은 완전히 생소한 생명체와 형상의 세계를 열어주었다.[96] 후크의 『마이크로그라피아』에서 정교한 판화는 기가 막히게 묘사한 벼룩의 접힌 부분을 포함해 미시 세계의 경이로움을 보여주었는데, 이것은 과학 삽화 역사상 가장 유명한 이미지 가운데 하나이다.

 『마이크로그라피아』는 최초의 과학 베스트셀러이자 영국 왕립 학회가 출간한 두 번째 책이었다. 후크는 "자연적인 것에 인공적인 기관"을 추가하

---

96 Snyder, *Eye of the Beholder*, pp. 121~122.

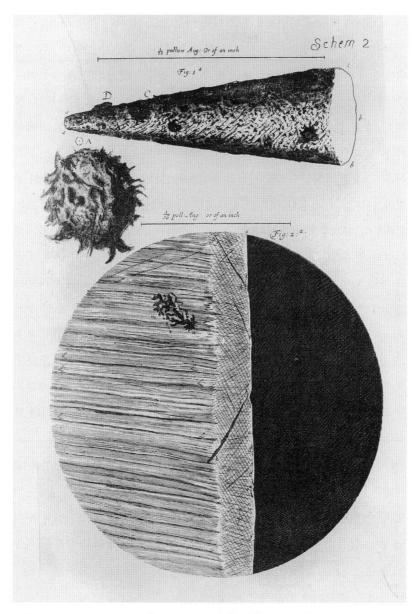

그림 1-4 로버트 후크의 바늘 끝, 『마이크로그라피아』(1655)

면서 기구가 지각의 자연스러운 결함을 바로잡고 심지어 에덴(Eden)동산에서 추방되기 전에 인간이 가졌던 시각을 회복하는 것으로 보았다. 현미경 덕분에 우리는 이제 "이전에 우리가 우주 전체에서 합친 것만큼이나 매우 다양한 창조물을 본다".[97] 이 책은 바늘, 면도기, 물결무늬가 있는 실크, 불에 탄 채소, 눈송이, 각다귀, 나방, 거미, 파리, 씨앗, 스펀지와 같이 가까이서 본 놀라운 인공적 특수자들과 생물학적 특수자들 모두를 모아놓은 목록이다. 그것은 베살리우스로 거슬러 올라가는 르네상스 시대 과학 삽화의 물결의 일부였다. 평범한 것들도 확대하면 마술처럼 다르게 보였다. 후크는 인쇄물이 매끄럽고 규칙적이라는 우리의 지각이 모든 지각과 마찬가지로 사실의 입자성(graininess)[98]으로부터 추상화된 관념임을 보여주면서 둥글고 털로 덮인 짐승 또는 분화구가 있는 소행성처럼 보이는 마침표(인쇄기의 포인트)의 이미지를 제공했다.[99] 유클리드 기하학에서 오랫동안 소실 추상화(vanishing abstraction)로 여겨진 그러한 점을 대신 확대하면 오히려, 후크가 기억하기 쉽게 표현했듯이, "런던(London)의 흙이 튄 큰 자국"처럼 보였다.[100] 광학의 도움을 받지 않은 눈으로는 볼 수 없는 작은 세계에는 수많은 왕국들이 존재했다. 현미경은 실재성 자체의 미세함과 미묘함을 드러내 보여주었다.

『마이크로그라피아』는 미생물은 보여주지 못했다. 미생물의 발견은 그 시대의 가장 위대한 현미경 학자로 과학자 강박증을 가지고 있던 네덜란드의 안토니 판 레이우엔후크에게 맡겨졌다. 그는 자신의 긴 인생에서 수십 년 동안 기기를 통해 낯선 것들을 보았는데, 절반은 동물이고 절반은 식물

---

97 Hooke, "Preface," in *Micrographia*, a3, a4.
98 필름이나 인쇄물 등의 표면의 거친 정도를 말한다. _옮긴이
99 Johns, *Nature of the Book*, pp. 430~431.
100 Hooke, *Micrographia*, p. 3.

이었다. 직물 상인의 아들인 레이우엔후크는 자라면서 직물의 가닥 수를 평가하는 도구인 돋보기에 익숙해졌다. 그는 중년에 최대 500배 확대가 가능한 단일 렌즈 현미경을 사용하기 시작했다. 영국 왕립 학회에 보낸 거의 300편의 편지(이제는 네덜란드어 원본과 영어 번역판으로 편리하게 온라인으로 볼 수 있음)에서 그는 빗속, 옷 위, 음식 등 모든 곳에서 보았던 '디어트겐스(diertgens),' 즉 '작은 동물'에 대해 기술하면서 다음과 같이 적었다. "왕국 전체에 있는 사람보다 사람의 치아 위 음식 찌꺼기에 사는 동물이 더 많다."[101] 1678년, 그는 '모래알'보다 크지 않은 한 방울의 정액에서 '이리저리 움직이는' 1000개 이상의 '생명체'를 보았다. (그는 서둘러 학식 있는 독자들에게 앞에서 언급한 액체의 진정한 결혼 수확물을 보증해 주었다.[102]) 도대체 누가 세계 역사에서 처음으로 정자를 보겠다는 이런 생각을 할 수 있었을까? 그가 현미경을 통해 본 것이 더 대담했는가 아니면 그러한 물질을 조사하겠다고 생각한 것이 더 대담했는가? 그와 같은 정보는 아니나 다를까 아리스토텔레스의 코르셋 밖에서 바쁘게 돌아다녔다.[103]

레이우엔후크는 웅덩이, 해변, 진흙, 빗물, 눈 녹은 물에서, 피부, 치태, 고름, 귀지, 타액에서 샘플을 채취했다. 그의 아내와 딸은 때때로 입맛 떨어지게 하는 실험에 기꺼이 참여한 것으로 보인다. 그는 후추, 육두구, 정향, 생강, 식초 용액에서 어떤 일이 일어나는지 주의 깊게 관찰하면서 무엇이 톡 쏘는 듯한 맛을 내는지 알아보려고 노력했다. [델프트(Delft)[104] 시내의 와

---

101 Golub, *Limits of Medicine*, p. 52. 레이우엔후크의 편지는 다음 참고. https://www.dbnl.org/tekst/leeu027alle00_01/.

102 Wilson, *Invisible World*, p. 132.

103 코르셋이 몸을 옥죄듯이 사실에 대한 개념이 없었던 아리스토텔레스적 세계관 안에 그러한 새로운 사실들을 가두거나 억누름을 나타내는 은유로, 그러한 새로운 사실은 아리스토텔레스의 세계관 안에 가둘 수 없다는 의미이다(출처: 저자와의 이메일 교신). _옮긴이

104 네덜란드 서부 헤이그(Hague)와 로테르담의 중간쯤에 있는 도시이다. _옮긴이

인 검량관(檢量官)이었던 그는 사물이 어떻게 맛을 내는지에 대한 과학에 관심을 가질 만한 이유가 있었다.] 그는 적혈구를 보았지만 그 모양을 이해하지는 못했다. 그는 살아 있는 쥐에서 채취한 고환을 포함해 30마리가 넘는 동물의 정액을 조사했으며, 미세 해부 기술을 통해 벼룩과 모기 같은 작은 곤충의 정액을 볼 수 있었다. 그렇듯 극히 작은 생명체가 생식 기관을 가지고 있다는 것은 아리스토텔레스의 자연 발생설(theory of spontaneous generation)에 대한 분명한 공격이었다. 그는 자기 자신을 대상으로 이(lice), 발가락 사이에 낀 때, 화상을 실험했다.[105] 그는 유럽 전역의 과학자들에게 신선한 관찰을 제공했다. 만약 기이한 사실의 전문 감정가가 있었다면, 레이우엔후크가 바로 그런 사람이었다.

레이우엔후크는 델프트에 살고 있던 빛의 화가 요하네스 페르메이르(Johannes Vermeer)와 같은 해에 태어나 그의 집에서 137m 정도 떨어진 집에 살았으며 같은 사교계에 출입했지만, 서로 알고 지냈다는 확실한 증거는 없다. 로라 J. 스나이더(Laura J. Snyder)의 최근 저서 『보는 자의 눈(Eye of the Beholder)』은 두 인물을 멋지게 짝지으면서 새로운 시각 기법과 기술이 나란히 함께 가는 그들의 과학 세계와 회화의 세계를 어떻게 형성했는지 보여준다. 레이우엔후크가 현미경을 사용해 '작은 동물'을 살펴보는 시각 분야를 이뤄냈을 때, 페르메이르는 광학 보조 기구의 도움을 받아 자신의 그림을 특징짓는 놀라운 평면적 심도, 배색 효과, 빛과 그림자의 유희를 이뤄냈다. 학자들은 스나이더의 해석에 대해 상세한 전문적인 이의를 제기했지만, 많은 초기 근대 화가들이 광학 기구를 사용한 것은 논란의 여지가 없다.[106] 미술에서 기기의 역할에 대한 오랜 논쟁은 부분적으로 기술적 보강

105 Snyder, *Eye of the Beholder*, p. 247, 277 ff., pp. 313~314, and passim.
106 상세하고 다소 신랄한 후기를 보려면 다음 참조. Philip Steadman, "review of *Eye of the Be-*

이 눈속임이라는 점에서 부추겨진 것 같다. 실제로 일부 17세기 화가들은 그들이 분명히 사용하고 있던 카메라 옵스큐라에 대해 무지한 척했다. 페르메이르와 다른 사람들에게 광학 보조 기구는 기술의 배신이 아니라 유용한 도구 상자였다. 페르메이르는 광학의 노예가 아니라 강조와 극적인 효과를 위해 정직한 모방을 자주 위반했다. 예술이 눈속임인지(눈속임에 지나지 않는지) 여부는 오래전에 제기된 질문이다. 20세기 중반에 다큐멘터리 사진술과 관련해 예술성과 진본성에 대한 비슷한 질문이 다시 불쑥 나타날 것이다(4장 참조).

물론 페르메이르는 17세기 네덜란드의 놀라운 화가 집단에서 가장 뛰어난 화가 가운데 한 사람일 뿐이다. 일부 여성을 포함하는 네덜란드 거장들의 작품은 "묘사의 미술(the art of describing)"로 불린 것으로 유명하다.[107] 묘사의 미술은 이 세상의 사물들, 과일, 꽃, 종이, 곤충에 탐닉했다. 네덜란드 화가들은 구름, 오렌지 껍질, 조개껍질, 창문을 뚫고 들어오거나 유리에 반사되는 빛, 피부, 바닷가재 등 시각적으로 매우 다양한 사실의 존재와 외양을 사랑했다. 그들은 또한 편지, 지도, 지구본, 그리고 지도책, 동전, 장부, 나침반 등 사실들을 취합하고 정리하는 수단을 묘사하는 것도 좋아했다. 철학자 헤겔(G. W. F. Hegel)은 네덜란드 황금시대(Dutch Golden Era)[108] 회화의 "반듯하고 쾌활한 존재에 대한 느낌", "겉보기에 사소하고 순간적인 것에 대한 사랑", "가장 높은 수준의 미술적 구성의 자유와 동시에 존재하

---

holder: *Johannes Vermeer, Antoni van Leeuwenhoek, and the Reinvention of Seeing*, by Laura J. Synder," Amazon.com, March 19, 2015. https://www.amazon.com/gp/customer-reviews/R22326DX82NKS5/ref=cm_cr_getr_d_rvw_ttl?ie=UTF8&ASIN=B00L3KQ30M.

107 Alpers, *Art of Describing*.

108 네덜란드에서는 경제적·문화적으로 부흥했던 시기인 17세기를 일반적으로 황금시대라고 부른다. _옮긴이

는 눈의 탁 트인 신선함과 가장 한정되고 제한된 것들에 온 정신을 쏟아붓는 산만하지 않은 몰입, 주변적인 것에 대한 섬세한 감수성"에 대해 찬사를 아끼지 않았다. 그는 네덜란드 회화를 "인생의 일요일(the Sunday of life)"이라고 훌륭하게 요약했다.[109]

그러나 모든 사람이 새로운 이미지의 세계를 좋아하지는 않았다. 르네상스 시대와 근대 초기는 1520년대 남부 독일과 스위스에서 시작해 1560년대에 정점을 찍고 1648년 베스트팔렌(Westfalen) 조약이 체결될 때까지 유럽을 휩쓸었던 프로테스탄트 우상 파괴의 물결로 특징지어진다.[110] 이러한 갈등의 흔적은 이미지는 우상이고 텍스트는 거룩하며, 스크린은 주의를 산만하게 하는 반면 책은 집중을 불러일으킨다는 우리의 관념 속에 깊이 새겨져 있다. 유리, 조각, 회화 같은 종교 예술의 어마어마한 보물은 우상 파괴라는 '이미지 폭풍'이 불어닥쳤을 때 열성 파괴자들에 의해 파괴되었다. 물론 파괴자들에게 이미지는 결코 '예술'이 아니라 우상을 숭배하는 무가치한 것, 진실로부터의 유혹적인 일탈이었다.

넋을 빼놓는 이미지에 대한 프로테스탄트들의 두려움은 새로운 과학에 시각적 묘사가 얼마나 중요한지에 대한 인식과 함께 나타났다. 프랜시스 베이컨은 흔한 인식론적 실수를 '우상'으로 간주해 마음의 환상에 대한 엄격한 규제를 요구했지만, 그 역시 현미경과 망원경에 흥미를 느꼈고 "정보를 제공하는 데 시각이 주된 역할을 한다"고 믿었다.[111] 많은 네덜란드 화가는 베

---

109 G. W. F. Hegel, *Vorlesungen uber die Asthetik*, section III, 3, c, www.textlog.de/5792.html.

110 Joseph Leo Koerner, *The Reformation of the Image* (Chicago: University of Chicago Press, 2004). 하나의 제스처로서 우상 파괴에 관해서는 다음 참조. Bruno Latour, *Pandora's Hope* (Cambridge, MA: Harvard University Press, 1999), chap. 9.

111 Francis Bacon, *Novum Organum* (1620), book 2: xxxix.

사이드바 1-1 마리아 지빌라 메리안과 곤충의 미술

곤충은 르네상스와 초기 근대 미술과 과학에서 주목받았다. 꿀벌은 많은 사상가에게 지식이나 사물을 성실하게 수집하는 방법을 보여주는 본보기였다.[1] 프랜시스 베이컨은 개미처럼 물질을 수집한 부지런한 경험주의자들과는 대조적으로 스콜라주의 사상가들을 자신의 본체에서 철학적 거미줄을 뽑아내는 거미라고 경멸했다(그는 오랜 전통의 동물 우화를 도덕적 교훈으로 삼고 있었음). 스피노자의 첫 전기 작가에 따르면, 스피노자는 거미들끼리 싸움을 붙이거나 거미줄에 파리를 던지는 것을 즐겼으며, 때로는 그들의 익살맞은 동작을 보고 큰 소리로 웃었다. 스피노자는 또한 돋보기로 파리와 벼룩을 관찰했다.[2] 앞에서 보았듯이, 레이우엔후크는 현미경으로 나방, 벌레, 진드기, 파리, 그리고 심지어 더 작은 생물을 끊임없이 관찰했다. 곤충 관찰이 매우 인기가 있었기 때문에 돋보기는 일반적으로 "벼룩 확대경(flea glasses)"으로 알려졌다. 데카르트는 네덜란드 공화국에서의 광학의 편재성(lunettes à puces)에 대해 언급했다[『광학(*Optics*)』, 일곱 번째 담론]. 곤충을 확대해서 보는 것에 푹 빠져 있음을 조롱하는 또 다른 관찰자는 옥스퍼드(Oxford) 학자들이 "두 가지 일, 즉 영연방은 축소하고 이(蝨)는 확대하는 것에 능숙하다"고 불평했다. 후크의 『마이크로그라피아』는 책 사이에 접어 넣은 종이에 벼룩 이미지를 제공했는데, 아무래도 일반 크기의 종이는 그것을 제대로 처리할 수 없었던 것 같다. (그는 벼룩을 확대하는 데 있어 아주 오랜 전례를 따르고 있었다.[3]) 지금까지는 눈으로 볼 수 없었던 영역으로 여행할 수

---

1   Hawhee, *Rhetoric in Tooth and Claw*, pp. 156~159.

2   Johannes Colerus, *Korte, dog waaragtige levens-beschrijving, van Benedictus de Spinosa* (1705; repr., The Hague: Martinus Nijhoff, 1910), pp. 32~33.

3   Hawhee, *Rhetoric in Tooth and Claw*, p. 111. 또한 다음 참조. John Durham Peters, "33 + 1 Vignettes on the History of Scalar Inversion," *ELH*, 86, 2019, pp. 305~331.

있게 해주는 이 새로운 능력은 곤충 왕국에 대한 강한 흥미를 고조시켰을 따름이다(〈그림 1-3〉 참조).[4]

화가이자 자연주의자인 마리아 지빌라 메리안(Maria Sibylla Merian, 1647~1717)에게 곤충은 가장 중요한 주제 가운데 하나였다. 아르테미시아 젠틸레스키(Artemisia Gentileschi), 주디스 레이스테르(Judith Leyster), 또는 라헬 라위스(Rachel Ruysch)와 같은 17세기에 유럽에서 활동했던 대부분의 여성 예술가와 마찬가지로 메리안은 예술가 집안 출신이다. 프랑크푸르트(Frankfurt)의 판화가이자 출판업자였던 그녀의 아버지는 과학 삽화로 명성을 얻었고 신세계의 동식물 묘사로 부를 얻었다. 그는 그녀가 두 살 때 세상을 떠났지만, 신비한 연금술(한 물질이 다른 물질로 바뀌는 것)의 힘에 대한 그의 관심이 그녀에게 물려졌음이 분명하다. 메리안은 어렸을 때부터 곤충에 매료되었고 그녀의 집안이 누에 사업과 관계가 있었던 덕분에 주변에 애벌레가 많았다. 열세 살 때 그녀는 누에가 나방으로 변하는 것을 관찰했는데, 이때는 이것에 대한 널리 받아들여지는 과학적 공감대가 형성되기 훨씬 전이었다. 곤충은 본질적으로 흥미로울 뿐만 아니라, 곤충은 여학생이자 자연 삽화가인 메리안에게 꽃처럼 안전한 주제이기도 했다. 그녀는 다른 아마추어 예술가들과 마찬가지로 유화, 역사적 우화, 누드를 대상으로 하는 남성으로만 구성된 길드(guild)의 주류와는 별개로 작업하면서 수채화 매제(媒劑)와 세밀화의 개막을 기회 삼아 자신의 그림을 발전시켰다.[5] 수채화, 구아슈,[6] 판화는 메리안과 이후 18세기의 여성 자연사 삽화가들이 발을 들이지 못한 영

---

4   Snyder, *Eye of the Beholder*, pp. 103~104.

5   Natalie Zemon Davis, *Women on the Margins: Three Seventeenth-Century Lives* (Cambridge, MA: Harvard University Press, 1995), p. 143.

6   구아슈(gouache)란 고무를 수채화 그림물감에 섞어 그림으로써 불투명 효과를 내는 회화 기법을 말한다. _옮긴이

역으로 남아 있었다.[7]

메리안의 첫 번째 출판물은 꽃 이미지 모음집인 『새로운 꽃에 관한 책(*Neues Blumenbuch*)』(1675~1680)이었고, 뒤이어 애벌레의 변태와 애벌레가 먹은 꽃에 관한 습작(1679~1683)이 이어졌는데, 둘 모두 뉘른베르크(Nürnberg)에서 발행되었다. (이때는 16세에 다른 화가와 결혼해 두 딸을 낳은 후였다.) 메리안은 애벌레들을 표현하면서 "이 가장 작고 겸손한 작은 벌레의 창조주"를 열렬히 찬양하며, 함께 첨부한 뉘른베르크의 신학자 크리스토프 아르놀트(Christoph Arnold)의 시는 종교적인 개인적 관심을 분명하게 보여준다. "만약 가장 미천한 이 벌레가 나비가 될 수 있다면, 가련한 인간도 구원받을 수 있을 것이다." 그러나 린네(Linné) 분류법[8]이 나오기 이전 시기여서 메리안은 근본 논리나 분류에 아무런 노력을 기울이지 않으며 그녀의 표본이나 그림은 어떠한 지식 분류 체계를 통해서도 정리되지 않는다. 누에는 가장 고귀하고 사람들에게 가장 유용한 벌레였기 때문에 그녀는 누에를 가장 중시했다고 말한다.[9] 다른 누구보다도 플랑드르(Flandre) 화가이자 자연주의자인 요리스 호프나겔(Joris Hoefnagel)에게서 물려받은 시각적 전통에 따라 그녀는 벌레와 벌레의 식물 먹이를 신고전주의 양식이 아니라 바로크 양식으로 풍성하게 책에 여기저기에 산발적으로 배열했다.[10]

1685년, 메리안은 유토피아적 종교 공동체인 라바디스트(the Labadists)에 합류하면서 자신의 소유물과 남편을 버리고 떠났다. 그녀는 두 딸과 함께

---

7   Daston and Galison, *Objectivity*, p. 89.

8   칼 폰 린네(Carl von Linné, 1707~1778)는 스웨덴의 식물학자로서 생물 분류학의 기초를 놓는데 결정적인 기여를 해 현대 '식물학의 시조'로 불린다. 린네 분류법은 그가 창안한 생물 분류법을 말한다. _옮긴이

9   Maria Sibylla Merian, *Der Raupen wunderbare Verwandlung und sonderbare Blumen-Nahrung* (Nuremburg, 1679), http://digi.ub.uni-heidelberg.de/diglit/merian1679bd1.

10 이 점과 다른 많은 점들에 대해 마리사 배스(Marisa Bass)에게 많은 도움을 받았다.

네덜란드 북부의 프리슬란트(Friesland)로 이사했고 네덜란드어를 배웠다. 그리고 남편과 이혼했지만 다른 사람들에게는 남편이 사망했다고 말했다. 6년 뒤 종교 공동체의 금욕적 제약과 혼란에 지친 나머지 그녀는 암스테르담(Amsterdam)으로 이주해 화가이자 자연주의자로서 명성을 얻었으며 화가 라헬 라위스를 제자로 두었는데, 라위스는 당대 최고의 해부학자의 딸이었다. 네덜란드는 연금술적 변형에 관심이 있는 여성에게 비교적 관대한 곳으로, 여성에게 더 까다로운 모국 독일과는 달리 네덜란드에서는 한 세기가 넘도록 단 한 명의 마녀[11]도 화형당하지 않았다. 당시 세계 무역의 중심 시장이었던 암스테르담에는 전 세계에서 가져온 곤충과 기타 표본이 풍부했다. 메리안은 미술상, 해부학자, 식물학자, 곤충학자, 화가들과 탄탄한 연줄을 가지고 있었고 희귀한 수집품과 진품 전시실에 접근할 수 있었지만, 곤충들이 모두 죽어서 말라 있었기 때문에 그녀를 매료시킨 변화의 주기[12]와는 동떨어진 것들이었다.

1699년, 메리안은 자연 서식지에서 곤충을 연구하기 위한 탐사 여행 자금을 마련하려고 많은 그림을 팔았고 어린 딸 도로테아(Dorothea)와 함께 남미에 있는 네덜란드 식민지인 수리남(Suriname)으로 떠났다. 그곳에서는 유럽에서 증가하고 있던 단맛에 대한 기호를 충족시키기 위해 노예들이 사탕수수 농장에서 힘들게 일하고 있었다. 이 유럽 여성은 폰 훔볼트(Alexander von Humboldt)나 다윈(Charles Darwin)과 같은 남성 과학자들이 탐험을 시작하기 1세기 전에 남미를 탐험했다. 이전에 프리슬란트로 이사했을 때와 마찬가지로 여성이 남성 보호자가 없는 미지의 지역으로 대담하게 떠나는 것은

---

11   마녀 사냥은 1420년부터 1670년까지 거의 전 유럽에 걸쳐 이루어졌는데, 당시에는 불특정 다수의 여자들이 마녀로 몰렸다. 특히 상당한 미모나 성적 매력을 가진 여자는 대부분 마녀로 몰려 죽임을 당했다. _옮긴이

12   메리안이 관심을 가지고 있었던 곤충의 변태 주기를 의미한다. _옮긴이

거의 전례가 없는 일이었다. 네덜란드 식민지에서 2년 동안 활발한 식물, 미술, 곤충학 및 인류학 작업을 마친 그녀는 더 이상 정글을 견딜 수 없었고 스케치, 수채화, 작업 일지, 표본, 말라리아 후유증을 가지고 딸과 남미 원주민 하인처럼 보이는 여성과 함께 암스테르담으로 돌아왔다.

1705년, 메리안은 대표작인『수리남 곤충들의 변태(*Metamorphosis insectorum surinamensium*)』를 암스테르담에서 출판했다.[13] 60개의 판화가 2절지 크기의 큰 책에 인쇄되어 출간되었다. 판화가 실린 쪽의 맞은쪽에는 그 지역 사람들이 식물과 동물을 음식과 약으로 어떻게 사용했는지 같은 동물학적·인류학적 데이터가 풍부한 해설이 실려 있다. 이미지는 동판화로 찍어냈으며 고급판에는 메리안과 그녀의 딸이 손으로 직접 채색 작업을 했다. 수작업으로 채색하는 세밀화의 공들인 기교와 인쇄된 텍스트의 웅장함이 결합되어 더 많은 대중에게 배포되면서 이 이미지들은 그 이후로 유명해졌다.

모든 동판화는 매우 사실적이었고 매력적으로 구성되었으며, 메리안은 여백을 두려워하지 않았다. 중심 주제는 그녀가 평생 동안 끌렸던 곤충(애벌레, 개미, 나비, 나방) 그리고 식물과 상호 작용하는 다른 생명체에 대한 매혹이다. 메리안은 생태계에 대한 감수성을 가지고 애벌레가 먹은 잎과 잘린 과일 속에 몸을 감추고 있는 벌레를 묘사하면서 그들을 둘러싼 환경 속에서 살아 있는 생물들을 보여준다. 그녀의 이미지는 아름답지만 그녀는 자연의 가혹함을 피하지 않아서, 그녀의 판화 속에는 타란툴라가 벌새를 삼키고, 일련의 군대 개미 떼가 식물을 휩쓸며, 바나나 껍질에는 상형 문자와 같은 작은 흠이 있다. 으스스한 붉은 눈을 가진 나방은 알로 덮인 맨 가지 위에

---

13 도움이 될 만한 문헌으로는 다음 참조. David Brafman and Stephanie Schrader, *Insects and Flowers: The Art of Maria Sibylla Merian* (Los Angeles: Getty Museum, 2008); Heidi Reidell, "A Study of Metamorphosis," *Americas*, 60, 2015, pp. 28~35; Kim Todd, *Chrysalis: Maria Sibylla Merian and the Secrets of Metamorphosis* (Orlando, FL: Harcourt, 2007).

그림 1-5 마리아 지빌라 메리안, 『수리남 곤충들의 변태』(1705)에 있는 판화판 XXIII

있는 도롱뇽과 어우러져 있다. 그녀의 이미지는 많은 시점을 단일 프레임으로 압축하는데, 이는 변형에 관심이 있는 과학 정신에 적합하다. 예를 들어, 구아바 나무는 꽃봉오리, 꽃, 열매를 한꺼번에 보여주며, 애벌레와 나비, 올챙이와 개구리같이 서로 다른 발달 단계에 있는 동물들도 한꺼번에 보여준다. 메리안은 유리 뒤에 고정된 정적 유형이 아니라 시간이 흐르면서 동적으로 움직이는 자연에 관심이 있었다.

당시에 메리안의 명성은 대단했다. 그녀의 두 딸은 모두 화가로 어머니의 유산을 계승했다. 그녀는 자연주의자이자 화가로 존경받았으며, 린네는 곤충 분류에서 메리안을 수백 번 인용했다. 그녀는 과학적 연구와 장식 미술[14]이 함께 번성한 합류 지점에 있었다.[15] 그녀는 19세기에는 대체로 잊혀졌다. 20세기 후반, 그녀의 초상화가 국민주의적인[16] 도상적 이미지의 보루인 독일 지폐와 우표에 등장하면서 되살아났다. 메리안은 의지, 재능, 상상력을 가진 여성이 시대의 제약을 극복해 놀라운 것을 성취할 수 있음을 보여준다. 페미니스트를 높이 평가하는 사학자인 내털리 제이먼 데이비스(Natalie Zemon Davis)는 메리안을 원주민을 공감의 눈으로 바라보았고, "식민적 만남(colonial encounter)을 뒤흔들어놓았고," 야만과 문명의 이분법을 초월했고, 토착 정보원의 증언을 진지하게 받아들였고, 현지 언어를 배웠고, 노예의 고통을 알았으며, 심지어 현지 여성들로부터 민속 식물학적 피임법에 대해서도 배운 영웅으로 대접한다.[17] 마리아 지빌라 메리안은 17세기의 '사실들'처럼 그러한 사실들을 모든 범주에 짜 맞추어 넣으려 했던 상황에서 그 모든 범주에 공공연하게 맞선 사람도 있음을 보여준다.

---

14 1800년경에는 미술을 순수 미술과 응용 미술이라는 두 가지 말로 표현했다. 여기서 응용 미술은 오늘날의 공예에 해당된다. 응용 미술이라는 말과 전후해서 장식 미술이라는 말이 생겼다. 이 말의 뜻은 영국뿐만 아니라 프랑스나 독일에서도 공통되는데 이 말도 결과적으로 공예를 뜻한다. _옮긴이

15 Daston, "Glass Flowers," p. 233.

16 내셔널리즘 또는 국민주의는 동일한 국민 정체성을 공유하는 국민(nation)을 사회의 조직과 운영의 근본적인 단위로 삼는 이데올로기를 말한다. _옮긴이

17 Davis, *Women on the Margins*, p. 191.

사이드바 1-2 꽃이 있는 정물

암스테르담의 국립 미술관에는 1639년 하를럼(Haarlem)[1]의 화가 한스 볼롱기에르(Hans Bollongier)가 그린 〈꽃이 있는 정물(Stilleven met bloemen)〉이라는 그림이 걸려 있다. 내벽을 배경으로 탁자 위에 놓인 둥근 모양의 짙은 유리 화병 속에 다양한 종류의 꽃이 담겨 있는 생동감 있는 그림이다. 이 그림은 구도가 아주 좋은데, 마치 와인이 담긴 잔을 통해 보듯이 자주색과 주황색이 가미된 초점이 맞지 않는 별 특징 없는 황토색 배경에 다양한 색(흰색, 녹색, 노란색, 분홍색, 빨간색, 보라색)이 외부로 폭발적으로 강조되고 있다. 탁자 위에 떨어진 몇 개의 꽃잎처럼 보이는 것은 달팽이와 애벌레, 그리고 흠칫 놀라는 도마뱀 옆에 있는 꽃줄기이다. [국립 미술관의 원화나 내(존)가 찍은 사진에서는 이 생명체들을 알아차리지 못했고 온라인에서 볼 수 있는 확대된 이미지에서만 볼 수 있었다는 것은 디지털화에 대한 언급이다.[2] 17세기 네덜란드 화가들에게 사랑받은 그런 묘한 방식으로 이 화병은 분명 이중 유리로 된 창을 통해 들어오는 빛을 반사하는 동시에 유리를 통해 꽃의 어두운 줄기까지 볼 수 있게 해준다. 배열의 전경은 밝게 빛나는 반면, 일부 소재는 어두워 배경 속에서 뚜렷하게 보이지 않는다.

박물관에 있는 수많은 아름다운 꽃 정물화 가운데 아마도 특별히 이 그림을 지목할 이유는 없을 것이다. 언뜻 보면 이 그림은 네덜란드 황금시대 예술의 아주 오래된 주제인 '바니타스(vanitas)'[3]에 속하는 것 같은데, '바니타스'

---

1   네덜란드 북서부에 위치한 노르트홀란트(Noord-Holland)주의 주도(州都)이다. _옮긴이

2   https://www.rijksmuseum.nl/en/collection/SK-A-799.

3   16~17세기의 네덜란드와 플랑드르 지역에서 정물화에 특히 관련 있는 상징과 관련된 예술 작품의 한 종류로, 바니타스['공허한'을 뜻하는 라틴어 형용사 바누스(*vanus*)가 어원]는 공허, 헛됨, 또는 가치 없음, 전통적인 기독교인들의 관점으로 세속적인 물건과 일시적이고 무가치한 것을 추구하는 것을 뜻한다. _옮긴이

그림 1-6 한스 볼롱기에르, 〈꽃이 있는 정물〉(1639)

는 세속적인 영광이 덧없다는 경고이다. 그림에서 눈에 띄는 것은 튤립인데, 이 꽃은 매우 네덜란드적인 방식으로 세속적인 아름다움과 경제적 가치가 있는 상품 사이를 여전히 계속 맴돌고 있다. 사실 이 그림은 당시 가장 비싼 품종인 '셈페르 아우구스투스(semper augustus)'[4] 튤립을 특징적으로

---

4   영원한 황제라는 의미이다. _옮긴이

묘사하고 있다. 1637년의 튤립 마니아에 대한 전설을 믿을 수 있다면, 이국적인 튤립 구근의 가격이 급등했다가 이내 급락하자 사람들은 이 튤립 종에 대해 냉정함도 잃었고 돈도 잃었다. '튤립 파동(tulpenwoede)' 전설이 더 최근의 경제 거품에 대한 아무도 거부할 수 없는 교훈적인 이야기라 하더라도, 현대 연구자들은 그것의 역사성에 의문을 가진다. 이 그림은 분별없는 풍요로움에 대한 훈계적인 비평일 수도 있고, 하를럼에 꽃이 풍부함을 알리는 관광 광고일 수도 있다.

꽃잎과 잎에 대한 리얼리즘적인 이해에도 불구하고 이 그림은 불가능한 상황을 보여준다. 묘사된 꽃들(튤립, 장미, 아네모네, 카네이션)은 연중 같은 시기에 피지 않는다. 분명한 자연주의적 정확성에도 불구하고 갓 자른 꽃을 그린 이 그림은 17세기에는 결코 일어날 수 없었던 상황을 묘사한다. 그 대신 이 그림은 제각기 다른 시간적 순간에 대한 일종의 저속 촬영 구성, 계절의 매시업(mashup),[5] 단일 프레임 내의 몽타주를 제공한다. 이 그림은 문화적으로도 일어날 개연성이 낮다. 네덜란드 사람들은 그들의 델프트 도기[6]에 담긴 잘린 튤립을 으스대며 보여주는 것을 자랑스럽게 생각했지만, 누군가가 그렇게 귀중한 꽃을 잘라 화병에 넣은 다음 그냥 시들게 놔둘 것 같지는 않다. 볼롱기에르의 그림은 보기 드물게 과시적인 소비를 보여주는 그림 가운데 하나일 것이다! 그리고 이것들은 분명 살아 있는 잘린 꽃이지 말린 표본이 아니다. 볼롱기에르는 많은 순간들을 뒤섞어서 단 하나의 이미지로 만들어냈다.

19세기 중반 이후 많은 관찰자들이 17세기 네덜란드 회화에서 거의 사진

---

5   여러 가지 자료에서 요소들을 따와 새로운 노래·비디오·컴퓨터 파일 등을 만든 것을 말한다. _옮긴이
6   네덜란드의 델프트 오지 그릇으로 일종의 채색 도기이다. _옮긴이

처럼 외양에 충실하게 그리는 것에 주목했지만,[7] 시간적 순서가 있는 것을 콜라주하는 능력은 항상 예술가의 장점이었다. 싱글 샷[8] 카메라는 렌즈 앞에서 우연히 일어나는 일에 좌우되는데, 이로 인해 사진가들은 여전히 장면을 설정하는 데 많은 노력을 기울인다. [〈이주민 어머니(Migrant Mother)〉나 〈이오지마에 게양되는 성조기(Flag Raising on Iwo Jima)〉와 같은 일부 도상적인 20세기 미국 사진들은 나중에 포즈를 취하거나 재현된 것으로 나타났다. 5장 참조]. 물론 사진작가는 사진을 찍은 뒤에 일어나는 일을 조작할 수도 있는데, 이중 노출은 시간적 순서의 겹침을 허용하는 초기 기술이며 디지털 사진은 촬영과 후반 작업의 경계를 모호하게 만든다[에어브러싱(airbrushing)[9]에 대한 〈사이드바 2-3〉 참조]. 볼롱기에르의 그림은 일종의 식물의 시간을 이중, 삼중, 또는 사중 노출한 것이다. 갓 자른 튤립, 장미, 아네모네, 카네이션을 하나의 화병에 담는 유일한 방법은 당시로서는 불가능했던 다양한 기후 지역에서 신속하게 운송하는 것이었을 것이다.

이와 관련해 〈꽃이 있는 정물〉은 시간축 조작이 본질인 예술 형식을 가진 영화보다 앞선다. 그 순간이 전달하는 것에 전적으로 의지하는 스틸 카메라와 대조적으로 그림과 삽화는 시간적으로 그리고 회화적으로 자유로운데, 그런 점에서 그림과 삽화는 영화 편집의 선조이다. 그래픽 아티스트는 서사(敍事)가 있는 사건을 가장 운이 좋은 사진가조차도 결코 처리할 수 없는 단

---

7   Simon Schama, *The Embarrassment of Riches: An Interpretation of Dutch Culture in the Golden Age* (Berkeley: University of California Press, 1987), p. 10.

8   앵글에 한 사람만 담아 찍는 샷으로 종종 원 샷이라고도 하지만 싱글 샷이 정확한 용어이다. _옮긴이

9   사진을 에어브러시, 즉 공기압을 이용하는 도료 착색용 기구로 수정하는 것을 말한다. 공기압(에어)을 붓(브러시)으로 사용하는 기법으로 스프레이 도색의 일종이다. 컴프레서나 에어캔에서 공급되는 압축 공기를 뿜어내서 그 분출 효과로 노즐에서 도료를 빨아내어 안개 상태로 만들어 뿌리는 구조이다. _옮긴이

일 프레임으로 압축할 수 있다. 볼롱기에르의 정물화는 멈춘 영화 같다.[10] 단 하나의 프레임으로 서사할 수 있는 이러한 능력으로 인해 삽화는 사진 시대까지 오래 지속할 수 있었다. 손으로 만든 이미지는 카메라와 같은 기기에 포착된 무분별한 과잉을 제거하고 다른 시점에 얻은 지식을 추가할 수 있다. 적어도 17세기 이후 자연주의 삽화가들은 개별 표본의 특이성에 제한을 받지 않고 식물 형태를 묘사하고자 했다. 그들은 단일 사례의 편향이 아니라 비슷한 부류의 진실에 관심이 있었다. 게으르거나 무능한 과학 일러스트레이터만이 하나의 식물을 정확히 보이는 대로 그렸을 것이다. 이와 관련해 대스턴과 갤리슨이 언급하고 있는 것처럼, "보는 것은 직각(直覺, imme-diate perception)[11]만큼이나 통합적으로 기억하고 분별하는 행위였으며 이미지는 객체들의 어느 한 부류에 대한 묘사인 것만큼이나 객체들의 부류 전체의 상징이었다."[12]

볼롱기에르의 꽃에는 다양한 성장 상태에 있는 튤립과 장미가 표현되는 등 개별적인 특이점들이 많이 있지만, 한 순간에 나타날 수 없는 많은 관찰을 모아놓았다는 점에서 그의 그림은 일종의 "이론적 합성물"이다.[13] 그의 그림은 많은 '크로노스(*chronos*)'를 하나의 '카이로스(*kairos*)'[14]에 집어넣는다.

---

10 초기 네덜란드의 바다 풍경은 항해사의 움직이는 눈을 시각화해 움직임을 암시한다는 주장을 보려면 다음 참조. Bernhard Siegert, "The Chorein of the Pirate: On the Origin of the Dutch Seascape," *Grey Room*, 57, 2014(Fall), pp. 6~23 참조.

11 감각, 경험, 연상, 판단, 추리 따위의 사유 작용을 거치지 아니하고 대상을 직접적으로 파악하는 작용을 말한다. _옮긴이

12 Daston and Galison, *Objectivity*, p. 104.

13 "이론적 합성물"에 대해서는 다음 참조. Peter Galison, "Judgment against Objectivity," in Caroline A. Jones and Peter Galison(eds.), *Picturing Science, Producing Art* (New York: Routledge, 1998), pp. 327~359, at p. 348; Daston and Galison, 같은 책, p. 353.

14 그리스어로 '크로노스'는 일반적인 의미의 시간, 가만히 있어도 흘러가는 자연적이고 객관적이며 모든 사람에게 공평하게 주어진 시간이고, '카이로스'는 의식적이고 주관적인 시간, 순간의

이 그림은 여러 순간을 종합하는 힘을 통해 서로 매우 다른 표현 형식들을 요약하는 힘을 지닌 통계의 출현을 예견케 한다(3장 참조).

이 정물화는 질감, 모양, 색상 면에서 꽃에 충실할 수도 있지만 교묘하게 상상력을 발휘해 꽃들을 배열하고 있다. 우리가 보는 것은 객체가 아니라 우리 눈이 그 객체를 해석한 것이라는 사실을 발견한 사람들은 17세기의 안경사, 의사, 철학자, 화가들이었다. 시각은 매개되고, 처리되며, 따라서 그 과정에서 부당 변경 된다. 이렇게 충실한 복제와 인위적인 조작을 혼합하는 것은 네덜란드 황금시대의 미술과 사상의 비밀 가운데 하나이다. 이 그림은 오직 그림 속에서만 존재하는 진실을 드러낼 수 있었다. 이 화가는 (있는 그대로를 충실하게 반영하는) 거울이자 솜씨 좋은 장인이었다. 볼롱기에르는 결코 존재하지 않았고 결코 존재할 수 없었지만 여전히 계속해서 눈부신 꽃 화병에 대한 생생한 기억을 제공했다. 아마도 결국 그의 주제는 '바니타스'와 미술에 의한 '바니타스'의 일시적인 극복이었을 것이다.

선택이 인생을 좌우하는 기회의 시간, 결단의 시간으로 공평하게 주어진 크로노스에서 특별한 의미를 부여하게 되는 시간이다. _옮긴이

이컨을 존경했으며 그들이 최고로 여기는 이론가인 사무엘 반 호흐스트라텐(Samuel van Hoogstraten)은 회화 예술에 관한 자신의 논문에서 베이컨의 말에 찬성하며 인용했다. [호흐스트라텐 역시 렘브란트(Harmensz van Rijn Rembrandt)의 제자였다.] 예를 들어, 가톨릭은 ['빈자의 책(*libri pauperorum*)'으로서 성당과 함께] 서민을 가르치는 방법으로 이미지를 오랫동안 옹호해 왔는데, 그러한 옹호는 반종교 개혁[112] 때 초기 영사 기술인 환등기로 새로운 힘을 얻었다.[113] 지금처럼 당시에도 이미지는 위협적일 수도 있었고 유용한 정보를 제공할 수도 있었다. 이미지는 헌신의 대상이거나 과학적 정보의 대상, 즉 마음을 사로잡는 매혹적인 고안물이거나 설명을 필요로 하는 멋진 환상[114]을 보여주는 매혹적인 고안물일 수도 있었다. 초기 근대의 이미지와 정보를 둘러싼 긴장은 훨씬 이전 시대의 우려를 그대로 보여주면서 수 세기가 지난 후에도 여전히 반향을 불러일으키고 있다.

신뢰와 질서

새로운 풍요로 인해 근대 자연 철학[115]의 열렬 지지자들은 결국 우주는 우리가 알 수 있는 것 이상이라는 에피쿠로스학파의 구호를 되풀이하는 것으로 마무리 지을 수 있게 되었다. 프랜시스 베이컨에 따르면, "자연의 미묘

---

112 16~17세기에 종교 개혁에 대응하기 위해 개혁 반대파인 교황청을 중심으로 하는 가톨릭교회 내부의 자기 개혁 운동을 말한다. _옮긴이

113 Friedrich Kittler, *Optical Media*, trans. Anthony Enns (Cambridge: Polity Press, 2010).

114 현실적인 기초나 가능성이 없는 헛된 생각이나 공상을 환상(幻想)이 아니라 사상(寫像)이나 감각의 착오로 사실이 아닌 것이 사실로 보이는 환각 현상을 말하며, 따라서 설명을 필요로 한다. _옮긴이

115 사변적 고찰을 통해 자연을 종합적·통일적으로 해석해 설명하려고 하는 철학을 말한다. 또한 자연에 대한 철학적 탐구이자 근대 화학의 전신이다. 자연 과학의 선구자 역할을 할 자연 철학은 우주, 물질, 인과성, 확률, 원소, 무한, 움직임과 변화, 성질, 시간과 공간을 대상으로 자연에 대한 설명을 제시했다. _옮긴이

함은 감각과 이해의 미묘함보다 그 정도가 훨씬 더 심하다".[116] 근대 우주의 무한한 공간 속에서 혼란스러워했던 많은 사람들 가운데 첫 번째 인물이라고 할 수 있는 블레즈 파스칼(Blaise Pascal)은 우리의 상상력은 항상 자연의 풍요로움에 압도당한다고 믿었다.[117]

여기서 실증주의자들은 부정확한 사실, 불확실한 사실, 상세한 사실, 풍부한 사실, 기이한 사실을 실패로 간주했는데, 왜냐하면 사실과 설명 사이에 확고한 연결이 없었고 사실 자체가 매우 불안정했기 때문이다. 17세기에 대한 우리의 묘사는 계몽 시대와 19세기에 사실을 분리된 정보의 알갱이로 처리함으로써 왜곡될 수 있지만, 17세기의 사실들은 더 거칠었다. 인간이 통제하기 어려울 정도로 경험주의가 마구 확산되어 있었다면, 이것은 문제가 되지 않았다. 경험주의의 지지자들은 이에 대처할 몇 가지 전략을 가지고 있었다. 17세기에 확산되고 있던 사실의 불안정성은 진실 주장을 더 신뢰할 수 있게 만들기 위해 고안된 일련의 기제를 만나게 되었는데, 이곳이 바로 지식 생산이 시작되는 곳이다.

무엇을 사실이라 할 수 있는가라는 질문은 그 자체가 하나의 핵심적인 논쟁거리였다. 예를 들어, 점성술은 경험주의자들의 영역에서 일관되게 제외되었다. 점성술은 사실을 만들어내지 않았다. 다른 영역들은 좀 더 가변적이었다. "17세기 이후 꿈, 전기 인광(electrophosphorescence),[118] 음악적 화성 등 모든 경험의 영역이 사실성(facticity)의 경계 사이를 왔다 갔다 했다"고 대

---

116 Bacon, *Novum Organum*, 1: x. Wilson, *Invisible World*, p. 41에서 재인용.

117 "L'imagination se lassera plutot de concevoir que la nature de fournir." Blaise Pascal, *Pensees de Pascal*, ed. Ernst Havet (Paris: Dezobry et E. Magdeleine, 1852), p. 2.

118 유기물(고분자) 전기 발광 소자에서 생성되는 여기자(exciton)는 스핀 상태에 따라 비대칭적인 일중항(singlet exciton)과 대칭적인 삼중항(triplet exciton)으로 구분되며, 일중항 여기자가 소멸하면서 빛을 내는 것을 형광(fluorescent), 삼중항 여기자가 기저 상태로 전이하면서 빛을 내는 것을 인광(phosphorescent)이라 한다. _옮긴이

스턴은 적고 있다.[119] 사실에 기반을 둔 것과 불명확한 것을 구분 짓는 것은 늘 지식을 생산한다는 과학의 주장을 뒷받침해주는 하나의 지지대였다. 실제로 '과학'이라는 용어는 '구분하다(to separate)'라는 뜻의 어근에서 비롯되었으며, '가위(scissor)', '분별력(discernment)', '똥(shit)'과 같이 항상 분리되어 구별되는 것을 의미하는 단어와 관련이 있다.

실험 실습의 등장은 진실과 거짓을 구분하는 두 번째 핵심적인 수단이었다. 자연의 사실들이 실험의 인위적인 산물이 될 수 있다고 주장하는 것은 오랜 아리스토텔레스적 기술(art)[120]과 자연의 대조를 거부하는 것이었다. 그와 같은 자연의 사실들은 오직 (자연과 기술의) 협업을 통해서만 발견될 수 있었다. 따라서 과학의 진보는 신뢰를 구축해야만 했던 많은 관찰자들에게 의존했다. 스티븐 샤핀과 사이먼 섀퍼(Simon Schaffer)가 강조했듯이, 17세기의 새로운 실험 과학은 신뢰할 수 있는 공동 탐구자(coinquirer) 공동체를 기반으로 했다. 실험 철학(experimental philosophy)[121]은 상호 주관적(intersubjective)[122] 검증과 신뢰의 규범을 요구했는데, "그 과정에서 증언 경험을 배가하는 것이 필수적이었다".[123] 단 한 명의 관찰자의 증언만으로는 결코 사실이 될 수 없었다. 많은 사람이 사실을 증언해야 했으며, 바람직하게는 (적어도 잠재적으로) 모든 사람이 증언해야 했다. 여기에는 신뢰할 수 있는 증언을 제공하

---

119 Daston, "Moral Economy," p. 16.

120 오늘날 예술로 번역되는 'art'는 라틴어 *ars*에서 왔고 *ars*는 그리스어 *techne*(기술)에서 왔다. 따라서 아리스토텔레스가 사용한 단어는 '*techne*'였고 '기술'이 오늘날 '예술'의 출발점이라 할 수 있으며 오늘날 'art'의 의미 가운데는 '기술'도 포함되어 있다. _옮긴이

121 과학 실험에 대한 철학적 사유를 논하는 것이 아니라 실험을 통해 수행되는 철학을 말한다. _옮긴이

122 주관적인 경험이나 생각이 상호, 혹은 다자간에 공감대를 이루는, 즉 주관적 관점이 상호 이해를 바탕으로 공유되어 형성되는 인식의 방식으로 '간주관적'이라고 한다. _옮긴이

123 Shapin and Schaffer, *Leviathan and the Air-Pump*, p. 25.

는 망원경, 현미경, 시계, 저울, 온도계 및 공기 펌프와 같은 당시 새로운 과학 기구의 정당화(legitimization)도 포함되었다.[124] 한결같은 증언을 보장하는 것이 실험 방법의 핵심이었기 때문에 탐구자들 간의 커뮤니케이션은 그 자체로 확증과 반복(replication)이라는 과학적 과정의 일부였다. 유사한 사회적 지위를 가진 탐구자들 간의 가정(假定)의 상대적 동질성은 그와 같은 대화를 용이하게 했다.

진실 주장과 경험의 직접 증언을 연결하는 것과 실험 결과를 되풀이해서 반복하는 것은 영국 왕립 학회의 핵심 가치였다.[125] 군중이 쉽게 믿어버리는 것보다 학자들의 예의 갖춘 토론을 선호했다. 샤핀과 섀퍼의 논지에 따르면, 사실과 관련된 문제에 관해서 젠트리[126] 신분에 속하는 사람들(gentlemen)은 그런 신분에 속하는 사람들을 선호한다.[127] 스프라트가 말했듯이, 젠트리 신분에 속하는 사람들은 일하지 않고도 살아갈 수 있는 재산을 가지고 있었기 때문에, 그들은 "자유로웠고 제한을 받지 않았다".[128] 그들은 냉정하게 행동해야 했고 자연은 그래야 한다고 그들이 생각하는 대로가 아니라 있는 그대로의 자연을 보아야 했다. 그러한 논지가 약간 과장되어 있다고 하더라도[다른 학자들은 영국 왕립 학회가 스프라트가 "기계적인 기술자들(Mechanick Artists)"이라고 부른 사람들의 증언을 구했고 상류층 가문 출신이 아닌 회원을 받아들

---

124 Hans Blumenberg, *The Genesis of the Copernican World*, trans. Robert M. Wallace (Cambridge, MA: MIT Press, 1987), p. 617.

125 Steven Shapin, *A Social History of Truth: Civility and Science in Seventeenth-Century England* (Chicago: University of Chicago Press, 1994).

126 젠트리는 영국에서 귀족으로서의 지위는 없었으나 가문의 휘장을 사용할 수 있도록 허용받은 유산 계층을 일컬으며, 흔히 영국 유산 계층의 총칭이나 중세 부유층의 총칭으로 사용되었다. _옮긴이

127 Peter Lipton, "The Epistemology of Testimony," *History and Philosophy of Science*, 29(1), 1998, pp. 1~31.

128 Johns, *Nature of the Book*, p. 468.

였음을 보여준 바 있음], 17세기의 경험적 조사는 하나의 사회적 네트워크이자 동시에 일단의 인식론적 규범이었음이 분명하다.[129] 아마도 모든 경험적 조사는 정말로 그 이후 줄곧 매우 다양한 방식으로 이 둘 모두였던 것 같다.[130]

신뢰할 수 있는 분류 기제를 만들어내기 위한 세 번째 초기 근대의 계획은 책이다. 책의 고정성(fixity)은 신뢰에 대한 질문의 답이었고, 책의 소통성(communicability)은 지식에 안정성을 부여했다. 여기서의 핵심 학자는 에이드리언 존스(Adrian Johns)이다. 샤핀과 섀퍼는 특히 절차를 기술하는 매우 상세한 실험 기록이 독자에게 일종의 "사실상의 증언"을 제공할 수 있다는 로버트 보일의 생각을 통해 17세기의 학자들이 서로 대조 확인하는 "저술 기술(literary technology)"[131]을 이미 강조한 바 있다.[132] 비슷한 맥락에서 존스도 출판된 텍스트가 신뢰할 수 있는 변함없는 실체임을 보증하기 위한 체계적인 노력을 보여준다. 당시 스테이셔너(stationer)로 불렸던 영국의 출판업자 겸 서적상들은 일종의 학식 있는 과학자들 사이의 상류층 질서와 유사한 질서 속에서 작동한 동업자들 간의 예의 바른 질서와 신뢰성의 관행을 발전시켰다. 현재 우리가 가지고 있는 '저작권'에 대한 관념과 같은 것이 1600년대에는 존재하지 않았지만, 이러한 관례는 출판의 신뢰성을 보장하고자 한 것이었다. 인쇄업자들 간의 규범은 우리가 단지 읽었을 뿐인 것을 어떻게 믿

---

129 "신사적인 논제(gentlemanly thesis)"의 뉘앙스에 대해서는 다음 참조. Shapiro, *Culture of Fact*, pp. 139~143.

130 이것은 로버트 K. 머튼(Robert K. Merton)의 주장일 뿐만 아니라 C. S. 퍼스(C. S. Peirce)의 주장이기도 했다.

131 샤핀과 섀퍼가 오늘날 우리가 과학자라고 부르는 17세기 실험 철학자들이 채택한 새로운 스타일의 글쓰기를 기술하기 위해 사용한 용어이다(출처: Kieran Hanrahan, ""Literary Technology": How You Talk Is as Important as What You're Talking About," switchboard, January 28, 2014, https://switchboardhq.com/blog/literary-technology). _옮긴이

132 Shapin and Schaffer, *Leviathan and the Air-Pump*, pp. 60~65.

는가라는 소통에 관한 질문에 답했다. 17세기에는 인쇄된 단어에 대한 새로운 수준의 공신력을 쌓기 위한 공동의 노력이 있었다.[133]

이 시대에 활자화된 말의 진실성을 보증하기 위한 규범은 영국 밖에서도 존재했다. 예를 들어, 세르반테스(Miguel de Cervantes Saavedra)의 『돈키호테(Don Quixote)』(1605) 초판의 첫 부분은 일련의 진본 인증 문서로 시작되었다. 첫 번째 문서는 '가격(tasa)'에 관한 것으로, 이 책은 83개의 서명(signature)[134]으로 구성되어 있는데 각 서명당 3.5마라베디(maravedi)[135]의 비용이 들어 총 290.5마라베디가 소요되었음을 인증했다(가제본). 두 번째 문서는 '원본과 다름없음을 확인해 주는 것(testimonio de las erratas)'으로, 인쇄본이 원고와 일치함을 인증했다. 간단히 '왕(El Rey)'이라고 불리는 세 번째 문서는 세르반테스에게 10년 동안 책을 인쇄할 수 있도록 허가하고 '가격' 문서와 '원본 확인' 문서에 서명한 왕실 관리의 권한을 인증했다.[136] 비용, 진본 인증, 연대 서명자, 그리고 왕실의 승인에 대한 기록은 우리에게 너무 낯선 나머지 『돈키호테』의 현대 번역본들은 대부분 그것을 지루한 역사적 잡동사니로 보고 생략한다. 이후 4세기 동안 우리는 인쇄 자료를 정당화하는 기술에 관심을 그다지 기울이지 않는 데 익숙해졌다. 그러나 17세기에 망원경이나 현미경 속의 기이한 이미지나 원격 관측자의 보고서와 같은 인쇄물은 공인된 증인의 보증을 받아야 했다. 진본성과 지적 재산에 대한 문제는 『돈키호

---

133 인쇄업자들 사이에 "인식론적 신용(epistemic credit)"을 만들어내는 것은 존스에게 매우 중요하다. Johns, *Nature of the Book*.

134 『돈키호테』 서명과 관련해서는 다음 참조. 김준한, 「프랑스 서적의 판형」, ≪프랑스 문화 연구≫, 30호(2015), 193~217쪽, http://oak.go.kr/central/journallist/journaldetail.do?article_seq=18115. _옮긴이

135 스페인의 옛 금화(11~12세기) 단위. _옮긴이

136 Miguel de Cervantes, *Don Quijote de la Mancha* (Madrid: Real Academia Espanola, 2004), pp. 3~5.

테』의 2부(1615)에서 훨씬 더 흥미로워졌는데, 2부는 세르반테스가 실제로 마무리하기도 전에 1부의 속편을 출판할 정도로 정말 어리석은 그 사기꾼 작가를 폭로한 (그리고 무자비하게 조롱한) 문서 진본 인증이라는 희한한 역행적인 상황을 만들어냈다.[137]

과학자들도 마찬가지로 저술 발표 규약을 가지고 있었다. 후크는 영국 왕립 학회의 간사로서 조사 기록 방식에 대해 매우 특별한 생각을 가지고 있었다. 마찬가지로 보일도 여전히 과학적 글쓰기의 특징인 꾸밈없고 사실을 왜곡하지 않으며 매우 신중하면서도 철저한 산문체를 연습했다. 너무 화려한 산문에 탐닉하는 것은 "'망원경의 렌즈'에 물감을 칠하는 것과 다름없을 것"이라고 그는 말했다.[138] 자연 철학자들은 인쇄 출판물의 위험성을 효과적으로 다루는 방법을 배워야 했다. 인쇄된 문서를 신뢰할 수 있게 만드는 전략이 없다면 실험 과학도 존재할 수 없을 것이다. '위조'는 인쇄업자와 실험자 모두에게 중대한 위반이었다. 출판업자, 과학자, 작가, 왕족 모두 인쇄물로 표현된 아이디어로 사기를 치거나 인쇄물로 표현된 아이디어를 불법 복제하는 것에 맞서 함께 싸웠다. 실험 및 출판과 같은 행위와 과학 학회와 같은 기관은 모두 우리 지식의 기반을 안전하게 다지기 위해 고안된 것들이다.

넷째, 미래에 대한 희망은 요동치는 사실의 세계를 담아내는 수용기만큼이나 중요했지만 그것을 찾아내는 것은 수용기를 찾아내는 것보다 더 어려웠다. 1600년대 동안에는 불순물이 완전히 제거되지는 않았지만 좋은 진전이 이루어지고 있다는 강한 확신은 있었다. 후크는 자연의 법칙의 발견을 어느 정도 먼 미래로 미루는 것을 마다하지 않았다. 17세기의 탈아리스토텔레스적

---

137 1605년 1부가 나와서 인기를 끌자 1614년에 다른 작가가 무단으로 돈키호테 속편을 출간했다. 1615년 세르반테스 자신도 돈키호테 속편을 냈으나 이듬해 4월 당뇨와 간 경변 끝에 세상을 떠났다. _옮긴이

138 Shapin and Schaffer, *Leviathan and the Air-Pump*, p. 66.

(post-Aristotelian) 인식론들이 서로 극적으로 달랐음을 강조하는 것은 중요하다. 베이컨, 데카르트, 로크, 라이프니츠(Gottfried Wilhelm Leibniz), 스피노자 등은 뚜렷한 차이를 가지고 있었다. 그러나 그들 모두는 그들의 새로운 지식 획득 방식들이 참과 거짓을 잘 구분할 수 있다는 믿음을 가지고 있었다.

예를 들어, 스피노자는 허구적인 관념은 "구별하지 않고 한꺼번에 어떤 객체의 모든 부분에 무차별적으로 관심을 기울이기" 때문에 "어쩔 수 없이 혼란스럽다"고 생각했다. 그러나 "명확하고 뚜렷이 구별되는" 관념은 반대로 "결코 거짓일 수 없다". 주관적 명료성과 객관적 실재성 사이에 필연적인 대응 관계를 확신한 스피노자는 그 시대의 진보에 대한 희망의 표상이었는데, 합리주의자들만이 이러한 견해를 공유한 것은 아니었다.[139] 볼테르(Voltaire)의 『캉디드(Candide)』는 라이프니츠의 우주에 대한 낙관론[140]을 유명하게 만들기도 했고 분별력 없는 것으로 보이게도 했는데, 라이프니츠는 망원경과 현미경이 근대인이 고대인보다 신의 정의(正義)에 대한 주장을 더 쉽게 믿게 만든다고 생각했다.[141] (따라서 그는 신학적 설득을 기술적 진보에 연계시켰다.) 과학과 신학이 그 이후로 줄곧 행복하게 함께 지낼 것이라는 확신은 그의 낙관론의 적잖은 부분이었다.

분류에 대한 확신은 미래에 대한 믿음과 분리시켜서 생각할 수 없다. 합리적 범주가 경험적 과부하를 줄일 수 있다는 생각은 18세기에 들어 우위를 점하게 되었지만, 특히 합리주의자들은 17세기에 그러한 생각을 밀어붙였

---

139 Benedict de Spinoza, *On the Improvement of the Understanding; The Ethics; Correspondence* (New York: Dover, 1955), p. 23, 25.

140 낙관론으로 유명한 라이프니츠는 일부 제한적인 의미에서 우리가 살고 있는 우주가 신이 창조할 수 있는 최선의 우주라고 결론지었다. _옮긴이

141 Gottfried Wilhelm von Leibniz, "A Vindication of God's Justice Reconciled with His Other Perfections and All His Actions," in "Monadology" and *Other Philosophical Essays*, trans. Paul Schrecker and Anne Martin Schrecker (Indianapolis: Bobbs-Merrill, 1965), sections 57, p. 143.

다. 데카르트는 원칙적으로 실험을 지지했지만 너무 많은 정보의 혼란에 대해 불평했다. 그는 자신이 읽은 실험 보고서가 "대부분 필요하지 않은 세부 사항과 불필요한 구성 요소로 인해 너무 복잡해서 조사자가 진실의 핵심을 발견하기가 매우 어려울" 것이라고 생각했다.[142] 그는 가장 좋은 출발점은 혼자만의 성찰이라고 생각한 것으로 유명하며, 흔히 '코기토(cogito)', 즉 '나는 생각한다'라고 불리는 그러한 생각은 그의 철학을 정립한 기반이 되었다. 데카르트는 생각이 어떤 다른 종류의 사실만큼이나 견고하고 신뢰할 수 있다고 믿었는데, 이는 그의 수학의 중심 개념이기도 했다. 관념들 사이에는 필요한 질서가 존재했으며, 수학은 관념의 영역이 어떻게 엄격할 수 있는지에 대한 특별한 모델을 제공했다.

이런 종류의 통찰력에 자극받은 스피노자는 기하학의 원리에 대한 윤리학 전반을 확립했다. 관념들이 논리적 힘에 의해 결합될 수 있는 것처럼, 사상(事象)들도 인과적으로 반드시 필연적인 연결 고리에 의해 결합될 수 있을 것이다.[143] 17세기의 세 번째 위대한 합리주의자(후세대들이 이렇게 부르곤 했음)인 라이프니츠는 지적 능력을 사용해 모든 것을 질서 정연하게 배열하려고 했다. 하노버(Hannover)에 있는 그의 사무실은 그의 두뇌처럼 그 시절 모든 지식을 만들어내는 거대한 데이터 처리 중심지였으며, 그는 과학 정보의 외교 중심지, 과학 정보의 우체국이었다.

합리주의자들이 종합적인 질서에 관심이 있었다는 것이 그들이 특수자에는 관심이 없다는 것을 의미하지는 않았다. 반대로 그들은 무지개, 대포, 시신경, 불, 화성(和聲), 중국 표의 문자, 히브리어 문법과 같은 다양한 종류의 현상에 매우 큰 관심을 가졌다. 1676년에 델프트를 방문한 라이프니츠는

---

142 Shapin, *Scientific Revolution*, pp. 109~110.
143 Steven Nadler, *Spinoza: A Life* (Cambridge: Cambridge University Press, 1999), p. 226.

"생각하는 것을 내게 말해주는 데카르트 같은 사람보다 보는 것을 내게 말해주는 반 레이우엔후크 같은 사람을 나는 더 좋아한다"고 말했다.[144] 라이프니츠는 사실과 책을 사랑했고 당시의 다른 많은 지식인이 그랬던 것처럼 법원 사서처럼 사실과 책을 닥치는 대로 수집했다. 그는 많은 특수자가 합리적 진실의 체계(그것이 전시 전략이든, 수학이든 아니면 기억이든) 안에 수용될 수 있다고 믿었다. 라이프니츠는 기억 극장(theater of memory)[145]이라는 르네상스 시대의 관념을 받아들였고 보편적 언어에 큰 관심을 가졌다.[146] 그가 뉴턴과 동시에 고안한 미적분은 사상을 모델링하기 위한 수학적 도구였을 뿐만 아니라 데이터를 관리하고 체계적으로 정리하는 관료주의적 장치[한 학자는 그것을 "국가의 도구(state machine)"라고[147] 부름[148]]였다. 그것은 통제되지 않는 사실을 체계적으로 정리하는 핵심 조직자 가운데 하나로, 움직이고 있는 세계를 정리하고 세계를 구성하고 있는 내용물을 분류하는 아마도 가장 중요한 근대적 과학 기법으로 밝혀졌다. 근대인들은 플라톤의 아카데미(Academy) 문 위에 붙어 있는 출처가 불분명한 간판[149]의 글귀를 업데이트해서, 어떠한 과학이든 과학을 공부하고 싶어 하는 모든 사람에게 다음과 같이 말할 수 있을 것이다. 미적분을 모르는 자, 이 문을 들어서지 말라!

---

144 Snyder, *Eye of the Beholder*, pp. 288~289.

145 기억 극장과 관련해서는 다음 참조. 필리프 코스타마냐(Philippe Costamagna), 『안목에 대하여: 가치를 알아보는 눈』, 김세은 옮김(아날로그/글담, 2017). _옮긴이

146 Frances A. Yates, *The Art of Memory* (1966; repr., London: Pimlico, 1994), pp. 365~373.

147 'state machine'은 일반적으로 시스템을 추상화해서 표현하는 수학적 모델링 방법의 하나인 '상태 기계'를 의미하나 여기서는 앞의 관료주의적 장치와 관련해 관료주의적 국가에 의해 이용되는 도구라는 의미로 사용되었다(출처: 저자와의 이메일). _옮긴이

148 Siegert, *Passage des Digitalen*, p. 156 ff.

149 플라톤은 아카데모스(Akademos)라 불리는 신화의 인물의 이름을 따서 아카데미를 세웠는데, 이 아카데미의 입구에는 "기하학을 모르는 자, 이 문을 들어서지 말라!"고 적혀 있었다고 한다. 오늘날의 아카데미는 여기에서 유래한 것으로 알려져 있다. _옮긴이

두 가지 근대성

자연의 법칙을 발견함으로써 질서를 구축할 수 있다는 관념이 18세기에 나타나기 시작했다. 갈릴레이는 운동 '법칙'(laws of motion)과 행성 '법칙'(laws of planet)에 대해 기술했는데, 이로 인해 그는 사후에 근대 과학의 창시자라는 지위를 부여받았다.[150] 뉴턴은 경험주의와 그가 고안한 미적분 중에서 어느 하나를 선택할 필요가 없었다. 둘 다 그가 물리학의 기본 법칙을 이해하는 데 도움을 주었다. 18세기 초 무렵, 새로운 질서 의식, 균형 감각이 생겨났다. 로크와 뉴턴은 특히 프랑스에서 영웅이었다. 데카르트는 쇠퇴했지만 그의 '클라르테(clarté)', 즉 명료성 정신은 계속 이어졌다. 분류가 목표가 되었다. 지식과 불가사의한 것 간의 차이가 (다시) 확대되기 시작했다. 이제 사실은 인간의 지식 체계(〈그림 1-7〉 참조) 내에서 그것이 하는 역할로 인해 가치를 갖게 되었다. 대스턴은 "18세기와 19세기의 귀납적 사실과는 대조적으로 17세기의 사실들은 일상적이지도, 반복적이지도, 균질적이지도 않았고, 정확하게 셀 수도 없었다"라고 적고 있다.[151] 새로운 지식 체계는 우아했고 정리되어 있었으며, 혼란과 변칙에서 벗어나기를 열망했다. 프랑스의 급진적 계몽주의자들은 백과사전을 출간하기 시작했는데, 백과사전은 모든 지식을 하나의 중심 장소에 정리하기 위한 양식이자 야망의 증거였다. 17세기의 바로크적 풍부함은 18세기의 신고전주의적 질서에 자리를 내주었다. 근대성의 첫 번째 형태는 사실의 걷잡을 수 없는 독특함을 높이 평가했으며, 두 번째 형태는 모든 것을 포함할 백과사전적 체계를 추구했다.

우리가 여전히 동물계라고 부르는 것을 린네가 나무 모양 체계로 정리한 것은 분류의 역사에서 특히 중요했다. 1735년부터 1768년까지 열두 개의

---

150 헴펠(Carl Hempel)과 브레히트(Bertolt Brecht)만큼이나 다양한 영혼들이 그랬다.

151 Daston, "Moral Economy," p. 16.

판으로 출판된 저서『자연의 체계(*Systema Naturae*)』에서 이 스웨덴 식물학자는 식물과 동물의 분기 계층 구조를 밝혔고 여전히 사용 중인 이항 명명법(binomial nomenclature) 체계를 개발했다. 린네는 자신이 초점을 맞추고 있는 특징들을 의도적으로 선택했다. 그는 그러한 분류가 기본적인 체계와 무관한 특성들로 인해 제대로 작동하지 않는 것을 원하지 않았다. 예를 들어, 식물학자들이 색깔에 초점을 맞출 경우, 그는 그들이 튤립이 1종만 존재하는데도 93종의 튤립이 존재한다고 단정할까 봐 우려했다. 그 자신과 같은 훈련된 관찰자들은 단순한 변이를 진짜 종분화로 오인하는 실수는 하지 않을 것이다. 대스턴이 지적하고 있듯이, "유기체에 대한 린네의 분류학적 기재(記載)는 의도적으로 간결하다".[152]

린네의 분류 체계는 스스로 인정했듯이 인위적이었는데, 그것은 관찰의 잡음(noise)을 걸러내고 통제되지 않는 사실의 변칙성 그 너머를 보려는 노력이었다. 린네의 분류 체계는 자연 종들을 관리 가능하도록 집단화하는 것이었다. 그것은 더 깊지만 덜 눈에 띄는 관계가 아닌 임의의 성적 특성으로 식물을 분류하는 지름길을 이용했다. 그의 분류 체계에는 어느 정도 부정확성이 본래부터 존재했으며, 린네는 그 체계가 모든 예외를 다 다루지 못한다는 것을 알고 있었다. 더 깔끔한 경계선은 더 나쁜 적합도를 의미할 수 있지만, 더 억지로 끼워 맞추는 것은 더 무질서한 분류 체계 제시를 의미할 수 있을 것이다. 동시대 프랑스 철학자이자 백과사전 집필자인 드니 디드로가 언급했듯이, 인간의 어떤 체계도 임의성을 완전히 제거할 수 없으며, 오직 신의 체계만이 그렇게 할 수 있을 것이다.[153]

---

152 Lorraine Daston, "Cloud Physiognomy," *Representations*, 135, 2016(Summer), pp. 45~71, at 48.

153 Diderot, "Encyclopedie," 5: 640A.

사이드바 1-3 백과사전에 대한 생각

모든 지식을 포함하고 있다고 주장하는 장르가 있다면 그것은 백과사전일 것이다. 백과사전이라는 용어는 고대 그리스어 '엔키클리오스 파이데이아 (*enkyklios payeia*)'에서 유래했는데, 이것은 모든 학식 영역, 모든 학과목을 포함하는 교과 과정, 즉 오늘날 우리가 말하는 '커리큘럼(curriculum)'을 의미한다. 커리큘럼은 '엔시클리오스(*encyclios*)'라는 라틴어에서 왔다. '엔시클로페디아(*encyclopedia*)'는 16세기가 되어서야 비로소 하나의 문학 장르를 의미하게 되었지만, 이 장르의 선구자들이 있다. 그것의 고대 선구자는 노(老) 플리니우스(Gaius Plinius Secundus)의 『박물지(*Natural History*)』인데, 이것은 불가사의한 것들을 37권의 책으로 집대성한 것으로 서기 79년 베수비오 (Vesuvio) 화산 분출로 그가 사망하면서 중단되었다. 중세와 르네상스의 원시 백과사전들은 우주의 구조를 모방했다. 사전을 본떠서 알파벳 순서에 따라 정리한 것은 나중에 시작되었으며 논란이 되기도 했는데, 왜냐하면 예를 들어 천사를 의미하는 '안젤루스(*Angelus*)'가 신을 뜻하는 '데우스(*Deus*)'보다 먼저 나온다는 점에서 신학자들이 그것의 독단성에 불만을 표했기 때문이다. 유럽 역사에서 가장 중요한 백과사전이 18세기 프랑스의 『백과전서(*Encyclo-pédie*)』라는 데는 의심의 여지가 없었다. 위대한 학자인 로버트 단턴(Robert Darnton)에 따르면, 이 백과사전은 "계몽주의 시대 최고의 작품", "위대한 지적 운동의 종합 연구서", "18세기의 가장 중요한 책"이었다. 이 백과사전의 제작은 사회 각계각층에 영향을 미쳤다. 넝마주이들은 부르주아 가정집 뒷문에서 낡은 천과 오래된 리넨을 구걸했지만, 그 물질(낡은 천과 오래된 리넨)은 결국 앞문을 통해 『백과전서』로 되돌아왔다.[1] 단턴이 요약하고 있듯

---

1   유럽에서는 중세부터 이미 도시에서 헌옷 등을 줍는 사람들이 활동하고 있었고 낡은 헝겊은 종이 만드는 펄프의 원료로 사용되었다고 한다. 그리고 여기서 넝마주이는 부르주아 가정집에

이, "이 책이 나오기 위해서는 전 세계가 움직여야만 했다. 넝마주이, 밤 줍는 사람, 금융업자, 그리고 철학자 모두가 육신상의 존재가 그러한 존재의 지적 메시지와 일치하는 일을 만들어내는 데 일조했다. 하나의 물리적 객체이자 관념의 전달 수단으로서 『백과전서』는 천 가지 예술과 과학을 종합했으며, 계몽주의와 육체 그리고 영혼을 상징했다".[2]

르네상스 시대의 백과사전은 재앙에 대비한 완충 장치, 고전 학식이 또다시 사라지는 것을 막기 위한 지식의 보고였는데, 학자들은 소위 중세 암흑기에 처음으로 고전 학식이 사라지는 것을 고통스럽게 바라보았던 바가 있다. 이 프랑스 백과사전은 과거에 발생한 것이 아니라 머지않아 발생할 또 하나의 재앙, 즉 책의 넘쳐남을 막아주는 보루였다.[3] 드니 디드로(Denis Diderot)는 이 백과사전을 집필하는 과정에서 모든 것이 점점 더 복잡해지고 미로와 같아졌다고 불평했다. 머지않아 거대한 건물에 보관해야 할 정도로 방대한 양의 책이 쌓이기 시작했다. "수 세기가 지나면서 저작물의 양은 멈추지 않고 늘어나고, 도서관에서 독학하는 것이 우주에서 독학하는 것과 거의 똑같을 정도로 어려운 순간이 올 것이라고 사람들은 예견한다." 대신 우리는 진실한 책과 거짓된 책을 가려내고, 복잡한 것을 줄여 알파벳 순서로 된 집합체로 정제하기 위해 집필자들의 조직화된 노력이 필요했다. 그것이 바로 『백과전서』이다![4]

『백과전서』는 완전히 꽉 차 있었다. 계몽과 종합이 전부는 아니었다. 이 백과사

_____

대비되는 프롤레타리아 계층을 상징한다. _옮긴이

2   Robert Darnton, *The Business of Enlightenment: A Publishing History of the Encyclopedie, 1775-1800* (Cambridge, MA: Harvard University Press, 1979), p. 4, 15, 454, 521, 522.

3   Chad Wellmon, *Organizing Enlightenment: Information Overload and the Invention of the Modern Research University* (Baltimore: Johns Hopkins University Press, 2016), chap. 3.

4   Denis Diderot, "Encyclopedie," in *Encyclopédie, ou Dictionnaire raisonné des sciences, des arts et des métiers*, 5: 640A, https://artflsrv03.uchicago.edu/philologic4/encyclopedie1117/navigate/5/2355/.

전에는 7만 1818개의 글과 2855개의 전면 삽화가 실려 있었다. 모든 것이 데카르트가 "명확하고도 뚜렷이 구분되는 관념들"이라고 불렀던 것으로 표현된 것도 아니었다. 수정같이 맑고 투명한 정보가 제공되는 유일하게 좋은 점이라고 하기도 무척 어렵다. 이 백과사전의 편집인과 저자들은 행간의 의미를 파악하는 게임을 자초했다. 검열관이 이해할 수 있는 저작물은 당연히 금지된다는 카를 크라우스(Karl Kraus)[5]의 재담은 분명히 이 경우에 해당했다. 정말 정곡을 찌르는 말, 특히 기독교에 대한 공격은 모호한 표제어에 감추어져 있다. 이 백과사전을 읽게 하는 것은 의심하는 기술, 즉 사물을 액면 그대로 받아들이지 않는 것을 가르치는 것이었다. 또한 이 백과사전은 모든 권호에 걸쳐 일관되지도 않았다. 어떤 글은 귀족에 대한 면세를 옹호한 반면, 또 어떤 글은 그것을 격렬하게 비판했다. 그리고 한 질로 된 이 백과사전의 외형적 측면에서 보더라도 이 백과사전은 일관성이 없어서, 여섯 개의 각기 다른 판본에다가 심지어 그것을 탈취해서 다시 찍어낸 해적판도 존재했다. 만약 이 백과사전의 정신이 종합과 질서였다면, 이 백과사전의 육체는 그야말로 놀라울 정도로 엉망진창이었다.[6]

백과사전의 용도는 다양하다. 이 장르의 발본주의[7]와 총체성(totality)[8]은 많은 근대 사상가들에게 매우 유혹적이었다. 거의 모든 19세기 낭만적 국민주의자(romantic nationalist)[9]들은 제국의 지배를 받는 소외된 국민의 언어, 문화, 유

---

5   카를 크라우스(1874~1936)는 작가 겸 저널리스트로서 풍자가, 격언가, 수필가, 시인, 극작가로도 알려진 인물로 20세기에 가장 유명한 독일어 풍자가로 인정받고 있다. _옮긴이

6   Darnton, "Introduction: The Biography of a Book," in *Business of Enlightenment*, pp. 1~34.

7   철학적 발본주의(philosophical radicalism)는 19세기 영국에서 제러미 벤담(Jeremy Bentham)과 제임스 밀(James Mill)의 사상에서 영향을 받아 발상의 전환을 통해서 사회 개혁을 추구한 사람들의 신조와 운동을 가리키는 용어이다. 이 사상을 믿는 이들을 철학적 발본파(philosophical radicals)라고 부른다. _옮긴이

8   총체론적 접근은 사회 현상이 고립되어 분석되어서는 안 되며 사회-역사적으로 그리고 구조적으로 특정한 환경에서 사회 현상을 조사할 것을 요구한다. _옮긴이

9   낭만적 국민주의 혹은 유기체적 국민주의는 국민의 공통된 언어, 민속 문화, 서사적 전설, 종

산을 기리고 공고히 하기 위해 백과사전과 사전을 이용했다. (국민주의와 문헌학은 길고 험난한 결혼 생활을 해왔다.) 같은 맥락에서 두 보이스(W. E. B. Du Bois)[10]도 1930년대에 『흑인 백과사전(*Encyclopedia of the Negro*)』작업에 공을 들였으며, 90대에 이르러서는 가나로 이주해 『브리태니커 백과사전(*Encyclopaedia Britannica*)』에 맞먹는 『아프리카나 백과사전(*Encyclopedia Africana*)』작업에 공을 들였다. 둘 가운데 어느 하나도 결코 그가 계획한 형태로 발행되지는 않았다. 철학자들 역시 통합된 지식을 보장해 준다는 이유로 이 장르를 좋아했다. 헤겔은 자신의 철학적 작업 전체를 백과사전 형태로 만들어 1800년경 독일 사상가들이 중요하게 여기는 주제를 정리했다.[11] 1890년대 초, 이전에 헤겔 철학 신봉자였던 미국의 실용주의자 존 듀이는 매일 업데이트되는 백과사전처럼 운영될 '사고 뉴스(Thought News)'라는 유토피아적인 신문을 잠시 꿈꾼 바 있다. 이 아이디어는 몇 가지 분명한 이유로 결코 실현되지는 못했다. [거의 같은 시기에 초창기 시어스(Sears) 백화점은 카탈로그를 "상품 백과사전"이라 불렀다.[12]] 빈학파(Vienna Circle) 철학자인 루돌프 카르나프(Rudolf Carnap)와 오토 노이라트(Otto Neurath)는 『국제 통합과학 백과사전(*International Encyclopedia of Unified Science*)』이라 불리는 일련의 출판물에서 비전을 구체화했다. 이 시리즈의 마지막 출판물 가운데 하나는 토머스 쿤(Thomas Kuhn)의 『과학혁명의 구조(*The Structure of Scientific Revolutions*)』(1962)였는데, 이 책은 통합 과학에 대한 논리 경험주의자들의[13] 꿈을 완전히 산산조각 내버렸다. 백

교, 관습 등의 특질에 관심을 가진다. 이러한 낭만적 국민주의는 그 전 시대를 풍미했던 왕조 또는 제국이 위로부터의 권위와 폭력을 통해 국가의 결속을 다졌던 것과는 다르게 국민을 형성하는 개인들의 공통점에 주목한다. _옮긴이

10 두 보이스(1868~1963)는 미국의 교육가·흑인 민권 운동 지도자이며 전미 흑인 지위 향상 협회(NAACP: National Association for the Advancement of Colored People) 창설자이다. _옮긴이

11 Wellmon, *Organizing Enlightenment*, chap. 3.

12 "How Goods Are Ordered by Mail," *Black Cat*, 37, 1898(October), p. xix.

과사전 장르에는 자신의 파멸도 두려워하지 않고 덤비는 무언가가 있다.

총체성을 추구하는 이 장르는 초현실적인 것도 품어준다. 호르헤 루이스 보르헤스(Jorge Luis Borges)는 백과사전이 상상의 세계를 구축해서 제공하려는 철학적 이상주의의 노력을 보여주는 최고의 장르임을 알아보았다.[14] 또한 이 장르는 분명한 편집증적 구석, 즉 모든 것이 관련성이 있고 잠재적인 의미가 있다는 느낌도 가지고 있다. (편집증이 있으면 해석의 수도꼭지를 잠그지 못한다.) 얼마 전에는 예를 들어 울리히 푸크스(Ulrich Fuchs)라는 사람 소유의 자전거 왼쪽 뒤 브레이크 패드에 있는 나사가 표제어가 될 만한 가치가 있는지에 대해 독일어 편집인들 사이에서 열띤 토론이 벌어지면서 위키피디아(Wikipedia)는 우주의 모든 것을 아우르는 기록이 얼마나 상세해야 하는지에 대한 토론의 주제가 되었다. 〔푸크스는 하나의 자극 유발 또는 사고 실험(thought experiment)[15]으로 그 표제어를 기고했다.〕 만약 공간이 문제가 되지 않는다면, 어떤 표제어를 배제할 수 있는 원칙은 무엇인가?[16] 오픈 소스 인라이튼먼트(open-source Enlightenment)[17]의 온라인 기념비인 위키피디아는 오랫동안 이어져온 백과사전의 전체화(totalizing) 및 부조리주의[18] 계보에 속

---

13 논리 실증주의 또는 논리 경험주의는 과학의 논리적 분석 방법을 철학에 적용하고자 하는 사상으로 현대 분석 철학의 주류의 하나이다. _옮긴이

14 Jorge Luis Borges, "Tlon, Uqbar, Orbis Tertius," in *Labyrinths: Selected Stories and Other Writings*, trans. James E. Irby (New York: New Directions, 1964), pp. 3~18.

15 사고 실험은 사물의 실체나 개념을 이해하기 위해 가상의 시나리오를 이용하는 것이다. _옮긴이

16 James Gleick, *The Information: A Theory, a History, a Flood* (New York: Pantheon, 2011), pp. 384~386.

17 오픈 소스 소프트웨어(OSS: open source software)는 소스 코드를 공개해 누구나 특별한 제한 없이 그 코드를 보고 사용할 수 있는 오픈 소스 라이선스를 만족하는 소프트웨어를 말한다. 간략하게 '오픈 소스'라고 말하기도 한다. 인라이튼먼트는 독립적으로 동작할 수도 있고 GNOME (GNU Network Object Model Environment), KDE(K Desktop Environment) 등의 데스크톱 환경과 결합해 이용할 수도 있는 X 윈도우 시스템을 위한 창 관리자이다. _옮긴이

18 부조리주의(absurdism)는 삶의 가치에 대한 부정을 강조하는 허무주의에서 더 나아가 우주 내

한다(6장 참조). 가끔씩 어이없는 실수를 하고 공인된 전문가 패널 없이 형식과 내용을 감시하려 노력하는 위키피디아는 난잡한 지식의 주된 지표이다. 백과사전은 이상주의자와 편집증 환자에게 똑같이 저항할 수 없는 유혹이며 때로는 깊이를 알 수 없는 거대한 암흑의 공간이다. 깊이를 알 수 없는 것도 문제이지만 임의성도 문제이다. 알파벳 순서는 윤리(ethics), 에티오피아(Ethiopia), 민족학(ethnology), 에틸알코올(ethyl alcohol), 혹은 코(nose), 질병 분류학(nosology), 향수(nostalgia), 노스트라다무스(Nostradamus), 특효약(nostrum), 공증인(notary), 표기법(notation)과 같이 조금은 터무니없는 병치를 초래한다. 고대, 중세, 혹은 르네상스 시대의 백과사전과는 달리 근대의 백과사전은 지식의 종합에 대한 믿음으로 인해 진정 존재하게 되었지만, 알파벳 순서 외에는 내용을 제시하는 전반적인 정리 체계가 없다. 주목할 만한 변화로 위키피디아는 완전한 종합을 향한 진전에 대한 환상 없이도 잘 작동하고 있으며, 온라인상에 존재하기 때문에 알파벳 순서로 정리할 필요도 없다. 모든 백과사전에는 진품 전시실의 유산이 남아 있다. 초현실주의[19]와 총체성은 백과사전의 두 얼굴이다.

우리가 세상을 망라하고자 할 때 초현실적인 결과를 얻는다는 것은 사물의 본질에 대한 유용한 힌트를 제공할지도 모른다. 아마도 우주를 망라하는 프로젝트가 초현실적이라는 것이 여기서 얻을 수 있는 교훈일 수도 있을 것이다. 아니 어쩌면 우주 자체가 초현실적일지도 모른다.

의 의미와 가치를 찾으려고 하는 인간의 노력이 궁극적으로 실패할 수밖에 없다는 것을 이야기한다. _옮긴이

19 초현실주의는 1920년대 초 프랑스를 중심으로 전 세계에 퍼진 문예·예술사조의 하나이다. 제1차 세계대전 후, 다다이즘의 예술 형식 파괴 운동을 수정, 발전시키고 비합리적인 잠재의식과 꿈의 세계를 탐구해 표현의 혁신을 꾀한 예술 운동이다. _옮긴이

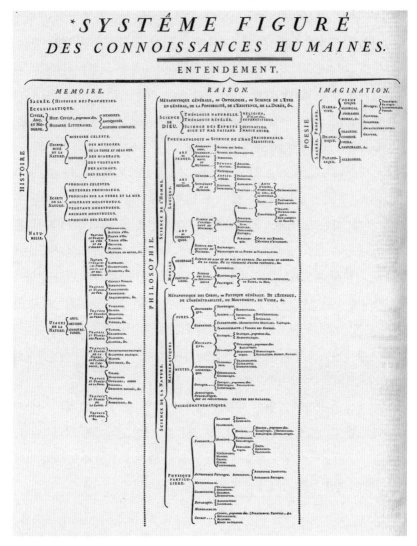

그림 1-7 "인간 지식의 비유적 체계"
자료: Diderot and d'Alembert(eds.), *Encyclopédie.*

    절충안인 린네의 분류 체계는 특히 프랑스에서 저항에 직면하지만, 네덜
란드에서는 자리를 확고히 잡았고 19세기에는 유럽의 지배적인 유기체 분

류 체계가 되었다. 그것은 인지적 편리함을 위해 만들어진 체계이다. 이 체계의 목적은 자연적 사실의 기묘함을 즐기는 것이 아니라 사용하기에 그럴 듯한 체계를 만들어내는 것이었다. (모든 생명을 분류하려는) 그 계몽주의적 야망은 (가장 적합한 것을 찾으려는) 실용주의가 가미되면서 누그러졌다. 아마도 가장 미묘한 그러한 전조 가운데 하나는 인간을 영장류로 분류해 동물 왕국의 일부인 종으로 선언한 것이었다. 1735년의 이러한 움직임은 다윈의 충격(the shock of Darwin)[154]을 향해 한 걸음 다가선 것이었다.

18세기의 새로운 박물관들도 마찬가지로 범주화 경향에 따라 박물관의 내용물을 근본적으로 재구성했다. 1753년에 설립된 대영 박물관(British Museum)은 원래 개인 소장품을 기반으로 했으며, 이 방대한 양의 개인 소장품들은 문화적 기원이나 역사적 시대가 아닌 유형별로 정리되어 있었다. 최초 수집가인 한스 슬론 박사(Dr. Hans Sloane)는 자신의 다양한 물건과 기구에 고고학적 관심을 가지고 있었지만, 대영 박물관은 그 내용물을 분류하는 데 분류법에 근거한 더 과학적인 접근 방식을 취했다. 진품 전시실이 놀라움을 주고자 했다면, 새로운 박물관은 철저함과 분류 체계를 자랑했다. 마찬가지로 뛰어난 아마추어 자연 과학자이자 수집가인 조지 3세(George III)도 로마 동전을 황제별 연대순으로 정리했고 책은 주제별로 선반 위에 정리했다. 신고전주의적 분류의 핵심은 통제되지 않는 사실이 다루기 힘들다는 점을 세상에 알리는 것이 아니라 쉽게 간파하고 쉽게 개관할 수 있게 하는 것이었다. 18세기 철학, 건축, 정원 가꾸기, 자연사, 음악, 회화의 질서와 빛[155] 또한 지식을 체계적으로 정리하는 양식으로 확장되었다.[156] 칸트는 『순수이성

---

154 다윈은 사람과(科)에 속한 두 종이 서로 연관이 있으며, 이들이 공동의 조상을 가졌던 시기가 있었다고 말한 바 있다. 다윈의 이 발언은 당시 유럽 사회에 충격을 주었다. _옮긴이

155 다시 한 번 더 말하지만, 계몽주의 사상가들은 지식을 몽매(어둠)를 깨우치는 '빛'(계몽)에 비유했다. _옮긴이

비판(*Critique of Pure Reason*)』에서 "인간의 이성은 본래 건축학적"이라고 밝혔다. 그것이 본질적으로 사실이든 아니든, 그의 시대의 문화에서 그것은 분명 사실이었다.

그러니까 근대성은 두 가지가 존재했다. 하나는 제멋대로 뻗어 나갔고, 경험적이었으며, 통제되지 않는 사실이 더 큰 체계 속에 위치하는 것에 대해 스트레스를 받기보다는 그러한 사실에 전율을 느끼는 근대성이었다. 다른 하나는 과잉에는 긴장했고 질서에 편안해한 근대성이었다. 전자는 별난 것과 이상한 것에 빠져 있던 바로크적 근대성이었고, 후자는 명료성과 빛에 빠져 있던 신고전주의적 근대성이었다. 칸트의 철학은 한편으로는 지각들이 뒤섞여 있던 근대성과 다른 한편으로는 선험적 범주들을 가지고 있던 근대성을 훌륭하게 종합했다. 첫 번째 근대성은 흥미로웠으나 신뢰할 수 없었고 다소 탐욕스러워 풍부한 새로운 사실로 구성된 식단으로 인해 과식과 비만의 위험을 안고 있었다. 이것은 어디로(어쩌면 경험주의적 통풍[157]으로) 이어질까? 질서를 사랑하는 두 번째 근대성의 관점에서 살펴보는 데카르트가 (못마땅하다는 듯) 눈을 치켜떴다는 것은 놀라운 일이 아니다. 그것은 프랑스인 특유의 어깨를 으쓱하는 것 이상의 한낱 경험에만 의존하는 자들에 대한 무시였다.

질서에 대한 열망과 통제되지 않는 사실에 대한 갈망, 관목을 가지치기하려는 욕망과 관목의 꽃에 대한 사랑은 계속해서 우위를 점하기 위해 서로 다툴 것이다.

---

156 *Enlightenment: Discovering the World in the Eighteenth Century*, ed. Kim Sloan with Andrew Burnett (London: British Museum, 2003).

157 앞의 '과식'과 '비만'에 이은, 즉 그로 인한 부정적 결과를 질병에 비유했다. _옮긴이

사이드바 1-4 진품 전시실

중세 시대에는 왕이 수집품을 독점했지만, 14세기와 15세기에는 하급 귀족과 도시 엘리트들이 수집 활동에 가담하기 시작했다. 자연의 경이로움에 대한 경외심은 신의 창조물에 감사하는 종교적 기능을 할 수 있었으며, 왕과 교회 모두 개인적으로 소장하면서 수집품에는 더 다양한 자연물이 포함되기 시작했다. 베리 공작[1] 장[John: 프랑스 왕 장 2세(John II)의 아들]은 가장 유명한 사람들 가운데 하나였는데, 그는 "타조 알, 달팽이 껍질, 멧돼지의 엄니 일곱 개, 고슴도치 깃, 거인의 어금니, 큰 뱀의 턱뼈, 코코넛 껍질, 몇 점의 붉은 산호 조각, 흰 곰 가죽, 그리고 적어도 세 점의 온전한 유니콘 뿔"을 소유했다.[2] 이국적이고 자연적이며 신기한 물건들이 뒤섞여 있다.

17세기에 확산되던 사실과 이미지에서의 경험주의는 특히 16세기 후반과 17세기에 유럽의 대저택에 번창했던 진품 전시실의 중세 후기 수집품으로 이어진다. 진품 전시실은 박물관의 원형이라고 할 수 있는데, '캐비닛'이라는 용어는 두 종류의 주된 소장처인 보물을 보관하는 정교하게 제작된 가구(Kunstschränke)와 진기한 물품으로 가득 찬 방(Wunderkammern) 간의 구분을 모호하게 한다. 둘 모두 과시적인 취향 소비와 박식함을 자랑해 보이려고 왕자, 사제, 또는 왕에게 선물로 증정될 수 있는, 인위적으로 만들어지거나 자연적으로 만들어진 모든 놀라운 것들을 보관했다. "산호, 자동 기계(automata),[3] 유니콘 뿔, 남미의 세공된 깃털, 코코넛 껍질 술잔, 화석, 골동품 동전, 둥글게 다듬어진 상아, 반인반수 괴물, 터키제 무기, 다면체 수정"

---

1   베리 공작(Duc de Berry) 또는 베리 여공작(Duchesse de Berry) 작위는 프랑스 왕가의 일족들을 위해 자주 만들어진 작위이다. 베리 지역은 현재 셰르(Cher)주, 앵드르(Indre)주와 비엔(Vienne)주의 일부로 구성되어 있다. 베리의 핵심 도시는 부르주(Bourges)이다. _옮긴이

2   Daston and Park, *Wonders and the Order of Nature*, p. 86, 88.

3   스스로 작동하는 기계를 말한다. _옮긴이

같은 것들을 포함해 그것들은 대개 온갖 잡다한 것들을 모아 놓은 형태로 진열되어 있었다.[4] 거기에는 로마 동전, 뱀의 허물, 이국적인 동물의 알, 심지어 신체 부위가 포함될 수도 있었다. 예를 들어, 표트르(Pyotr) 대제[5]는 암스테르담의 해부학자 프레데릭 라위스(Frederik Ruysch)가 공들여 만든 진품 전시실에 거액을 지불했는데, 거기에는 예술가인 그의 딸 라헬이 레이스로 장식한 신체의 '민감한 부위'를 포함해 비밀의 액체로 방부 처리된 인간의 내장도 포함되어 있었다. (그가 수집한 표본들 가운데 많은 것들이 오늘날까지 남아 있다.) 이러한 전시실들은 충격을 주어 깜짝 놀라게 하고, 정보를 제공해서 깊은 인상을 심어주고자 한 것이었다.

진품 전시실은 세 가지 주요 특징을 가지고 있었다. 첫째, 거기에 있는 물건은 희귀할 뿐만 아니라 귀중해야 했다. 둘째, 거기에 있는 물건은 기원이 모호한 존재이거나 기원이 대조적인 물건과 나란히 놓임으로써 흔히 기교와 자연의 경계를 모호하게 했거나 그 경계를 가볍게 여겼다. 셋째, 풍부하고 다양한 시각적 볼거리를 연출하기 위해 거기에 있는 물건은 모두 충분히 서로 달라야만 했다.[6] 진품 전시실은 무지한 사람들에 큰 감동을 주고 감정가들에게 깊은 인상을 주고자 했다. 진품 전시실은 또한 신자들의 신앙심을 흔들어놓을 수 있었기 때문에 '교회' 전시실은 신의 풍부한 창조력을 보여줌으로써 종교적 신앙심을 함양하기 위해 만들어졌다.[7] 베이컨이 말한 대로, 그와 같은 전시실들은 "본질적으로 새롭고, 희귀하며, 특이한 모든 것"

---

4   Daston and Park, *Wonders and the Order of Nature*, p. 266.

5   표트르 1세 벨리키(1672~1725)는 러시아 제국 로마노프(Romanov) 왕조의 황제였다. 표트르 1세는 서구화 정책과 영토 확장을 통해 루스 차르국을 중심으로 한 러시아 제국으로 공식적으로 선포했다. _옮긴이

6   Lorraine Daston, "The Factual Sensibility," *ISIS*, 79(3), 1988, pp. 452~470.

7   Stephen T. Asma, *Stuffed Animals and Pickled Heads: The Culture and Evolution of Natural History Museums* (New York: Oxford University Press, 2003), p. 112.

을 수집하려는 경향이 있는 베이컨의 경험주의와 유사한 문화적 행위였다.[8] 진품 전시실은 세상의 축소판, 질서 있는 혼돈, 단 한 번에 시선을 사로잡기 위한 다양성이었다. 베이컨은 진품 전시실을 특유의 웅변으로 "소규모로 개인이 만든 천지만물의 모형"이라고 묘사했다.[9] '쿤스트캄머(Kunstkammer)', 즉 전시실은 전체 우주의 거울이라는 점에서 라이프니츠의 '모나드(monad)',[10] 즉 단자(單子)와 같았다(라이프니츠는 그와 같은 수집품들을 허황된 생각을 규율하고 더 정확하게 관찰하는 법을 배우는 좋은 방법으로 추천했음).[11] 그것은 또한 상품 목록이기도 했다. 풍요롭고 눈부신 환경 속에서의 잡다함이라는 원칙은 잘 갖춰진 골동품 상점, 약국, 박물관, 심지어 멀게는 백화점의 주된 진열 방식 가운데 하나로 19세기까지 쭉 지속될 것이다.[12] 그것은 월드 와이드 웹(World Wide Web) 초창기에 다시 나타났다.

---

8   Shapin, *Scientific Revolution*, p. 90.

9   *Gesta Grayorum* (1594). Oliver Impey and Arthur MacGregor, "Introduction," in *The Origin of Museums: The Cabinet of Curiosities in Sixteenth and Seventeenth-Century Europe* (Poughkeepsie, NY: House of Stratus, 2001), p. 1에서 재인용.

10   넓이나 형체를 가지고 있지 않으며, 무엇으로도 나눌 수 없는 궁극적인 실체를 말한다. _옮긴이

11   Horst Bredekamp, "Kunstkammer, Play-Palace, Shadow Theatre: Three Thought Loci by Gottfried Wilhelm Leibniz," in Helmar Schramm, Ludger Schwarte, and Jan Lazardzig(eds.), *Collection, Laboratory, Theater* (New York: de Gruyter, 2005), p. 266.

12   John V. Pickstone, *Ways of Knowing: A New History of Science, Technology, and Medicine* (Chicago: University of Chicago Press, 2000), p. 67.

2장

빅토리아 시대
문화와 학식의 확산

19세기 동안, 서구 세계는 가득 채워지고 있었다. 어느 날은 철도가, 다음 날에는 마취법이, 계속해서 또 다른 날에는 전구와 같은 새로운 경이로움으로 언제나 눈이 부셨다. 여기에 더해 이제 모든 것이 상상을 압도할 정도로 대량 생산될 수 있었다. 옷, 가구, 소형 장식품, 유리 그릇, 은판 사진, 책, 밀랍 과일, 말린 꽃 등, 이제 삶을 어수선하게 채우고 있는 사물의 양적 방대함 자체는 깜짝 놀랄 정도였다. 이러한 경이로운 것들은 놀라울 정도로 폭넓은 계층의 사람들에게 영향을 주었는데, 물론 그 영향의 정도는 각기 달랐다. 노동자 계층은 배제되었는데 그 방식이 충격적이다. 부르주아 계층이 가장 큰 이득을 보았음이 분명하다. 19세기의 마지막 수십 년 동안 부르주아들의 집 내부는 물건으로 가득 차 포화 상태가 되었다. (모든 쌓아놓은 것에 배출 밸브를 제공하기 위해 쓰고 버리는 문화를 만들어냈을 것이다.[1]) 그러나 일반인과 엘리트 모두 똑같이 식물 표본, 곤충, 자연사 기념품, 스크랩북, 사진, 비망록, 심지어 건국자들의 서명과 같은 물건을 수집했다.[2]

빅토리아 시대[3]의 미국인을 포함해 빅토리아 시대 사람들이 그들의 세계를 가득 채운 많은 것 가운데는 사실(fact)이 있었다. 많은 것들이 급격하게 증식되던 시대에 가장 빠르게 증식되던 것 가운데 사실이 있었다. 오늘날 생각이 깊은 관찰자들은 1840년, 1870년, 혹은 1900년에 유통되던 정보의 양을 보고 깜짝 놀랄지도 모른다. 매 10년마다 완전히 새로운 과학이 등장했고, 그러한 새로운 과학과 함께 '과학자', '사회학자', '정신과 의사', '사진

---

1   Susan Strasser, *Waste and Want: A Social History of Trash* (New York: Holt, 1999), p. 20 and passim.

2   서명에 관해서는 다음 참조. Josh Lauer, "Traces of the Real: Autographomania and the Cult of the Signers in Nineteenth-Century America," Text and Performance Quarterly, 27(2), 2007, pp. 143~163.

3   1837~1901년 영국 빅토리아(Victoria) 여왕 재위 기간을 말하며 이 기간 동안 150만 명이 영국에서 미국, 캐나다, 남아프리카, 뉴질랜드와 오스트레일리아로 이민을 갔다. _옮긴이

작가'와 같은 새로운 사회적 정체성이 등장했는데, 이 용어들 모두 19세기에 만들어졌다. 열성적으로 그리고 이전의 노력이 하찮아 보일 정도의 규모로 통계가 작성되었다. 19세기 동안 도덕적으로 옳고 그름으로 판단되곤 했던 온갖 종류의 것들(세 가지만 예를 들면, 콜레라, 동성애, 인간의 기억)이 지식 체계 안에 들어왔다. 새로운 그래픽 기법들, 그것들 가운데 무엇보다도 사진술은 구름, 날씨, 열(熱), 모음(母音), 혈압, 동물 이동[4]과 같은 그때까지 파악하기 어려웠던 현상을 과학 영역으로 가져오는 데 도움을 주었으며, 새로운 인쇄 기법은 단어와 사진으로 된 뉴스를 대량으로 그리고 이전에는 결코 보이지 않았던 계층들에게 보급했다.

통제되지 않는 사실에 대한 관심은 19세기 말 전체에 걸쳐 생겨났는데, 새로운 지식이 폭발적으로 생성되고 진실을 평가하는 데 관여하는 사람들의 수가 크게 급증했기 때문이다. 17세기에 비해 훨씬 더 많고 더 널리 확산된 공중이 이제 지식을 만들어내고 또 전파하고 있었다. 사실에 대한 사랑이 대중화되었다.

역사가들이 '정보의 밀도가 낮은' 시기를 되돌아보는 것은 어렵지 않다. 자연계는 늘 우리의 감각을 넘쳐흐르게 해주지만, 우리의 문화에서 사실의 밀도는 높을 때도 있었고 낮을 때도 있었다. 250년 전에는 오늘날 우리를 집어삼키고 있는 대량의 통계는 존재하지 않았다. 그때는 연구 중심 대학, 싱크 탱크, 보건 및 과학 연구 관료들, 빅 데이터를 결합하는 산업 같은 것이 없었다. 오늘날 매스 미디어나 공립 학교와 같은 정교한 확산 수단도 없었다. 대중 신문, 뉴스 미디어, 혹은 월드 와이드 웹도 분명 없었다. 확실히 250년 전에는 진기한 물건과 책을 모으는 귀족 수집가, 학자와 백과사전 집필자, 정치가, 그리고 상인들 사이에는 밀도 높은 정보를 가지고 있는 소규모 집단들이 있었

---

4   동물 이동(animal locomotion)은 동물 행동학에서 동물이 한 장소에서 다른 장소로 이동하는 데 사용하는 다양한 방법 중 하나이다. _옮긴이

다. 문해력을 갖춘 엘리트와 심지어 인쇄 문화의 주변부에 있던 보통 사람들 사이에서도 밀도 높은 정보가 존재했던 시기와 장소는 각기 달랐다.[5]

정보와 이미지의 오랜 역사에서 19세기는 특히 흥미로운 시기이다. 사실은 엄밀한 의미에서의 '지식'의 재료로 여겨졌기 때문에 지적 냉철함으로 무장한 세력들은 역사상 보기 드문 열정으로 사실을 추구했다. 레프 톨스토이(Lev Tolstoy)와 프리드리히 니체 같은 회의론자도 있었지만, 새로운 지식이 집단적 진보에 기여할 것이라는 믿음이 지배적인 경향이었는데, 이러한 믿음은 허버트 스펜서(Herbert Spencer), 카를 마르크스(Karl Marx), 프레더릭 더글러스, 엘리자베스 케이디 스탠턴(Elizabeth Cady Stanton), 윌리엄 그레이엄 섬너(William Graham Sumner) 같은 다양한 사람들에 의해 공유되었다. 19세기의 지식의 대중화는 가장 널리 읽히는 출판물로 방대한 양의 정보를 전달하는 것과 흔히 관련되어 있었다. 비교적 전문적인 문제에 대한 정보가 전문가의 손에게 맡겨지지 않았으며, 공중에게 세부적인 내용을 읽어야 하는 부담을 겪지 않게 하겠다는 생각도 전혀 없었다. 이것은 밀도 높은 사실의 문화였다. 실제로 '확산(diffusion)'은 사실로 가득 찬 세계를 의미했는데,[6] 이것은 20세기 초에 등장한 개요와 요약 문화와는 완전히 대조적이다(이것에 대해서는 다음 장에서 논의함).

점점 더 많은 수의 사람들에게 정보를 전파하는 것은 문명과 민주주의의 발전에 매우 중요한 것으로 여겨졌다. 인류의 해방은 지식의 성장과 관련이 있다는 생각(장 프랑수아 리오타르는 이 멋진 설명을 근대성의 정의 그 자체로 간주했음)은 19세기 중반에 크게 활기를 띠었다. 그러나 다루기 힘든 정보, '통제

---

5   Natalie Zemon Davis, "Printing and the People," in *Society and Culture in Early Modern France* (Stanford, CA: Stanford University Press, 1975), pp. 189~226.

6   확산이란 물질이 고농도에서 저농도로 또는 고밀도에서 저밀도로 에너지를 소모하지 않고 스스로 퍼져 나가는 현상이기 때문이다. _옮긴이

불가능한 사실', 또는 '소름 끼치는 사실'에 대한 데카르트와 린네의 우려 역시 다시 새롭게 모습을 드러냈다. 이러한 계몽주의의 대중화로 인해 진실의 권위와 누가 진실의 발견에 참여할 수 있는지에 대한 질문이 다시 제기되었다. 과학이 계층과 성별이라는 측면에서 특권을 가진 젠트리 신분에 속하는 사람만을 위한 것인가라는 문제는 이제 더 복잡해졌다. 여성, 어린이, 장인, 노예, 이전에 노예였던 사람들 모두 지식과 지식 생산을 경험하게 되었다. 진실 주장 관리는 더 엉망진창이 되었다.

당시 많은 관찰자들에게 19세기 중반은 공식적인 표현 양식과 대중적인 표현 양식이 새로운 수준에서 혼합되는 난잡한 지식의 혼란스러운 상황이었다. 17세기와 18세기에 진실을 담보하기 위한 다양한 관행과 제도가 시작된 것처럼 19세기에는 새로운 진실 게임이 등장했다. 19세기는 새로운 종류의 지식을 만들어내 그것에 이름을 붙이는 데 있어 이전 세기들 가운데 가장 많은 결실을 거둔 세기 가운데 하나였다. 인터넷이 정보의 홍수를 일으켰다고 생각할지 모르지만, 19세기 사람들도 새로운 수용기를 찾아서 똑같이 극적인 지식의 물결을 헤치며 살았다.

밀도 높은 사실의 흐름

이러한 밀도 높은 사실의 문화의 첫 번째 원천은 이념적이었다. 미국의 건국 시대는 귀족적 태도가 지배했다. 미국 헌법에는 대중의 의지에 대한 불신이 반영되어 있는데, 논란 속에서도 여전히 시행 중인 선거인단이나 1913년 헌법 수정 조항 제17조에 의해 폐지된 상원 의원의 간접 선거를 생각해보라. 제임스 매디슨(James Madison) 같은 건국의 아버지는 안정된 정체(政體)[7]와 심

---

7 정체(polity)란 통치권의 행사 방법을 기준으로 한 국가 형태의 분류 기준이다. 국체에 상대되는 용어로서, 국체는 주권자가 누구냐에 의한 분류이며, 정체는 주권을 어떻게 행사하느냐에

지어 기껏 공적 미덕을 만들어내기 위해 공익에 활용되는 사익, 파벌의 균형을 잡는 파벌을 상상했다. 1820년대와 1830년대 동안, 일반인에 대한 앤드루 잭슨(Andrew Jackson)의 믿음과 연관된 민주 혁명이자 시장 혁명(market revolution)[8]이 본격화되었다. 사익은 고상한 새장에서 뛰쳐나왔다. 사람들은 사업뿐만 아니라 문화, 신앙, 삶의 모든 면에서 모험적인 기업가가 되어야 했다.

1831년에 미국을 방문한 프랑스 귀족 알렉시 드 토크빌(Alexis de Tocqueville)은 (저서를 통해) 옛것의 도움도 없이 개인들이 세상으로 내몰리는 이러한 문화를 사람들이 영원히 기억할 수 있게 해주었다. 그가 쓴 다음 문장은 유명하다. "민주주의는 모든 사람이 그들의 조상을 잊게 만들 뿐만 아니라 조상이 물려준 것을 숨기며 그들을 자신의 동시대인들과 분리시킨다. 민주주의는 모든 사람이 영원히 혼자 시간을 보내게 만들며, 결국 모든 사람을 자기 혼자만의 고독 속에 완전히 가두겠다고 위협한다."[9] 잭슨의 개인주의 문화에서 사람들은 사물을 파악해 내는 자신의 능력을 신뢰해야만 했고, 또한 다른 사람들이 어쩌면 심지어 그들 자신이 내뱉는 감언이설은 의심하지 않을 수 없었다. 귀족이 감독하던 구(舊)정권이 사라짐에 따라 사실은 남겨진 신뢰와 지향성의 공백에 대한 하나의 답이었다.

이러한 밀도 높은 사실의 문화의 두 번째 원천은 19세기 초에 일어났던 미국의 정보 혁명이었다. 몇몇 훌륭한 학술적 연구들이 18세기와 19세기 초에 있었던 정보의 폭발적 성장과 확산을 추적했다.[10] 공교육 증가, 페니 프

의한 분류를 말한다. 정체의 유형은 민주제와 독재제, 단일제와 연방제, 입헌제와 비입헌제(전제 정체) 등으로 나눌 수 있다. _옮긴이

8 일명 시장 혁명으로 알려져 있는 이 시기의 시작은 1815년으로, 미국 역사에서 자본주의의 기초를 다지게 된 시기이다. _옮긴이

9 Alexis de Tocqueville, "Of Individualism in Democratic Countries," in *Democracy in America*, vol. 2, trans. Henry Reeve (New York: Knopf, 1965).

10 James Beniger, *The Control Revolution: Technological and Economic Origins of the Informa-*

레스(penny press),[11] 자조(自助) 이데올로기, 미국 인구의 상당 부분에서 볼 수 있었던 문해력의 양성 평등, 인쇄된 책 및 소책자의 증가, 인구 증가 및 이동 인구의 증가, 우체국, 이 모든 것들이 19세기 중반까지 매우 풍부한 정보 환경 조성에 기여했다.

몇 가지 사실을 그냥 언급만 해보자면, 먼저 1800년에는 미국의 한 지역에서 다른 지역으로 인쇄물을 운반하는 것이 매우 어려웠다. 수로와 기차를 통한 운송은 비용이 많이 들었으며 운반되는 종이 제품에 손상을 줄 위험이 있었다. 1830년까지 우체국이 75개에서 8450개로 늘어나 100배 이상 증가했으며 프랑스의 우체국 수보다 다섯 배나 많았다. 1794년에서 1834년 사이에 인구 한 명당 보스턴(Boston)과 뉴욕(New York) 간 이동이 네 배 증가했으며 두 도시 간의 전체 이동량은 거의 20배 증가했다. 1800년대에는 평균적으로 10년마다 100개의 사전이 출간되었다. 1840년까지 300개의 사전이 존재했다. 1780년에는 영어 사전을 가지고 있는 사람이 없었는데, 1860년에는 모든 사람이 영어 사전을 가지고 있었다. 1800년에서 1840년 사이에 신문 발행 부수는 10배 증가했다. 미국 성서 공회(American Bible Society)는 1818년부터 1880년까지 미국에 3200만 권 이상의 성경을 배포했다.[12] 산업화되고 있는 사회가 석탄을 필

---

tion Society (Cambridge, MA: Harvard University Press, 1986); Richard Brown, *Knowledge Is Power: The Diffusion of Information in Early America* (New York: Oxford University Press, 1991); Alfred Chandler and James Cortada(eds.), *A Nation Transformed by Information* (New York: Oxford University Press, 2000); Richard John, *Spreading the News: The American Postal System from Franklin to Morse* (Cambridge, MA: Harvard University Press, 1998); Daniel Headrick, *When Information Came of Age: Technologies of Knowledge in the Age of Reason and Revolution* (New York: Oxford University Press, 2000).

11 신문 한 부의 가격이 1페니에 판매됨으로써 일반 대중이 신문을 구입할 수 있게 되어 대중지의 시대가 열리게 되었다. _옮긴이

12 Allan R. Pred, *Urban Growth and the Circulation of Information: The United States System of Cities, 1790-1840* (Cambridge, MA: Harvard University Press, 1973), p. 80, 162, 21; Paul

요로 했듯이 정보에 굶주린 사회는 종이를 필요로 했는데, 1809년부터 1899년까지 90년 동안 종이 생산량은 500배 이상 증가했다. 종이 미디어는 밀도 높은 사실의 문화를 위한 필수 하부 구조였다. 시인 월트 휘트먼은 수북이 쌓인 인쇄물을 자신의 민주주의에 대한 시 수록집에서 노래할 또 하나의 소재로 삼아 다음과 같이 칭송했다. "엄청나게 발행되는 일간지와 주간지들, 신문 보관실에 산더미처럼 쌓인 백지, 그리고 당당한 최고의 10기통 인쇄기."[13]

표 2-1 미국의 종이 생산량, 1809~1899년 (단위: 1000미터톤)

연도	종이 생산량
1809	3
1819	11
1829	데이터 없음
1839	34
1849	71
1859	115
1869	350
1879	410
1889	848
1899	1,967

자료: B. R. Mitchell, *International Historical Statistics: The Americas, 1700–2005*, 6th ed. (New York: Palgrave Macmillan, 2007), p. 408.

사실이 쏟아져 나오는 고압의 수도꼭지가 19세기 미국에서 공중과 소통할 수 있는 유일한 방법은 물론 아니었다. 거친 웅변술의 드라마, 광고의 낯선 환상의 세계, 카니발 같은 특정 군중 행동의 열기, 페니 프레스의 극적인 날조, 종교 부흥회의 불같은 열정도 있었다. 풍부한 사실의 문화가 유일한 이야깃거리는 아니었으며, 상충하는 인식론도 존재했다.

예를 들면, 감상적 문화 또한 중요했다. 찰스 디킨스(Charles Dickens)의 소설 『어려운 시절(*Hard Times*)』(1854)은 '사실'이라는 단어에 반대하면서

C. Gutjahr, *An American Bible: A History of the Good Book in the United States, 1777-1880* (Stanford, CA: Stanford University Press, 1999), pp. 187~188.

13 Walt Whitman, *Democratic Vistas, and Other Papers* (London: Walter Scott, 1888), p. 58.

'감상', '공상', '감정', '예술', '도덕성'이라는 단어를 드러내놓고 사용했다. 그는 그래드그라인드(Gradgrind) 교장을 "포구(砲口)에 사실을 장전해 놓고" "그의 앞에 있는 사실로 가득 채워져 있을 포석(鋪石)"처럼 학생들을 향해 "한 번의 발포로 … 사실을 깨끗하게 날려버릴 준비가 되어 있는 일종의 대포"로 묘사했다.[14] 그래드그라인드는 하나의 패러디였지만, 그는 쉽게 알아볼 수 있는 유형의 인물이었다. 감상적 문화는 그래드그라인드의 사실에 대한 집착에 반대하며 정보가 아닌 공감을 진보의 엔진이자 민주적 연대의 기반으로 간주했다. 노예 폐지론은 먼 곳에서 고통받는 노예에 대한 공감을 연료로 퍼져 나갔다. 사실은 유일한 이야깃거리는 아니었지만 본질적인 이야깃거리였다.

많은 양의 정보를 전달함으로써 이렇게 지식이 대중화된 것은 역사가 닐 해리스(Neil Harris)가 "작동적 미학(operational aesthetic)"[15]이라고 불렀던 것, 즉 산더미 같은 사실을 대중적인 패키지에 실어 사물이 작동하는 방식의 기술적 과정을 드러내 보여주고자 하는 욕망과 관련이 있다.[16] 해리스는 한 영국 방문객의 말을 다음과 같이 인용한다. "모든 미국인은 자신이 광범위한 정보의 보고라고 믿으며, 그들 안에는 억눌려 있는 지식의 원천이 있다. 그리고 그들의 상냥한 자애 정신은 무지몽매한 동료 시민들의 계몽과 전반적으로 암흑과도 같은 외부 세계를 위해 지식을 밖으로 흘려 내보내도록 그들을 자극한다."[17]

---

14 Charles Dickens, *Hard Times* (London: Bradbury and Evans, 1854), chap. 2.

15 창작물의 본질과 구조에 대한 비판적 참여를 통해 관찰자가 그것의 진정한 가치를 판단할 수 있는 것을 말한다(출처: Scott Higgins, "Ludic Operations: Play and the Serial Action Sequence," paper on the panal "Digital Seriality" at the 2015 SCMS conference in Montréal, https://medie-ninitiative.wordpress.com/tag/operational-aesthetic/). _옮긴이

16 해리스는 작동적 미학을 인공물의 본질과 구조에 대한 비판적 참여로, 이는 관찰자가 그것의 진릿값(truth value)을 판단할 수 있다고 정의한다. _옮긴이

17 Neil Harris, *Humbug: The Life and Art of P. T. Barnum* (New York: Little, Brown, 1973), p. 74.

사이드바 2-1 프레더릭 더글러스와 사실

지식이 백인 여성들에게 고르게 확산되지 않았다면, 아프리카계 미국인에게는 지식이 거의 미치지 않았다. 실제로 미국 북부에서 자유의 몸이 된 아프리카계 미국인들조차도 호러스 그릴리(Horace Greeley)[1] 같은 사람들의 '진보'에 대한 더 대담한 주장에 회의적인 태도를 보일 이유가 있었다. 미국 북부의 가장 심한 인종 차별 가운데 일부는 백인들이 교육을 통해 자기 계발을 하려는 해방된 흑인들을 마주했을 때 분출되었다. 노골적인 법적 거부가 19세기 초에 일어났으며, 일부 지역에서는 흑인이 공립 학교에서 쫓겨났다. 1850년대 동안 이러한 관행은 아주 적은 자금 지원을 받는 분리된 학교로 대체되었다. 양키(Yankee)[2]들은 아프리카계 미국인들이 "일정 수준까지만 교화될 수 있으며", 공화국의 도덕성은 흑인에게 자선을 제공하는 것이 아니라 백인을 위한 교육 제공에 달려 있다고 태연하게 말했다. 아프리카계 미국인과 백인 노예 폐지론자들은 그러한 태도에 맞서 싸웠지만 거의 성공하지 못했다. 남북 전쟁(Civil War) 이전에 많은 남부 주에서 노예에게 책을 읽도록 가르치는 것은 불법이었다. 북부 주들은 달랐지만 훨씬 더 나은 것은 아니었다.[3]

그러나 지식의 확산으로 자유의 몸이 된 아프리카계 미국인들도 어쨌든 그것을 활용할 수 있었다. 양키의 신조 가운데 비공식적으로 배우는 것과 궁핍으로 인해 단념하지 않는 것은 양키의 인종 차별에 직면한 흑인들에게 특히 호소력이 있었다.

프레더릭 더글러스는 그러한 상황에 딱 들어맞는 사람이다. 그는 자기 계발,

---

1   호러스 그릴리(1811~1872)는 미국의 신문 편집인·발행인이자 정치인이다. _옮긴이

2   여기서 양키는 미국 북동부 지역에 사는 백인을 지칭한다. _옮긴이

3   Leon Litwack, *North of Slavery: The Negro in the Free States, 1790-1860* (Chicago: University of Chicago Press, 1961), pp. 113~152, at 115.

근면, 그리고 자유로 똘똘 뭉쳐 있었다. 그릴리의 경우에서와 마찬가지로, 그에게 첫 번째로 중요한 책은 빙엄(Caleb Bingham)의 『미국의 웅변가(*Columbian Orator*)』였다. 메릴랜드(Maryland)주에서 젊은 노예였던 그는 몰래 돌아다니며 읽는 법을 배웠고, 나중에는 계급 제도의 복잡함을 이해하기에는 너무 어린 백인 소년들을 설득해 글쓰기를 배웠다. 노예 제도를 피해 결국 로드아일랜드(Rhode Island)주 뉴포트(Newport)로 오게 된 그는 맨 먼저 19세기에도 여전히 미숙련 노동자들이 수행했던 잔인하고 혹독하고 매우 힘든 하역일(더글러스는 "좋은 폐활량과 근육"이 필요한 작업이라고 표현했음)을 했다. 그는 마침내 황동 주조 공장에서 일자리를 찾았고, "금속이 물처럼 흐를 만큼 뜨거운 용광로 위"에 있는 지독하게 더운 초라한 작업장에서 풀무 작업을 했다. 1855년 자서전에서 더글러스는, 우리가 반드시 들어야만 하는 것처럼, 그러한 상황이 학습에 도움이 되지 않았다고 언급한다.

그럼에도 더글러스는 거부당하려 하지 않았다. 그는 "풀무 근처 기둥에 신문을 〔못으로〕 박아놓고, 무거운 금속재를 위아래로 움직이게 하는 작업을 수행하면서 어떻게든 신문을 읽으려 애썼다". 그의 자서전 가운데 이 내용이 나오는 쪽의 맨 위에는 다소 절제된 '역경 속에서의 지식'이라는 제목이 있는데, 이 제목은 독학에 관해 유명한 책들 가운데 하나에서 따왔다.[4]

노예 폐지론자인 프레더릭 더글러스는 독자들에게 정보뿐만 아니라 윤리적 가치관도 제공하고 싶어 했는데, 이것은 저항에 부딪쳤다. 그의 백인 관리자들은 "사실만 말합시다. 철학적인 부분은 우리가 알아서 하겠습니다"라고 그에게 말했다. 1855년 자서전 『나의 속박과 나의 자유(*My Bondage and*

---

4   Frederick Douglass, *Life and Times of Frederick Douglass* (Hartford, CT: Park, 1881), pp. 212~213. 조지 L. 크레이크(George L. Craik)가 인용한 그 책은 『역경 속에서의 지식 추구(*The Pursuit of Knowledge under Difficulties*)』라 불렸다.

My Freedom)』의 백인 편집인은 이 책은 예술 작품이 아니라 " '사실', 끔찍하고 거의 믿을 수 없는 사실일지도 모르지만 그럼에도 '사실'에 대한 작품"이라고 독자들에게 말했다.[5] 더글러스가 무대에 올라섰을 때, 윌리엄 로이드 개리슨(William Lloyd Garrison)은 더글러스에게 자신의 이야기를 있는 그대로 말해야 한다고 속삭였다. 그러나 더글러스는 금세 그것에 싫증을 느낀 나머지 다음과 같이 말했다. "저는 의분을 늘 억누를 수는 없었습니다… 이제는 사실에 대한 정황 진술을 하기에 충분할 만큼 긴 시간이 흘렀습니다." 바로 그 순간 실제로 이전에 노예였던 자가 그렇게 섬세할 수 있다는 것을 분명 믿을 수 없었던 일부 북부 지역의 백인 청중은 그의 그러한 반추를 믿을 수 없었다.[6]

더글러스에게 사실은 법정 재판을 위해 수집되었던 유죄 입증 자료라는 중세 후기의 의미를 계속해서 가지고 있었다. 그가 수집한 사실들은 매우 부당한 인간 비하 제도를 기소하기 위한 것이었다. 대량으로 제시되는 사실들은 청자들을 교육하고 설득하는 데 필요한 장치였다. 그럼에도 사실들을 각색하고 더 나아가 사실들에 대해 비판적 판단을 하도록 주문하면서 그의 상상력이 불쑥불쑥 그 모습을 드러냈다. 자신의 이성적 능력과 도덕적 능력을 완전하게 제어하는 사람으로서의 그의 지위(이것은 노예 제도의 모욕적인 대우와 불합리성에 대한 생생한 증거만큼이나 그가 이룬 성과에 매우 중요함)로 인해 그는 아무리 싫더라도 사실의 목록 만들기를 넘어서야 했다.

더글러스에 대한 이러한 이야기들은 두 가지 메시지를 강화한다. 첫째, 그 이야기들은 19세기 중반의 사실과 지식 간의 관련성을 강조한다. 즉, 사실

---

5   "Editor's Preface," in Frederick Douglass, *My Bondage and My Freedom* (New York: Miller, Orton, and Mulligan, 1855), p. v.

6   Douglass, *Life and Times*, pp. 218~219.

은 중요하지만 지식으로 알려진 더 중요한 적요(摘要)의 전주곡일 뿐이다. 그러나 두 번째 메시지는 그 이야기들이 사실/지식에 대한 이야기의 중립성이 어떻게 널리 알려진 인종 코드화[7]를 가렸는지 보여준다는 것이다. 흑인은 지식이 없는 것으로 흔히 여겨졌다. 만약 그렇다면, 그들은 대기실(지식의 전주곡일 뿐인 사실의 영역)에 머물 수 있을 뿐이었다. 더글러스는 그곳에 머무르기를 거부했고 소위 인식론적 인종 분리가 하나의 권력이라는 것을 보여주었다.

더글러스가 사실의 대기실 밖으로 나간 또 하나의 방법이 있는데, 그것은 자기 형성(self-fashioning)[8]에 사진술을 사용한 것이다. 그의 이미지는 19세기의 인물상 가운데 가장 잘 알아볼 수 있는 인물상으로, 길고 숱이 많은 희끗희끗한 머리카락에 수염을 기른 잘 차려입은 흑인 남성이 근엄하고 지적인 표정으로 약간 먼 곳을 바라보는 3/4 측면[9] 초상화이다. 구글이 2016년 2월 1일 그에게 구글 두들(doodle)[10]을 헌정했을 때, 그 상징적 이미지가 그라는 것을 바로 알아볼 수 있었다.

---

7 문화와 오락물은 이 세계가 인종에 대한 생각을 만들어내고 보여주는 새로운 방식이다. 인종은 영화, TV 및 라디오에서의 묘사를 통해 특성, 고정 관념 및 더 사악한 꼬리표가 할당된다. _옮긴이

8 자신의 모습을 스스로 만들어가는 자기 만들기는 르네상스를 관통하는 시대정신이다. _옮긴이

9 3/4 측면(three-quarters view)이란 얼굴이 정면을 바라보고 있는 것이 아니라 살짝 옆으로 돌려 정면을 바라보고 있을 때의 얼굴의 3/4 정도만 보이게 그리는 초상화를 말한다. _옮긴이

10 구글 두들은 기념일이나 행사, 업적, 인물을 기리기 위해 구글 홈페이지에 있는 구글 로고를 일시적으로 특별히 바꿔놓은 로고를 말한다. _옮긴이

토크빌은 옛것의 도움이 사라졌다고 관측한 바 있는데, 해리스에게 P. T. 바넘은 그러한 관측의 전형이었다. 바넘은 형이상학적인 지도도 부족했고 1830년대부터 1850년대까지 미국인, 특히 양키의 영혼을 지배한 기계 지식에 대한 갈증도 부족했던 상황을 먹잇감으로 쇼맨십을 부렸다.[18] 1841년부터 1865년까지 뉴욕시에서 운영된 그의 "위대한 미국 박물관(Great American Museum)"은 진품 전시실의 전통이 많이 남아 있었지만 귀족적인 색채는 없었다. 전반적인 메시지는 질서와 분류가 아니라 눈부심과 풍부함이었으며, 그 동기는 가르침이 아니라 이익이었다. 이 박물관은 극장, 서커스, 기타 상업적 대중오락과 분명 관계가 있었다. 이 박물관은 "구경거리, 무질서, 그리고 카니발의 세계"를 보여주었다.[19] 바넘은 "두 명의 살아 있는 아즈텍(Aztec) 어린이, 살아 있는 이건 대체 뭐야?, 피부색이 흰 흑인 자매들, 서른 마리의 괴물 뱀, 수족관, 살아 있는 행복한 가족, 밀랍 인형, 그리고 세계 각지에서 온 95만 개의 진품"을 포함해 필요에 따라 그 수가 달라지는 방대한 양의 '진품'을 자랑했으며, 하버드 대학교(Harvard University)의 자연사학자이자 한때 그의 친구였던 "아가시즈 교수(Prof. Aggasiz)"[원문 그대로]가 보증했다고 허풍을 떨었다.[20] 허풍의 대가들은 허풍이 그들의 명분을 강화한다면 전문가를 들먹이는 것을 창피해하지 않는다.

바넘은 신앙심이 흔들리는 시대에 일종의 지적 운동을 제공했다. 그는 결코 의도적으로 관람객을 속이는 것이 아니라 그들을 교육하고 호기심을 불러일으킨다고 주장했는데, 그는 사람들에게 한 손으로는 가짜를 제시했고 다른 한 손으로는 진품 가능성에 대한 암시를 심어주곤 했다. 박제 원숭이와

---

18 Harris, *Humbug.*
19 Steven Conn, *Museums and American Intellectual Life, 1876-1926* (Chicago: University of Chicago Press, 1998), p. 8.
20 *New York Tribune*, 1861. 출처는 커밀의 (이제는 복구할 수 없는) 자료 모음이다.

물고기가 하나의 몸처럼 보이도록 설치된 '피지(Feejee) 인어'에 대한 광고 카피에서 그는 "박사들의 의견이 구구할 때 누가 결정할 것인가?"[21]라고 물었다.[22] 사람들의 마음을 끈 것들 가운데는 기이한 전시뿐만 아니라 믿음, 의심, 그리고 마침내 속임수가 어떻게 이루어졌는지를 보여주는 과정을 거치면서 받는 정신적인 자극도 포함되어 있었다. 바넘은 이러한 관람객들과의 거래의 양쪽 끝 모두에서 돈을 버는 법을 터득했다. 사람들은 먼저 속는 데 돈을 지불하고 다음에는 속임수에 대한 설명을 듣는 데 돈을 지불했다.

아니 어쩌면 사람들은 그들 자신이 속임수에 빠질 리가 없다는 생각에 기뻐하면서 비용을 지불했을 것이다. 헨리 제임스(Henry James)[23]는 어렸을 때 그와 형 윌리엄(William)이 "그냥 속아 넘어가지 '않기' 위해서, 그냥 반어적인 초연함(ironic detachment)[24]을 즐기기 위해, 그리고 최악의 경우 함정에 빠지거나 속아 넘어간 것이 드러난다면 분별력 없이 속아 넘어간 우리 자신을 보며 재미있어하기 위해, 바넘의 박물관을 방문했다"고 썼다. 이 박물관은 또한 지루할 수 있고 그리고 디즈니랜드(Disneyland)처럼 오랜 기다림이 뒤따를 수도 있었지만, "통증과 무기력은 그러한 모험의 일부분이었다". 문

---

21 영국의 시인 알렉산더 포프(Alexander Pope, 1688~1744)는 "의사들이 동의하지 않을 때 누가 결정할 것인가?'라고 물었는데, 이는 의사들의 의견이 분분할 때 결정할 수 없다는 의미이다. 1732년에는 의료 행위가 과학이 아닌 전통과 의견에 주로 기반을 두고 있었기 때문에 포프가 살았던 시대에 매우 흔한 질문이었음에 틀림없다(출처: "When Doctors Disagree: How to Cope with Conflicting Results," Harvard Health Publishing, April 1, 2008, https://www.health. harvard.edu/newsletter_article/when-doctors-disagree-how-to-cope-with-conflicting-results). _옮긴이

22 Harris, *Humbug*, p. 64.

23 헨리 제임스(1843~1916)는 미국 출신 소설가이다. 미국 뉴욕에서 출생했으나 1915년 영국으로 귀화했다. 근대 리얼리즘 문학의 지도자이며, 이상한 환경·처지와 그러한 관련 밑에 놓인 일반인의 심리를 다루는 데 뛰어났다. _옮긴이

24 반어적 초연함이란 모든 것을 농담처럼 취급하는 것으로, 심리적 방어 기제나 수사학적 무기가 될 수도 있고 누군가를 웃기기 위해 하는 행동일 수도 있다. _옮긴이

화적 위계에서 이 박물관이 차지하는 위치는 모호했다. 예를 들어, 헨리 제임스에게 바넘의 박물관은 호기심과 "마음의 자유 유희"라는 더 높은 세계로의 '입문'이자 매슈 아널드(Matthew Arnold)[25]와 연관된 좀 더 포괄적이고 이상적인 교양의 개념에 이르는 길을 열어주는 관문 약물[26]이었다. 그리고 헨리는 형 윌리엄의 관점과 바넘의 관점의 관련성(즉, 통제되지 않는 사실, 기만과 진본성의 경계, 수축된 머리[27]와 기괴한 표본에 대한 관심)을 날카롭게 지적했다.[28] 사람들의 마음을 끄는 많은 것들 가운데는 강당, 포스터, 병에 든 인어와 수염 난 숙녀, 프랑스 곡예사 등이 있었는데, 이것들은 사람들의 생각에 과부하가 걸리게 했다. 바넘은 많은 그럴듯한 명제와 그럴듯하지 않은 명제를 동시에 퍼뜨리고 그 모든 것을 꿰뚫어 볼 수 있는 사람들의 기지를 시험하는 기술의 달인이었다. 그는 민주주의의 불확실성이라는 분위기, 즉 믿을 수 있는 것도 많고 의심할 것도 많은 것에 사람들의 생각이 끌려가는 시

---

25 매슈 아널드(1822~1888)는 영국의 시인이자 평론가이다. 그는 '교양(culture)'이란 "인간 사고와 표현의 정수"이며, "이성과 신의 의지가 널리 퍼지도록" 하는 것이라는 개념을 정립했다. 이러한 매슈 아널드의 교양 개념은 1950년까지 문화적 명제를 확립했다. 매슈 아널드는 엘리트주의적 입장을 가지고 있어 대중문화를 비판적으로 바라보았다. _옮긴이

26 중독성이 강한 다른 마약 복용으로 이어질 가능성이 있는 초기에 사용하는 약한 약물을 말한다. _옮긴이

27 수축된 머리(shrunken head)는 트로피, 의식 또는 무역 목적으로 사용되는 절단되고 특별히 준비된 사람의 머리를 말한다. 헤드 헌팅은 세계 여러 지역에서 발생했지만 머리 수축의 관행은 아마존 열대 우림의 북서부 지역에서만 기록되었다. 에콰도르와 페루의 수아르(Shuar), 아추아르(Achuar), 우암비사(Huambisa) 및 아과루나(Aguaruna) 부족을 포함하는 히바로(Jivaro)족은 사람의 머리를 축소해 전리품으로 보존하는 관습이 있는 것으로 알려져 있다. _옮긴이

28 Henry James, *A Small Boy and Others* (London: Macmillan, 1913), p. 171, 163. 또한 다음 참조. Kristin Boudreau, "The Greatest Philosophy on Earth: William James's Lowell Lectures and the Idiom of Showmanship," *William James Studies*, 2, 2007, http://williamjamesstudies. org/the-greatest-philosophy-on-earth-william-jamess-lowell-lectures-and-the-idiom-of-show manship/. 부드로는 추어올리는 수사의 유사점들을 멋지게 강조하지만 사기와 경신(輕信) 둘 모두를 가지고 노는 경우도 분명히 존재한다.

대적 분위기에 딱 어울리는 인물이었다. [많은 사람이 언급했듯이, 도널드 J. 트럼프(Donald J. Trump) 대통령의 모순적인 트윗 폭풍(박사들의 의견이 구구할 때 누가 결정할 것인가?)은 바넘 혈통에 속한다.]

멜빌(Herman Melville)의 『모비 딕(*Moby-Dick*)』에 나오는 포경(捕鯨) 및 항해에 대한 긴 기술과 에드거 앨런 포(Edgar Allan Poe)의 문제 해결 살인 미스터리와 암호는 작동적 미학을 보여주는 마지막 예들이다. 포는 속임수의 대가였지만 사기 행위를 폭로하는 데 전념한 작가이기도 했다. 『모비 딕』은 잡학으로 가득 차 있으며, 지금까지 백과사전식 잡학으로 가득 찬 소설은 거의 없었다. 많은 19세기 중반의 소설과 마찬가지로 이 소설의 독자들은 자세한 설명에 지루해하지 않는 체력과 의지 모두를 필요로 했다. 미국은 속임수가 어떻게 이루어졌는지에 대한 풍부한 기술적 세부 사항에 몹시 관심을 가진 채, 보고, 속으며, 그러고는 그 속임수에 가담할 준비가 되어 있는 얼빠진 구경꾼들이 사는 나라인 것처럼 보였다. 그러나 미국에는 사실을 좋아하는 일반인들, 입체도와 사진, 식물 표본과 머리댕기를 수집해 앨범과 작은 수납장에 넣어두는 보통 사람들도 살고 있었다. 그들은 흔히 잘 믿는 동시에 호기심도 많은 우리와 똑같은 사람들이었다. 그들의 문화는 온갖 종류의 축적을 좋아하는 풍부한 문화였다.

풍부한 문화

양키 체계의 핵심 구성 요소는 ① 밀도 높은 사실의 흐름, 가능한 한 많은 양의 정보가 ② 판단력을 발휘해 중요한 것을 결정하는 ③ 다른 부류의 사람들에게 널리 확산되게 하는 것이었다. 이러한 진실 체제[29]에서 사실은 중요

---

29 진실 체제(regime of truth)와 관련해서는 다음 참조. https://m.blog.naver.com/airtreesky/40156044319. _옮긴이

했지만 전능하지는 않았다. 사실은 '지식'에 기여해야 했다. '문명을 진전시키는 것은 바로 지식'이라는 주제는 미국과 다른 나라의 수많은 토론회에서 계속해서 반복되는 주제였다.

바넘의 친구인 호러스 그릴리같이 철저하게 현실에 입각한 양키 신문인에게 세계를 사물과 사실로 동시에 채우는 것은 하나의 패키지의 일부였다. 그것은 진보라 불렸다. 19세기 중반에 그릴리는 미국에서 가장 유명한 신문인 ≪뉴욕 트리뷴(*New York Tribune*)≫의 편집인이었다. 항상 의견을 제시하고 그것을 확신할 준비가 되어 있었던 그릴리처럼 기질과 경력이 잘 어울리는 경우는 역사상 거의 없었다. 그 자신의 말에 따르면, 1860년 당시 ≪뉴욕 트리뷴≫은 오하이오(Ohio), 인디애나(Indiana), 일리노이(Illinois), 위스콘신(Wisconsin), 캔저스(Kansas) 및 아이오와의 농장들에게 그의 지혜를 제공해준 주간(週刊) 중서부판은 제외하고도 하루에 30만 부가 넘게 팔렸다.

그릴리는 지식에 대한 19세기 중반 양키의 생각을 전형적으로 보여주었다. 그는 사실을 사랑했고 유용한 것을 배우는 것에 정말 행복해했다. 그릴리는 열심히 일하고 가능한 한 많은 것을 배움으로써 미국에서 가장 영향력 있고 악명 높은 여론 제공자로서 일할 준비를 했다. 그는 간간이 정규 학교 교육을 받았을 뿐이었지만 학교는 그의 교육의 작은 일부분이었다. 그는 종이가 닳을 때까지 케일럽 빙엄의 『미국의 웅변가』를 공부하면서 집에서 초등학교 교과서들을 탐독했다.[30] 그는 아마도 당시에 가장 유명한 교과서였던 린들리 머레이(Lindley Murray)의 영어 문법에서 잘못된 상투적 문구에 선전 포고를 했다. 우리 시대에 비해 책은 더 귀했지만 더 강력했다. 그릴리 같은 사람, 링컨(Abraham Lincoln) 같은 사람, 혹은 프레더릭 더글러스 같은 사람들에게 그

---

30   빙엄의 문법 및 말하기 교재들은 19세기 전반에 10만 부 이상 발행된 것으로 추정된다. Cmiel, *Democratic Eloquence*, pp. 45~46, 75~76 참조.

러한 몇 권의 책은 그들이 받은 교육의 전부이기도 했다. 그러나 그릴리는 '말을 타고 쟁기질'을 하기 위해 새벽에 일어났으며 열다섯 살에 버몬트 (Vermont)에 있는 한 신문사의 견습생이 되었다. 그와 같은 경험을 통해 그는 결코 잊지 않으려고 애썼던 "이곳은 열심히 일하는 세상"이라는 교훈을 얻었다. 성인이 된 후 그는 매우 많은 동시대의 학교 교육이 무익하다고 조롱한 와중에도 실용적인 지식의 아름다움은 어김없이 예찬했다. "탄탄하고 균형 잡힌 학습의 혜택을 거부하거나 경시하는 것은 '우리' 같은 열심히 일하느라 숨을 헐떡이는 계층의 사람들에게서는 결코 볼 수 없을 것이다!"[31]

정보의 가치가 어떻게 평가되었는지에 대한 감을 잡으려면 그릴리가 1853년에 뉴욕 크리스탈 팰러스(New York Crystal Palace) 전시회를 홍보하고 설명하기 위해 편찬한 책을 살펴볼 필요가 있다. 왜냐하면 이 책은 미국 박물관의 발전에 중요한 영향을 미쳤을 뿐만 아니라 19세기 중반의 기술적 진열을 보여주는 훌륭한 예이기 때문이다. 그릴리는 "가능한 모든 예술적·과학적·산업적 생산물을 그곳에서 볼 수 있고, 유능한 사람들이 그것을 보고 판단할 수 있다는 것"이 전시회의 장점이라고 생각했다. 이 책에는 그림이 없다. 이 책은 전시회에 진열된 수십 가지 제품과 기술에 대한 자세한 설명으로 가득 차 있다. 총기, 안장, 모자, 양모 생산 기술, 장화, 도자기, 유리, 보존 식품, 비누, 향수, 실크, 조각상, 면 생산 및 면제품 등은 이후 세대들이 숨이 막힌다고 생각할 정도로 상세하게 논의된다. 어떤 세부적인 내용도 아끼지 않았다.

쟁기 기술의 최신 혁신에 대한 그릴리의 설명을 들어보자.

---

31 Horace Greeley, "The Relations of Learning to Labor: A Commencement Address" (1844), in *Hints towards Reforms in Lectures, Addresses, and Other Writings* (New York: Harper and Brothers, 1850), p. 113.

쟁기 성에[32]의 길이는 1.5m이고 손잡이 끝부분에서 성에 끝 지점까지의 전체 길이는 2.7m이다. 이것들은 단단한 참나무와 물푸레나무 목재 가운데 최고의 것으로 만들었고 쟁기의 나머지 부분은 모두 제련된 주철로 만들었는데, 이것은 단조 주철보다 더 단단해질 때까지 주형에서 냉각하는 최첨단 기술이다. 이것을 심경(深耕) 초지(草地) 쟁기라고 한다. 이 기구는 고랑을 깊이 22~33cm, 폭 38~43cm로 갈 수 있으며, 뉴 잉글랜드(New England) 지역의 주들 전역에서 일반적으로 사용되는 것과 같이 멍에를 진 두 마리의 황소로 쉽게 고랑을 갈 수 있을 정도로 완벽한 구조를 가지고 있다. 토양이 매우 딱딱하게 굳어 있으면 멍에를 진 한 마리의 황소를 추가로 투입하면 된다. 성에 끝에는 주철 바퀴가 있는데, 이 바퀴로 필요한 깊이를 잴 수 있다. 견인력은 바퀴 지지대에 있는 성에에 부착된 봉에서 비롯되어 견인선을 바꾸면서 봉을 10~12cm 올리거나 내릴 수 있는 나사에 의해 유도 장치를 통해 성에 아래로 이어진다.[33]

기타 등등. 우리는 친절하게도 쟁기에 대한 기술의 절반 정도만 제공했다. 그리고 이 쟁기는 386쪽에 이르는 본문에 굉장히 상세하게 묘사된 수십 가지 제품 가운데 하나에 불과했다.

그릴리는 크리스탈 팰러스 전시회를 보고 감명을 받은 나머지 그의 신문에 100쪽이 넘는 분량의 글을 기고했다. 물론 그는 그 전시회의 정치학에 대한 사설도 썼지만, 전시회의 경이로움을 아주 상세하게 전하기 위해 기자를 보내기도 했다. 약 20편의 시론이 ≪뉴욕 트리뷴≫에 실렸으며, 각각의 시론은 그날 가장 중요한 발명품 가운데 일부에 대한 놀라운 기술(記述)로 채

---

32 쟁기의 골격은 술과 성에로 이루어지는데, 술은 쟁기의 몸체가 된 나무이고 성에는 술의 중간 윗부분에서 앞으로 뻗어 나간 나무를 말한다. _옮긴이

33 Horace Greeley, *Art and Industry as Represented in the Exhibition at the Crystal Palace* (New York: Redfield, 1853), pp. 80~81.

워졌다. 이러한 시론들은 기술적 작동 원리에 많은 지면을 할애하면서 특수
자들을 음미한다. 오늘날 이런 종류의 보도를 하는 신문이나 많은 관심을
가지고 그것을 읽는 사람을 상상하는 것은 불가능하다. 좀 더 일반적으로
말하자면, 19세기의 많은 형식의 글들이 지속,[34] 반복 및 느리게 흐르는 시
간을 노래했다.[35] 요즘 학생들의 인내심을 시험하는 빅토리아 시대의 소설
은 한때 전 국민을 사로잡았다. 사람들은 한때 상술(詳述)의 문화를 진짜 좋
아했다. 오늘날 그와 같은 상세함은 자동차, 노트북, 또는 전화와 함께 제공
되는 사용 설명서에 남아 있지만, 아무도 그것을 민주적인 사회적 진보의
보루나 좋은 읽을거리로 보지 않는다.

　그 당시 카를 베데커(Karl Baedeker)의 여행 안내서에서도 비슷한 대량 수
집 관행을 찾아볼 수 있다. 이 여행서들은 그릴리와 같은 수준으로 엄청난
세부 사항을 제공했으며, 아이위트니스(Eyewitness) 시리즈나 론리 플래닛
(Lonely Planet) 시리즈 같은 오늘날 가장 잘 팔리는 부르주아적 여행 안내서
에 비해 압도적일 정도로 더 상세한 내용을 제공했다. 베데커는 1830년대
초에 독일어 여행 안내서를 제작하기 시작했다. 1859년 그가 과로로 세상을
떠나자 그의 세 아들이 그 일을 이어받았다. 그들은 사업 확대를 기대하며
번역판들을 발행하기 시작했다. 1861년에 최초의 영문판 베데커 안내서가
나왔고, 이후 수십 년 동안 수십 종의 번역판이 발행되었다. 이것은 아마 틀
림없이 유럽이나 근동 그리고 20세기 초에 이르러서는 아프리카나 아시아
를 여행하는 영국인이나 미국인에게 가장 일반적인 동반자 같은 안내서였
을 것이다.[36]

---

34 지속(duration)은 서사가 사건을 기술할 때 텍스트가 길어지기도 하고 짧아지기도 하는 특성
　　을 지칭하며, 이야기 시간 폭과는 반대되는 서사 시간의 길이를 표시하는 척도이다. _옮긴이

35 Stefanie Markovits, *The Victorian Verse-Novel: Aspiring to Life* (New York: Oxford Univer-
　　sity Press, 2017) 참조.

초창기의 베데커 안내서를 읽는 것은 시각적 편안함과는 거리가 먼 세계로 휘말려 들어가는 것이다. 활자가 종이 가장자리까지 꽉 차 있으며, 흰 여백은 최소한에 그친다. 활자의 크기는 매우 작아서 보통 4 혹은 6포인트이다. 때로 특별한 자료가 소개되어 있는 쪽의 활자는 훨씬 더 작다. 베데커의 아들들 덕분에 얼마나 많은 부르주아 여행자들이 시력이 나빠졌는지는 곰곰이 생각해볼 만한 가치가 있다. 시각적 편안함을 위해 유일하게 양보한 것이 있다면 그것은 주제명 표목(subject heading)에 굵은 글씨체를 사용한 것이다. 그러나 이 책들이 비록 눈은 즐겁게 해주지 않았지만 이 책들은 사실로 가득 채워져 있었다. 수천 가지 사실이 각각의 작고 아담한 책자에 채워져 있었는데, 전형적인 빅토리아 시대의 베데커 안내서는 4.5 × 6.5인치(11.4 × 16.5cm)보다 조금 작았다. 350쪽에서 450쪽에 이르는 두꺼운 책의 페이지마다 실용적인 안내, 역사적 배경, 지나치게 상세한 전국의 여행 경로가 뒤섞여 있는 상태를 반복해서 상상해 보라. 그렇게 작은 크기의 활자로 무미건조한 정보와 독단적인 미적 판단이 이렇게 혼합되어 있는 상황을 분명히 지배하고 있는 것은 정보였다. 베데커 안내서는 사실을 갈망하는 사람들을 위해 집필되었고 여행자들은 분명히 이 안내서를 사랑했다. 이 안내서는 우리가 잃어버린 정보 문화의 지표이다. 통증과 무기력은 그러한 모험의 일부였다. 오늘날은 한 번의 구글 검색으로 수천 또는 수백만 건의 히트(hit)[37]를 발생시킬 수 있지만, 핵심은 관련성의 순위를 매기는 것이지 그것을 다 받아들이라는 것이 아니다. 구글이 하는 일은 산더미 같은 사실을 필터링하는 것이지 그것으로 우리를 질식시키는 것이 아니다.

---

36 Edward Mendelson, "Baedeker's Universe," *Yale Review*, 74, 1985(April), pp. 386~403.

37 특정 웹 사이트에 있는 파일들이 네티즌에게 노출되는 것을 말하고, 그 노출되는 수치를 히트수(hit number)라고 한다. _옮긴이

베데커 안내서는 여행자들이 길을 잃고 헤맬 수도 있는 거의 모든 구석구석에 대한 정보를 알려주려 했다. 그것은 안내서라기보다는 실시간 관광 가이드였다. 여행 경로와 풍경에 대한 밀도 높은 기술로 보아, 사람들은 책을 읽으면서 동시에 그들 주변을 관찰할 것으로 기대한 것 같다. 그 책은 참고서가 아니라 여행의 동반자였으며, 그것도 화를 잘 내는 동반자였는데, 『베데커의 그리스(*Baedeker's Greece*)』(1894)는 브린디시(Brindisi)와 코르푸(Corfu) 간의 증기선 여행에 대해 "배에서 일하는 사람들은 무례하고, 요금표도 없으며 혼란스럽기 그지없다"고 알려주고 있다. 베데커의 칸(Cannes) 안내서는 추가 설명 없이 "칸 '항구'[38]는 시시하다"라고 적고 있다.

베데커 안내서는 무시해야 할 것을 말해주기도 하지만, 동시에 오늘날 박물관 오디오 가이드의 선구자처럼 박물관의 공간 구조를 있는 그대로 보여주고 박물관의 (흔히 평범한) 내용물들을 보여주면서 여행자의 경로를 안내했다. 『베데커의 그리스』는 아테네(Athenae)의 국립 고고학 박물관(National Museum of Archaeology)에 대해 다음과 같이 설명한다. "여기에는 사람 형태나 사람(흑인) 모양의 화병과 동물 머리 모양의 화병도 있다(소장품 번호 2076). 날개가 있는 우아한 여성 인물상(소장품 번호 2060). 조개껍질에서 나오는 아프로디테(Aphrodite), 멋진 검은 숫양의 머리는 니스로 칠해져 있음. 솜씨 좋게 진열된 인간의 발 몇 점(소장품 번호 55). 최근 형식의 흰 장식이 있는 검은색 화병(소장품 번호 56, 57). 작은 화장실 용품들(소장품 번호 58)."[39] 『베데커의 그리스』는 일렬로 늘어선 번호가 매겨진 소장품들이 꼼꼼하게 채워져 있는 박물관의 끝없이 이어진 유리 상자와 함께 상세하게 설명하는 방식을 공유했다.

---

38 올드 포트(Old Port)로도 불리며, 프랑스어 지명은 Port de Cannes이다. _옮긴이
39 Karl Baedeker, *Baedeker's Greece* (Leipzig: Karl Baedeker, 1894), p. 104.

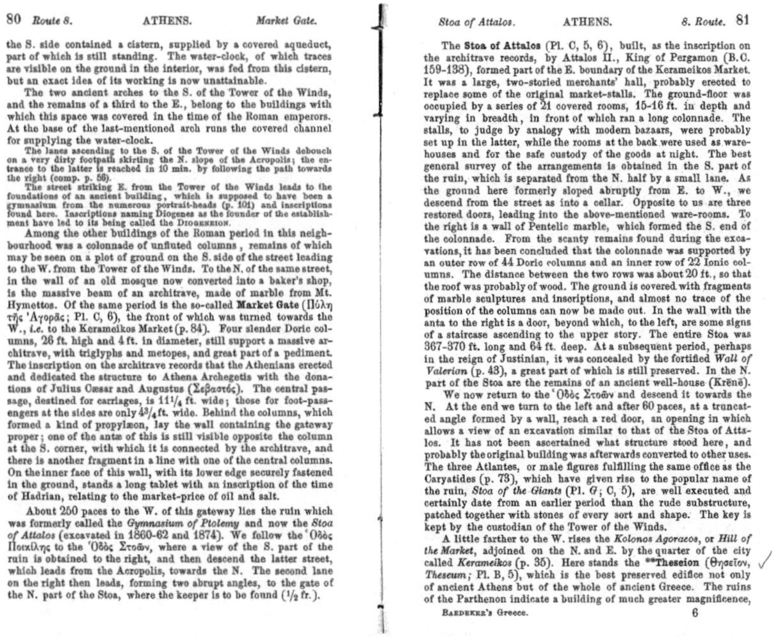

the S. side contained a cistern, supplied by a covered aqueduct, part of which is still standing. The water-clock, of which traces are visible on the ground in the interior, was fed from this cistern, but an exact idea of its working is now unattainable.

The two ancient arches to the S. of the Tower of the Winds, and the remains of a third to the E., belong to the buildings with which this space was covered in the time of the Roman emperors. At the base of the last-mentioned arch runs the covered channel for supplying the water-clock.

The lanes ascending to the S. of the Tower of the Winds debouch on a very dirty footpath skirting the N. slope of the Acropolis; the entrance to the latter is reached in 10 min. by following the path towards the right (comp. p. 56).

The street striking E. from the Tower of the Winds leads to the foundations of an ancient building, which is supposed to have been a gymnasium from the numerous portrait-heads (p. 101) and inscriptions found here. Inscriptions naming Diogenes as the founder of the establishment have led to its being called the DIOGENEION.

Among the other buildings of the Roman period in this neighbourhood was a colonnade of unfluted columns, remains of which may be seen on a plot of ground on the S. side of the street leading to the W. from the Tower of the Winds. To the N. of the same street, in the wall of an old mosque now converted into a baker's shop, is the massive beam of an architrave, made of marble from Mt. Hymettos. Of the same period is the so-called **Market Gate** (Πύλη τῆς Ἀγορᾶς; Pl. C, 6), the front of which was turned towards the W., *i.e.* to the Kerameikos Market (p. 84). Four slender Doric columns, 26 ft. high and 4 ft. in diameter, still support a massive architrave, with triglyphs and metopes, and great part of a pediment. The inscription on the architrave records that the Athenians erected and dedicated the structure to Athena Archegetis with the donations of Julius Caesar and Augustus (Σεβαστός). The central passage, destined for carriages, is 11¼ ft. wide; those for foot-passengers at the sides are only 4³/₄ ft. wide. Behind the columns, which formed a kind of propylaeon, lay the wall containing the gateway proper; one of the ants of this is still visible opposite the column at the S. corner, with which it is connected by the architrave, and there is another fragment in a line with one of the central columns. On the inner face of this wall, with its lower edge securely fastened in the ground, stands a long tablet with an inscription of the time of Hadrian, relating to the market-price of oil and salt.

About 250 paces to the W. of this gateway lies the ruin which was formerly called the *Gymnasium of Ptolemy* and the *Stoa of Attalos* (excavated in 1860-62 and 1874). We follow the Ὁδὸς Ποικίλης to the Ὁδὸς Στοῶν, where a view of the S. part of the ruin is obtained to the right, and then descend the latter street, which leads from the Acropolis, towards the N. The second lane on the right then leads, forming two abrupt angles, to the gate of the N. part of the Stoa, where the keeper is to be found (½ fr.).

The **Stoa of Attalos** (Pl. C, 5, 6), built, as the inscription on the architrave records, by Attalos II., King of Pergamon (B.C. 159-138), formed part of the E. boundary of the Kerameikos Market. It was a large, two-storied merchants' hall, probably erected to replace some of the original market-stalls. The ground-floor was occupied by a series of 21 covered rooms, 15-16 ft. in depth and varying in breadth, in front of which ran a long colonnade. The stalls, to judge by analogy with modern bazaars, were probably set up in the latter, while the rooms at the back were used as warehouses and for the safe custody of the goods at night. The best general survey of the arrangements is obtained in the S. part of the ruin, which is separated from the N. half by a small lane. As the ground here formerly sloped abruptly from E. to W., we descend from the street as into a cellar. Opposite to us are three restored floors, leading into the above-mentioned ware-rooms. To the right is a wall of Pentelic marble, which formed the S. end of the colonnade. From the scanty remains found during the excavations, it has been concluded that the colonnade was supported by an outer row of 44 Doric columns and an inner row of 22 Ionic columns. The distance between the two rows was about 20 ft., so that the roof was probably of wood. The ground is covered with fragments of marble sculptures and inscriptions, and almost no trace of the position of the columns can now be made out. In the wall with the anta to the right is a door, beyond which, to the left, are some signs of a staircase ascending to the upper story. The entire Stoa was 367-370 ft. long and 64 ft. deep. At a subsequent period, perhaps in the reign of Justinian, it was concealed by the fortified *Wall of Valerian* (p. 43), a great part of which is still preserved. In the N. part of the Stoa remains the remains of an ancient well-house (Krēnē).

We now return to the Ὁδὸς Στοῶν and descend it towards the N. At the end we turn to the left and after 60 paces, at a truncated angle formed by a wall, reach a red door, an opening in which allows a view of an excavation similar to that of the Stoa of Attalos. It has not been ascertained what structure stood here, and probably the original building was afterwards converted to other uses. The three Atlantes, or male figures fulfilling the same office as the Caryatides (p. 73), which have given rise to the popular name of the ruin, *Stoa of the Giants* (Pl. *G*; C, 5), are well executed and certainly date from an earlier period than the rude substructure, patched together with stones of every sort and shape. The key is kept by the custodian of the Tower of the Winds.

A little farther to the W. rises the *Kolonos Agoraeos*, or *Hill of the Market*, adjoined on the N. and E. by the quarter of the city called *Kerameikos* (p. 35). Here stands the **Theseion** (Θησεῖον, *Theseum*; Pl. B, 5), which is the best preserved edifice not only of ancient Athens but of the whole of ancient Greece. The ruins of the Parthenon indicate a building of much greater magnificence,

그림 2-1 『베데커의 그리스: 여행자를 위한 핸드북』(1889)

베데커 안내서는 사실로 가득 채워져 있긴 하지만 길잡이라고 할 만한 것은 전혀 제공하지 않았다. 각 안내서는 특수자들의 건초 더미였다. 이 안내서에는 개요나 요약 또는 분위기가 없었고, 재치나 기발함도 없었다. 물론 여행자들이 이 모든 사실을 기억해야 하는 것은 아니었다. 오히려 이 안내서들은 사람들이 스스로 요약하는 데 도움을 주기 위해 존재했다. 아버지 베데커는 자신의 안내서들이 "고용된 하인과 가이드의 마음에 들지 않는 안내"로부터 여행자를 구하기 위한 것이라고 분명히 말했다. 이 안내서들은 "맑은 눈과 활기 찬 기분으로 그들 자신만의 인상을 받을 수도 있는" 곳으로 여행자들을 보냄으로써 그들이 "자립하도록" 도왔다.[40] 이 안내서들은 그러

---

40 Mendelson, "Baedeker's Universe," pp. 187~188에서 인용.

한 사실의 밀도가 높은 강으로 이어주는 수로 역할을 함으로써 여행자들이 자유롭게 그들 자신만의 판단을 내릴 수 있게 해주었을 것이다.

밀도 높은 사실의 문화에서는 혼자 힘으로 사실을 이해하는 것이 필수적이었다. 미국인들은 용감하게 스스로 알아내고 싶어 했고, 남의 지도나 안내를 받고 싶어 하지 않았다. 대중 과학(popular science)은 그들이 가지고 있는 신념의 핵심적인 측면이었다. 아이오와주 더뷰크(Dubuque)의 자연사학자들조차도 더 많은 대중에게 과학을 전파하는 것을 그들의 임무로 삼았다.[41] 저명한 사람과 평범한 사람 가릴 것 없이 정보 저장고를 쌓는 데 집착했다. ≪월간 대중 과학(*Popular Science Monthly*)≫의 창간 편집인은 "가장 중요한 문제는 질문과 관련된 사실은, 질문과 관련된 적절한 사실은, 질문과 관련된 모든 사실은 무엇인가이다"라고 선언했다.[42]

이러한 민주적인 주제에 대해 목소리를 낸 사람은 바넘, 그릴리, 그리고 베데커였다. 풍부한 사실과 개인적 평가의 이러한 조합은 19세기 중반 양키 문화에서 흔히 볼 수 있었다. 사실은 소중한 소유물, 꾸준히 영향력이 커지고 있던 그러한 과학의 기초, 정보에 입각한 먼 문명에 대한 판단의 기초, 대중에 의한 지배를 위한 지혜의 원천이었다. 세상이 정보로 가득 차자, 우리 시대가 여러 방식으로 인내심의 부족을 드러내듯이 온갖 종류의 진지한 사람들은 세부 사항을 추구하려는 의향을 기꺼이 드러냈다.

예를 들어, 랠프 월도 에머슨(Ralph Waldo Emerson)은 린네와 뷔퐁(Georges-

---

41 Greeley, *Art and Industry*, p. 90; John C. Burnham, *How Superstition Won and Science Lost: Popularizing Science and Health in the United States* (New Brunswick, NJ: Rutgers University Press, 1987); Daniel Goldstein, " 'Yours for Science': The Smithsonian Institution's Correspondents and the Shape of Scientific Community in Nineteenth-Century America," *Isis*, 85(4), 1994, pp. 573~599.

42 E. L. Youmans, *The Culture Demanded by Modern Life* (New York: Appleton, 1867), p. 11.

Louis Leclerc Buffon)[43] 같은 자연사학자들의 꽃 목록을 열심히 살펴보았고 그들의 "무미건조한 사실의 목록"을 상상력을 자극하는 기초 자료로 보았다. "사실은 정신의 최종 목적 혹은 마지막 이슈이기에" 무미건조하지 않았다. 그는 사실이 "진정한 시(詩)"가 될 수 있다고 생각했다.[44] 헨리 데이비드 소로(Henry David Thoreau)도 마찬가지로 사실과 정신을 연결하고자 했다. 그는 사실을 찾아 숲으로 갔고, 그의 일기는 거의 감당하기 힘들 정도로 많은 관찰로 흘러넘칠 때가 많았다. 그는 우주 질서의 작은 조각들을 모으는 것에 대한 끝없는 욕구를 가지고 있던 알렉산더 폰 훔볼트의 자연사 전통을 정직하게 따랐다. 소로는 지각을 쌓아 올리는 것 이상의 일을 하고 있었다. 그는 "사실은 언젠가는 진실로 꽃을 피울 것이다"라고 말하면서, 사실을 결코 꽃피우게 하지 않는 "단순히 사실을 축적하기만 하는 사람들"을 경멸했다.[45]

빅토리아 시대의 밀도 높은 사실의 문화에서 '사실' 또는 '시료', 즉 단순한 정보의 조각들은 특정한 역할을 했다. 사실은 학식의 시작이었지 끝은 아니었다. 과학, 지식, 학식과 같은 단어는 사실과 사실에 대한 숙고에서 비롯된 더 큰 원칙과 관계를 나타냈다. 이 시기 동안 "지식의 법칙(laws of knowledge)"이라는 문구가 꾸준히 그리고 무비판적으로 사용된 것은 지식에 내재된 질서와 단순한 경험주의자 이상인 것, 즉 사실의 수집가 이상인 것이 중요함을 시사했다. 사실은 무작위적이지 않았거나 적어도 무작위적이지 않아야

---

43 조르주루이 르클레르 드 뷔퐁 백작(1707~1788)은 프랑스의 수학자·자연사학자·철학자·진화론의 선구자이다. _옮긴이

44 Ralph Waldo Emerson, "Nature," in *Selected Writings of Emerson*, ed. Donald McQuade (New York: Modern Library, 1981), p. 16, 19, 41.

45 Entry of December 16, 1837, in Carl Bode(ed.), *The Selected Journals of Henry David Thoreau* (New York: New American Library, 1980), p. 24.

했다. 사실은 자신만의 삶을 살아서도 안 된다. 사실은 지식의 강에 있는 물방울이었고, 과학을 위한 자양분인 동시에 과학에 기생했다. 우리 시대와 달리 지식은 합쳐져서 결국 더 큰 무언가가 된다는 깊은 확신이 있었다.

밀도 높은 사실의 흐름이 지식의 법칙으로 성장할 수 있다는 견해는 그 시기의 과학 철학에서 분명했다. 빅토리아 시대의 과학 철학에서 가장 중요한 두 저작물인 윌리엄 휴얼(William Whewell)[46]의 『귀납 과학의 철학(*Philosophy of the Inductive Sciences*)』(1840)과 존 스튜어트 밀(John Stuart Mill)의 『논리학 체계(*System of Logic*)』(1843)는 이성의 핵심적인 역할을 상실하지 않으면서 대규모 관찰 결과를 수집하는 것을 선호했다. 휴얼은 두 번째 판에서 "관념은 결코 사실과 독립적일 수 없는데, 사실은 항상 관념에 끌려가야 하기 때문이다"라고 썼다.[47] 그들의 의견 차이에도 불구하고, 두 사람 모두 논리에 의해 담금질된 축적을 선호했다. 모든 자연사학자 가운데 가장 위대한 찰스 다윈은 엄청난 양의 표본 수집과 분류를 통해 지식이 성장했다고 믿으면서 귀납주의의 발자취를 따랐다. 그는 8년 동안 따개비 분류를 연구하기 위해 『종의 기원(*The Origin of Species*)』 출판을 연기했으며, 그의 마지막 저서는 지렁이 연구에 관한 것이었다. 표본을 자세히 조사하며 일생을 보낸 다윈은 노년기에 한때 시, 그림, 음악에서 얻었던 미적 즐거움을 잃어버렸다고 불평했으며, 자신이 "수집된 많은 사실로부터 일반 법칙을 생산하는 일종의 기계"가 된 느낌을 받았다.[48] 자연 선택(무작위적인 모색의 부수적인

---

46 윌리엄 휴얼(1794~1866)은 영국의 박학자, 과학자, 성공회 성직자, 철학자, 신학자, 과학사가이다. _옮긴이

47 William Whewell, *Philosophy of the Inductive Sciences*, 2nd ed. (London: John W. Parker, 1847), p. xi.

48 Charles Darwin, *The Autobiography of Charles Darwin, 1809-1822: With Original Omissions Restored*, ed. Nora Barlow (London: Collins, 1958), p. 139.

결과로 우연히 그리고 서서히 나타나는 중대한 혁신 과정)에 대한 그의 이론은 그의 연구 관행을 그대로 보여주는 것이었다.

'과학자들'(1833년에 휴얼이 처음 사용한 용어임)에게 있어 밀도 높은 사실의 문화는 유럽과 북미의 통계적 지식을 종합해서 증보해 놓은 자료집에서 확인할 수 있었는데, 이언 해킹과 시어도어 포터 같은 역사가들은 그러한 통계적 지식을 탐구하는 데 시간을 보냈다. 통계는 18세기에 초기 보험 통계표로 그리고 국가가 스스로를 감독하려는 노력으로 등장했지만, 해킹이 지적했듯이 1820년대와 1830년대에 "인쇄된 숫자가 물밀 듯이 쏟아지는 사태"가 진짜 벌어졌다.[49] (숫자의 급격한 증가를 보여주는) 도약 곡선의 기울기는 가팔랐다. 예를 들어, 1815년에 도버(Dover) 해협을 사이에 두고 영국과 프랑스 의사들 간에 런던의 자살자 수가 더 많은지 아니면 파리(Paris)의 자살자 수가 더 많은지를 두고 언쟁이 벌어졌다. 프랑스 의사 에스퀴롤(Jean Esquirol)은 악명 높은 영국 날씨를 지적하며 분명 런던에서 자살하는 사람이 더 많다고 말했다. (영국 의사들이 매독을 '프랑스 질병'이라고 부르는 것을 좋아했던 것처럼, 그 시대의 프랑스 의사들은 자살을 독특한 영국 질병으로 생각하고 싶어 했다.) 영국 의사 버로우스(Burrows)는 전년도 기록은 파리의 자살자 수가 더 많음을 보여준다고 응수했다. 양측 모두 논쟁을 마무리 지을 만한 데이터가 충분하지 않았다.

그러나 그 후 10년에서 15년 사이에 자살과 이전에 조사된 적이 없는 많은 '사실'에 대한 풍부한 수치적 증거가 수집되었다. 유감스럽게도 더 많은 데이터에도 불구하고 국가별 비교 자살률과 같은 단순해 보이는 의문조차 해결하지 못했다. 자살이 많이 일어나는 계절, 자살 방법, 자살 동기에 대한 의문이

---

49 Ian Hacking, "Biopower and the Avalanche of Printed Numbers," *Humanities and Society*, 5, 1982, pp. 279~295.

제기되면서 논쟁은 훨씬 더 복잡해졌다.[50] 과다한 데이터가 항상 풍부한 통찰력을 제공해 주는 것은 아니지만, 사실에 대한 강한 욕구는 쉽게 충족되지 않았다. 초기 통계학자들은 그들이 수집한 데이터가 결국은 분류될 것으로 믿었다. 1834년에 설립된 런던 통계 학회(Statistical Society of London)의 모토는 '데이터를 다른 사람들이 철저하게 검토하도록 하자(Aliis exterendum)'[51]였다. 얼마 안 있어 미국에서도 엄청난 통계적 노력이 효과를 발휘하기 시작했다.

많은 사실을 모으고 정리하려는 비슷한 시도는 실증주의에서도 확인되었다. 실증주의의 창시자인 오귀스트 콩트(Auguste Comte)는 19세기의 확산에 대한 야심을 대변한다. 그의 슬로건 가운데 하나는 '과학으로부터 예측이, 예측으로부터 행동이'였다. 그는 자연 그 자체에 따라 지식을 정리하고 싶어 했다. 린네는 자신의 분류 체계가 인위적인 개념적 지름길(conceptual shortcut)[52]을 사용한다는 것을 알고 있었지만, 콩트의 야심은 그보다 더 컸다. 콩트는 신과 형이상학적 추상을 명분으로 내세워 세상에 부당한 질서를 부과하는 인간 정신의 위험한 경향이라고 여기는 것에 맞서 분류가 사물들 그 자체에서 자연스럽게 나타나기를 원했다. 그는 선험적 체계를 일축했다. 생물학적 분류법은 식물 분류법보다도 훨씬 더 그의 실증주의 철학의 훌륭한 모델이었다. 그는 사실의 방대한 수확물을 처리하기에 충분할 정도의 강력한 지적 체계를 구축하는 데 자신이 있었다.

영국의 철학자 겸 사회학자이자 전직 철도 엔지니어였던 허버트 스펜서

---

50 Ian Hacking, *The Taming of Chance* (Cambridge: Cambridge University Press, 1990), chaps. 8~9.

51 통계 전문가는 풍성한 데이터를 모을 뿐, 데이터를 분석하고 정보를 얻어내는 것은 다른 사람이 할 일이다. 통계 전문가는 정치적인 편향에서 벗어나 객관적인 사실만을 수집·정리하며 가설과 이론의 영향을 받지 않고 데이터만 모으자는 의미이다. _옮긴이

52 예를 들어, 더 적은 수의 생물학적 데이터를 사용해 복잡성을 시뮬레이션할 수 있는 길이 발견될 때 이를 개념적 지름길이 발견되었다고 한다. _옮긴이

의 체계적 정리에 대한 야심은 콩트만큼이나 강했는데, 그 역시 생물학적 비유를 사용해 사실의 무리들을 울타리 안에 가두었다. 윌리엄 제임스는 스펜서가 19세기 후반 독자들에게 크게 어필한 것에 대해 설명하면서 "그가 쓴 책의 모든 장에서 사실의 잡음이 울려 퍼진다"고 말했다. (제임스는 스펜서가 꽤나 무감각한 사람이라고 생각했다.[53]) 지식은 하나의 유기적인 전체, 거의 생리학적인 전체로 정리될 수 있다는 스펜서의 믿음은 사실의 수용 불가성이 더 큰 질서 체계를 위협한다고 보았던 17세기 경험주의자들의 관점과는 매우 달랐다. 스펜서의 '체계'는 석탄을 연료로 움직이는 증기 기관처럼 사실을 연료로 움직였다. 그가 받아들이지 못하거나 소화할 수 없는 것은 없었다. 진화의 역동성이라는 추가적인 요소를 더한 것을 제외하고, 콩트의 경우처럼 그 역시 지식은 큰 가지가 뻗어 있는 나무에 살면서 동물계, 식물계, 광물계로 유기적으로 자라게 하는 것으로 보았다. 스펜서는 마치 발달하고 있는 모든 유기체처럼 우주 전체는 동질성에서 이질성으로 거침없이 이동하고 있으며, 우주의 진보를 가로막는 정부나 공상적 사회 개혁가는 누구였는가라고 분명하게 말했다. 스펜서는 자신이 선호하는 정치 경제학의 미래상이 자연 그 자체에 의해 보증될 것으로 결코 보지 않았다.

사진의 세밀함과 정확함

카메라가 사실 공급에 가세했다. 영국의 미술 평론가이자 역사가인 레이디[54] 엘리자베스 이스트레이크(Lady Elizabeth Eastlake)는 1857년 에세이에

---

53 William James, *Pragmatism*, lecture 1, https://www.gutenberg.org/files/5116/5116-h/5116-h.htm.

54 귀족의 아내나 딸. 또는 남성의 나이트(knight)에 해당하는 작위를 받은 여성이나 나이트의 부인을 칭한다. _옮긴이

사이드바 2-2 인구 총조사 | 지나 지오타

미국 인구 총조사의 복잡성 증가는 19세기 미국에서 정보가 폭발적으로 증가하고 있음을 분명히 보여준다. 미국 헌법 입안자들은 대의제의 중심 가운데 하나로서 10년마다 인구 총조사를 실시할 것을 명령했다. 인구 총계가 없다면 (군인을 징집하는 것이 불가능하듯이) 국가의 핵심 기능이자 균형을 이루고 있고 두 기능인 조세와 투표는 불가능할 것이다. 제임스 매디슨은 ≪연방주의자 논집(The Federalist)≫ 54호에 실린 논문에서 다음과 같이 밝혔다. "숫자가 대표성을 보여주는 유일하게 적절한 척도이기 때문에 숫자가 부(富)와 과세의 가장 좋은 척도라는 것은 모든 당사자가 동의한다." 미국은 처음부터 경험주의에 입각해 정부 사업을 수행해 왔다.

그러나 초기의 인구 총조사들은 우리 기준에서 보면 현저하게 느슨했다. 초기의 인구 총조사들은 생활의 많은 부분에 대해 집계를 내지도 않았고 조사도 하지 않았다. 1790년의 첫 인구 총조사에서는 똑같이 제한적인 수준에서 이루어진 1800년, 1810년, 1820년의 인구 총조사와 마찬가지로 각 가구 구성원의 연령, 성별, 시민권 지위(인종)와 관련된 단 여섯 개의 질문만 했다. 그리고 몇몇 학회와 [매디슨과 토머스 제퍼슨(Thomas Jefferson) 같은] 저명한 정치인들은 이 조사 초창기 동안 조사의 범위와 기능을 확대해 기본적인 배분 수단이자 국가의 예외적인 추이를 지속적으로 기록하는 역할을 할 수 있게 하자고 의회에 청원했지만, 연방 의원들은 그러한 방안을 거부했다. 연방 의원들은 (소득, 직업, 장애와 같은 사적인 문제에 대한 조사도 포함하도록 되어 있는) 제안된 조사 확대가 기록 오류 (및 속임수) 방지 보장책으로 각 지역 사회에 인구 총조사 결과를 공개 게시해야 한다는 상시 명령과 양립할 수 없을 것으로 판단했다. 시민들이 보고서를 검토하고, 필요한 경우 그들의 가구(분석 단위가 개인으로 바뀐 1850년까지 가구가 분석 단위로 사용되었음)와 관련된 모든 실수를 수정하도록 시민들에게 장려했다. 수치심은 사실을 누락하거나 부정확하게 말하게 하는 저해 요인이었다. 궁극적으로 조사를 확대하는 대신 공개 게시 명령을 유지하기로 선택하면서 의회는 사실의 범위보다 사실의 정확성을 선호한다는 점을 확실히 보여주었다. 19세기가 막 시작될 무렵에는 여전히 정보의 양보다 정보의 질을 중시하는 것이 당시의 일반적인 풍조였다.

그러나 1840년에 이르러 제퍼슨과 그의 다원주의를 따르는 자들이 심은 씨가 꽃을 피우기 시작했다. 의회는 인구 총조사 집계를 게시하는 까다로운 품질 관리 관행을 중단하고 전례 없는 다섯 개의 새로운 질문을 그해 일정에 추가함으로써 다목적 인구 총조사를 수용(受容)했는데, 이 조치로 인해 질문 문항 수는 이전 다섯 번의 인구 총조사 질문 문항 수의 거의 두 배가 되었고 최종 보고서 분량도 약 900쪽으로 늘어났다.[1] 그동안 대체로 단조로웠던 인구 총조사가 이번에 처음으로 전체 인구 가운데 정신 박약아, 정신 이상자, 문맹자 수를 확인하고자 했다. 또한 이 인구 총조사는 마침내 미리 결정된 일곱 개의 직업군에서 응답자들이 고용되어 있는 상태를 자세히 설명하고자 했다.

그러나 1840년 인구 총조사로 생성된 산더미 같은 사실은 (확대된 조사를 지지한 사람들이 주장했듯이) 미국 정치 실험의 훌륭함을 밝히기는커녕 미국이 정신적·육체적 결함이 있는 사람들이 지나치게 많이 구성되어 있는 국가임을 밝혀내는 일을 했을 뿐이었다. 대부분의 사람들은 그러한 고통스러운 결과가 실제 상황이 아닌 수집이나 보고 과정의 중대한 오류를 반영한 것이라는 데 동의했지만, 그러한 과장된 결과의 근본 원인에 동의하는 사람은 거의 없었다. 어떤 사람들은 모든 비백인을 '정신 박약아'나 '정신 이상자'로

---

1   Carroll D. Wright, *The History and Growth of the United States Census* (Washington, DC: Government Printing Office, 1900), pp. 911~912.

고의로 엉터리로 기술해 결과를 왜곡한 것으로 전해진 인종 차별적인 조사원들을 비난한 한편, 또 어떤 사람들은 조사 규모가 커짐에 따라 조사 수행이 복잡해졌기 때문이라는 의견을 제시했다.[2] 대실패의 원인이 무엇이든, 해결책은 잘 작동했던 소규모 인구 총조사로 돌아가는 것이 아니라, 대규모 인구 총조사를 확실하게 할 새로운 방법을 고안하는 것이었다. 사실이 문제가 아니라 개선이 필요한 사실 수집이 문제였다.

이러한 개선 사항들 가운데 핵심은 더 나아진 표와 표 작성 방법, 인쇄된 지침에 따라 처음으로 보완 추가된 인쇄된 조사표,[3] 모든 단계에서의 추가적인 감독, 그리고 정부 급여 대상자 명단에 올라 있는 실제 통계 전문가였다. 한 상원 의원의 말에 따르면, "1850년의 인구 총조사는 더 완벽하게 사실을 수집하고자" 했다. 1850년 인구 총조사는 사실들이 길들여질 수 있으며 국가에 맞서지 않고 국가를 위해 일하게 할 수 있음을 증명하려 했다. 더 중요한 것은 이러한 정비된 인구 조사 체계는 싹 트고 있는 정보 시대정신에 따라 매 10년마다 규모가 커질 조사의 기반을 마련했다는 것이었다. 1860년이 되면 미국의 인구 총조사는 "어떤 나라의 인구 총조사보다 더 완전한 인구 총조사"가 될 것이고, 20년 후에는 '백과사전 규모'로 커질 것이며, 1890년에 이르면 (좀 더 일반적으로 말하면 사실들처럼) 다루기 힘들었던 미개척 분야가 완전히 길들여졌다고 과감하게 선포할 것이다.[4]

인구 총조사는 심지어 프레더릭 잭슨 터너(Frederick Jackson Turner)[5]의 유명

2   Patricia Cline Cohen, *A Calculating People: The Spread of Numeracy in Early America* (Chicago: University of Chicago Press, 1982), pp. 175~204 참조.

3   센서스 조사표(schedule)에는 오직 개인과 관련된 정보만을 포함한 개인 조사표(individual schedule), 가구의 각 구성원에 대한 정보를 포함한 가구 조사표 또는 조사원이 조사 대상 모두의 자료를 순차적으로 기입해 나가는 집단 조사표, 명단 또는 조사원 기입표가 있다. _옮긴이

4   Wright, *History and Growth*, p. 52, 58, 41.

5   프레더릭 잭슨 터너(1861~1932)는 19세기 후반 대표적인 미국의 역사학자이다. _옮긴이

한 프런티어 가설(frontier hypothesis)[6]에 영감을 줌으로써 미국의 지적 역사 속으로 들어섰다. 1893년 시카고에서 열린 만국 박람회(World Columbian Exposition)에서 터너는 청교도적 사명으로 황무지를 개척한 이후 잉태되어 왔던 미국인의 자기의식에 대한 신화를 다음과 같이 새롭게 표현했다. "국가의 정체성은 서쪽으로 멀어지는 프런티어 위에서 형성되었다." 터너가 그런 발언을 한 직접적인 이유는 1890년 인구 총조사가 막 프런티어의 종언을 선언했기 때문이다.[7]

표 2-2 초기 인구 총조사 보고서의 쪽수, 1790~1890년

연도	쪽수
1790	56
1800	74
1810	180
1820	188
1830	163
1840	1,085
1850	1,158
1860	2,879
1870	2,406
1880	19,305
1890	21,428

자료: Carroll D. Wright, *The History and Growth of the United States Census* (Washington, DC: US Government Printing Office, 1900), pp. 911~914.

1890년 인구 총조사는 터너가 복잡한 미국 역사를 압축해서 깔끔하게 종합하게 하는 계기가 되었지만, 그것은 또한 정보를 체계적으로 정리하는 새로운 장치의 등장도 자극했다. 1880년 인구 총조사 결과를 표로 만드는 데 8년이 걸렸다. 어느 누구도 데이터 수집량이 훨씬 더 많았던 1890년 인구 총

---

6   프런티어 테제 또는 터너 테제라고도 하는데 1893년 역사가 터너가 미국 민주주의가 미국 프런티어에 의해 형성되었다는 주장이다. 그는 그 과정, 즉 움직이는 프런티어 라인과 그것이 그 과정을 거치는 개척자들에게 미친 영향을 강조했다. _옮긴이

7   프런티어 종언과 관련해서는 다음 참조. 강준만, 「프런티어는 미국인의 유전자인가: 프레더릭 잭슨 터너의 프런티어 사관」, ≪인물과 사상≫, 192호(2014.4), https://m.blog.naver.com/personnidea/20209399799. _옮긴이

조사를 어떻게 처리해야 할지 확신하지 못했다. 1889년, 인구 조사국(Census Bureau) 직원인 허먼 홀러리스(Herman Hollerith)는 펀치 카드를 사용해 데이터를 기계적으로 분석하는 방법에 대한 특허를 출원했다. 그의 새로운 기술은 1890년 인구 총조사에서 얻은 데이터를 처리하는 데 단 1년밖에 걸리지 않았다. 1890년 인구 총조사에서 터너는 한 프런티어의 종언을 목격했지만, 홀러리스는 전산화라는 또 하나의 프런티어가 열리고 있는 것을 목격했다. 1896년에 그는 태뷸레이팅 머신 컴퍼니(Tabulating Machine Company)를 설립했는데, 이 회사는 1924년에 인터내셔널 비즈니스 머신즈(IBM: International Business Machines)가 될 것이다.

서 "예술에 대한 욕망은 극소수의 사람들에게 존재하지만, 저렴하고 신속하며 정확한 사실에 대한 갈망, 더 정확하게는 그러한 사실에 대한 필요성이 일반 공중에 널리 퍼져 있는 현 시대를 위해 사진술은 만들어졌다"고 말하면서 사진과 사실, 이 둘을 직접 연결했다.[55]

다게레오타이프(daguerreotypy), 즉 은판 사진술은 일반인이 이용할 수 있는 최초의 사진 제판술이었다. 은판 사진술은 금속판에 단 하나의 이미지를 생성했으며, 머지않아 더 빠르고 더 재생 친화적인 습판(wet-plate) 기법에 밀려났다. 초기 관찰자들은 새로운 기술이 드러내 보여준 믿기 어려울 정도로 세밀한 세계에 주목했다. 이 사진 제판술은 프랑스 사람인 루이 다게르(Louis Daguerre)의 이름에서 따온 것인데, 루이 다게르가 해낸 일의 진가를 일찍이 알아본 한 사람은 이 특유의 이미지는 "멀리 있는 건물의 속이 빈 몰딩에 쌓인 먼지"를 보여줄 만큼 적나라하다는 점에 주목했다.[56] 그와 같은 세밀함은 오늘날처럼 그 당시에도 신기한 동시에 불안감도 주었다. (우리는 인화지에 생성되는 좀 더 번진 이미지에 익숙하기 때문에 은판 사진은 우리 눈에 믿기 어려울 정도로 선명하게 보일 수 있다.) 모델들은 흔히 초상화에 나타난 세밀함의 정도와 품질에 충격을 받았으며 기계에 의한 적나라한 폭로의 정당성에 자주 의문을 제기했다. 에어브러시는 시각적 세세함의 과잉을 길들이기 위한 하나의 기법으로 생겨났다. 렌즈 앞에 보이는 것에 대한 카메라의 충실도(fidelity)는 참으로 대단하면서도 무감각했다. 카메라는 안목이나 취향 없이 주름과 잡티를 그대로 재현했다. 그러나 그것은 또한 전례 없는 새로운 볼거리를 이용할 수 있는 길을 열어주었다.

---

55 Lady Elizabeth Eastlake, "Photography," *London Quarterly Review*, 101, 1857(April), pp. 442~468.

56 Sir John Robison, "Notes on Daguerre's Photography," *Edinburgh New Philosophical Journal*, 27, 1839, pp. 169~171.

우리 눈이 아직 한 번도 보지 못한 자연으로 확장되는 것에 많은 사람이 흥분했다. 에드거 앨런 포는 그와 같은 세밀함이 새로운 이해의 길을 열어 주었다고 썼다. 그의 표현에 따르면, 어쩌면 가짜 열정을 가진 은판 사진이 "인간의 손으로 그린 그 어떤 그림보다 '엄청' 더 정확하게 재현해 냈다. 평범한 미술 작품을 강력한 현미경을 통해 살펴보면 자연과 닮은 흔적은 모두 사라질 것이다. 그러나 빛이 만들어낸 그림을 최대한 면밀하게 살펴보면 더 절대적인 진실, 재현된 사물이 가진 양상의 더 완벽한 정체성만이 드러날 뿐이다".[57] 그림을 가까이서 보면 예술가의 솜씨가 그려낸 잔재만 볼 수 있었는 데 반해, 은판 사진은 당겨서 확대해 볼 수 있는 실재성의 작은 표본을 만들어냈다.

카메라가 본질적인 리얼리즘을 즐긴다는 관념은 사진술에 대한 해설에서 오래 지속되어 오는 주장이며, 카메라는 교묘하게 속임수를 쓰고 기만할 수 있는 특별한 힘이 있다는 정반대 주장 역시 마찬가지이다. 아마도 악의 없이 사람을 놀릴 줄 아는 필력을 가지고 있었던 까닭에 에드거 앨런 포는 사진술에 대한 논의에서 두 가지 지속적인 주제, 즉 있는 그대로의 사물에 대한 실증주의적인 모방이라는 주제와 달리 접근할 수 없는 실재성에 대한 형이상학적인 혹은 환상적인 폭로라는 주제에 대한 자신의 의견을 제시했을 것이다. 사진 이미지는 실재성에 대한 무궁무진한 진실을 보여주기도 하지만, 동시에 불법적인 모조품 증가 가능성도 보여주었다. 일종의 난잡한 지식으로서의 사진의 운명은 이 두 양극단 사이에 놓여 있다.

그러나 랠프 월도 에머슨은 상황을 훨씬 더 예리하게 보고자 했다. 그는 1841년 10월 24일에 쓴 일기에 은판 사진사 앞에 앉아 있었던 고통스러운

---

57 E. A. Poe, "The Daguerreotype" (1840), in *Classic Essays on Photography*, ed. Alan Trachtenberg (New Haven, CT: Leete's Island Books, 1980), pp. 37~38.

사이드바 2-3 에어브러시 ┃ 지나 지오타

아마도 19세기 빅토리아 시대의 사람들이 맞닥뜨린 가장 잔인한 사실은 그들 자신의 추함이었을 것이다. 지역의 은판 사진사를 처음 방문했을 때 많은 사람이 카메라의 눈이 화가의 눈보다 훨씬 더 예리하다는 사실에 충격을 받았다. 초상화 화가의 눈을 피했을 (혹은 점잖게 숨겼을) 가능성이 있는 난처한 세세한 부분이 회화의 기계적 상대인 카메라에 의해 놀라울 만큼 선명하게 기록되었다. 이전에는 감출 수 있었던 신체적 '사실' 가운데 일부일 뿐인 힘줄이 돋은 손, 게슴츠레한 눈, 비뚤어진 코가 이제는 실물보다 더 잘 그려진 초상화에 익숙해져 있는, 돈을 지불하는 고객을 기죽게 했다. 너새니얼 호손(Nathaniel Hawthorne)의 『일곱 박공의 집(*House of the Seven Gables*)』 (1851)에 나오는 은판 사진사 홀그레이브(Holgrave)는 "천국의 쨍쨍 내리쬐는 꾸밈없는 햇살에는 놀라운 통찰력이 존재한다"고 말한다. "화가는 비록 진실을 감지할 수 있다 하더라도 위험을 무릅쓰면서까지 그러한 진실을 결코 담아내려 하지 않았지만, 은판 사진술은 비밀스러운 특징을 진실 되게 드러내 보여준다. 나의 보잘것없는 예술 작품에는 적어도 아첨은 없다."[1] 화가의 순수성 상실과 부르주아의 허영심을 폭로하는 데 관심이 있었던 홀그레이브와 같은 사람들은 이러한 특별한 세밀함의 폭발을 기뻐했지만,[2] 대부분의 사람들은 그것을 용납할 수 없었다. 초상화는 일종의 장식용 영구 기록 역할을 하는 것으로 여겨졌기 때문에 신체적인 결함을 기념하는 이미

---

1   Nathaniel Hawthorne, *House of the Seven Gables* (Boston: Ticknor, Reed, and Fields, 1851), p. 101.

2   복음주의자들은 은판 사진술의 초기 옹호자 가운데 하나였는데, 그들은 은판 사진술이 도덕적 고양이라는 더 큰 프로젝트를 지원하는 것으로 보았다. 그들에게 신은 문자 그대로 세밀함에 있었다. 이러한 수사(修辭)의 대표적인 예를 보려면, "Picture Pausings, No. II," *Christian Watchman*, May 15, 1846 참조.

지로 호화로운 응접실을 꾸미고 싶어 하는 사람은 거의 없었다. 또 어떤 사람들은 덜 실천적이고 더 실존적[3]이어서 사진의 세밀함에 대한 그들의 불쾌감을 나타냈고 새로운 기술이 전달하는 그들에 대한 진실 주장을 받아들이기를 거부했다. 당시 업계지 보도에 따르면, 사진에 찍힌 이러한 피사체들은 특히 흠이 있는 얼굴과 흉하게 일그러진 신체를 보고 몹시 기분 나빠하거나 화를 내는 경향이 있었으며, 치명적인 증거처럼 불쾌감을 주는 사진을 그곳에서 없애달라고 자주 요청했다고 한다. 올리버 웬들 홈스(Oliver Wendell Holmes)가 기술했듯이, 은판 사진이 진정 "기억을 지닌 거울"이었다면, 많은 사람에게 그것은 유령의 집에 있는 거울처럼 보였다.

물론 이것은 막 등장하기 시작한 사진 스튜디오에게는 나쁜 소식이었다. 많은 은판 사진사들은 이미 의심받고 있는 그들의 '기술'이 무결함을 필사적으로 주장하고 싶었지만, 얼마 지나지 않아 자기애가 강한 것이 분명한 고객들의 요구에 굴복했다. 1839년에 은판 사진이 등장한 지 1년도 되지 않아 많은 기계로 만든 그림 제작자들은 조용히 그들의 전문 도구 상자에 페인트, 브러시, 에칭 도구를 추가하기 시작했다. 사진사들은 그와 같은 도구를 사용해 화사한 색채를 가미할 수 있는 것 외에도 (세심한 메이크업, 자세 잡기 및 조명에도 불구하고) 완성된 사진에 어떻게든 자주 나타나는 작은 우발적인 사고를 '수정할' 수 있었다.

부르주아의 초상 사진의 세밀함을 규율하기 위한 이러한 초기의 활동은 1850년대에 주석판(tintype)[4]과 같은 더 저렴하고 빠른 사진 제판술의 개발과 함

---

3   새로운 기술인 사진의 세밀함과 정확함을 인간 자체의 존재에 대한 위협으로 느낀다면 그것은 그들에게 '실존적' 위협이 될 것인 반면, 그러한 기술을 받아들이고 그러한 위협에 현실적으로 어떻게 대처해야 할 것인가를 고민한다면 그들의 그러한 대처는 '실천적' 대처가 될 것이다. _ 옮긴이

4   어두운 래커 또는 에나멜로 코팅된 얇은 금속판에 직접 포지티브를 만들어 사진 에멀션의 지지

께 19세기 미국에서 기계로 만든 초상화(즉, 초상 사진)가 등장하는 데 도움을 주었다. 에이브러햄 링컨은 1860년 매슈 브래디가 자신의 왼쪽 눈을 곧게 펴고 주름 일부를 지운 사진을 회상하며 그 사진 덕분에 "나는 대통령이 되었다"고 분명히 말했다.[5] (이것은 선거의 운명에 대한 많은 미디어 결정론적 재담 가운데 첫 번째였다.) 결과적으로 그와 같은 사진의 흠을 제거하는 것은 일부 현대 학자들이 "그림 공장(picture factory)"이라고 묘사한 것, 즉 하루에 무려 400장의 초상화를 제작할 수 있는 대규모 조립 라인 작업의 출현을 확실하게 하는 데 도움을 주었다.[6] 이러한 스튜디오들은 가격이 더 저렴하게 해 엘리트보다는 확대되고 있던 중산층에 영합하는 경향이 있었지만, 그럼에도 대부분은 스튜디오 직원들 간의 엄격한 업무 분담과 생산성을 촉진하기 위해 고안된 신기술을 받아들인 덕분에 보정이라는 시간 소모적인 (그리고 현재는 표준이 된) 서비스를 제공할 수 있었다. 게다가 습판 기술은 양화(陽畫)와 음화(陰畫) 모두를 조작할 수 있게 함으로써 보정을 부추겼다.

이러한 생산성을 높이는 기술 가운데 최고는 에어브러시라고 하는 펜처럼 생긴 기계식 도구였다. 1870년대 후반에 개발된 에어브러시는 보정하기 전에 음화의 표면을 수공구로 점묘할 필요성을 최소화함으로써 대형 스튜디오의 두 가지 요구인 속도와 정밀도를 충족시켰다. (습판법은 이미 음화나 양화 둘 가운데 하나를 보정할 수 있었다.) 에어브러시는 크기가 조정되는 매

체로 사용되는 사진을 말한다. 주석판은 1860년대와 1870년대에 가장 널리 사용되었지만 20세기 초반까지 사용이 줄어들었다가 21세기에 들어 참신함과 미술 형식으로 부활했다. _옮긴이

5   Christopher Benfrey, "Theater of War: The Real Story of Mathew Brady's Civil War Photographs," *Slate*, October 30, 1997, www.slate.com/articles/news_and_politics/photography/1997/10/theater_of_war.html.

6   Marshall Battani, "Organizational Fields, Cultural Fields and Artworlds: The Early Effort to Make Photographs and Make Photographers in the 19th Century USA," *Media, Culture, and Society*, 21(5), 1999, pp. 601~626.

우 작은 방울로 문제가 되는 세밀한 부분에 잉크를 분산시킬 수 있었기 때문에, 빛에 노출된 (그리고 확대할 수도 있는) 인화지에 더 굵은 붓 자국이 눈에 띄지 않도록 하기 위해 음화를 먼저 '거칠게 처리할' 필요가 없었다. '객관적인 예술'로 알려진 사진술에 인간이 개입한 흔적이 지워질 수 있었듯이, 캔버스에 닿은 모든 접촉을 제거함으로써 보정자의 노동의 흔적도 대부분 지워질 수 있었다.

에어브러시는 카메라의 주제넘지 않는 부속물로서 인물 사진 촬영을 중심으로 성장한 이 정중한 허구(polite fiction)[7]가 엄청나게 큰 규모로 지속되게 하는 데 도움을 주었다. 에어브러시는 상류층 고객을 위해 기계로 제작된 그림이 현기증이 날 정도로 과도하게 아첨하는 그림에 뒤지지 않음을 확인해 주었다. 그러나 에어브러시는 이보다 더 엄청난 규모로 중산층 사회는 신체적 이상이 없는 것이 특징이라는 통합된 교화적인 시각적 문법이 확실하게 부상하는 계기를 마련해주었다. 그 당시 보정 매뉴얼이 보여주듯이, 코에서 손에 이르는 모든 것이 맵시 있고, 상처가 없으며, (손의 경우) "거의 모든 경우에 기능적으로 전혀 문제가 없어야" 했다.[8] 갈수록 더 그와 같이 외적으로 의미하는 것이 인격, 온전한 정신 상태, 유무죄에 대한 정당한 단서로 이해되던 시기에 정상 상태에 대한 환상에 부합되게 사진 속의 몸을 표준화하는 관행은 허영심을 만족시키는 것만큼이나 사회 질서 속에서 자신의 위치를 확보하는 것이었다.

특권층의 몸을 이렇듯 후반 작업을 통해 규격화하는 것은 골상학자와 관상학자들을 분명 화나게 했는데, 그들은 보정이 그들을 속여서 이 세상과 그

---

7   모든 참가자가 진실을 알고 있지만 갈등이나 당혹감을 피하기 위해 어떤 대안적인 사건을 믿는 척하는 사회적 시나리오를 의미한다. _옮긴이

8   "Hints on Retouching," *Photographic News: A Weekly Record of the Progress of Photography*, July 9, 1875, p. 329.

속에서 순환하는 사람들에 대한 어떤 특정한 지식을 가로챘다고 느꼈다. 이전에 그와 같은 유사 과학에 종사했던 적이 있던 한 사람은 19세기 후반의 한 저널에 기고한 "지어낸 얼굴(Made-Up Faces)"이라는 제목의 기사에서 "이러한 사진 위조품에는 원래 얼굴이 거의 남아 있지 않아서 관례대로 해오던 사진 초상화 분석을 할 수 없다"고 탄식한다.[9] 아마도 그와 같은 것이 보정이 묵시적으로 의도하는 바였을 것이다.

9   H. S. Drayton, "Phrenotypes and Side-Views, No. 13," *Phrenological Journal and Science of Health (1870-1911)*, 104, 1897, pp. 10~12.

경험을 다음과 같이 기술했다. "이미지가 흔들리지 않게 하기 위해 애쓰면서 싸움이나 절망으로 인해 손을 꼭 움켜쥐게 될 때처럼 힘을 주면서 손가락 하나 까딱하지 않았는가? 얼굴을 움직이지 않겠다고 마음을 다잡으면서 매 순간 모든 근육이 더 단단해지는 것을 느꼈는가? 그리하여 이마는 타르타로스(Tartaros)[58]의 얼굴처럼 찌푸려지고 눈은 화를 내거나 미치거나 죽었을 때처럼 고정시켰는가?" 피사체가 오랜 노출 시간 동안 미소를 지을 수 있을 만큼 얼굴 근육을 잘 제어할 수 있었다고 해도, 에머슨의 기술을 보면 그 과정 동안 환하게 미소 지을 일은 거의 없었음을 짐작할 수 있다. (셔터가 찰칵 소리를 낼 때까지 기다리는 동안 미소가 얼어붙는 것을 느꼈던 사람이라면 누구나 공감할 수 있을 것이다.) 사진 촬영이 즉각적으로 이루어져야 즐거울 수 있었을 것이다.[59]

에머슨은 공교롭게도 자신이 사진이 잘 받지 않는다고 생각했고 그의 친구들도 마찬가지였다. 1847년, 에머슨이 보낸 은판 사진을 받은 스코틀랜드인 친구 토머스 칼라일(Thomas Carlyle)은 "전혀 만족스럽지 않다"는 답장을 보냈다. 그는 에머슨이 흡사 조롱하듯 "나에게 미소를 지으면서, '내가 누군지 알겠는가? 친구. 보다시피 나는 죽었고, 자네와 멀리 떨어져 있어 영원히 볼 수 없을 걸세. ─나는 이미 내세에 와 있고, 자네는 나를 알아보지 못할 걸세!'"라고 했다고 적었다. (기록 매체는 늘 내세를 들먹인다.) 포의 기계로 만

58　타르타로스는 그리스 신화에 나오는 계보상으로는 하늘의 신 아이테르(Aither)와 대지의 신 가이아(Gaea)의 사이에서 태어난 신으로 거인 티폰(Typhon)과 괴물 에키드나(Exidna)의 아버지가 되었다고 전해진다. 지하의 명계(冥界) 가장 밑에 있는 나락(奈落)의 세계를 의미한다. _옮긴이

59　코닥(Kodak)의 광고들과 그 광고들을 가득 채운 이를 드러낸 웃음 역시 사진에 대한 공중의 인식에 주목할 만한 변화를 불러일으켰다. Christina Kotchemidova, "Why We Say 'Cheese': Producing the Smile in Snapshot Photography," *Critical Studies in Media Communication*, 22, 2005(March), pp. 2~25 참조.

들어진 이미지에 대한 설명이 소박한 리얼리즘(naive realism)[60]에 대한 패러디라면, 에머슨은 초상 사진에 대한 그의 얼굴의 저항이 더 의미심장한 무언가를 드러내 보여준다고 생각했다. 자연은 항상 변하기 때문에 카메라에 의해 수동적으로 포착될 수 없었다. 이미지는 자연적 과정과 별개가 아니라 자연적인 과정의 일부였으며, 카메라는 자연의 변치 않음을 고착시키는 것이 아니라 자연의 끊임없는 변화를 드러내 보여주는 것이었다. "모든 것은 매개된다"[61]고 에머슨은 말했다.[62]

사진술을 잠시도 가만히 있지 못하는 자연 본래의 속성에 참여하는 것이라고 보는 에머슨의 견해는 사진술에 대한 지적 성찰의 주류는 아니었을 것이다. 올리버 웬들 홈스는 사진술에 관한 19세기의 가장 중요한 에세이 가운데 하나에서 새로운 사진을 극도로 세밀한 검토를 해볼 만한 가치가 있는 표본으로 보는 리얼리즘 노선을 따르면서 "사진 표면 위에 현미경을 가지고 기어 올라가 모든 잎사귀가 완벽하다는 것을 알게 되거나 먼 표지판의 글자를 읽을 수도 있다"고 적었다. 그는 사진술이 만들어내는 것은 "무서울 정도의 세세함"이라고 생각했다. "이론적으로 말하자면 완벽한 사진은 정말로 무궁무진하다. 그림에서는 화가가 우리 앞에 보여주지 않은 것을 우리는 볼수 없다. 그러나 완벽한 사진에는 눈에 띄지 않은 채 숲과 초원에 얼굴을 붉히고 있는 꽃들이 있는 것처럼 많은 아름다움이 눈에 띄지 않은 채 숨어 있을 것이다." 물론 이것은 기술(記述)이라기보다는 형이상학적 희망이었다. 분명 어떤 카메라도 모든 수준의 배율을 동일한 충실도로 묘사하지는 못했지만, 기계적 장치가 그렇게 할 수 있다는 생각은 이 새로운 기술을 그림과

---

60 세상을 있는 그대로 객관적으로 바라본다고 생각하는 경향을 말한다. _옮긴이
61 여기서 매개되다(medial)는 "mediated"의 의미로 사용되었다(출처: 저자와의 이메일). _옮긴이
62 Sean Ross Meehan, "Emerson's Photographic Thinking," *Arizona Quarterly*, 62, 2006(Summer), pp. 27~58 참조.

사이드바 2-4 에밀리 디킨슨과 시각

사후에 출판된 에밀리 디킨슨의 첫 번째 시집을 편집한 노예 폐지론 전도사 토머스 웬트워스 히긴슨(Thomas Wentworth Higginson)이 편지로 디킨슨에게 사진을 보내달라고 요청하자, 그녀는 다음과 같이 거절했다. "사진 없이는 저를 믿지 못합니까? 지금은 제 초상 사진이 없지만, 저는 굴뚝새처럼 작고 제 머리카락은 밤송이 가시처럼 굵으며 제 눈은 손님이 남겨놓고 간 유리잔 속의 셰리주[1] 같습니다. 이것으로 되겠지요?" 그녀는 경쟁 상대[2]를 보았을 때 그것이 경쟁자임을 알아차릴 수 있었다. 이 놀라운 묘사는 자기를 묘사할 권리를 두고 본질적으로 시(詩)가 사진술과 겨룰 수 있음을 보여준다. 사람은 말로 묘사되어야 하는가 아니면 이미지로 묘사되어야 하는가? 어쨌든 시는 사물의 미묘한 변화를 기록했으며, 이미지도 제공했다. 이 묘사 역시 그랬을까?

히긴슨에게 던진 그녀의 첫 번째 질문은 직접 예수의 상처를 만져보기 전에는 예수의 부활을 믿지 않았던 성서 속의 성 토마스에게 했던 "보지 않고서 믿을 수 있는가?"라는 질문을 떠올리게 했다. 사실 디킨슨의 놀라운 자기 묘사는 (그녀가 당시 사진이 할 수 없었던 것, 즉 색깔을 제공함으로써) 단순한 사진을 능가하는 것으로 여겨졌을 뿐만 아니라 선의의 거짓말이기도 했다.[3] 대략 1847년에 찍은 것으로 보이는 디킨슨의 유명한 은판 사진 이미지가 존재하는데, 그것은 히긴슨에게 보낸 그녀 자신에 대한 묘사만큼 인상적이지는 않다. 그 사진은 직접 혹은 그녀의 시를 통해 그녀를 아는 사람은 너무 분명하게 알 수 있는 그녀의 날카로운 지성과 기지에 대한 어떠한 증거도

---

1   원래 스페인 남부 지방에서 생산되던 백포도주를 말한다. _옮긴이
2   바로 뒤 문장에서 알 수 있듯이 시의 경쟁 상대로서의 사진을 말한다. _옮긴이
3   Cynthia Griffin Wolff, *Emily Dickinson* (Reading, MA: Addison-Wesley, 1986), p. 163, 256.

그림 2-2 에밀리 디킨슨의 은판 사진(1847)

제시하지 않는 채 어색한 자세에 다소 냉담해 보이는 젊은 여성의 모습을 보여주고 있다. 그 사진은 디킨슨의 전형적인 이미지가 되었다. 사람들이 사진을 싫어하듯이, 그녀와 그녀의 가족은 그 사진을 아주 싫어했을 수도 있다. 좀 더 최근에 케이트 스캇 터너(Kate Scott Turner)라는 여성을 팔로 감싸고 앉아 있는, 나이가 더 많고 더 자신감이 있어 보이는 디킨슨의 또 다른 은판 사진이 발견되었다. 이 사람이 디킨슨이라는 확실한 증거는 없지만 그렇게 생각하지 않을 이유도 없다. 그녀는 덜 가냘프고 덜 어색하며 거의 웃고 있다고 할 정도인데, 사진기 앞에서 자세를 취하는 데 따르는 제약을 감안할 때

그림 2-3 에밀리 디킨슨과 케이트 스캇 터너 앤선의 은판 사진(1859)

이것은 매우 놀랄 만하다. 사람들은 이 사진을 보고 디킨슨은 약하거나, 병들었거나, 젊거나, 섬세하지 않고, 오히려 건강하고 자신에 차 있으며 당당하다고 할 정도라는 등등의 많은 말을 할 수 있을 것이다. 우리는 이 두 사진에 그리움과 의미를 부여하지 않을 수 없는데, 이것은 어쩌면 디지털 이미지 시대에는 (도입에서 이미 언급했듯이) 어디서나 흔히 볼 수 없는 것이다. 디킨슨이 자신의 사진의 사후 세계에 대해 어떻게 생각했을지는 분명하지 않다. 그녀는 시각적인 것을 좋아했지만, 무엇보다도 사진을 갑자기 나타나 자신의 예술과 경쟁하는 상대로 이해했다. (그녀는 1860년대부터 자신의 시력 문제에 대해 불안해했고 심지어 실명할까 봐 걱정했다.) 사진술은 시처럼 기억을 잃지 않게 해주는 수단이었다. 그녀에게 죽음은 곧 시각의 상실, 즉 "보이는 것을 볼 수 없음"을 의미했다. 사진은 피사체가 죽은 후에도 계속해서 눈으로 볼 수 있게 해주고 또 보여준다. 여기에는 뭔가 이상하거나 어쩌면 사회 통념상 바람직하지 않은 점이 있었다.[4]

1862년 말에 쓴 시에서 디킨슨은 ≪애틀랜틱(*Atlantic*)≫에 실린 올리버 웬들 홈스의 사진에 관한 세 편의 에세이 시리즈를 읽고 영감을 받아 다양한 사진에 관한 주제를 풀어냈다.

> 내면이 - 표면을 채색한다 -
> 손이 없는 붓 -
> 그것의 모습이 찍힌다 - 정확하게 -
> 내면의 품성 그대로 -
>
> 멋진 - 핏줄로 된 캔버스 - 위에
> 뺨 - 어쩌면 이마 -
> - 호수에 있는 - 별의 모든 비밀
> 눈은 알 길이 없었다.

위에 인용된 시의 첫 번째 연은 표정과 감정 간의 일치를 가정한다. 그것은 억지로 짜낸 부자연스러움이 아닌 내면의 감정에 의해 채색될 수 있기 때문에 화장하지 않은 얼굴이 더 진짜임을 시사하면서 (겉과 속이 다르지 않은)

---

4 Eliza Richards, "'Death's Surprise, Stamped Visible': Emily Dickinson, Oliver Wendell Holmes, and Civil War Photography," *Amerikastudien/American Studies*, 54(1), 2009, pp. 13~33 참조.

"정직함에 대한 예찬"이며 특히 꾸밈을 거부한다. 그러나 이 연은 사진술에 대한 비평으로도 해석될 수 있다. 선구적인 사진작가 헨리 폭스 탤벗(Henry Fox Talbot)이 "자연의 연필"이라고 부른 사진술은 사진이 정확하게 모습을 드러내게 하는 손이 없는 붓이다.

위에 인용된 두 번째 연은 우리를 형이상학적 심연으로 데려간다. 얼굴은 핏줄로 된 캔버스이지만 사진 건판[5]도 마찬가지이다. 우리가 세상을 향해 있는 망막의 혈관 네트워크를 잔상으로 간주한다면, 시각 자체도 그러하다. 별빛이 호수 표면에 (사진처럼) 모습을 드러내지만 모습을 드러낸 것은 반사된 빛이며, 그것의 비밀은 애덤 프랭크(Adam Frank)가 지적했듯이 말장난으로 해석될 수도 있다. 세상에 모습을 드러낸 것은 존재하지 않는다. 여기서 사진술은 영원히 접근할 수 없는 상태로 머물러 있다고 알고 있는 것을, 즉 내면의 품성을 알기 위한 관습을 거스르는 노력으로 간주된다. 시는 숨김으로써 드러내지만, 사진술은 드러냄으로써 숨긴다.[6] 거기에는 눈이 알려고 하지 않았던 일들도 있다.

---

5   사진 필름에 앞서 사용된 감광 매질로 빛에 민감한 은(銀)염 유화액을 유리판에 발라서 만들었다. _옮긴이

6   Adam Frank, "Emily Dickinson and Photography," *Emily Dickinson Journal*, 10(2), 2001, pp. 1~21.

차별화하는 데 도움을 주었다. 홈스는 발터 벤야민(Walter Benjamin)[63]과 롤랑 바르트 같은 후세의 사진 연구자들을 예상하는 주장을 하면서 주 피사체보다 종종 더 큰 관심을 끄는 '부수적 진실'을 포착하는 카메라의 힘을 칭송했다. "그러한 부수적인 진실이 좀 더 분명하게 우연히 소개될수록 그리고 그러한 부수적인 진실이 본래 더 사소한 것일수록, 그것은 더 많은 상상력을 사로잡는다."[64]

사진을 찍을 수 있는 것에는 실재적인 한계가 있었다. 지식인들이 칭송한 무한한 세밀함은 움직임에 대한 것이 아니라 구조에 대한 것이었다. 긴 노출 시간으로 인해 사진은 정지 상태를 오래 유지하는 것은 솜씨 있게 묘사하지만 움직이는 것을 포착하는 데는 서툰 엄숙하고 장중한 매체였다. 이것은 최초의 은판 사진 가운데 하나에서 분명히 드러났다. 1838년 또는 1839년 어느 날 아침 다게르는 은판 사진기를 붐비는 파리의 한 교차로를 향해 10분 내지 15분 동안 설치해 두었다. 그의 카메라는 여러 층으로 된 건물의 위쪽 창문에 배치된 것으로 보이는데, 그로 인해 이 초창기 이미지는 항공 사진 같다. 긴 노출로 인해 이 이미지는 정지 상태를 오래 유지하는 것은 지켜냈지만 세상을 소크라테스(Socrates) 이전의 철학처럼 깨끗하게 지워버렸다. 그날 탕플 대로(Boulevard du Temple)를 오갔던 마차, 행상인, 보행자들은 그 카메라의 시선 속에 살아남지 못했다. 붐비는 거리는 텅 빈 강바닥처럼 보인다. 와글거리는 도시는 유령 도시가 되어버렸다. 움직이지 않는 건물, 나무, 랜드마크, 기타 시간에 둔감한 물체는 은판 위에 나타나 있지만 말

---

63 발터 벤야민(1892~1940)은 20세기 초반 세계 경제 공황과 나치스 부상이 어두운 그림자를 드리우던 독일 바이마르 공화국 말기에 활동한 문화 철학자이자 미학자이다. 그는 루카치(György Lukács), 아도르노(Theodor Adorno)와 함께 당시 독일 문화 비평계를 대변한다. _옮긴이

64 Oliver Wendell Holmes, "The Stereoscope and the Stereograph," *Atlantic Monthly*, 3, 1859 (June), pp. 738~748, at p. 739, 744, 745.

그림 2-4 루이 다게르, 〈파리 대로〉(1838/1839)

과 사람은 흔적도 없이 사라졌다. 지우기 힘든 감광 유제 속으로 스며들 정도로 오랫동안 꼼짝 않고 선 채 구두를 닦고 있는 한 남자가 살아남은 유일한 사람이다. 이 카메라는 파리에 휴거(携擧)를 일으켰다.

다게레오타이프(은판 사진술)와 뒤이어 나온 습판 사진술은 변화무쌍한 이미지 문화가 기술적으로 불가능하게 만들었다. 빈 하늘이 초기 풍경 사진을 망쳐놓곤 했는데, 구름의 느린 움직임과 하늘의 상대적인 밝기로 인해 밝게 빛나는 흐릿한 형체만 남기곤 했기 때문이다. (다게르의 이미지는 구름은 보이지 않고 섬뜩한 핵 섬광 같은 것이 보이는 빈 하늘이 특징이다.) 하늘과 도시 거리 둘 모두에게 사진술은 이 세상의 모형 제작자일 뿐만 아니라 동시에 이 세상의 선택적 지우개이기도 했다. 그리고 에머슨이 지적했듯이, 초상 사진을 찍으려면 꼼짝 않고 앉아 있는 훈련이 필요했다. 10초에서 30초까지 (그리고 다게르가 은판 사진술을 소개했을 때는 길게는 2분에서 15분까지) 지속되는 노출 시간으로 인해 모델은 죽은 듯이 가만히 앉아 있어야 했다. 중세풍의 철제 목 버팀대와 머리 고정대는 몸을 제자리에 '고정'시켜 필수 요건인 부동성을 보장해 준 한편, 빛은 광택이 나는 은판 위에 실물과 꼭 닮은 초상을 고정시 켰다. (브래디의 링컨 초상 사진에는 목 버팀대가 보일락 말락 한다.[65])

'긴장하는' 모델(혹은 '환자'. 일부 업계지는 이렇게 불렀음)이 특히 어려웠다. 아이들은 자고 있을 때, 즉 죽은 듯이 움직이지 않을 때, 사진을 찍었다. 일 부 모델에게는 밀가루를 바르거나 스튜디오 주위의 주요 지점에서 그들에 게 햇빛을 비추어주는 복수의 거울에서 나오는 열기를 견뎌야 했다. 코닥 (Kodak) 카메라의 등장과 판매로 19세기 말에 그 모습을 드러낼 격식에 덜 얽매이는 가벼운 '스냅샷' 문화와 달리 초기 사진은 움직임이 없는 엄숙함이 특징이었다. 더 현대적인 우리의 눈에는 웃지 않는 무서울 정도로 딱딱한 그 시대의 이미지가 겁에 질린 것 같고 낯설며 이상하게 보일 수 있다.

순간적인 이미지에 대한 꿈은 기술적 가능성 훨씬 이전부터 존재했다. 홈 스는 동작 사진술을 예견했다. "돌아가는 바퀴가 정지해 있는 순간을 보여 주는 번개의 그것처럼 갑작스럽고 순간적인 빛의 섬광이 지금도 집결하고 있는 막강한 군대들이 충돌하는 바로 그 순간을 보존해 줄 때가 어쩌면 머 지않았는지도 모른다."[66] 홈스의 스트로보스코프(stroboscope)[67]를 이용한 전투 장면 사진에 대한 꿈은 적어도 1898년 스페인·미국 전쟁과 제1차 세계 대전까지 기다려야 했다. 19세기 중반의 사진술은 정적인 것들에 대해서는 충실했을지 모르지만 동적인 것들은 흐릿한 형체로 처리했다.

---

65 *Mathew Brady and His World: Produced by Time-Life Books from the Meserve Collection* (Boston: Little, Brown, 1977), p. 44 참조.

66 Holmes, "Stereoscope," p. 748.

67 회전이나 진동 등의 움직이는 반복 현상을 정지한 상태처럼 보이게 해 관측 가능하게 하는 장 치이다. _옮긴이

예를 들어, 매슈 브래디의 남북 전쟁 사진은 어떤 움직임도 보여주지 않았다. 그 사진은 황량한 풍경 속에 사람의 유해와 같은 전쟁의 결과를 보여줬다. 처음으로 전쟁은 무용담, 회화, 혹은 조각이 아니라 있는 그대로의 결과를 묘사한 사진을 통해 회고되었다. 전쟁, 폭력, 죽음은 시각 예술의 오래된 주제였지만, 브래디의 사진은 새로운 것, 즉 영웅적이지 않은 죽음, 새로운 규모의 산업 전쟁(industrial warfare)[68]에서 사망한 보병들을 묘사했다. 그는 죽음을 보여주었지만 죽어가는 사람은 보여주지 않았는데, 그 이유는 단순히 당시의 사진 기술이 이동식이 아니었거나 전투 장면을 기록할 수 있을 만큼 셔터 속도가 충분히 빠르지 않았기 때문이다. 1863년, 홈스는 "전쟁이 어떤 것인지 알고 싶어 하는 사람에게 이 일련의 실제 사진들을 보여주자"고 읊조렸다. 그 후, 카메라가 비록 불완전하긴 하지만 전쟁의 본질을 전달할 수 있다는 생각이 자리를 잡았다.[69]

이미지가 흐름, 즉 끊임없는 변화와 연관되었던 20세기 후반과는 대조적으로 19세기에는 이미지가 시간을 멈추는 수단이었다. 과학적인 스톱 모션[70] 이미지는 적어도 인간의 움직임의 해부학적 구조를 모형화하기 위해 노력했던 1830년대로 거슬러 올라가지만, 움직임을 정지시키는 카메라의 능력은 1870년대에 더 발전했다.[71] 영국의 괴짜 사진작가 에드워드 마이브리지

---

68 산업 전쟁은 대략 19세기 초부터 산업 혁명의 시작부터 원자력 시대의 시작에 이르는 전쟁의 역사에서 산업화 과정을 통해 대규모 육군, 해군, 공군을 만들고 장비할 수 있는 국민 국가가 부상한 시기이다. _옮긴이

69 Kenneth Cmiel, "Seeing War at a Distance: Photography from Antietam to Abu Ghraib," University of Iowa Presidential Lecture, February 2005.

70 촬영 시 특정 프레임에서 촬영을 멈추고 피사체에 변형을 준 후 다음 프레임을 촬영하는 방식으로 카메라를 정지(stop)시킴으로써 움직임(motion)을 만들어낸다고 해 스톱 모션이라 부른다. _옮긴이

71 Friedrich Kittler, "Like a Drunken Town Musician," trans. Jocelyn Holland, *MLN*, 118, 2003 (April), pp. 637~652.

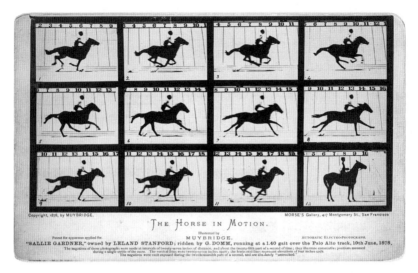

그림 2-5 에드워드 마이브리지, 〈달리는 말〉(1878)

(Eadweard Muybridge)는 캘리포니아의 릴런드 스탠퍼드(Leland Stanford)[72] 밑에서 일했던 1870년대 후반에 새롭게 빠른 노출 시간을 확보한 것으로 잘 알려져 있다. 마이브리지는 말의 움직임과 같이 너무 빨라서 인간의 망막이 식별할 수 없는 움직임을 찍기 위해 트립 와이어(trip wire)[73]를 연속적으로 설치했다. 그의 카메라의 눈은 화가나 과학자가 전에 보지 못했던 것, 즉 경주마가 속보로 걷거나 질주할 때 어느 순간 말의 네 발굽이 모두 공중에 떠 있다는 것을 증명해 보였다. 그는 시간 간격을 더욱더 미세하게 쪼개어 그

---

72 릴런드 스탠퍼드(1824~1893)는 센트럴 퍼시픽 철도(Central Pacific Railroad)를 설립하고 캘리포니아 주지사를 지낸 실업가·정치가이다. 스탠퍼드 대학교(Stanford University)의 설립자이기도 하다. _옮긴이

73 1878년, 마이브리지는 기자들을 스탠퍼드의 농장에 초대해서 구보하는 말을 즉석에서 촬영했다. 약 70cm 간격으로 배열된 24대의 카메라가 말의 다리에 연결된 트립 와이어(초보적 형태의 릴리스)로 셔터가 자동으로 작동되게 장치되었다고 한다. 릴리스란 야간 풍경이나 접사나 타이머 촬영, 무선 리모컨 등이 필요할 상황에 사용하는 것이다. _옮긴이

순간들을 우리 눈으로 볼 수 있게 해주었다. 달리는 말의 실루엣은 가변적인 사건을 역으로 영화와 같은 많은 정지 이미지로 분해한다. 이렇게 재생된 이미지는 그가 말을 고정된 물체로 만들기 위해 보정한 것처럼 보이는 알부민 프린트(albumen print)[74]이다. 하지만 그는 음화를 보정하지 않았다고 주장했다. 그는 마지막 이미지에서 필름 이어 붙이기를 했음이 확실하다. 왜냐하면 이 마지막 이미지는 순서를 바꿔치기한 것이 분명하기 때문이다. 그렇지 않다면 어떻게 말이 전속력으로 달리다가 1/25초 안에 완전히 정지할 수 있었겠는가? 최근 들어 마이브리지가 매력적으로 보이는 이유 가운데는 디지털 사진술과 같은 그의 작업으로 인해 우리는 늘 사진 이미지의 증거력이 기술과 기교에 의해 향상되는지 아니면 망가지는지 의아해하기 때문인 것도 포함되어 있다.[75]

카메라가 움직임을 추적하게 하는 것은 기술적인 이유와 인간적인 이유 모두에서 어려웠다. 1870년대에 카메라를 사용해 태양을 가로지르는 금성의 이동을 추적하는 것은 카메라의 정확한 능력을 이용하기를 간절히 원했던 천문학자들에게 실망스러운 결과를 가져다주었다. 1880년대에 에른스트 마흐(Ernst Mach)[76] 같은 과학자들은 1/1만 초의 노출 속도를 실험하고 있

---

74 보통 알부민 인화지라고 하는데 달걀의 흰자위를 사용해 제조했기 때문에 이런 이름이 붙여졌다. 이것은 1850년 프랑스 릴르(Lille)에서 루이 데지레 블랑카르 에브라르(Louis Désiré Blanquart-Evrard)가 달걀의 흰자위가 점착 성분이 있다는 것을 발견해 개발한 것으로 달걀 흰자위에 브롬화 칼륨과 초산을 용해해 얻은 용제를 지지체에 도포하고 이 지지체를 건조시킨 후 질산은 용액을 덧칠해 감광성을 갖도록 해 사용했다. 이 알부민 인화지는 음화와 밀착한 후 보통 태양광 아래에서 노광되어 양화를 제작할 수 있었는데 감광도가 아주 느렸으며 그 자체의 불안정성(정착에 부적합, 산에 의한 부식, 상의 퇴색 등) 때문에 오래 사용되지는 않았다. _옮긴이

75 Rebecca Solnit, *Motion Studies: Time, Space, and Eadweard Muybridge* (London: Bloomsbury, 2003), pp. 77~83, 179~198. 마이브리지와 특히 이 이미지에 대해 자세한 도움을 준 치트라 라말링감(Chitra Ramalingam)에게 감사한다.

76 에른스트 마흐(1838~1916)는 오스트리아의 물리학자이다. _옮긴이

었으며 이전에는 누구도 본 적이 없는 광경을 볼 수 있었다. EG&G(Edgerton, Germeshausen, and Grier)[77]라는 회사는 제2차 세계대전 이후 몇 년에 걸쳐 핵 폭발 순간을 1/100만 초 사진을 찍었고 놀라운 결과를 얻었다(4장 참조). 계속해서 더 짧아지는 시간의 조각을 향한 추이는 계속되고 있는데, 21세기 초 무렵 과학자들은 $1/1000^7$초에 발생한 사건의 이미지를 만들었으며, 최근 과학자들은 빛의 움직임을 포착할 수 있는 카메라를 개발했다고 주장한다.[78]

사실들과는 달리 19세기 중반에 사진은 무질서, 혼돈, 또는 무작위성을 뜻하는 용어로 이해되지 않았다. 대신 관찰자들은 움직임의 부재와 세밀함의 급증에 강한 인상을 받았다. (일부 논평가들의 숨이 막힐 정도의 흥분에도 불구하고, 많은 세밀함을 지향하는 이미지 만들기 관행은 카메라보다 앞선다. 예를 들어, 18세기 해부학 도해서에서 "개체화하는[79] 세밀함에 대한 숭배"를 엿볼 수 있다.[80]) 사진은 일반적으로 시간을 정지시키는 것, 즉 과학, 즐거움, 혹은 가족의 자부심의 순간을 포착하는 것으로 이해되었다. 레이디 이스트레이크는 사진 찍는 기술이 "가정에서 흔히 쓰는 말이 되었을 뿐만 아니라 가정에 필요한 것이 되었으며, 예술과 과학에, 사랑과 사업과 정의에 똑같이 사용된다"고 말했다.[81] 기계로 제작되는 초상 사진을 위해 앉아 있는 준비부터 사진이 완성되면 망가지기 쉬운 그 유품을 적절하게 다루는 데 필요한 세심한 주의에 이르기까지 초기 사진은 다소 성스러운 유물 대접을 받았다. 한 관측자

---

77 공식적으로 Edgerton, Germeshausen and Grier, Inc.로 알려진 이 회사는 미국 방위 산업 도급 회사이자 관리 및 기술 서비스 제공 업체였다. _옮긴이

78 Jimena Canales, *Tenth of a Second: A History* (Chicago: University of Chicago Press, 2010), chap. 5.

79 개체화(individuation)란 심오한 철학적 의미를 지닌 용어이지만, 간단히 말하면 개체가 독립된 개체일 수 있게 함으로써 개체들 간의 차이를 드러내는 과정을 말한다. _옮긴이

80 Daston and Galison, *Objectivity*, p. 77.

81 Eastlake, "Photography," p. 442.

는 당시의 은판 사진사들은 "곧 모든 사람의 집을 은판 사진 갤러리로 만들 것 같은 기세로 얼굴을 찍어내고 있다"고 생각했다. 한때는 초상화를 그리는 것이 귀족의 특권이었지만 이제는 햇빛이 모든 사람의 실물과 꼭 닮은 화상(畵像)을 '그려내고' '고칠' 수 있게 되었으며, 은판 사진사가 예술 감각을 가졌을 때는 훨씬 더 아름답게 담아낼 수 있게 되었다.[82]

사람 손의 개입 없이 이미지를 만들 수 있는 카메라의 능력으로 인해 카메라는 일부 사람들에게 좀 더 믿을 만한 지식의 원천이 되었다. 사진이 자연 표본이나 장식용으로 쓰이는 작은 예술품처럼 수집될 수도 있었다. 홈스는 사진 이미지의 무한한 공급을 예견했다. 그는 사진이 물질이 제거된 형태라고 생각했다. 그는 물질은 무겁고 비싼 데 반해 형태는 가볍고 값이 싸기 때문에 사냥꾼이 자신이 죽인 사냥감을 높은 곳에 올려 두고 수집하듯이 사람들이 아름다운 이미지를 수집할 수 있을 것이라고 흥분하며 말했는데, 그의 말은 다소 광케이블의 무한한 대역폭을 극찬했던 20세기 후반의 디지털 예언자들의 말처럼 들린다. 그는 자연사 용어를 사용해, 이 엄청난 "피부" 수집품은 "지금 책들이 그런 것처럼 방대한 도서관에 분류되어 정리될 것"이며, 예술가이든 학자이든 기계공이든 모든 사람에게 그것은 무료일 것이라고 말했다.[83]

그와 같은 꿈에도 불구하고 사진은 오늘날이나 20세기 중반처럼 일상생활을 통해 퍼져 나가지 않았다. 브래디의 남북 전쟁 사진은 그의 뉴욕시 갤러리에서 볼 수 있었지만, 순회 도서관, 옥외 광고판, 포토저널리즘, 영화, 뉴스 릴, 텔레비전, 인터넷과 같은 이미지의 대량으로 유포하는 미디어는

---

82 T. S. Arthur, "American Characteristics: No. V. — The Daguerreotypist," *Godey's Lady's Book*, 38, 1849(May), pp. 352~355.

83 Holmes, "Stereoscope," pp. 747~748.

아직 등장하지 않았다. 한동안 사진은 비교적 귀했고 이동할 수 없었다. 19세기에 이미지는 정보가 그랬던 것만큼 많은 문화를 실어 나르지 않았다. 예를 들면, 역사가들이 사진을 역사적 증거 자료로 간주한 것은 20세기가 되어서였는데, 아마도 19세기에는 이미지가 아직 사건이 일어나고 있는 현장 속으로 들어갈 수 없었기 때문일 것이다.

이미지의 과잉과 그것이 세계에 미치는 영향에 대한 불안은 19세기 후반이 되어서 비로소 시작되었는데, 이는 정보에 대한 불안보다 늦게 나타난 것이었다. 아마추어들이 대규모로 사진을 찍기 시작하기 전까지 사진의 급격한 증가에 대해 걱정하는 사람은 거의 없었다.[84] 1888년에 최초의 상자형 카메라(box camera)[85]가 출시되었으며, 이스트먼(George Eastman)[86]은 1889년에 셀룰로이드 롤필름을 판매하기 시작했다. 빠르고 다루기 쉬운 휴대용 카메라는 대중적인 사진 촬영 붐을 일으켰으며, 더 빠른 셔터 속도로 인해 포즈를 취하지 않은 사진 촬영이 가능해졌다. 머지않아 타블로이드 신문들은 유명 인사들의 있는 그대로의 모습을 담은 사진을 게재하기 시작했다.[87] 지속적으로 전해져 오는 학계의 전설에 따르면, 1890년 새뮤얼 워런(Samuel Warren)과 루이스 브랜다이스(Louis Brandeis)가 쓴 법적 프라이버시 권리에 관한 첫 번째 에세이는 보스턴 명문가 출신인 워런이 대중 신문 사회면의

---

84 Reese V. Jenkins, "Technology and the Market: George Eastman and the Origins of Mass Amateur Photography," *Technology and Culture*, 16, 1975(January), pp. 1~19. 걱정했던 한 사람은 1849년에 "그림책과 신문(Illustrated Books and Newspapers)"라는 제목의 소네트를 쓴 윌리엄 워즈워스(William Wordsworth)였다.

85 상자 모양의 구식 카메라를 말한다. _옮긴이

86 조지 이스트먼(1854~1932)은 미국의 발명가이자 실업가로 코닥 사진기와 롤필름을 발명했다. _옮긴이

87 Robert E. Mensel, "'Kodakers Lying in Wait': Amateur Photography and the Right of Privacy in New York, 1885-1915," *American Quarterly*, 43, 1991(March), pp. 24~45.

주제넘은 참견에 화가 났기 때문에 쓴 것이라고 한다. 이미지의 급증은 이미지의 양적 증가뿐만 아니라 워런과 브랜다이스가 "사적인 가정생활의 신성한 구역"이라고 부른 것에 대한 침입을 의미했다.[88]

이미지의 정령은 병(甁)에서 나왔고, 다루기 힘든 사실처럼 그것을 가두어둘 필요가 있었을 것이다. 이어지는 장들에서 우리는 그런 일이 어떻게 일어났는지 그리고 20세기 후반에 그것이 어떻게 다시 병에서 갑자기 나왔는지 보게 될 것이다. 그러나 19세기의 이미지는 대부분 여전히 협력자들이었다. 사진술은 아직 역사를 만들어낼 힘을 지니지 못했다.

1870년대 정보의 조수 길들이기: 세 가지 장면

19세기 중반이 되자 계몽주의의 대중화는 진실의 공개된 얼굴에 대한 엄청난 불안을 불러일으켰다. 이 장의 나머지 부분에서 볼 수 있듯이, 모든 사람이 사실의 열린 수도꼭지에 만족하지는 않았다. 분명 1830년대라는 이른 시기에 그리고 특히 1870년대에 이르러 문화 엘리트들은 분명 통제되지 않은 정보의 흐름을 두려워했다. 책, 신문, 교육의 확산으로 잡동사니 지식을 가졌긴 하지만 그것들을 모두 종합하는 안목은 결여된 온갖 집단의 사람들이 생겨났다. "무지의 가장 강력한 엔진인 인쇄물의 확산 덕분에 잘난 체하는 지식 대중화 시대"에 대해 불평한 사람은 톨스토이 한 사람뿐만이 아니었다.[89]

또 어떤 사람들은 제어가 되지 않는 경험주의에 대해 경고했다. 1830년,

---

88   Samuel D. Warren and Louis D. Brandeis, "The Right to Privacy," *Harvard Law Review*, 4, 1890, pp. 193~220, at 195.

89   Leo Tolstoy, *War and Peace*, trans. Rosemary Edmonds (London: Penguin, 1978), p. 1429. 아이러니한 논평을 보려면 다음 참조. Mitchell Stephens, *The Rise of the Image, the Fall of the Word* (New York: Oxford University Press, 1998), p. 35.

'포토그래프'와 '스냅샷'이라는 용어를 처음 사용한 영국 발명가이자 과학자인 존 허셜(John Herschel)은 "자연 철학자에게 탐구의 대상이 되는 것은 현상이 아니라 원칙, 즉 고립된 독립적인 사실들이 아니라 법칙이라는 것을 우리는 결코 잊어서는 안 된다"고 썼다.[90] 앞에서 보았듯이, 휴얼과 밀의 어조는 비슷했다. '사실'의 급류가 강둑을 넘어 문명을 침수시키거나 체계적인 학습의 질서를 파괴한다면 어떻게 될까? 결국 한 유명 작가가 1850년대에 말했듯이, 각각의 과학은 "엄청나게 많은 사실"을 필요로 했다.[91] 그리고 그러한 사실의 급류는 더욱더 빨라지고 흐름은 더욱더 압도적인 것 같았다. 1867년에는 "여러 과학의 본체"를 형성하는 '엄청나게' 많은 '사실'은 아주 "놀라운 속도"로 늘어나고 있어서 다룰 수 없을 정도로 많아진 것으로 알려졌다. 이 과학의 옹호자는 사실을 아는 일이 이제 "끔찍한" 것처럼 보인다고 인정했다.[92]

이러한 지적은 그릴리 이후 세대의 집착으로 우리를 안내한다. 안정된 흐름이 아닌 급류와 홍수로서의 사실과 혼란을 물리치는 것이 아닌 혼란으로 몰고 가겠다고 위협하는 지식이라는 새로운 은유가 등장했다. 모든 사실들이 앞뒤로 왔다 갔다 하며 춤을 추면서 사실의 물 양동이가 사방으로 출렁거리며 통제 불능의 상태인 채, 우리의 인지적 삶은 일종의 마법사의 견습생에 의해 주도되고 있었다. 지식은 진보를 의미했었고, 진보는 질서, 즉 자연과 영혼 모두의 비밀을 점진적으로 풀어내는 것을 의미했다. 학식이 이제 와서 무질서의 괴물로 변할 수 있을까? 사실의 수(數)가 '소름을 끼치게 한다

---

90 John Herschel, *A Preliminary Discourse on the Study of Natural Philosophy* (1830). Carol Armstrong, *Scenes in a Library: Reading the Photograph in the Book, 1843-1875* (Cambridge, MA: MIT Press, 1998), p. 120에서 재인용.

91 Youmans, *The Culture Demanded by Modern Life*, p. 27.

92 Youmans, 같은 책.

는' 것이 정말 옳을까?

통제 불능의 사실과 더불어 만약 악한 사람들이 그러한 사실을 훔쳐서 그들 자신의 의도대로 꾸며낸다면 어떻게 될까? 기만은 19세기 중반 풍부함에 대한 숭배가 낳은 중대한 걱정거리였다. 사이비 약장수, 사기꾼, 매춘부, 협잡꾼, 가짜 약 조제사는 지식의 성장에 반대하는 것이 아니라 지식에 대한 특별한 접근 권한을 가진 것으로 자신을 소개했다. 그들은 끈질긴 구매 권유를 최근의 발견이라는 식으로 말함으로써 밀도 높은 사실의 문화에 경의를 표했다.[93] 바넘은 당연히 이러한 행동 양식을 가진 사람의 아주 좋은 예였다. 그의 전략은 보통 사람들이 믿어야 할지 의심해야 할지 알 수 없는 논증 불가능한 분야를 만들어내는 것이었다.

물론 우주의 질서는 저절로 발전한다고 믿는 이상주의자들도 일부 있었다. 1860년대에 하버드 대학교 총장을 지냈던 토머스 힐(Thomas Hill)은 과학의 진보는 우주가 거대한 역사 기록 보관소로 해석될 수 있음을 의미한다고 생각했다. 그는 밤하늘에서 "인간이나 자연이 만들어낸 모든 움직임의 기록이 미로처럼 얽혀 있는 살아 있는 춤을" 보았다. "우리가 그것을 해석할 수 있는 기술을 가지고 있다면, 우리는 산사태로 인한 무너짐, 분수가 뿜어내는 물의 움직임, 어린 양이 즐겁게 뛰어노는 모습, 물결처럼 일렁이는 풀의 흔들림을 포함해 모든 친절한 행위, 모든 죄책감을 느끼는 행위가 기록되어 있음을 발견할 것이다."[94] 가장 무작위적인 것처럼 보이는 사건들 속에 우주의 계획이 숨어 있었다. 1869년, 나중에 미국 대통령이 된 제임스 A. 가필드(James A. Garfield)는 "우주는 질서로 다스려진다는 데" 동의했다. 그는

---

93 Harris, *Humbug*; James W. Cook, *The Arts of Deception: Playing with Fraud in the Age of Barnum* (Cambridge, MA: Harvard University Press, 2001).

94 Thomas Hill, *Geometry and Faith: A Fragmentary Supplement to the Ninth Bridgewater Treatise*, revised and enlarged edition (New York: Putnam's, 1874), p. 50.

최근의 통계 발전이 "이 세계가 혼돈이 아니라 질서 정연한 우주임"을 확인 시켜 준다고 생각했다. 그의 우주의 질서에 대한 존재론은 도덕적 진보에 대한 인식론과 공존했다. "빛은 그 자체가 위대한 구제 수단이다. 어둠 속에서 자라는 수많은 잘못과 악습이 날이 밝기 전에 올빼미와 박쥐처럼 사라진다."[95] 지식의 빛은 인간성의 해방을 의미했다.

1870년대 초반 몇 년에 걸쳐 세 개의 프로젝트가 등장했는데, 각각의 프로젝트는 사실이 만연하는 것을 관리하려고 시도했다. 이 프로젝트들은 힐의 우주의 기록이나 가필드의 야행성 동물의 사라짐보다 훨씬 더 많은 노력을 필요로 했다. 이 프로젝트들은 때때로 머그웜프(mugwump)[96]라 불리는 고급 엘리트들에게서 시작되었는데, 그들은 문화 속으로 쏟아져 들어오는 정보의 급류를 우려했으며 그릴리의 포퓰리즘적 비전은 그들을 칭송했다. 모두 이 시기에 만들어진 이러한 문화 형식들은 20세기 후반까지 주요 산물로 남아 있었다. 이 프로젝트들 가운데 어느 것도 공중에게 전달되는 사실의 행렬을 해산시키고 싶어 하지는 않았다. 이러한 프로젝트들의 에너지는 밀도 높은 사실의 급류가 어느 정도 정리된 가운데 계속 흐르게 하는 데 투입되었다. 남북 전쟁 이전 시대에는 사실이 거의 제약 없이 찬사를 받았다면, 전쟁 후에는 몇 가지 제동 장치와 수용기가 새롭게 마련되었다.

1871년, 리틀 브라운(Little, Brown)[97]은 1000쪽이 넘는 두꺼운 책을 출판

---

95 James A. Garfield, "The American Census," *Journal of Social Science*, 2, 1870, p. 32, 34.

96 원래의 의미는 북미 지방의 원주민인 알곤킨(Algonquin) 부족의 말로 우두머리를 뜻한다. 그러나 1884년 미국 대선에서 공화당원들이 공화당 후보인 제임스 G. 블레인(James G. Blaine, 1830~1893)을 불신해 민주당원까지 끌어들여 다른 후보를 지명하기 위해 당내 반란을 일으키는데, 이 사건을 계기로 당의 노선을 따르지 않고, 별도로 투표하거나 정책을 추진하는 것을 머그웜프라는 정치적 은어로 표현하게 된다. 반대편에서는 이 단어를 기회주의자라는 뜻으로 사용하기도 했다. _옮긴이

97 리틀, 브라운 앤드 컴퍼니(Little, Brown and Company)는 찰스 코핀 리틀(Charles Coffin Little)

했다. 만약 당신이 출판사들에게 이것은 획기적인 사건이고, 이 책이 전 세계 수많은 모방자들의 원형이 될 것이며, 그 후예들이 20세기 끝까지 여전히 지배적인 위치를 장악할 것이라고 말했다면, 그들은 당신이 정신 나간 사람인 듯 쳐다보았을지도 모른다. 이 책은 '멋지거나' 잘 쓴 책은 전혀 아니었다. 이 책은 원저작물이라기보다는 편집본에 가깝다. 그리고 산문체 문장은 『계약법에 관한 판례 선집(*A Selection of Cases on the Law of Contracts*)』이라는 제목만큼이나 아주 지루했다. 이것은 최초로 출판된 판례집이었다. 저자는 찰스 C. 랑델(Charles C. Langdell) 하버드 법학 전문 대학원(Harvard Law School)의 신임 학장이었다.

1850년대 이전에는 이전의 법률에 대한 보고서가 제한적이었다. 영국의 젊은 찰스 디킨스 같은 법원 서기들이 출판될 수 있는 보고서를 상세하게 작성했다. 이 방식은 계속해서 늘어나는 판례의 양을 특별히 중요하게 생각하지 않았다. 대신 법과 사실이 매우 간략하게 요약되었다. 그러나 1850년대와 1860년대에 이르자 이 방식은 무너졌다. 첫째, 시장 혁명이 모든 사람을 자본주의의 소용돌이 속으로 끌어들이는 바람에 소송량이 극적으로 증가했다. 둘째, 미국의 연방제는 수십 개의 관할 구역에 서로 충돌할 수 있는 별도의 법률이 존재함을 의미했다. 마침내 1856년 웨스트 퍼블리싱 컴퍼니(West Publishing Company)는 전 국민을 위한 판례집을 발행하기 시작했다. 갑자기 엄청난 양의 판례를 열람할 수 있게 되었다. 1860년대 말이 되자, 일부 법학자들은 인쇄된 자료의 급증에 경악했다. 출판된 판례의 엄청난 양은 변호사와 판사를 돕기는커녕 혼란스럽게 만들었다. 걷잡을 수 없이 밀려드는 법률 인쇄물을 어떻게 따라잡을 수 있었을까? 누가 그 모든 것을 이해할 수 있었을까?

과 제임스 브라운(James Brown)이 설립한 출판사이다. _옮긴이

랑델은 할 수 있었다. 그는 법을 가르치는 방법을 찾아내기 위해 노력하는 과정에서 그가 마주한 가장 놀라운 것은 "법의 모든 부문에서 엄청나게 빠른 속도로 증가하고 있는 보고된 판례 수"라고 말했다. 그러나 특수자들도 증가하고 있었지만, 그럼에도 법이 '과학'으로 간주된다면 증가하는 판례를 정리해 주는 '원리와 원칙'도 존재했다. 『계약법에 관한 판례 선집』은 그저 따분한 수백 가지 판례들로 채워져 있을 뿐이었다. 베데커의 여행 안내서처럼 독자들이 방향을 잡는 데 도움을 줄 수도 있는 문장은 멀리했다는 점에서 이 선집은 20세기의 법 판례집과는 달랐다. 대신, 가장 기본적인 절제목(상호 동의, 약인,[98] 조건부 계약) 아래에 각각 30쪽에서 거의 200쪽에 달하는 판례들이 이어졌다. 그는 눈에는 눈이라는 식으로 과도한 인쇄물을 방지하기 위해 인쇄 매체를 사용했다.

랑델은 학생들이 특수자들에 있는 그대로 충실하게 몰입함으로써 기본 원리를 배운다고 생각했다. 그러나 판례집에는 베데커의 안내서에서는 볼 수 없는 왜곡이 있었다. 학생들이 스스로 원리를 알아내기를 바라는 것은 랑델 특유의 냉혹함이었다. 랑델이 뼈대를 제공하면서 특수자들이 정리되었다. 설명이 없었고 암시도 없었다. 단조롭게 끊임없이 이어지는 법적 견해뿐이었다. 이것은 새로운 타협으로, 밀도 높은 사실의 흐름은 여전히 중요했고 학생들은 여전히 그것을 끝까지 읽어내야 했지만, 판례집을 정리한 사람은 학생들이 직감적으로 찾아내야 하는 체계를 구축했다. 선별해 내는 것이 관건이었다.

그다음 해에 일단의 기업가들이 랑델의 판례집과 같은 성격의 잡지를 출

---

98 약인(約因, consideration)이란 청약자와 승낙자가 계약을 체결함에 있어 서로 주고받는 것, 달리 표현하면, 거래상의 손실이 원칙적으로 존재해야 한다는 것을 말한다. 약인은 영미법계에서의 독특한 계약의 구성 요소이다. _옮긴이

판하기 위해 돈을 모았다. ≪월간 대중 과학≫이 그것인데, 이 잡지는 지식을 대중화하기 위한 또 하나의 머그웜프들의 노력이었다. 이 잡지의 편집인은 유럽 여행에서 갓 돌아온 사회 진화론자 에드워드 리빙스턴 유먼스(Edward Livingston Youmans)였다. 그는 유럽 여행 동안 과학자들을 만났고 과학 출판 분야에서 국제 협력을 제안했다.[99] 때때로 과학계의 세례자 요한(Johannes)이라 불렸던 유먼스는 폭발하는 지식 생산에 반해 있었지만, 지식의 확산이 "매우 불완전하게 체계적으로 정리되어 있는" 것을 두려워했다. 그는 신문이 미국 공중에게 과학을 알리는 데 많은 도움을 주긴 했지만 주먹구구식이었다고 생각했다. 그리고 거의 모든 학교가 지금 '작은 과학'[100]을 다루고 있었지만, 그와 같은 가르침은 전반적으로 피상적이었다.[101]

랭델은 판례의 폭발이 혼란을 야기할 수도 있다고 우려한 반면, 유먼스는 어중간한 지식의 확산이 속임수와 악을 위한 공간을 열어주지 않을까 걱정했다. 유먼스는 일리노이주 피오리아(Peoria)에 나타난 한 사기꾼에 관한 기사에서 이 '낯선 양키'가 나타나서 마치 마법처럼 보이는 물과 기름의 혼합물을 자신이 발견했다고 주장했다고 보도했다. 이 사기꾼은 약 34리터의 혼합물로 "30일 동안 증기 기관을 작동시키거나, 열두 개의 용광로를 가열하거나, 도시 전체를 가스등으로 밝힐 수 있을" 것이라고 주장했다. 말할 필요도 없이 이 사기꾼은 현재 비용의 극히 일부만으로 그렇게 할 수 있다고 주장했다. 그 도시의 지도자들은 그 말을 믿었다. 어찌 되었든 심지어 사람을

---

99   Adrian Johns, *Piracy: The Intellectual Property Wars from Gutenberg to Gates* (Chicago: University of Chicago Press, 2009), pp. 291~294.

100 'little science' 또는 'small science'라고도 하는 '작은 과학'이란 개별 연구원 또는 소규모 팀이 수행하고 학술 또는 과학 기관에서 자금을 지원하는 전통적인 과학 연구를 말한다. _옮긴이

101 E. L. Youmans, "Purpose and Plan of Our Enterprise," *Popular Science Monthly*, 1, 1872(May), pp. 113~115; "Loose and Accurate Knowledge," *Popular Science Monthly*, 1, 1872(June), pp. 238~239. 이 두 기사는 이 단락에 이어 다음 두 단락의 출처이기도 하다.

사진 찍을 수 있는 기계가 있던 19세기에 왜 그것이 사실이어서는 안 될까? 주식회사 하나가 정식으로 설립되었지만, 그 회사는 단지 그러한 속임수가 들통나서 가짜 '발명가'가 사라질 때까지만, 유먼스의 풍자적인 표현대로 "일부 다른 지역에 빛과 온기[102]를 불어넣을" 때까지만, 지속되었다.

어중간한 지식에는 결과가 뒤따랐다. 1872년 5월, ≪월간 대중 과학≫은 "일반 교육(general education)[103]을 받은 계층에게" 최신 연구를 소개함으로써 이러한 문제를 해결하기 위해 발행을 시작했다. 그것은 결국 과학의 기본 구성 요소에 불과한 "더 단순한 사실들을 많이" 제공하기로 약속했을 뿐만 아니라, 공중이 더 큰 사기를 당하는 것에서 구해낼 수도 있는 재능인 "과학적 판단력"을 함양하는 데도 도움을 주었다. 이 두 가지 기능(풍부한 축적과 정보의 불순물을 걸러내는 방법 지도)은 머그웜프들이 정보의 조수(潮水) 관리 프로젝트를 조금 조정하려 했음을 잘 보여준다. 유먼스는 발견을 통해 진보를 이뤄내는 것을 목표로 했다. 그는 두 단어로 자신의 신념을 표현했다. "지식은 성장한다."[104]

이듬해에 발생한 또 하나의 문화적으로 획기적인 사건은 새로운 기조를 강조했다. 1873년 가을, 뉴욕 서부에 있는 극도로 복음주의적인 "부흥 운동 중심 지구(burned-over district)"[105] 출신의 한 젊은이가 매사추세츠(Massachusetts)주 앰허스트(Amherst)에 있는 대학 도서관에서 일하고 있었다. 아직 학

---

102 여기서 '빛과 온기를 불어넣는다(enlighten and warm)'는 것은 계몽, 깨우침을 상징한다. 즉, 지역민들이 깨우친 후에는 그런 사기꾼들이 발을 붙이지 못했다는 의미이다. _옮긴이

103 특정 엘리트 계층을 위한 교육이 아니라 모든 사람을 대상으로 하는 보편 교육으로서 교육의 실제적 측면을 의미한다. _옮긴이

104 Youmans, *Culture Demanded by Modern Life*, p. 47.

105 19세기 초 뉴욕주 서부 및 중부 지역을 말하는데, 이런 이름이 붙은 것은 이 지역에서는 종교 부흥과 2차 대각성 운동의 새로운 종교 운동이 일어났고, 영적인 열정이 그 지역에 불을 지르는 것처럼 보였기 때문에 "burned-over district"라고 불렀다. _옮긴이

부생인 멜빌 듀이(Melvil Dewey)는 바로 이곳에서 도서관 서가에 책을 정리하는 유명한 분류 체계를 고안해 냈다. 듀이는 공중에게 흘러 들어가는 자료를 줄이는 것이 아니라 어느 정도 유용하고 실용적인 방법으로 정리하는 것을 목표로 삼았다.[106] 그것은 노동을 줄이고자 하는 그의 좀 더 일반적인 사명의 일부였다. 태어날 때 이름이 'Melville'인 그는 철자법 개혁[107]에 대한 관심의 일환으로 이름을 'Melvil'로 바꾸었다. 그는 잠시 'Dui'라는 이름도 시도해 보았지만 컬럼비아 대학교(Columbia University) 도서관 직원이 그 철자를 모른 체하자 포기했다. 예상대로 그는 또한 미국 학생들이 영어 철자법과 도량형을 배우는 데 오랜 시간을 허비한다고 생각하면서 미터법을 확고하게 지지했다. 듀이의 전기(傳記)에 그가 혼돈이나 속임수에 대해 과도하게 걱정했음을 암시하는 대목은 어디에도 없다. 그는 그저 문제를 해결하고 개선하고자 했다.

대부분의 도서관이 이전에는 저자, 제목, 또는 주제가 아닌 대략적인 수서(收書) 순서대로 책을 저장했다. 이것은 먼저 들어온 순서를 기반으로 하는 이러한 시스템에서는 도서관의 역사를 잘 아는 사서나 문헌을 잘 알고 있는 독자만이 책을 찾을 수 있을 것임을 의미했다. 듀이의 분류 체계는 서가를 개방하고 독자가 저자나 제목에 대한 사전 지식 없이도 주제별로 검색할 수 있도록 함으로써 모든 사람이 투명하게 검색할 수 있게 했다. 우편 주

---

106 [Melvil Dewey], *A Classification and Subject Index for Cataloguing and Arranging the Books and Pamphlets of a Library* (Amherst, MA, 1876); Melvil Dewey, "Arrangement on the Shelves," *Library Journal*, 4, 1879(March/May), pp. 117~120, 191~194.

107 미국에서는 19세기와 20세기에 걸쳐 영어 철자 개혁 운동(English-language spelling reform)이 일어났다. 영어 철자 개혁 운동의 중심인물로 우리에게는 웹스터(Webster) 영한사전으로 잘 알려져 있는 노아 웹스터(Noah Webster Jr., 1758~1843)는 영국과 차별화되는 독자적인 미국만의 영어 사전을 만들고자 영국 스타일, 특히 프랑스식 영어 스타일에서 벗어나는 좀 더 직관적으로 와닿는 스펠링을 가진 영어 단어들을 사전에 담기를 원했다. _옮긴이

문 카탈로그와 같은 19세기 후반의 비즈니스 혁신처럼 그의 분류 체계는 책의 순환을 증가시키기 위해 고안되었다.[108] 그의 도서관 분류 체계는 지식을 주류(class: 100단위), 강목(division: 10단위), 그리고 요목(section: 1단위)으로 구분했다. 이 체계의 진수(眞髓)는 청구 기호(call number)가 책의 내용과 서가 위치 모두를 알려준다는 것이었다. 듀이의 십진 분류 체계로 도서관 건축 구조가 완전히 바뀌었다. 그의 분류 체계에는 아홉 개의 주류(그는 이것을 특수 도서관이라 불렀음)에다 '총류'(generalities: 000)를 위해 남겨놓은 하나의 주류를 더해 모두 열 개의 주류가 있었다.

듀이는 시간의 구속을 받는 지식 수용기의 특성을 보여주면서, 오늘날 우리가 하곤 하는 것처럼 세상을 분류하지 않았다. '신학'에 관한 200번대는 290번대만을 '비기독교 종교'용으로 남겨두었다. '문헌학'에 관한 400번대에는 유럽 언어만을 위한 번호대가 포함되었고, 문학에 관한 800번대는 마찬가지로 890번대만을 '기타 언어'용으로 남겨두었다. 오늘날은 신학도 문헌학도 상위 아홉 개 영역의 지식에 속하지 않을 것이고, 마찬가지로 그 누가 모든 것을 감히 단 하나의 분류 체계로 정리하려 들더라도 지식이 그렇게까지 민족 중심주의적으로 표현되지는 않을 것이다. 우리 시대의 가장 야심찬 서지 관리자인 구글은 인터넷 라이브러리의 내용물들을 체계적으로 정리할 그 어떤 사소한 핑계도 없다. 구글은 듀이와 달리 색인만 있고 선반이 없으며, 검색만 있고 문서 정리가 없다. 구글 검색은 어떤 데이터 센터가 주어진 문서를 보유하고 있는지 또는 비트들이 어떤 경로를 거쳐 합류되어 컴퓨터 화면에 나타나게 되었는지에 대해 아무것도 말하지 않는다. 왜냐하면 구글의 목적은 일반인에게 인터넷의 기본 구조를 이해시키는 것이 아니라

---

108 Janice Radway, *A Feeling for Books: The Book-of-the-Month Club, Literary Taste, and Middle-Class Desire* (Chapel Hill: University of North Carolina Press, 1999), pp. 135~137.

사용자들이 자신도 모르게 제공하는 데이터를 채굴하면서 사용자들에게 정보를 전달하는 것이기 때문이다.

모든 지식을 단 하나의 분류 체계로 정리하려는 듀이의 노력은 생물들이 분류 체계에 따라 나뉘는 것과 동일한 방식으로 사실들도 정리될 수 있다는 신념의 일환이었다. 그러한 신념은 더 이상 널리 퍼져 나가진 않았지만, 듀이의 십진 분류 체계는 매우 다른 시대에까지 계속 살아남았다. 다음 세기에는 연구 도서관들이 수십 년 후 개발된 미국 의회 도서관(Library of Congress) 분류법 쪽으로 옮겨 가긴 했지만, 공공 도서관에서는 듀이의 분류 체계가 여전히 표준이었다. 1960년대에 나는 일리노이주 오크 론(Oak Lawn)과 시카고에서 듀이 분류 체계를 배웠다. 오늘날은 내 아이들이 아이오와주 아이오와시티의 공공 도서관에서 배웠다.

듀이는 "이론적 조화와 엄밀함이 되풀이해서 도서관의 실용적 요구 사항의 제물이 되었다"고 말하면서 자신의 분류 체계가 철학적으로 엄격하지 않다는 것을 알고 있었다.[109] 그는 위기에 대응하고 있었다. 의회 도서관을 비롯해 도처에서 책들이 쌓여가고 있었기 때문에 정리가 필요했다. 린네와 프랑스 백과전서파(the French encyclopedists)처럼 그는 실용적인 체계가 가끔은 엄격함을 제물로 삼아야 할 수도 있다는 것을 알고 있었다.

듀이의 분류 체계는 긴급한 요구를 충족시켰다. 월트 휘트먼과 같은 일부 사람들은 인쇄물의 풍부함에 깃들어 있는 민주화 정신 때문에 인쇄물의 풍부함을 찬양했다. "모든 사람이 읽고, 진정으로 거의 모든 사람이 글을 쓴다."[110] 신문지 더미들은 일상생활의 생태계 속으로 빠르게 재흡수될 수 있었지만, 장기적인 기록 보관에 관심이 있는 기관들에게 그것은 다른 이야기

109 Dewey, *Classification and Subject Index*, p. 4.
110 Whitman, *Democratic Vistas* (1871).

였다. 1876년, 하버드 도서관(당시 미국에서 가장 큰 대학교 도서관이었음)은 22만 7000권의 장서를 소장하고 있었다. (오늘날의 약 1700만 권과 비교해 보라.[111]) 소장 자료를 정리하는 것은 좀 더 적정한 규모의 기관에서도 문제가 되었지만 의회 도서관에서는 특히 심각했다. 1870년 저작권법(the Copyright Act of 1870)은 미국에서 출판된 모든 책을 두 권씩 의회 도서관에 기탁하도록 요구했다. (출판사들은 오늘날도 여전히 두 권을 우편 번호가 서로 다른 두 개의 다른 주소지에 있는 도서관에 제출한다. 최근에 한 출판사가 비망록에서 경고했듯이, 책을 보내는 주소를 잘못 쓰면 그 책들은 "이 세상 끝나는 날까지 영원히 분실될 수 있다".[112])

1870년 저작권법은 근대 의회 도서관의 성장뿐만 아니라 전례 없는 자료 축적으로 이어졌다. 1879년 미국 상원에서 행한 연설에서 개조된 의회 도서관을 옹호한 민주당 소속의 인디애나주 상원 의원 대니얼 부어히스(Daniel Voorhees)는 상황을 암울하게 내다봤다. 공간 부족으로 도서관이 소장하고 있던 총 37만 5000권의 장서 가운데 9만 5000권이 바닥, 모퉁이, 구석진 곳, 그리고 알려지지 않은 어딘가에 흩어져 있었다. 그것은 우주만큼이나 혼란스러운 도서관에 대한 디드로의 두려움이 마치 현실이 된 것 같았다. 집 없는 책들은 계속해서 이리저리 휘둘리면서 쉬 망가졌다. 설상가상으로 12만 권의 소책자와 6000권의 신문 합본을 소장할 공간이 없었으며, 그 가운데 일부는 18세기의 것들로 "대부분 붐비는 상점의 직물처럼 한 묶음씩 포개져 있었다". "엄청난 지식의 보고"인 지도와 도표는 아무에게도 쓸모가 없는 정보인 듯 정말 가죽처럼 쌓여 있었다. 부어히스는 "도서관의 주된 가치는 원하

---

111 Robert B. Downs, "The Growth of Research Collections," *Library Trends*, 25, 1976(July), p. 55.

112 다음에서 인용했는데, 모건 L. 존스(Morgan L. Jones)에게 감사한다. Bloomsbury Academic intern handbook.

는 것을 찾을 수 있는 준비가 되어 있는 정도에 있기 때문에 이러한 난맥상
은 국가적인 "치욕이자 수치"라고 말했다.[113] [부어히스는 토머스 제퍼슨관
(Thomas Jefferson Building)으로 알려진 최초의 도서관 전용 건물을 확보하는 데 중
요한 역할을 했는데, 이 도서관은 1897년에 완공되었다.]

　듀이의 십진 분류 체계는 지식을 분류하기 위해 고안되었다. 이 분류 체
계는 군데군데 구멍이 많았지만 의도한 것은 아니었다. 굴곡진 역사 관련
서적은 기번(Edward Gibbon)[114] 옆에 정리될 수 있었다. 싸구려 소설은 19세
기 사서들에게 문제였다. 듀이는 비록 혼돈이나 속임수에 대해서는 걱정하
지 않았지만 소장 자료의 질에 대해서는 걱정했다. 그는 '조잡한' 책과 '저속
한' 책이 도서관 목록에 포함되는 것에 맞서 싸웠다. 그는 기준을 높여 가장
탄탄한 지식만이 서가에 꽂혀 있게 하고 싶었다. 그는 그의 사명과 분류 체
계의 '적절한' 사용이 형식적인 것과 변덕스런 것 사이의 경계를 다시 그리
는 것이라고 보았다. 그는 일종의 난잡한 지식과 싸우고 있었다. 그는 양에
대처하는 기술 관료였을 뿐만 아니라 질을 결정하는 문화 결정자이기도 했
다. 그는 밀도 높은 지식의 흐름을 규율했지만 또한 지식이 계속해서 팽창
할 것이라고 확신했다.

　1870년대는 일부 엉성한 사실들로 점점 더 엉망이 되어가는 세상을 정
화하려는 노력이 돋보였던 연대였다. 1872년, 몽고메리 워드(Montgomery
Ward)[115]는 첫 번째 우편 주문 카탈로그를 발송했는데, 단 한 쪽짜리였지만

113　"Accommodations for the Library," speech Delivered by the Hon. D. W. Voorhees of Indiana
　　in the Senate of the United States, March 31, 1879, *Congressional Record*, 10, 1879, pp.
　　3001~3004, at 3001.
114　에드워드 기번(1737~1794)은 영국의 역사가로 『로마 제국 쇠망사(*The History of the Decline
　　and Fall of the Roman Empire*)』의 저자로 잘 알려져 있다. _옮긴이
115　1872년에 설립된 미국의 통신 판매 업체이다. _옮긴이

그것은 장차 일어날 일의 그림자에 불과했다. 『의회 의사록(*Congressional Record*)』은 상원과 하원의 각 입법일의 의사록을 있는 그대로 옮긴 것으로 추정되는 사본으로 1873년에 처음 발간되었다. 이 의사록은 홍미롭다고 생각하는 모든 것을 알기 쉽게 설명하기 위해 다른 말로 바꾸어 표현하는 독립 기자들이 직원으로 일하는 몇몇 경쟁 출판물을 대체했다. 종교 부흥, 서커스, 문화 운동, 그리고 박람회의 요소들을 결합한 야외 성인 교육 운동인 셔터쿼(Chautauqua)는 1874년 뉴욕주 북부에서 처음 시작되었으며, 1920년대 내내 미국에서 대중화의 매개체 역할을 했다. 1875년에는 국제 우편 연합(The International Postal Union)이 설립되었다. 1876년, 헨리 마틴 로버트(Henry Martyn Robert) 육군 준장은 전적으로 의회 토론 규제를 목적으로 만들어진 『의회 통용 규칙(*Pocket Manual of Rules of Order for Deliberative Assemblies*)』[116]을 처음 출간했으며, 오늘날도 여전히 이 매뉴얼에 따라 많은 회의 절차가 진행된다. 1876년, 미국 최초의 연구 대학인 존스 홉킨스 대학교(Johns Hopkins University)가 베를린 대학(Universität zu Berlin)을 모델로 볼티모어(Baltimore)에 설립되었다. 1879년, 옥스퍼드 대학교 출판사(Oxford University Press)는 역사상 가장 방대한 양의 단어들을 모아놓은 『역사적 원리에 의한 신영어 사전(*A New English Dictionary on Historical Principles*)』을 출판하는 데 동의했다. 『옥스퍼드 영어 사전』으로 알려지게 된 사전의 창립 편집자인 제임스 머레이(James Murray)는 일찍이 대규모 분산 연구 네트워크를 요구하면서 "1000명의 독자가 필요하다"고 썼다.

이 시기의 하부 구조 혁신에는 정보뿐만 아니라 공간, 시간, 물질에 대한

---

116 독립 협회 부회장 윤치호는 의회 설립을 위한 준비의 하나로서 1898년 3월 로버트의 이 포켓용 매뉴얼을 『議會通用規則』이라는 제목으로 번역하기 시작했다. 이 매뉴얼은 영국의 상원과 하원의 의사 결정과 미국의 상원과 하원의 의사 진행 및 결의의 수천 건의 자료를 검토해 회의 진행법을 간결하게 정리한 책이다. _옮긴이

관리도 포함되었다. 1869년, 러시아의 화학자 드미트리 멘델레예프(Dmitrii Mendeleev)는 비교적 잘 알려지지 않은 몇몇 과학자들과 동시에 주기율표를 착안해 냈다. (색인 카드는 듀이와 멘델레예프가 공통적으로 가지고 있던 하나의 분류 장치였다.) 1870년대에 캐나다의 엔지니어 샌퍼드 플레밍(Sandford Fleming)은 표준 시간대로 전 세계를 체계적으로 정리하는 캠페인을 시작했는데, 이 시스템은 1884년 한 국제회의에서 확립되었다. 1873년에는 전 세계 기상 관측 네트워크에 대해 논의하기 위해 첫 번째 국제 기상학 회의(International Meteorology Congress)가 빈에서 개최되었다. 19세기 말 미국과 다른 곳에서 변경 지역을 자국의 영토로 만드는 데 필수적인 수용기 기술이었던 철조망은 1874년에 최종 형태로 특허를 받았다. 먼 훗날을 위해 통제하기 어려운 정보를 문자 그대로 분리 수용하는 수용기인 타임캡슐은 1876년에 발명되었다.[117] 따라서 로버트 위브(Robert Wiebe)[118]가 "질서 추구"로 특징지은 시대가 시작되었는데, 이 시대는 그가 지적했듯이 "대량(大量)으로만 이해될 수 있는 시대"였다.[119]

풍부한 문화에 대한 불안감

1870년대의 모든 사람이 포퓰리즘적 대량을 좋아한 것은 아니었다. 찰스 엘리엇 노턴(Charles Eliot Norton),[120] 제임스 러셀 로웰(James Russell Lowell),[121]

---

117 Nick Yablon, *Remembrance of Things Present: The Invention of the Time Capsule* (Chicago: University of Chicago Press, 2019).

118 로버트 위브(1930~2000)는 미국 비즈니스 역사를 전공한 역사가이자 베스트셀러 작가였다. _ 옮긴이

119 Robert Wiebe, *The Search for Order* (New York: Hill and Wang, 1967), p. 40; Kenneth Cmiel, "Destiny and Amnesia: The Vision of Modernity in Robert Wiebe's The Search for Order," *Reviews in American History*, 21, 1993(June), pp. 352~368.

120 찰스 엘리엇 노턴(1827~1908)은 미국의 저술가로 ≪노스 아메리칸 리뷰(*North American*

E. L. 고드킨(E. L. Godkin)[122]과 같은 불안감을 감추지 못하던 엘리트들은 모두 지식 확산에 대한 초창기의 관심에서 멀어졌다. 정보를 확산하는 것보다 취향을 다듬는 것이 훨씬 더 중요했다. 엘리트들 사이의 고급문화는 정보 확산과 관련된 흐름을 줄이는 한 가지 방법이었다. 고전 읽기는 엄청난 양의 정보를 관리할 것이다.[123]

예를 들어, 1875년부터 하버드 대학교 미술사 교수로 재직했던 노턴은 논문 「순수 미술의 정의(A Definition of the Fine Arts)」(1889)에서 미국 사회에서 시인과 예술가의 수가 점점 더 늘어나는 것은 "격려받기보다는 비난받아야 할 것"이라고 불평했다. 그는 최근에 출간된 한 영국 시집이 "엄청난 양의 밀가루 포대를 쏟아부어 반 페니짜리 빵 하나를 만드는" 격이라고 말했다. "지역 사회 내의 정보의 광범위한 확산과 지역 사회의 물질적 진보에 함축되어 있는 엄청난 정신 활동"은 일부 좋은 점도 있었지만, 그럼에도 "상상 속의 삶의 더 고귀한 요소들이 그 안에 풍부하지 않다"는 것은 그에게 분명했다. 그는 정보의 확산이 양은 늘리지만 질은 떨어뜨리는 것을 두려워했다. 그는 다른 많은 사람들처럼 자신을 순수 예술이 "한 민족의 정신적 자질을 진단하는 유일한 진정한 시금석"이라는 사실을 잘 잊어먹는 물질주의적인 미국에서 외로운 목소리를 내는 사람으로 보았다.[124]

Review)≫지의 편집을 맡았고 ≪네이션(Nation)≫의 창간에 관계했다. 하버드 대학교에서 미술사를 강의한 미국 최초의 미술사 교수이기도 했다. _옮긴이

121 제임스 러셀 로웰(1819~1891)은 미국의 시인·비평가·정치가이다. 뉴 잉글랜드의 명문 출신으로 노예 제도에 강력히 반대하고 링컨 대통령의 위대함을 최초로 인정한 사람 중의 하나다. _옮긴이

122 에드윈 로렌스 고드킨(Edwin Lawrence Godkin, 1831~1902)은 아일랜드 태생의 미국인으로 기자이자 ≪네이션≫의 편집장이었다. _옮긴이

123 고드킨에 대한 더 자세한 내용은 다음 참조. Kenneth Cmiel, "Whitman the Democrat," in David S. Reynolds(ed.), *A Historical Guide to Walt Whitman* (New York: Oxford University Press, 2000), pp. 205~233.

앤서니 콤스톡(Anthony Comstock)은 매우 다른 방향에서 1870년대에 많은 양의 데이터 흐름을 관리하기 위한 또 하나 장치인 감시와 검열을 법제화했다. 노턴은 질이 떨어지는 것을 걱정한 데 비해, 콤스톡은 확산 자체를 걱정했다. 1872년, 그는 뉴욕 사회악 척결 협회(NYSSV: New York Society for the Suppression of Vice)를 설립했다. 나중에 콤스톡법(Comstock Act)으로 알려진 1873년 '음란 문학 및 부도덕하게 사용되는 글의 거래 및 유통 금지에 관한 법률(The Act for the Suppression of Trade in, and Circulation of, Obscene Literature and Articles of Immoral Use)'은 수색과 압수를 할 수 있는 특별한 권한을 우정청(Post Office)에 부여했고, 그는 우정청 내 특수 요원이 되었다(그는 1915년까지 이 직책을 유지했음). 이 법은 아마도 19세기에 가장 중요한 확산 수단인 우체국을 표적으로 삼았다.

콤스톡은 중요성이 오래 지속되는 분류 기법을 고안했다기보다는 오히려 호색적이면서도 고상한 체하는 우스운 미국의 전통을 강화했음이 분명하다.[125] 그의 목표는 콘텐트의 게이트키퍼(gatekeeper) 역할을 하는 것이었다. 머그웜프들은 진지한 것과 기만적인 것이 난잡하게 뒤섞이는 것을 우려했지만 콤스톡은 난잡함 그 자체를 염려했는데, 그는 사회 통념에 어긋나는 자료들이 우체국을 통해 끝없이 유통되면서 그것이 구체화되고 있는 것을 보았다. 그는 "누드를 적절한 장소에 보관해 일반 대중의 손이 닿지 않게 하라"고 말하면서 일반인들의 판단력을 믿지 않았다. 그는 삼류 소설이 셰익스피어(William Shakespeare)의 작품 옆에 자리 잡을 수도 있는 가능성에 대해 걱정하기보다는 오히려 우편을 통해 그러한 악이 만연할 수 있는 가능성을

---

124 Charles Eliot Norton, "A Definition of the Fine Arts," *Forum*, 7, 1889(March), pp. 30~40, at 35, 36, 39.

125 Walter Kendrick, *The Secret Museum: Pornography in Modern Culture* (New York: Viking, 1987), p. 136.

걱정했다. 콤스톡은 정보의 흐름을 통제하고 싶었던 것이 아니라 정보 흐름을 차단하고 싶었다. 그는 특정 종류의 지식은 누구도, 특히 젊은이들이, 알지 못하기를 바랐다. 그는 통제할 수 없는 정보와 이미지, "비도덕적인 출판물과 사진이라는 씨가 뿌려져 자연스럽게 얻게 된 수확물"에 매우 큰 충격을 받았다.[126] 뉴 미디어는 흔히 억압적인 반작용을 불러일으킨다.

콤스톡은 그러한 대량 출혈을 완전히 멈추게 하고 싶었지만, 머그웜프 편집자, 박물관 큐레이터 및 교육자들은 그들이 직접 나서서 잘 이끌고 체계적으로 정리하는 밀도 높고 풍부한 정보의 흐름을 계속해서 지지했다. 그들은 지식을 문외한들에게 전달하는 데 관심이 있었다. 랑델은 변호사나 판사가 아닌 수습생이나 공중과 이야기했다. ≪월간 대중 과학≫은 전문 과학자가 아닌 관심 있는 아마추어를 위한 것이었다. 듀이의 십진 분류 체계는 모든 독자에게 도서관 소장본을 한눈에 볼 수 있게 하는 것이 목표였다. 1896년, 아돌프 옥스(Adolph Ochs)가 ≪뉴욕 타임스(*New York Times*)≫를 인수한 지 1년 후 "발행하기에 적합한 모든 뉴스(All the News That's Fit to Print)"라는 모토가 신문 발행인란에 등장했다. 그것은 지식의 보급에 대한 머그웜프들의 생각을 거의 완벽하게 반영했다. 수년 동안 대부분의 논평은 앞 세 단어("All the News")에 초점을 맞추었지만, 뒤의 네 단어도 마찬가지로 중요한데 이것은 지식이 전파되는 것과 동시에 지식을 중재하려는 엘리트의 노력을 표현한다. 주요 접속 지점은 비전문가들과 만나는 지점이었다. 이것은 소통(어떻게 전달할 것인가)의 문제였는데, 왜냐하면 질서 있는 확산이 진실을 안전하게 지켜줄 것이라는 믿음이 있었기 때문이다.

밀도 높은 사실의 문화를 전달하는 방법에 대한 원칙을 가장 명확히 표현한 사람은 스펜서의 미국인 제자인 사회학자 레스터 프랭크 워드(Lester Frank

---

126 Anthony Comstock, *Morals versus Art* (New York: J. S. Ogilvie, 1888), p. 11, 9.

Ward)[127]였다. 1880년대에 쓴 글에서 그는 보편적인 법칙을 통해 사실의 확산을 제어해야 한다고 주장했다. 마치 도금 시대[128]의 터무니없는 부의 격차를 못마땅한 듯 흘겨보았듯이, 그는 학계 전문가들이 부자들이 돈을 비축하는 것과 같은 방식으로 사실들을 비축할 수 있다고 불평했다. 그와 같은 전문가들은 지적 성장과 체계적 정리라는 사실을 습득하려는 맨 처음의 목적을 잊었다. "체계적으로 정리할 수 있는 능력을 넘어서는 축적은 발전에 걸림돌이 될 수도 있다"고 그는 썼다. 최고의 연구는 이질적인 세세함에 얽매이는 대신 과학을 통합하는 중요한 원리를 발견하는 것일 것이다. 그는 과학적 방법을 "지식과 물질적 번영의 거부할 수 없는 무기"로 여겼기 때문에 모든 학자들이 과학적 방법을 배워야 한다고 생각했다.[129] 민주적 시스템의 최선, 즉 개인적 판단을 허용하기 위해 정보의 흐름은 높은 밀도를 유지했다. 그러나 이제는 민주적인 체계를 보호하고 사실을 걸러내어 잘못된 판단이 진실에서 멀리 벗어나지 않도록 하는 결정자들이 있었다.

박물관

종합적으로 수용하는 기술을 대량으로 볼 수 있는 마지막 장소는 정돈되어 있는 정보의 풍부함이라는 새로운 문화가 있는 박물관이다. 1865년, 바넘의 박물관이 엄청난 화재(보험을 충분히 들지 않은 건물이 폐허가 된 몇 번의 화재 가운데 첫 번째 화재)로 불에 타버리자, ≪네이션(Nation)≫은 그의 박물관이 정식 교육의 혜택을 받지 못해 자연 과학에 대한 지식을 갈구했던 "수천

---

127 레스터 프랭크 워드(1841~1913)는 미국의 식물학자, 고생물학자이자 사회학자였다. _옮긴이
128 1865년 남북 전쟁이 끝나고 1873년에 시작되어, 불황이 오는 1893년까지 미국 자본주의가 급속하게 발전한 28년간의 시대를 말한다. _옮긴이
129 Lester Frank Ward, *Dynamic Sociology* (New York: Appleton, 1883), 1: 96, p. 2. 워드가 1873년에 처음 집필한 교육에 관한 이 책의 14장도 참조.

명의 열성적인 아마추어 연구자들"에게 도움이 되지 못한 것에 대해 비판했다. 바넘의 박물관은 "과학적으로 정리되어 있지도 않고, 카탈로그도 없고, 안내원도 없고, 심지어 이름표도 없는" 지나치게 많은 진기한 물품으로 가득 차 있었다. 17세기 귀족들을 매료시켰을 수도 있는 혼란스럽게 뒤섞여 있는 진기한 물품들은 19세기의 민주주의자들에게는 어울리지 않았다. ≪네이션≫은 미국 자연사 박물관(AMNH: American Museum of Natural History)을 예상하기라도 하는 듯이 어쩌면 센트럴 파크(Central Park) 근처 어딘가에 위치할 수도 있을 진짜 박물관, 즉 "공중을 즐겁게 해줄 뿐만 아니라 공중을 가르칠 수 있는 장소"를 계속해서 요구했다.[130]

≪네이션≫의 불만은 후기 빅토리아 시대 박물관의 비전과 사명에 변화가 일어날 것이라는 징표였다. 교육 기관을 업그레이드해 달라는 부르주아들의 광범위한 요구, 유럽 도시에 필적하는 도시를 만들고자 하는 후원자들의 꿈, 그리고 가장 부유한 도시인들의 은행 계좌에 새롭게 쌓여가는 터무니없이 많은 자본 덕분에 1870년대와 1880년대는 미국 박물관의 도약기였다. 남북 전쟁 이후의 박물관 설립 물결 뒤에는 풍부하지만 잘 정돈된 소장품에 대한 요구가 있었다. 당시 설립된 박물관으로는 뉴욕시의 미국 자연사 박물관(1869)과 메트로폴리탄 미술관(Metropolitan Museum of Art, 1870), 보스턴의 순수 미술 박물관(Museum of Fine Arts, 1870), 필라델피아 미술관(Philadelphia Museum of Art, 1876), 시카고 미술관(Art Institute of Chicago, 1879)이 있다. 박물관 설립 물결은 1890년대에 샌프란시스코(San Francisco)와 같은 서쪽 지역으로 이동했으며, 이 물결은 20세기 초기 내내 계속되었다. 이후의 스타일에 비해, 이러한 박물관들은 이미지와 오브제로 가득 차 있었는데, 적절한 요약의 문화(3장 참조)가 우리와 그 박물관들 사이를 갈라놓고 있다.

---

130 "A Word about Museums," *Nation*, 1865(July), pp. 113~114.

그러나 남북 전쟁 이전의 박물관과 비교하면, 이 박물관들은 일반 관람자를 현혹시키거나 깜짝 놀라게 하기보다는 가르치고자 했다.

스티븐 콘이 주장하듯이, 19세기 말기의 박물관은 지식은 오브제로 구현된다는 관념을 중심으로 체계적으로 정리되었다. 큐레이터들은 이 세계가 사물을 분류함으로써 발견될 수 있는 질서로 가득 채워져 있는 것으로 이해했다. 독특한 빅토리아 시대 박물관의 진열은 콘이 "오브제 기반 인식론"[131]이라고 부르는 것에 속했다. 『베데커의 그리스』의 아테네 박물관에 대한 앞의 인용문에서처럼 박물관은 늘어선 유리 진열장으로 가득 차 있었다. 박물관은 각 아이템에 식별 이름표가 붙여진 채 전 세계에서 수집한 특수 오브제의 수십 가지 이종들로 채워질 수도 있었다. 파리, 물고기, 망치, 모자 등 거의 모든 것이 특수 오브제가 될 수 있었다. 중요한 것은 분류였다. 열(列)의 미학(열 지어 진열되어 있는 진열장과 표본 상자들)은 콘이 "육안 과학(naked eye science)"이라 부르는 방법을 사용해 훈련을 받지 않은 관찰자들에게 오브제에 숨겨진 사연을 들려주고자 했다. 박물관은 다름 아닌 바로 이 세계의 진화에 대한 백과사전이 되기를 열망했다.

콘의 좀 더 흥미로운 통찰력 가운데 하나는 19세기 후기의 박물관은 새로운 지식이 전시될 뿐만 아니라 '만들어지는' 장소이기도 했다는 것이다. 큐레이터들은 새로운 배치법이 구체화되는 박물관이 연구 장소이며, 그래서 그들의 기관이 지식 생성의 장소로서 대학과 적극적으로 경쟁한다고 생각했다. 바꾸어 말하면, 당시의 박물관은 현재의 박물관보다 문화에 훨씬 더 중요했다. 그런데 지식을 두고 벌인 경쟁에서 대학이 이겼다. 지식은 사물

---

131 오랫동안 박물관은 오브제의 진정성에 높은 가치를 두고 작품/유물 자체의 내재적 특질을 부각하는 데 주안점을 두었는데, 이를 오브제 기반 인식론이라 한다(출처: 양지연, 「박물관 전시물의 개념 변화와 전시물 기반 학습의 적용」, ≪미술교육논총≫, 20권, 2호(2006), 285~310쪽, http://dspace.kci.go.kr/handle/kci/1690020). _옮긴이

사이드바 2-5 외딴 지역민을 위한 백화점과 인근 지역민을 위한 백화점 | 지나 지오타

19세기 후반에 미국에서는 뉴욕의 메이시(Macy), 시카고의 마샬 필드(Marshall Field), 필라델피아의 와나메이커(Wanamaker) 같은 백화점이 등장하기 시작했다. 이 백화점들은 아마도 시각적으로 사람의 마음을 끄는 데 훨씬 더 많은 투자를 하긴 했지만, 사용한 진열 기술과 전시 철학은 박물관에 가까웠다. [마샬 필드와 존 와나메이커(John Wanamaker) 둘 다 박물관에도 적극적이었다.] 목표는 화려한 환상적 이미지와 (세심한 판매 직원과 특별히 여성을 위해 만든 최초의 공공시설의 일부인 에스컬레이터, 멋진 화장실과 같은) 육체적 편안함으로 여성을 유인하는 것이었다. 반드시 구매할 필요 없이 그냥 '둘러보라'는 백화점의 유혹은 쉽고 재미있게 보이도록 고안된 진열 기법을 기반으로 했다. 이처럼 백화점 쇼핑객은 넘치게 쌓여 있는 볼거리들의 힘에 이끌려 감격하는 박물관 관람객이나 관광객과 비슷했다.

백화점은 시각적 즐거움의 장소, 로잘린드 윌리엄스(Rosalind Williams)[1]의 표현에 따르면, "꿈나라"를 의도로 설계되었다. 백화점은 오래 유지되기보다는 유혹하기 위해 디자인된 민주적인 형태의 장식 예술을 위한 무대였다.[2] 1880년대부터 좋은 효과를 내기 위해 전등이 배치되기 시작했고 거울은 공간이 넓어 보이게 했다(거울은 또한 직원이 잠재적인 도둑을 주시하는 데도 도움을 주었음). 직원들이 예의 바르고 단정했던 것처럼, 구매자들도 예의 바르게 행동해야 했다. 가격이 정해져 있어서 이전에 포목점에서 당연한 것으로 여겨졌던 흥정이 필요하지 않았다. 경계가 더 희미해져서 일부 백화점은

---

1 미국 MIT 역사학 교수이자 기술 사학자이다. _옮긴이
2 Rosalind H. Williams, *Dream Worlds: Mass Consumption in Late Nineteenth-Century France* (Berkeley: University of California Press, 1991).

심지어 예술 작품을 전시하기까지 했다. 열렬한 수집가인 와나메이커는 그림을 거는 방법에 대한 확고한 생각을 가지고 있었다(한 번에 너무 많은 작품을 걸지 않는 것이었음!).[3] 대량으로 모아놓은 상품들은 나름대로 교육적 목적을 의도로 했다. 사물은 "결정 권한이 있는 사람들에 의해 판단되어야 한다"는 그릴리의 요구에 따라 고객들은 스스로 상품을 평가할 수 있었지만, 또한 직원의 전문가적인 조언도 구할 수 있었다.

외딴 시골 지역 사람들을 위한 인쇄물 기반 백화점이라고 할 수 있는 시어스 카탈로그는 유리 진열 케이스가 아닌 대량 제작된 인쇄물을 통해 엄청난 양의 제품을 선보였다. 건물에 위치해 있는 도시의 실제 백화점처럼 이 카탈로그도 자전거 경적과 나팔형 보청기부터 아이스박스와 클립형 가발에 이르기까지 모든 것들의 이미지로 가득 차 있었다. 시어스 카탈로그는 가정과 가정에 있는 모든 사람을 위해 모든 것을 제공한다고 주장했고, 전체 물품 목록에 있는 어떤 하찮은 물건도 배달해 주었다. 1898년의 한 광고에 나와 있듯이, 시어스 카탈로그는 "압축된 거대 백화점이어서 집에 있는 책상이나 테이블에 앉아서 원하는 상품을 선택할 수 있으며, 크고 멋지고 깔끔한 삽화, 쉽게 쓰인 설명과 가격 정찰제로 인해 모든 것이 아주 명확하다".[4] (온라인 쇼핑도 동일한 주장을 한다.)

시어스 카탈로그의 시골 독자들 대부분에게 종이를 채우고 있는 석판으로 인쇄된 조악한 내용물들은 전국의 도심에서 성장하고 있던 새롭고 풍부한 소비문화를 처음으로 엿볼 수 있는 기회를 제공해 주었다. 삽화가 들어 있는 소비 제품 백과사전인 이 "물품 거래 책자"는 동시에 광고 전단지이자

---

3   이 문단은 다음 문헌을 토대로 하고 있다. Neil Harris, "Museums, Merchandising, and Popular Taste: The Struggle for Influence," in *Cultural Excursions: Marketing Appetites and Cultural Tastes in Modern America* (Chicago: University of Chicago Press, 1990), pp. 56~81.

4   "How Goods Are Ordered by Mail," *Black Cat*, 37, pp. xix.

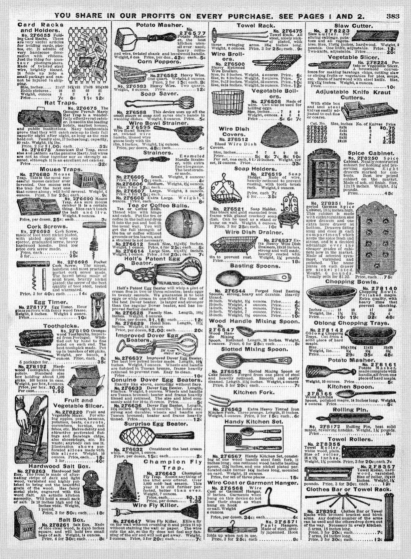

그림 2-6 시어스 백화점의 빈티지 주방 용품, 로벅 카탈로그(1907)

누구나 탐내는 세상에 대한 시각적 참고서였다. 그것은 상품 소비뿐만 아니라 (어쩌면 더 중요하게도) 이미지의 소비도 촉진했다. 세기가 바뀌어 시어스 카탈로그가 미국 최대 우편 주문 업체인 몽고메리 워드를 능가했을 때, 시어스는 다른 어떤 단일 공급자보다 더 많은 이미지를 미국 전역의 더 많은 사람들에게 효과적으로 배포했다. 시어스는 백화점의 화려함과 이국적 분위기를 없애고 대신 풍부함에 승부를 걸었는데, 이것은 1892년까지 시계 품목 하나에 140쪽을 할애한 카탈로그에서 볼 수 있었던 전략이다. 19세기에 이 세계가 꽉 채워지고 있었다면, 그 내용물을 깜짝 놀랄 정도로 다양하게 채운 장본인은 시어스였다. 이쑤시개, 밀가루 반죽용 밀대, 에그 타이머, 주방용 도마, 여기에는 형형색색으로 찬란하게 빛났던 풍부한 문화가 있었다.

이 아니라 책에서 구체화되는 것으로 여겨졌기 때문이다. 그리고 박물관은 기껏해야 지식의 대중화로 여겨지거나 최악의 경우 절망적이게도 최신 연구와 동떨어져 있는 것으로 인식되었다. 그 후로 박물관은 온갖 위험을 무릅쓰고 지식을 생산하는 곳이 아닌 지식을 전달하는 장소가 되었다.

빅토리아 시대 말기의 박물관은 오브제의 수를 늘리는 데 치중했지만, 눈이 즐거움이나 황홀함을 느끼는 기관(器官)이 아니라 지식을 배우는 기관이 되는 것을 목표로 했다. 만약 오늘날 우리가 반사적으로 시각 문화를 유혹적인 것으로 분류한다면, 19세기 후반 박물관의 태도는 현격하게 우리와 달랐다. 빅토리아 시대의 진열장은 수수했고 책임이 막중했으며 우리 눈에는 분명 지루했다. 시각적으로 보여주는 것에 대한 당시의 주목은 지금과는 매우 다른 의미를 가졌다. 오늘날 박물관을 찾는 사람들은 여전히 이러한 줄지어 늘어선 유리 진열장을 이용한 진열 방식의 잔재를 이따금씩 마주한다. 우리가 지금 칙칙하고 지루하다고 생각하는 전시 방식들이 지식이 무엇인지에 대한 비전에 기반을 둔 당시에는 전위적인 진열 전략이었다.[132]

새들을 전시하는 데 돌이나 꽃과 같은 것을 장식하는 것을 소중한 공간을 낭비하는 것으로 생각했던 1874년의 한 자연사 큐레이터를 생각해보라. "광범위한 수집품을 예술적으로 분류하는 것은 보통 문제가 되지 않는다… 자연적 분류가 허락하는 한, 새는 크기에 따라 분류해서 일률적으로 열 지어 진열했을 때 전반적으로 가장 좋아 보인다."[133] 아직 오프사이트(off-site)

---

132 Conn, *Museums and American Intellectual Life.* 또한 다음 참조. Miles Orvell, *The Real Thing* (Chapel Hill: University of North Carolina Press, 1990). 이 단락과 그다음 두 단락의 표현은 다음에서 가져온 것이다. Kenneth Cmiel, "Seeing and Believing," *Culturefront,* 1999 (Summer), pp. 88~90.

133 Frederic A. Lucas, *The Story of Museum Groups,* Leaflet Series no. 53 (New York: American Museum of Natural History, 1921), p. 5.

형 수장고[134] 문제를 해결하지 못한 박물관들은 미학적 포장 작업도 하지 않은 채 소장품에 대한 진열품의 비율이 높았다. 풍성하게 전시하는 스타일의 박물관은 압도적인 풍부함을 자랑했던 진품 전시실과 유사했다. 그러나 진품 전시실이 더없이 난잡했다면, 열 지어 표본을 진열한 것은 '자연 분류(natural classification)'[135]를 반영하고자 한 것이었다. 풍성한 양식은 바로크식 지식 정리와 신고전주의식 지식 정리를 대충 합성해서 많은 독특한 전시품과 지식의 원리를 합쳐 놓은 것이었다. 심지어 순수 미술 박물관에서도 즐거움을 주는 시각적 효과를 만들어내는 것은 주된 관심사가 아니었다. 그림은 배경 공간이 거의 없는 벽에 다닥다닥 붙어 있었는데, 우리 눈에는 흔히 무지하게 바빠서 그냥 겹겹이 줄지어 걸어놓은 것처럼 보인다.

풍성한 박물관 양식은 20세기 초에 사라지기 시작할 것이다. 곧 보게 되겠지만 큐레이터들은 관람객의 눈과 마음의 지루함을 덜어주고 관람객들에게 보기 좋게 지식을 요약해 주고 싶어 했다. 19세기 전반을 지배했던 앞의 방식(즉, 민주적인 분류와 몰입에 맡겨버린 채 많은 사실들을 찬양하는 것)은 서서히 그 기력을 다하고 있었다.

---

134 박물관·미술관 시설에서 분리되어 타 지역에 박물관·미술관의 소장품을 수장하는 곳으로 'detached storage' 혹은 'reserve storage'라고도 부른다. _옮긴이

135 생물학에서 사용하는 분류 시스템으로 생물의 원래 특성 그 자체를 가지고 서로 비슷한 것과 다른 것을 분류하는 것을 의미한다. _옮긴이

3장

적절한 요약의 문화,
1920~1945년

20세기 초반, 특히 1920년부터 1945년까지, 사실을 관리하기 위한 매우 중요한 전략 가운데 하나는 단일 이미지, 숫자, 예, 그래프, 또는 최소한의 단어로 복잡한 전체를 요약하려는 노력이었다. 우리는 이것을 적절한 요약(happy summary)의 문화라고 부르는 것이다. 모든 형태의 축약은 정보 과부하의 해결책으로 간주되었다. 이러한 축약으로 인해 중요한 그 어떤 것도 잃어버리지 않았다는 의미에서, 축약은 단지 더 밀도 높은 진실을 결정화했을 뿐이라는 의미에서, 우리는 이것을 "적절한"이라고 부른다. 그리고 20세기 중반의 대중문화는 이러한 요약의 문화라는 결정적인 수단을 통해서 성립되었다. 요약이 없다면, 자기의식적 대중문화는 존재할 수 없다. 대중문화는 사진(다음 장에서 다룸)과 정보(이 장에서 다룸) 모드 모두를 포함했다. 이 시기는 문화적 요약을 더 많이 하는 것이 의심을 받게 된 20세기 후반, 때로 '정보 시대'라고 불리는 시기(5장과 6장에서 다룸)와 대비될 수 있다.

우리는 일반적으로 두 세계대전 사이의 기간이 계속 증가하는 대량의 정보로 가득 차 있다고 생각한다. 그러나 1920년대부터 1940년대까지 미국의 문화 결정자들은 공중에게 전달되는 정보의 양을 '줄이기' 위해 전력을 다했다. 이것은 정보가 흐를 수 있도록 '물길을 내려는' 19세기 말기의 노력과는 다르다. 지식의 전파에 대한 빅토리아 시대의 태도는 크게 약화되었다. 호러스 그릴리와 같은 사람들의 포퓰리즘적인 시각과 ≪월간 대중 과학≫ 혹은 멜빌 듀이의 잘 정리된 지식에 대한 머그웜프들의 시각 모두 어려운 시기를 맞았다. 심지어 더 많은 사실이 요구될 때에도, 사실들은 너무 무질서해서 다루고 힘들고 곧잘 우리가 나눠놓은 범주를 넘어서는 경향이 있어서 점점 더 불신을 받게 되었다. 점차 공중에 대처하는 새로운 방법에 대한 실험이 이루어지기 시작했다. 밀도 높은 사실과 과정의 문화가 새로운 무언가로 바뀌었다.

적절한 요약의 문화는 일반 시민들의 분류 부담을 덜어주는 것을 목표로 했다. 1880년대에 레스터 워드는 우리가 더 똑똑해질 수 있는 방법은 두 가지뿐이라고 주장했다. 하나는 뇌가 진화하기를 기다리는 것이고(이것은 수 세기가 걸릴 것임), 다른 하나는 사실을 축적해 더 큰 틀에서 체계적으로 정리하는 것이다. 단기적으로 그에게는 정말 다른 선택이 없었다. 워드는 모든 시민이 실험적 탐구를 철저하게 이해함으로써 과학자가 되는 법을 배워야 한다고 주장했다. 20세기 초반이 되자, 과학은 훨씬 더 복잡하게 성장했기 때문에 이 조언은 비현실적이 되었다. 예를 들어, 양자 물리학은 직관의 힘을 빌려 상식적으로 이해할 수 있는 분야가 결코 아니었다. 새로운 대중화는 과학 지식의 일상적인 접근 가능성에 대한 워드의 빅토리아 시대식 가정을 거부했다. 모든 사람이 전문적인 세부 사항을 이해할 수는 없었다. 우리는 과학적 진실로 우리의 머리를 꽉 채우는 것이 아니라 정보 흐름을 줄임으로써 더 똑똑해질 것이다. 고전 수사학자들이 '코피아(*copia*)'가 아닌 '익젬플라(*exempla*)'라고 부르는 것, 즉 다량의 증거 대신 생생한 사례에 강조점이 주어졌다. 통찰력은 부피를 늘리는 것이 아닌 간결하게 다듬는 것을 통해 나왔다.

일찍이 1890년대 초반에 몇몇 지식인들은 길들지 않은 정보의 과잉과 그것을 정리하거나 수용할 수 없는 문화에 대해 불평했다. 칼 피어슨(Karl Pearson)과 헨리 애덤스(Henry Adams)가 그러한 예에 속했다. 영국의 생체 통계학자인 피어슨은 대량의 정보를 관리하기 위해 새로운 통계 기법을 개발했고, 새롭게 축적된 에너지와 힘이 "역사를 다루는 자신의 목(historical neck)"을 부러뜨렸다고 쓴 미국 역사가이자 문학가인 애덤스는 모든 것을 설명할 수 있는 가속도의 법칙을 추구했다. 독일의 사회학자 게오르크 지멜(Georg Simmel)은 근대성이 오랫동안 유지되어 온 '객관적' 문화(즉, 얼마나 많은 자료가 이용 가능한지)와 '주관적' 문화(즉, 개인이 얼마나 많은 것을 알거나 경험할 수 있는지) 간의 격차를 어떻게 악화시켰는지에 대해 마찬가지로 걱정했다.[1] 정

---

1   Georg Simmel, *The Philosophy of Money*, trans. Tom Bottomore and David Frisby (London:

보 폭발에 대한 그와 같은 불만은 이후 수십 년에 걸쳐 급속히 커졌다. 1920년대가 되자, 그러한 불만은 흔한 일이 되었다. 실제로 1920년대에 애덤스의 자서전인 『교육(*Education*)』(1907년 비공개 한정판으로만 인쇄됨)의 인기는 '사실들'이 통제되고 있지 않음을 보여주는 하나의 신호였다.

이러한 불만의 목적이 정보 문화를 없애자는 것은 아니었다. 실제로 1920년대와 1930년대는 통계 지식의 생산이 실질적으로 성장한 시기였다. 특히, 경제 정보는 그 기간 동안 폭발적으로 증가했다. 국민 총생산(GDP) 및 실업률과 같은 것에 관한 정보가 처음으로 등장했다.[2] 지식인들은 지식의 성장에 매우 편안해했다. 미국에서 공적 논의가 형성되는 것을 도와줄 것을 정보부처에 요청한 사람은 월터 리프먼(Walter Lippmann)만이 아니었다.

그것은 새로운 정보의 축적을 반대하는 것이 아니라 정보의 복잡성에 대한 의식이 더 높아진 결과이다. 물론 '복잡성'이라는 진부한 표현은 당시에도 새로운 것이 아니었다. 그것은 아마도 아주 오랜 시간 존재해 왔으며, 그것이 확실히 흔하게 사용된 것은 19세기 후반이었다. 세상은 겉으로 보기에 늘 더 '복잡해지고' 있다. 그러나 그러한 주장은 시기에 따라 다른 결과를 가져왔다. 19세기에는 지식과 정보가 통제 불능일 수도 있겠다는 산발적인 우려에도, '복잡성'에 대한 비난은 공공 커뮤니케이션에 대한 새로운 접근 방식이나 대중화에 대한 새로운 태도로 해석되지 않았다. 밀도 높은 사실의 흐름은 압도적이지 않는 축적이 특징이었다. 그러나 20세기 초에는 그것이 압도적으로 느껴졌다. 이러한 변화는 수십 년이 걸렸지만 1920년대와 1930

Routledge and Kegan Paul, 1978), pp. 448~452.

2   연방 정부는 1940년부터 월별 표본을 통해 전국 고용률을 수집하기 시작했다. Alexander Keyssar, "Appendix B. About the Numbers: Unemployment Statistics before the Great Depression," in *Out of Work: The First Century of Unemployment in Massachusetts* (Cambridge: Cambridge University Press, 1986), p. 342 참조.

년대를 중심으로 이루어졌다.

새로운 것은 복잡성을 간소화해야 한다는 믿음이었다. 정보는 이전과 다르게 처리되어야 했다. 다양한 인물들(이들 대부분은 다른 많은 것에 대해서는 서로 의견이 다를 수도 있음)이 대량의 경험적 데이터가 핵심으로 단순화되면서 공중을 위해 압축되어야 한다고 주장하기 시작했다. 윌리엄 제임스가 감각적 경험의 "짜증 나게 웅성대는 혼란"이라고 부른 것은 너무 복잡해서 정보가 매우 혼란스러울 정도 세세하게 제시되는 것이 아니라 농축된 본질로서 제시되어야 했다. 하나의 인상적인 이미지가 사회적 총체성(social totality)[3]을 포착할 수도 있을 것이다. 시각적 제유(提喩)[4](전체를 나타내는 일부, 즉 '돛'이 배를 대신함)라는 고대의 수사적 비유는 정보의 혼잡을 최소화하고 공중에게 진실을 보여주기 위해 선호되는 수사적 기교가 되었다. 대중화의 지배적인 양식은 밀도 높은 특수성에서 결론의 요약으로 바뀌었다.

인지적 축약(cognitive shorthand)은 정당할 뿐만 아니라 반드시 필요한 것으로 여겨졌다. 리프먼이 1922년에 처음 사용한 '고정 관념(stereotype)'이라는 개념은 처음에는 다른 사람들에 대한 부정적인 일반화를 의미하지 않았다. 그것은 잠재적으로 유용한 인식론적 지름길, 감각의 빽빽한 덤불을 베어내는 방법이었다. 이 개념은 리프먼과 함께 하버드 대학교에서 공부한 제임스의 실용주의의 덕을 본 게 분명했다. 1930년대와 1940년대가 전성기였던 게슈탈트 심리학[5]은 요약을 인간의 마음의 기본 행동 가운데 하나라고

---

3 마르크스주의 이론에서 사회적 총체성은 구조적이며 역사적으로 규정된 전체적인 복합체이다. 그것은 부분적 총체성이 끊임없이 변화하고, 상호 관계의 역동적인 위치에서 상호 규정성의 관계를 갖는, 다양한 매개와 변화 속에서 이것을 통해 존재한다. _옮긴이

4 시각적 제유(synecdoche)란 시각적 수사(修辭)에서 사물의 일부분으로 전체를 설명하는 것을 말한다. _옮긴이

5 게슈탈트 심리학(Gestaltpsychologie) 또는 형태주의 심리학은 심리학의 한 학파로, 인간의 정신 현상을 개개의 감각적 부분이나 요소의 집합이 아니라 하나의 그 자체로서 총체성으로 구

생각했다. 커트 코프카(Kurt Koffka)는 저서인 『게슈탈트 심리학의 원리(*Prin-ciples of Gestalt Psychology*)』(1935)를 과학자들이 사실 발견에 과도하게 의존하는 것에 대한 불평으로 시작했다. 이 책 도입부에는 '사실'에 대한 8쪽 분량의 격렬한 비판이 포함되어 있다. 그는 전체를 요약하는 일관된 이론이 있어야 한다고 주장했다. 지금은 신빙성이 떨어진 그의 '단순화 법칙(law of Prägnanz)'은 정보를 간단하고 우아하게 파악하려는 경향은 생물학에 그 뿌리를 두고 있다고 주장했다. 우리는 부분뿐만 아니라 전체도 파악할 수 있어서, 전체는 그 자체로 인식 가능하다는 것이다. 아인스타인(Albert Einstein)의 물리학에서와 마찬가지로, 우리의 눈과 귀는 '장(field)'[6]에서 작동했다. 게슈탈트 심리학의 핵심적인 주장은 우리가 특수자들을 축적하는 것이 아니라 전체로서의 사물을 파악한다는 것인데, 이것은 요약 문화 자체에 대한 요약이다.

20세기 초기 문화에 대한 이야기는 문화 조각화(cultural fragmentation)에 대한 이야기로 흔히 소개된다. 양자 물리학, 야수파(Fauvism)와 입체파(cubism), 영화의 몽타주,[7] 정신 분석, 항공 여행과 같은 비약적 발전이 있었고, 제1차 세계대전 와중에서 칙칙하고 지루한 혼돈이 있었다. 의심할 여지 없이 이 시기는 엄청난 탈구[8]의 시기였다. 그러나 이 시기는 또한 근대 생활의 습격에

성된 구조나 갖고 있는 특질에 중점을 두고 이를 파악한다. _옮긴이

6 장(場) 또는 마당이란 공간상의 각 지점마다 다른 값을 갖는 물리량을 일컫는 용어이다. 예를 들어, 온도를 나타내는 함수도 일종의 장이다(단, 온도는 벡터가 아닌 스칼라장이다.) 이러한 장은 흔히 시간과 공간에 대한 함수로 주어진다. _옮긴이

7 영화에서 몽타주는 촬영한 단편의 샷들을 연결해 한 편의 영화를 만드는 편집의 결합을 의미한다. _옮긴이

8 탈구(dislocation)는 철학이나 정치 경제학 등에서 사용되는 개념으로 일반적으로 말하자면 체계나 과정 또는 생활 방식 등이 크게 방해받거나 정상적으로 지속되지 못하는 상황을 일컫는다. _옮긴이

대처하기 위해 루이스 멈퍼드(Lewis Mumford)가 새로운 "충격 흡수기(shock absorber)"라 불렸던 것들을 발명한 시기이기도 했다.[9] 이 장은 단순화와 요약이라는 새로운 기술을 통해 조각화와 불안이 어떻게 다루어졌는지 보여준다. 근대성은 문화의 해체이기도 하지만 동시에 이해하기 쉬운 패킷과 요약으로 통합하는 것이기도 하다. 간소화는 조각화만큼이나 중요한 주제이다.

대중적 지식[10] 요약하기: 인쇄물

1920년대와 1930년대에 다양한 장소에서 요약으로의 이동이 표면화되는 것을 보는 것은 놀랍다. 그러한 이동이 일어나게 된 한 가지 근본 원인은 과학과 의학을 대중화하기 위한 일련의 새로운 접근 방식이었다. 19세기의 대중화는 과학을 "체계적으로" 논의하려 했지만, 밀려드는 불만은 사람들이 체계적인 지식을 얻고 있지 못함을 시사했다. 1920년, ≪근대 의학(Modern Medicine)≫의 편집인은 일반 대중 사이의 과학에 대한 지식이 "단편적이고, 아무런 연관성이 없으며, 대부분 일요 신문의 극적인 기사를 통해 습득한 것"이라고 주장했다. 분명 모든 요약이 다 좋은 것은 아니었다! 과학 정보에 대한 그와 같은 동떨어진 보도는 모순된 결과를 낳아, 공중을 과학에 대한 일종의 "신비주의"와 "어떤 확실한 지식이 없는 상태"에 이르게 했다.[11]

과정과 체계에 중점을 두는 대신, 결과가 강조되곤 했다. 여기에는 모든 시민을 과학자로 만들겠다는 레스터 프랭크 워드 스타일의 꿈은 없었다. 대

---

9   Lewis Mumford, *Technics and Civilization* (New York: Harcourt Brace, 1934), p. 316. 이 아이디어는 프로이트의 자극 방패(stimulus shield) 개념에 의해 예견된 바 있다.

10 대중적 지식(popular knowledge)이란 제도적 지식(과학, 종교 등)에서 발생하는 것과 같이 형식 및 학문적 출처에서 비롯되지 않은 지식 유형이나 특정 저자를 소유하지도 않은 지식 유형을 말한다. _옮긴이

11 "The Public Interest in Science," *Modern Medicine*, 2, 1920, p. 710.

신, 공중에게 과학의 실질적인 현금 가치가 제공될 것이다. 비전문가들에게 과학 자체가 점점 더 복잡하고 혼란스러워 보임에 따라, 과학을 대중화하려는 사람들은 점점 더 응용과학에 관해 보도했다. 의학도 마찬가지였다. 존 번햄(John Burnham)[12]이 지적했듯이, 1930년대에 "과학을 대중화하려는 사람들은 체계적인 지식을 확산하는 것에서 의학 제품과 의학의 결과를 가르치는 쪽으로 전환하는 경향이 있었다".[13] 요약, 미학적 전범 및 제유로의 이동은 근대 과학 문화 타도라는 이름으로 이루어진 것이 '아니라', 많은 경우 그 둘은 함께 움직였다.

이러한 변화에 대한 또 다른 표현은 법률 문화에서 찾을 수 있었다. 일반 공중에게 당면 관심사는 아니었지만, 법제도가 판례에 압도당하고 있다는 두려움이 커지고 있었다. 공개된 판례가 폭발적으로 증가하면서 변호사들이 따라잡기가 어려워졌다. 다시 말하지만, 특수자들이 너무 많아지면서 그 것들을 정리하는 것이 위협을 받았다. 엘리후 루트(Elihu Root)[14]에 따르면, "혼란, 불확실성은 해가 갈수록 커지고 있었다". 이것은 랑델이 1870년대에 해결하려 했던 것과 동일한 문제였지만, 1920년대의 답은 달랐다. 미국 법률 협회(ALI: American Law Institute)가 1923년에 설립되어 『법재록』(法再錄, *Restatements of the Law*) 편찬에 전념했다. 랑델이 했던 것처럼 원자료를 제공하는 대신, 저명한 변호사들로 구성된 위원회가 계약, 불법 행위 등의 기본 원리를 요약 정리해(즉, '재록해') 변호사가 참고할 수 있도록 일반화함으로써 판례법의 경험적 복잡성을 줄였다. 『법재록』은 이후 수십 년 동안 엄청난 영향을 미쳤다.[15] ALI는 종합하고 요약한 데 비해, 랑델의 판례집은 극

---

12 존 번햄 슈워츠(John Burnham Schwartz, 1965~)는 미국의 소설가이자 극작가이다. _옮긴이

13 Burnham, *How Superstition Won and Science Lost*, p. 62.

14 엘리후 루트(1845~1937)는 미국의 공화당 정치인으로, 전쟁 장관, 국무 장관, 뉴욕주 연방 상원 의원을 지냈으며 1912년 노벨 평화상을 수상했다. _옮긴이

히 적은 지침과 함께 모든 원자료를 한곳에 모았다.

또 하나의 눈에 띄는 예는 1920년대와 1930년대에 소위 "해석적 보도(interpretative reporting)"[16]의 등장이었다. 해석적 보도를 추구하는 기자들은 밀도 높은 많은 정보가 공공 정보에 매우 중요하다는 가정에 의문을 제기했는데, 그 가정은 그릴리와 19세기 ≪뉴욕 타임스≫의 여러 편집인들만큼이나 서로 다른 저널리스트들에게 가장 중요한 가정이었다. 대신, 해석적 보도는 요약을 강조했다. 1931년, ≪뉴욕 선(New York Sun)≫은 사실 보도 대신 뉴스 요약을 제작함으로써 주말판 포맷을 바꿨다. 이것은 새로운 트렌드가 되었다. 다음 해에는 ≪뉴욕 타임스≫, ≪워싱턴 포스트(Washington Post)≫, AP(Associated Press) 통신이 선례를 따랐다. 『변화하는 미국 신문(The Changing American Newspaper)』(1937)에서 허버트 브럭커(Herbert Brucker)는 "세상이 더 복잡해짐"으로 인해 새로운 보도가 필수적이라고 주장했다. 사실 하나만으로는 혼란스러울 따름이었다. 해석적 맥락이 반드시 필요했다.[17]

1923년에 창간된 ≪타임(Time)≫은 새로운 스타일의 선구자 가운데 하나였다. ≪타임≫ 발행인인 헨리 루스(Henry Luce)는 근대 생활의 '복잡함'이 새 잡지를 위한 틈새시장을 열어줄 것이라고 확신했다. 수십 년간 트레이드마크였던 ≪타임≫의 경쾌한 산문체는 정보의 밀도가 높은 신문들과 뚜렷

---

15 루트의 인용 출처는 다음과 같다. Wilfred Rumble Jr., *American Legal Realism: Skepticism, Reform, and the Judicial Process* (Ithaca, NY: Cornell University Press, 1968), p. 156.

16 해석적 보도는 어떤 뉴스를 고립된 사건이 아니라 사건들의 연쇄 고리로 보고, 다른 사람들이 현상만 관찰할 때 그 원인을 보며, 해석적 보도를 추구하는 기자는 과학자들이 현미경으로 시료를 조사하는 것처럼 그 사건을 연구한다[출처: ≪미디어오늘≫(http://www.mediatoday.co.kr)]. _옮긴이

17 Herbert Brucker, *The Changing American Newspaper* (New York: Columbia University Press, 1937), pp. 11~12. 해석적 저널리즘의 부상 배경을 보려면 다음 참조. Michael Schudson, *Discovering the News: A Social History of American Newspapers* (New York: Basic Books, 1978), pp. 144~151.

한 대비를 보여주기 위해 의도된 것이었다. 루스는 자신의 시사 잡지가 바쁜 세상에서 바쁘게 살아가고 있는 사람들을 위해 간결하고 산뜻하게 뉴스를 요약해 주길 바랐다. ≪타임≫은 객관적인 사실을 모아놓은 것이 아니었으며, 루스는 어차피 객관적인 사실을 믿지도 않았다. 그는 전체를 해석해 주는 그림을 제공하기를 열망했다. 그것은 혼란과 과부하의 괴롭힘에 대한 20세기 초기의 대응이었다. 1937년, 아이오와주에서 ≪룩(*Look*)≫을 창간한 발행인 가드너 코울스 주니어(Gardner Cowles Jr.)는 "지난 10년 동안 가장 주목할 만한 성공을 거둔 출판물은 모두 이전 출판물들보다 내용을 더 압축한 출판물이었다"고 회고했다. 그는 ≪리더스 다이제스트(*Reader's Digest*)≫, ≪타임≫, ≪뉴욕 데일리 뉴스(*New York Daily News*)≫가 그러한 출판물이라고 생각하면서, 이 출판물들 모두 "장황한" 자료를 요약해서 더 좋게 만든 데 대해 찬사를 보냈다.[18]

1922년 2월, 드윗 월러스(DeWitt Wallace)와 릴라 애치슨 월러스(Lila Acheson Wallace)가 창간한 ≪리더스 다이제스트≫는 해석적 보도와는 달랐지만 정보 축소 정신은 공유했다. 시사적인 글을 요약하는 것은 분명 새로운 것이 아닌데, 1741년 벤저민 프랭클린(Benjamin Franklin)은 그런 성격의 월간지를 창간한 바 있다(이 간행물은 1년을 넘기지 못했음). 1844년에 창간된 주간지 ≪리텔스 리빙 에이지(*Littell's Living Age*)≫는 19세기 미국인들이 사실의 흐름을 헤쳐 나가는 데 도움을 주었다. 새로웠던 것은 그러한 사업의 규모와 성공이었다. 역사가 대니얼 부어스틴(Daniel Boorstin)은 ≪라이터스 다이제스트(*Writer's Digest*)≫, ≪가톨릭 다이제스트(*Catholic Digest*)≫, ≪프로테스탄트 다이제스트(*Protestant Digest*)≫, ≪사이언스 다이제스트(*Science Digest*)≫, ≪니그로 다이제스트(*Negro Digest*)≫, ≪칠드런스 다이제스트(*Children's Digest*)≫,

---

18   John Drewry, "A Picture-Language Magazine," *Magazine World*, 1, 1945(November), p. 19.

≪퀵 다이제스트(*Quick Digest*)≫와 같은 ≪리더스 다이제스트≫를 모방한 수많은 잡지들이 등장하면서 "새로운 축약의 시대"를 열었다고 말한다. ≪리더스 다이제스트≫는 자신의 작품이 무자비하게 잘려 나갔을 수 있는 저자가 아닌 독자들에게 서비스를 제공했다. ≪리더스 다이제스트≫의 목표는 바쁜 독자를 위해 엄청난 양의 인쇄물의 내용을 요약하는 것이었다. 1930년, 한 경쟁지는 "바쁜 사람들은 평균적으로 최고의 서적, 정기 간행물, 저널의 1/100도 읽을 수 없거나, 미국과 유럽의 인쇄기에서 쏟아져 나오는 많은 양의 이류 혹은 삼류 읽을거리 가운데서 그러한 최고의 읽을거리를 쉽게 식별해 낼 수 없다"고 지적했다.[19] 드윗 월러스와 릴라 월러스의 목표는 "빠르게 움직이는 세상에서" 사람들이 "문제의 핵심"에 도달하도록 돕는 것이었다. 한 전(前) 편집인은 이 잡지를 "일련의 편집의 불꽃으로 가장 확실한 증거만 남을 때까지 언어라는 물을 끓이는 증류소"라고 불렀다.

(결국은 다른 출판물에 요약에 대한 대가를 요구하기 위해 기사를 다른 출판물에 일부러 흘리는 방식에 기대게 되겠지만) ≪리더스 다이제스트≫의 장점 가운데는 편집인들이 동시대의 모든 글을 구석구석 철저하게 찾아냈다는 함의도 포함되어 있었다. 이 정기 간행물은 사람들이 알아야 할 모든 것을 파노라마처럼 보여주면서 사람들의 걱정을 덜어주었다. 흔히 기사 제목이 그 기사가 전달해 주는 질문을 하면, 부제목은 그 질문에 답을 하는 식이었다(이것은 전체 내용을 읽고 싶지 않은 경우에 대비한 것임). (≪리더스 다이제스트≫에 대한 엘리트들의 논평에는 당신이 방금 읽은 문장에서와 같이 비꼬는 어조가 항상 포함되어 있었다.) 한 기자는 드윗 월러스가 "망원경을 거꾸로 놓은 채 끊임없이 우주를" 바라보고 있으며 "그는 과대망상을 가지고 있는 것이 아니라 오히려 과소망상을 가지고 있다"고 말했다.[20]

19　*The 1930 American Scrapbook* (New York: Forum Press, 1930), 서문 참조.

심지어 인쇄 광고도 정보를 덜 강조하는 것의 영향을 받고 있었다. 광고
는 오랫동안 사실의 문화에 부합하지 않는 교묘한 속임수와 환상이라는 강
한 전통을 가지고 있었기 때문에, 이것은 이상한 주장처럼 들릴 수도 있다.
그럼에도 그것과 경쟁하는 '평범한 스타일'의 광고도 항상 존재했는데, 소비
자가 정보에 입각한 판단을 내릴 수 있도록 '사실을 제시할 뿐이라고' 입에
발린 말을 하는 광고가 그것이다. 이러한 스타일의 광고는 20세기 초에 잠
시 동안 특히 영향력이 있었다. 이것은 특정 제품의 우수한 장점을 설명하
는 산문으로 가득 찬 텍스트의 밀도가 높은 스타일이었다. 지식을 대중화하
는 초기 스타일에 속한다기보다는 그런 스타일을 흉내 낸 것인 이러한 광고
는 1920년대 말에 사라졌다. 역사가 롤런드 마천드(Roland Marchand)가 언
급했듯이, "라디오에서 10년간 누적된 경험은 광범위한 교육적 힘으로서 광
고에 대한 전망을 짓밟아버렸다". 제품의 독특한 성질이나 본질에 대한 더
유혹적인 호소가 복잡한 산문을 앞세운 광고를 점차 대체했다.[21]

문학에서도 복잡함을 정리하려는 노력이 있었다. 1922년, 윌라 캐서(Willa
Cather)[22]는 소설을 대대적으로 정리할 것을 요구했는데, 왜냐하면 소설의
세간살이들이 늘어나 지나치게 많다고 생각했기 때문이다. 그녀는 위대한
희곡은 사실적인 세세함이 많이 필요하지 않으며 네 개의 벽(four walls)[23]과

---

20 Daniel Boorstin, *The Image* (1961; repr., New York: Atheneum, 1972), p. 135; Samuel Schreiner,
The Condensed World of the Reader's Digest (New York: Stein and Day, 1977), p. 49; John
Bainbridge in 1946. Schreiner, *Condensed World*, p. 56에서 재인용.

21 Jackson Lears, *Fables of Abundance: A Cultural History of Advertising in America* (New
York: Basic Books, 1994), pp. 203~218; Roland Marchand, *Advertising the American Dream:
Making Way for Modernity, 1920-1940* (Berkeley: University of California Press, 1985), p. 115.

22 윌라 캐서(1873~1947)는 미국의 소설가이다. _옮긴이

23 제4의 벽은 프랑스의 백과전서파를 대표하는 계몽주의 철학자 드니 디드로가 주장한 이론으
로, 무대는 하나의 방으로 되어야 하고, 그 방의 한쪽 벽은 관객이 볼 수 있도록 제거된 것뿐이
라고 하면서 이 벽을 제4의 벽이라고 했다. 그럼으로써 무대에서 연기를 하는 배우들은 실제의

대단한 열정만 있으면 된다고 주장했다.[24] 모더니즘 문학은 웅장하고 종합적일 수 있었지만 — 1922년의 두 작품, T. S. 엘리엇(T. S. Eliot)의 『황무지(*The Waste Land*)』와 제임스 조이스의 『율리시스(*Ulysses*)』를 생각해보라 — 빅토리아 시대의 규모로 계속되는 묘사는 용납하지 않았다. 모더니즘 문학은 더 간결했고 더 변화무쌍했다.

좀 더 실용적인 장르인 여행 안내서도 사실로 가득 채운 이전 안내서들을 중요시하지 않았다. 1920년대 베데커의 안내서들은 "인간적"이라거나 "흥미진진한 문학"이 아닌 "딱딱하고 변화가 없어 단조롭다"고 묘사되었다. 1922년에 한 작가는 베데커의 "열정"은 "사실을 위한 것"이었지만 밀도 높은 사실의 흐름은 더 이상 충분한 방향성을 제공하지 못했다는 데 동의했다.[25] 뉴딜(New Deal) 정책의 일환으로 연방 작가 프로젝트(FWP: Federal Writers' Project)가 1935년에 첫 출간한 아메리칸 가이드(American Guide) 시리즈는 베데커의 정신과는 반대로 기획되었다. 아메리칸 가이드의 작가들은 지역색과 사진, 문학적인 글, 솔직한 홍보성 표현을 기꺼이 받아들였다. 베데커와 그의 세 아들은 꼼꼼한 분류학자처럼 장소에 대한 글을 쓴 데 반해, FWP 작가들은 시인처럼 글을 쓰기를 원했다. FWP 작가들은 "지역 사회에 관한 모든 관련 사실을 몇 개의 단락이나 몇 쪽으로 바꾸고, 그러한 사실들에 거짓이 없는지 정확한지 확인하고, 그러한 사실들이 정리된 상태에서 이야기를 들려줄 수 있도록 그것들을 규율하는 어렵고 새로운 작업을 하는 데 시간을 보냈다".[26] 베데커 형제들은 사실들을 결코 '규율하지' 않은 채, 그저 그것

방(네 개의 벽)에서처럼 관객을 의식하지 않고 연기를 할 수 있다고 했다. 따라서 네 개의 벽은 무대를 의미한다. _옮긴이

24 Willa Sibert Cather, "The Novel Demeuble," *New Republic*, 30, 1922(April 22), pp. 5~6. 이 문헌은 알렉산더 스테어(Alexander Starre)에게 감사한다.

25 "The Contributors' Club," *Atlantic Monthly*, 1922(July), p. 133.

들을 쌓아놓았을 뿐이다. 1930년대에 이르러서는 난잡한 것들을 완전히 걸러낸 안내서가 좋은 안내서였다. 사실들을 부드럽게 전달하고자 하는 마음에서 시와 그림을 섞어가며 이야기를 해야 했다.

두 세계대전 사이의 기간에 문학과 인문학적 학식을 대중화하려 했던 다양한 노력 역시 대세를 반영한다. 1920년대 중반에 설립된 '이달의 책 클럽(the Book of the Month Club)'은 가치 있는 것과 가치 없는 것을 가려냄으로써 출판된 수많은 책이 주는 혼란이 줄어들기를 희망했다. 1927년, 이 북 클럽이 ≪뉴욕 타임스 북 리뷰(New York Times Book Review)≫에 실은 한 광고에는 다음과 같이 적혀 있었다. "출판된 수천 권의 책 가운데 당신이 관심이 있는 책은 몇 권뿐이라는 것을 당신은 알고 있다. 당신은 우수한 책을 원하는데, 그렇다면 어떤 책이 우수 도서인가?" 이 클럽은 그들을 위해 그러한 분류 작업을 해주고자 했다. 1930년, 서적 출판업계는 급증하는 인쇄물을 관리하기 위한 새로운 비품인 책장을 구입하라는 캠페인을 중산층 가정을 대상으로 시작했는데, 책장은 가정과 사무실에서 종이로 된 제품을 정리하기 위한 당시의 몇몇 혁신 가운데 하나였다.[27]

인쇄 문화에 내용의 단순화뿐만 아니라 형식의 간소화 경향도 함께 나타났다. 20세기 저널리즘 디자인 부분에서 나타난 현상 가운데 하나는 신문 지면에 엄청난 '숨을 쉴 수 있는 공간'이 생긴 것이다. 19세기 인쇄물은 베데커 안내서만큼이나 내용이 빽빽하게 들어차 있어서 가까이하기 어려웠을 수 있다. 여백은 이제 레이아웃의 일부가 되었다. 망점 인쇄[28]의 등장 덕분에

---

26 Merle Colby, "Presenting America to All Americans," *Publishers Weekly*, May 3, 1941, p. 1830.

27 Ted Striphas, *The Late Age of Print: Every Book Culture from Consumerism to Control* (New York: Columbia University Press, 2009), pp. 26~31.

28 망점은 점을 사용해 크기나 간격에 따라 연속 색조의 상을 따라 만드는 복사 기법이나 점으로 그레데이션(gradation) 효과를 낸다. 이러한 과정을 통해 만들어낸 인쇄물을 망판이라고 하는

1880년대부터 시각적 표현이 점점 더 빈번해졌고, 특히 타블로이드 신문의 유명한 선정적인 헤드라인에서 서체는 더 커지고 더 활기가 넘쳤다.[29]

인쇄 재료 자체(타이포그래피[30])도 공기 역학적 개혁의 대상이 되었다. 지금은 주로 『못말리는 아빠와 한 다스의 아이들(Cheaper by the Dozen)』[31]에서 아버지로 기억되는 능률 전문가 프랭크 길브레스(Frank Gilbreth)는 문자 알파벳이 "전혀 쓸모없는 획으로 가득 차 있다"고 불평했다.[32] 서체 디자이너들은 화려함과 장식을 제거할 것을 요구했다. 산세리프(sans serif)체는 1830년대에 처음 디자인되었지만 런던 지하철의 도상 기호[33]에 사용된 1910년대까지 거의 통용되지 않았다. 제1차 세계대전 이후 바우하우스(Bauhaus) 운동[34]의 영향을 받은 스위스와 독일의 활판 기술자들이 산세리프체를 채택했다. 그들은 이 서체가 국민주의적 색채가 없고, 그 시대의 기계 정신(machine

---

데, 해프톤(halftone)은 이 두 가지 뜻을 모두 내포한다. 유의어로 중간 색조, 중간색, 반색조가 있다. _옮긴이

29 Neil Harris, "Iconography and Intellectual History: The Halftone Effect," in *Cultural Excursions: Marketing Appetites and Cultural Tastes in Modern America* (Chicago: University of Chicago Press, 1990), pp. 304~317.

30 활자 서체의 배열을 말하는데, 특히 문자 또는 활판적 기호를 중심으로 한 2차원적 표현을 가리킨다. 활판으로 하는 인쇄술을 가리키는 용어이기도 하다. _옮긴이

31 이 소설은 동명의 영화로 만들어졌는데, 한국에서는 〈12명의 웬수들〉이라는 제목으로 소개되었다. _옮긴이

32 Frank Gilbreth, *Motion Study* (1911), pp. 99~100. Sharon Corwin, "Picturing Efficiency: Precision, Scientific Management, and the Effacement of Labor," *Representations*, 84, 2003(Autumn), p. 141에서 재인용.

33 도상 기호란 대상체와 유사한 기호를 의미하며 그 대상의 특징을 포착해 만든 기호를 말한다. 쉽게 말하면, 실제 사물과 비슷하게 생긴 형태이다. _옮긴이

34 바우하우스가 처음 시작된 것은 1919년 독일의 바이마르(Weimar)이다. 마흔세 살의 건축가 발터 그로피우스(Walter Gropius)는 기술과 예술을 하나로 엮어 새로운 산업적 미학을 창조하고자 바우하우스 운동을 일으켰다. 지금 우리가 디자인이라고 부르는 것의 시작이 바로 그로피우스가 주창한 바우하우스이다. _옮긴이

spirit)[35]과 어울리며, 깔끔하고 몰개성적이어서 좋아했다. 대형 글자의 가독성을 높이 평가한 광고주를 포함해 다른 사람들도 차례로 뒤를 이었다. 세리프체는 구식, 관료주의, 죽은 과거를 의미했고, 산세리프체는 근대성과 속도를 의미했다.

이 새로운 서체를 지지하는 사람들은 그것의 우월성에 대한 몇 가지 이유를 제시했다. 1914년, 한 철자법 개혁가는 세리프체 폐지를 건강 문제로 보았다. "내가 생각하기에, 글 쓰는 이의 펜이 글을 쓰기 시작하는 부분에서 끝나는 지점까지 발생하는 자연스러운 흔적이긴 하지만, 세리프체는 이제 사용되지 않은 지 오래된 퇴화한 기관(器官)의 유물, 즉 눈의 피로로 인한 두통과 노안을 유발하는 미생물이 서식하는 부적절한 장소에 있는 물질에 불과하다."[36] 1928년, 한 예술가는 아름다움이 한때 서체 디자인의 최우선 요인이었다고 말했다. 그러나 이제는 "엄청난 양의 인쇄물이 우리의 주목을 끌기 위해 갖가지 주장을 하고 있고, 이로 인해 가장 경제적인 표현이 요구되기 때문에" 명확성이 더 중요했다.[37]

모든 사람이 더 평범한 서체를 좋아한 것은 아니다. 1933년, 독일의 요제프 괴벨스(Joseph Goebbels)는 산세리프체를 "유대인의 날조품"이라고 부르며 사용을 금지했다. 그는 나중에 자신과 다른 나치가 선호하는 고딕 양식의 프락투어(Fraktur)체가 항공기와 기타 군사적인 환경에서 읽기가 어렵다는 것이 명백해지자 그때서야 동의했다. 나치의 선전 기술자조차도 압박감이 있는 상황에서 빠른 읽기라는 매우 근대적인 압력에 굴복하지 않을 수

---

35   모든 기계를 주어진 별개의 실체로 보는 철학으로, 기계 정신은 하나의 온전한 정신이지만 부분의 합만큼만 위대하다. _옮긴이

36   Archer Wilde, *Sounds and Signs: A Criticism of the Alphabet* (London: Constable, 1914), p. 9.

37   Jan Tschichold, *The New Typography*, trans. Ruari McLean (1928; repr., Berkeley: University of California Press, 1995), p. 66.

없었다.

대중적 지식 요약하기: 박물관

박물관은 정보에 대한 새로운 태도가 나타난 가장 중요한 장소 가운데 하나였다. 20세기의 첫 수십 년 동안, 박물관은 빅토리아 시대의 사명을 신뢰하지 않았다. 박물관은 오브제를 중심으로 소장품들을 구성하는 것에서 벗어났다.[38] 1920년대와 1930년대에는 공중에게 제공되는 자료의 양을 줄여야 한다는 것이 선진 박물관의 원칙이 되었다. 끊임없는 불만은 미술관과 자연사 박물관의 진열품이 너무 많다는 것이었다. 앞에서 살펴본 바와 같이, 19세기 미술관은 벽을 그림으로 덮었고, 자연사 박물관은 진열장과 표본 상자들을 나란히 배치했는데, 이 둘 모두 아버지 찰스 윌슨 필(Charles Willson Peale)이 관리하는 박물관을 그린 티티안 램지 필(Titian Ramsay Peale)의 1822년 수채화에서 볼 수 있다. 미술관과 박물관에는 특수자들의 풍부함이 당연히 존재해야 했다. 2장에서 언급했듯이, 미국에서 약 1870년까지 박물관은 공중을 위한 학교나 극장이라기보다는 '실험실'에 가까웠으며, 한때 대학교와 박물관은 지식 창조의 장으로 서로 활발히 경쟁했다.[39] 대중적인 시각적 소구는 광고주와 쇼맨[40]에게 맡겨졌다. 그리고 제2차 세계대전 이후에서야 비로소 변화가 일어나긴 했지만, 빅토리아 시대의 진열 기법이 공격을 받기까지는 긴 발아 기간을 거쳐야 했으며, 20세기 말까지도 박물관 관람객들은

---

38 박물관 재현 전시 관련해서는 다음 참조. 송한나, 「박물관 재현 전시를 통한 의미형성(meaning-making)의 교육적 의미: 특정한 시대의 장소 및 사건을 재현하는 전시를 중심으로」, 《문화예술교육연구》, 7권, 2호(2012), 69~91쪽. _옮긴이

39 L. C. Everard, "Museums and Exhibitions," in E. R. A. Seligman(ed.), *Encyclopedia of the Social Sciences*, vol. 11 (New York: Macmillan, 1933), pp. 138~142, at 139.

40 전시회 따위에서 소비자들에게 흥미를 느낄 수 있도록 상품을 소개하는 사람을 말한다. _옮긴이

때때로 오래된 풍부함을 강조하는 방식의 잔재를 발견할 수 있었다. 곳곳에서 재현적 견본화(representative sampling)라는 새로운 문화가 공격을 주도했다. 1928년, 뉴욕시에 있는 메트로폴리탄 미술관의 한 큐레이터는 사고의 변화를 이렇게 요약했다. "정적 오브제를 모아놓은 것"으로서 전시회는 시대에 뒤졌으며, 대신 "박물관의 임무는 눈을 훈련시키는 것이다".[41]

1920년대와 1930년대의 개혁주의 문학(reformist literature)[42]에서는 현존하는 박물관이 철저한 방해꾼인 것처럼 들린다. 박물관은 "평균적으로 지적인 사람", "어쩌다 들르는 방문객", 혹은 어린이들은 전혀 고려하지 않은 채 오로지 과학자들의 즐거움을 위해 설계된 "몸을 지치게 하고 정신을 멍청하게 만드는" 건물이었다. 박물관은 관람객들을 "지루함에 지치게 만드는" 우울한 "무덤 같은 장소"였다. 박물관은 일상생활과 분리되었고, '교육 도구'로서 쓸모가 없었으며, 보통 사람들에게 "우호적이고 도움이 되는 관계"가 부족했다. 박물관은 도서관과 영화에서 힌트를 얻어야 했다. 공공 도서관은 사람들의 접근이 용이하고, 지역 사회에 기반을 두고 있었으며, 기꺼이 정보를 공유하고 싶어 하는 사람들이 직원으로 근무했다. 공공 도서관은 "정기간행물, 지도, 사진, 팸플릿, 스크랩, 음악 레코드, 영화 필름"과 같은 다양한 미디어와 손을 잡았다. 공공 도서관은 영화에서 처음 개발된 시각적 교육 기술을 살펴보기 시작했다. 일부 개혁가들은 박물관이 마땅히 "시각적 교육기관"이라고 불릴 수 있도록 배움에서의 시각적 즐거움을 활용해야 한다고 결론지었다. 간단히 말해, 박물관은 "개요를 보여주는 장소여야 한다".[43]

---

41   Richard F. Bach, "Beauty, Utility, and Museums," *Journal of Home Economics*, 20, 1928 (March), pp. 182~183에서 인용.

42   미국 문학사에서 1914~1945년에 이루어진 문학적 형식은 매우 다양했으며, 희곡·시·소설 등에서 근본적인 수법의 변혁을 시도하려는 작가들이 많았다(출처: http://www.cyberspacei.com/jesusi/inlight/art/amlit_h.htm). _옮긴이

그림 3-1 티티안 램지 필 II, 1822년 필스 박물관의 내부 전실

『기술과 문명(*Technics and Civilization*)』(1934)에서 루이스 멈퍼드는 기술 박물관의 변화하는 관행에 대해 논평했다. 파리의 기술 공예 박물관(Conservatoire des arts et métiers)은 "단순한 창고"라고 생각했으며, 뮌헨(München) 의 독일 박물관(Deutsches Museum)은 "망라적"이었는데(이것은 칭찬이 아님), 왜냐하면 소장품들의 "양이 조금 과했기" 때문이다. 그와 같은 박물관에서

43 John Cotton Dana, "How Museums Came to Be So Deadly Dull," *Library Journal*, May 15, 1921, pp. 45~46; Forest H. Cooke, "Culture and Fatigue: Some Reflections on Museums," *Century Magazine*, 3, 1926(January), pp. 291~296; Dana, "The Functions of a Museum," *Library Journal*, June 15, 1921, pp. 538~540; Dana, "First Steps toward Museum Founding," *Library Journal*, September 1, 1921, pp. 697~699; Dana, "The Literature of Museum Management," *Library Journal*, October 15, 1921, pp. 839~842; Louise Connolly, "The Museum Idea at Pinnacle," *Library Journal*, January 22, 1922, pp. 23~24; Dana, "Pictures in Place of Objects," *Library Journal*, September 1, 1922, pp. 705~708.

는 "사람들이 나무는 보되 숲은 보지 못한다"고 멈퍼드는 생각했다. 반면에 그는 운영 중인 탄광을 극적으로 재건한 시카고의 새로운 과학 산업 박물관 (Museum of Science and Industry)은 칭찬했으며 빈 기술 박물관(Technisches Museum Wien)은 "압도하는 느낌이 없는 교육적 가치"를 가지고 있다고 생각했다.[44] 같은 기간에 유럽의 해부학 박물관들을 둘러보고 있던 미국의 한 생물학자도 멈퍼드와 같은 반응을 보였다. "나는 평생 그같이 많은 양의 쓰레기가 전시되어 있는 것을 본 적이 없다. 저 박물관들은 디킨스의 『오래된 골동품 상점(*The Old Curiosity Shop*)』을 연상시킨다."[45] 새로운 박물관 지지자들은 오브제의 풍부함에 대해 경의를 표하지 않았다. 새로운 박물관의 전시실은 덜 어수선했고, 인상적인 복제품과 효과적인 예증을 선호했다. 너무 많은 정보는 그저 사람들을 혼란스럽게 할 뿐이었다. 전시를 솜씨 좋게 축약하고 생동감 있게 하면, 모든 것이 잘될 것이다.

박물관 진열을 간소화하는 또 다른 원동력은 산업 심리학에서 나왔다. 1920년대와 1930년대에 심리학자들은 박물관의 거의 모든 측면을 연구했다. 그들은 좀 더 일반적으로는 학습의 속성과 함께 유리의 눈부심과 반사, 레이블 달기, 조명, 배치, 관람 동선 패턴 등을 자세히 살펴보았다. 그들은 관람객들이 진열품 앞에서 보낸 평균 시간을 측정했으며 평균 진열품 수도 조사했다. 1930년대에 이르러 그들은 신경계가 과도한 자극을 처리할 수 없다고 확신했다. '박물관 피로'는 실제 상황이었다. 존 듀이가 이끄는 진보적인 교육자들이 기계적 암기에 대해 경고했던 것과 꼭 같이 박물관 큐레이터들도 너무 많은 표본이나 그림에 반대했다. 대신, 그들이 요구한 것은 전시

---

44 Mumford, *Technics and Civilization*, p. 447.

45 D. Graham Burnett, *The Sounding of the Whale: Cetaceans and Science in the Twentieth Century* (Chicago: University of Chicago Press, 2012), p. 305.

주제의 통일성, 심리 상태를 약화시키는 많은 예중에 의존하는 것을 대체하기 위한 전체에 대한 요약이었다. 이런 점에서 그들은 제1차 세계대전 이후 육체적·정신적 건강의 중심 요인으로서 '스트레스'에 초점이 맞추어질 것을 예상했다.[46]

프란즈 보아스(Franz Boas)는 1887년에 일찌감치 민속 박물관의 어수선함과 구성에 대해 걱정한 바 있다. 민속 박물관은 일반적으로 자료를 유형학적으로 구성했다. 식기, 신발, 악기, (등받이 없는) 의자 및 기타 모든 종류의 유물들과 마찬가지로, 여러 문화에서 온 방추(紡錘)[47]들도 함께 모여 있었다. 빅토리아 시대의 큐레이터인 오티스 메이슨(Otis Mason)에게 이것은 당연했는데, 왜냐하면 군인, 도예가, 음악가, 화가와 같은 수많은 전문적인 관심사를 가진 수많은 사람들이 유물을 보러 왔기 때문이다. 이 모든 관람객들은 "그들이 공부하고자 하는 표본들이 나란히 배치되어 있는 것을 보고 싶어 한다". 전시품들은 "최대한 다양한 사람들"의 관심을 끌기 위해 무리 지어 있어야 했다.[48] 그와 같은 태도는 19세기의 대중화 의식을 잘 반영했다. 사람들이 지도 감독 없이 스스로 문제를 탐구할 수 있도록 가능한 한 많은 정보를 공중에게 제공해야 했다.

그러나 보아스에게 그와 같은 비맥락화된 분류는 혼란이었다. 그는 전시가 문화적 기원에 따라 구성되어야 한다고 주장했다. 각각의 유물은 더 크지만 특수한 전체의 일부로 이해되어야 했다. 박물관 전시품들은 유물의

---

46 Donna Haraway, *Primate Visions: Gender, Race, and Nature in the World of Modern Science* (New York: Routledge, 1989), p. 223 ff. 또한 다음 참조, Marshall McLuhan, *Understanding Media: The Extensions of Man* (New York: McGraw-Hill, 1964).

47 베틀에서 날실의 틈으로 왔다 갔다 하면서 씨실을 푸는 기구를 말한다. _옮긴이

48 Franz Boas, "The Occurrence of Similar Inventions in Areas Widely Apart," *Science*, 9, 1887 (May), pp. 485~486.

묶음이 아니라 한 집단의 삶을 보여주어어야 한다. 그에 따르면, 부족의 독특한 특징은 특별히 선택된 유물에 의해 드러날 수도 있다. 바꾸어 말하면, 부분이 전체를 대표할 수도 있다.[49] 보아스는 나중에 인류학자들이 전체론(holism)이라고 부르는 개념, 즉 모든 유물이나 관행[그것이 상인방(上引枋)[50] 이든 신붓값이든]은 독특한 문화적 맥락 안에서 이해되어어야 한다는 개념으로 방향을 틀고 있었다.[51] 이러한 관념이 20세기 인류학을 지배할 것이다.

박물관에 대한 보아스의 생각은 과도기적이었다. 그는 대부분의 박물관 관람객이 그저 오락을 원한다고 생각했다. 대다수의 관심을 끌기 위해 인상적으로 진열되는 몇 가지 유물을 전시품에 포함함으로써 그와 같이 어쩌다 한번 방문하는 관람객들에게 무엇보다 중요한 한 가지 메시지를 남겨야 했다. 전시품의 수는 더 적겠지만, 그러한 전시품들은 더 세심하게 관람객을 안내할 것이다. 보아스는 대부분의 관람객이 어쩌다 한번 들르는 사람들이고 안내가 필요하다고 생각했을 수도 있지만, 동시에 그는 박물관을 더 진지한 학자들이 연구를 할 장소로도 보았다. 그는 박물관에 무리 지어 있는 유물을 바라보면서 통찰력을 얻었다. 이것은 일반 공중을 위한 전시의 복잡성을 줄이고자 하는 그의 바람과 민족학자(ethnologist)들이 연구할 수 있는 엄청난 수의 유물을 갖고자 하는 바람 간의 긴장으로 이어졌다. 20세기로의 전환기에 민속 박물관의 수집 물결은 이러한 그림을 더욱 복잡하게 만들었다. 보아스가 1896년부터 1905년까지 일했던 미국 자연사 박물관(AMNH)에

---

49 Franz Boas, "Reply to Powell," *Science*, 9, 1887(May), p. 614; Boas, *The Shaping of American Anthropology, 1883-1911: A Franz Boas Reader* (New York: Basic Books, 1974), pp. 61~67.

50 문틀·창틀의 일부로 문·창문을 가로지르게 되어 있는 가로대로 벽의 부하를 지탱하는 수평 구조 부재를 말한다. _옮긴이

51 Ernst Gellner, *Language and Solitude: Wittgenstein, Malinowski and the Hapsburg Dilemma* (Cambridge: Cambridge University Press, 1998).

는 새롭게 입수한 소장품을 위한 저장 공간이 부족해 진열을 간소화할 수 있는 기회가 무산되었다. 전시실은 새로운 자료로 인해 계속해서 어수선했다.[52]

보아스의 견해는 훨씬 더 중요한 의미에서 과도기적이었다. 간소화된 구성에 대한 그의 생각은 당시에는 확고하지 않았는데, 이것은 1905년 그가 박물관 일을 그만둔 이유 가운데 하나였다. (그는 또한 자연사 박물관과 컬럼비아 대학교에서 두 가지 일을 하는 데 따른 중압감도 있었는데, 그곳에서 그는 북미에서 처음으로 인류학이라는 학문 분야를 개척하고 있었다.) 실제로 세기 전환기의 한 관찰자는 박물관을 두 부분, 즉 공중을 위해 선별한 것들을 모아놓은 공간과 학자들을 위해 풍부한 연구 재료를 모아놓은 곳으로 나누는 것을 "다소 혁명적인" 것으로 보았다.[53] 그러나 이후 세대들에게는 이러한 분할이 일상이 될 것이다. 공공 도서관이 연구 도서관에서 분리되는 것처럼, 학술 조사는 공중을 위한 공개 전시에서 자취를 감추게 될 것이다. 재현의 문화가 승리를 거둘 것이다.[54]

자연사 박물관의 경우가 특히 여기에 해당했다. 나열에서 벗어나 요약을 지향하는 것으로의 변화는 일찍이 1890년대에 시작되었지만, 1920년대 중반에는 1880년대의 표준이었던 줄지어 늘어선 표본에서 극적인 움직임이 나타났다.[55] 새로운 모형은 디오라마(diorama)였다. 디오라마는 그림이 그려진 배경과 기타 자연 효과(주위 환경에 따라 잔디, 바위, 모래)를 전경에 있는 박제나 인물의 모형을 혼합했다. 이러한 조합은 동물이나 원주민을 주목하지

52　20세기 후반에 이르러 AMNH는 전체 보유량의 1~2%만을 전시하고 있는 것으로 추정되었다. Douglas J. Preston, *Dinosaurs in the Attic: An Excursion into the American Museum of Natural History* (New York: St. Martin's Press, 1986), p. xi.

53　"A Selective Art Museum," *Nation*, 82, 1906(May 24), pp. 422~423.

54　Ira Jacknis, "Franz Boas and Exhibits: On the Limitations of the Museum Method in Anthropology," in George W. Stocking(ed.), *Objects and Others: Essays on Museums and Museum Culture* (Madison: University of Wisconsin Press, 1985), pp. 75~111 참조.

55　Lucas, *The Story of Museum Groups*.

않을 수 없을 정도로 실물같이 재현해 낼 것으로 기대되었다. 디오라마는 범주화된 표본을 극적인 표현으로 분명하게 대체했다. 디오라마는 관람객들에게 분류와 감별의 부담을 덜어주었다. 디오라마는 직접 체험에 의한 연구를 위한 시도가 아니라 대중화를 위한 시도였다.

디오라마는 19세기 후기 당시에는 시카고 컬럼비언 박물관(Columbian Museum of Chicago)으로 알려진 필드 자연사 박물관(Field Museum of Natural History)의 칼 에이클리(Carl Akeley) 같은 사람들과 함께 소규모로 시작되었다. 그는 1885년에 점보(Jumbo)라는 코끼리가 기관차에 치여 죽자 P. T. 바넘이 그 코끼리의 박제를 그에게 맡기면서 박제 일을 시작한 박제사였다. 에이클리는 나중에 시어도어 루스벨트(Theodore Roosevelt)의 회사에서 한 차례 원정을 간 것을 포함해 아프리카로 몇 차례 원정을 떠났으며, 1926년 그곳에서 사망했는데 아마도 에볼라(Ebola) 바이러스 감염이 사망 원인이었던 것 같다. 그는 자연사 유물의 대중적 전시를 주도한 핵심 인물이었지만, 이후의 문화 요약 비판자들에게는 악당이었다(5장 참조).

에이클리는 미국 자연사 박물관의 아프리카 홀(1936)을 학수고대해 왔는데, 이 홀에는 결국 그를 기리는 이름이 붙여졌다. 이 홀은 AMNH의 아시아 포유류 홀(1930)과 함께 디오라마 기법의 전환점이 되었다. 디오라마는 이제 눈에 잘 띄지 않는 구석에 배치되는 대신 홀을 지배했다. (시간에 따라 조명을 달리하는 등) 효과를 더하기 위해 잘 계산된 조명과 함께 그 폭은 0.3~60m, 높이는 최대 2층(12m)에 달하기도 했다. 홀 자체가 어두웠고 디오라마 내부에서 빛이 비춰져서 진열장 유리에 빛이 반사되어 생기는 눈부심은 없었다. 디오라마는 다큐멘터리 같은 운치를 풍기지만, 20세기 초반의 두 가지 다른 주요 진열 기법인 영화와 쇼윈도의 덕을 많이 보았다.[56] 동물

---

56   Preston, *Dinosaurs in the Attic*, chap. 7.

들은 관람객들의 존재를 인지하지도 못하면서 관람객들에게 그들 자신을 드
러내기 위해 포즈를 취했다. 예일 피바디 자연사 박물관(Yale Peabody Museum
of Natural History)에서 가져온 이미지(〈그림 3-2〉)는 곰과 갈매기가 관람객이
아니라 서로를 상대하거나 그들의 환경을 상대하고 있다는 점에서 상징적
인데, 그들은 제4의 벽을 부수기(break the fourth wall)[57]를 예의 바르게 거부
했기 때문이다. 이 장면은 화려한 극적인 사건이 아니라 삶의 하루를 보여
주고자 제작되었다. 전경의 실제 돌과 툰드라는 그려진 배경과 거의 티가
나지 않을 정도로 매끄럽게 조화를 이루고 있다. 1950년대부터 시작된 예일
디오라마는 에이클리 전통의 2세대에 속하며 AMNH에서 일하는 예술가의
직접적인 계보를 보여준다.[58]

　　1925년에 출간된 존 로울리(John Rowley)의 『박제와 박물관 전시(Taxi-
dermy and Museum Exhibition)』의 마지막 장은 이론의 전환점이었다. AMNH
와 나중에 오클랜드(Oakland)와 로스앤젤레스(Los Angeles) 카운티 자연사
박물관에서 일한 로울리는 박제술 전문가였으며 무엇보다도 환영[59]의 천재
였다. 그는 동물의 자세에 대한 기준을 세웠다. 그는 폭력적인 동작과 싸움
장면보다 "차분한 자세"가 "매우 독창적인 환영"을 더 잘 조성한다고 생각했

57　앞의 '네 개의 벽'에 대한 각주에서 설명했듯이, 제4의 벽은 배우와 관객 사이에 보이지 않는 벽
　　으로 관객은 극의 전개와 무대에서 연기하는 배우에게 영향을 끼쳐서는 안 된다. 이것은 이론
　　이자 관객들의 불문율이기도 하다. 그러나 때때로 연극은 배우가 관객이 있다는 것을 모르는
　　척하는 것을 멈추고 관객에게 직접 말함으로써 이 보이지 않는 벽을 '부수게' 한다. _옮긴이

58　이 디오라마는 J. 왓슨 웹(J. Watson Webb)과 A. C. 길버트(A. C. Gilbert)가 기증했고, 배경 그
　　림은 프랜시스 리 재크(Francis Lee Jaques)가 그렸으며 곰은 랠프 C. 모릴(Ralph C. Morrill)이
　　설치했다. 이 이미지에 도움을 준 마이클 앤더슨(Michael Anderson)과 에린 그레델(Erin Gredell)
　　에게 감사한다.

59　감각의 왜곡으로 인해 사실이 아닌 것을 사실로 받아들이는 현상을 의미한다. 시각보다 다른
　　감각들에서 환영이 더 빈번하게 나타남에도 불구하고, 시각적 환영이 가장 잘 알려지고 이해
　　되어 왔다. _옮긴이

그림 3-2 〈알래스카 툰드라〉(1950년대)

다. 그는 관찰자 관점에서 전경 구성과 배경 공간을 결정해야 한다고 믿었다. 로울리는 이전에 어떤 박물관 디자이너도 하지 않았던 방식으로 천장을 제거했으며 디오라마를 미학적으로 아름답게 만들었다. 동물의 서식지를 사진으로 재현한 것보다 유화로 그린 배경이 더 나은 효과를 얻었다.[60] 그는 디오라마를 통해 시각적 즐거움과 경이로움을 제공하고자 했는데, 이런 생각은 19세기 박물관에는 전혀 찾아볼 수 없었다.

이전 박물관의 줄지어 늘어선 진열장들과는 달리 디오라마는 일종의 게슈탈트,[61] 즉 더 넓은 동물의 실제 생활이라는 느낌을 만들어내는 것으로 여

---

60 John Rowley, *Taxidermy and Museum Exhibition* (New York: Appleton, 1925), p. 313.

61 심리학, 철학 등에서 부분이 모여서 된 전체가 아니라, 완전한 구조와 총체성을 지닌 통합된 전체로서의 형상과 상태를 가리킨다. _옮긴이

겨졌다. 로울리는 이전 스타일이 관람객들에게 "오브제의 집합체"를 제공했다고 불평했다. 대신, "전시는 반드시 이야기를 들려주어야 한다". 디오라마는 표본 수를 급격하게 줄였다. 많은 예증을 제공하는 것보다 전반적으로 실물 같고 인상적인 그림을 만들어내는 것이 더 중요했다. 디오라마는 관련된 표본들을 망라하는 분류 체계를 의미하지 않았다. 관람객은 아무런 도움 없이 방임되는 것이 아니라 이해하도록 안내를 받았다. 그의 미학적 규범은 요약의 문화를 다음과 같이 요약했다. "지나치게 다양한 오브제의 배치(assemblage)[62]가 아니라 단순함이 규칙이 되어야 한다… 어느 하나로부터 최상의 효과를 얻으려면 반드시 한 덩어리로 모여야 한다."[63] 개별적인 탐구가 아니라 사전에 짜 맞추어진 내러티브는 진정한 민주적 양식이었다.

20세기 중반에 이르러 대량에서 이야기로, 어수선함에서 시각적 즐거움으로의 변화가 완료되었다. 1951년, AMNH 관장은 자신의 박물관이 옛날 방식에서 벗어났다고 자랑했다. "AMNH는 입구에서 출구까지 미로 같은 줄과 줄지어 늘어선 유리 진열장에 인디언 화살촉, 고대 철기, 비버 털가죽이 가득 차 있는 춥고 먼지 많은 어두운 곳이었다." 이제 이 박물관은 "따뜻하고 밝은 장소가 되었으며, 죽은 동물과 유물을 모으는 것"에서 살아 있는 식물과 동물이 그들의 서식지와 상호 작용하는 모습을 보여주는 것으로 접근 방식을 바꾸고 있었다.[64] 이러한 발언에 영향을 미친 새로운 생태학적 사고는 그 자체가 일종의 전체론적 요약으로, 이러한 구상은 자연 분류 체계 및 진열 관행 모두와 관련되어 있었다.

---

62 프랑스어 '아상블라주'에서 온 배치는 집합·집적을 의미하며, 특히 조각 내지 3차원적 입체 작품의 형태를 조형하는 미술상의 방법을 말한다. _옮긴이

63 Rowley, *Taxidermy and Museum Exhibition*, p. 300, p. 313.

64 "Museum Changes in Tune with Age: Natural History Institution Stresses the Study of Living Things in Environments," *New York Times*, December 18, 1951, p. 24.

요약은 또한 정치적 이점도 제공했다. 큐레이터들은 정치적 논란에서 벗어날 수 있었다. 자신의 모든 직업 생활이 AMNH와 연관되어 있었으며 마침내 1946년 민족학 큐레이터가 된 마거릿 미드(Margaret Mead)는 박물관이 사회 과학만큼 '가치에 얽매이지 않을' 수 있다고 생각했다. 큐레이터들은 다른 많은 기관을 이미 점령한 촉진 전술(promotion tactic)을 피함으로써 선전에 지친 공중에게 최선을 다했다. "박물관 직원들은 '이것이 성공할까?'가 아닌 '이것은 사실인가?'라는 질문을 고수해 왔기 때문에 사람들로부터 계속해서 신뢰를 얻었다." 박물관 관람객들은 그들 자신의 감각을 사용하는 민주적인 자유를 누릴 수 있었다. "관람객들은 한 시간 정도 그들의 눈을 믿고, 그들을 이해시키거나 변화시키거나 그들에게 명령하기 위해 배열되어 있는 것이 아니라, 단지 그들에게 현재 알려져 있는 만큼의 진실을 그것도 조용하게 이야기해주기 위해 배열되어 있는 자료들을 마음 가는 대로 이리저리 돌아볼 수 있었다. 미드는 개인 스스로 하는 탐구라는 이전의 오래된 이상과 전문가의 자료 배열이 다른 속셈 없이 진실을 말할 수 있다는 확신을 결합했다.[65] 최상의 응축 문화는 귀에 거슬리는 광고 소리와 단조롭게 되풀이되는 정치 선전 소리 사이에 있는 오아시스였다. 진실의 적(賊)은 재현이 아니라 돈과 권력이었다.

65　Alfred H. Barr Jr. Brian Wallis, "A Forum, Not a Temple: Notes on the Return of Iconography to the Museum," *American Literary History*, 9, 1997(Fall), pp. 617~618에서 인용; Margaret Mead, "Museums in the Emergency," *Natural History*, 9, 1941, p. 67. 1940년대의 선전 대응 수단으로서의 커뮤니케이션에 관해서는 다음 참조. Kenneth Cmiel, "On Cynicism, Evil, and the Discovery of Communication in the 1940s," *Journal of Communication*, 46(3), 1996, pp. 88~107. 민주적 형태의 문화 건설이라는 더 규모가 큰 프로젝트 내에서의 미드에 관해서는 다음 참조. Fred Turner, *The Democratic Surround: Multimedia and American Liberalism from World War II to the Psychedelic Sixties* (Chicago: University of Chicago Press, 2013), pp. 74~76 and passim.

잡동사니를 정리하는 속도는 자연사 박물관보다 미술관에서 더 느렸다. 1920년대에도 미술관은 여전히 19세기 진열 미학이 지배적이었다. 그러나 1920년대 중반이 되자, 똑같은 불만이 계속해서 울리는 북소리처럼 들리기 시작했다. 그림으로 채워진 전시실은 점점 더 어수선하고 짜임새도 없다는 비난을 받았다. 예를 들어, 1926년 포리스트 쿡(Forest Cooke)은 ≪센튜리 매거진(Century Magazine)≫에서 미술관이 질적인 것이 아니라 양적인 것에 전념한다고 불평하면서 미술관의 구성을 공격했다.[66] 쿡은 1920년대와 1930년대에 미술관이 답답하고 구식이며 세상과 유리되어 있다고 공격한 일련의 작가들 가운데 한 명이었다. 더 인상적인 시각적 전시가 요구되었다. 그리고 정보 제시가 최소화되었다.

이 모든 것은 공중을 교육하는 미술관의 일과 연관되어 있었다. 1927년에 한 해설가는 미술관은 "교육을 받지 못한 사람들에게 진선미에 대한 변함없는 감각을 제공해야" 하기 때문에 "예술을 사실로 기록하는 것이 아니라 그것을 행사로 연출해야 한다"고 지적했다. 예를 들면, 5000개의 일본 오브제 견본 대신, 하나의 그림이 방 전체를 지배하면서 그 방의 주제를 설정하고 세부 항목으로 그 방에 딸려 포함된 오브제들에 의미를 부여하는 '일본실'이 있을 수도 있다.[67] 한 가지 아이디어는 시대별로 전시실을 만드는 것이었는데, 이것은 1920년대의 하나의 혁신이었다. 시대실은 특정 시기의 서로 다른 예술들(회화, 가구, 태피스트리, 공예)을 합쳐 놓았을 것이다. 유사성이 아니라 공통된 역사적 기원에 따라 품목들을 무리 지어놓으려고 했는데, 이것은 보아스의 문화별 전체론적 집단화 아이디어와 유사했다. 시대실은 디오라

---

66 Cooke, "Culture and Fatigue."

67 Cooke, 같은 글, p. 295; Lee Simonson, "Skyscrapers for Art Museums," *American Mercury*, 10, 1927(August), pp. 401~404. 더 자세한 논의를 보려면 다음 참조. Harris, "Museums, Merchandising, and Popular Taste," pp. 56~81.

마처럼 하나의 분위기를 만들어내야 했다. 또 다른 전략은 로코코(rococo)[68] 시대의 회화를 보고, 이어서 신고전주의실, 그다음에는 낭만주의실[69]을 둘러볼 수 있도록 미술 양식별 순회 관람을 하게 하는 것이었다. 전반적으로 미술관 벽에 걸린 그림의 수는 감소했다. 근대 큐레이터들은 하나의 분위기를 만들어내기 위해 전시실에 분위기를 조성하는 중심 작품을 배치하고 그 주변에 더 적은 수의 작품을 배치하는 것에 대해 이야기하기 시작했다.

1929년 11월에 개관한 뉴욕 현대 미술관(Museum of Modern Art)은 '화이트 큐브(white cube)' 스타일[70]로 알려진 새로운 진열 미학을 적용했다. 이 박물관은 현대 미술 전시의 국제 표준을 세웠다. 귀중한 오브제를 가까이서 보기 위해 주변과 분리한 것이 이번이 처음은 아니었지만, 화이트 큐브는 독특하고 창의적인 모더니즘적 구상으로 명성을 얻었다. 화이트 큐브 방식의 전형은 평범한 흰색 벽과 광택이 나는 나무 또는 카펫 바닥 사이에 충분한 공간을 두고 고른 조명을 받는 그림을 일렬로 거는 것이었다. 그것은 아주 안락한 거실이라기보다는 소박한 예술가의 작업실이나 실험실 같은 느낌이었다. 그것은 물질주의적 소비문화의 눈부심, 장식, 산만함과는 달리, 서로 분리된 작품들을 감상할 수 있는 중립적이고 심지어 신성하기까지 한 공간이었다. 이러한 디자인은 예술의 이념을 역사적 혹은 정치적 기록이 아닌

68　18세기 프랑스에서 생겨난 예술 형식이다. 어원은 프랑스어 rocaille(조개 무늬 장식, 자갈)에서 왔다. 로코코는 바로크 시대의 호방한 취향을 이어받아 경박함 속에 표현되는 화려한 색채와 섬세한 장식, 건축의 유행을 말한다. _옮긴이

69　18세기부터 흔히 부르주아라고 일컫는 상공업으로 부를 쌓은 시민들(제3계급)이 성장했고 이들이 예술의 주요 소비층으로 부각되기 시작했다. 이 때문에 19세기에 접어들면서 당시 제3계급 대중들의 취향에 맞는 예술 사조가 주류로 떠올랐는데, 이때 유럽에서 유행했던 예술과 학문의 경향을 일컬어 낭만주의(romanticism)라고 한다. _옮긴이

70　뉴욕 현대 미술관이 확립한 방식으로 흰색 벽에 띄엄띄엄 작품을 전시하는 방식을 말한다. _옮긴이

순수한 형식으로 구현해 냈다. 평면도도, 마치 근대 미술이 자체의 내적 논리에 따라 자율적으로 이야기를 펼쳐낼 듯이, 작품이 처음 만들어진 국가보다는 대략적인 연대순으로 작품들을 집단화함으로써 맥락적 관심을 강조하지 않았다. 그림에 대한 서지 정보와 이력 정보를 줄이려는 운동도 펼쳐졌다. 관람객들이 야단스럽게 과도한 정보가 주는 불편함이 없이 예술 그 자체에 빠져들도록 장려했다. 예술가들은 바로 이런 이유에서 그들의 작품 중일부에 "무제"라는 제목을 붙였다.[71]

1930년대의 많은 미술관이 예일 대학교(Yale University) 심리학자 에드워드 로빈슨(Edward Robinson)의 영향력 있는 연구의 영향을 받아 그림을 관람객들의 시선과 일치되는 높이에 일렬로 걸기로 결정했다. 근대적인 시각적 진열 미학은 사람들에게 노출될 그림의 수를 줄였으며 또한 색 자극도 줄였다. 1870년에 한 박물관 전문가는 "폼페이 빨간색(Pompeian red)"[72]이 "그림의 배경으로 모든 색조 가운데 가장 알맞은 색이다"라고 자신 있게 주장한 적도 있었다.[73] [이 색은 여전히 런던의 국립 미술관(National Gallery)과 같은 박물관에서 볼 수 있다.] 1920년대가 되자, 미국의 미술관들은 제1차 세계대전 이후 독일 박물관들이 사용했던 눈에 띄지 않는 미색 배경으로 바꾸고 있었다. 플라스틱, 학교, 병원, 공장 등에도 색이 더해져 세상이 점점 더 많은 색상으로 가득 차고 있었다. 같은 시기에 래커와 에나멜페인트가 자동차에 새로운 색을 입혔던 것과 똑같이, 테크니컬러(technicolor)[74]는 1920년대

---

71 Christoph Grunenberg, "The Modern Art Museum," in Emma Baker(ed.), *Contemporary Cultures of Display* (New Haven, CT: Yale University Press, 1999), p. 27; Ruth Bernard Yeazell, *Picture Titles: How and Why Western Paintings Acquired Their Names* (Princeton, NJ: Princeton University Press, 2015), pp. 19~20, pp. 144~146.

72 폼페이의 건물 벽색과 비슷하게 회색빛이 도는 빨간색을 말한다. _옮긴이

73 Charles C. Perkins, "American Art Museums," *North American Review*, 228, 1870(July), p. 14.

74 테크니컬러는 일련의 컬러 영화 제작 기법으로서 1916년에 첫선을 보인 후 수십 년에 걸쳐 개

와 1930년대 영화에 색을 입혔는데, 그 가운데 가장 유명한 영화는 〈오즈의 마법사(The Wizard of Oz)〉(1939)였다. ≪새터데이 이브닝 포스트(*Saturday Evening Post*)≫는 1926년에 처음으로 1면 표지를 컬러로 발행했다. 그러나 미술관은 이 모든 것을 외면했다.[75] 흰색 배경은 박물관을 나머지 문화와 차별화하는 데 도움을 주었다.

감각 세례(sensory barrage)를 연구하고 진정시키려는 노력은 박물관에 국한되지 않았다. 공장에서는 1930년대에 발견된 '호손 효과'(Hawthorne effect: 공동체 의식이 생성될 때 노동자의 생산성이 거기에 반응한다는 것인데, 이것은 그 대상이 실험 참여자 공동체라 할지라도 그러함)는 산업 노동의 감각 환경, 특히 조명에 대한 연구를 하는 과정에서 우연히 발견된 부산물이었다. 산업 심리학자들은 공장의 감각 자극을 달리함으로써 실험을 시작했지만 대신 사회생활이 불쾌한 상태를 여과할 수 있는 힘이 있음을 발견했다. 팀 연대가 생산성에 도움이 된다는 이 아이디어는 나중에 관리 이론에서 날개를 달겠지만, 호손 효과는 처음에는 사회적 관계가 스트레스를 주는 자극에 어떻게 대응할 수 있는지에 대한 발견이었다. 엘리베이터와 병원 진료실에서 신경에 거슬리는 경험이 아닌 차분해지는 경험을 만들어내기 위해 노력한 결과 뮤자크(Muzak)[76]이 등장했는데, 루이스 멈퍼드는 이것을 근대 생활의 난기류에 의한 진동에 대응하기 위해 어쩌다 생겨난 많은 '진동 흡수재' 가운데 하나로 보았다.

이 시기의 문화에는 무대 앞과 무대 뒤[77]가 있었다. 통과 기제(pass-through

선되었다. 영국의 키네마 컬러(kinemacolor)를 뒤이은 제작 기법으로 할리우드에서는 1922년부터 1952년까지 가장 광범위하게 사용된 제작 방식이다. _옮긴이

75　Amos Stote, "The Everlasting Saturday Evening Post," *Magazine World*, 1946(October), pp. 6~8; Neil Harris, "Color and Media: Some Comparisons and Speculations," in *Cultural Excursions*, p. 336.

76　상점·식당·공항 등에서 배경 음악처럼 내보내는 녹음된 음악을 말한다. _옮긴이

77　어빙 고프먼(Erving Goffman)은 인생을 자기 연출의 무대로 보면서 '무대 앞(front stage)'과

mechanism)의 사용은 전문가와 비전문가 관람객의 기능적 차별화를 받아들임을 보여주는 것이었는데, 이러한 구분은 20세기 후반에 사라지기 시작했다. 큐레이터는 모든 표본을 볼 수 있었지만, 공중은 디오라마만 보았다. 로울리의 『박제와 박물관 전시』는 이것을 다음과 같이 잘 표현했다. "근대 박물관은 두 부류의 소장품, 즉 비교와 과학적 연구를 위해 연구자 또는 전문가만 이용할 수 있는 조사 혹은 연구용 소장품과 일반 공중을 위한 전시 혹은 진열용 소장품을 필요로 한다." 예술가와 모형 제작자는 과학자만큼이나 박물관의 성공에 필수적인 요소가 되었다. 오래된 행렬 스타일의 박물관 진열의 실수는 전문가가 필요로 하는 밀도 높은 데이터와 공중이 원하는 생기 넘치는 이야기를 혼합하려 한 것이었다.[78] 전문가들은 그들만 접근할 수 있는 원자료로 즉흥적으로 진열품을 만들어내기도 했다. 공공 도서관은 시민을 위한 것이었고 연구 도서관은 학자를 위한 것이었다. 공공 도서관은 안내 데스크에서 도움을 주었으며, 연구 도서관은 서가 접근권을 부여했다. 영국의 물리학자 아서 에딩턴(Arthur Eddington)은 이 둘을 과학 "전시실(showroom)"과 "작업장(workshop)"으로 대비시켰다.[79]

많은 발전 덕에 그러한 기제가 공중의 시야에서 보이지 않게 되었다. 좀 더 최근의 언어를 사용하자면, 하드웨어가 전문가에게 맡겨지면서 사용자 친화적인 인터페이스가 확산되었다. 손으로 얼음을 자주 보충해야 했고 그것의 작동 원리를 명확히 이해할 수 있었던 아이스박스는 제너럴 일렉트릭

'무대 뒤(backstage)'라는 두 개의 상반된 연출 공간을 제시했는데, 무대 앞이 공연을 보는 사람들이 보편적이고 고정된 양식에 따라 상황을 정의하게끔 하는 개인의 공연 부분이라면, 무대 뒤는 사람들이 공연에서 조성된 인상과 어긋난 면모를 알면서도 버젓이 드러내는 장소라고 할 수 있다. _옮긴이

78 Rowley, *Taxidermy and Museum Exhibition*, p. 300, 301.
79 Arthur S. Eddington, *The Expanding Universe* (New York: Macmillan, 1933), p. 179.

(General Electric)이 최초로 일반 대중을 대상으로 한 냉장고를 판매한 1920
년대 중반 이후 서서히 전기냉장고로 대체되었다. 1912년에는 최초의 자동차
용 전기 시동 장치가 캐딜락(Cadillac)에 장착되었으며, 1920년에 이르러 그것
은 미국 자동차의 표준이 되었다. 오래된 수동 크랭크 장치는 손목이나 턱을
부러뜨릴 수 있는 위험한 기계적 반동을 일으킨 데 비해, 새로운 시동 장치는
열쇠를 돌리기만 하면 되었다. 광석 라디오 수신기[80](아무런 사전 지식 없이 백
지상태에서 만들어졌다가 1900년대와 1910년대에 숙련된 기사들에 의한 지속적으로
조정되었음)는 대량 생산된 라디오 콘솔 수신기가 표준이 된 1930년에 거의
사라졌다. 심지어 산업 디자인에서도 무대 앞과 무대 뒤가 존재했다.[81]

호러스 그릴리 같은 사람들에게는 많은 기술이나 노력을 요구하는 노하
우가 민주주의를 향상시키는 것이었다. 반면에 적절한 요약 문화의 경우 대
중 교육은 세부 사항들을 종합적인 패키지와 프레임 장치 속에 숨기는 것이
었다. 대중적인 정치 교육은 정확히 그러한 장치를 드러내 보여주는 것이라
고 믿은 좌파 극작가 베르톨트 브레히트(Bertolt Brecht)[82]같이 의견을 달리하
는 사람들도 있었지만, 동시대의 많은 사람들은 그러한 장치를 숨기는 데서
민주주의의 잠재력을 보았다.

하이 모더니즘(high modernism) 미학과 디자인의 깔끔한 선들은 요약에서

---

80 광석 라디오(crystal radio)는 게르마늄 라디오라고도 불리며, 전력 없이 작동되는 라디오이다.
    광석 라디오는 방연석, 실리콘, 저마늄 등의 광석을 사용해 제작되며 '크리스털 이어폰'이라고
    하는 저전압에서도 작동되는 특수한 이어폰을 달아줘야 들을 수 있다. 안테나에서 받는 미약
    한 전파를 그대로 검파하는 방식으로 전력 없이 작동되므로 소리가 작은 데다 잡음도 많으며,
    감도가 약해 수신 가능한 범위도 트랜지스터 라디오에 비해 근거리에 한정되어 있다. _옮긴이
81 일반 사용자들이 이해하기 어려운, 전문가들만이 아는 복잡한 기계 장치들은 기기의 뒤나 콘
    솔 안으로, 즉 무대 뒤로 사라져 보이지 않게 되었다는 의미이다. _옮긴이
82 베르톨트 브레히트(1898~1956)는 독일의 극작가, 시인, 그리고 연출가다. 주로 사회주의적인
    작품을 연출했으며, 낯설게 하기라는 개념을 연극 연출에 사용한 것으로 유명하다. _옮긴이

아름다움을 발견했다.[83] 인터내셔널 스타일(international style)[84]의 아무런 장식이 없는 건물, 피터르 몬드리안(Pieter Mondrian)의 산뜻한 직사각형과 원색으로 된 그림, 비트겐슈타인[85]의 매우 금욕적인 초기 철학, 아르놀트 쇤베르크(Arnold Schönberg)의 12음 기법은 세리프 서체처럼 과잉을 제거했다. 조지아 오키프(Georgia O'Keeffe)의 그림은 매우 즉각적인 호소력을 지니고 있어서 일부 관찰자들은 그 그림이 "(사람들이) 캔버스 위에 있기를 바랐던 것을 (완벽하게) 옮겨놓은 것"[86] 같다고 생각했다. 오키프는 동료 '정밀주의(precisionism)' 화가들처럼 화법을 숨겼는데, 동료 화가 가운데 한 사람은 1939년에 다음과 같이 말했다. "오늘날은 화법을 그림의 내용을 음미하는 데 방해가 되지 않도록 가능한 멀리 제거하는 것이 바람직한 것 같다."[87] 고급문화에서 장식과 세세함에 대한 반감이 커지는 것은 통계적 표집과 문화의 개념에 대한 새로운 관심과 크게 다르지 않았다. 모든 것이 부수적인 것을 줄임으로써 본질을 형성하고 표현하는 방법을 제공했다. 지나치게 채워넣은 후기 빅토리아 시대의 미학은 사라졌다. (페인트 매체 그 자체를 찬양하는

---

83 미국의 인류학자이자 정치학자인 제임스 스콧(James Scott)에 따르면, 하이 모더니즘은 지식과 생산의 표준화된 조건 아래서 단선적인 진보, 절대적인 진실, 이상적인 사회 질서를 위한 합리적인 계획에 광적인 신념을 드러낸다고 한다. 하이 모더니즘을 건축에 접목한 건축가 르코르뷔지에(Le Corbusier)는 건축과 도시 건설에 있어 형식적이고 기하학적인 단순성, 직선, 기능적 효율성을 강조했다. _옮긴이

84 독일의 조경 학교 바우하우스 출신 디자이너들의 아이디어에 영향을 받아서 미국에서 등장한 덜 실용적인 형식의 모더니즘을 말한다. _옮긴이

85 루트비히 요제프 요한 비트겐슈타인(Ludwig Josef Johann Wittgenstein, 1889~1951)은 논리학, 수학 철학, 심리 철학, 언어 철학을 다룬 오스트리아와 영국의 철학자이다. 논리 실증주의와 일상 언어 철학에 영향을 끼쳤고 분석 철학을 대표하는 인물로 알려져 있다. _옮긴이

86 원서의 인용문이 워낙 축약되어 있어서 『우리는 데이터다: 알고리즘이 만들어내는 우리의 디지털 자기』(한울, 2021)의 저자 존 체니-리폴드(John Cheney-Lippold)의 도움을 받아 원서가 인용한 원문을 찾아 그 뜻을 비교적 쉽게 풀어썼다. _옮긴이

87 Corwin, "Picturing Efficiency," p. 156, 154.

추상 표현주의[88]의 무성한 방울과 얼룩은 머지않아 이 금욕주의에 저항할 것이다.)

전문가의 지식 체계적으로 정리하기: 1940년대의 도서관 소속 지식인들

무대 뒤에서 과잉과 위기에 대한 의식이 점점 더 커져갔다. 1930년대 후반과 1940년대에 많은 작가들이 지식과 정보의 전망과 문제점에 관한 새로운 국면의 토론을 시작했다. 이러한 토론은 대중적인 표현 형식에 대한 것이 아니라 지식의 내적인 체계적 정리에 대한 것이었다. 과학자, 사서, 사회 과학자가 토론을 지배했다. 이러한 토론은 1970년대의 논의처럼 탈근대적 혹은 탈산업적 사회 질서나 정보 시대의 기원에 대한 것도 아니었고, 1990년대의 논의처럼 디지털 기술의 해방 효과(liberating effect)[89]에 대한 것도 아니었다(6장 참조). 이 토론에서 지식과 정보는 근대 산업 세계의 '완성'에 결정적으로 중요했다. 즉, 지식과 정보는 근대성의 완벽한 예시였고, 심지어 전문가들에게도 지식과 정보는 체계적으로 정리되어야 했다. 전문가와 정부가 협력해 지식을 계획하고 체계적으로 정리할 수 있다는 확신은 우리 시대와 강한 대조를 이룬다.

1930년대 후반에 많은 저술가들이 근대 세계에서 형식적 지식의 경이적인 성장에 대해 논평하기 시작했다. 과학, 사회 과학, 공학, 인문학 등 모든 분야에서 지식 생산이 폭발적으로 증가했다. 근대적인 연구 대학의 창설, 전문가 자격증으로서 박사 과정 강화, 기업 연구소의 부상, 보험 회사가 만든 방대한 양의 보험 계리표(actuarial table),[90] 중앙 정부가 수행하는 연구의

---

88 추상 표현주의(abstract expressionism)는 1940년대 후반부터 1950년대까지 미국의 미술계에서 주목받은 미술의 동향이다. 미국이 처음으로 세계에 영향을 미친 미술 운동에서 뉴욕이 파리 대신 예술의 중심지가 되는 계기가 되었다. 물감을 뿌려 방울을 만들거나 타르의 얼룩 등을 통해 추상을 표현했다. _옮긴이
89 자유의 증가로 인해 나타나는 결과를 말한다. _옮긴이

계속적인 증가, (특히 유럽에서) 정부가 후원하는 연구 센터의 출현과 같은 1880년대에 시작된 제도적 변화는 엄청났다. 1930년대 후반과 1940년대의 지식인들은 이러한 지식 생산 수준의 거대한 변화가 주는 의미를 완전히 이해하려 노력하고 있었다. 그들은 이러한 추세가 계속될 것이라고 확신했다. 1937년, 사회학자 윌리엄 F. 오그번(William F. Ogburn)은 이제 "지식이 지수 법칙에 따라 성장한다는 것을 보여주는 몇 가지 증거"가 있다고 말했다. 그러한 증가는 "직선 형태로 상승하는 것이 아닌 곡선 형태로 갈수록 더 크게 증가하는 것이다".[91] 한때 맬서스(Thomas Robert Malthus)[92]가 두려워했던 것과 같은 원칙인 기하학적 성장이 인구에서 정보로 이동했다.[93]

모든 분야의 과학자들이 제2차 세계대전에 참여한 것은 연구와 지식 생산이 근대 세계에 매우 중요하다는 믿음을 강화해 주었을 뿐이다. 원자 폭탄의 개발은 과학자들을 전쟁에 동원한 가장 유명한 사례였지만, 과학자들은 레이더 개발, 페니실린 대량 생산, 암호 해독, 나치 선전 분석, 병사들의 심리적 적응에도 일익을 담당했다. 지식과 정보가 매우 중요하다는 이러한 믿음은 정치적 성향의 차이를 초월했다. 1930년대와 1940년대에 과학 사회학[94] 연구를 개척한 영국의 마르크스주의 전문가 J. D. 버날(J. D. Bernal)은

---

90 보험 계리표란 주어진 모집단의 평균 수명에 대한 정보를 제공하는 통계 차트를 말한다. 생명표(life table)이라고 부르기도 한다. _옮긴이

91 W. F. Ogburn, "Recent Social Trends," in L. R. Wilson(ed.), *Library Trends* (Chicago: University of Chicago Press, 1937), p. 2.

92 토머스 로버트 맬서스(1766~1834)는 영국의 성직자이며, 인구 통계학자이자 정치 경제학자이다. 고전 경제학의 대표적인 학자 가운데 한 명으로 영국 왕립 학회 회원이었다. 『인구론(*An Essay on the Principle of Population*)』이라는 저서를 통해 인구학에 대한 이론을 전개한 것으로 유명하다. _옮긴이

93 Gabriel Zaid, *Los demasiados libros* (Mexico City: Delbolsillo, 2010), pp. 9~11 참조.

94 과학 사회학은 사회 체계로서의 과학을 연구하는 사회학의 한 분야로, 미국의 사회학자 로버트 K. 머튼이 20세기 중반에 정립했다. 머튼은 본래 과학과 사회 사이의 상호 작용을 분석했지

1945년에 "전쟁 경험은 매우 많은 과학자들에게 효율적인 정보 서비스가 매우 중요한 위치를 차지하고 있음을 가르쳐주었다"고 말했다. 귀족적인 양키 공화당원인 배너바 부시(Vannevar Bush)는 같은 해에 다음과 같이 썼다. "질병과의 전쟁이 어떻게 진행되는지는 새로운 과학 지식의 흐름에 달려 있다… 마찬가지로 우리가 공격을 막아내기 위해서는 새롭고 향상된 무기를 개발할 수 있도록 해주는 새로운 지식이 필요하다." 그리고 이러한 정치적 양극단 사이에서 프랭클린 델라노 루즈벨트(Franklin Delano Roosevelt)는 전시 자원 동원으로 탄생한 그러한 과학이 전쟁이 끝난 후에도 어떻게 계속될 수 있을지 살펴보기 위해 위원회(부시가 위원장을 맡았음)를 설립했다.[95]

지식과 연구 이슈에 관심이 있는 사람들은 산업 사회가 형식적으로 생성된 지식으로 넘쳐난다는 것이 무엇을 의미하는지에 대해 생각하고 있었다. 이것은 새로운 것이었다. 과거의 전형적인 비유는 계몽 대 무지, 지식 대 미신이었다. 17세기로 거슬러 올라가는 그와 같은 견해는 1860년대와 1870년대의 과학에 대한 논평에도 여전히 매우 중요했다. 그러나 1940년대에 이르자, 여러 대학교, 기업, 정부에서 이루어진 방대한 연구를 어떻게 관리해야 하는지가 문제가 되었다.

연구가 너무 엄청나게 늘어나서 그 결과들을 체계적으로 정리할 수 있는 능력을 넘어섰다는 말을 듣기 일쑤였다. 한 평론가가 말했듯이, "문서의 혼란"에 직면했다. 1945년, ≪월간 애틀랜틱(*Atlantic Monthly*)≫ 편집인은 그

만, 과학의 내부 구조를 사회학적으로 이해하지 않고서는 연구를 진행할 수 없다고 생각하고 과학 사회학을 정립했다. _옮긴이

95　J. D. Bernal, "Information Service as an Essential in the Progress of Science," in *Report of the 20th Conference of Aslib* (London: Aslib, 1945), p. 20; Vannevar Bush, *Science: The Endless Frontier* (Washington, DC: US Government Printing Office, 1945), p. 1; 프랭클린 루즈벨트의 서신(November 17, 1944)은 다음 참조. Bush, 같은 책, pp. vii~viii.

문제를 "갈피를 못 잡는 우리의 지식 저장소를 좀 더 접근하게 쉽게 만드는 것"으로 규정했다. 배너바 부시는 "어려움은 우리가 과도하게 출판하는 것이 아니라 … 오히려 출판이 우리가 그러한 기록을 실제 이용할 수 있는 능력을 훨씬 넘어서는 데 있는 것처럼 보인다"고 주장했다. 지금은 디지털 미디어의 예언자로서 강의 계획서에 붙박이처럼 들어 있는 부시의 에세이는 복잡한 문명은 그 기록을 기계화할 필요가 있다고 주장했다. 스마트 기기는 우리가 일을 잊어도 되는 호사를 부리게 해줌으로써 우리의 삶을 더 즐겁게 만들어주었을 것인데, 왜냐하면 우리는 일을 쉽게 기억할 수 있는 방법을 가지고 있었기 때문이다.[96]

도서관들은 압도당했다. 공공 도서관의 경우, 1920년대 말에 도서 업데이트 및 선별이라는 긴급한 문제에 직면했다. 영국의 한 사서에 따르면, 이것은 20년 전에는 문제가 되지 않았다고 한다.[97] 색인화가 불완전한 기술이었다는 것은 전혀 과장이 아니다. 연구를 요약하는 것은 훨씬 더 형편없었다. 연구자들은 동료 연구자들이 무엇을 하고 있는지 정말 몰랐다. 연구자들은 어떤 연구가 이미 이루어졌는지 정말로 몰랐기 때문에 중복 연구를 경고하는 교훈적인 이야기들이 회자되고 있었다. 전쟁은 다시 한 번 그 문제를 악화시켰다. 수천 건의 정부 연구가 처음으로 '기술 보고서'[98] 형태로 작성되어 출판되는 논문보다 더 빠르게 (그리고 일부 주요 사례에서는 더 비밀리에) 진행되었다. 그러나 이러한 연구들을 어떻게 추적할 수 있을까? 프리몬트

---

96 S. C. Bradford, *Documentation* (London: Crosby, Lockwood, 1948), p. 106; Vannevar Bush, "As We May Think," *Atlantic Monthly*, 176, 1945, pp. 101~102.

97 W. C. Berwick Sayers, *The Revision of the Stock of a Public Library* (London: Grafton, 1929).

98 미국의 NTIS(National Technical Information Service)라는 기관에서 이렇게 불러서 일반화되어 버린 용어로, 좀 더 정확하게 말하면 'Difficult-to-obtain Report', 즉 입수하기 어려운 문헌을 말한다. _옮긴이

라이더(Fremont Rider)[99]에 따르면, 전쟁 동안 '지식 문제(knowledge problem)'[100]를 관리하는 법에 대한 책들 가운데 더 널리 배포된 책 가운데 하나에서 사서들은 "매년, 매월, '매시간' 더 높아지는 진정한 인쇄물의 해일"을 보고 있었다. (우리는 디드로와 멜빌 듀이에서 인쇄물이 세상을 완전히 에워싸는 것에 대한 그 같은 우려를 본 바 있다.) 라이더는 도서관들이 결코 따라잡을 수 없었지만 그것은 도서관 훨씬 그 이상의 문제로 보면서 다음과 같이 말했다. "가능한 가장 전문적인 서지 서비스가 제공되지 않는 한, 우리는 문명이 그 자신의 인쇄물 과잉으로 숨이 막혀 질식해 죽을 수 있는 그날에 빠르게 다가가고 있는 것 같다."[101]

이 문제에 대한 토론에는 컴퓨터에 대한 논의도 없었고, 클로드 섀넌(Claude Shannon)의 '정보 이론(information theory)'이나 노버트 위너(Norbert Wiener)의 사이버네틱스(cybernetics)에서의 비약적 발전에 대한 언급도 없었다. 1940년대에 수학자 존 W. 터키(John W. Tukey)는 정보의 새로운 최소 양자로 ('2진수'로부터) '비트'라는 용어를 만들어냈다. 과학 중개인(science broker)[102]인 워런 위버(Warren Weaver)가 1949년 ≪사이언티픽 아메리칸(*Scientific American*)≫

---

99 프리몬트 라이더(1885~1962)는 미국 작가, 시인, 편집자, 발명가, 계보학자 및 사서였다. 그의 멘토인 멜빌 듀이의 십진 분류 체계 개정을 돕기도 했다. _옮긴이

100 지식의 양이 기하급수적으로 증가하면서 앞으로 '지식'을 저장하고 검색하는 '문제'로서 지식의 성장에 대해 처음 경고한 사람이 바로 프리몬트 라이더인데, 1944년 그는 미국의 연구 도서관의 크기가 매 16년마다 평균 두 배가 될 것으로 예측했다. _옮긴이

101 Fremont Rider, *The Scholar and the Future of the Research Library* (New York: Hadham Press, 1944), pp. 13~14.

102 독립 정보 전문가라고도 하는 정보 중개인은 고객에게 전문적인 리서치 서비스를 제공한다. 정보 중개인은 흔히 사내 사서 또는 연구팀이 없는 회사에서 일한다. 정보 중개인은 일반적으로 연구 및 데이터베이스 기술에 대한 정식 교육을 받으며 하나 이상의 주제에 대한 추가 교육 또는 교육을 받을 수도 있다. 예를 들어, 정보 과학 중개인은 도서관 과학 분야의 고급 학위 이외에도 다른 과목에서 학위를 더 보유할 수 있으며 정기적으로 정보 관련 주제와 개인이 자신의 연습에 집중하는 주제 모두에서 평생 교육 과정을 이수할 수 있다. _옮긴이

에 실린 현재도 유명한 에세이에서 말했다시피, 정보 이론에서 '정보'라는 용어는 "일반적인 사용과 혼동해서는 안 되는 특별한 의미로" 사용되었다.[103] 그러나 1945년 J. D. 버날이 「과학 발전의 필수 요소로서의 정보 서비스(Information Service as an Essential in the Progress of Science)」[104]라는 논문을 발표했을 때 그는 정보라는 용어를 정확히 그 '일반적인' 의미로 사용하고 있었다. 이 논문에서 정보는 더도 덜도 아닌 관련 사실들을 가리켰다.

컴퓨터가 없기도 했지만, 이러한 문헌은 매우 다른 '획기적인' 기술인 마이크로필름에 초점을 맞추기도 했다. 마이크로필름은 1930년대 초에 개발되었다. 이 시기의 많은 저술가들은 마이크로필름을 엄청난 양의 과학 자료를 관리할 수 있는 가장 중요한 단 하나의 방법으로 보았다. 그것은 비용을 줄여주었을 것이고, 우편으로 쉽게 보낼 수 있었으며, 도서관의 공간 부족 사태를 해결해 주었을 것이다. 이 시기에는 마이크로필름 사용을 확대하기 위한 수많은 계획이 있었다. 그 가운데 가장 많은 주시를 받은 것은 비블리오필름 서비스(Bibliofilm Service)였는데, 이것은 연구 결과를 마이크로필름에 담고 그것을 필요로 하는 모든 사람이 마이크로필름을 이용할 수 있도록 하는 국가 정보 센터 역할을 하는 민간 비영리 단체였다. 1934년 미국 농무부(Department of Agriculture) 도서관에서 마이크로필름화 작업이 시작되었다. 1937년이 되자, 육군 의학 도서관(Army Medical Library)과 의회 도서관 장서들에 대해서도 마이크로필름화 작업이 진행되었다. 마이크로필름 서비스는 향후 몇 년 동안 인상적으로 성장했다. 1939년, ≪새터데이 리뷰 오브 리터러처(*Saturday Review of Literature*)≫는 이것에 대해 열광하면서 "인쇄 자

---

103 Warren Weaver, "Recent Contributions to the Mathematical Theory of Communication," reprinted in Claude E. Shannon and Warren Weaver(eds.), *The Mathematical Theory of Communication* (Urbana: University of Illinois Press, 1964), pp. 3~28, at 8.

104 Bernal, "Information Service as an Essential in the Progress of Science," p. 20. _옮긴이

료 또는 사본 자료가 필요한 모든 주제를" 연구하는 연구자들은 이제 마이크로필름 덕분에 그러한 자료를 손쉽게 찾아서 "그것을 유럽 여행에 들었을 비용보다 훨씬 적은 비용으로 자신에 대한 모든 메모가 있는 자신의 서재에서 편안하게 사용할 수 있다"[105]고 적었다.

만병통치약으로서의 마이크로필름은 1940년대 초반에도 여전히 변함없는 주제였다가 1950년대 초반에 사라졌고, 새천년 동안에는 내내 연구 도서관에서만 명맥을 유지하고 있다. 그러한 체계적 정리의 해결책은 기술만큼이나 중요했다. 1930년대 후반과 1940년대의 저술가들에게 가장 중요했던 것은 연구를 좀 더 포괄적인 사회 계획 수립에 통합하는 것이었다. 연구와 지식 생산은 계획된 사회에 대한 더 광범위한 믿음의 한 부분에 불과했다. 더 나은 연구 조정, 즉 과학자와 정부는 사회적 필요에 대해 진지하게 생각하고 과학을 움직여 그러한 필요를 해결하는 것이 필요했다.

그 당시 '계획 수립'이라는 용어는 보수주의, 사회 민주주의, 공산주의 등 다양한 정치적 관점과도 연결될 수 있었다. 보수주의를 대표하는 배너바 부시는 당시 가장 널리 읽힌 보고서 가운데 하나에서 더 나은 연구 조정이 필요하다고 주장했다. 그는 군사 및 의료 연구에 많은 돈을 지출하고 연방 정부가 연구비를 지원하지만 과학자들이 스스로 그것에 대한 결정을 내릴 수 있는 상당한 재량권을 주는 보수적인 형태의 계획 수립을 원했다. 제2차 세계대전 당시 맨해튼 프로젝트(Manhattan Project)를 경험한 부시는 전문가에게 많은 돈을 쏟아부으면 문제가 해결될 것이라는 확신을 갖게 되었다. 과학계와 정부 간에 더 나은 조정이 필요하다는 그의 1945년 주장은 5년 후 국립 과학 재단(NSF: National Science Foundation) 설립의 중요한 촉매제 가운데

---

105 R. D. Jameson, "The Scholar and His Library," *Saturday Review of Literature*, 20, 1939(August), p. 10.

하나였다.[106]

좌파 성향이 강했던 사회학자 로버트 린드(Robert Lynd) 역시 더 많은 연구와 계획 수립을 요구했다. 미국식 용어로 좌경(left-leaning) 진보주의자가 린드를 가장 잘 기술하는 표현이었다. 그는 유럽 사회 민주주의에 동조했다. 린드는 1939년에 쓴 글에서 연구는 사회 문제를 해결해야 했지만 사회 과학자들은 의식이 없는 사실 수집가로 변해 있었다고 꼬집었다. 이러한 의식 없는 경험주의에는 조정이 존재하지 않았다. 린드는 사회 과학자들이 더 나은 질문, 즉 사람들이 직면한 '실제' 문제에 대한 질문을 해야 한다고 주장했다. (여기서 그는 컬럼비아 대학교 동료인 존 듀이의 주장을 그대로 되풀이했다.) 그것이 사회 과학이 유용한 일을 할 수 있는 유일한 방법이었다. 그 역시 계획 수립을 요구했지만, 부시와 달리 그는 당연히 전문가들이 제대로 해낼 것이라고 생각하지는 않았다. "우리가 해결해야 할 문제는 결과적으로 더 중요한 자유를 사실상 제한하는 현재의 낭비적인 자유를 제거함으로써 중요한 자유를 향상시켜 인간의 성격에 중요한 순간에 창의적으로 살 수 있도록 통제를 어떻게 사용할 수 있는지를 찾아내는 것이다."[107]

마침내 J. D. 버날 역시 계획된 연구를 요구했다. 1939년, 버날은 소련의 5개년 계획의 힘을 인용하고 그것을 자본주의 과학의 무체계성과 비교하는 것을 불편해하지 않았다. 버날은 과학이 인간의 필요에 봉사해야 한다고 생각했다. 진보적인 정부가 의제를 설정할 수도 있지만 전체 체계가 유연해지는 것도 중요하다고 그는 생각했다.[108]

부시, 린드, 그리고 버날은 정치 성향의 차이에도 불구하고 모두 계획 수

---

106 Bush, *Science*.

107 Robert Lynd, *Knowledge for What? The Place of Social Science in American Culture* (Princeton, NJ: Princeton University Press, 1939), p. 213.

108 J. D. Bernal, *The Social Function of Science* (London: George Routledge, 1939).

립에 열성적이었다. 그들 가운데 누구도 조정의 어려움에 대해 의문을 제기하지 않았다. 그들 모두 더 나은 조정이 더 나은 과학으로 이어질 것이라고 생각했다. 버널과 부시는 백과사전의 이미지를 사용했다. 1945년 7월에 발행된 《애틀랜틱》에 실린 글 가운데 아마 유일하게 컴퓨터의 중요한 역할을 시사한 에세이에서 배너바 부시는 그러한 새로운 기계들이 "전혀 새로운 형태의 백과사전"을 만들 잠재력을 가지고 있다고 주장했다. 버널은 백과사전은 "살아서 변화하는 일단의 사상을 일관되게 표현해야 하며, 당시의 시대정신을 요약해야 한다고 주장했다". 18세기 백과사전의 경우는 그러했지만, 오늘날 그것의 후예들은 "… 강매로 판매된 단순히 아무 관련 없는 지식의 덩어리로 퇴보했다"고 그는 주장했다. 좀 더 체계적으로 정리된 연구는 그러한 문제를 바로잡을 것이다.[109]

린드도 비슷한 생각을 했다. 피상적인 '질서' 의식을 가진 근대 사회 과학은 우리 경험의 가변성, 대부분의 사람들이 살고 있던 "거대한 불확실성의 바다"를 놓쳤다. 그러나 린드는 이러한 혼란을 좋아하지 않았다. 사회가 질서를 갖추기 위해서는 과학이 반드시 사회에서 어느 정도의 질서를 만들어 내는 데 사용되어야 한다고 린드는 주장했다. 과학이 사회적으로 유익한 목적에 사용될 경우에만 어떤 질서가 존재할 수 있을 것이다. 린드는 '백과사전'이라는 용어를 사용하지는 않았지만 사회 계획 수립은 지적 종합과 연계되어 있다고 주장했다. 그는 사회의 질서와 지식의 질서는 상응한다고 보았다.[110]

이 저자들에게 더 나은 연구 조정은 더 나은 세상으로 이어질 뿐만 아니라 더 낫고 더 종합적인 과학으로 이어질 것이다. 계획을 수립하는 과학은

---

109 Bush, "As We May Think," p. 108; Bernal, *Social Function of Science*, pp. 306~307.
110 Lynd, *Knowledge for What?*, pp. 124~126.

공공복지를 향상하고 그 시대의 "서류의 혼란"을 종식할 것이다. (분명 신화적이었던) 과거에 그랬던 것처럼, 계획을 수립하는 과학은 형식적 지식을 일관되게 할 것이다. 우리는 새로운 지식 백과사전을 쓸 수 있을 것이다. 계획 수립은 새로운 정보 저장 및 기억 장치의 도움을 받아 계몽주의 프로젝트를 완료할 것이다. 그것은 정보의 홍수에 맞서 어떻게 제방을 쌓을 것인지에 대한 또 하나의 20세기 중반의 대답이었다. 공중에게는 요약과 대중화가 있었고, 전문가에게는 계획 수립과 마이크로필름이 있었다.[111]

진실 게임으로서의 응축

제2차 세계대전 동안 분명해진 전문가들 사이의 지식 관리 위기는 정보의 공개 발표뿐만 아니라 지식 자체의 생성에도 요약이 필요하다는 더 이전의 발견에 뿌리를 두고 있었다. 요약과 사실에 기반을 둔 축약은 그 자체로 중요한 '진실 게임'이 되었다. 제한받지 않는 경험주의의 호사스럽고 엉성한 세계보다 훨씬 더 엄격한 것 안에 '사실'을 가두려 시도한 학계 문화에 몇 차례 방향 전환이 있었다. 그 가운데 하나가 논리 실증주의(logical positivism)였는데, 논리 실증주의는 '경험적 실증주의(empirical positivism)'에 반대해서 나타났으며, 논리 실증주의 옹호자들이 나치 정권을 피해 도망쳤던 1930년대에 논리 실증주의는 미국에서 매우 환대받았다. 일부 망명 학자들이 미국 중서부 대학교에서 교수직을 맡게 되었는데, 이들 대학에서 더 군살을 뺀 더 중도적인 그들의 학설은 미국의 토착 실증주의와 생산적으로 혼합되었다. 빈틈없는 논리는 확인 가능한 진실의 핵심을 알아내기 위해 사실이 관

---

111 마이크로필름의 찬란한 최근 역사를 보려면 다음 참조. Matts Lindstrom, *Drommar om den minsta: Microfilm, Overflod och Brist, 1900-1970* (Lund: Mediehistoriskt Arkiv, 2017). 영문 요약은 pp. 289~292에 있다.

련 없이 무질서하게 퍼져 나가는 것을 잘라낼 수도 있을 것이다. 논리는 한 계가 있는 경험주의를 견고하지만 수정 가능한 일반화를 구축하도록 이끌어주었는데, 이것은 A. J. 에이어(A. J. Ayer)[112]가 1936년에 출간한 그러한 운동에 대한 영어[113] 선언문인 『언어, 진실, 논리(Language, Truth, and Logic)』에 표현된 주제이기도 하다.

논리 실증주의의 또 다른 표현인 아이소타이프(isotype)[114]의 핵심은 축약이었다. 빈학파[115]의 핵심 회원인 오토 노이라트 역시 박물관 일에 적극적이었으며, 그래픽 디스플레이의 혁신에 관해 다른 사람들과 협업했다. 그는 1924년 빈에 설립된 사회 경제 박물관(Gesellschafts- und Wirtschaftsmuseum) 큐레이터로서 영향력이 입증되었을 뿐만 아니라 양적 정보를 생생하게 재현하는 체계를 개발했는데, 이 방식은 수정된 형태로 지금도 여전히 사용되고 있다. 그와 그의 협업자로 나중에 아내가 된 마리 라이데마이스터(Marie Reidemeister)가 마침내 아이소타이프(Isotype)라고 불렀던 이 체계는 그림을 사용해 데이터를 열 형태로 재현했다. 예를 들어, 노이라트는 자동차 아이콘 하나가 250만 대의 차량을 나타낼 수 있다고 설명했다. 여기에 포함된 이미지는 1914년부터 1920년을 거쳐 1928년까지 지구상에서 폭발적으로 늘어나는 자동차 대수와 함께 미국이 단연코 전 세계 1위를 차지하고 있음을

---

112 알프레드 줄스 에이어(Alfred Jules Ayer, 1910~1989)는 영국의 철학자로, 논리 실증주의의 대표적 철학자 가운데 한 사람이다. _옮긴이

113 영국 학자가 영어로 책을 집필한 것을 군이 밝힌 이유는 1933년 에이어는 빈으로 건너가 그곳에서 빈학파의 독일 및 오스트리아 철학자들과 서툰 독일어로 토론에 참여했다고 하는데, 이러한 에이어의 이력을 에둘러 표현하고자 한 것으로 보인다. _옮긴이

114 그림 그래프의 단위가 되는 그림·도형을 말한다. _옮긴이

115 논리 실증주의의 빈학파는 모리츠 슐리크(Moritz Schlick)가 주도해 1924년부터 1936년까지 빈 대학교(Universität Wien)에서 정기적으로 만난 자연 과학, 사회 과학, 논리학, 수학 분야의 철학자와 과학자의 모임이다. _옮긴이

보여주고 있다.[116]

　이 척도를 생각해내고자 한 노이라트의 의지는 그가 '그림 통계(pictorial statistics)'가 어느 정도 축약할 수 있을 것이라고 생각했는지 보여준다. 마르크스주의자로서 그는 박물관이 "사회적 과정을 보여주며, 삶의 모든 사실이 사회적 과정과 어떤 인식 가능한 관계를 맺게 해줄" 임무가 있다고 생각했다. 현명한 축약은 자본주의 사회를 가리고 있는 안개를 뚫고 나아가는 한 가지 방법이었다. 현명한 축약은 대중 교육과 의식 함양에 필수적이었다. 그는 그와 같은 그래픽 디스플레이를 "논리 실증주의의 대중판"이라고 생각했다. 아이소타이프는 감각적 경험을 정리해 줄 뿐만 아니라 이데올로기에 대한 비판 역할도 할 수 있었다. 사진은 제대로 단순화해 주지 않았기 때문에 적절하지 않았는데, 사진은 과도한 세밀함으로 어수선한 경향이 있었기 때문이다. 그는 "우리는 이러한 교육적 노력의 일환으로 한편으로는 순수한 추상을 제거하고 다른 한편으로는 조잡한 사실들을 제거해야 한다"고 썼다.[117]

　노이라트는 모국어 독일어는 물론 관련된 단순화 언어인 베이식 잉글리시(BASIC English)로도 쓴 책과 에세이에서 양적 데이터를 그림으로 표시하는 것에 대한 생각을 설명했다. 약어인 아이소타이프(Isotype: International System of Typographic Picture Education)는 역시 약어인 베이식(BASIC: British American Scientific International Commercial)에서 직접 영감을 얻었다. 아이소

116　노이라트의 「지구상의 자동차 대수(Kraftwagenbestand der Erde)」(1931)는 다음 사이트에서 확인할 수 있다. https://archive.org/details/dr_kraftwagenbestand-der-erde--1914-1920-1928-angefertigt-fr-das-bibliograp-14080059. _옮긴이

117　Otto Neurath, "Museums of the Future," *Survey Graphic*, 22, 1933(September), pp. 458~463; Ellen Lupton, "Reading Isotype," in Victor Margolin(ed.), *Design Discourse: History/Theory/Criticism* (Chicago: University of Chicago Press, 1989), p. 147.

타이프와 데이터의 관계는 베이식과 언어의 관계와 같았다. 1920년대 영국학자 C. K. 오그던(C. K. Ogden)이 고안한 베이식은 짧게 줄인 보편적인 커뮤니케이션 수단 역할을 하고자 800단어의 영어 어휘로 구성되었다. 『의미의 의미(*The Meaning of Meaning*)』(1923)의 공동 저자인 오그던은 커뮤니케이션에 대한 철학적 토론에 참여했을 뿐만 아니라 커뮤니케이션이 더 효율적으로 이루어지게 하기 위해 노력했다. 심지어 언어 자체도 유용하게 압축되고 정제될 수 있었다.[118]

많은 사람이 읽은 『철학이야기(*The Story of Philosophy*)』(1926)에서 역시 요약 기법을 사용한 대중화론자(popularizer)[119] 윌 듀랜트(Will Durant)는 매우 다른 접근 방식을 보여주었다. 그는 논리 실증주의자들과는 달리 영향력 있는 사상가들의 '지혜'를 요약하기 위해 그들의 사상을 개관하면서 데카르트는 대수롭지 않게 다루고 라이프니츠는 거의 언급하지 않는 등 복잡한 인식론적 이슈들을 피해 갔다. 두 번째 판(1932) 서문에서 듀랜트는 "인간 지식이 관리할 수 없을 정도로 방대해진" 세계에 대한 대응으로 '고상한 체하는 사람들'에 맞서는 자신의 '개요' 접근 방식을 옹호했으며, 플라톤의 대화로 시작하면서 자신의 저작물이 개요의 오랜 계보를 이어간다는 것을 보여주었다. 그는 자신의 저작물이 "바쁜 독자"를 위한 "해석적 종합"이라고 주장했다. 조언 셸리 루빈(Joan Shelley Rubin)[120]이 언급했듯이, 문화에 대한 이러한 '개요' 접근 방식은 "문화가 압축되고 세분화되고 수용될 수 있는 가능성을 보여주

---

118 1920년대의 커뮤니케이션에 대한 주장들에 관해서는 다음 참조. John Durham Peters, *Speaking into the Air A History of the Idea of Communication* (Chicago: University of Chicago Press, 1999), chap. 1.

119 어떤 문제를 대중에게 알기 쉽게 알리는 사람을 뜻하며, 따라서 포퓰리스트(대중주의자)와는 다른 개념이다. _옮긴이

120 로체스터 대학교(University of Rochester)의 역사학 교수이다. _옮긴이

사이드바 3-1 터프 가이들에게 있어서의 사실

두 세계대전 사이에 뚜렷이 남성적인 두 장르인 탐정 소설과 실증주의 사회과학은 사실, 오직 사실에만 큰 관심을 보였다.

1930년대의 싸구려 미스터리 소설 잡지 ≪블랙 마스크(*Black Mask*)≫의 하드보일드(hard-boiled)[1] 탐정 소설은 당시의 좀 더 중산층[2] 탐정 소설이 단서와 증거를 관련짓는 방식과는 달랐다. 계층뿐만 아니라 젠더와 국가도 역할을 했다. ≪블랙 마스크≫의 작가 가운데 전부는 아니지만 많은 사람이 남성이었고, 모두 미국인이었다. 그리고 모든 작가가 1920년대에 영국에서 꽃피운 탐정 소설의 상류층 관습에 반기를 들었는데, 애거사 크리스티(Agatha Christie), 도로시 세이어스(Dorothy Sayers), 조세핀 테이(Josephine Tey)를 비롯한 미스터리 작가들이 첫 번째 큰 물결을 일으킨 장본인들이었다. 런던 디텍션 클럽(London Detection Club)은 이 장르의 영향력 있는 작가들의 조합으로 1928년에 설립되었다. 이 클럽은 유령이나 기타 초자연적인 의존 수단을 피하고, 갱과 같은 질 낮은 범죄 집단을 멀리하고, 독자가 예감이나 직감 또는 다른 논리 비약 없이 합리적으로 재구성할 수 있는 단서의 흔적을 남기며, '순수 영국 영어'를 존중하는 것과 같은 규칙을 마련했다.

≪블랙 마스크≫ 작가들은 이 모든 규칙을 위반하는 것을 신나했다. 그들의 텍스트는 크리스티의 소설에 등장하는 에르퀼 푸아로(Hercule Poirot)[3]의 지나치게 세밀한 추론이나, 예를 들어, 프랑스어 문법 요소 한 가지를 사용해

---

[1] 하드보일드는 장르라기보다는 스타일을 말하는 것으로 1930년을 전후해 미국 문학에 등장한 새로운 리얼리즘 수법을 지칭하는 말로 지금까지 쓰이고 있다. 문학이나 영화 등 예술 텍스트에서 비정하고 건조한 세계의 일면을 미니멀한 스타일로 담아내는 제반 수법들을 지칭하기도 한다. _옮긴이

[2] 애거사 크리스티의 탐정 소설은 주로 중산층 가정을 배경으로 했다. _옮긴이

[3] 애거사 크리스티의 소설에 등장하는 탐정이자, 세계 3대 명탐정 중의 한 사람이다. _옮긴이

한 사건을 해결한 세이어스의 소설에 나오는 주인공인 피터 윔지 경(Lord Peter Wimsey)의 아마추어적인 어설픈 조사보다 노하우, 세상을 사는 지혜, 개인의 불굴의 용기가 더 중요시되는 전통적인 방법을 사용하는 손 기술 좋은 장인의 냄새가 풍겼다.[4] ≪블랙 마스크≫ 작가들은 탐미주의자와 귀족보다 경찰과 검시관이 가지고 있는 지식에 더 관심이 많았다. 그들은 언어 사용에 매우 창의적이어서 교육적이거나 문학적 말투보다는 속어와 거친 말을 사용했으며, 순수 영국 영어는 결코 사용하지 않았다. 재치 있는 말에서 누구도 샘 스페이드(Sam Spade)나 필립 말로우를 능가할 수 없었다. 대실 해밋(Dashiell Hammett)의 『몰타의 매(*The Maltese Falcon*)』(1930)에서 스페이드가 브리지드 오쇼네시(Brigid O'Shaughnessy)에게 "엄밀히 말해 우린 당신의 이야기를 믿지 않았어. 당신의 200달러를 믿었어"라고 말한다.[5] 그리고 이 작가들은 영국의 신사 숙녀들에게는 없었던 리얼리즘을 요구했다. 레이먼드 챈들러는 논쟁적인 에세이 「살인의 단순한 기술(The Simple Art of Murder)」에서 그와 같은 작가들은 "이 세상에서 일어나는 일에 대해 거의 알지 못한다"고 생각했다.[6] ≪블랙 마스크≫는 오해의 여지가 없는 여성 혐오와 더불어 더 일반적이게는 인간 혐오도 서슴지 않는 터프 가이들(tough guys)을 표현했다. 터프 가이들은 정말 그 누구도 좋아하지 않았다.

≪블랙 마스크≫의 탐정들은 흔히 자신의 안전을 희생하며 이 세상과 맞섰다. 그들은 사건의 미궁 속으로 더 깊이 들어갈수록 상황(과 그들 자신)을 더 엉망으로 만들기 일쑤였다. 챈들러의 소설에 나오는 필립 말로우는 누구를 위해 일했느냐는 질문에 "나는 그냥 여기저기 마구 돌아다니며 나 자신을

4   Dorothy L. Sayers, "The Entertaining Episode of the Article in Question," in *Lord Peter: The Lord Peter Wimsey Stories* (New York: Harper and Row, 1972), pp. 22~34.

5   Dashiell Hammett, *The Maltese Falcon* (San Francisco, CA: North Point Press, 1984), p. 44.

6   Raymond Chandler, *The Simple Art of Murder* (New York: Vintage, 1988), p. 11.

성가시게 한다. 나는 꽤나 부족할 때가 많다"라고 대답했다.[7] 여기에 빈틈없는 객관성은 존재하지 않았다. 사설탐정은 옷, 가구, 인테리어 디자인, 총, 담배, 음료 같은 이 세상의 세세한 것들에 대해 잘 알고 있었으며 사람들을 즉시 판단할 수 있는 재능이 있었다. ≪블랙 마스크≫의 탐정들이 알아챈 사실들은 흔히 자신의 학식과 계층 특권에 눈이 어두운 다른 사람들은 보지 못하는 관련된 명백한 사건의 조각들이었다. 그들의 지식은 교실에서 얻은 것과는 달랐다. 그들이 원래 있는 그대로의 사물을 아주 잘 알고 있었던 이유는 바로 그들이 이상에 대한 믿음을 포기했기 때문이다. 샘 스페이드는 브리지드 오쇼네시에 대한 감정에도 불구하고 그녀에게 "쉽게 속아 넘어가지" 않을 것이라고 말한다. 그의 도덕규범에서 최악의 것은 속임수에 넘어가는 것이었을 것이다. 냉소주의는 하나의 보호 장치였다.[8]

두 세계대전 사이의 사회 과학은 가공되지 않은 사실에 관심이 있었지만, 그것은 현장의 상황을 진정으로 파악한다는 명목이라기보다는 인지적으로 혼란스러운 '가치'의 세계와 거리를 둔다는 명목에서였다. 사회학자 막스 베버(Max Weber)가 도구적 합리성(instrumental rationality)과 실질적 합리성(substantial rationality)[9]을 구분함에 따라, 1920년대와 1930년대의 경험주의 사회 과학자들은 심지어 가장 섬세하거나 민감한 주제이더라도 그것

---

7   Raymond Chandler, *Playback* (New York: Ballantine, 1958), p. 164.

8   이 장르에 관해서는 매우 도움이 되는 다음 참조. Erin A. Smith, *Hard-Boiled: Working-Class Readers and Pulp Magazines* (Philadelphia: Temple University Press, 2000); Cmiel, "On Cynicism," pp. 90~91.

9   도구적 합리성이란 목표가 정해진 이후 그 목표를 가장 경제적·효율적으로 달성하는 것을 말한다. 한마디로 법적·경제적 효율성이 그것이다. 이에 반해, 실질적 합리성은 어떤 일을 달성함에 있어서 그 목표와 과정이 인간의 행복, 개성, 자유, 존엄성 등의 가치를 증진시키는 것을 말한다. 단기적 효율성이 높다고 하더라도 장기적으로 인간에게 바람직하지 않다면 실질적 합리성이 높다고 할 수 없다. _옮긴이

에 대한 사실을 찾아내야 하는 과학의 의무에 대해 명백한 위험에도 현재의 행동 방침을 밀어붙이는 윤리라고 주장했다. 그들은 그들이 사실-가치 구분이라고 부르는 것에 의해 동기화되었다. 시카고 대학교 사회학과가 절정기를 맞았던 1920년대와 1930년대에 학과를 이끌었던 리더이자 부커 T. 워싱턴(Booker T. Washington)[10]의 개인 비서였던 로버트 파크(Robert Park)는 한때 사회학자는 생물학자가 감자 벌레를 무심하게 바라보는 것과 같은 그런 무심한 태도로 인종 관계를 연구해야 한다고 말했다. 파크는 인종이 감자 벌레보다 더 격한 감정을 유발하는 주제라는 것을 잘 알고 있었지만, 논쟁이 시작되기 전에 사실을 찾아내야 한다고 생각했고, 실제로 사실을 찾아내는 것은 논쟁의 성질을 변화시키고 향상시켰을 것이다. 〔공정하게 말하면, 파크 자신의 문화 기술적인 이웃 기반(neighborhood-based) 사회학 스타일이 하드보일드한 사회 과학 윤리를 가장 잘 대표하는 것은 아니다.〕 사회 과학자들이 판단을 피할 내적 강인함과 실제의 사실을 수집할 수 있는 적절한 방법을 가지고 있다면, 그들은 사회를 긍정적으로 바꿀 수도 있다. 사회 과학자들은 두 가지 모두를 피하는 정교한 수단을 가진 이 세상에 진실과 정의를 전달하는 것을 궁극적인 목표로 삼았다.

그와 같은 판단 자제는 파괴적 금욕주의의 정점에 달하는 것일 수도 있다. 1929년, 사회학자 조지 런드버그(George Lundberg)는 "자신이 발명한 고성능 폭약이 성당을 폭파하는 데 사용될지 아니면 산을 통과하는 터널을 건설하는 데 사용될지 여부를 고려하는 것은 그것을 발명하는 화학자의 일이 아니다"[11]라고 썼다. 런드버그는 다이너마이트로 많은 돈을 벌고 자신의 이름

---

10 부커 T. 워싱턴(1856~1915)은 1890년부터 죽을 때까지 미국의 교육자이자 연설가, 흑인 사회의 대표적인 지도자로서 활동을 했다. _옮긴이

11 Robert K, Merton, "Science and the Social Order," *Philosophy of Science*, 5, 1938(July), pp. 321~337, at 329에서 재인용.

으로 상을 수여한 알프레드 노벨(Alfred Nobel)과 같은 참회자들에게 위로를 해주고 싶었던 것이 아니라, 사회 과학을 공부하는 대학원생들에게 그들이 기초 연구를 할 때 사회적으로 민감한 것들에 가차 없는 무관심을 보이도록 촉구하고 있었다. 과학은 사실의 발견이었고, 과학자들은 가치가 지각을 흐리게 하는 힘에 대해 경계해야 했다. ≪블랙 마스크≫의 탐정들 못지않게 사회학자들도 고귀한 이상 앞에서 황홀경에 빠지는 것을 피해야 했다. 그들은 멍청이 짓을 할 수는 없었다. ≪미국 사회학 저널(*American Journal of Sociology*)≫은 ≪블랙 마스크≫보다 계층 사다리에서 몇 단계 더 높았지만, 그들 둘 모두에는 하드보일드한 무언가가 있었다. 탐정 소설에서 사실은 속 쓰린 실망이나 충격일 수 있었고, 사회 과학에서 사실은 우리가 좋아하는 편견에 상처를 주는 통계적 플롯일 수 있었다. 거리에서 사실들은 복잡한 거미줄로 얽혀 있었지만, 사회 조사에서 사실들은 일반화로 체계적 정리가 이루어졌다. 탐정 소설과 사회 과학 모두 밀도 높은 사실의 혼란스러움을 인식했으며, 탐정 소설과 사회 과학은 바람이나 규범에 속아 넘어가지 않고 분명한 결론을 내리는 다양한 방법을 모색했다.

두 세계는 가끔 연결되기도 했다. 철학자 루트비히 비트겐슈타인은 ≪블랙 마스크≫의 열렬한 독자 가운데 한 사람이었는데, 나중에 그의 후기 사상은 사회생활(과 다른 많은 것들)을 연구하는 사람들에게 매우 시사하는 바가 많았던 것으로 알려졌다.[12] 그의 수공예적 접근 방식(handcraft approach)[13]은

---

12 비트겐슈타인과 관련해서는 다음 참조. 김경량, 「비트겐슈타인의 전기 및 후기 철학이 현대철학에 미친 영향」, ≪제주 소피아≫, 16호(2016), 14~32쪽, https://oak.jejunu.ac.kr/handle/2020.oak/7197. _옮긴이

13 철학적 문제에 대한 그의 접근 방식은 매우 공들이고 철저하며 개방적이고 수용적이라는 평가를 듣는다(출처: "ludwig Wittgenstein," *Internet Encyclopedia of Philosophy(IEP)*, https://iep.utm.edu/wittgens/). _옮긴이

철학자는 사물의 세계와 거리를 두어야 한다는 아주 오래된 규범을 무시했다. 그는 철학으로 전환하기 전에 영국에서 항공 공학을 공부하기 위해 고향 빈을 떠났다. 비트겐슈타인은 언어, 논리, 수학의 복잡함을 풀어내는 데 들이는 것과 같은 정도의 정성으로 아름다운 손잡이와 라디에이터를 만든 재능 있는 디자이너이자 건축가였다. 그는 도구와 사람들의 작품에 매료되었다. 비트겐슈타인은 그를 가장 진정으로 따르면서 전문 학자로서의 길을 걷고 있던 제자들이 방향을 바꿔 의사나 목수가 되게 했다. 그 자신은 제2차 세계대전 동안 의무병으로서 매우 효율적으로 일했다. 그는 때때로 철학이 정직한 삶을 오염시킨다고 생각했다. 그는 대부분의 사립 탐정보다는 덜 자학적이었다.

비트겐슈타인은 개념적 궁지에 빠져드는 버릇이 있었고 그러한 궁지에서 벗어나는 탈출 곡예사 같은 놀라운 기술을 보여주기도 해서 한때 기억하기 쉽게 제임스 본드(James Bond)에 비교되기도 했다.[14] 그러나 그는 현실에 기반을 둔 지성과 금욕주의적인 태도 그리고 어렵게 얻은 얽히고설킨 이 세상에 대한 비극적 진실을 알고 있음으로 인해 스페이드나 말로우 혹은 그들의 동료들과 때로 매우 비슷하다. 비트겐슈타인은 일반적인 의미에서 사회 과학자가 아니었다. 오히려 그는 인간의 사악함의 논리를 깊숙이 들여다보고 놀라운 해석 기술과 이따금 쓰라린 절망으로 모든 것을 이해하려고 노력한 탐정으로 볼 수 있다. 그는 탐정들이 그들의 일에 사용한 것과 동일한 단어를 사용해 그의 후기 철학 연구를 적절하게 "조사(investigation)"라고 불렀다. 생각하지 말고 마치 학문적 철학의 카리스마와 체계성을 포기하는 듯 바라보라고(이것은 그와 같은 카리스마 넘치는 강렬함이 흘러넘치는 사람에게는 정말 고통스러운 일임) 그는 말했다. 그리고 말로우처럼, 그는 순수하게 사물

---

14   Gellner, *Language and Solitude*, p. 57.

을 보는, 즉 범죄자와 철학적 스핀 닥터들(spin doctors)[15]이 우리가 보기를
원하는 것처럼 사물을 바라보는 것이 아니라 사물을 단순히 있는 그대로 바
라보는, 아이와 같은 능력을 추구하면서, 모든 철학적 작업에 대해 자주 절
망했다.[16]

15   특정 정치인이나 고위 관료의 최측근에서 그들의 구실을 하는 사람을 의미한다. 일반적으로
     정치 지도자나 고위 관료들이 몸을 사릴 때 그 측근(스핀 닥터)들이 자신이 마치 정책 결정자
     인 것처럼 이야기하며 언론 조작을 서슴지 않는 것이 특징이다. _옮긴이
16   이 책의 많은 점들이 그렇듯이 이러한 생각들 역시 프랑크 켈레터에게 많은 도움을 받았다.

었다". 바쁜 독자들은 세부적인 것 속으로 들어갈 이유가 없었다.[121]

눈에 띄는 또 다른 예는 1920년대와 1930년대에 통계적 표집이 등장한 것이다. 19세기 대부분의 기간 동안 통계적 수집은 사실 수집을 의미했다. 종합하거나 중심 경향성(central tendency)[122]을 보여주려는 노력은 상대적으로 거의 이루어지지 않았다. 철저한 재검토는 미래의 몫이었다. 19세기 후반에 프랜시스 골턴(Francis Galton)과 칼 피어슨은 '상관관계'와 '표준편차' 같은 통계적 표준을 포함해 대량의 데이터를 자세히 살펴보는 기법을 개발했다. 그러나 누적된 자료 더미를 처리하는 방법에 대한 불확실성에도 불구하고 사실 수집은 20세기 초반에 대규모로 계속해서 번창해 나갔다. 1920년대와 1930년대의 통계 연구는 통계학이 새로운 방향, 즉 대량의 정보가 아닌 전체 인구 가운데 선택된 부분들을 표집하는 것에 의존하는 방향으로 나아가도록 도움을 주었다.

R. A. 피셔(R. A. Fisher)의 『연구 종사자를 위한 통계적 방법(*Statistical Methods for Research Workers*)』(1925)은 획기적인 책으로, 향후 20년 동안 일련의 판이 거듭해서 출간되었다. 이 책은 대표성 있는 무선 표집(random representative sampling)이라는 개념을 소개했다. 신중한 연구 설계는 엄청난 경험주의의 비용을 막을 수 있었다. 무선 표본은 어떤 확률에 의해 경계가 지어지는 중

---

121 Will Durant, *The Story of Philosophy*, new rev. ed. (New York: Garden City, 1932), pp. v~xiii; Joan Shelley Rubin, *The Making of Middlebrow* Culture (Chapel Hill: University of North Carolina Press, 1992), p. 99, 237, 244. 또한 다음 참조. George Cotkin, "Middle-Ground Pragmatists: The Popularization of Philosophy in American Culture," *Journal of the History of Ideas*, 55, 1994(April), pp. 283~302; Janice Radway, *A Feeling for Books: The Book-of-the-Month Club, Literary Taste, and Middle-Class Desire* (Chapel Hill: University of North Carolina Press, 1999).

122 통계학 및 수학에서 자료 데이터 분포의 중심을 보여주는 값으로서 자료 전체를 대표할 수 있는 값을 이르는 말이다. 대푯값이라도 한다. _옮긴이

심 경향성을 제공하는데, 이것은 여론 조사 결과에 여전히 붙어 다니는 '오차 한계'를 통해 가장 잘 알려진 개념이다. 첫 페이지에서 피셔는 '데이터 축소'라는 그 시대의 문제에 통계가 엄청난 공헌을 할 것임을 알린다. 그는 통계가 복잡한 데이터를 어떻게 처리할 수 있는지 보여주었을 뿐만 아니라 빈틈없는 실험 설계가 조사 과정에서 어떻게 효율성을 창출할 수 있는지도 보여주었다.

집단 유전학[123]에 대한 피셔와 다른 사람들의 연구는 1930년대 후반의 진화 생물학에서의 신다윈주의적[124] 종합에 기여할 것이다. 그러한 종합으로 인해 유기체보다는 집단이 진화적 적응에 매우 중요한 단위가 되었다. 유기적 진화에 대한 이러한 새로운 설명은 그 자체로 설명을 절약했다는 측면에서 최고였으며 생물학자들 간의 커뮤니케이션 부족을 해결하는 데 도움을 주었다. 다윈은 연체동물과 벌레에 대한 방대한 데이터 축적에 끝까지 온 힘을 다했지만, 신다윈주의적 종합이 가져다준 통계 도구는 생물학자들에게 더 간소화된 분석 양식을 제공했다.[125]

통계적 방법으로 인해 새로운 종류의 종합, 즉 계량적으로 측정된 여론 또한 가능해졌다. 1936년, 조지 갤럽(George Gallup)과 엘모 로퍼(Elmo Roper)는 대표성 있는 표집 기법을 사용해 루즈벨트의 선거를 ≪리터러리 다이제스트(Literary Digest)≫의 여론 조사보다 훨씬 더 효과적으로 예측함으로써 통계적 방법의 효능을 입증했다. ≪리터러리 다이제스트≫는 방대하지만

---

123 집단 유전학은 집단 내부와 집단 간의 유전적 변이와 세대 간 대립 유전자 빈도의 변화를 연구하며 집단의 대립 유전자 빈도를 연구하고 예측하기 위해 수학적 모델을 사용한다. _옮긴이

124 신다윈주의는 다윈의 진화론, 멘델(Gregor Johann Mendel)로부터 시작된 유전학과 자연 선택설을 기반으로 하는 학설들의 총칭으로 현대 진화론의 토대로 받아들여지고 있다. _옮긴이

125 John P. Jackson and David J. Depew, *Darwinism, Democracy, and Race: American Anthropology and Evolutionary Biology in the Twentieth Century* (New York: Routledge, 2017).

부적절한 방법으로 무작위 수집한 개인 의견 데이터에 의존했다.[126] 갤럽 여론 조사는 일차적인 요약 도구였다. 1930년대에 '여론'은 새로운 양적 의미를 갖게 되었다. 이제 여론은 대면 시민 숙의의 상징적인 침전물이 아니라 표집을 통해 발견된 개인 의견의 집합체로 정의되었다. 모호한 분위기나 주변 상황으로서가 아니라 대표성 있는 표본으로서 여론을 활용할 수 있다는 가능성은 사회 과학자와 정책 입안자들에게 매우 흥미로웠다. 1937년에 학술지 ≪퍼블릭 오피니언 쿼털리(Public Opinion Quarterly)≫의 창간호가 발행되었다. 이 학술지는 새로운 총체적 이해를 가능하게 하는 새로운 기법에 골몰했다. 그와 같은 여론 조사 기법은 소수의 사회 과학자들의 놀잇감 훨씬 이상의 것으로 저널리스트, 자본가, 정치인에 의해 빠르게 채택되었다. 대표성 있는 표집은 문화가 스스로 자기 자신을 대표해 보일 수 있는 중심 기법이 되었다. 갤럽이 생동감 있게 표현한 것처럼, 여론 조사는 일종의 국가의 정수, 즉 "민주주의의 맥박"이었다.[127]

그렇기는 하지만 정치학자와 사회학자들은 1950년대에 정기적인 전국 투표가 시행될 때까지 단일 도시 연구를 통한 제유 논리(the part-for-whole logic), 즉 부분이 전체를 대표한다는 논리에 계속 의존했다. 로버트 린드와 헬렌 린드(Helen Lynd)의 『미들타운(Middletown)』(1929)은 [인디애나주 먼시

---

126 Peverill Squire, "Why the 1936 *Literary Digest* Poll Failed," *Public Opinion Quarterly*, 52, 1988, pp. 125~133 참조.

127 Jean M. Converse, *Survey Research in the United States: Roots and Emergence, 1890-1960* (Berkeley: University of California Press, 1987); Robert Brett Westbrook, "Politics as Consumption: Managing the Modern American Election," in Richard Wightman Fox and T. J. Jackson Lears(eds.), *The Culture of Consumption: Critical Essays in American History, 1880-1980* (New York: Pantheon, 1983), pp. 145~173; George Gallup and Saul Forbes Rae, *The Pulse of Democracy: The Public-Opinion Poll and How It Works* (New York: Simon and Schuster, 1940) 참조.

(Muncie)에서] 미국의 축소판을 찾는 데 앞장섰다. 1940년대에는 오하이오주 샌더스키(Sandusky), 일리노이주 디케이터(Decatur), 뉴욕주 엘미라(Elmira), 그리고 "양키 시티"[매사추세츠주 뉴버리포트(Newburyport)]와 같은 작은 도시에서 일련의 유명한 사회 과학 연구가 수행되었다. 로버트 머튼은 이 접근 방식을 중간 범위 이론(theories of middle range)이라고 불렀는데, 중간 범위 이론들은 중간 규모의 도시에서 번창한 것 같았다.[128] [머튼 자신은 한 중요한 연구를 뉴저지(New Jersey)주 도버(Dover)[129]에서 수행했다.] 1930년대와 1940년대 사회 연구에서 제유는 설득력 있는 전략이었다. 예를 들어,『사람들의 선택(*The People's Choice*)』(1944)은 오하이오주 이리(Erie) 카운티에 있는 매 네 번째 집을 표집해 구성된 600명의 패널을 통해 수월하게 전국 선거 결과를 예측해 냈다. 이와 같은 연구들은 노먼 락웰의 삽화와 함께 부분이 전체를 상당히 대표할 수 있다는 믿음을 공유했다.

'문화'와 요약의 문화

어쩌면 요약의 문화가 '진실'의 생산에 어떻게 연루되게 되었는지를 보여주는 궁극적인 예는 문화의 개념 그 자체였을 것이다. 1930년대 인류학자 루스 베네딕트(Ruth Benedict)와 마거릿 미드, 스승 프란츠 보아스, 그리고 런던에 있는 동료 브로니스와프 말리노프스키(Bronislaw Malinowski)가 이해한 '문화'는 모든 사람들의 통합된 형태의 삶을 의미했다. 영향력 있는 후기 빅토리아 시대 인류학자 제임스 조지 프레이저(James George Frazer)는 앞의 학자들이 반기를 든 구체제의 전형을 보여주었다. 그의 책들은 19세기 후반의 박물관과도 같아서, 가득 찬 사실들이 비교 표본들로 정리되어 있었으며

---

128 이 재치 있는 말은 스티브 채피(Steve Chaffee)의 도움을 받은 것이다.
129 도버는 작은 도시이다. _옮긴이

그것들이 전체적인 삶의 방식 속에 원래 어떻게 내재해 있었는지에 대해서는 거의 관심이 없었다. 그의 대표작 『황금가지(The Golden Bough)』는 1890년에 단권으로 처음 출판되었고 이후 판에서 다권으로 늘어났다. 이 책에서 프레이저는 보르네오(Borneo)의 다약(Dayak)족에서 아프리카의 호텐토트(Hottentot)족, 북극의 '라프(Lapp)족'과 '에스키모(Eskimo)족', 그리고 동아프리카 코끼리 사냥꾼에 이르기까지 전 세계를 하나의 단락으로 스치듯 건너뛰면서, 결국은 그가 뉴기니(New Guinea)에서 시작했던 근처에서 끝을 맺었다.[130] 그는 이것저것 뒤범벅이 된 엄청난 양의 자료를 통해 종교와 통치술의 기원을 전반적으로 파악할 수 있다고 생각했다. 그의 커소버니언(Casaubonian)[131] 프로젝트는 기원별이 아닌 주제별로 체계적으로 정리되었다. 원래의 문화적 맥락은 거의 중요하지 않았다.

1920년대와 1930년대의 미국과 영국의 인류학은 이러한 수다쟁이 보편주의(magpie universalism)에서 급격히 멀어졌다. 그러한 풍조를 이끌었던 이는 말리노프스키였다. 저서 『서태평양의 항해자들(Argonauts of the Western Pacific)』(1922)은 자기 완비적 문화에서 수행되는 현장 조사에 새로운 방법론을 사용해 초점을 맞추는 것으로 인류학 분야의 방향을 재설정했다. 프레이저는 말리노프스키에게 인류학자가 되도록 영감을 주었고 『서태평양의 항해자들』의 도입부를 써주기도 했지만, 이 책은 전 세계 문화의 총체성을 설명하려고 하지는 않았다. 이 책의 포부는 문화를 "하나의 일관된 전체"로 이해하기 위해 트로브리안드(Trobriand) 제도[132]의 경제적 관행을 연구하는 것

---

130 James George Frazer, The Golden Bough, 2nd ed., 3 vols. (London: Macmillan, 1900), 1, pp. 28~30.

131 에드워드 커소번(Edward Casaubon)은 조지 엘리엇(George Eliot)의 소설 『미들마치(Middlemarch)』에 등장하는 인물이다. 이 인물에 대한 자세한 내용은 이 책의 "후기"에 있는 '(무서운) 커소번 옵션'이라는 절을 참조하기 바란다. _옮긴이

에 더욱 초점을 맞추는 것이었다. 문화 기술학(ethnography)은 결정화하는 행위, 즉 "문화 기술 현장 조사의 첫 번째이자 기본 이상은 사회 구성에 대한 명확하고 확고한 개요를 제공하고, 모든 문화 현상의 법칙과 규칙성을 그것과 무관한 것으로부터 분리하는 것"이었다. 말리노프스키는 문화 기술학자가 수집한 "광범위한 사실"을 종합하는 기법으로 '심상 차트(mental chart)'와 '시놉틱 테이블(synoptic table)'[133]을 사용하는 것을 옹호했다. '개요'는 그가 가장 좋아하는 단어 가운데 하나였으며, 그는 『서태평양의 항해자들』에서 이 단어를 48번이나 사용했다.[134]

루스 베네딕트는 매우 영향력 있는 저서 『문화의 패턴(Patterns of Culture)』 (1934)에서 19세기의 문화 개념이 너무 산만하다고 주장했다. 19세기의 문화 개념은 문화를 유물, 의식(儀式), 무기, 의복 등으로 나누었다. 그러나 그녀는 "잡다한 행동"도 자연스럽게 패턴으로 나뉘는 경향이 있다고 주장했다. 인류학자는 "관련되어 있지 않은 사실의 목록"이 아닌 "사고와 단어의 일관된 패턴", 즉 "통합된" 어떤 것을 찾는다. 그녀는 "문화에 대한 탐구는 의미와 가치에 대한 탐구이다"라고 썼다.[135] 탈맥락화된 유물은 어떤 단일 문화 특유의 의미 체계를 결코 드러낼 수 없다. 역사가 워런 서스먼(Warren Susman)이 주장했듯이, 문화 개념은 몇몇 수준에서 동시에 작동했다. 그것은 새로운 방식으로 "복잡한" 기계 문명에서 불안을 줄이는 방법이자 공동

---

132 뉴기니 동해안에서 떨어진 약 450km²의 산호 환초 군도이다. _옮긴이
133 아이디어나 개념을 그래픽 형태로 표현하는 것을 말한다. _옮긴이
134 Bronislaw Malinowski, *Argonauts of the Western Pacific: An Account of Native Enterprise and Adventure in the Archipelago of Melanesia New Guinea* (1922; repr., New York: E. P. Dutton, 1953), p. 11, pp. 10~11, 13~17. 이 책의 온라인판(www.archive.org)에서 '개요'라는 단어를 검색하면 48개가 검색된다.
135 Ruth Benedict, *Patterns of Culture* (New York: Houghton Mifflin, 1934), p. 46, 48.

체와 순응을 가르치는 방법이었다. 그리고 그것은 경험을 체계적으로 정리하는 방법이었다. 즉, 그것은 매일 우리에게 날아드는 다양한 종류로 이루어진 많은 양의 데이터를 이해하는 방법이었다. '문화'는 표면적으로 경험의 무작위성처럼 보일 수 있는 것을 이해하는 문명의 기본 패턴이 되었다. 그것은 계속되는 경험의 변화로 인한 다양한 혼란을 체계적으로 정리했다. 그것은 전문가와 일반 시민 모두 사용할 수 있는 개념이었다.[136]

'국민성(national character)'이라는 개념은 그 시기의 사회 과학자, 특히 미드와 당시 그녀의 남편이었던 그레고리 베이트슨(Gregory Bateson), 베네딕트, 그리고 전쟁 정보국(Office of War Information)의 후원을 자주 받았던 제프리 고러(Geoffrey Gorer) 같은 제2차 세계대전 동안 민간인 사기(士氣)를 연구한 인류학자들에게 중요한 초점이었다.[137] 미드의 『만일의 사태에 대비하라(And Keep Your Powder Dry)』(1942), 베네딕트의 『국화와 칼: 일본 문화의 패턴(The Chrysanthemum and the Sword: Patterns of Japanese Culture)』(1946), 고러의 『미국인(The American People)』(1948)은 국민성에 대한 주요 연구였다. 제2차 세계대전 중에 쓴 베네딕트의 책은 민간인 사기와 문화생활에 대한 전략적 연구에서 발전한 것으로, 결국 전후 일본 점령의 지침서가 될 것이다. 독일 문화에 관한 유사한 저서들도 전쟁 중에 집필되었는데, 일부는 망명 중이었던 프랑크푸르트(Frankfurt)학파 구성원들에 의해 집필되었다.[138] 베네딕트는 또한 네덜란드에 한 번도 발을 들여 넣어본 적이 없

---

136 관련된 에세이들은 다음에 있다. Warren Susman, *Culture as History: The Transformation of American Society in the Twentieth Century* (New York: Pantheon Books, 1984).

137 Federico Neiburg and Marcio Goldman, "Anthropology and Politics in Studies of National Character," trans. Peter Gow, *Cultural Anthropology*, 13, 1998(February), pp. 56~81.

138 Barry Kātz, "The Criticism of Arms: The Frankfurt School Goes to War," *Journal of Modern History*, 59, 1987, pp. 439~478.

사이드바 3-2 존 듀이와 요약의 문화 정치

한 가지 불만은 응축이 판단 권한을 시민에게서 문화 결정자의 손에 넘기는 것처럼 보인다는 것이었다. 그것은 그러한 사정을 잘 아는 시민들에게 어떤 영향을 미쳤을까?

이러한 이슈에 직접적으로 맞선 저술가가 있었는데, 그가 바로 철학자 존 듀이였다. 1920년대 중반에 이르러, 듀이는 이 문제에 대해 서로 다르지만 보완적인 두 종류의 생각을 갖게 되었다. 한편으로 그는 더 늘어난 공공 토론, 개방성, 커뮤니케이션을 요구했는데, 그가 이러한 특성들을 최고의 과학적 조사와 연관 지었다. 다른 한편으로 듀이는 주기적으로 확정과 종합이 이루어지는 순간이 있어야 한다고 생각했다. 여기서 그는 예술과 문화에 조언을 구했다.

최근 논평가들은 듀이가 미학에 대한 관심이 높아진 것을 루이스 멈퍼드와 랜돌프 본(Randolph Bourne)[1] 같은 저술가들의 비판에 대한 대응의 일환으로 보는 경향이 있다.[2] 이것이 사실이긴 하지만, 새롭게 떠오르는 요약 문화도 그것만큼이나 중요했다. 1920년대와 1930년대에 그가 미학으로 전환한 것은 이러한 더 광범위한 현상을 더 복잡한 정치 이론에 통합하려는 시도 가운데 하나를 반영한다.

듀이는 지식 위기에 대한 그 나름대로의 근거를 가지고 있었다. 1927년, 그

---

1   랜돌프 본(1886~1918)은 진보적인 작가이자 지식인으로 뉴저지주 블룸필드(Bloomfield)에서 태어났으며 컬럼비아 대학을 졸업했다. 제1차 세계대전 동안 살았던 젊은 급진주의자들의 대변인으로 여겨지며 다국적주의(transnationalism)라는 용어를 처음으로 사용했던 인물로도 알려져 있다. _옮긴이

2   Casey Nelson Blake, *Beloved Community* (Chapel Hill: University of North Carolina Press, 1990); Robert Westbrook, *John Dewey and American Democracy* (Ithaca, NY: Cornell University Press, 1991); Alan Ryan, *John Dewey and the High Tide of American Liberalism* (New York: Norton, 1995) 참조.

는 "오늘날의 평균적인 유권자"에게 "관세 문제는 끝이 없는 세부 사항, 특정 요율표들, 무수히 많은 물품에 대한 종가세(ad valorem tax)[3]가 복잡하게 뒤섞인 것으로, 그 가운데 많은 것이 이름을 듣고 알지 못하겠으며 그것들과 관련해서 어떤 판단도 내릴 수 없다"고 썼다. 10년 뒤에도 사정은 달라지지 않았다. 1939년, 그는 "관련성이 없는 사실의 수와 다양성이 증가하는 것"이 이제는 "보통 사람들에게까지 지속적으로 영향을 미쳐" 그들이 분석 대신 슬로건, "비판적 질의보다는 묵인"을 선택하게 만들었다고 썼다.[4]

가끔 듀이는 요약의 문화와 극명하게 상충하는 것처럼 보였다. 그는 그 당시 생활에서 매우 두드러진 "지적 기성품"에 대해 불평했다.[5] 『공중과 그들의 문제(The Public and Its Problems)』(1927)에서 듀이는 커뮤니케이션 공론장을 통해 모든 시민이 꾸준하고 지속적으로 참여하는 것이 문제를 해결하는 방법이라고 주장했다. 듀이에게 실천은 통찰에 선행했으며, 시민들은 사회 문제에 관한 진정한 전문가였음에도 어쩌면 그러한 사실을 늘 알고 있지는 못한 것 같았다. 그는 시민 참여를 과학적 방법과 연관시켰다. 과학은 커뮤니케이션, 토론, 그리고 새로운 경험에 직면해 잠정적인 결론을 수정하겠다는 의지를 통해 문제를 해결했다. 듀이는 당시의 중대한 사회적·정치적 문제에 대해 그러한 태도를 가져야 할 때가 되었다고 생각했다.[6]

그러나 그 시기 동안 듀이가 가지고 있었던 매우 또 다른 면은 그를 결정화된 본질의 문화의 중심으로 이끌었다. 분명 그의 많은 제자들은 1920년대

---

3   종가세(從加稅)는 물품의 가격, 즉 수입 가격을 기준으로 부과하는 관세이며 %로 표시한다. _ 옮긴이

4   John Dewey, *The Public and Its Problems* (New York: Henry Holt, 1927), p. 132; Dewey, *Freedom and Culture* (New York: Putnam's, 1939), pp. 46~47.

5   Dewey, *Freedom and Culture*, p. 46.

6   또한 John Dewey and James Tufts, *Ethics*, rev. ed. (New York: Henry Holt, 1932), pp. 398~404 참조.

후반과 1930년대에 철학의 대중화로 방향을 틀었다.[7] 중요한 것은 자신이 "완결된 경험(consummatory experience)"이라고 부르는 것에 대한 듀이의 관심이었다. 듀이는 경험을 도구적 경험(instrumental experience)과 완결된 경험의 두 유형으로 나누었다. 문제를 해결하는 것은 도구적 경험으로, 그 것은 수단과 관련되어 있으며 실용적이었다. 완결된 경험은 경험 그 자체를 즐기는 것을 의미했으며, 목적에 관한 것이었다. 완결된 경험은 끊임없는 행위들의 흐릿함에서 벗어나는 것이었다.[8]

듀이에게 예술은 도구적 경험인 동시에 완결된 경험이었지만, 듀이는 후자를 강조했다. 예술은 "경험의 절정일 뿐만 아니라 자연의 절정"이었다. 더구나 1934년 그는 예술은 사회적 총체성에 대한 미학적 전범, 즉 "문명의 삶에 대한 기록이자 기념"이라고 말했다. 어떤 사회 질서이건 거기에는 "일시적인" 차원도 있고 "지속적인" 차원도 있지만, 예술은 이 둘을 화해시키는 "위대한 힘"이었다. 예술은 완결하는 힘을 가지고 있었고 문화의 본질을 드러낼 수 있었다.[9] 듀이가 1930년대 말까지 그러한 문화 개념에 호의적이었다는 것은 분명 놀라운 일은 아니었는데,[10] 왜냐하면 그가 말하는 완결된 경험과 예술은 순간순간 끊임없이 변하는 것들로부터 질서를 만들어내고 축적된 경험을 창의적으로 구현해 내는 "문화"의 의미에 가까웠기 때문이다.

듀이는 균형 잡힌 사회 질서에는 도구적 경험과 완결된 경험 모두가 필요하다고 주장했다. 그는 완결된 경험을 "끝, 결말", "역동적 균형"을 향하는 "통합적인" 것으로, "즐거움 그 자체"로 다양하게 묘사했다. 그러나 이것들 가운데 어느 것도 정체(停滯)를 의미하지는 않았다. 역동적 균형의 순간은 또

---

7   Cotkin, "Middle-Ground Pragmatists,"

8   John Dewey, *Experience and Nature* (Chicago: Open Court, 1925) 참조.

9   Dewey, 같은 책, p. xvi; Dewey, *Art as Experience* (New York: Henry Holt, 1934), p. 326.

10   Dewey, *Freedom and Culture*.

한 조정이 이루어져야 하는 새로운 변화의 시작이었다. "완결의 시간은 또한 새로 시작하는 시간이다."[11] 듀이가 그리는 민주주의론의 그림은 담론적인 비판적 사고와 민주적 성취에 대한 통합적이고 열정적인 확증이 번갈아가며 나타나는 것이었다. 그러나 그는 또한 이러한 확정의 순간을 커뮤니케이션과 토의에 대한 확고한 약속으로 상쇄했다.

그러나 이따금 듀이는 미학이 해야 할 일을 훨씬 더 많다고 생각하기도 했다. 이 순간에 그는 흡사 요약 문화의 주류인 것 같았다. 『공중과 그들의 문제』에서 그는 있는 그대로의 정보는 행동하는 공중을 만들어내지 않을 것이라고 걱정했다. 그는 밀도 높은 사실의 흐름에 대한 19세기의 가정을 뒤집으면서 "전문적인 지식수준이 높은 정보 제시는 전문적인 지식수준이 높은 사람들에게만 호소력을 가질 것"이라고 썼다. "분기별로 발행되는 사회학 혹은 정치학 학술지가 매일 발행되는 형태"를 취하고자 했던 신문은 "의심할 여지 없이 발행 부수도 제한적이고 영향력도 적을 것"이다. 듀이에게 방대한 양의 지적 수준이 높은 정보를 전파하는 것은 해답이 아니었다. 대신 그는 새로운 것들의 '진정한' 전달자인 예술가에게 눈을 돌렸다. 예술은 더 많은 공중에게 새로운 메시지를 전달하는 수단이 될 수 있었다. 정보 제시 방식의 실험을 통해 공중에게 복잡한 상황을 파악할 수 있도록 가르쳐줄 수 있었다.[12] 예를 들면, 1930년대에 연방 예술 프로젝트(Federal Art Project)는 미국을 찬양하는 벽화 확산을 후원했는데 듀이가 이러한 벽화 확산에 열정적이었던 것은 놀라운 일이 아니다.[13]

---

11 Dewey, *Art as Experience*, p. 17; Dewey, *Experience and Nature*.

12 Dewey, *Public and Its Problems*, pp. 183~184.

13 John Dewey, radio address for the NBC Blue Network, broadcast April 25, 1940. Marlene Park and Gerald E. Markowitz, *Democratic Vistas: Post Offices and Public Art in the New Deal* (Philadelphia: Temple University Press, 1984), p. v에서 재인용.

여기서 예술은 완결된 경험을 제공하는 이상의 것을 하고 있었다. 또한 예술은 분명 도구적 경험이기도 했다. 그리고 예술은 확실히 새로운 미학적 전범의 문화를 보여주는 완벽한 예였다. 눈에 띄는 이미지가 그저 수많은 정보와 함께 자리하고 있는 것이 아니라, 그것은 그것이 마땅히 있어야 할 곳에 있었다. 그러나 이것은 민주주의를 되살리려는 듀이의 목표에 어떤 영향을 미쳤을까? 최소한 사람들이 예술적 해석이 '새로운 것들'을 정확하게 요약할 것이라고 확신한다면, 이러한 미학으로의 전환은 그의 민주주의 프로젝트를 훼손하지 않을 수도 있을 것이다. 그러나 만약 사람들이 예술적 요약의 타당성을 받아들인다면, 관람객을 선택된 장소로 안내해 복잡한 정보로부터 보호해 주는 박물관 큐레이터에게 엘리트주의적인 비난을 해서는 안 된다. 만약 사람들이 『공중과 그들의 문제』에 나와 있는 듀이 버전의 타당한 민주주의 프로젝트를 받아들이려면 타당한 민주주의 프로젝트로서 요약의 문화도 반드시 받아들여야 한다.

듀이는 활력을 되찾은 민주적 공중을 끊임없이 요구함에도 불구하고 여러 시점에서 더 엘리트주의적인 방향으로 빠져들어 공중은 한때 그들에게 기대되었던 모든 것을 할 수 없다는 의견을 제시했다. 복잡한 정보를 예술로 대체하는 것이 한 가지 예였고, 그의 마지막 주요 저서인 『자유와 문화(Freedom and Culture)』는 또 다른 예였다. 문화 개념을 논의하면서 듀이는 "정보와 이성보다 민심과 여론을 형성하는 데 있어 정서와 상상력이 더 강력하다는 것을 우리는 깨닫기 시작했다"고 썼다.[14] 그러나 그는 이러한 시인(是認)이 민주적이고 이성적인 문화에 대한 그의 희망과 어떻게 일치하는지는 말하지 않았다.

듀이는 최선을 다해 요약 문화가 더 많은 도구적 경험들 간에 균형을 유지

---

14 Dewey, *Freedom and Culture*, p. 10.

해 준다고 생각했다. 두 사람 간의 대화와 여러 사람들 사이의 대화는 사회가 스스로를 비판할 수 있는 수단이었으며, 정체(政體)를 올바르게 판단하기 위해서는 미학적 경험의 시점들이 필요했다. 그러나 듀이가 지식을 제 것으로 받아들이거나 합리적인 결정을 내리는 일반 시민의 능력에 대한 믿음을 잃은 것처럼 보이는 순간 ― 우리는 그것이 짧은 순간에 그쳤음을 강조한다 ― 도 있었다. 이와 같은 순간에 그는 새로운 양식, 즉 완결된 경험을 더 철저히 수용하기 위해 비록 잠깐 동안이었긴 하지만 방향을 바꿨다. 듀이가 적절한 요약과 함께 춘 춤은 (겉으로는 잘 표시나지 않는) 많은 근본적인 긴장을 드러냈다.

는 상태에서[139] 네덜란드인들의 국민성에 대한 유명한 연구 보고서도 썼다.[140] 그녀는 심지어 일본 침공 계획에 대해 루즈벨트와 상의하기도 했고 일본 국왕의 지속적인 전쟁 후의 역할을 옹호하기도 했다. 국민성 개념은 또한 전후 미국 사회학을 규정하는 저서 가운데 하나인 데이비드 리스먼(David Riesman)의 『고독한 군중: 변화하는 미국인의 성격에 대한 연구(*The Lonely Crowd: A Study of the Changing American Character*)』(1950)에도 영향을 미쳤다.

'국민성'은 1950년대와 1960년대 사회사상의 요약 분위기를 잘 보여주는 용어이다. 사회 과학에 '국민성'이라는 개념을 도입한 첫 번째 에세이에서 모리스 긴스버그(Morris Ginsberg)는 이 개념을 "어떠한 국가의 가장 중요한 특성에 대한 요약"이라고 명확히 정의했다.[141] 또다시 그것은 결정화된 본질에 대한 개념이자 이러한 방식으로 토의의 틀을 짜면 중요한 것이 전혀 소실되지 않을 것이라는 의미였다.

국민성 개념은 '여론'처럼 복잡한 집단적 현상에 대한 통일된 묘사를 제공하는 것을 목표로 했다. 당시 많은 사람들이 지적했듯이, 여론과는 달리 국민성에 대한 연구는 엄격한 방법이 결여되어 있어서 문화 인류학에서 가져온 방법을 모든 국가에 적용하는 것은 안전하지 않을 가능성이 있었다.[142] 여론과 국민성 모두 1930년대에 경험적으로 조사 가능한 개념으로 탄생했으며

---

139 베네딕트의 『국화와 칼』 역시 일본을 한 번도 방문해 본 적이 없는 상태에서 썼다고 한다. _옮긴이

140 Rob van Ginkel, "Typically Dutch … Ruth Benedit on the National Character of Netherlanders," *Netherlands Journal of Social Science*, 28, 1992, pp. 50~71.

141 Morris Ginsberg, "National Character and National Sentiments," in James Hadfield(ed.), *Psychology and Modern Problems* (London: University of London Press, 1935).

142 예를 들면, 다음 참조. G. Gordon Brown, review of Geoffrey Gorer, *The American People*, *Annals of the American Academy*, 259, 1948(September), pp. 155~156; K. L. Little, "Methodology in the Study of Adult Personality and 'National Character'," *American Anthropologist*, 52, 1950, pp. 279~282.

20세기 중반의 요약 문화에서 핵심적인 역할을 했다.

20세기 후반에 이르러 국민성 개념은 완전히 생명력을 잃게 된 반면, 여론 개념은 한창 꽃을 피우고 있었다. 여론 조사는 대표성 있는 표집으로 의견 분포의 내적 분산을 보여줄 수 있는 능력을 갖추었는데, 이로 인해 여론 조사는 지난 세기의 제유 거부와 차이의 찬양(5장)이라는 강을 무사히 건널 수 있었다. 20세기 중반의 국민성 개념은 군인, 해외 사업가, 또는 토크빌과 다른 19세기 저술가들이 개척한 광범위한 분석에 관심이 있는 지식인에게 유용한 개념이었다. 수십 년 후, 그 개념은 개념적으로는 참을 수 없을 정도로 느슨하며 정치적으로는 내적 다양성의 지독한 눈가림으로 보일 것이다. 그것을 가장 먼저 비판한 사람 가운데 한 사람이 루트비히 비트겐슈타인이었는데, 그는 제자 노먼 말콤(Norman Malcolm)이 느슨한 형태의 그 개념을 두서없이 사용하자 일정 기간 그와의 관계를 끊어버렸다. 비트겐슈타인은 그와 같은 사고가 특수자들을 함께 묶어버리는 방식을 참을 수 없었다. 늘 그랬듯이, 비트겐슈타인은 국가 규모의 사고가 전쟁의 대혼란에 잠재적으로 책임이 있다고 생각하면서 그러한 사고의 위험성에 대한 관심을 높여왔다.[143]

그 모든 표현에서 결정화된 본질의 문화는 정보와 과정을 회피했다. 결정화된 본질의 문화는 밀도 높은 사실의 흐름을 상상력이 풍부한 전체 요약으로 대체하면서 새로운 방식으로 공중에게 전파되었다. 박물관 전시회에서든, 신문 기사에서든, 아니면 문화에 대한 토의에서든, 그러한 문화는 세부 사항들을 쏟아내는 것이 아니라 핵심을 구체화하려고 애썼다. 공중에게 전달되어야 할 것은 요약하기 위해 합쳐진 부분들이 아니라 요약이었다. 이것은 진품 전시실의 이목을 끌기 위한 과중함이나 계몽주의 시대 『백과전서』

---

143 Ray Monk, *Ludwig Wittgenstein: The Duty of Genius* (New York: Penguin, 1990), p. 424.

의 무질서한 모순된 집합체가 아니었다. 이것은 그릴리의 세부적인 것에 열중하는 것도 아니었고 랭델의 선집도 아니었다. 이것은 부분을 사용해 전체를 대표하는 새로운 전략이었다.

요약 문화는 20세기 중반의 대중문화에서 대단히 중요한 요소였다. 대중문화는 몇 가지를 뜻했다. 대중문화는 할리우드, 음악 산업, 뉴스 미디어와 같은 일련의 비즈니스 기관을 뜻했다. 대중문화는 소비자들의 축적물을 뜻했다. 또 대중문화는 일련의 재현물과 장르들을 뜻했다. 1930년대 말 무렵, 문화 분야에서 일하는 사람들 사이에서 국가는 하나의 통일체라는 가정이 널리 퍼져 있었다. 세기가 바뀌는 혼란스러운 시기와는 대조적으로 전체가 하나의 본질로 결정화될 수 있다는 확신이 커졌다. 이것이 농장 안정국(FSA: Farm Security Administration)의 사진 프로젝트 책임자인 로이 스트라이커(Roy Stryker)가 "우리는 미국을 미국인들에게 소개하고 있다"고 말한 의미였다.

1930년대는 '미국식 생활 방식'이라는 문구가 널리 사용된 시기였다. 포크송, 프랭크 캐프라(Frank Capra)[144]의 영웅들, 노먼 락웰의 이미지들, 보통 사람 등 갖가지 것들이 '미국'의 '본질'이 되었다. 미국식 생활에 대한 찬양은 정치적 성향 전반에 걸쳐 발견되었다. 작곡가 에런 코플런드(Aaron Copland)와 소설가 존 더스 패서스(John Dos Passos)는 급진적 정치와 국가 찬양이 양립할 수 없음을 안 많은 좌파 지식인들 가운데 하나였다. 그러한 문화 개념은 제유를 옹호함으로써 복잡성에 대응한 사회에 대한 최고의 표현이었다.

적절한 축약 숭배는 정보를 관리하는 방식이었을 뿐만 아니라 국민을 단결시키는 요소이기도 했다. 국가는 재현과 경험 모두로 국민의 마음과 가슴을 진정으로 장악했다. 심지어 미국에서 추방된 사람들도 친미주의적 표현을

---

144 시칠리아(Sicilia) 태생의 미국 영화감독으로 제2차 세계대전 때 전쟁 홍보 영화를 적극적으로 제작하기도 했다. _옮긴이

사이드바 3-3 베트남의 인상

그것은 2600쪽 가운데에 있는 딱 하나의 문장이었다. 실제로는 하나의 절 일뿐이었다.[1] 그러나 그것을 완전한 문장으로 표현하면 다음과 같았다. "사실(事實)들은 베트남 사람(the Annamite)의 마음에 거의 아무런 감명을 주지 않는다." 도대체 이것은 무엇에 대한 말이었는가?

'Annamite'는 물론 베트남인을 의미한다. 이 용어는 여전히 프랑스어에서 일반적으로 사용되며, 1937년, 버지니아 톰슨(Virginia Thompson) 박사가 저서 『프랑스령 인도차이나(*French Indo-China*)』에서 위 문장을 썼을 때는 영어에서도 매우 흔히 사용되었다.[2] 모든 사람이 이 책을 좋아하지는 않았다. 허버트 인그램 프리스틀리(Herbert Ingram Priestley)는 ≪미국 역사 리뷰(*American Historical Review*)≫에서 이 책을 "그저 그런" 책이라 불렀다. 또 다른 평론가는 산만한 글에 대해 불평했다. 그럼에도 다른 평론가들은 이 책이 주목할 만하다고 생각했으며, 이 책은 그 후 10년 동안 그 주제에 대해 가장 널리 참조된 연구서 가운데 하나였다. 톰슨은 자신이 전문가가 아님에도 특히 프랑스 자료에 의지하면서 동남아시아에 관한 모든 전문 문헌을 요약했다.[3]

그리고 그녀는 자신의 관점을 추가했다. 톰슨이 사실을 완전히 이해하지 못한 것은 그녀의 편견의 행렬 가운데 있는 하나의 작은 꽃수레에 불과했다. 베트남 사람들은 의식(儀式)에 갇혀 있었다. 그들의 생각은 "혼란스럽고 부정확"해서 과학적 방법을 이해할 수 없었다. 베트남인들은 잔인하고 운명론적이었으며 "상상력이 풍부한 거짓말을 하는 재주"를 가지고 있었다. 그들의

---

1   실제로 260쪽에는 "'Facts make little impression' on the Annamite mind" 가운데 앞부분만 적혀 있었던 것으로 보인다. _옮긴이

2   Virginia Thompson, *French Indo-China* (New York: Macmillan, 1937), p. 260.

3   Herbert Ingram Priestley, *American Historical Review*, 43(4), 1938, pp. 876~877; John E. Orchard, *Geographical Review*, 28, 1938, pp. 515~516.

신경계는 "서구인들보다 분명 덜 민감했다". 에드워드 사이드(Edward Said)가 1970년대 후반에 '오리엔탈리즘(orientalism)'에 대한 연구를 개척하지 않았다면, 그 연구는 톰슨을 위해서라도 이루어져야 했을 것이다. 당시에는 인기가 있었던 그녀의 저서는 그 장르를 희화화한 것에 가까웠다.[4]

톰슨은 결코 우익 사이비 학자(crank)[5]가 아니었다. 그녀는 1930년대 말과 1940년대에 인민 전선 계열의 사람들, 특히 제2차 세계대전 후 조셉 매카시(Joseph McCarthy)[6]의 공격 대상이었던 태평양 관계 연구소(Institute for Pacific Relations) 사람들과 어울렸다. 톰슨은 냉전 드라마에서 단역 배우에 불과했지만 완전히 무대 밖에 있지는 않았다. 1952년, 미국인들 가운데 공산주의자를 색출해 내는 상원 위원회인 매커런 위원회(McCarran Committee)는 그녀를 "공산당 공식 간행물"과 "친공산주의 보도 기관"의 집필진으로 보았다.[7] 톰슨의 1937년 저서에는 입증할 수 있는 그 어떤 마르크스주의적 관점도 나타나 있지 않았다. 그녀는 진보주의자였다. 그러나 그녀의 책은 당시 베트남 사람들에 대한 그러한 편견이 얼마나 널리 퍼져 있었는지를 보여준다.

미국에서 이미지에 대한 새로운 관심이 어떻든 간에, 톰슨의 편견 역시 정보는 서방의 전문 분야라는 여전히 일반적인 믿음을 강조해서 보여준다. 우

---

4 Thompson, *French Indo-China*, p. 46, 44.

5 'crank'는 정확히 말하면 모든 사람이 전부 다 틀렸다고 하는 의견을 고집을 꺾지 않고 밀어붙이는 사람을 나타내는 말인데, 유사 과학계에서 이런 사람들이 많다 보니 (아니 유사 과학자들의 기본 속성이기도 하니) 유사 과학자들을 일컫는 단어로 쓰이기도 한다. _옮긴이

6 조셉 매카시(1908~1957)는 미국의 공화당 정치인으로 상원 의원 재직 동안 그는 공산주의자들이 정부를 포함한 미국 사회의 모든 분야에 침투해 있다는 주장(매카시즘)으로 파장을 일으켰다. _옮긴이

7 Institute of Pacific Relations, *Report of the Committee on the Judiciary, Internal Security Subcommittee: 82nd Congress, July 2, 1952* (Washington, DC: US Government Printing Office, 1952), p. 158.

리는 사실을 완전히 이해하지만, '그들'은 그렇지 않다. 게다가 사실에 대한 서구의 새로운 불신은 정보 자체에 대한 것이 '아니라' 커뮤니케이션에 대한 것이었다. 이미지는 복잡한 연구를 단순화할 수도 있지만 그것을 대체하지는 않았다. 톰슨에게 동남아시아는 완전히 다른 곳이었다. "베트남인들로부터 정확한 정보를 얻는 것은 불가능하다."[8]

---

8 Thompson, *French Indo-China*, p. 43.

써가며 인정받기 위한 그들의 노력을 글로 쓴 일도 있었다. 요약은 진실 게임이자 형제애적 감정이었다. 미국이라는 나라 자체가 하나의 응축이었다.

그것이 오래 지속되지는 않았을 것이다. 전체에서 본질을 찾아낼 때 축약은 전체의 조각들에서 복잡성을 찾는 것을 방해했다. 나중에는 '문화'가 정확하게 사용되면서 적절한 요약에서 제외된 사람들의 경험을 가리키게 되었을 것이다. 각각의 소수 집단은 고유한 문화(보아스의 유산)를 가지고 있었기 때문에, 국가의 증류 과정은 억압적으로 여겨졌을 것이다. 문화 개념은 요약 작업을 하기 위해 만들어졌음에도 오히려 요약 작업을 약화시켰을 것이다. 선의를 가진 사람들은 그와 같이 전개되는 상황을 여러 가지 방식으로 환영할 수밖에 없지만, 공공연한 국가의 제유를 깨는 것이 반드시 억압받는 자들과 정의를 위한 승리라는 확신을 가지고 우리는 우리가 요약 문화의 저편에 살고 있음을 보여준다. 20세기 후반에 미국 정치에서 복지 국가에 대한 저항이 나타나고 다문화주의가 부상한 것은 동일한 역사적 상황 전개의 일부로, 이것은 설득력 있는 국가적 요약을 허물어뜨리는 수단이다. 이러한 수단의 붕괴는 적절한 요약 문화와 우리 시대 사이의 거리를 나타내는 하나의 표시이다.

4장

세계상의 시대,
1925~1945년

근대성의 기본적인 과정은 이미지로서의 세계를 정복하는 것이다.

마르틴 하이데거(Martin Heidegger, 1938)[1]

내게는 카메라가 … 우리 시대의 가장 중요한 도구로 보인다.

제임스 에이지(James Agee, 1941)[2]

1945년, 미국에서 만들어진 가장 강렬한 이미지들은 엄청나게 컸다. 실물보다 컸고, 놀라웠다. 그러한 이미지들은 수백 개의 지역 극장의 영화 스크린 위를 활공했으며 엄청나게 인기 있던 주간지 ≪라이프(Life)≫와 ≪룩≫ 위를 행진했다. 수백만 명이 매주 이러한 사진들을 보았다. 대포에서 화염이 뿜어져 나오는 전차, 밝은 주황색 올즈모빌(Oldsmobile),[3] 거대한 녹색 세븐업(7-Up) 병, 떠오르는 신인 여배우들과 정치인들, 미국인의 삶을 사로잡은 이러한 이미지들은 때로는 화가 치밀 정도로 피상적이었고, 때로는 아주 깊이가 있었다. 그럼에도 그러한 이미지들은 핀잔을 들었다. 미국은 미국의 시각 문화를 '통제'했다.

그 후 50년 동안의 이야기는 그러한 자신감의 점진적인 약화에 대한 것이었다. 새천년이 되자, 미국의 이미지는 훨씬 더 혼란스러워졌다. 이전보다 놀 거리도 더 많아졌고 자유도 더 많아졌다. 그러나 긴장과 우려 또한 더 많아졌다. 1970년대가 되자 문화 보수주의자들에게 이미지 문화는 위험하게, 심지어 사악하게 보였고, 1990년대가 되자 심지어 많은 중도주의자들에게

---

1   "Der Grundvorgang der Neuzeit ist die Eroberung der Welt als Bild." Martin Heidegger, "Die Zeit des Weltbildes," in *Holzwege* (1938; repr., Frankfurt: Klostermann, 1972), p. 94.

2   James Agee and Walker Evans, *Let Us Now Praise Famous Men* (1941; repr., New York: Ballantine, 1976), p. 11.

3   올즈모빌은 미국 제너럴 모터스(General Motors)가 생산했던 자동차 브랜드이다. _옮긴이

도 이미지 문화는 그렇게 보였다. 인터넷 포르노그래피, 영화의 폭력, TV 검열의 쇠퇴, 비디오 게임의 정신이 멍해질 정도의 산만함, 이 모든 것들은 너무 무신경하고 추해 보였다. 1970년대부터 영화 이론가들은 정교한 프로 이트(Sigmund Freud)의 이론과 마르크스주의 이론을 사용해 우리에게 이미 지가 얼마나 사악한지 말하기 시작했다. 기술, 스타일, 법, 이 모두가 공모 해 세기 중반의 안전을 방해했다. 이미지는 통제 불능 상태가 되었다. 그러 나 그것은 이 장의 이야기가 아니라 다음 장의 이야기이다. 이 장은 1945년 경의 이미지가 적절한 요약의 문화에 버금갈 정도로 안정적으로 요약해 주 는 성질을 어떻게 가졌는지 보여준다.

영화 속의 국가: 예술, 기술, 그리고 법

미국에서 가장 중요한 단일 이미지 전달자는 할리우드였다. 제2차 세계 대전 내내 주간(週刊) 영화 관객 수는 수천만 명에 달했다. 심지어 전쟁이 끝 난 후 처음 몇 년 동안에도 관객 수가 조금 줄어들긴 했지만 영화는 여전히 당시 가장 강력한 이미지로 남아 있었다. 〈역마차(Stagecoach)〉(1939), 〈카 사블랑카(Casablanca)〉(1942), 〈사랑은 비를 타고(Singin'in the Rain)〉(1952), 〈하 이 눈(High Noon)〉(1952), 혹은 〈제17 포로수용소(Stalag 17)〉(1953) 같은 1930 년대 말부터 1950년대 초반까지의 히트작들은 국가 이미지를 만드는 데 있 어 할리우드가 얼마나 중요한지를 증명했다.

1910년대에서 1930년대 동안에 할리우드는 무수한 필름 조각들을 겉으 로 보기에 매끄러운 이야기로 엮어내는 방법을 알게 되었다. 1940년대가 되 자 카메라는 이동 가능했고 감독과 편집자들은 장면들 속에서 액션이 연 속적으로 이어지게 하기 위해 '아이라인 매치(eyeline match)',[4] '180도 규

---

4   연속 편집의 일종으로 인물들 간의 시선이 연속성을 유지하는 것을 말한다. _옮긴이

사이드바 4-1 이미지의 크기

19세기 초반에서 중반의 이미지는 다른 면에서 엄청났다. 19세기 초반에 미국인이 미술관, 극장, 혹은 성당 밖에서 볼 수 있었던, 사람이 만든 가장 큰 이미지는 포스터와 브로드시트(broadsheet)[1]였다. 일반적으로 약 가로 45cm 세로 약 61cm의 크기로, 이미지는 목판으로 만들어졌고 글자는 활판 인쇄로 새겨졌다. 19세기 중반이 되자, 석판 인쇄에 사용되는 돌의 크기로 이미지의 크기가 제한되면서 약 가로 71cm 세로 106cm의 포스터가 표준이 되었다. 도시의 극장 기획자는 쇼를 알렸으며, 남북 전쟁은 포스터를 모병에 사용함으로써 포스터에 활력을 불어넣었다. 바넘은 가장 널리 배포된 포스터 이미지 가운데 일부를 제작했다. 젊은 헨리 제임스는 바넘의 미국 박물관에 예정되어 있는 행사를 알리는 포스터를 좋아했으며, 그는 그러한 포스터가 "그 나름대로 경이로울 정도의 매력적인 구성"을 가지고 있다고 생각했다.[2]

19세기 후반에는 야외에 전시되는 이미지의 크기가 커졌다. 최대 3m 크기의 멀티시트(multisheet) 석판 인쇄 포스터는 이전 20년 동안 이민자들로 팽창한 뉴욕과 시카고 같은 도시에서 사용되기 시작했다. 1891년, 어소시에이티드 빌포스터스(Associated Billposters)라는 업계 단체가 결성되었다. 이 단체는 점점 늘어나고 있는 기업들이 각 도시에서 옥외 광고의 크기를 조절하지 않고도 브랜드를 위한 전국 광고 캠페인을 개발할 수 있도록 옥외 광고판의 크기를 표준화하기 위해 노력했다. 1912년까지 업계 표준은 약 가로 2.4m 세로 5.8m였다. 1910년대 말에 일부 옥외 광고판의 크기가 가로 3.6m 세로 7.6m로 커졌지만, 위글리(Wrigley) 추잉 껌의 1917년 타임스 스

---

1   (광고 등을 목적으로) 한쪽 면만 인쇄한 큰 종이를 말한다. _옮긴이

2   Henry James, *A Small Boy and Others* (London: Macmillan, 1913), p. 164.

퀘어(Times Square) 디스플레이는 모든 경쟁자들을 능가했다. 그 디스플레이는 약 가로 76m 세로 15m였고, 1만 7000개의 전등으로 불을 밝혔다. 고매한 사람들은 예상대로 그들이 새로운 형태의 시각적 역병이라고 간주하는 것에 대해 격분했다.[3]

영화와 옥외 광고판은 과장된 디스플레이 예술 분야에서 사촌지간이었다. 새로운 영화관들은 움직이지 않는 일단의 사람들에게 움직이는 활동사진을 보여주었고, 옥외 광고판은 걷거나 차량을 타고 움직이는 일단의 사람들에게 움직이지 않는 사진을 보여주었다.[4] 가장 초창기의 영화 상영 형식 가운데 하나는 한 명의 시청자가 쌍안경을 통해 볼 수 있는 키네토스코프(kineto-scope)로, 이 당시 영화를 보는 것은 혼자만의 경험이었다. 니켈로디언(nickelo-deon)[5] 영화관은 흔히 다소 비좁은 도시 공간에서 영사된 이미지를 집단적으로 볼 수 있게 해주었다. 1910년대에 영화 궁전(film palace)[6]이 출현했다. [『옥스퍼드 영어 사전』에 '대형 스크린(big screen)'이라는 용어가 실린 것은 1914년과 1916년으로 거슬러 올라간다.] 스크린 크기는 영화 상영 공간의 크기에 달려 있으므로 일부 디자이너는 스크린을 중심으로 영화관을 짓기로 결정했다. 스크린 크기는 장소마다 달랐지만, 1920년대와 1930년대에 그리 크지 않은 노동 계층용 니켈로디언과 이 영화관들이 상영한 단편 영화가

---

3   Catherine Gudis, *Buyways: Billboards, Automobiles, and the American Landscape* (London: Routledge, 2004), p. 80, 109, and passim; Wiley Lee Umphlett, *The Visual Focus of American Media Culture in the Twentieth Century* (Teaneck, NJ: Fairleigh Dickinson University Press, 2004), p. 90; Quentin J. Schultze, "Legislating Morality: The Progressive Response to American Outdoor Advertising, 1900~1917," *Journal of Popular Culture*, 17, 1984(Spring). pp. 37~44.

4   Gudis, *Buyways*, p. 73.

5   20세기 초반에 나타난 규모가 작은 무성 영화 상영관이다. 미국 영어에서 니켈(nickel)은 5센트 동전, 그리스어 오데온(odeon)은 지하 극장이라는 뜻이다. _옮긴이

6   1910년대와 1940년대 사이에 지어진 크고 정교하게 장식된 영화관을 이렇게 불렀다. _옮긴이

장편 스튜디오 영화와 장편 영화를 상영하는 동굴 같은 호화로운 궁전에 자리를 내주면서 스크린의 크기가 급속히 커지기 시작했다. 게다가 웅장한 무대 앞부분, 건축학적 세밀함, 복잡한 조명은 새로운 방식으로 앞으로 불룩한 스크린에 집중해서 주목하게 해주었는데, 앞으로 불룩한 스크린은 스크린의 실제 크기(경우에 따라서는 높이가 약 9m)를 더 키우고 실제보다 더 커 보이게 하는 경향이 있었다.

스크린들은 크기와 외형이 다양했지만, 1930년대에는 '아카데미 비율(Academy ratio)'이라고 부르는 4:3의 종횡비가 굳어졌다. 1910년에 영화감독 D. W. 그리피스(D. W. Griffith)가 소개한 클로즈업의 사용으로 관객은 실제 생활에서는 손에 닿을 수 있는 거리에 있어야만 보았을 크기로 손과 얼굴을 볼 수 있었다. 더 큰 스크린이 반드시 관객의 소외감을 가중시킨 것이 아니라 시청 경험의 친밀감과 현실감을 더해주었다. 어떤 사람들은 바로 이러한 경험의 직접성, 실물로 결코 만난 적이 없는 사람과의 거리감과 근접감이 동시에 발생하는 것에 놀랐다.

1930년대에는 또한 벽화도 신선한 인기를 끌었는데, 벽화는 공개적으로 볼 수 있는 대형 캔버스가 필요한 예술 형식이었다. 벽화는 광범위한 사회적 주제, 사람들을 조직하거나 산업을 형성하는 것에 대한 서사에 전념했다. 1940년대에 추상 표현주의 캔버스는 놀랍도록 컸다. 잭슨 폴락(Jackson Pollock)이 적절하게 제목을 붙인 〈벽화(Mural)〉(1943)는 높이가 약 2.4m가 조금 넘고 폭이 6m에 조금 못 미치는 옥외 광고판 크기였다. 20세기 중반에는 이미지의 크기가 엄청났다.

칙(180 degree rule)',[5] '샷/리버스 샷(reverse shot)'[6]과 같은 기법을 터득했다. 1920년대에 도입된 백열 램프는 감독이 조명을 사용해 관객의 시선을 화면의 특정 지점으로 끌어들이거나 분위기를 조성하는 데 도움을 주었다. 조명은 더 이상 그냥 세트를 비추는 것이 아니었으며, 그늘진 조명은 전체 누아르 영화[7] 장르를 정의하게 되었을 것이다.[8] 유럽 영화 제작자들 사이에서는 강하지는 않지만, 할리우드에서는 매끄럽게 편집된 '결과'를 만들어내려는 분위기가 고조되었다. (전후 유럽의 예술 영화는 이러한 규범을 명백히 거부했을 것이다.) 1947년, 두 업계 관계자는 "그림 콘티[9]의 사용은 '좋은' 영화 제작의 비결"이라는 통설을 발표했다.[10]

결과는 눈부셨다. D. W. 그리피스의 작품의 예에서 보듯이, 그 모든 기법이 1910년대와 1920년대 초반에 개발되었지만, 그러한 기법들이 일상적인 관행으로 사용되기까지는 시간이 좀 걸렸다. 루돌프 발렌티노(Rudolph Valentino)의 〈묵시록의 네 기사(Four Horsemen of the Apocalypse)〉(1921)나 더글러스 페어뱅크스(Douglas Fairbanks)의 〈쾌걸 조로(The Mark of Zorro)〉(1920) 같은 영화에서 하나의 카메라 샷이 전체 장면이 되는 것은 드문 일이

---

5   영화 편집에 있어 기본적인 규칙으로, 어느 한 장면에서 두 사람이 마주보고 대화 등을 하고 있을 때에는 동일한 장면 동안은 배우들의 좌우 위치가 언제나 같아야 한다는 규칙이다. _옮긴이

6   샷 다음에 상대방의 시선을 180도 선상에서 담아내는 샷을 말한다. _옮긴이

7   세상을 사람들의 탐욕이나 잔인성이 가득한 암울한 곳으로 묘사하는 영화 기법 또는 이런 기법으로 찍은 영화를 말한다. _옮긴이

8   백열등 조명과 점점 더 정교해지는 영화 세트장 조명에 관해서는 다음 참조. "Art of Lighting Film Sets," *New York Times*, February 22, 1925; "Art-Director Explains Intricate Task of Side-Lighting of Settings," *New York Times*, August 15, 1926; "New Lighting for Movies," *New York Times*, February 12, 1928.

9   영화나 텔레비전 프로 제작 시 배우들의 옷이나 소품 등이 장면의 연계성을 유지할 수 있도록 작성하는 촬영용 대본을 말한다. _옮긴이

10 Arthur L. Gaskill and David A. Englander, *Pictorial Continuity: How to Shoot a Movie Story* (New York: Duell, Sloan and Pearce, 1947), p. 146.

아니다. 이런 영화들은 흔히 무대 연극이 촬영되는 것 같은 느낌을 준다. 그러나 곧 연극 같은 느낌은 점점 더 보기 드물어졌다. 1940년대에 이르자, 〈카사블랑카〉나 〈시민 케인(Citizen Kane)〉 같은 고전적인 할리우드 영화가 페이드인 및 페이드아웃[11] 효과를 사용했고, 배우의 움직임에 따라 카메라가 움직였으며, 조명은 시선을 특정 인물이나 사물로 이끌었다. 각 장면은 조심스럽게 봉합되어,[12] 샷, 클로즈업, 등장인물의 반응, 화자들 사이를 오가는 컷들을 연결한다. 〈시민 케인〉은 특히 촬영 감독인 그레그 톨런드(Gregg Toland)의 딥 포커스(deep focus)[13] 촬영 기법으로 유명했다. 각각의 샷에서 등장인물들은 카라바조(Caravaggio)[14]가 자신의 그림 주제를 설정할 때 기울였던 것과 같은 정도의 주의를 기울여 포즈를 취한다. 거기에는 대충 하는 일은 없었다. 〈시민 케인〉을 고전적인 할리우드 기법의 최고로 간주하든 아니면 새로운 무언가를 연 것으로 간주하든, 이 영화는 영화가 모더니즘 예술 형식으로 성숙했음을 분명히 보여준다.

할리우드의 정교한 연출과 편집은 최종 결과물을 아주 수월하게 제작한 것처럼 보이게, 즉 관심을 영화 제작 과정에서 등장인물과 스토리로 돌리기 위한 것이었다. 정밀주의 미술이나 냉장고와 마찬가지로 기법은 숨기고자 했다. 할리우드는 보통 사람들에게 마법이 어떻게 이루어졌는지 보여주고 싶어 하는 '작동적 미학'을 지니고 있지 않았다. 감독들은 영화 관객이 '샷/리버스 샷'이 무엇인지 모르는 것에 신경 쓰지 않았다. 그들은 관객들이 화

---

11 페이드아웃은 영화와 연극에서 조명이 서서히 어두워지고 음향이 서서히 작아지는 것을 말하며, 그 반대는 페이드인이라고 한다. _옮긴이
12 봉합(suture)은 영화 용어로 필름을 자르거나 편집할 때 생기는 영화의 공백을 관객들이 상상력의 바느질로 메우는 것을 말한다. _옮긴이
13 광각 렌즈로 찍은 시야 심도가 깊은 영화의 구도를 말한다. _옮긴이
14 미켈란젤로 메리시 다 카라바조(Michelangelo Merisi da Caravaggio, 1573~1610)는 이탈리아 밀라노(Milano) 출신의 화가이다. 태어난 마을의 이름인 카라바조로 잘 알려져 있다. _옮긴이

면을 계속 주시하기를 원했고, 그들의 시선이 펼쳐지는 이야기에 고정되기를 원했다. 연출과 편집은 사람들이 이미지에는 매료되지만 메커니즘은 모르게 하는 정교한 방법으로, 여러 면에서 할리우드를 비유적으로 표현해주는 영화인 〈오즈의 마법사〉에서와 같이 '커튼 뒤의 사람'[15]을 가끔씩 드러내 보여줄 뿐이었다.

할리우드는 포토저널리즘만큼 고통을 표현하지는 않았다. 할리우드는 현실보다는 환상 쪽으로 더 기울어져 있었다. 여전히 할리우드의 이미지는 그만큼 신화적이고 그만큼 도상적이었다. 스토리는 부패에 맞서 싸우는 보통 사람[〈스미스 씨 워싱턴에 가다(Mr. Smith Goes to Washington)〉], 계층 및 젠더 격차 극복[〈어느 날 밤에 생긴 일(It Happened One Night)〉], 미지의 것에 맞서기(〈오즈의 마법사〉), 스스로 일어서는 법 배우기[〈분노의 포도(The Grapes of Wrath)〉]와 같은 우화적 이야기였다. 일반적으로 고무적인 결말을 맺는 관행은 할리우드의 다양성을 제한했지만 그러한 서사를 구체화하는 데는 도움이 되었다. 영화는 국가 전반의 가치를 규정했다. 당시 학자, 문인, 저널리스트들은 공통적으로 영화가 "국가의 신화와 꿈을 만들어내는 힘"을 가지고 있다고 주장했다.[16] 할리우드는 일찍이 제작, 배급, 상영이 그렇게 매끄럽게 결합된 경제 시스템을 이룩한 적이 없었는데, 그 모든 것은 1948년 스튜디오 독점을 종식시킨 대법원의 파라마운트 판결(the Paramount Decision of 1948)에 의해 분할되었다.

할리우드는 또한 두 번째 종류의 이미지인 뉴스 릴도 제작했다. 뉴스 릴은 장편 영화가 시작되기 전에 상영된 2~10분 분량의 단편 영화로, 대부분

---

15 앞의 '무대 앞'과 '무대 뒤'의 비유에서 '무대 뒤'에 해당하는 표현이다. _옮긴이

16 Robert Sklar, *Movie-Made America: A Cultural History of American Movies*, rev. ed. (New York: Vintage Books, 1994), p. 195.

할리우드에서 제작되었다. 뉴스 릴은 대개 네다섯 개의 토막 뉴스를 결합한 것이었다. 어떤 기사에는 유럽이나 아시아의 전쟁의 굉음이, 또 어떤 기사에는 최신 지르박[17]이 소개되었을 수도 있을 것이다. 뉴스 릴은 1910년대부터 1970년대 초까지 제작되었는데, 유명한 "시간의 행진(March of Time)" 릴이 제작된 기간에(1935~1951년) 뉴스 릴은 대단히 중요했다. 1938년, 한 논평가는 "보통 시민들은 뉴스 대부분을 영화 매체를 통해 입수했다고 말해도 과언이 아니다"라고 생각했다."[18] (20세기 말의 그와 같은 관찰은 TV 이미지와 사운드 바이트가 어떻게 인쇄 저널리즘을 압도했는지에 대한 불만일 것이다.) 뉴스 릴은 읽을거리가 풍부한 19세기 신문 스타일과 뚜렷이 대비되었다. 때로는 진지하고 때로는 재미있는 뉴스 릴은 늘 유익했다. 뉴스 릴은 뒤에 이어지는 영화와 하나의 세트를 이루는 영화로, 함께 미국 국민의 삶을 규정했다.

미국 국민의 삶을 규정하는 세 번째 이미지는 다큐멘터리 사진이었다. 1930년대와 1940년대에 사진을 통해 뉴스를 전하는 새로운 종류의 잡지가 등장했다. ≪라이프≫는 최초의 그러한 종류의 잡지였다. 헨리 루스는 ≪다임(Dime)≫, ≪아이(Eye)≫, ≪누즈-부즈(Nuze-Vuze)≫, ≪캔디드(Candid)≫, ≪쇼-북 오브 더 월드(Show-Book of the World)≫와 같은 다른 강력한 이름들을 물리치고 '라이프'라는 이름에 대한 권리를 얻기 위해 1880년대에 설립된 매우 다른 종류의 잡지인 ≪라이프≫를 인수했다. 그는 1936년 11월에 발행을 시작했다. 잠깐 동안 재정적으로 불안정한 시기를 거친 후, ≪라이프≫는 미국에서 가장 인기 있는 잡지가 되었다. 1940년대 말에 이르러 이 잡지의 수익은 미국 전체 잡지 광고 수익의 거의 1/5을 차지했는데, 이것은 경쟁

---

17 1940년대에 유행하던 빠른 춤을 말한다. _옮긴이

18 Raymond Fielding, *The American Newsreel, 1911-1967* (Norman: University of Oklahoma Press, 1972); Vicki Goldberg, *Margaret Bourke-White: A Biography* (Reading, MA: Addison-Wesley, 1987), p. 173.

이 치열한 분야에서 엄청난 점유율이었다. 얼마 지나지 않아 아이오와의 출판업자 가드너 코울스는 ≪룩≫을 창간했고, ≪새터데이 이브닝 포스트≫도 그림[19]보다 글이 그리고 사진보다 삽화가 더 많긴 했지만 곧 이 새로운 장르에 스스로 적응했다. ≪라이프≫를 필두로 한 이러한 잡지들은 하나의 주제에 관한 1~24개의 사진을 하나의 이야기로 묶으면서 유럽에서 가져온 '사진에세이(photo-essay)'를 미국인의 취향에 맞게 완성시켰다. 근대 저널리즘에서 처음으로 사진이 주연이었고 글은 조연 역할을 했다.[20]

≪뉴욕 타임스 미드-위크 픽토리얼(New York Times Mid-Week Pictorial)≫과 같은 오래된 주간 사진 잡지와 비교할 때 ≪라이프≫와 ≪룩≫의 성공 비결은 사진을 텍스트를 위한 장식으로 취급하거나 관련 없는 것으로 나열한 것이 아니라 이야기 자체로 취급했다는 것이었다. 명성에 있어 ≪라이프≫보다 한 단계 아래에 있던 ≪룩≫은 이따금 그들의 일부 스프레드(spread)[21]를 "사진-주장(picture-argument)"이라고 불렀으며 그들의 판촉물에서 "사진으로 글을 쓴다(writes in pictures)"고 자랑했다.

이러한 잡지들은 사진을 보는 기술을 찬양했으며 독자들에게 이러한 기술을 가르치는 방법을 찾았다. ≪라이프≫는 스스로를 사진 감상을 가르치는 개인 교사로 여겼다. ≪라이프≫의 1936년 창간호에는 사람, 장소, 사물에 대한 사진뿐만 아니라 그림 사진도 실렸다. 거의 모든 호에는 적어도 하나의 컬러 페이지가 있었으며, 루스는 자신이 "예술"이라 부른 것에 열성적

---

19 여기서 그림은 사진을 포함하는 개념이다. _옮긴이

20 Erika Doss, "Introduction, Looking at Life: Rethinking America's Favorite Magazine, 1936-1972," in Erika Doss(ed.), *Looking at Life Magazine* (Washington DC: Smithsonian Institution Press, 2001), p. 3. 이것은 ≪라이프≫에 대한 최고의 논의다. 특히 에리카 도스(Erika Doss), 테리 스미스(Terry Smith) 및 제임스 보먼(James Baughman)의 에세이들 참조.

21 신문이나 잡지의 양면(펼침) 기사나 광고를 말한다. _옮긴이

이었다. 초현실주의[특히 어디에나 모습을 드러내는 자기 홍보가인 살바도르 달리 (Salvador Dalí)]와 피카소(Pablo Picasso)에 관한 기사, 렘브란트의 그림에 대한 사진 에세이, 심지어 날조된 매우 못생긴 아기 히틀러(Adolf Hitler) 사진을 포함한 히틀러의 전기에 대한 사진 에세이도 실었다. ≪라이프≫의 편집자들은 사진작가뿐만 아니라 시각 예술가에게도 기사에 사용할 이미지를 적극적으로 의뢰했으며, 1936년부터 1942년까지 29개의 기사에서 미국 지역주의[22] 화가들을 다루었다.[23] 얼마 안 있어 ≪라이프≫는 잭슨 폴락에 대해 "그는 미국에서 생존해 있는 화가 가운데 가장 위대한 화가인가?"라고 물으면서 추상 표현주의가 대중화되는 데도 도움을 주었을 것이다.[24] ≪라이프≫는 세계의 사진뿐만 아니라 이미지에 대한 이미지도 제공했다. 마르틴 하이데거가 나중에 말했듯이, ≪라이프≫는 우리에게 세계상을 하나의 사진으로 제공했다.

포토저널리즘은 안목에 대한 교육학을 제공했다. ≪라이프≫의 경쟁지들은 ≪룩≫의 '포토 퀴즈' 피처와 같이 분명히 독자들이 자세히 보도록 훈련시킬 목적으로 기획된 피처 기사도 실었다. 두 쪽으로 된 스프레드에 약 가로 5cm 세로 5cm 사진 약 20장을 제공하는 포토 퀴즈는 유명한 만화 캐릭터와 라이브 액션 유망 신인 여배우부터 중장비와 새에 이르기까지 근대 시각 문

---

22 대공황이 절정에 달했을 때 미국 지역주의자들은 유럽의 모더니즘과 도시의 추상화에서 벗어나 심장부의 주제를 받아들였다. 이 작품은 구상적이고 서사적이었고, 정확한 세부 묘사로 묘사된 스토리텔링 예술의 이상으로 되돌아갔다. 이들은 일반 대중이 접근할 수 있는 방식으로 친숙한 주제를 즐겨 그려 광범위한 인기를 얻었다. 그러나 선전과 같은 현실주의적이고 구상적인 예술을 사용하는 유럽의 전체주의 정부가 부상하면서 지역주의는 정치적으로 문제가 있고 퇴행적인 것으로 보이게 되었고 1940년대 추상 표현주의의 부상으로 완전히 거부되었다. _ 옮긴이

23 Erika Doss, *Benton, Pollock, and the Politics of Modernism: From Regionalism to Abstract Expressionism* (Chicago: University of Chicago Press, 1990), pp. 174~775 and passim.

24 *Life*, August 8, 1949.

화의 사실적인 파노라마를 제공했다. 이러한 목록이 시사하듯이, 그것들은 흔히 다른 사진들에 대한 사진이었다. 흔히 낯설게 만드는[25] 클로즈업은 맥락적 게슈탈트를 제거함으로써 우리의 눈을 시험하거나 우리의 눈을 놀렸다. 이러한 퀴즈는 해당 잡지에 표현된 사진들을 보여주었기 때문에 독자들에게 사진의 세부 묘사를 감상할 뿐만 아니라 잡지를 진지한 공부의 대상으로 여기도록 요청했다. 이러한 이미지들은 대부분 이것들을 에워싸고 있는 광고만큼 별로 특별할 것이 없었지만, 핵심은 그것들이 구체적으로 보여준 태도였다. 즉, ≪룩≫은 잡지의 제목일 뿐만 아니라 명령[26]이기도 했다.

대단한 주간지들 외에 일부 정부 기관도 다큐멘터리 사진을 제작했다. FSA, 즉 농장 안정국 사진작가인 잭 델라노(Jack Delano)의 표현을 빌리면, 뉴딜 정책의 일환으로 만들어진 FSA는 "미국인들의 진면목을 찾기 위해" 수십 명의 사진작가를 고용했다. 그들은 1935년부터 1943년까지 FSA를 위해 약 8만 장의 사진을 찍었다. 프로젝트가 종료된 후에도 그 사진들은 계속 유통되었으며 계속해서 반향을 불러일으켰다. 워커 에번스(Walker Evans)의 앨라배마(Alabama)의 소작인들 사진이나 도로시아 랭(Dorothea Lange)의 〈이주민 어머니〉와 같이 몇몇 사진은 놀라울 정도로 유명해졌다.[27]

20세기 초, 루이스 W. 하인(Lewis W. Hine)[28]과 제이컵 리스(Jacob Riis)의 사진은 노동 계층의 가난한 자들과 중산층을 묘사했다. 그러나 1930년대와 1940년대의 다큐멘터리 사진작가들은 자신만의 기교와 기술을 가지고 있

---

25 낯설게 하기(defamiliarization)는 친숙하고 일상적인 사물이나 관념을 낯설게 해 새로운 느낌이 들도록 표현하는 예술적 기법을 말한다. _옮긴이

26 동사 look이 '보라'는 명령형이라는 의미이다. _옮긴이

27 델라노와 스트라이커 인용문을 보려면 다음 참조. "Masters of Photography," http://www.mastersofphotography.com/Directory/fsa/fsa_background.html(접속일: 2003.7.18).

28 미국의 사회학자이자 사진가이다. 그는 사진을 사회 개혁의 수단으로 사용했다. _옮긴이

그림 4-1 도로시아 랭, 〈캘리포니아의 가난한 농부들: 일곱 자녀를 둔 32세의 어머니. 1936년 2월〉(〈이주민 어머니〉라고도 함)

었다. 포토저널리즘 운동의 시작은 라이카라는 새로운 종류의 카메라 덕을 많이 보았다. 라이카는 고화질 사진을 찍을 수 있는 최초의 소형 휴대용 카메라였다. 19세기에 부르주아의 초상 사진은 자연 사진, 세계 유적 사진, 연구를 위한 과학 현상 사진과 함께 사진술의 중추였다. 그러나 긴 노출 시간과 다루기 힘든 대형 카메라임을 감안할 때 포토저널리즘은 실용적이지 않았다. 1900년대 초, 미국 빈민가, 공장, 광산, 농장에서 가난한 백인들의 모습을 담아냈던 사진작가 하인은 박스 카메라를 끌고 다니면서 그것을 삼각대에 올려놓아야 했다. 그 카메라는 "50파운드(약 22.6kg)의 성가신 장치"라 불릴 만큼 크고 다루기 힘들었고 하인은 자주 피사체들이 포즈를 취하게 해야 했다.[29] 《라이프》나 《룩》에 실린 많은 사진은 이전의 카메라 기술로는 결코 촬영할 수 없었다.

반면에 라이카는 휴대가 간편하고 사용하기 쉬웠다. 라이카는 휴대성과 높은 미적 기준을 합쳐 놓은 카메라였다. 테스트 사진용으로 영화업계에서 사용할 수 있는 소형 35mm 카메라를 만들고자 했던 독일의 현미경 기술자 오스카 바르낙(Oskar Barnack)이 1913년에 발명한 라이카(Leica는 *Leitz camera*의 줄임말)는 1925년에 처음으로 대량 생산되었다. 라이카의 셔터 속도(1930년대 중반까지 1/1000초)는 당시로서는 경이로웠으며, 따라서 포즈를 취하지 않은 동작을 포착할 수 있었다. 라이츠(Leitz)[30]는 또한 1933년에 최초의 망원 렌즈(200mm)를 시장에 내놓았다. 1934년에 나온 '리포터(Reporter)' 모델은 약 10m의 필름을 장착했고, 동기화된 플래시 옵션이 있었으며, 필름을 갈아 끼우지 않은 채 250회 노출이 가능해서, 잡지 편집자들이 선택할 수 있는 더 많은 사진을 찍을 수 있게 해주었다. 또한 라이츠는 포즈를 취하지 않은 샷, '관련 사진들' 및 자연스러운 모습 촬영에 대한 수요를 충족시켰다.[31] ['스냅샷'은 원래 "의도적인 조준 없이 신속히 혹은 급히 이루어진 (총탄) 발사"를 나타내는 용어였다(『옥스퍼드 영어 사전』). 카메라 속도가 빨라졌을 때까지 그러한 사냥 비유는 꿈에 지나지 않았다.] 마거릿 버크-화이트(Margaret Bourke-White)를 제외

---

29 "The Perils of Photography," *Nation*, 85(2193), 1907, pp. 28~29.

30 에른스트 라이츠(Ernest Leitz)는 이 회사 설립자의 이름이자 라이카 카메라를 생산한 회사 이름이기도 하다. _옮긴이

31 James Baughman, *Henry R. Luce and the Rise of the American News Media* (Baltimore: Johns Hopkins University Press, 2001), p. 85.

한 1940년대 내내 ≪라이프≫의 모든 주요 사진작가들은 라이카를 사용했다.[32] 영화 카메라의 부속물로 처음에 고안된 라이카는 비슷하게 규모가 큰 사진 제작 분야인 포토저널리즘에서 진정한 부름을 받았다.

웨스턴 유니언(Western Union)은 1921년에 처음으로 망점 이미지를 유선 전신으로 보냈으며, 1930년대 중반이 되자 AP의 '와이어포토(wirephoto)' 서비스가 운영을 시작했다. 팩스기의 조상인 전신기의 선을 통해 매우 선명하게 사진을 전송할 수 있는 새로운 능력은 20세기 중반의 포토저널리즘을 구성하는 최종 요소였다.

기술이 포토저널리즘을 가능하게 했을 수도 있지만, 포토저널리즘 특유의 스타일은 카메라에 좌우되지 않았다. 포토저널리즘, 더 넓게는 다큐멘터리 사진술은 이미지에 대한 태도를 표현해서 독자들에게 전달했다. 독일에서 시작되어 미국으로 이식된 사진 잡지(photomagazine)는 미국에서 화려하게 성공했으며 매우 다른 성격을 띠었다. 독일의 포토저널리즘 선구자인 존 하트필드(John Heartfield)와 한나 회흐(Hannah Höch) 같은 다다이스트[33]는 정치적으로는 좌파였고 미학적으로는 전위파(avant-garde)였다. 사진도 사회 질서처럼 급진적인 변화에 휘말리지 않을 수 없었다. 구성주의자[34]인 알렉산더 로드첸코(Aleksandr Rodchenko)나 초현실주의자인 맨 레이(Man Ray) 같은 유럽의 다른 작가들은 실제로 곡예사가 된 듯한 관점에서 사진을 찍었거나 육안으로 볼 수 있는 것 이상으로 사진을 고쳤다. 그와 같은 예술가들은 현

---

32 Anthony Lane, "Candid Camera: The Cult of Leica," *New Yorker*, September 24, 2007.

33 다다이즘(dadaism)은 1915년부터 1924년에 걸쳐 유럽과 미국에서 일어난 반문명, 반전통, 허무주의적인 예술 운동이다. _옮긴이

34 구성주의(constructivism)는 소비에트 구성주의 또는 생산주의파(productivist school)라고 알려져 있고 1917년 러시아 혁명 후 소비에트 아방가르드에 의해 발생한 영향력 있는 예술운동을 설명하는 용어이다. _옮긴이

실주의 계약서에 서명하지 않았다.

미국에서 ≪라이프≫와 ≪룩≫은 사회적으로 그리고 미학적으로 더 중도적이었다. ≪라이프≫와 ≪룩≫의 사진작가들은 이미지의 파편화,[35] 인위성, 혹은 콜라주를 강조하지 않았다. 그들의 목표는 실재성을 '기록하거나' 심지어 '증언하는' 것이었다. 그들은 카메라라는 예술적 매체가 그들에게 실재(the real)와의 특별한 연계성을 제공한다고 생각했다. 버크-화이트에 따르면, "사람이 어떤 사실을 적든 그것은 틀림없이 그의 편견과 편향으로 물들어 있다. 카메라를 사용하면 셔터가 열리고 닫히면서 셔터를 통해 들어와 기록되는 광선만이 당신 앞에 있는 피사체에서 곧바로 올 뿐이다".[36] 미국 포토저널리스트들은 대부분 카메라의 진실성에 대해 그와 같은 생각을 가지고 있었다.

그러나 이것은 이미지에 대한 태도의 절반에 불과했다. 나머지 절반은 기교성에 대한 솔직한 수용(受容)이었다. 라이카는 필름에 포즈를 취하지 않은 순식간의 동작을 깔끔하게 포착할 수 있지만, 그럼에도 다큐멘터리 사진은 어떤 할리우드 제작물만큼이나 세심하게 공들여 만들어질 수 있었다. 최고의 다큐멘터리 사진작가인 아서 로스스타인(Arthur Rothstein)에 따르면, 사진을 찍는 사람은 "카메라맨일 뿐만 아니라 시나리오 작가, 극작가, 감독이기도" 해야 했다. 그는 반어법을 사용하지 않고 "정말 자연스러운 모습을 그대로 찍은 사진"은 "세심하게 계획된" 것이라고 말하기도 했다.[37] FSA 다큐멘터리 사진 프로젝트의 영향력 있는 리더였던 로이 스트라이커는 "모델에

---

35 클로즈업이나 콜라주를 통한 연결 혹은 불확실한 연관성을 지닌 작품의 몽타주 경향을 말한다. _옮긴이

36 Goldberg, *Margaret Bourke-White*, p. 193.

37 오히려 아무 계획 없이 그냥 사진을 찍으면 솔직한 사진이 나오지 않을 수도 있다는 점에서 그의 표현은 반어적이지 않다. _옮긴이

게 포즈를 취하게 할 수밖에 없는 때가 있다"고 말했다. 스트라이커가 한 말의 핵심은 어떻게 했느냐, 즉 '정직하게' 했느냐 아니면 '정직하지 않게' 했느냐 하는 것이었다. 그는 "진실은 균형"이라고 말했다. 이미지가 자연스러워야 할 필요는 없었지만 자연스럽게 보여야 했다. 헨리 루스는 좀 더 적나라하게 사진을 찍는 사람은 "진실에 충실한 속임수"를 써야 한다고 말했다.[38]

당시 주류 다큐멘터리 사진은 무(無)기교라기보다는 무기교 분위기에 의해 정의되었다. 20세기 후반의 태도들이 굳어졌을 때 사실성과 기교성이 그랬던 것만큼 이미지 만들기에서 사실성과 기교성 사이가 아직 소원해지지는 않았다. 가장 중요한 점은 이미지가 단순한 사진 이상이어야, 즉 사건을 단순히 보여주는 것 이상이어야 했다는 것이다. 사진은 프랑스 사진작가 앙리 카르티에-브레송(Henri Cartier-Bresson)이 "결정적 순간"이라고 불렀던 것, 즉 형식적 요소와 심리적인 요소가 완벽하게 딱 들어맞는 순간을 포착해야 한다는 것은 포토저널리스트들의 공리였다. 중요한 것을 말하려면 형식과 내용이 합쳐져야 했다. 1940년대에 ≪라이프≫의 편집장이었던 윌슨 힉스(Wilson Hicks)는 ≪라이프≫의 사진작가들은 "단순한 이미지 이상을 기록할 수 있는 카메라의 놀라운 능력"을 완전히 이해해야 했다고 회상했다. 좋은 포토저널리스트는 사진을 사용해 "해석된 본질"을 표현했다.[39]

1930년대와 1940년대의 이미지들은 또한 법에 의해서도 형성되었다. 가톨릭 품위 유지단(Catholic Legion of Decency)과 같은 다양한 이익 집단의 오

---

38 Edwin Rothstein, "Direction in the Picture Story," in *The Encyclopedia of Photography*, ed. Willard Morgan, 20 vols. (New York: National Educational Alliance, 1949), 4: 1356~1357; Roy Stryker, "Documentary Photography," in *Encyclopedia of Photography*, 4: 1372. 루스는 다음에 인용되어 있다. Richard Whelan, *Robert Capa: A Biography* (New York: Knopf, 1985), p. 119.

39 Wilson Hicks, *Words and Pictures* (1952; repr., New York: Arno Press, 1973), p. 85, 33.

랜 시위 끝에 1934년 검열관들은 마침내 영화 산업을 확고히 장악했다. 1960
년대까지 시행되었던 영화 제작 규정(Production Code)은 스크린을 통해 보
여줄 수 있는 내용을 심각하게 제한했다. 옷을 벗을 수 없었고 남녀 사이에
가장 순결한 접촉만 가능했다. 가벼운 욕설조차도 엄격히 금지되었다. 관객
은 상상력으로 여백을 채워야 했는데, 물론 감독들은 제작 규정의 경계선을
가볍게 건드리는 많은 방법을 찾아냈다.

제2차 세계대전은 검열을 강화했을 뿐이었다. 영화, 뉴스 릴, 잡지는 미
국 역사상 가장 심한 검열을 받는 검열 전쟁을 치렀다. 영화 대본은 전쟁 정
보국의 승인을 받아야 했다. 사진이나 화면은 군 검열관에 의한 삭제를 피
할 수 없었다. 생생한 전쟁 이미지가 사기에 미치는 영향에 대한 오랜 논쟁
끝에 정부 관리들은 마침내 사망한 미군의 사진을 얼굴을 가리고 신원을 공
개하지 않는 조건으로 《라이프》 1943년 9월호에 게재하도록 승인했다.
이미지가 더 생생해진 것은 루즈벨트 행정부의 의식적인 결정 때문이었다.
1942년부터 1945년까지 미국은 역사상 그 어느 때보다도 더 미국의 이미지
를 모니터링했다. 1942년, 한 관찰자는 "신뢰할 수 있는 이미지를 그렇게 필
요로 한 적은 결코 없었다"고 적었다.[40] 1945년경, 검열은 국가를 통합하는
힘을 가진 이미지의 한 구성 요소임이 분명했다.

사진 행위의 다양성

신화적 이미지는 이러한 이미지가 더 큰 진실을 정확하게 포착했는가라
는 핵심적인 문제를 제기했다. 신화적 이미지는 실제로 '사실'을 요약했는

---

40   Gregory Black, *Hollywood Censored: Morality Codes, Catholics, and the Movies* (Cambridge:
Cambridge University Press, 1994); George Roeder Jr., *The Censored War: American Visual
Experience during World War II* (New Haven, CT: Yale University Press, 1995); Alfred Busselle
Jr., "The Future of Education in Museums," *Education*, 1942(December), pp. 226~228.

가? 박물관의 요약은 전문가가 관리하는 감추어진 소장품 저장소의 지원을 받았지만, 이러한 사진들은 어디에서 지원을 받았는가? 신화적 이미지나 합성 이미지 문화를 비판하는 사람이 없는 것은 아니었다. 어떤 사람들은 새로운 이미지 문화가 너무 선정적이어서 마음의 귀를 찢어놓거나 '비현실적인' 환상에 빠지게 한다고 생각했다. 포토저널리스트, 영화 제작자, 박물관 큐레이터는 모두 이미지 표현에 대한 새로운 태도가 '너무' 환상적이지 않느냐는 질문에 직면할 수밖에 없었다. 이미지와 정보 간의 격차는 실제로 얼마나 컸을까?

1930년대에 완성된 조지 허렐의 유명 인사 사진은 이러한 이슈들을 날카롭게 제기했다. 허렐은 할리우드 스튜디오 초상사진의 대가였으며 아마 글래머 샷(glamour shot)[41]의 주요 창안자 가운데 한 사람이었을 것이다.[42] 그는 시카고 미술관에서 잠시 공부한 바 있는 화가 지망생이었는데, 상업 사진 분야에서 초기 견습생이었던 시절에 한 작업에는 손 채색 작업, 음화 보정, 에어브러싱이 포함되어 있었다. 1936년에는 ≪에스콰이어(Esquire)≫와 계약을 맺고 매월 '허렐 걸(Hurrell girl)'을 만들어냈고 1941년에는 이 잡지의 서부 지역 사진 관리자로 일했다. 그는 매혹적인 초상사진의 대가였다. 한 비평가는 허렐이 자신의 여성 피사체들에게 요구하는 가장 선호하는 자세는 "황홀하게 만들 준비가 된" 자세였다고 말했다. 그는 MGM,[43] 워너 브라더스(Warner Brothers), 컬럼비아(Columbia)와 같은 스튜디오에서 일했으며,

---

41 글래머 사진 촬영 기법(glamour photography)은 사진 속 인물의 아름다움에 중점을 둔다. 그 자체로 하나의 독립된 장르이지만 글래머 샷이 아름다움에 초점을 맞춘 것은 다른 장르의 작업에도 영감을 주었다. _옮긴이

42 Mark A. Vieira, *Hurrell's Hollywood Portraits* (New York: Harry N. Abrams, 1997), p. 6.

43 MGM(Metro-Goldwyn-Mayer)은 1960년대까지는 할리우드 7대 메이저 스튜디오 겸 배급사였다. 2022년 3월 17일, 모기업 MGM 홀딩스가 아마존(Amazon)에 최종 인수·합병되면서 MGM 스튜디오도 아마존 예하로 들어가게 되었다. _옮긴이

제2차 세계대전 동안에는 군대에서 잠깐 복무하기도 했다. 그는 군 장교들을 촬영하면서 할리우드의 갑자기 떠오르는 스타와 유망 신인 여배우를 촬영하는 할 때와는 다른 문제에 직면했다.

그의 한 가지 비결은 그가 발명한 붐 라이트(boom light)를 포함해 조명을 정교하고 엄격하게 사용하는 것이었다. 두 가지 비결이 더 있었는데, 그것은 당시의 짙은 화장을 피하고 음화를 꼼꼼하게 보정하는 것이었다. 이 모든 것으로 인해 운이 좋게도 그의 초상사진에 등장한 거의 신격화된 존재들의 피부는 매끄럽고 신비로운 빛을 발했다. 허렐은 스타들을 흑백의 (혹은 컬러의) 완벽한 패턴으로 바꾸어놓았고, 그 사진들은 그렇게 ≪에스콰이어≫에 실렸다. 매우 아름다운 얼굴 위에 펼쳐지는 빛과 그림자의 유희에 독자들은 흠모하거나 열광하지 않을 수 없었다. 그는 일상생활과 동떨어진 아무런 특징이 없는 내부 공간에서 휘장과 기타 천을 배경으로 그의 피사체를 촬영했다. 시간이나 장소를 확인해 주는 아무런 인공물도 없었다. 그는 1930년대의 스틸 사진 기법에 대한 할리우드의 불타오르는 욕구를 채워주는 데 도움을 주었다. 예를 들어, 1931년에 할리우드의 스튜디오들은 전 세계의 잡지와 신문에 거의 100만 장의 사진을 무료로 제공했다. 인물 사진은 영화 산업의 스타를 만드는 수단 역할을 했으며 스틸 사진 기법은 여전히 영화 비즈니스의 중요한 측면으로 남아 있다.

허렐의 달콤한 과자 같은 스타일은 다큐멘터리 리얼리즘과는 다른 모습이었다. 할리우드의 많은 동료들처럼 허렐은 우리가 있는 세계도 아니고 실재적이지도 않은 세계, 실재하지는 않지만 아름다움이 있는 세계를 사진으로 표현했다. 워커 에번스, 도로시아 랭, 그리고 이들의 동료들은 똑같이 신화적인 세계를 사진으로 표현했지만, 그들은 실재보다 더 실재적인 세계를 표현했다. 그들의 피사체들은 티 하나 없이 깔끔한 피부를 가지고 있지 않았을는지는 모르지만, 로이 스트라이커가 〈이주민 어머니〉에 대해 말했듯이, 그들은 여전히 "죽지 않고" 살아 있었다. 허렐의 작품은 진품과 가품, 담력과 매력, 사실성과 환상 사이의 긴장이 디지털 사진술뿐만 아니라 모든 형태의 사진술에 내재되어 있음을 우리에게 상기시켜 준다.

FSA의 다큐멘터리 리얼리즘과 대조를 이루는 또 다른 작품은 흑인 부르주아지들을 기록한 사진작가(photographic chronicler) 제임스 밴더지(1886~1983)의 작품이었다. 허렐의 사진처럼 그의 사진도 에어브러싱과 보정을 통해 피사체의 이미지를 향상시켰지만, 그 사진들이 묘사한 대체 가능한 세계는 황홀한 매력의 세계가 아니라 일요일 오후의 행복의 세계였다. 그는 마커스 가비(Marcus Garvey)[44]의 전형적인 이미지를 촬영했으며, 할렘(Harlem) 르네상스[45] 시기에 아프리카계 정치인, 운동선수, 음악가, 성직자들이 그를 찾았다. 1912년, 그는 할렘에 사진관을 열었고 20년 넘게 고객의 발길이 이어졌다. 아마추어의 사진 촬영의 증가, 더 이상 유행하지 않는 그의 빅토리아 시대 후기 사진 기법, 경제적 변화와 인구 통계학적 변화로 인해, 그의 일은 제2차 세계대전 무렵 쇠퇴하기 시작했지만, 1969년 뉴욕 메트로폴리탄 미술관에서의 전시를 계기로 사람들의 기억 속에서 되살아나게 되었다.[46]

밴더지의 이미지와 피사체는 느닷없이 잡혀 와 앉아 있다는 가식적인 티가 나지 않고 늘 차분하고 안정된 자세를 취하고 있었다. 그의 피사체들은 가공하지 않은 원초적 진정성을 주장하지는 못하지만 항상 최선을 다하려고 애썼다. 그는 졸업식, 결혼식, 출생, 또는 장례식과 같은 인생의 중요한 사건을 촬영했으며, 그의 아프리카계 피사체들에게서는 진지함과 때로는 익살스러움이 드러난다. 그들은 때로는 그가 기품 있는 옷매무새를 위해 스

---

44 마커스 가비(1887~1940)는 미국에서 아프리카로 복귀 운동을 시작한 흑인 지도자이다. _옮긴이
45 할렘 르네상스는 1920년대 미국 뉴욕의 흑인 지구 할렘에서 퍼진 민족적 각성과 흑인 예술 문화의 부흥을 가리킨다. _옮긴이
46 Kobena Mercer, *James VanDerZee* (New York: Phaidon Press, 2003) 참조.

튜디오에 미리 준비해 놓은 옷을 입기도 하면서 항상 기품 있는 차림새를 하고 있었으며, 그들의 물질적인 정황 속에 내재된 당당함으로 카메라를 바라보았다. 가구, 옷, 꽃, 인테리어, 장식품, 악기가 놓여 있는 촬영 현장과 피사체 모두 잘 꾸며져 있었다. 보정을 통해 보기 싫은 치아나 피부의 흠들은 감쪽같이 사라졌다.

재클린 골즈비(Jacqueline Goldsby)의 표현을 빌리면, "정말 놀랍고 색다른 이미지"를 보여주는 1922년작 〈야회복(Evening Attire)〉에서 눈과 입술 부분에 약간의 보정과 뻔뻔스럽다고 할 정도로 이미지의 한가운데서 보정할 때 사용한 것과 같은 브러시로 쓴 것처럼 보이는 세로로 된 밴더지의 서명과 날짜를 볼 수 있다.[47] 우아한 젊은 여성의 드레스 아래쪽에 그림자 같은 흐릿한 부분이 있고 그녀의 발은 전통적인 해부학적 구조와 완전히 일치하지는 않는 것처럼 보인다. 그녀는 거의 허공에 떠 있다. 그녀의 모자 주변에는 촬영하는 도중에 약간 움직인 것처럼 이중 노출 그림자가 있다. 그녀가 걸터앉은 탁자 위에는 (시누아즈리[48]인지, 우상시되는 물건인지, 값싼 장신구인지, 스튜디오 소도구인지, 오브제인지 잘 모르겠지만) 기이한 모습의 작은 입상이 하나 있는데, 이 입상은 손에 무언가를 안고 있는 그녀의 자세와 아주 흡사하다. 그녀의 모자, 드레스, 팔, 전체적인 표정을 아우르는 윤곽과 대조적으로 이중 수직선 모티프[49]가 창, 벽에 걸려 있는 장식품, 테이블 다리, 카펫에 반복해서 나타나면서 전체적인 이미지가 절묘하게 구성되어 있다. 〔메타사진적(metaphotographic) 코멘트를 하자면, 실제로 이중 겹치기가 이 이미지의 한 가지

---

47 Jacqueline Goldsby, personal communication, November 26, 2018.

48 시누아즈리(chinoiserie)란 17, 18세기 유럽의 가구, 직물, 정원, 도자기 등 광범위한 분야에 걸쳐 유행한 중국 취향을 가리키는 프랑스 말이다. _옮긴이

49 작품의 핵심 주제를 이루는 한 부분이면서 작품의 중심적인 내용 단위가 되는 것을 말한다. 즉, 작품 내용을 이루는 이야기의 주요 구성원이라 할 수 있다. _옮긴이

그림 4-2 제임스 밴더지, 〈야회복〉(1922)

주제일 수도 있다.] 밴더지는 젤라틴 실버 프린트(gelatin silver print)[50]를 사용

---

50 젤라틴 실버 프린트는 휘발성 있는 디지털 프린트 사진과는 차별되는 은염을 이용한 전통적
   사진 인화 방식으로, 연회색의 농담을 최대한 활용하거나, 반대로 진한 회색 혹은 갈색 톤의 섬
   세한 색조의 변화를 표현하기 적합한 작가만의 일관된 인화 방식이다. _옮긴이

해 창이나 꽃의 밝은 빛에서부터 모자 가장자리 또는 그녀의 왼쪽 엉덩이 근처의 테이블 아래의 어두운 곳까지 단색 매체의 명도와 채도를 매우 다양하게 표현했다. 그는 아마 따뜻한 색조가 강한 베이스 인화지를 사용했을 수도 있고 어쩌면 원래부터 노란색과 빨간색이 들어가 있는 베이스 인화지를 사용했을 수도 있다.[51] 제니퍼 랍(Jennifer Raab)[52]이 언급했듯이, 이 이미지는 배경, 깔개, 구슬 장식이 있는 드레스와 같은 장식된 표면으로 가득 차있다.[53] 스튜디오 배경이 창문을 통해 쏟아져 들어오는 빛과 함께 크기와 구성이 서로를 완벽하게 반영하면서 커튼이 달린 창문과 태피스트리를 묘사하고 있는 것이 실내 공간에서의 넘치는 행복감에 대한 옛 거장의 감성을 보여준다고 말하는 것은 지나친 과장이 아니다.[54]

노년기에 가진 인터뷰에서 밴더지는 에드워드 스타이켄(Edward Steichen),[55] 알프레드 스티글리츠(Alfred Stieglitz),[56] 루이스 하인, 또는 칼 밴 벡튼(Carl van Vechten)[57]과 같은 신기원을 이룬 사진작가에 대해 들어본 적이 없다고 주장하면서 예술 사진술의 더 폭넓은 영향력이나 예술 사진술에 대한 지식을 부인하긴 했지만, 그의 작품은 19세기 부르주아 삶의 전환점을 기념하는

---

51 밴더지의 가능한 처리 과정에 대한 기술적 세부 정보를 제공한 폴 메시어(Paul Messier)에게 고마움을 전한다.

52 예일 대학교 미술사학과 부교수로 미국 예술과 사진사(史) 전공이다. _옮긴이

53 Jennifer Raab, personal communication, November 27, 2018.

54 멀리사 바턴(Melissa Barton), 재클린 골즈비, 폴 메시어, 코비나 머서(Kobena Mercer), 제니퍼 랍, 치크라 라말링감, 푸자 센(Pooja Sen) 등 많은 예일 동료들이 이 이미지를 만드는 데 도움을 주었다. 모두에게 감사드린다.

55 미국의 사진작가로 사진술을 하나의 예술로 끌어올리기 위해 노력한 최초의 인물 가운데 한 명으로 손꼽힌다. _옮긴이

56 '미국 근대 사진의 개척자'라고 불리며 사진을 독자적인 하나의 예술 형태로 격상시킨 사진가라는 평가를 받고 있다. _옮긴이

57 소설가·수필가·사진가로 아프리카계 미국인 예술가와 작가의 작품을 홍보했다. _옮긴이

표지자(marker) 역할을 하는 초상사진 계보에 속한다. 그는 전문 지식이 없다고도 했다. 장례식 초상사진을 보정하면서 때로 애도자들 위를 맴도는 고인의 이미지를 보여주기도 했는데, 이는 빅토리아 시대 후기와 에드워드 시대의 '심령 사진술(spirit photography)'을 떠올리게 했다. 〈야회복〉에서 명백히 보이는 이중 노출에 가까운 노출은 이러한 심령주의의 이중 겹치기를 그대로 반영한 것일 수도 있다. 일부 학자들은 이러한 행위를 1920년대 전위적인 포토몽타주(photomontage)[58] 예술가와 연결시킨다. 어쩌면 그럴 수도 있겠지만, 그의 이미지 변용은 결코 눈에 거슬리지 않고 전향적이었다. 그는 하트필드나 로드첸코처럼 대안적인 사회 질서를 시사했지만, 그들과는 달리 불안을 조성하면서 그렇게 한 것이 아니라 안정적으로 그렇게 했다.[59]

밴더지의 풍요 속에서 품위를 보여주는 사진은 빈곤한 아프리카계 미국인 아이코노그래피(iconography)[60]의 또 다른 주제인 빈곤 속에서의 품위(혹은 비참함)와 대조를 이룬다. 급진적인 멕시코 벽화가(壁畫家)인 디에고 리베라(Diego Rivera)는 혁명적인 정치적 정서를 고조시키기 위해서는 흑인을 억압받는 자들로 묘사해야 한다고 생각했다. 밴더지는 그렇게 생각하지 않았

---

58 콜라주에서 자극을 받아 관계없는 몇 장의 사진을 동일 화면에 결합함으로써 환상적인 광경을 표현한 것으로 합성 사진이라고도 한다. 동일 화면 내에 다른 두 개 이상의 영상을 합성해서, 그 효과에 의해 이질적인 이미지의 충돌을 기대하는 기법이다. _옮긴이

59 1969년 전시회에 함께 한 책은 다음과 같다. *The World of James Van Der Zee: A Visual Record of Black Americans*, ed. Reginald McGhee (New York: Grover Press, 1969). 그의 부인(否認)은 vii쪽에 나와 있다. 또한 다음 참조. Deborah Willis-Braithwaite, *VanDerZee: Photographer, 1886-1983* (New York: Harry N. Abrams, 1993). 이 두 컬렉션은 그의 이름을 쓰는 데 차이가 있다. 밴더지에 관해서는 위키피디아를 참조했다.

60 국내 참고 자료들은 이를 '도상학'으로 번역하고 있으나, 위키피디아는 아이코노그래피를 "특정 의미를 전달하기 위해 예술가 또는 예술가들이 사용하는 이미지 유형의 특정 범위 또는 시스템"이라고 정의하고 있어서 도상학과는 거리가 있어 보인다. 따라서 여기서는 그냥 '아이코노그래피'로 번역하기로 한다. _옮긴이

다. 그의 작품에 대한 비평은 그의 작품이 린칭 엽서(lynching postcard)[61]와 같은 당시 아프리카계 미국인의 다른 이미지들에 대한 대안을 제공했다는 점을 강조했다. 그의 작품은 그가 살고 있는 세계의 최상의 것을 보여주고 자 했다. 흑인을 부르주아적 재현 관습에 합당한 피사체로 취급하는 것은 급진적인 행동일 수도 있었다. 야회복 차림의 젊은 여인은 약간 이중 노출 되었을 수도 있지만, 골즈비의 표현대로, 그녀는 "[밴더지의] 흑인 모델들이 의심할 여지 없이 스튜디오 작업에서 경험한 두 보이스식 이중 의식(double consciousness)[62]을 넘어선 '이중 생활'에 대한 깨달음"을 느꼈을 수도 있다. "더 넓은 세상에 자신의 모습을 드러내고 더 넓은 세상과 연결되고자 하는 이 여인의 열망과 야망은 탁자 위의 중국인 입상의 고요함 속에서 전율을 일으킨다."[63] 20세기의 두 번째 분기에 밴더지는 모든 삶의 방식에 대한 견 고하고 따뜻하며 차분하고 자신감 있는 묘사라는 이미지 만들기의 한 가지 옵션을 제시했다. 이것은 산만한 피사체들이 마치 너무 지쳐 카메라에 주목 할 수 없는 듯 멀리서 응시했던 랭의 사진도 아니었고, 얻을 수 없는 베누스 (Venus)와 아도니스(Adonis)를 추구했던 허렐의 사진도 아니었다.

또한 밴더지의 사진은 리 밀러(Lee Miller)의 사진도 아니었는데, 밀러는 피사체가 아무리 충격적인 모습이더라도 모든 피사체를 미화했다. 초현실 주의자들(그녀는 그들의 많은 초상화를 찍었음)과 밀접하게 연결되어 있는 밀

---

61 린칭 엽서는 린칭(일반적으로 인종적 증오에 의한 자경단 살인) 사진이 담긴 엽서로, 배포하거 나 수집하거나 또는 기념품으로 보관할 목적으로 사용되었다. 흔히 린칭 엽서에는 인종 차별 적 텍스트나 시가 새겨져 있었다. _옮긴이

62 두 보이스가 처음 사용한 용어로, 미국에서 환대를 받지 못하던 (좀 더 솔직하게 말하자면 핍 박받던) 아프리카계 미국인들이 미국인들과 동화되기 위해서는 두 개의 정체성이 필요하다는 말이다. 하나는 미국인 사회에서 인정받기 위한 태도이고, 또 하나는 이 아프리카계 미국인들 만이 가지고 있는 정체성이다. _옮긴이

63 Jacqueline Goldsby, personal communication, November 27, 2018.

러의 작품은 이미지와 실재성의 관계에 대해 더 많은 질문을 제기했다. 유럽 연극계에서 공인된 다큐멘터리 전쟁 사진작가인 리 밀러는 모든 종류의 경계선을 넘었다. 그녀의 초현실주의적인 작품(보통 일상의 현실을 떠나 상상의 나래를 펼치는 것으로 여겨지는 장르)은 아주 약하긴 하지만 '일어난 일'[64]을 기반으로 하고 있으며, 그녀의 전쟁 사진(심각성이 미학에 대한 관심을 불필요한 것으로 만든다고 흔히 여겨지는 장르)에는 흔히 불가사의한 아름다움이 배어 있다. 예를 들어, 밀러의 〈시테 달레스에서 폭발하는 폭탄(Bombs Bursting on the Cité d'Aleth)〉(1944)은 아래쪽에 초현실적인 격자무늬 창살이 있는 창문틀을 통해 보는 구도로 표현되어 있다.[65] 중앙에는 꽃양배추의 기형적으로 생긴 윗부분처럼 보이는 어두운 형체가 있다. 이미지만으로는 우리가 폭탄을 보고 있다는 것을 반드시 깨닫지는 못할 것이다. 1945년, 앙드레 바쟁(André Bazin)[66]은 초현실주의적인 작품의 특징은 실재와 상상의 구분이 사라지기 시작하는 것이라고 말했다. 밀러 때문에 뭐가 뭔지 구별하기가 어려웠다. 어쩌면 그녀도 그녀 자신을 몰랐을 것이다.[67]

밀러는 다른 예술가와 사진작가에게 영감을 주는 뮤즈(muse)였다. 피카소는 그녀를 그림으로 그렸고, 스타이켄은 그녀를 ≪보그(Vogue)≫에 실을 사진의 모델로 사용했는데, ≪보그≫는 상당수의 그녀 작품을 게재했다. 그녀의 사진술은 예술가뿐만 아니라 예술 자체에도 초점을 맞추었다. 1930년경에 그녀는 현상하는 동안 음화를 빛에 노출시켜 이미지에 빛나는 후광을

---

64 아무리 '초현실주의' 작품이라 하더라도 작품의 배경에 어느 정도의 '실재성'을 기반으로 하고 있다는, 즉 어느 정도 실제로 발생해서 존재하는 사실에 기반을 두고 있다는 의미이다. _옮긴이

65 이 사진은 다음과 같이 불린다. U.S. Bombs Exploding on the Fortress of St. Mâlo, France, in Lee Miller: An Exhibition of Photographs, 1929-1945 (Los Angeles: CIAF, 1991), p. 67.

66 앙드레 바쟁(1918~1958)은 프랑스의 영화 평론가이자 영화 이론가이다. _옮긴이

67 Andre Bazin, "The Ontology of the Photographic Image," trans. Hugh Gray, Film Quarterly, 13, 1960(Summer), pp. 4~9, at 9.

추가하는 효과인 솔라라이징(solarizing) 기법을 발견했다고 주장했다. (그녀의 멘토이자 연인이었던 맨 레이 역시 그 기법을 자신이 직접 발견했다고 주장했다.) 솔라라이징과 같은 기법은 사진 매체 자체 내에서 이미지를 고쳤는데, 이로 인해 리얼리즘에 대한 어떠한 주장도 할 수 없게 되었다. 밀러는 노르망디 (Normandie) 침공 사진을 찍었고 부헨발트(Buchenwald) 강제 수용소와 다하우(Dachau) 강제 수용소가 해방된 직후 이들 수용소를 방문했다. 그녀의 카메라는 버크-화이트의 전형적인 수용소 사진보다 더 생동감 있는 이야기를 들려주었다. 버크-화이트는 멍한 상태의 생존자들이 아침 햇살 속에서 서서히 깨어나는 모습을 보여주었다. 밀러는 보복으로 구타당하고 살해당한 간수, 쓰레기장을 뒤지는 생존자, 반쯤 타다 만 시체가 있는 화장터, 섬뜩한 자세로 굳어 있는 나치 자살자의 시체를 보여주었다. 어떤 면에서 그녀의 작업은 시체는 항상 탁월한 예술적 대상이었던 초현실주의 사진의 전통과 정확히 맞닿아 있었다.

당시 그녀의 동료였던 ≪라이프≫의 사진작가 데이비드 셔먼(David Scherman)이 찍은 한 유명한 사진에서 그녀는 뮌헨에 있는 히틀러의 욕조에서 나치가 홍보한 '아리아(Arya)'식 작은 고전 조각상과 히틀러 사진을 양 옆에 두고 누드 포즈를 취했다. 욕조 앞 얼룩진 욕실 매트 위에는 다하우 강제 수용소의 재로 더러워진 그녀의 군화가 놓여 있다. 이것은 예술인가, 다큐멘터리인가, 사회적 비판인가, 아니면 초현실주의적 해괴함인가? 이 사진은 예술로 죽음의 기운을 씻어내고 있던 것인가, 아니면 주목을 끌기 위한 "무감각한 광대 짓"인가?[68] 도대체 고통에 대한 이미지의 책임은 뭐였단 말인가?

---

68   Richard Calvocoressi, *Lee Miller: Portraits from a Life* (London: Thames and Hudson, 2002); Judith Thurman, "The Roving Eye: Lee Miller, Artist and Muse," *New Yorker*, January 21, 2008, pp. 61~67. "무감각한 광대 짓(callous clowning)"은 주디스 셔먼을 인용한 것이다. Thurman, 같은 글, p. 67.

밀러의 사진에서는 이 질문에 대한 답을 찾을 수 없었다.

폭탄과 포탄

폭탄 이미지는 아마도 1945년 미국에서 만들어진 이미지들 가운데 가장 거대한 이미지였을 것이다. 1945년 8월 6일, 동이 틀 무렵 세 대의 비행기가 히로시마(広島)로 날아갔다. '에놀라 게이(Enola Gay)'라는 이름의 비행기에는 원자 폭탄 '리틀 보이(Little Boy)'가 실려 있었다. 다른 한 비행기에는 과학 자들과 측정 장비가 실려 있었다. 마지막 비행기에는 사진기와 무비 카메라가 모두 실려 있었지만 '에놀라 게이'와 접선하는 데 어려움을 겪어 그 임무를 사진으로 기록하지 못했다. 결국 8월 1일 세계에 공개된 사진은 '에놀라 게이'의 후방 사수였던 조지 캐런(George Caron) 상사가 빌린 K-20 카메라로 찍은 것이었다. 사진은 수직에서 살짝 기울어진 구름 기둥이 보이는 거친 흑백 이미지이며, 맨 윗부분에는 분리된 왕관 모양의 구름 덩어리가 있다. 이 극단적인 롱 샷의 추상적 이미지에는 8만 명이 순간적으로 연기처럼 사라졌음을 암시하는 징후가 나타나 있지 않다.[69] 이 사진은 1945년 8월 20일 자 ≪라이프≫에 실렸는데, 이 잡지는 원자 폭탄 투하를 아주 자세하게 다뤘다. 그러나 미국 점령군은 폐허의 이미지를 엄격하게 통제했으며, ≪라이프≫가 1952년 지상(地上)의 모습을 담은 사진을 처음 실었을 때 이 잡지는 핵전쟁의 결과로 인간이 받은 고통보다는 최초로 해냈다는 위신에 더 관심이 있는 것처럼 보였다.

윌리엄 블레이크(William Blake)[70]는 기쁨이 지나치면 울고 슬픔이 지나치

---

69   John Faber, *Great News Photos and the Stories Behind Them* (New York: Dover, 1978), pp. 94~95.
70   윌리엄 블레이크(1757~1827)는 영국의 화가이자 시인이다. 신비와 공상으로 얽힌 화가로서 시작(詩作)과 회화를 발표했다. _옮긴이

사이드바 4-2 위지

유명한 타블로이드 사진작가 위지[아서 펠리그(Arthur Fellig, 1899~1968)]는 노동 계층의 범죄 이미지가 요약 문화의 주된 취지에서 어떻게 벗어나 있었는지 보여준다. 그는 아마도 1936년부터 1946년까지 ≪PM≫[1]과 다른 뉴욕시 신문에서 프리랜서로 일한 것으로 잘 알려져 있다. 그는 완벽한 순간에 1938년산 쉐보레(Chevrolet)를 타고 범죄나 사망 현장에 도착할 수 있는 초능력[위저 보드(Ouija board)[2]의 텔레파시를 판독하는 자를 위지(Weegee)라고 하는데, 이것을 필명으로 사용함]으로 명성을 쌓았지만, 그의 이런 수완은 타블로이드 사진기자로서 수년간의 노력 끝에 완성되었다. 경찰의 무전을 엿듣고 자신의 정보원 네트워크에서 힌트를 얻은 그는 놀라운 장면을 먹잇감으로 노리는 재주 많은 구급차 추적자였다.

"위지 더 페이머스(Weegee the Famous)"라고 사진에 서명을 했던 숙련된 자기-홍보가인 그는 뉴욕 사진작가들 사이에서 혼자 행동하는 사람이었다. 그의 사진은 항상 보는 것이 의미하는 바를 훌륭히 수행했으며, 흔히 내부 구경꾼[3]을 포함한다. 그는 프레임 안에서 잔인할 정도로 역설적인 언어적 설명을 찾아내는 특별한 재능을 가졌다. 1937년의 한 사진에서 그는 불타는 아파트 건물에 물을 쏘는 소방 호스를 포착했다. 그 건물에는 "그냥 뜨거운 물만 부으세요"라고 쓰여 있는 "하이그레이드 올 비프 프랑크푸르터스(Hygrade all beef Frankfurters)" 옥외 광고판이 붙어 있었다. 검은 밤하늘을

---

1   ≪PM≫은 1940년 6월부터 1948년 6월까지 랠프 잉거솔(Ralph Ingersoll)이 뉴욕시에서 발행하고 시카고의 백만장자 마샬 필드 3세가 자금을 지원한 진보 성향의 일간지였다. _옮긴이

2   1892년에 파커 브라더스(Parker Brothers)가 운세 게임 용품으로 출시한 상품으로, 위저는 프랑스어로 '예'를 의미하는 oui와 독일어에서 '예'를 의미하는 ja를 합친 단어이다. 19세기 중반에 시작한 심령주의가 기원이다. 당시 사람들의 사후 영혼과 대화하기 위해 전자와 자동필기 등의 기술을 이용했다. _옮긴이

3   사진 속의 구경꾼을 말한다. _옮긴이

배경으로 물, 불, 연기가 흐릿하게 보이면서 건물에서 불꽃을 머금은 연기가 피어오른다. 〈현장(On the Spot)〉(1940)이라는 제목의 사진에서 그는 스팟 바 앤드 그릴(Spot Bar and Grill)이라는 바(bar) 앞에서 잘 차려입은 총격 사건 피해자를 옆에서 지켜보고 있는 경찰관 세 명을 촬영했다. 바의 간판에 있는 스팟 심벌은 섬뜩하게도 도로의 배수로에 있는 피해자의 머리에서 흘러나와 고여 있는 피 자국을 그대로 닮아 있다. 두 사진에서 어두운 바탕을 배경으로 한 아름답게 균형 잡힌 빛의 유희는 그것들이 묘사하는 충격적인 사건과 조화되지 않으면서도 유쾌하다고 해도 무방할 정도의 대조를 만들어낸다.

위지는 저서 『벌거벗은 도시(*Naked City*)』(1945)로 유명해졌다. 그는 스스로를 잡지 ≪블랙 마스크≫의 탐정들처럼 하드보일드한 인물이라 칭했다. 적외선 필름을 조기에 채택한 그는 사진작가들이 이전에는 거의 하지 않았던 야간 사진을 찍을 수 있었다. 그의 사진은 모든 사람이 공유하는 일광(日光)의 세계를 재현한 것이 아니라, 일몰(日沒) 후 어두운 지하 세계에서 일어난 일을 보여주었다.

위지의 이미지들은 이후의 비평가들이 도처에 있는 이미지에서 보게 될 불길한 전조의 초기 단계를 포함하고 있다. 조금도 과장하지 않고 말하면, 그의 이미지는 ≪라이프≫의 이미지와 매우 다른 미학적·도덕적 세계였다. 물론 1940년대의 포토저널리즘 주간지에는 충격적인 사진이 아주 많았으며, 정치가, 유망 신인 여배우, 초현실주의에 관한 사진만 있는 것은 아니었다. 1943년 9월, ≪라이프≫는 얼굴이나 피는 보이지 않았지만 죽은 미군의 사진을 게재하기 시작했다. 그러나 사진 감상자들의 확고한 최고의 지위에는 결코 의문의 여지가 없었다. ≪라이프≫와 ≪룩≫의 공포감을 주는 모든 사진의 가까운 곳에는 카타르시스가 늘 준비되어 있었다.

그러나 위지는 독자들의 양심의 가책을 덜어주는 일을 그다지 하지 않았다.

그의 카메라는 삶의 사실에 대해 거드름을 피우며 재량권을 가지고 있는 체하지 않았다. 그의 카메라는 도시의 불결한 면과 그것을 보려고 하는 의지의 특이한 면을 있는 그대로의 매력으로 담아냈다. ≪라이프≫는 흔히 볼수 있는 세계, 적어도 모든 사람이 그 속에서 자연스럽게 살아가는 참여자를 느끼고 바라보는 것이 허락되어야 하는 세계를 보여주었다. 그와 같은 느긋한 관람성(spectatorship), 사진을 보는 것이 완전히 순수하고 자연스럽다는 생각은 20세기 후반의 이미지 회의적 사고의 주요 표적이 될 것이다. 위지로 인해 우리는 우리의 바라보기(looking)가 순수하다고 결코 확신하지 못하게 되었다.

예를 들어, 〈그들의 첫 번째 살인(Their First Murder)〉(1941)은 백인 어린이와 나이 든 여성이 뒤섞여 있는 무리의 반응을 묘사하고 있는데, 그들 중 누구도 정서적으로 순수해 보이지 않으며 일부는 혼란스럽거나 괴로워하거나 기뻐하는 것처럼 보인다.[4] [위지는 기이해 보이는 사람을 포착하는 것을 좋아했다. 그는 이러한 점을 그보다 조금 이후의 사진작가인 다이안 아버스(Diane Arbus)와 공유했는데, 다이안은 그의 작품의 사후(死後) 전시회를 큐레이트하기도 했다.] 사진 속의 한 삼류 사기꾼이 대낮에 총을 맞고 쓰러진 시간에 아이들은 브루클린 공립 학교(Brooklyn School PS 143)를 마치고 집으로 가고 있었다. 피살자인 피터 맨쿠소(Peter Mancuso)는 보이지 않고 구경꾼들만 보인다. (≪PM≫의 원본 스프레드는 신문지로 덮인 피 묻은 시체 사진을 별도로 실었다.) 그들의 시선은 분명 동정녀 천사처럼 보이지는 않는다. 그들은 이미 그 장면을 충분히 보았기 때문에 카메라에 열심히 주의를 기울이고 있었고, 뒤쪽에 있는 소년들은 목을 길게 빼서 군중을 힐끗 쳐다보고 있다. 이 사진은 폭력을 얼

---

4 위지의 〈그들의 첫 번째 살인〉은 다음 사이트에서 확인할 수 있다. https://www.icp.org/browse/archive/objects/their-first-murder-1. _옮긴이

빠진 듯 바라보는 사람들을 보여주고 있으며, 그러한 구경꾼들 모습 속에는 위지의 예술에 대한 노련한 자기 성찰적 해설이 들어 있을지도 모른다. 왼쪽 아래에 미간에 주름이 있는 아이는 프레임 속의 양심처럼 사진작가를 호기심 어린 눈으로 바라본다. 그의 사진 감상자들 역시 얼빠진 듯 바라보는 사람들이다.[5]

그러나 고상한 체하는 독자는 이 사진을 보면서 사진 속 그 누군가와 동일시하는 것을 부정하고 싶은 유혹을 받는다. 'look'이 쳐다본다는(gazing) 의미이건 무엇처럼 보인다는(appearing) 의미이건, 점잖은 체하는 사람은 "나는 결코 그것처럼 보고 싶지 않아!"라고 말할 것이다. 그러나 생각이 깊은 사람은 자신이 실제로 흥미롭게 뒤틀려 있는 그림을 보고 있다는 것을 금방 알게 된다. 바라보는 행위 그 자체가 더 의로운 것인 척하는 그 어떤 것도 부숴버린다. 위지는 우리를 공모자로 끌어들인다. 그는 자신의 사진이 어떤 도덕적 임무를 가지고 있다는 생각을 거부할 수도 있지만, 우리 모두를 연결시켜 주는, 보고자 하는 공통된 충동에 대한 그 무언가를 우리에게 가르쳐준다. 수전 손택(Susan Sontag)이 사진술을 일종의 "부드러운 살인"이라고 불렀을 때 그녀는 위지를 생각했을 수 있다.[6]

위지는 '보는 것과 보면서 즐거움을 느끼는 것'을 우리에게 가르쳐줄 수 있는 사진 문화에 대한 헨리 루스의 요구를 뒤흔들어놓았다. 위지의 사진 속에는 충분한 즐거움이 있었지만, 그의 사진은 중산층이 보고 완전히 이해할 수 있는 세계에 대한 순수한 즐거움은 아니었다. 그것은 더 고통스러운 것, 밤과 밤의 불가측성을 잘 아는[7] 사악한 지혜를 가르쳐주었다. 여기에는 교

---

5   이 사진에 대한 상세한 내용에 관해 도움을 제니(제니퍼) 랍에게 고마움을 전한다.

6   Susan Sontag, *On Photography* (New York: Farrar, Straus and Giroux, 1977), p. 15.

7   "밤을 잘 아는(acquainted with the night)"은 미국 시인 로버트 프로스트(Robert Frost)의 시 제목이다. _옮긴이

수대의 아름다움,[8] ≪라이프≫와 그 경쟁지가 좀처럼 드러내 보여주지 않은 깊이의 명암 대비에 대한 탐험이 있었다. 위지는 1940년대의 모든 사진이 이 세상을 요약하기 위한 의도로 제작된 것은 아니며, 일부는 바라보기가 평온하고 안전하다거나 이 세상은 이해하기 쉽다는 바로 그런 생각을 비꼬려 했다는 것을 보여준다.[9] 그는 고상한 체하며 거리를 두는 안전한 보기가 아닌 공유된 괴팍함의 투박한 연대를 제안했다.

---

8 비슷한 비유로 '교수대의 유머(gallow humor)'라는 용어가 있는데, 이는 마치 삶에 대한 애착을 모두 버린 사형수가 자조적으로 한마디 할 법한 상황을 묘사하는 것으로 단순한 비틀기를 넘어 주로 자기 자신의 죽음 같은 민감하고 불편한 주제를 자조적으로 다루는 것을 말한다. _ 옮긴이

9 Miles Barth, *Weegee's World* (New York: Bulfinch Press, 1997); V. Penelope Pelizzon and Nancy M. West, "'Good Stories' from the Mean Streets: Weegee and Hard-Boiled Auto-biography," *Yale Journal of Criticism*, 17, 2004, pp. 20~50.

그림 4-3 조지 로버트 캐런, 〈히로시마 상공의 버섯구름〉(1945)

면 웃는다고 말했으며, 돈강법(頓降法)[71]은 원자 폭탄의 끔찍한 장엄함을 수
용(收容)하는 한 가지 방법이었다. 버섯구름은 전후 아이코노그래피에서 시
작되었으며 1940년대 후반과 1950년대 초반 대중문화와 광고의 핵심 이미
지였다. 그 시각적 상징은 연재만화(comic strip)와 네온사인에도, 사탕 상자
와 재즈 앨범 표지에도, 헤어스타일과 케이크 모양에도, 그리고 미인 대회

---

71 숭고한 것, 엄숙한 것, 심각한 것 따위를 먼저 제시해 독자의 심리를 긴장시켜 나아가다가 갑자
기 예상 밖의 평범하거나 비속한 결과를 연결함으로써 긴장감을 깨뜨리고 엉뚱한 결말에 도달
하는 수사학적 기법을 말한다. _옮긴이

의 최고 미인을 장식할 때도 그 모습을 드러냈다. 또한 로웰 블랜차드(Lowell Blanchard)와 밸리 트리오(Valley Trio)가 부른 1950년의 힐빌리(hillbilly) 가스펠 송인 「주님은 원자 폭탄처럼(Jesus Hits Like an Atom Bomb)」에도 영감을 주었다. 버섯구름은 맨해튼 프로젝트 책임자인 로버트 오펜하이머(Robert Oppenheimer)에게 『바가바드 기타(Bhagavad Gita)』[72]의 한 구절을 떠올리게 하는 것으로 유명했지만, 대부분의 미국인에게 그것이 불러일으킨 문화적 반향은 그리 수준 높은 편은 아니었다. 폭탄은 전후 대중문화에서 으스스한 경솔함, 심지어 진부함으로 취급되었다.[73] 루스의 잡지 제국의 세 번째 잡지인 ≪포천(Fortune)≫은 1946년에 벌써 버섯구름이 "매우 친숙한 상징"이 되면서 폭탄에 대한 "심드렁한" 태도에 맞서고 싶어 했다.[74] 원자 폭탄은 일본의 두 도시뿐만 아니라 임박한 종말에 대한 공중의 기억과 윤리적 공포도 증발시켜 버린 것 같았다.[75]

'팻 맨(Fat Man)'[76]이 나가사키(長崎)에 투하된 그날, 할리우드의 모든 주요 영화 제작사들은 국방부(Pentagon) 공중 관계국(Bureau of Public Relations)에 전화를 걸어 폭격 장면을 영화를 통해 극적으로 표현하는 최초의 스튜디오

---

72 『바가바드 기타』는 '거룩한 자의 노래'라는 의미로서, 힌두교의 중요한 경전 가운데 하나로, 궁극적 실재인 브라흐만(Brahman)에 대한 가르침이면서 요가를 설명하는 경전이다. _옮긴이

73 A. Constandina Titus, "The Mushroom Cloud as Kitsch," in Scott C. Zeman and Michael A. Amundson(eds.), *Atomic Culture: How We Learned to Stop Worrying and Love the Bomb* (Boulder: University Press of Colorado, 2004), pp. 101~123. 타이터스는 현재 미국 하원 의원[민주당 네바다(Nevada)주]이다.

74 "Bikini: With Documentary Photographs, Abstract Paintings, and Meteorological Charts Ralston Howard Here Depicts the New Scale of Destruction," *Fortune*, 1946(December), pp. 156~161.

75 Kyo Maclear, *Beclouded Visions: Hiroshima-Nagasaki and the Art of Witness* (Albany: SUNY, 1999), p. 37.

76 일본의 나가사키(長崎)에 투하된 원자 폭탄의 코드명으로, 모양이 굵고 둥근 데서 그런 이름이 붙여졌다고 한다. _옮긴이

가 되기 위해 로비를 시작했다. 해리 트루먼(Harry Truman) 대통령은 개인적으로 MGM을 선택했으며, 트루먼 행정부가 영화 제작을 처음부터 끝까지 감독했다. 최종 완성된 다큐드라마 〈시작 또는 끝(The Beginning or the End)〉은 흥행에 참패했지만, 당시 할리우드 관례에 따라 처리되기에는 너무나 큰일을 해결하기 위해 야심 차게 노력한 덕분에 그나마 컬트 클래식(cult classic)[77]으로 명맥을 유지했다.[78] [기발한 용어인 '숭저'(崇底, stuplimity)[79]가 여기에 적용될지도 모르겠다.]

그러나 군(軍)이 이미지 만들기 기술에 투자한 것은 놀라운 일이 아니었다. 전쟁에 대한 영화와 영화 '같은' 전쟁은 잘 알려진 주제이다. 1947년, 미국 공군은 심지어 할리우드 힐스(Hollywood Hills)에 룩아웃 마운틴 연구소(Lookout Mountain Laboratory)라는 비밀 영화 스튜디오를 설립했다. 3D와 시네마스코프[80] 같은 많은 혁신적인 기법이 대중 영화에 사용되기 전에 그곳에서 테스트되었다. 생각할 수도 없는 것을 가능한 한 일상적인 것으로 만들자는 전략은 초등학생들에게 위험 상황에서 '웅크리고 앉아 머리 감싸기(duck and cover)'[81] 동작을 안내한 일련의 민방위 영화에도 영향을 미쳤다.

77　일부 관객들에게 고전으로 자리매김한 작품을 말한다. _옮긴이

78　Joyce Evans, *Celluloid Mushroom Clouds: Hollywood and the Atom Bomb* (Boulder, CO: Westview Press, 1998).

79　미국의 문화 이론가인 시안 응가이(Sianne Ngai)는 칸트의 아파테이아(apatheia)의 숭고함과 지루함이라는 모순적 감정이 혼재하는 '숭저'라는 낯선 감정을 소개한 바 있다. 이 신조어에는 '우매함(stupidity)'과 '장엄함(sublimity)'의 느낌이 함께 포함되어 있다. _옮긴이

80　시네마스코프(Cinemascope)는 TV의 보급으로 위협을 느낀 영화계에서 내어놓은 하나의 대안으로, 20세기 폭스(20th Century Fox)사가 1953년 개발한 와이드 스크린 상영 방식인데 애너모픽 렌즈와 특수 35mm 필름을 이용해 상의 좌우를 두 배로 압축시켜서 촬영하고, 상영할 때 그것을 다시 펼쳐 2.39:1의 화면 비율로 만드는 형식이다. 더 넓고 디테일한 화면을 얻을 수 있다는 장점이 있다. 최초의 시네마스코프 영화는 1953년 개봉한 〈성의(The Robe)〉였다. _옮긴이

81　위험 상황에서 오리(duck)처럼 쭈그려 앉아 머리를 감싼(cover) 자세를 표현한 말로, 위험 상황이 발생했을 때 몸을 웅크리고 머리를 감싸는 행위를 말한다. _옮긴이

원자 폭탄 폭발 시 살아남는 법에 대한 이야기를 교실 예절 수업 때 들려주기도 했다. 심지어 폭탄도 정상화될(normalize)[82] 수 있었다.[83]

1940년대 동안에는 핵분열에 대한 명확한 정보가 미국 공중 사이에 거의 유포되지 않았다. 미국 행정부는 보안 침해를 두려워했고 공중이 폭탄에 관련된 복잡한 과학을 이해할 수 없다고 믿었는데, 이는 누구나 인터넷에서 폭탄 제조법을 찾을 수 있다는 더 최근의 도시 괴담과 뚜렷한 대조를 이룬다. 대신, 미 원자력 위원회(AEC: Atomic Energy Commission)와 맨해튼 프로젝트는 새로운 핵 과학에 대한 공중의 인식을 높이기 위해 ≪라이프≫와 같은 출판물에 핵폭발과 폭탄 사진(공중이 쉽게 이해할 수 있는 친숙한 이미지)을 선별해서 공개했다.

이러한 '보도 자료'는 영화 개봉 전에 할리우드 스튜디오의 홍보 부서에서 공개한 것과 유사했다. 마치 연기가 액자형 무대[84] 아래에서 펼쳐지고 있는 것처럼 그러한 이미지들은 신중하게 구성되고 표현되었다. 스캇 커쉬(Scott Kirsch)가 원자 폭탄 사진에 관한 그의 연구에서 지적하듯이, AEC의 사진 보도 자료에는 함께 제공되는 추가 정보가 없어서 그 보도 자료는 다른 설명이 필요 없을 정도로 명확해야 했다.[85] 중요한 것은 ≪라이프≫에 게재된 원

---

82 어떤 대상을 일정한 규칙이나 기준에 따르는 '정규적인' 상태로 바꾸거나, 비정상적인 대상을 정상적으로 되돌리는 과정을 뜻한다. _옮긴이

83 Paul Schmitt, "Weathering the Bomb, Weathering the Climate," Seminar Paper, University of Iowa, Fall 2016; Ned O'Gorman and Kevin Hamilton, *Lookout America! The Secret Hollywood Studio at the Heart of the Cold War* (Hanover, NH: Dartmouth College Press, 2019) 참조.

84 가장 친숙한 형태의 극장인 프로시니엄 극장은 액자형 무대(proscenium arch) 혹은 사진틀 무대라고 불리는 무대와 그 무대를 마주하고 있는 일렬 객석으로 만들어져 있다. 관객은 정방형의 사진(프로시니엄)을 보듯 무대를 보게 된다. 이런 무대를 '제4의 벽'이라고 한다. 세 면이 가려지고 한 면이 투명 유리로 된 방을 들여다보는 셈이기 때문이다. _옮긴이

85 Scott Kirsch, "Watching the Bombs Go Off: Photography, Nuclear Landscapes, and Spectator

자 폭탄 사진은 이 잡지가 소속 사진작가가 찍지 않은 사진을 사용한 몇 안 되는 것 가운데 하나였다. 군이 ≪라이프≫와 다른 미디어 기관에 제공한 미화된 이미지는 기술을 죽음 및 고통과 효과적으로 분리했으며 폭탄을 창조적 파괴 세력과 연결하는 신화를 만드는 데 도움을 주었다. 폭탄이 만들어낸 그 밖의 모든 것[초조, 냉전, 피해와 죽음, 군학 복합체(military-academic complex), 인터넷, 또는 분명한 홀로세(Holocene) 후기[86] 경계 표지자]은 그것이 무엇이든 분명 구경거리, 때로는 원자 폭탄의 숭고(atomic sublime)[87]로 알려진 이미지를 만들어냈다.

카메라는 핵 실험 기제의 필수적인 부분이었다. 폭탄 사진 이미지는 인기 있는 구경거리와 과학적 데이터 모두를 제공했다. 스틸 카메라와 무비 카메라는 폭발 직후의 특성, 효과, 영향을 측정하는 가장 좋은 방법이었다. (컴퓨터는 부분적으로 핵폭발을 시뮬레이션하기 위해 개발되었고, 따라서 데이터와 시각화 기법은 일반적으로 서로를 따른다.) 초기 폭발 실험에는 반바지와 하복을 입은 무신경한 관찰자들이 참석했는데, 이들은 달랑 선글라스와 야구 모자만으로 낙진을 막았다. 우리가 오래전에는 알지 못했던 치명적인 위험에 대한 무지를 드러내듯 같은 시대의 영화에서 담배를 마구 피워대는 배우를 바라보는 것처럼 우리는 그들을 바라본다. 로스 앨러모스 국립 연구소(Los Alamos National Laboratory)[88]는 1945년 7월 16일 첫 번째 핵폭발을 기록할

<hr/>

Democracy," *Antipode*, 29(3), 1997, pp. 227~255.

86 홀로세는 약 1만 년 전부터 현재까지의 지질 시대를 말한다. 충적세 또는 현세라고도 부른다. 플라이스토세(Pleistocene) 빙하가 물러나면서부터 시작된 시기로, 신생대 제4기의 두 번째 시기이다. 마지막 빙하기가 끝나는 약 1만 년 전부터 가까운 미래도 포함해 현재까지이다. 그 경계는 유럽의 대륙 빙상의 소멸을 가지고 정의되었다. 이 시기가 시작된 이후 인류의 발전과 전파로 인해 홀로세 절멸이 일어나는 중이다. _옮긴이

87 숭고(崇高, sublime)와 관련해서는 다음 참조. 임근준(이정우), "메모: '폭발의 숭고'에 관한 사실 몇 가지", http://kwonkyunghwan.com/_-2010. _옮긴이

카메라를 설계하기 위해 특별히 사진 광학 분과를 두었다. 그날에는 50대가 넘는 스틸 카메라와 무비 카메라가 준비되었다. 1946년, 마셜 군도(Marshall Islands)의 비키니 환초(Bikini Atoll)에서 첫 번째 수소 폭탄 실험이 있었을 때는 온갖 종류의 카메라가 현장을 둘러싸고 있었고 36대의 항공기가 250개 이상의 공중 무비 카메라로 구성된 사진 '우산'을 제공했다.[89] 비키니섬은 무엇보다도 야외 영화 세트였다. 브루스 코너(Bruce Connor)[90]의 숭고한 영화 〈크로스로드(Crossroads)〉(1976)는 폭발 자료 영상을 사용해 애수에 잠긴 채 창조와 파괴에 대해 천천히 명상하는 듯한 장면을 만들어냈다. 이 영화를 보면 폭탄이 영화로 촬영되기 위해 만들어졌다는 느낌을 지울 수가 없다.

사진술은 핵폭발에 뒤이은 과학적 후속 조치의 필수적인 부분이었다. 그러나 원자 폭탄과 수소 폭탄에 대한 사진상의 요구 사항에는 뚜렷한 차이가 있었다. 원자 폭탄 폭발 후 발생하는 버섯구름은 사람의 눈으로 볼 수 있으며 기존 카메라로 포착할 수 있다. 그러나 수소 폭탄은 눈과 기존 카메라에 심각한 손상을 줄 수 있는 강도의 빛을 발생시키며 인간이 완전하게 지각할 수 없는 속도로 터진다. 따라서 초고속 사진술이 수소 폭탄과 짝을 이뤄 등장했다. 수소 폭탄에서는 발사와 타이밍을 분리할 수 없었다. 폭발 이미지를 얻기 위해 카메라는 폭발과 동일한 타이밍 기제를 공유해야 했다.

AEC는 이러한 광학과 탄도학의 통합 작업을 1947년에 설립된 EG&G에 외주를 주었다. 매사추세츠 공과 대학(MIT: Massachusetts Institute of Technology) 전기 공학과 교수인 해롤드 "닥" 에저튼(Harold "Doc" Edgerton)은 고속 사

---

88 미국 뉴멕시코(New Mexico)주 북부에 있는 도시에 위치한 원자력 연구의 중심지다. _옮긴이
89 "Eyes on Bikini," *Popular Mechanics*, 86, 1946(July), p. 79.
90 브루스 코너(1933~2008)는 초기에는 회화와 드로잉 또는 아상블라주 기법을 이용한 초현실적인 미술 작품을 선보였으며 사진과 영화 분야로 방향을 선회한 후로도 기존의 필름들을 이용해 새로운 의미를 생산해 내는 작업을 보여주었다. _옮긴이

진술 분야의 혁신가였다. 충격에 튀어 오르며 작은 왕관 모양을 만들어내는 그의 1930년대 우유 방울 사진은, 마이브리지가 그랬던 것처럼, 이전에는 그 누구도 보지 못했던 무언가를 보여주었다. 파리 거리의 움직이는 그 어떤 것도 지워버렸던 다게르의 초기 사진과 대조적으로 에저튼의 이미지는 순식간에 지나가는 유체의 세계를 연속적이고 지속적인 것으로 만들었다. 후에 그의 협업자 욘 밀리(Gjon Mili)가 찍은 스트로보스코픽 이미지들(드러머, 댄서, 야구 투수, 계단을 내려가는 실제 누드)은 ≪라이프≫ 잡지에서 인기 있는 스프레드가 되었다. 밀리와 에저튼이 사용한 무비 카메라 가운데 일부는 무려 초당 2000프레임을 촬영했다. 그러나 EG&G는 수소 폭탄 폭발의 초기 순간을 시각적으로 기록하기 위해 그보다 훨씬 더 빠른 속도로 작동시켜야 했다. 이 회사는 "폭탄 기술과 카메라 기술을 사실상 상호 교환할 수 있게 해주는" 발사 타이밍 결합체를 개발했다. 2~3마이크로초(1/100만 초)에 이미지가 만들어질 수 있었던 것은 바로 카메라 기제와 폭발 기제가 결합되었기 때문이었다.[91]

문제는 폭발을 기록하고 있는 카메라가 그 폭발을 견디게 하는 것이었다. 충격파, 열, 먼지, 가장 방심할 수 없게 만드는 방사선, 이 모두가 사진을 찍는 과정에 위협이 되었다. (공항 검색대에서 겪은 경험을 통해 알고 있듯이) 방사선은 필름에 감광 반응을 일으키게 하며, 컬러 필름은 특히 감마선에 의한 '안개현상(fogging)'에 취약했기 때문에 수소 폭탄이 터지는 지점에서 약 1219m 안쪽에 있으면 컬러 필름을 사용하지 않았다. 에저튼은 '래퍼트로닉(rapatronic)' 카메라[92]를 사용해 수소 폭탄 폭발의 맨 첫 번째 단계들을 촬영

---

91   Ned O'Gorman and Kevin Hamilton, "EG&G and the Deep Media of Timing, Firing, and Exposing," *Journal of War and Cultural Studies*, 9(2), 2016, pp. 182~201, at 193.

92   래퍼트로닉 카메라(고속 액션 전자 카메라의 초상)는 10나노초의 짧은 노출 시간으로 정지 이미지를 기록할 수 있는 고속 카메라이다. _옮긴이

그림 4-4 해롤드 에저튼, 〈우유 방울 왕관〉(1936)

했다. 몇 마이크로초가 지나 지름이 20m 남짓 되었을 때 포착된 이러한 초기 폭발은 구근(球根) 모양의 태양, 배꼽처럼 뛰어나온 네이블(navel) 오렌지, 두개골, 큰 눈알을 가진 곤충 혹은 외계인, 바다 생물, 곤충 유충, 우주선, 포자, 또는 콜라비같이 여러 가지 모양으로 보이는 묘한 이미지들을 만들어낸다. 그것들은 1장에서 논의한 로버트 후크의 인쇄기의 포인트를 연상시키는 기묘한 둥근 모양이다. 때로 폭발 이미지는 종유석과 같은 다리 모양을 보여주기도 한다. 제니퍼 랩이 언급하듯이, "이러한 이미지가 어떻게 거대하게도 나타나다가 동시에 … 돌연변이 집 먼지 진드기처럼 … 아주 작게도

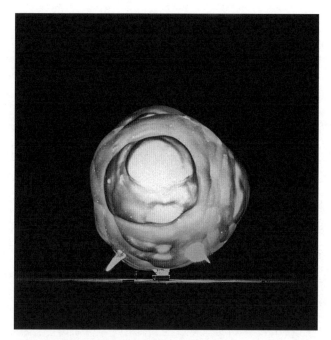

그림 4-5 해롤드 에저튼, 〈원자 폭탄 폭발〉(1952)

나타나는지 정말 이상하다".[93] 이 불덩어리는 전후 공포에 대한 진정한 로르샤흐 테스트(Rorschach test)이다.[94] 훨씬 더 유명한 버섯구름과는 달리, 초고속 불덩어리는 폭발 자체의 타이밍 기제를 공유하는 장치를 통해서만 볼 수 있다. 불덩어리는 인간의 시각적·생리적 능력을 초월하는 일종의 플래시 사진술로, 수소 폭탄을 가능하게 해주는 것과 동일한 기계 장치에 의해서만 가능하다.[95]

1945년경에는 다른 종류의 폭탄과 포탄들이 있었다. 독일의 영국 대공습

---

93 Personal communication, November 5, 2018.

94 Peter Kuran, *How to Photograph an Atomic Bomb* (Santa Clarita, CA: VCE, 2006). 인터넷에서 "Rapatronic fireball"을 입력한 다음, 이미지 검색을 해보면 많은 사진이 나온다.

95 O'Gorman and Hamilton, "EG&G and the Deep Media" 참조.

동안 런던에 살았던 그레이엄 그린(Graham Greene)[96]은 공습 속에서 어떤 낭만을 발견했다. "밤마다 일상이 된 사이렌, 집중 포격, 탐지 레이더, 분명한 엔진 소리(너는 어디에 있니? 어디에 있니? 어디에 있니?) 더 가까워졌다가는 멀어져 가는 폭탄 폭발음, 사랑의 부적 같은 것을 하나 지녀라."[97] 1940년, 우나 메이 칼리슬(Una Mae Carlisle)이 불러 인기를 끌었던 노래는 성적인 풍자와 무기를 혼합했는데, 이 노래에는 "나는 보병을 원하지 않는 게 아니야 / 독일군들아, 넌 나를 폭파할 수 없어"라는 가사가 포함되어 있다. 뒤틀려 있기는 했지만 확실히 '에로스(eros)'와 '타나토스(thanatos)'[98]가 어우러져 있으며, 폭탄은 낭만적 의미나 에로틱한 의미가 결코 부족하지 않았다.

새로운 투피스 수영복은 1946년 7월 비키니 환초에서 수소 폭탄 폭발 실험이 있은 지 3일 후 비키니라는 이름으로 불렸으며, 끊임없이 메가톤(megaton) 수[99]와 섹스 어필(sex appeal), "원자핵 분열과 오르가즘의 쾌감"을 연결시켰다.[100] 비키니라는 이름은 프랑스 디자이너 루이 레아르(Louis Réard)가 작은 크기와 폭발적인 효과를 얻기 위해 '아토메(atome)'라는 이름의 수영복을 디자인한 더 유명한 경쟁자를 이기기 위해 붙였음이 분명했다.[101] 비키니의 "보잘것없는 네 개의 삼각형"과 핵폭발은 굉장한 열기를 뿜어내는 저항할 수 없는 은유적 파트너였다. '포탄(bombshell)'이라는 용어는 성적인 의미를

---

96 그레이엄 그린(1904~1991)은 영국의 소설가이자 극작가, 문학 평론가이다. _옮긴이

97 Lara Feigel, *The Love-Charm of Bombs: Restless Lives in the Second World War* (London: Bloomsbury, 2013), p. 24.

98 그리스 로마 신화의 '죽음의 신', 정확히 말해 '의인화된 죽음'이다. _옮긴이

99 메가톤을 단위로 측정한 핵무기의 파괴력을 나타낸다. _옮긴이

100 Paul Boyer, "The United States, 1941-1963: A Historical Overview," in Brooks Kamin Rapaport and Kevin L. Stayton(eds.), *Vital Forms: American Art and Design in the Atomic Age* (New York: Harry N. Abrams, 2001), p. 56.

101 Patrick Alac, "The Birth of the Bikini," in *Bikini Story* (New York: Parkstone International, 2012), p. 31.

갖게 되었는데, 이것은 아마도 1930년대에 진 할로우(Jean Harlow)[102]의 스크루볼 코미디(screwball comedy)[103]인 〈밤셀(Bombshell)〉(1933)과 함께 시작된 것으로 보인다. 그러나 이 용어는 제2차 세계대전 때 조종사들이 리틀 보이(그녀로서는 매우 고통스럽게도)에 부착했다는 소문이 있는 리타 헤이워스(Rita Hayworth)[104]의 핀업(pinup)[105] 같은 관능적인 사진으로 그들의 비행기와 폭탄을 장식하기 시작하면서 새로운 의미를 얻었다. 다른 여배우들은 '금발의 포탄(blond bombshell)'이라는 이름으로 마케팅되었다. 예를 들어, 1945년 9월, ≪라이프≫는 투피스 수영복을 입은 배우 린다 크리스티안(Linda Christian)을 "인체 폭탄(Anatomic Bomb)"으로 소개했다. 페미니스트 감성으로 훈련된 눈으로 되돌아보면, 우리는 이러한 섹스와 폭력의 짝짓기가 말하는 것을 모르지 않을 수 없지만, 당시에는 그렇게 받아들여지지 않았다.

금성(Venus)과 화성(Mars)[106]의 또 다른 짝짓기는 전시(戰時) 핀업이었다. 지금은 핀업이 더 외설스러운 미래를 암시하는 것으로 보일 수도 있었지만, 당시에는 제복을 입은 장병들을 위한 건강한 기분 전환이라는 애국적인 느

---

102 진 할로우(1911~1937)는 미국의 배우이자 섹스 심벌이었다. _옮긴이

103 스크루볼 코미디는 1930년대 초반의 대공황기부터 시작되어 1940년대 초반까지 번성했던 로맨틱 코미디의 하위 장르로, 갈등을 겪다가 결국에는 이를 풀어 다시 사랑을 한다는 결말을 풍자한다. _옮긴이

104 리타 헤이워스(1918~1987)는 미국의 배우이자 댄서였다. _옮긴이

105 핀업 걸 또는 핀업 모델은 흔히 대중문화에서 사용되는 대량 생산된 이미지 중 하나이다. 패션 모델, 글래머 모델, 여배우들이 핀업 걸로 불린다. 핀업 이미지는 신문이나 잡지, 석판화, 엽서 등 다양한 매체를 통해 알려졌다. 이 중 일부는 달력을 통해 알려지기도 했으며, 이때부터 벽에 걸어놓는 사진이라는 의미가 붙여지기 시작했다. 이후 핀업 걸의 포스터가 대형 생산되기 시작하며 순식간에 인기를 얻게 된다. 핀업 이미지로 사진을 찍어낸 연예인들은 섹스 심벌로 일컬어진다. _옮긴이

106 금성, 즉 베누스는 미와 성적인 것을 상징하고, 화성은 마르스(Mars), 즉 로마 신화의 군신으로 폭탄과 폭력을 상징한다. _옮긴이

낌을 가지고 있었는데, 이는 이성애적 욕구를 쏟아내게 하는 (또는 부추기는) 하나의 방법이었다. 핀업 장르는 에어브러시 아티스트인 조지 페티(George Petty)와 알베르토 바르가스(Alberto Vargas)가 1930년대에 개발한 것이지만, 그 뿌리는 더 깊다. 조지 허렐을 고용하기도 했던 남성 잡지 ≪에스콰이어≫ 는 이러한 이미지의 주요 배출 수단으로, 1930년대에 50만 부가 넘는 연간 발행 부수를 기록했다. 이 잡지의 편집자들이 핀업의 인기를 깨달은 직후인 1940년대에 이르러 핀업은 담배와 소다 광고에서 잡지 내의 전면 광고와 양면 스프레드로 이동했다. 유명한 베티 그레이블(Betty Grable)의 핀업은 전쟁 내내 1주일에 약 2만 부가 배포되어 군대의 사기 진작을 도운 것으로 알려졌다. 핀업 장르는 아마도 "최고의 주전(主戰, pro-war) 선전 수단"이었을 것이다. 이후의 비평가들은 핀업에서 억눌려 있는 포르노그래피와의 유사성을 보게 되겠지만, 당시에는 그것이 건전하고 애국적이며 순수한 것으로 널리 받아들여졌다.[107]

음란성의 미묘함은 무언가를 불결하다고 하면 그것을 그렇게 만들 수 있다는 것이다. 물론 핀업을 건강하다고 보지 않는 반대의 목소리도 있었다. 콤스톡의 정신을 그대로 전하는 우정청장은 ≪에스콰이어≫가 "음란하고 선정적이며 도발적"이라고 비난하면서 전쟁 중에 이 잡지의 2종 우편물 특혜[108] 를 잠시 폐지하려 했다. 그의 분노가 향한 특정한 표적은 알베르토 바르가스가 그린 인기 있는 '바르가(Varga) 소녀들'이었는데, 풍만한 가슴, 긴 다리, 큰

---

107 Despina Kakoudaki, "Pinup: The American Secret Weapon in World War II," in Linda Williams (ed.), *Porn Studies* (Durham, NC: Duke University Press, 2004), pp. 335~369, at 347.

108 1879년, 미국 의회는 우편물을 네 개의 부류로 나누었는데, 2종 우편물(second-class mail)은 신문, 잡지 및 간행물 등 우정청장이 허가한 우편물로 가장 유리한 요금을 부과했다. 1945년, 하네간 대 에스콰이어(Hannegan v. Esquire) 사건에서 ≪에스콰이어≫가 2종 우편물로 분류되어 입는 특혜는 연간 50만 달러의 가치가 있는 것으로 밝혀졌다. _옮긴이

엉덩이, 가는 허리를 가진 수영복 차림의 이 여성들은 마치 날아다니는 듯한 포즈를 취했다. (꼭 조종사들이 비행기를 상징적인 여성으로 만든 것처럼, 바르가스의 이미지들은 여성을 공기 역학적으로 만들었다.) 이 잡지는 자기 방어를 위해 이 사진이 군의 사기를 높이며 또한 핀업에 대한 지속적인 수요도 있다고 주장했다. 우정청장이 요청한 2개월간의 청문회에서 다양한 증인을 소환한 ≪에스콰이어≫는 섹시한 이미지가 해를 끼치지 않는다고 주장하는 데 성공했다. 하버드 대학교의 한 정신 의학과 교수는 바르가 소녀가 "영감을 준다"고 생각한다고 덧붙였다. 그리고 ≪뉴욕 타임스≫는 여론 조사에서 대부분의 미국인이 핀업을 "좋은 몸매를 미화하는 좋고 깨끗한 사진이자 미국 여성에 대한 찬사"로 여겼다고 보도했다. 베티 그레이블의 핀업은 1943년 그녀가 결혼한 이후에도 인기를 잃지 않았다. 핀업은 군대가 무엇을 위해 싸우고 있는지를 보여줌으로써 진보적 정치 이론의 구멍을 메웠다.[109] 핀업은 안전했고, 핀업 걸의 성적 특성은 전쟁의 긴급성이나 모성애 요구에 갇혀 있었다.

프랑스의 영화 이론가이자 비평가인 앙드레 바쟁은 핀업 걸의 성공은 외설이나 포르노그래피의 영역에 발을 들여놓지 않으면서도 성적인 감정을 불러일으키는 능력에 있다고 주장했다. 당혹스러운 눈빛이나 거들먹거리는 눈빛으로 대서양을 가로질러 미국의 성적 관습을 바라보는 많은 유럽인 가운데 한 명인 그는 핀업을 프로테스탄트적 검열의 표현, 즉 성성(性性, sexuality)을 모든 실재적인 에로틱한 위험이 제거된 일종의 생명 에너지로 증류한 것으로 보았다. 그는 핀업 걸이 "상상을 위해 씹는 껌에 불과하다"고

---

109 "Scientist Backs Artist: At Postal Hearing He Denies Esquire Cartoons Are 'Lewd'," *New York Times*, October 21, 1943, p. 29; "The Esquire Case," *New York Times*, January 2, 1944, p. E2; Robert B. Westbrook, "'I Want a Girl Just Like the Girl That Married Harry James': American Women and the Problem of Political Obligation in World War II," *American Quarterly*, 42(4), 1990, pp. 587~614.

사이드바 4-3 전쟁 사진술

사진이라는 새로운 미디어의 무서운 잠재력은 곧 분명해졌지만, 전쟁에 대한 사실들이 일반적으로 상세하게 묘사되지 않은 데에는 여러 가지 이유가 있다. 기술적 한계, 폭력을 보여주기를 꺼리는 정치 지도자들, 저널리스트의 당파성, 편집인의 혐오감은 모두 다양한 시기에 전쟁 보도를 부드럽게 하는 데 기여했다. 이 이야기는 죽음을 보여주는 잔인한 사진을 보고 싶어 하는 사람이 거의 없다는 말이다.

생생한 파괴를 묘사하는 사진의 힘에도 불구하고 우리가 전쟁 폭력을 얼마나 잔인하게 묘사할 수 있을지에 대해서는 여전히 많은 기술적 한계가 있었다. 남북 전쟁 중에는 신문, 잡지, 또는 책에 사진을 인쇄할 수 없었다. 액션 샷을 찍을 수 있는 카메라도 없었다. 그 결과, 펜과 잉크로 그린 그림이 여전히 집에 있는 시민들이 전쟁을 '보는' 가장 일반적인 방법이었다. 찍은 사진과 '보는' 사진 사이에는 중요한 차이가 있었으며, 이것이 당시 시민들이 일반적으로 전쟁을 보는 방식이었다. 우리가 이미지들에 쉽게 접근할 수 있는 것과 사람들이 과거에 볼 수 있었던 것을 혼동하는 것은 실수이다. 매슈 브래디의 남북 전쟁 사진을 보는 가장 좋은 방법은 뉴욕에 있는 그의 갤러리에 가는 것이었다. 처음에는 사진이 전쟁을 보는 가장 일반적인 방법이 아니었다. 기술 장벽이 제거되는 데는 오랜 시간이 걸렸다. 스페인 내전 중이었던 1930년대 후반이 되어서야 비로소 사진작가들이 액션으로 가득 찬 사진을 찍고, 찍은 사진들을 지구 반대편으로 빨리 보내 신문과 잡지에 인쇄할 수 있었다. 남북 전쟁부터 제1차 세계대전까지는 기술로 인해 전쟁을 생생하게 표현하는 방식에 제한이 있었다.

그러나 하나의 제한이 제거되자 다른 제한이 시작되었다. 미국 연방 정부는 저널리스트들을 울타리 안에 가두어놓고 전쟁의 이미지를 만들어내는 데 점점 더 관심을 갖게 되었는데, 이러한 관행은 스페인·미국 전쟁 중에 시작되어 제1차 세계대전 중에 완성되었으며 제2차 세계대전과 한국 전쟁 때 정점에 이르렀다. 기술적 한계가 사라지면서 국가가 개입하기 시작했다. 미국 정부는 전시에 공식적으로는 거의 검열을 하지 않았다. 이미지를 게재하지 못하게 하기 위해 수정 조항 제1조(the First Amendment)의 권리를 축소한 것은 제2차 세계대전 중에만 발생했다. 대신, 20세기 초에 미국 정부는 전선에 접근하는 것을 통제하는 수단을 개발했다. 제1차 세계대전이 터지자 최고 사령관으로서 대통령의 전시 비상 대권은 어떤 사진을 찍을지를 통제하는 방법이 되었다. 미국 정부가 지난 100년 동안 전쟁에서 이미지의 흐름을 관리해 온 특징적인 수단은 공식적으로 내용을 검열하는 것이 아니라 어떤 사진을 찍을지를 정하는 방법을 찾아내는 것이었다. 사진을 통제하는 것보다 접근을 통제하는 것이 더 쉬웠다.

이러한 시스템은 베트남 전쟁에서 무너졌지만, 이라크에서 벌어진 두 차례의 전쟁 중에 재현되었다. ('종군 기자를 파견하는 것'과 같은) 미디어를 관리하는 데 사용되는 다양한 전략은 그것의 특수자들에서만 새로울 뿐이다. 일반적인 전략으로서 그와 같은 관행은 1898년부터 1965년까지 사용된 수단(전선에 접근하는 것을 통제함으로써 이미지의 흐름을 관리하는 것)을 단순히 부활시킨 것이었다. 그런데 이 특별한 관행은 당대의 전쟁 이미지의 이중적 성격(즉, 베트남 전쟁 동안 소개된 것보다 죽음과 중상을 입은 장면은 덜 묘사되지만, 전 세계로 전격적으로 널리 퍼진 것)을 설명합니다. 이라크 포로를 고문하는 미군의 아부 그라이브(Abu Ghraib) 사진은 그들이 석방된 지 며칠 만에 전 세계에 알려졌다.[1] 덜 폭력적이었지만 더 빨리 유포되었다. 이것은 새

---

[1]　아부 그라이브 교도소 가혹 행위 사건은 2004년에 아부 그라이브 교도소에서 이루어진 대규모 학대 사건이다. 미 국방부는 17명의 군인 및 직원을 해임했다. 2004년 5월부터 2005년 9월 사이에 일곱 명의 군인들이 군법 회의에서 유죄 판결을 받았다. _옮긴이

천년의 도상적 이미지에 가장 근접한 이미지였다.

기술이 첫 번째 한계이고 국가가 두 번째 한계라면, 저널리스트 자신은 세 번째 한계이다. 첫째, 일단 죽음을 묘사하는 기술적 한계가 극복되자, 편집자들은 즉시 전쟁 사진 촬영에 '아침 식사 테스트(breakfast test)'를 사용하기 시작했는데, 아침 식탁에서 사람들을 메스껍게 만들 수 있는 장면은 사용해서는 안 된다는 것이었다. 이러한 한계 외에도, 1860년대부터 매우 최근까지 사진작가와 저널리스트를 대상으로 한 설문 조사는 단 한 번의 전쟁, 즉 베트남전에서만 군 사진작가와 민간인 사진작가 사이에 상당한 거리가 나타났음을 보여준다. 매슈 브래디는 남북 전쟁에서 북군이 이기기를 원했다. 그는 저널리즘의 '객관성'이라는 관점에서 생각하지 않았다. 군사적 명분에 대한 기본적인 저널리즘의 지지는 한국 전쟁까지 모든 전쟁에서 마찬가지였다. 이런 점에서 1990년대 역시 미국 저널리스트와 그들이 찍는 이미지가 군을 지원하는 것을 목표로 하는 더 오래된 패턴으로의 회귀로 간주되어야 한다. 여기에는 베트남전이 강한 영향을 미쳤기 때문에, 이 이야기는 약간의 미묘한 의미 차이에 대한 이해를 필요로 한다.

2000년경, 1945년에서 1960년 사이에 태어난 미국 엘리트들은 베트남전이라는 혹독한 시련에 크게 영향을 받았다. 딕 체니(Dick Cheney)와 조지 부시(George Bush) 모두, 힐러리 클린턴(Hillary Clinton)과 존 케리(John Kerry)처럼, 전쟁에 대해 생각할 때 베트남전과 관련지어 생각했다. (오바마는 이 세대 이후에 태어난 최초의 대통령이다.) 우리는 이것이 잘못된 판단이라는 의견인데, 즉 우리의 전쟁 이미지를 더 면밀히 살펴보면, 그러한 기준은 미국의 군사적 노력을 비판하는 것을 주저하면서 잔인함과 고통을 묘사하는 것을 망설이게 만드는 생생한 재현에 대한 제한 속에 존재한다는 것이다. 베트남전은 예외이지 기준은 아니다.

불평했다.[110] 핀업 걸은 진짜 에로틱한 그 어떤 것도 제공하지 않으면서 군인들을 잔뜩 바람 들게 만들었다. 바쟁은 이후 수십 년 동안 도덕적 모호함이 핀업 걸을 감쌀 것으로 예상했다. 핀업은 요약해 주는 사진이긴 했으나, 그 중심을 유지할 수 없었다.

회화의 두 기둥

사진이 20세기 중반의 신화적 이미지 문화의 유일한 구성 요소는 아니었다. 문화의 질적 수준의 격차에 대한 20세기 중반의 최고의 표현 가운데 하나인 클레멘트 그린버그(Clement Greenberg)[111]의 영향력 있는 에세이 「아방가르드와 키치(Avant-Garde and Kitsch)」(1939)에 나와 있는 대로 회화의 두 기둥을 예로 들어보자. "하나의 동일한 문명은 T. S. 엘리엇의 시와 틴 팬 앨리(Tin Pan alley)[112]의 노래, 혹은 브라크(Georges Braque)[113]의 그림과 ≪새터데이 이브닝 포스트≫의 표지 같은 두 가지 서로 매우 다른 것을 동시에 만들어낸다."[114]

1940년대에 아방가르드의 극치는 추상 표현주의 회화였으며, 그린버그는 그 옹호자 가운데 한 사람이었다. 추상 표현주의는 그랜트 우드(Grant Wood)와 도로시아 랭의 작품, 토머스 하트 벤튼(Thomas Hart Benton)과 워커

---

110 Andre Bazin, "The Entomology of the Pin-up Girl," in Hugh Gray(ed.), *What Is Cinema?* vol. 2 (Oakland: University of California Press, 1972), pp. 158~162, at 161.

111 클레멘트 그린버그(1909~1994)는 20세기의 가장 영향력 있는 미술 평론가이자 이론가다. 그는 미술사에 대한 지식을 가지고 있으면서도, 문학이나 철학, 그 외의 다양한 배경을 고루 갖춘 평론가로 미술사에 대한 분명한 시각을 제시한 인물이라는 평가를 받고 있다. _옮긴이

112 틴 팬 앨리는 19세기에서 20세기 초까지 미국 대중음악을 장악한 뉴욕시 음악 출판업자와 작곡가 집단을 이르는 총칭이다. _옮긴이

113 조르주 브라크(1882~1963)는 파블로 피카소와 함께 입체파를 발전시킨 20세기 미술의 중요한 혁신가이다. _옮긴이

114 Clement Greenberg, "Avant-Garde and Kitsch," *Partisan Review*, 1939(Fall), p. 34.

에번스의 작품, 디에고 리베라의 작품과 미국 안내서 시리즈물을 하나로 묶어놓은 풍조인 1930년대 회화 및 사진술의 사회적 리얼리즘(social realism)[115]을 근간으로 했다. 잭슨 폴락은 지역주의 주제를 실행에 옮긴 벤튼의 제자로 화가의 첫발을 내딛었다. 상투적인 표현을 쓰자면, 마침 때맞춰 정명제(thesis)가 반명제(antithesis)를 낳았고,[116] 폴락은 1940년대 초에 액션 페인팅(action painting)[117]에 대한 대규모 형식 실험을 수행하기 위해 기존 스타일을 깨뜨렸다. 적어도 그것은 폴락과 다른 내부자들에 의해 오랫동안 이야기되어온 방식이었으며, 되돌아보면 폴락은 여러 면에서 지역주의적 미학을 급진화하고 확장한 것이 분명하다. 벤튼과 폴락을 갈라놓은 틈이 있었다면 그것은 정치적인 것이었다. 벤튼은 예술이 사람을 움직일 수 있는 힘이 있다고 믿는 뉴딜 스타일이었던 반면, 폴락은 민주주의의 언약으로서 예술을 버리고 폭탄, 냉전, 고독한 예술가의 세계 속에서 살았다.[118]

추상 표현주의의 초점은 토지[119]와의 집단적 유대 관계가 아니라 개인주의적 창의성이었다. 물감과 물감으로 그리는 행위, 즉 매체가 중요하지, 어떤 외적 실재성(reality)이 중요한 것이 아니었다. 폴락의 캔버스는 사회적 세계나 대상들을 묘사하려고 노력하지 않았다. 추상 표현주의자들은 자동 글쓰기[120]에 대한 초현실주의적인 생각과 무의식에서 넘쳐흐르는 자유 연상

---

115 1920년대와 1930년대에 주로 미국과 멕시코에서 제작된 좌익 정치 미술 운동으로, 특히 1930년대 미국의 경제 위기를 통해 부각되었다. _옮긴이

116 정명제와 반명제를 사용해 이들 간에 모순되는 주장의 합명제를 찾거나 최소한 대화가 지향하는 방향의 질적 변화를 일구어내는 논법인 변증법을 말한다. _옮긴이

117 그려진 결과보다 그리는 행위 자체를 중요시하는 회화 수법의 하나로, 제2차 세계대전 이후 미국에서 일어난 추상 회화 운동이다. 물감이나 페인트를 떨어뜨리거나 뿌려서 화면을 구성한다. _옮긴이

118 Doss, *Benton, Pollock, and the Politics of Modernism*, p. 331.

119 땅과 땅을 둘러싼 사람은 미국 지역주의 화가들이 선호하는 주제였다. _옮긴이

120 자동 글쓰기(automatic writing)란 글쓴이의 의식적 사고를 벗어나 무의식적 생각의 힘을 따라

속에 진실이 나타난다는 정신 분석적 생각에 의지했다. 빌럼 데 쿠닝(Willem de Kooning)[121]의 여성 인물 시리즈[원초적 에너지원으로서 프로이트의 이드(id)에게 경의를 표했음] 같은 일부 작품은 다소 구상적[122]이긴 했으나, 대부분은 대상에 대한 어떠한 의무도 포기했다. 폴락이 유명한 〈벽화〉를 그렸던 해인 1943년, 화가 스튜어트 데이비스(Stuart Davis)[123]는 "이제부터 그림은 순수한 컬러-포지션(color-position),[124] 견고함, 심벌 및 질감으로서 홀로 서야 한다"고 선언했다.[125] 같은 맥락에서 그린버그는 회화의 '매체' 자체에 대한 '순수한' 관심을 높이 평가했다.

지역주의가 뉴딜과 연관이 있듯이, 추상 표현주의는 일반적으로 냉전과 연관되어 있다. 추상 표현주의는 흔히 소비에트 사회주의적 리얼리즘(socialist realism)과 정치적으로 정반대되는 것으로 그리고 본질적으로 반(反)전체주의적 예술 형식으로 묘사되었다. 따라서 추상 표현주의의 정치로부터의 형식적 자유[126]는 그것의 직접적인 정치적 요구 가운데 하나였다. 미 중앙 정

가는 글쓰기의 과정 혹은 그 과정의 산물을 말한다. _옮긴이

121 빌럼 데 쿠닝(1904~1997)은 20세기 네덜란드 출신의 화가이다. 주로 미국에서 활동했던 추상 표현주의의 화가로 구상도, 추상도 할 수 없는 표현과 격렬한 필촉이 특색이다. _옮긴이

122 구상 표현주의 미술은 외형을 넘어선 진실을 표현해야 한다는 모더니즘의 원칙을 그들의 회화에 적용하고자 했다. _옮긴이

123 스튜어트 데이비스(1892~1964)는 20세기 가장 중요한 미국 작가 중 한 명으로 꼽는다. 그는 1920년대 일어난 모더니즘과 미국 현대 미술 발전의 중심에 있는 작가다. 네온사인 간판, 광고 등이 포함된 도시 풍경을 담았고 광고 이미지를 사용하는 등 팝 아트의 창시자로 평가되기도 한다. _옮긴이

124 색의 위치를 말한다. 배색을 고려할 경우, 그때 색의 사용 목적이나 주장 등에 의해서 색의 배합 분량이나 배치를 조작하는 작업으로, 패션 코디네이팅이나 디스플레이 인테리어 등에서는 중요한 요소로 된다. _옮긴이

125 Michael Judge, "A Pollock Saved from the Flood," *Wall Street Journal Online*, July 30, 2008.

126 개인의 권리가 보장되고 자기 소유권이 침해되지 않는 상태를 '형식적 자유'라고 하고, 거기에 더해 개인이 하고 싶은 바를 행할 기회가 최대한으로 주어진 상태를 '실질적 자유'라고 한다. _옮긴이

보국(CIA)은 간접적인 자금 제공을 통해 미국 생활의 창의성을 광고하는 국제 수출품으로서 재즈와 함께 추상 표현주의 운동을 지원했다.[127] 루스 같은 열렬한 반공주의자는 추상 표현주의자들의 액체 방울, 액체가 튄 자국, 거친 붓놀림을 자유의 찬가로 찬양했다. ≪라이프≫는 이 새로운 스타일을 ≪라이프≫의 리얼리즘 미학을 공유하지 않는 서양의 활력과 역동성의 증거로 여겼다. 루스에게 추상 표현주의의 재현으로부터의 자유는 자유의 재현이었다.

그린버그는 키치 범주로 그가 유력하게 지명한 노먼 락웰 같은 사람의 정체성에 대해 아무런 의심을 하지 않았다. 노먼 락웰은 1916년부터 1963년까지 300개가 넘는 ≪새터데이 이브닝 포스트≫ 표지를 제공했다. 락웰은 50년이 넘는 동안 매년 미국 보이 스카우트(Boy Scouts of America) 달력 삽화를 그림으로써 그러한 문화 지도 위에서의 그의 위치를 잘 보여주었다.[128] 락웰은 일상의 드라마를 아주 세밀하게 보여주는 재능을 가지고 있었고 그의 예술성 또한 최근 들어 상향 재평가되긴 했지만, 집같이 편안한 느낌의 그의 삽화는 진부하고 감성적이며, 심지어 원래 그렇지 않았던 방식으로 미국을 꿈꾸면서 질리게 보일 수도 있다. 비평계의 이단아인 데이브 히키(Dave Hickey)와 함께 지난 20년 동안 그런 재평가를 주도한 ≪뉴요커(New Yorker)≫의 미술 평론가 피터 셸달(Peter Schjeldahl)의 표현대로, "노먼 락웰의 미술은 계속해서 더 나아지고 있다".[129] 데 쿠닝은 락웰을 찬양하는 사람

---

127 Frances Stonor Saunders, *The Cultural Cold War: The CIA and the World of Arts and Letters* (New York: New Press, 2000).

128 Carolyn Kitch, *The Girl on the Magazine Cover: The Origins of Visual Stereotypes in the American Mass Media* (Chapel Hill: University of North Carolina Press, 2001), p. 154.

129 Peter Schjeldahl, "Reading the Mind of Norman Rockwell's Undecided Voter," November 5, 2016, www.newyorker.com/culture/cultural-comment/reading-the-mind-of-norman-rockwells-undecided-voter.

들 가운데 한 명이었으며 심지어 그의 그림에서 추상 표현주의 기법을 찾아
낸 것으로 드러났다. 지난 세월은 이전에는 정반대되던 것들이 얼마나 많은
공통점을 가지고 있는지 보여준다.

락웰은 자신을 화가가 아니라 일러스트레이터라고 불렀다. 아직도 성취
하고 싶은 것이 있느냐는 질문을 받자 그는 "예, 좋은 그림을 그리는 것!"이
라고 대답했다.[130] 락웰은 자신을 더 자기 본위적인 동료들과 구별하면서
자기가 대단한 사람인 양 허세를 부리지 않았다. 그는 이드나 광기 어린 영
감에 이끌리지 않는 상업 미술가였다. 그는 1930년대에 파리에서 공부했고
혁신적인 입체파와 초현실주의에 뒤지지 않으려 애썼지만, 그가 그린 ≪새
터데이 이브닝 포스트≫의 두 추상 표지는 비참하게 실패했다. 그는 뉴욕에
서 태어나고 자랐지만, 그의 주제는 소년기, 동류의식, 국민, 소도시 생활의
조용한 드라마였다. 그의 풍속화[131]는 재미있거나 감동적인 민주주의 문화
의 소란스럽지 않은 혼란을 기발하고 목가적이며 희망적으로 묘사했는데,
그의 표현에 따르면 비록 슬프더라도 기분 좋은 슬픔으로, 그리고 문제가
있더라도 유머러스하게 묘사했다. 그는 풍경에는 관심이 없었으며, 사람이
항상 그의 주제였다.

락웰은 국민의 연대를 그리는 일러스트레이터, 뉴딜 정책의 결과를 만들
어내고 미국을 미국인들에게 소개하는 문화를 그리는 일러스트레이터였다.
"나는 내가 알고 관찰한 미국을 알아차리지 못했을 수도 있는 다른 사람들
에게 보여주었다"고 그는 말했다. 그의 양식은 요약 양식, 실제 크기보다 작
게 나타내는 미니어처 양식이었다. 아마도 락웰의 가장 유명한 이미지는 루

---

130 James W. Manns, *Aesthetics* (London: M. E. Sharpe, 1997), p. 56.
131 일정한 사회계층을 대표하는 사람들의 풍속·취미·일상생활의 모습 등을 제재로 그린 그림을
　　말하며, "genre painting" 혹은 "petit genre"라고 부르기도 한다. _옮긴이

즈벨트 대통령이 명확하게 설명한 네 가지 자유를 그림으로 그린 것일 것이다. 인터넷과 텔레비전이 없던 시절인데도 그의 그림은 대량으로 유통되었다. 1945년에 통계학자들은 그의 미국 보이 스카우트 달력이 매일 16억 뷰〔유튜브(YouTube)에서 정말 갖고 싶어 하는 숫자〕를 기록했다고 말했다. 전쟁 정보국은 전쟁 채권 판촉용으로 〈네 가지 자유(The Four Freedoms)〉 포스터 250만 개를 주문했으며, 이 작품들의 순회 전시도 열렸다. 한 여성이 자신의 팔을 구부리며 이두박근에 힘을 주는 모습을 그린 J. 하워드 밀러(J. Howard Miller)의 1942년 이미지 〈우리는 할 수 있어(We Can Do It)〉보다는 잘 기억되지 않지만, 락웰은 1943년 양성(兩性) 특징을 가진 〈리벳공 로지(Rosie the Riveter)〉의 도상적 이미지를 탄생시켰다. 그림 감상자들은 락웰의 보통 사람들에게서 어떤 국가적 연대를 발견했다.

그린버그 같은 비평가는 락웰의 작품이 서툰 중간 수준이라고 생각했지만, 당시에는 소수의 백인을 국가 전체를 대표하는 데 사용하는 그의 전략에 대해 아무도 불평하지 않았다. 스타일은 두드러진 불만의 대상이었다. 그의 작품은 아프리카계 미국인 지도자와 로마레 비어든(Romare Bearden) 같은 예술가들의 찬사를 받았고, 1960년대에 전미 흑인 지위 향상 협회(NAACP: National Association for the Advancement of Colored People)는 그에게 세 명의 살해된 민권 운동자들의 삽화 제작을 의뢰했으며 그 삽화들은 매우 인기가 있었다. 진보적이었던 그는 민권 운동을 기꺼이 지원했다.[132] 20세기 중반에 락웰의 사진을 화이트브레드(whitebread)[133] 문화를 찬양하거나 민족적 차이를 억압적으로 없애려는 것으로 보는 사람은 아무도 없었는데, 그와 같은 감수성은 나중에 나타났기 때문이다.[134] 누구도 그의 작품을 은밀하게

---

132 *Jet*, July 29, 1965, p. 31.
133 '백인 중산층에 특징적인'이라는 의미이다. _옮긴이

성적 지식이 숨겨져 있는 약삭빠른 작품으로 보지 않았는데, 그러한 작품 역시 나중에 나타났기 때문이다.[135] 락웰의 인기는 미국인들이 20세기 중반과 20세기 후반에 이미지를 바라보는 방식과 이미지에 대해 생각하는 방식에 변화가 있음을 보여주는 하나의 지표이다.

철학과 이미지

20세기 중반을 선도한 사상가들은 이미지가 현실을 정의하는 새로운 지위를 갖게 되었다는 점을 강조했다. 1938년, 한 강연에서 마르틴 하이데거는 근대 세계의 독특한 점은 하나의 상(像)으로서의 근대 세계의 위상이라고 주장했다. 하이데거가 그 시기를 "세계상(world-picture)의 시대"[136]라고 불렀을 때 하나의 총체성으로서의 '세계'에 대한 형이상학적 이해를 처음으로 한 사람들이 근대인이라고 주장하지는 않았다. 모든 시대의 사람들이 그렇게 이해했다. 우리는 늘 세상을 하나의 상'으로' 간주했던 것이다. "세계상의 개념을 본질적으로 이해하자면, 그것은 세계에 관한 상(a picture of the world)을 의미하는 것이 아니라 세계가 하나의 상으로 표현되고 이해됨을 의미한다." 하이데거는 자신이 염두에 둔 구체적인 상이 무엇인지 분명히 밝히지 않았고, 상을 평범한 의미로 이해하지도 않았다. 그렇지만 그가 말하고자 한 요점은 세계가 인간을 위해 그리고 인간에 의해 재현되는 것으로 취급될

---

134 락웰의 이미지는 더욱 다양한 출연진이 포함된 몇몇 리믹스에 영감을 주었다. 예를 들면, 다음 참조. Laura M. Holson, "Reimagining Norman Rockwell's America," *New York Times*, November 8, 2018; Abigail Tucker, "A 21st-Century Reimagining of Norman Rockwell's Four Freedoms," *Smithsonian Magazine*, 2018(March).

135 Richard Halpern, *Norman Rockwell: The Underside of Innocence* (Chicago: University of Chicago Press, 2006), p. ix.

136 하이데거의 세계상과 관련해서는 다음 참조. 박치완, 「하이데거의 데카르트 해석: 『세계상의 시대』를 중심으로」, ≪하이데거연구≫, 15집(2007), 221~267쪽. _옮긴이

때 세계는 약간의 실재성을 잃는다는 것이었는데, 이것은 그가 데카르트의 철학으로 거슬러 올라간 중대한 변화였다. 비행기와 라디오는 거리의 벽을 허물고 우리의 일상생활에 외국 세계를 끌어들이는 역할을 했는데, 그는 거의 틀림없이 ≪라이프≫와 ≪룩≫에 대해서도 어떤 비슷한 것을 생각했을 것이다.[137]

루트비히 비트겐슈타인 역시 방식은 매우 달랐지만 그림에 집착했다.[138] 1930년대와 1940년대에 쓰다 말다를 반복하며 각고의 노력으로 완성한 그의 『철학 탐구(Philosophical Investigations)』(1951)는 20세기의 가장 영향력 있는 두세 편의 철학 서적 가운데 하나로, 논리, 말, 행동과 함께 그림을 우리가 세계를 알고 세계와 관계를 유지하는 주된 방법으로 간주했다. 하이데거는 세계가 어떤 재현물로 변하는 것을 본 반면, 비트겐슈타인은 다이어그램과 그림이 야기하는 인지적 퍼즐, 즉 이러한 작은 도안들이 상황에 조리개를 제공하는 재미있는 방식에 더 관심이 있었다. 그가 『철학 탐구』에서 한 가장 유명한 말 가운데 하나는 일종의 자기비판이었다. 비트겐슈타인은 자신의 초기 철학에서 그림에 매료된 나머지 "이미지는 우리를 사로잡았다 (Ein Bild hielt uns gefangen)"고 말했다.[139] 그는 분명 그 당시에 이런 식으로 사로잡힌 유일한 사람은 아니었다.

미국 철학자 수잰 랭거(Susanne Langer)의 『철학의 새 열쇠(Philosophy in a

---

137 Martin Heidegger, "The Age of the World Picture," in *The Question concerning Technology and Other Essays*, trans. William Lovitt (New York: Harper and Row, 1977), pp. 115~154.

138 비트겐슈타인은 자신의 이론을 설명하기 위해 그림 이론을 제시했는데, 그림 이론이란 언어는 세계를, 명제는 사실을, 이름은 대상을 지칭한다는 것으로, 이러한 것들이 실제 대응 관계에 있다는 것이다. 즉, 무언가를 말하는 문장(명제)은 '실재의 그림'이어야 하고 그 의미를 '보여'주며 또한 세계의 어떤 상황을 '보여준다'는 것이다. _옮긴이

139 Ludwig Wittgenstein, *Philosophical Investigations*, trans. G. E. Anscombe (Oxford: Basil Blackwell, 1953), sec. p. 115.

New Key)』(1942)는 신칸트주의자인 에른스트 카시러(Ernst Cassirer)의 상징 형식의 철학[140]의 도움을 받았다.[141] 이 책은 예술의 언어와 상징 형식, 특히 시각 예술과 음악을 연구했다. 랭거는 말로 하는 설명에 비해 사진의 "엄청나게 풍부한 세부 사항과 정보"에 주목했다. 그러나 이러한 세부 사항은 우연적이고 독특했다. 이미지에는 구문이나 문법, 즉 하나의 밝은 부분이 다른 밝은 부분과 관련되는 일단의 일반 규칙이 없었다. 이미지에 담겨 있는 의미는 근본적으로 맥락적이며 자기 완비적이었다. 이미지에 담겨 있는 의미는 다른 매체로의 변환을 쉽사리 견뎌내지 못했는데, 하나의 사진은 충분히 1000개 단어의 가치가 있을 수도 있지만, 그러한 단어들은 결코 그 사진을 남김없이 설명하지 못했을 것이기 때문이다. 사진은 의미의 일반 규칙으로 환원될 수 없었는데, 이로 인해 사진에는 뭔가를 암시하는 독특한 매력이 있었다. "그림을 보는 듯한 생생한 서술(word-picture)과 눈에 보이는 오브제 간의 일치는 그 오브제와 그 오브제의 사진 간의 일치만큼 가까울 수 없다." 선택권이 주어져, 당신이 사진을 사용할 수 있다면, 당신은 경찰 라인업[142]에서 구술서나 신원 확인 문서를 절대 사용하지 않을 것이다.[143]

---

140 카시러는 칸트의 비판 철학의 방법을 인간의 모든 문화 형식에 확대 적용해, 자신의 독특한 철학 사상인 문화 철학을 수립했다. 그는 인간 문화를 상징의 차원으로 이해한다. 이러한 카시러 사유의 밑바탕에는 인간이 '이성적 동물'이 아니라 '상징적 동물'이라는 관점이 들어 있다. _옮긴이

141 신칸트주의의 맥락에서의 하이데거에 관해서는 다음 참조. Hans Ruin, "Technology as Destiny in Cassirer and Heidegger: Continuing the Davos Debate," in Aud Sissel Hoel and Ingvild Folkvord(eds.), *Ernst Cassirer on Form and Technology* (London: Palgrave Macmillan, 2012), pp. 113~138.

142 경찰의 라인업(police lineup) 또는 신원 확인 퍼레이드(identification parade)는 범죄 피해자 또는 증인이 용의자를 추정한 것으로 확인되면 재판에서 증거로 사용할 수 있도록 범인 확인을 위해 줄지어 세운 피의자들을 말한다. _옮긴이

143 Susanne K. Langer, *Philosophy in a New Key: A Study in the Symbolism of Reason, Rite, and Art*, 3rd ed. (Cambridge, MA: Harvard University Press, 2009), pp. 94~95.

랭거는 사진이 다루기 힘들 정도로 의미의 과잉을 보이고 있고 담론의 구문 구조에 비해 규칙이 잘 잡혀 있지 않다고 생각했지만, 그럼에도 사진은 실재 세계와 특별한 관계를 가지고 있다고 보았다. 사진은 다른 매체가 할 수 없는 방식으로 대상을 결정화할 수 있었다.

이미지의 실재성(reality) 결합력을 주장하는 20세기 중반의 가장 위대한 사상가는 아마도 프랑스 영화 이론가인 앙드레 바쟁일 것이다. 엄청나게 영향력 있는 영화 잡지인 ≪카에 뒤 시네마(Cahiers du cinéma)≫의 공동 설립자인 그는 오늘날 고전으로 여겨지는 1945년 에세이 「사진 이미지의 존재론(Ontology of the Photographic Image)」에서 카메라가 다름 아닌 실재성 그 자체라고 주장했다.[144] 바쟁은 다큐멘터리 사진술, 연속 편집[145] 및 0도 스타일(zero-degree style)[146]과 같은 20세기 중반의 지배적인 대중 미학에 깊은 철학적 맥락을 제공했다.

바쟁은 자신을 리얼리스트라 불렀다. 이 점에서 그는 자연을 모방하는 영화의 능력보다 새로운 형태의 환상을 만들어내는 영화의 능력에 더 관심이 있었던 1세대 영화 이론가들과 대조를 이룬다. 그러나 그가 말한 리얼리즘의 의미는 무언가 미묘했다. 일단 그에게 영화는 사물의 시각적 복제물을 만드는 단순한 기계가 아니었다. 영화의 복제 기제는 유사하게 그려내는 것

---

144 Bazin, "Ontology of the Photographic Image."

145 연속 편집은 하나의 사건에서 시간을 생략하는 기법이다. 사건의 처음부터 끝까지 모두를 보여주지 않고 중요한 장면만 편집해서 보여주는 것이다. 일반적인 시퀀스인 주제의 심리 묘사나 스토리 중심의 사건 전개에서 주로 이루어진다. _옮긴이

146 존 손튼 콜드웰(John Thornton Caldwell)과 제러미 버틀러(Jeremy Butler)는 매체가 스스로를 배제하고 시각적 정보를 단순히 전달하는 전통적인 형태의 텔레비전을 '0도 스타일'이라 불렀다. 이는 음악, 게임, 코미디 및 버라이어티 공연, 드라마 등 라이브 스튜디오 쇼와 스포츠 등 야외 이벤트를 표현하는 표준 방식이었으며, 카메라는 단순히 텔레비전 시청자에게 라이브 이벤트의 관객 관점을 제공하는 것이었다. _옮긴이

뿐만 아니라 주형을 뜨는 것[147]이자 발자국 본을 뜨는 것[148]이기도 했다. 그는 사진술이 단순히 세계의 상을 만들어내는 것이 아니라 세계와 물리적으로 연결되는 것으로 이해했다. (이후의 영화 이론에서 선호되는 용어를 사용하자면, 사진술은 존재하는 것에 대한 도상적 관계뿐만 아니라 지표적 관계[149]도 가졌다.) 또 다른 이유로, 그는 가톨릭 사상으로부터 실재성이 기호[150]의 성격을 갖는다는 개념을 받아들였다. 리얼리즘이 보이는 것에 대한 적나라한 흉내내기일 필요는 없지만 영적 진실에 대한 조율일 수 있다. 모든 실재성이 다 가시적이지는 않기 때문에, 진정한 리얼리즘은 처음에는 보이지 않는 것이나 아예 보이지 않는 것을 포함했을 것이다. 마지막 이유로, 모방하고자 하는 예술적 충동은 인류 역사[그는 그의 유명한 "미라 콤플렉스(mummy complex)"[151]의 기원을 고대 이집트에서 찾았음]와 인간 심리(죽음과 시간에서 얻을 수 있는 것을 애써서 얻어야 할 삶의 필요성) 모두에서 원초적이었다. 인간은 '환상에 대한 욕구'를 가지고 있었고, 영화는 역사적으로 유례없는 방식으로 그 욕구를 충족시키는 데 도움을 주었다.

바쟁은 리얼리즘과 기교를 적이 아닌 파트너로 보았다. 리얼리즘과 기교는 항상 시각 예술의 핵심적인 차원이었다. "위대한 예술가들은 당연히 …

---

147 주형을 주조한다는 것은 예술적 기교에 의해 성형하는 것을 말한다. _옮긴이

148 발자국은 증거 혹은 기록을 상징하기 때문에 발자국 본을 뜬다는 것은 역사의 기록 혹은 증거를 영구히 남기는 것을 의미하는 것으로 보인다. _옮긴이

149 지표적 관계란 기의(signifier)와 기표(signified) 간의 실존적 관계, 즉 그 둘이 얼마 동안 같은 장소에 공존했다는 것을 뜻한다. 사진은 카메라 속 대상이 찍힐 당시 거기에 있었다는 것을 증언하는 지표적 기호이다. _옮긴이

150 실재성과 기호와 관련해서는 다음 참조. 천수진, 「이미지와 실재사이에서 나타난 반전된 풍경」, 이화여자대학교 대학원 조형예술학부 박사학위논문(2013), https://dspace.ewha.ac.kr/handle/2015.oak/205937. _옮긴이

151 미라 콤플렉스와 관련해서는 다음 참조. 김지훈, "앙드레 바쟁 탄생 100주년", ≪씨네21≫(2018. 5.10), http://www.cine21.com/news/view/?mag_id=90100. _옮긴이

사실성을 마음대로 부리고 그것을 마음대로 그들 예술의 기본 뼈대로 만들면서 … 항상 이 두 가지 경향을 결합할 수 있었다." 그러나 사진술은 모든 것을 바꾸어놓았다. 그것은 조형 예술 역사상 가장 결정적인 변화였다. "처음으로 원래의 오브제와 그것의 복제물 사이에 무생물 대리인의 도구성(instrumentality)[152]만이 개입한다. 처음으로 인간의 창조적 개입 없이 세계의 이미지가 자동으로 형성된다." 기록 도구로서의 카메라의 반인간적인[153] 성질은 카메라를 기교보다는 자연과 더 가깝도록 만들었다. 지질학, 식물학, 진화 생물학에 열광적인 관심을 가졌던 바쟁은 필름을 자연의 자기표현을 위한 수단으로 보았다. (에머슨도 비슷한 생각을 품었었다.) 사진술은 인간의 부재로 인해 이익을 본 유일한 예술이었다. 사진술의 기계적 또는 '객관적' 성질은 예술들 가운데서도 독특한 '공신력'을 그것에 부여했다. 바쟁에게 실재적 현존감[154]은 이미지의 맞은편에 존재했다.

바쟁은 사진 예술과 사진 기술 모두에 깃들어 있는 인간의 선택에 대해 전혀 문외한이 아니었으며, 사진이 사물에 대한 어떤 종류의 즉각적인 판독이라고 생각하지 않았다. 가장 아름다운 예수 그림보다 더 큰 힘을 갖게 될 토리노(Torino)의 수의(壽衣) 이미지는 그가 즐겨 사용한 예였다. 사진은 우주의 이미지이자 우주와의 접촉점이다. "사진술은 미술처럼 영원을 창조하는 것이 아니라 시간을 방부 처리해서 보존한다." 그림과는 대조적으로 사진은 "비이성적인 힘", "우리의 믿음의 방향을 바꾸어버리는" 힘을 품고 있었다. 사진 이미지는 사진 찍히는 오브제의 존재를 꽤나 깊이 공유했다. "사

---

152 어떤 목적 달성을 위한 도구나 수단으로 사용되는 성질을 말한다. _옮긴이

153 '비인간적(nonhuman)'은 '비유기체적인' 측면에서 인간 아님을 뜻한다면, '반인간적'은 인간에 반하는 '기술'이라는 측면에서 인간 아님을 뜻한다. _옮긴이

154 현존감(presence)이란 어떤 대상으로부터 소외되지 않고 시공간적으로 함께 존재하고 있는 성질을 말한다. _옮긴이

진 이미지는 오브제 그 자체, 그것을 지배하는 시간과 공간의 조건에서 해방된 오브제이다." 이러한 이유에서 바쟁은 사진이 모든 철학 용어들 가운데 가장 중요한 개념인 '존재론적' 가치를 지니고 있다고 생각했다.[155]

사물의 물질적 질서와 비물질적 질서에 철저하게 조율된 것으로서의 이미지에 대한 바쟁의 관점은 1945년경에 다른 중요한 관점들과 같은 처지에 놓이게 되었다. (EG&G의 카메라는 이러한 연관성을 다른 방식으로 증명한다.) 그렇다고 할리우드, 포토저널리즘, 혹은 그가 살던 시대의 이미지 문화에 대한 모든 것을 그가 완전히 인정했다는 의미는 아닌데, 왜냐하면 핀업의 경우에서 보았듯이 그는 분명히 그렇지 않았기 때문이다. 할리우드가 정해진 형식으로 표준화하는 것은 흔히 우리에게 보는 방법을 가르치는 영화의 마법과 같은 잠재력을 헛되게 만들었다. 그러나 그는 20세기 중반의 사진에 대한 선도적인 태도를 매우 세련되게 분명히 표현했다. 이미지는 기교와 실재성을 결합했다. 이미지는 우리를 신뢰하게 만들고 우리의 의심을 중단시킬 힘이 있었다. 이미지는 호박 속의 벌레와 같이 짧은 순간을 포착할 수 있으며 예술가적 기교에 의해 성형될 수도 있었다. 이미지는 질병이나 억압이 아니라, 존재를 향해 열려 있는 통로였다. 바쟁은 자신의 탁월함 덕분에 오래 기억되겠지만, 광범위한 문화 수준에서 그와 같은 견해는 그 힘을 잃을 것이다.

주로 유럽 철학자들에 대한 논의로 1945년경 미국에서의 이미지에 대한 장(章)을 끝내는 것이 이상하게 보일 수도 있다. 그러나 유럽 철학자들은 모두 자신들이 이미지에 열광하는 미국 문화와 연관 짓는 경험에 대응하고 있

---

155 Bazin, "Ontology of the Photographic Image." 바쟁에 대해서는 다음 참조. Dudley Andrew, *The Major Film Theories* (New York: Oxford University Press, 1975), pp. 134~178: Andrew, *Andre Bazin* (New York: Columbia University Press, 1990).

었으며, 그들은 모두 이미지를 반영하는 것이나 복제하는 것 이상으로 생각했다. 다시 말해, 그들은 이미지를 징후, 유혹, 혹은 물질의 파편들로 생각했다. 1945년에 이미지는 모든 면에서 거대했으며, 폭탄, 죽음의 수용소, 누아르 영화, 핀업의 매력이나 편안함과 같은 폭발적인 소재로 들끓었다. 폭력, 섹스 및 죽음, 환상의 반짝임, 그리고 찌르는 듯한 진정한 고통 등 다가올 수십 년 동안 벗어나게 될 모든 것이 거기에 있었다. 거기에는 20세기 중반에 보는 충격적인 것들이 많았다. 돌이켜보면, 나중에 이미지에 대한 지적 논쟁의 기조가 될 어두운 그림자와 악의를 놓치기는 쉽지 않다. 그러나 이미지는 법, 국가, 영화 산업, 루스의 반공주의적 국민주의, 그리고 그것들을 실재성으로 가는 통로로 이해한 사상가들에 의해 수용(收容)되어 비교적 안전하게 (심지어 건전하게) 관리되었다. 이미지 안에서 태동되고 있는 힘은 여전히 비교적 휴면 상태였다. 그 시대의 이미지는 아직 과장되거나 사악하지 않았다. 이미지가 이상한 힘을 숨겨주었을 수도 있지만, 사람들은 이미지에 대해 그런 식으로 말하지 않았다.

수십 년 내에 주류 문화의 위치를 차지하고 있던 이미지의 안정성과 안전성은 허물어졌을 것이다. 이 장은 사진이 사회적 연대를 지탱해 주는 수단으로서의 지위를 잃기에 앞서 큰 환멸에 직면하기 직전의 문화로 끝을 맺는다. 우리는 1945년에 사람들이 순진해 빠졌던 것은 아닌지 의아해할 수도 있을 것이다. 어쩌면 그럼에도 그들은 어쩔 줄 몰랐거나 망연자실했거나 눈앞이 안 보였을 수도 있고 무슨 일이 그들에게 닥쳤는지 거의 알지 못했을 수도 있다.

혹은 당시의 그들은 우리가 잃어버린 무언가를 알고 있었을 수도 있지 않을까.

5장

혼미한 이미지,
1975~2000년

19세기 미국에서는 다양한 지식인들이 밀도 높은 사실의 흐름이 민주 시민 의식을 향상시킬 것으로 믿었다. 19세기 말, 개혁가들은 정보의 홍수를 막으려 한 것이 아니라 많은 사람들이 이용할 수 있도록 정보를 전달하고 체계적으로 정리하려고 애썼다. 그러한 지식인들과 개혁가들 모두 20세기의 두 번째 분기와는 뚜렷이 대비되었다. 20세기 2분기에는 사실의 홍수를 해결할 책임이 전문가들에게 주어졌는데, 전문가들은 자신들이 공중에게 중요하다고 생각하는 것을 정제해서 보여주기 위해 요약과 시각적 제유를 준비했다. 20세기 중반의 결정화된 본질의 문화는 지식은 이미지로 성공적으로 재현될 수도 있다는 믿음, 본질에는 고귀함과 아름다움이 있다는 믿음에 의존했다. 세세함은 피해야 할 어수선함이었다. 복잡한 세계에는 추적할 것이 너무 많았기 때문에, 사실을 본질로 축소하는 것이 사물을 정리하는 방법이었다. 20세기 초반과 중반에 문화 결정자들은 개요 문화와 신화 이미지를 포함해 다양한 방법으로 정보를 효과적으로 수용할 수 있기를 바랐다. 시각적 제유에 대한 확신은 국가적 연대와 단결을 칭송하는 대중문화 체계의 일부였다.

새천년으로의 전환기에 이러한 문화는 그것을 잉태한 복지 국가처럼 황폐해졌다. 특히 1970년대 이후 이러한 문화의 사실상 모든 가정(假定)에 심각한 의문이 제기되었다. 아니 그러한 가정들이 도를 넘었다고 말하는 것이 더 나을지도 모르겠다. 우리는 이미지가 우리가 한때 생각했던 방식으로 안정될 수 없을까 봐 두려워했다. 새로운 기술과 관행이 더 파편화되거나 더 극적인 이미지를 만들어냈기 때문에, 이미지가 지식의 부하를 견딜 수 있는 능력이 더 떨어지는 것처럼 보였기 때문에, 그리고 시각적 표현 수단으로서 시각적 제유가 점점 더 비난을 받았기 때문에, 성공한 요약은 더 이상 신용을 얻지 못했다. 적절한 요약과 중심 경향성을 띠는 이미지에 반대하는 냉소주의 문화가 생겨났다. 이미지 문화가, 즉 사회에 퍼져 있는 이미지의 지배적인 성격과 양이, 급격하게 변했다. 이 장에서는 이러한 이야기를 다루며, 다음 장에서는 난잡한 지식 이야기를 다룬다.

페이드아웃

1950년대와 1960년대 동안 국가의 대중문화를 결정화하는 신화적 이미지 체계가 서서히 허물어졌다. 첫 번째 조짐은 영화 관람객 감소였다. 1948년, 미국에서는 매주 8000만 명이 영화를 관람했는데, 1949년에는 6500만명, 1953년에 이르러서는 4500만 명으로 점차 줄어들었다. 미국 인구 조사국은 1960년이 되면 4000만 명까지 줄어들 것으로 추산했다.[1] 이러한 관람객 감소로 수입도 줄어들었다. 1946년, 영화 산업은 17억 달러의 수입을 올렸는데, 이는 20세기 최고의 박스 오피스 수입(조정 달러 기준)이었다. 1962년에 이르러서는 박스 오피스 수입이 9억 달러에 불과했다. 같은 기간에 제작 비용은 오히려 상승해 영화 산업은 큰 타격을 입었다.[2] 또한 할리우드의 수직적 통합[3]을 해체하고 스튜디오들이 그들의 영화관을 매각하도록 강제한 1948년 파라마운트 판결로 인해, 미국 영화 산업은 방향을 재설정하지 않을 수 없게 되었다. 미국의 '문화 산업'은, 예를 들어, 독일의 비판 이론가인 막스 호르크하이머(Max Horkheimer)와 테오도어 아도르노(Theodor Adorno)가 1940년대에 로스앤젤레스에 머무르는 동안 불안한 마음으로 바라보았던 거대 단일체가 더 이상 아니었다.

---

1   Peter Lev, *Transforming the Screen, 1950-1959* (Berkeley: University of California Press, 2003), pp. 7~9.

2   Gerald Mast, *A Short History of the Movies*, 5th ed., rev. Bruce Kawin (New York: Macmillan, 1992), p. 275.

3   영화 산업은 수직적으로 제작, 배급, 상영의 단계로 구성되어 있는데 한 소유주가 제작과 배급, 배급과 상영, 혹은 제작·배급·상영 단계를 겸영하는 것을 수직적 통합이라고 한다. _옮긴이

영화의 쇠퇴는 텔레비전의 폭발 이전에 시작되었지만, 1950년 이후 이 새로운 미디어와의 경쟁으로 할리우드에 대한 압박은 더욱 거세졌다. 1949년에는 미국의 약 100만 가구가 TV 수신기를 가지고 있었지만 1952년이 되면서 그 수는 1000만 가구로 늘어났다. 몇 년 만에 TV 수신기는 이제 어디서나 흔히 볼 수 있는 매체가 되면서, 영화 관람이 감소하고 영화 뉴스 릴을 사라지게 한 원인이 되었다. TV 뉴스는 동일한 이미지를 더 즉각적으로 제공했다. 뉴스 릴은 이제 구식으로 보였으며, 1960년에 이르러서는 겨우 명맥을 유지하며 조금 더 버티긴 했겠지만 뉴스 배급에서 중요한 역할을 하지 못했다.

게다가 TV는 새로운 종류의 이미지를 만들어냈다. 처음에 TV 화면은 거칠어서 영화 이미지의 선명도와 고해상도에 미치지 못했다. 1950년대 후반에 화질이 향상되었음에도 텔레비전은 여전히 달랐다. 대형 스크린의 실물보다 더 큰 이미지는 사라졌다. TV 이미지는 우리를 압도하거나 영화처럼 이미지의 마법에 끌어들일 수 없었다. 텔레비전은 시청자가 편안한 사적인 환경에서 시청할 수 있도록 함으로써 일을 수행하는 방식이 달랐다. 카우치(couch) 위에서 몸을 쭉 펴거나, 바닥에 눕거나, 시청 중에 이야기를 하거나, 심지어 속옷 차림으로 볼 수도 있었다. TV의 매력은 TV 이미지가 아니라 가정 시청 환경의 편안함과 프라이버시였다. TV는 "그림이 나오는 라디오"였다.

시각 문화에서 다른 변화들도 동시에 진행되었다. 미국인의 삶에 대한 더 어두운 이미지의 흐름이 타블로이드 신문의 지저분한 세계 밖으로 표면화되기 시작했다. 누아르 영화의 유행은 하나의 징후였다. 〈밀드레드 피어스(Mildred Pierce)〉(1945)나 〈과거로부터(Out of the Past)〉(1947)와 같은 영화는 살인, 여성의 이중성, 도시 생활의 전반적인 무정함을 다루었다. 그와 같은 주제들은 예외라기보다는 일반적인 것으로 묘사되었고 해피엔드로 감화를 주지도 않았다. 누아르의 시각적 스타일은 그러한 분위기를 조성하는 데 도움을 주었다. 실내는 어둡고 음침한 경향이 있었다. 등장인물들은 흔히 그림자나 자욱하게 피어오르는 담배 연기에 둘러싸인 채 불안감과 갇혀 있는 듯한 느낌을 주는 데 일조했다. 으스스하고 어둑어둑한 거리 풍경은 현대 도시를 위협적인 모습으로 그려냈다. 할리우드가 컬러로 바뀌고 있던 순간에도 누아르는 흑백을 사용했다.

똑같은 어둠이 1950년대와 1960년대 초반의 알프레드 히치콕(Alfred Hitchcock)의 〈이창(Rear Window)〉(1954), 〈현기증(Vertigo)〉(1958), 〈사이코(Psych)〉((1960), 〈새(The Birds)〉(1963)와 같은 점점 더 섬뜩해진 영화에서도 나타났다. 마찬가지로 로버트 프랭크(Robert Frank)의 중요한 사진집 『미국인들(*The Americans*)』(1958)은 1930~1940년대의 위대한 포토저널리즘과는 매우 다른 미국을 보여주었다. 이 사진집은 (토크빌의 저서 『미국의 민주주의』처럼)[4] 미국의 전경(全景)을 제공했지만 그 사회학적 감수성은 마치 우울증에 빠진 토크빌[5]의 그것과 같아서 섬뜩하다. 잭 케루악(Jack Kerouac)[6]이 쓴 서문은 프랭크의 사진집에 부가적인 문학적 명성을 더해주었다. 로젠살(Joseph Rosenthal)의 이오지마 이미지는 국민 통합의 상징인 미국 국기가 미화되었지만, 프랭크의 카메라는 그것을 냉소적으로 다루었다. 프랭크의 강렬한 빛과 거친 질감은 도로시아 랭의 대공황 시대 사진보다 더 암울한 분위기를 조성했다. 프랭크는 사진을 촬영할 때 전통적인 구도 규칙을 존중하지 않았다. 스카이라인은 비스듬했고, 얼굴은 그림자, 연기, 미국 국기로 가려져 있

---

4   괄호 안은 옮긴이가 덧붙인 것이다. _옮긴이

5   토크빌은 어머니로부터 물려받은 유전적 우울증에다 비극적인 가족사로 인해 예민한 감수성을 지닌 인물로 어려서부터 심한 우울증으로 고생했으며 평생을 고독과 정체성의 갈등 속에서 살았다고 한다. _옮긴이

6   잭 케루악(1922~1969)은 미국 비트 세대(beat generation)의 대표적 작가인데, 비트 세대는 1950년대 미국의 경제적 풍요 속에서 획일화·동질화의 양상으로 개개인이 거대한 사회 조직의 한 부속품으로 전락하는 것에 대항해, 민속 음악을 즐기며 산업화 이전 시대의 전원생활, 인간 정신에 대한 신뢰, 낙천주의적인 사고를 중요시했던 사람들을 일컫는다. _옮긴이

었고, 피사체는 나무 같은 전경에서 더 눈에 띄는 물체에 의해 '이등분되거나' 'T 자 형태로 분리되어' 되었으며, 미소 짓는 사람은 거의 없었다. 랭은 가난을 묘사했지만 피사체에 대한 존엄성도 잃지 않았다. 랭의 피사체들은 역경을 견뎌내고 있었다. 프랭크의 1950년대 후반의 카메라는 덜 관대했다. 음산함은 상쇄되지 않았다. 그의 사진의 침울한 고요함은 피사체를 존중하지 않거나 낭만적으로 묘사하지 않는 것인데, 그것은 아마도 프랭크의 사진에서는 결국 랭의 사진에서처럼 사람이 주된 초점이라는 것이 분명하지 않기 때문일 것이다.[7]

그러한 체계를 계속 작동 가능하게 했던 검열 또한 허물어지고 있었다. 1940년대의 이미지 문화를 지원해 왔던 법 체제는 전쟁이 끝난 직후 공격을 받았다. 1953년 12월, 스스로를 ≪에스콰이어≫보다 더 짜릿한 업데이트판으로 여기는 ≪플레이보이(Playboy)≫가 아무 비난 없이 출간할 수 있게 되었다. 지금도 유명한 매릴린 먼로의 누드 사진이 ≪플레이보이≫ 창간호에 등장했다. 이 잡지의 창간자인 휴 헤프너(Hugh Hefner)는 창간 후 처음 며칠 동안 경찰이 신문 가판대에서 그 잡지를 치우기를 계속 기다렸지만 경찰은 결코 나타나지 않았다.

1952년, 미국 연방 대법원(US Supreme Court)은 영화를 "순전한 사업"이라고 선언하면서 헌법 수정 조항 제1조의 낮은 당사자 적격(standing)[8]을 부여했던 1915년 뮤추얼 영화사 대 오하이오주 산업 위원회(Mutual v. Industrial Commission of Ohio)의 판결을 뒤집었다. '신성 모독' 영화를 금지하는 뉴욕주 법령을 위반한 펠리니(Federico Fellini)의 단편 영화와 관련된 새로운 판

---

7   희년 감사제에 대해서 보려면 다음 참조. Anthony Lane, "Road Show: The journey of Robert Frank's 'The Americans'," *New Yorker*, September 14, 2009, pp. 84~91.

8   '당사자 적격'이란 일정한 권리관계에 관해 소송 당사자로서 유효하게 소송을 수행하고 판결을 받기 위해 필요한 자격을 말한다. _옮긴이

결인 버스틴 대 윌슨(Burstyn v. Wilson) 사건(1952)[9]은 영화가 잠재적으로 보호받는 표현의 지위를 인정했다.

그러나 법원 혼자 힘으로 검열을 즉시 종식시키지는 못했다. 1934년, 할리우드의 동업자 단체인 미국 영화 협회(MPAA: Motion Picture Association of America)는 대본과 이미지를 심의하기(또한 검열하기) 위해 제작 규정 관리국(PCA: Production Code Administration)을 만들었다. 1952년 판결로 PCA가 없어지지는 않았지만, 감독들은 그것에 맞서 싸울 새로운 용기를 얻었다. 그 후 몇 년 동안, 가벼운 섹스 코미디인 〈푸른 달(The Moon Is Blue)〉(1953)과 헤로인 중독을 음울하게 묘사한 〈황금 팔을 가진 사나이(The Man with the Golden Arm)〉(1955)를 제작한 오토 프리밍어(Otto Preminger), 정처 없이 돌아다니는 오토바이 불량배들을 다룬 영화 〈위험한 질주(The Wild One)〉(1953)를 제작한 라슬로 베네덱(László Benedek), 그리고 사춘기 여성의 성생활과 뒤에서 군침을 흘리는 남자들에 대한 외설적인 남부 고딕풍[10] 영화 〈베이비 돌(Baby Doll)〉(1956)을 제작한 일리아 커잔(Elia Kazan)과 같은 다양한 영화 제작자들이 PCA와 대립했다. 검열관들은 수세에 몰리긴 했지만 무기력하지는 않았다. 커잔은 5년 전 〈욕망이라는 이름의 전차(A Streetcar Named Desire)〉와 마찬가지로 〈베이비 돌〉의 장면 변경을 협상해야만 했다. 1950년대와 1960

---

9 이탈리아 영화 〈기적(The Miracle)〉의 상영을 두고 빚어진 논쟁에서 연방 대법원은 영화가 법적으로 표현의 자유를 보호받을 권리가 있는 예술적 매체라는 판결을 내림으로써 1915년의 뮤추얼 영화사 대 오하이오주 산업 위원회 판결을 뒤집었으며, 1965년 얼 워런(Earl Warren)이 판결을 내린 프리드먼 대 메릴랜드(Freedman v. Maryland)와 더불어 미국의 영화 검열에 전환점을 찍은 중요한 계기가 되었다. _옮긴이

10 남부 고딕(southern gothic)은 미국 남부에서 전형적으로 나타나는 미국 문학 고유의 고딕 소설의 하위 장르이다. 남부 고딕 장르의 문학에서 흔히 볼 수 있는 주제에는 결함이 있거나 혼란스럽거나 이상한 성격, 양면적 성 역할, 부패한 환경, 괴기한 상황 및 빈곤, 소외, 범죄 및 기타 폭력 등이다. 남부 귀족의 붕괴와 농장이라는 상황 설정은 남부 고딕풍의 일반적인 환경이다. _옮긴이

년대 초반까지 그와 같은 협상은 계속되었다. 영화 산업은 극도의 문제 제기를 하려 하지 않았다. 1950년대와 1960년대 초에 새로운 미개척 영역들이 영화에 묘사되었지만, 보여줄 수 있는 것에는 여전히 한계가 있었다.[11]

다른 시각 미디어들도 마찬가지였다. 잡지업계에서도 관례에 문제를 제기하고 싶어 한 사람은 거의 없었다. ≪라이프≫, ≪룩≫, ≪새터데이 이브닝 포스트≫는 모두 그들이 표현하는 것에 제한을 두었다. 텔레비전은 모든 매스 미디어 가운데 가장 보수적이었다. 1950년대에 〈수퍼맨의 모험(The Adventures of Superman)〉, 〈아버지가 제일 잘 알아(Father Knows Best)〉, 〈건스모크(Gunsmoke)〉 같은 프로그램은 강하고 자신감이 넘치며 친절한 미국을 묘사했다. 건전한 핵가족과 공익에 관심이 있는 지도자들의 모습이 그려졌다. 1952년부터 1958년까지 프로그램이 방송되는 동안 수퍼맨은 매주 "진실, 정의, 미국의 방식"을 위해 싸우는 것으로 소개되었다. 그다음 10년 동안에도 〈아내는 요술쟁이(Bewitched)〉나 〈딕 밴 다이크 쇼(The Dick Van Dyke Show)〉와 같은 가족물이 대세였다. 〈베벌리 힐빌리즈(Beverly Hillbillies)〉와 〈보난자(Bonanza)〉는 가장 인기 있는 TV 프로그램 가운데 하나였다. 1967년 10월부터 1968년 4월까지 미국인들이 가장 많은 본 TV 프로그램은 〈앤디 그리피스 쇼(The Andy Griffith Show)〉, 〈루시 쇼(The Lucy Show)〉, 〈고머 파일(Gomer Pyle)〉, 〈USMC〉, 〈건스모크〉였으며, 모두 반문화(counterculture)[12]의 영향과는 아주 거리가 멀었다.[13] 1960년대 후반에 가끔 '대담한' 프로그

11　Jon Lewis, *Hollywood v. Hard Core: How the Struggle over Censorship Saved the Modern Film Industry* (New York: New York University Press, 2000).

12　사회의 지배적인 문화에 반대하고 적극적으로 도전하는 문화로서 '대항문화'라고도 한다. 1960년대의 미국의 히피, 동성애 해방 운동, 여성 해방 운동 등이 이에 속한다. _옮긴이

13　다음 웹 사이트 참조. "TV Ratings," http://www.fiftiesweb.com/tv-ratings-60s.htm#67-68(접속일: 2003.7).

램이 나타나긴 했지만 TV는 여전히 매우 보수적인 미디어였다.

그럼에도 구체계는 계속해서 서서히 물러나고 있었다. 특히 민권 운동을 중심으로 1960년대 초 사진 기자들 사이에서 새로워진 이상주의가 나타났음에도 장기적인 추세는 눈에 띄는 인쇄 사진에 반대하는 것이었다. 몇 가지 주목할 만한 예외를 제외하고, 1960년대에는 국가를 지배한 일단의 마지막 도상적 이미지가 있었는데, 워싱턴에서 열린 평화 행진에서 연설한 마틴 루서 킹(Martin Luther King), 쓰러진 소니 리스턴(Sonny Liston)을 향해 포효하는 무하매드 알리(Muhammad Ali), 플래시 라이트의 후광을 받으며 죽어가는 로버트 F. 케네디(Robert F. Kennedy), 베트남의 네이팜 소녀가 그것이다. 텔레비전 뉴스와 변화하는 광고 수익의 패턴은 머지않아 훌륭한 사진 기반 잡지들의 숨통을 끊어놓을 것이다. ≪새터데이 이브닝 포스트≫는 1969년 2월에, ≪룩≫은 1971년 10월에 발행을 중단했고, ≪라이프≫는 1972년 12월까지 버티다 발행을 접었다. 사진 에세이와 도상적 사진을 중심으로 한 오래된 포토저널리즘이 사망 선고를 받았다.

오래된 검열 체계인 영화 제작 규정 역시 유럽의 예술 영화, 대학 영화 클럽의 등장, 동네 영화관, 더 잘 정의된 청소년 인구 통계, 더 자유분방한 반문화적 분위기에 난타당한 나머지 비틀거리다 1960년대 중반에 사라졌다.[14] 1950년대와 1960년대에 대법원이 내린 일련의 판결로 음란법이 완화됨에 따라 변화되고 있던 법 규범 또한 하나의 원인이었다.[15] 〈전당포(The Pawn-broker)〉(1965), 〈욕망(Blow-Up)〉(1966), 〈잃어버린 전주곡(Five Easy Pieces)〉(1970)과 같은 영화에 여성의 정면 누드 샷이 등장하기 시작했다.

---

14 Douglas Gomery, *Shared Pleasures: A History of Movie Presentation in the United States* (Madison: University of Wisconsin Press, 1992), pp. 180~193.

15 Kenneth Cmiel, "Politics of Civility," in David Farber(ed.), *The Sixties: From Memory to History* (Chapel Hill: University of North Carolina Press, 1994), pp. 263~290.

결국 결정타 가운데 하나는 이탈리아인이 감독한 영국 영화 〈욕망〉이었다. 미켈란젤로 안토니오니(Michelangelo Antonioni)의 이 영화는 모든 오래된 규칙을 어겼다. 1966년 12월에 개봉된 〈욕망〉은 스윙잉 런던(Swinging London)[16] 시기의 한 패션 사진작가에 대한 이야기인데, 이 사진작가는 우연히 공원에서 살인 장면을 찍게 된다. 영화에 누드 장면이 포함되어 있었기 때문에, 제작자들은 검열을 걱정했다. 한차례의 수작업 끝에 MGM은 그냥 검열을 무시하고 등급 없이 자회사를 통해 미국에서 영화를 개봉하기로 결정했는데, 이는 영화 제작 규정 승인 직인이 없이는 영화를 배포하지 않기로 한 MPAA 회원들의 합의를 노골적으로 무시한 것이었다. 영화는 성공했고, 아무런 뒤탈도 없었다. 오래된 검열 체계가 막을 내린 것이다.[17]

〈욕망〉은 다른 방식으로 한 시대의 종말을 보여주었다. 이 영화에서 사진작가인 토머스(Thomas)는 공원에서 자신이 보기에 사회 통념에 어긋난 밀회 장면을 사진으로 찍었다. 사진 속의 여성이 그를 찾아내 필름을 내놓으라고 요구하자, 그는 그녀에게 속임수로 가짜 필름을 건네고는 매우 흥미로울 것이라는 기대에 가득 찬 호기심으로 그 사진들을 현상한다. 사진 배경 속에서 그는 덤불에 총을 움켜쥐고 있는 손과 시체를 본다. 그는 공원으로 돌아가 시체를 찾는다. 토머스는 일종의 정신 착란이 일어난 듯 암실로 돌아와 범죄의 증거를 찾기 위해 사진을 점점 더 크게 확대한다. 그러나 이

---

16 1960년대에 런던을 중심으로 젊은이의 패션과 젊은이의 문화가 빠르게 퍼져 나가기 시작한 시기를 스윙잉 런던, 즉 동요하는 런던이라고 부르는데, 사회 문화적으로 급변하던 시기의 활기찬 런던의 모습을 나타내는 표현이다. 역동적인 사회 분위기를 담은 당시 광고·영화·사진 등 대중문화 요소를 예술의 영역으로 끌어들여 전통적인 가치와 태도에 도전하려 했던 젊은 아티스트들을 상징한다. _옮긴이

17 Lewis, *Hollywood v. Hard Core*, pp. 146~148; Jacob Septimus, "The MPAA Ratings System: A Regime of Private Censorship and Cultural Manipulation," *Columbia-VLA Journal of Law and the Arts*, 21, 1996(Fall), pp. 69~93.

미지를 더 확대할수록, 그 이미지는 더 추상적이 되어서 더 알아볼 수 없게 된다. 그는 조금만 더 확대하기만 하면 진실을 발견할 수 있을 것이라고 생각한다. 그러나 그가 미친 듯이 세부 사항들을 확대하면 할수록, 그 증거는 그의 이웃 빌(Bill)이 그린 추상화와 더 비슷해져가기 시작한다. 결국 그 이미지는 (빌의 그림에 있는 것과 같은) 단순한 얼룩으로 분해되어, 대답보다 더 많은 질문을, 확실함보다 더 많은 혼란을 야기한다.

카메라가 진실을 확보하지 못하고 토머스가 정신 착란 증세를 일으키는 데 카메라가 일정 역할을 한 것으로 묘사한 이 영화는 실재성의 흔적으로서의 사진술에 대한 오래된 믿음을 져버린다. (기계를 통한 것이건 직접 눈을 통한 것이건) 보이는 것은 항상 본질적으로 모호하다는 점과 우리가 오로지 카메라로만 진실을 계속 추적하고자 한다면 우리는 늘 영화의 반영웅[18]처럼 기대에 못 미치게 (어쩌면 정신적으로 미치게) 될 것임을 이 영화는 시사한다. 이 영화는 사진 이미지가 그림보다 그리고 모든 층을 샅샅이 뒤져서 미시적 진실을 찾는 일종의 기록 보관소보다 "한없이 더 정확"하다는 에드거 앨런 포와 다른 선구적인 논평가들의 견해를 뒤집었다. 은판 사진 발명 이후, 우리가 더 명확하게 볼 수 있도록 카메라가 도와준다는 것은 끊임없이 들먹여온 뻔한 말이었다. 카메라는 육안으로는 즉시 보이지 않는 증거를 보여주는 세계를 향한 창이었다. 그러나 〈욕망〉은 카메라가 반드시 사물의 정직한 증인이기만 한 것은 아님을 보여주었다. 더 이상 화면을 확대하지 못해 반점들만 보여줄 뿐이었다는 것은 디지털 픽셀화[19]의 등장을 예상할 수 있게 해주었다. 몇 년 안에 카메라가 실재성을 포착한다는 생각은 점점 더 의심을

---

18 일반인과 다를 바 없거나 도덕적으로 나빠 전통적인 영웅답지 않은 주인공을 말한다. _옮긴이

19 픽셀화는 픽셀이 매끄럽게 혼합되지 않고 육안으로 보일 때 발생한다. 해상도에 비해 너무 큰 크기로 이미지를 조정하면 예기치 않게 픽셀화가 발생할 수 있지만 의도적으로 이미지를 픽셀화해 멋진 효과로 활용할 수도 있다. _옮긴이

받게 되었을 것이다. 〔예를 들어, 2016년에 핫셀블라드(Hasselblad)[20]는 놀라운 수준의 해상도를 제공할 수 있는 1억 화소 카메라를 출시했는데, 최근에 이루어진 더 정교한 디지털 이미지를 만들어내기 위한 시도들은 절대 충실도라는 미사여구에 대해 일종의 복수를 한 셈이다.[21]〕

새로운 체제

1970년대와 1980년대에 새롭고 훨씬 더 다양한 이미지 문화가 형태를 갖추었다. 이 시기에는 우상들이 더 적었다. 대단했던 20세기 중반의 포토저널리즘과 같은 방식으로 국가를 정의하는 것은 전혀 없었다. 영화는 과거와 똑같은 자신감을 가지고 국가적 신화를 코드화하지 않았다. 1940년대에 영화, 뉴스 릴, 뉴스 잡지는 엄청난 수의 성인 미국인 일반을 대상으로 팔려나갔다. 1970년대와 1980년대에는 세분화된 인구 집단을 대상으로 한 틈새 마케팅이 이루어졌다. 사실상 모든 산업의 기업 문화는 전 국민이 아닌 정확하게 기술된 세분화된 인구 집단에 호소하기 시작했다. 케이블 텔레비전의 등장은 이러한 조각화되고 있는 공중을 표현해 주는 것 가운데 하나였다. 어린이, 청소년, 성인, 고령자, 남성, 여성, 아프리카계 미국인, 남미계 미국인, 컨트리 음악 팬, 뉴스 중독자, 스포츠광, 오래된 영화 애호가 등을 위한 채널이 등장했다. 이제 모든 사람이 다 함께 보는 이미지는 더 적었다. 유통되는 총 이미지 수는 크게 증가했지만, 공통으로 함께 보는 이미지 수

---

20 스웨덴 예테보리(Göteborg)에 본사를 둔 카메라 및 사진 장비 제조업체이다. 이 회사는 제2차 세계대전 이후 생산한 중형 카메라(필름)로 이름이 알려지게 되었으며, 사람이 달에 처음 착륙한 아폴로(Apollo) 프로그램의 임무에도 사용되었다. _옮긴이

21 예를 들면, 다음 참조. Raffi Khatchadourian, "The Long View: Edward Burtynsky's Quest to Photograph a Changing Planet," *New Yorker*, December 19~26, 2016, pp. 80~95 (intermittent pagination), 특히 p. 90.

는 감소했다.[22]

미국 국민은 점점 더 같은 이미지를 보지 않았다. 매우 재미있는 블록버스터 영화를 제외하고 사람들은 서로 다른 것을 보는 경향이 있었다. 잡지들은 이제 점점 더 세분화된 연령층과 관심 집단을 겨냥했다. 이 기간 영화 관람자 수는 계속 줄어들었다. 할리우드는 미국의 문화적 중심을 규정하는 일을 그만두었다. 어떤 이미지도 그렇게 하지 않았다. 그럼에도 "그 여성과 성적인 관계"를 가졌음을 부인하는 빌 클린턴(Bill Clinton), 폭발하는 챌린저(Challenger) 우주 왕복선, 혹은 TV의 9·11에 대한 추모 철야 기도와 같은 특정 이미지는 분명히 전국적 또는 전 세계적 관심을 끌 수 있었지만, 미국인의 시청 습관은 나날이 조각화되어 갔다. 미국 국민을 사로잡은 '미디어 이벤트'는 더 간간이 발생했고 흔히 더 암울해졌다.[23]

이미지가 크게 증가했다. 이미지의 수도 더 많아졌고, 이미지의 종류도 더 많아졌으며, 이미지를 볼 수 있는 기계도 더 많아졌다. 비디오 게임, 케이블 TV, 인터넷, 가정용 비디오카메라는 모두 1975년 이후 20년 동안 인기를 끌었다. 불과 10년 혹은 20년 전의 역사적 기준과 비교해 볼 때, 미국은 이제 그 어느 때보다 이미지에 푹 빠져 있는 것처럼 보였다. 영국 학자 레이먼드 윌리엄스(Raymond Williams)는 1973년 안식년을 보내기 위해 미국에 도착한 후 텔레비전에서 그가 영국 공공 서비스 텔레비전에서 보던 것과는

---

22 틈새 마케팅의 등장에 관해서는 다음 참조. Joseph Turow, *Breaking Up America: Advertisers and the New Media World* (Chicago: University of Chicago Press, 1998); Lizabeth Cohen, *A Consumer's Republic: The Politics of Mass Consumption in Postwar America* (New York: Knopf, 2003), pp. 292~344.

23 Elihu Katz and Tamar Liebes, " 'No More Peace!': How Disaster, Terror, and War Have Up-staged Media Events," *International Journal of Communication*, 1, 2007, pp. 157~166 참조.

사이드바 5-1 고독한 군중 또는 데일리 미?

1970년대와 1980년대에 케이블 TV와 VCR은 우리가 선택해서 볼 수 있는 이미지의 양을 엄청나게 증가시켰다. 중산층에게 마음대로 골라 사 먹을 수 있는 과자 가게가 생긴 셈이었다. 광고주는 분산된 수용자들에게 돈을 낭비하는 것을 멈추고 인구 통계적으로 최적의 표적을 겨냥할 수 있다는 것을 알게 되었다. 그리고 채널 용량은 계속해서 더 커지고 비용은 더 저렴해졌다. 그것의 결과는 모든 사람이 흥미를 갖는 관심사를 피하기가 쉬운 덜 일반적인 이미지와 정보 문화였다. 우리는 모두 9·11과 같은 어떤 비극적인 사건에 채널을 맞출 수도 있겠지만, 그렇지 않은 경우 우리는 시장 부문(market segment)에서 일하고 살고 시청하며 지냈다. 어떤 사람은 국가의 분해, 미국의 조각화를 애통해했다.[1]

인터넷은 케이블 TV보다 상황을 훨씬 더 진척시켰다. 법학 교수이자 진보 기득권층인 캐스 선스타인(Cass Sunstein)의 저서 『리퍼블릭닷컴(*Republic.com*)』(2001)은 정보 유토피아에 대한 새천년의 약속을 회의적으로 받아들이는 많은 사람들의 입장을 옹호했다. 선스타인은 이 책에서 인터넷이 정보를 방수 처리된 이념의 칸들로 정리하면서 미국 민주주의에 좋지 않은 일을 하고 있다고 주장했다. "공감할 수 있듯이 인터넷을 포함해 새로운 기술은 사람들이 그들 자신의 목소리의 메아리[2]를 들을 수 있는 능력과 다른 사람들로부터 자신을 차단할 수 있는 능력을 극적으로 높여주고 있다."[3] 선스타인은 개인 맞춤화되는 정보가 우리가 관심 있는 뉴스만 전달해 줄 것이라고 우려했다. 대중교통을 이용해 한 곳에서 다른 곳으로 이동하거나 신문 지면을

---

1   Joseph Turow, *Breaking Up America* (Chicago: University of Chicago Press, 1997); Robert B. Reich, "Secession of the Successful," *New York Times Magazine*, January 20, 1991.

2   인터넷의 반향실 효과, 즉 확증 편향을 강화하는 효과를 말한다. _옮긴이

3   Cass R. Sunstein, *Republic. com* (Princeton, NJ: Princeton University Press, 2001), p. 16.

넘기는 옛날 방식의 노동은 그 안에서 민주주의 측면에서 중요한 상호 작용이 일어날 수 있게 한 은혜로운 작은 의례였다. 선스타인은 인터넷의 승리주의(triumphalism)[4]에 맞서 탈중개화(disintermediation)[5]에 반대하고 편집인과 같은 중개자의 명백한 비효율성을 찬양했다.

의식적으로 생각하지 않았을 수도 있지만, 당시 시카고 대학교에 재직 중이던 선스타인은 로버트 파크, 허버트 블루머(Herbert Blumer), 루이스 워스(Louis Wirth) 같은 초기 시카고 사회학자들의 견해, 즉 민주주의는 낯선 사람들 사이의 공개적인 순환적 소통을 의미한다는 견해를 반영했다. 계획되지 않은 뜻밖의 조우는 우리의 절연된 세계를 열어주었을 것이다. 공공장소를 배회하면서 자연스럽고 즉각적인 상호 작용을 하고, 그러면서 새로운 사람, 새로운 생각을 우연히 만나는 것에는 뜻밖의 기쁨이 있었다. 그리고 선스타인은 신문이 정보를 그와 같이 사회적 경계를 넘나들게 해준다고 칭송했다.

그러나 그는 커뮤니케이션 미디어가 어떻게 지리적 한계를 제거하는지에 대한 고전적인 시카고 사회학의 흥분을 뒤엎어버렸다. 100년 전, 진보 시대[6] 사회학자들은 장소 기반 공동체에서 관심 기반 공동체로의 전환이 새로운 민주적 질서인 '거대 공동체'의 시작을 불러왔다고 생각했다. 선스타인은 정반대로 생각하면서, 장소는 유익한 마찰력, 즉 거래 비용뿐만 아니라 거래 이익도 제공한다고 보았다. 우리는 공간을 가로지를 뿐만 아니라 공간을 통합하는 공통의 미디어가 필요했다.

---

4 어떤 특정한 주의, 종교, 문화, 사회적 체계가 다른 것들에 비해 우월하며 그것이 다른 것들을 누르고 승리할 것이라는 태도, 신념을 말하며 개선주의(凱旋主義)라고도 한다. _옮긴이

5 전통적인 뉴스 미디어에서 데스크나 편집인과 같은 중개자에 의한 게이트키핑 과정이 인터넷에서는 사라지는 경향을 말한다. _옮긴이

6 미국 역사상 사회 운동 및 정치 개혁에 대한 열망이 들끓었던 1890년대에서 1920년대를 말한다. _옮긴이

인터넷이 이데올로기 세계의 새로운 분열을 불러일으킨다는 선스타인의 논지는 사람들은 고급 기술 없이도 어떻게 해서든 정보를 오랫동안 필터링해왔다는 문제로 어려움을 겪었다. 사람들은 놀라움을 중요하게 생각한다는 점과 인터넷은 새로운 아이디어를 가져다줄 수 있다는 점은 선스타인이 인정했거나 자신의 저서 두 번째 판에서 적어도 더 분명하게 강조한 사실이었다.[7] 선스타인이 약간의 미묘한 차이는 놓쳤다 하더라도, 그는 현재 우리가 반향실 혹은 필터 버블(filter bubble)[8]로 알고 있는 온라인 현상을 예상했다. 그가 신중하게 사용할 수 있는 담론의 풍부한 메뉴를 민주주의의 요건으로 본 것은 절대적으로 옳았지만, 그는 더 오래되고 더 골치 아픈 문제, 즉 관심사와 정보에 대한 시민들의 일상적인 장벽 문제는 비켜 갔다. 이미 동의하고 있는 사람을 설득하려 시도하는 것은 오래된 습관이다. 선택적 노출(selective exposure), 선택적 수용(selective reception) 및 선택적 지각(selective perception)은 모두 1940년대에 시작된 커뮤니케이션 연구에서 확인된 바 있다. 1944년, 폴 라자스펠드(Paul Lazarsfeld)는 각 정당은 그들 자신의 미디어, 즉 민주당은 라디오, 공화당은 신문을 가지고 있다고 언급했다. 그와 그의 동료들은 모든 정보원(情報源)을 표본 조사 하듯 살펴보는 정보에 밝은 시민은 상상의 산물이라고 결론지었다.[9]

『리퍼블릭닷컴』은 일반적 관심사를 다루는 미디어를 높이 평가했다. 선스

---

7 Cass R. Sunstein, *Republic.com 2.0* (Princeton, NJ: Princeton University Press, 2007), p. 12.

8 필터 버블 역시 뉴스 미디어가 전하는 정보를 이용하는 이용자가 갖고 있던 기존의 신념이 닫힌 체계로 구성된 커뮤니케이션에 의해 증폭, 강화되고 같은 입장을 지닌 정보만 지속적으로 되풀이 수용하는 현상을 비유적으로 나타낸 말이다. _옮긴이

9 Paul F. Lazarsfeld, Bernard Berelson, and Hazel Gaudet, *The People's Choice: How the Voter Makes Up His Mind in a Presidential Campaign* (New York: Columbia University Press, 1944); 좀 더 최근 버전을 보려면, Lee Drutman, "Ballot Pox," *Chronicle Review*, October 23, 2016, www.chronicle.com/article/Ballot-Pox/238131 참조.

타인은 네트워크 뉴스가 "연설자 코너[10] 같은 것을 하이드 파크(Hyde Park)[11]에서 줄곧 상상해 본 그 어떤 것 이상으로" 만들어낼 수 있다는 다소 도가 지나친 주장을 하면서, TV 뉴스를 특별히 허가된 의제 설정(agenda setting) 대리인으로 지목했다. 그는 (20세기 중반에 걱정했던 원자화가 아니라 매디슨이 말한 파벌이라는 의미에서) 사회의 조각화, 자신의 이데올로기에 집착하는 집단들에 대해 걱정했다. 시카고 대학교의 데이비드 리스먼은 저서 『고독한 군중』에서 내부 지향에서 외부 지향으로 국민성이 변했음을 포착했는데, 이러한 변화는 묘하게도 좀 더 최근의 이론가들이 걱정하는 것과 동일한 변화처럼 들린다. 리스먼은 안내자는 없지만 우리 가까이의 이웃의 행동을 보면서, 새 떼나 물고기 떼처럼, 서로에게서 신토크빌주의적[12] 순응의 방향을 찾고 있기 때문에 우리가 외롭다고 생각했다.

선스타인이 시카고 대학교의 전임자들이 두려워했던 것을 좋아한다는 것은 특이한 점이다. 런던이 아닌 시카고 하이드 파크에서 상상했던 것들에 관해 그는 시카고의 선구자들이 두려움을 가지고 지켜보았던 것, 즉 공통된 미디어 자극에 모두 주목하는 사람의 무리들을 극찬한다. 선스타인은 대중 사회에서 미국 헌법 제정자들의 공화정 대의제 계획을 찾는다. 선스타인은 한때 대중 사회를 막아주는 방벽이었던 소집단을 오래된 두려움의 대상인 '파벌'의 온상으로 본다. 1950년대에는 엄청난 익명의 수용자들이 모두 동일한 미디어에 주목하는 것을 위험한 것으로 간주했다. 새로운 천년 초기에 선스

---

10 영국 런던의 중심부에 있는 하이드 파크의 연설자 코너(speaker's corner)는 유명하다. 누구나 연단에 올라가 이야기를 할 수 있는 곳이다. _옮긴이

11 시카고에도 시카고 과학 기술 박물관에서 시카고 대학교 사이에 하이드 파크가 있기 때문에 하이드 파크란 결국 시카고 대학교를 의미한다. _옮긴이

12 토크빌이 주장한 시민 결사체의 기능을 사회적 자본이라는 사회 과학적 개념으로 재정립한 주장을 말한다. _옮긴이

타인은 사라지는 매스 미디어를 공동 문화를 이끌어 가는 주체적인 기관으로 높이 평가했다. 방송 미디어가 지배했을 때 주된 두려움은 고독한 군중 속에서 개인성(individuality)을 잃는 것이었고, 틈새 미디어가 지배했을 때 두려움은 "데일리 미(daily me)"[13]의 자기도취였다.[14] 이론은 비극과 소극(笑劇)[15]을, 희망과 절망을 되풀이한다.

---

13 칼럼리스트 니컬러스 크리스토프(Nicholas Kristof)는 2009년 3월 18일 자 ≪뉴욕 타임스≫에 쓴 "더 데일리 미(The Daily Me)"라는 제목의 글에서 '데일리 미' 현상은 밀폐되어 있는 각자의 정치적 방 안에서 우리 자신을 더욱 단절시키는 효과를 불러일으키게 되고 미국인들이 갈수록 그들을 커뮤니티, 클럽, 교회라는 명분으로 스스로를 고립시킨다고 주장한 바 있다. _옮긴이

14 또한 Elihu Katz, "And Deliver Us from Segmentation," *Annals of the American Academy of Political and Social Science*, 546, 1996, pp. 22~33 참조. 유사한 반전에 대한 좀 더 최근의 논의를 보려면 다음 참조. Fred Turner, "Machine Politics: The Rise of the Internet and a New Age of Authoritarianism," *Atlantic Monthly*, January 2019, https://harpers.org/archive/2019/01/machine-politics-facebook-political-polarization/ 참조.

15 희극보다 더 우연과 과장에 의존하면서 웃음을 주는 극을 뜻한다. _옮긴이

현저하게 다른 "이미지와 감정의 무책임한 흐름"을 보고 깜짝 놀랐다.[24] 윌리엄스는 그러한 맹공격의 시작 부분을 보았을 뿐이다. TV 수신기 자체도 급증했는데, 1950년대 후반에는 미국 가정에 평균 한 대의 TV가 있었지만 1990년대 후반에는 가구당 평균 약 2.4대를 가지고 있었으며 현재는 세 대에 가까워졌다. 1990년대 후반에는 청소년의 65%가 그들의 침실에 TV를 가지고 있었다.[25] 1950년대에는 집 밖에서 TV를 볼 수 있었던 곳은 일반적으로 지역의 술집이 유일했다. 1980년대와 1990년대에는 스포츠 바, 호텔 로비, 캐주얼 레스토랑,[26] 병원 대기실, 공항, 엘리베이터로 퍼져 나갔다. 공항 네트워크(Airport Network), 푸드 코트 엔터테인먼트 네트워크(Food Court Entertainment Network), 공립 학교의 채널 1(Channel One)과 같이 특별한 장소에서 수용자의 주의를 끌기 위한 새로운 채널이 등장했다. 1993년에 이르러서는 매주 2800만 명이 넘는 사람들이 집 밖에서 TV를 시청했다.[27]

TV 수신기가 영상 프로그램에 대한 독점권을 잃고 휴대용 장치에서 아주 흔하게 이미지를 볼 수 있는 이 시대에 스크린이 공적 공간으로 확산하는 것이 인상적으로 보이지 않을 수도 있지만, 그것은 윌리엄스가 "이동성의 사사화(私事化)"(mobile privatization)[28]라고 부른 추이에서 중요한 단계였다.

---

24 Raymond Williams, *Television: Technology and Cultural Form* (New York: Schocken, 1974), p. 92.

25 Todd Gitlin, *Media Unlimited: How the Torrent of Images and Sound Overwhelms Our Lives* (New York: Metropolitan Books, 2001), pp. 17~18.

26 미국의 T.G.I. 프라이데이처럼 도시 근교에 생겨난 새로운 형식의 외식 산업으로, 젊은이들이 즐겨 이용하는 음식점을 말한다. _옮긴이

27 "Morning Report: Where They're Watching," *Los Angeles Times*, March 11, 1993; Frazier Moore, "From Schools to Truck Stops: 'Place-Based' Media Flourish," *TV Guide*, 1993(March), p. 7. 또한 다음 참조. Anna McCarthy, *Ambient Television: Visual Culture and Public Space* (Durham, NC: Duke University Press, 2001).

28 이 용어는 윌리엄스가 1974년 저서 『텔레비전: 기술과 문화적 형식(*Television: Technology*

이미지의 힘이 줄어들면서 이미지 자체의 크기가 더 작아졌다. '작은 스크린'은 1950년대와 1960년대에 TV로 시작되었다. 1970년대 후반 이후에는 비디오테이프와 DVD로 인해 사람들은 TV에서 영화를 볼 수 있게 되었다. 이것은 영화의 스케일과 영화적 경험을 바꾸어놓았다. 이제 사람들은 TV를 볼 때와 같이 자연스럽게 그리고 일상생활의 방해를 받을 각오를 하고 영화를 보았다. 영화를 보는 것은 20세기 중반 때보다 덜 특별한 행사(즉, 조용하고 지속적인 관심을 기대하며 뚜렷이 구별되는 의례적인 공간에서 시작되는 행사)였다. 새천년이 되자 10대들은 전체 영화를 데스크톱 컴퓨터에 다운로드하는 것을 배우고 있었고, 이제 이미지의 크기는 TV보다 훨씬 더 작아졌다. 몇 년 뒤 그들은 휴대전화로 비디오 클립을 보고 있었다. 1940년대에 할리우드의 이미지는 실물보다 크기가 더 컸다. 2000년 이후에는 많은 이미지가 실물보다 더 작고 더 많은 이미지가 점보트론(jumbotron)[29]과 와이드 스크린 TV의 거대한 디스플레이 화면 위에 첨벙 뛰어들면서 움직이는 이미지의 세계는 작은 이미지와 큰 이미지가 뒤섞여 있다.[30]

이미지의 역할이 줄어드는 것을 볼 수 있는 한 곳은 ≪피플(People)≫이 었는데, 이 잡지는 타임-라이프 코퍼레이션(Time-Life Corporation)이 ≪라이프≫ 대체용으로 만든 것이다. ≪피플≫은 ≪라이프≫가 발행을 중단한 지 1년이 조금 지난 1974년에 창간되었다. 1940년대와 1950년대에 ≪라이프≫가 그랬던 것처럼 이 주간지는 발행 규모는 더 작았지만, 거의 창간되자마

---

*and Cultural Form)≫*에서 처음 사용했는데, 여기서 그는 현대 사회의 주요 모순을 이동성과 가정 중심 생활 사이의 모순으로 묘사했다. 그는 텔레비전이 사용자에게 세상을 볼 수 있는 프라이버시를 제공함으로써 이러한 모순을 극복할 수 있다고 생각했다. _옮긴이

29 대형 비디오 스크린을 말한다. _옮긴이

30 스크린 문화의 변화에 관해서는 다음 참조. Francesco Casetti, *The Lumiere Galaxy* (New York: Columbia University Press, 2015).

자 전국에서 가장 많이 팔리는 잡지 가운데 하나가 되었다. 텔레비전 시대에 어떤 종합 잡지도 1950년에 530만 부의 발행 부수와 이보다 훨씬 더 높은 회독률(pass-along rate)[31]을 기록했던 ≪라이프≫가 누렸던 문화의 중심적 위치에 이르지 못했다. ≪피플≫은 운영 3년째인 1976년에야 비로소 190만 부에 도달했다.[32]

두 잡지의 차이점을 살펴보는 것은 유익하다. 잡지명의 변화는 무언가 중요한 것, 즉 근대의 삶을 기록하고자 한 것에서 유명 인사와의 채팅으로의 변화를 정확하게 보여주었다. ≪피플≫은 미국 중산층의 이상을 그리거나 세계를 보여주는 책으로서의 역할을 하려는 야망이 없었다.[33] 사진의 차이는 그야말로 인상적이었다. 가장 분명한 것은 크기의 변화였는데, ≪피플≫은 ≪라이프≫의 대형 포맷(약 가로 26cm 세로 35cm)에서 표준 잡지 크기(약 가로 21cm 세로 28cm)로 사진의 크기를 줄였다. 통상적으로 ≪피플≫에는 ≪라이프≫보다 실제로 사진이 더 많았다. 그러나 ≪라이프≫가 이미지를 크고 중요한 무언가로 키우기 위해 애썼다면, ≪피플≫의 사진은 더 작았고 전반적으로 중요하지 않았다. ≪피플≫에는 홈 스냅샷과 파파라치 샷이라는 두 종류의 샷이 지배적이었다. 홈 스냅샷은 가정용 카메라로 가족이 한 일, 즉 친구와 가족이 편안한 환경에서 쉬고 있거나, 스키를 타거나, 레스토랑에 있거나, 잘 꾸며진 거실에서 팔다리를 벌리고 아무렇게 누워 있거나, 머리

---

31 가정, 사무실, 지하철 등에서 하나의 신문이나 잡지를 돌려 읽는 사람들의 비율을 뜻한다. _옮긴이

32 수치들의 출처는 다음과 같다. *Magazine Circulation and Rate Trends, 1940-1959* (New York: Association of National Advertisers, 1960), p. 12; *Magazine Circulation and Rate Trends, 1946-1976* (New York: Association of National Advertisers, 1978), p. 14.

33 Erika Doss, "Introduction: Looking at Life: Rethinking America's Favorite Magazine, 1936-1972," in *Looking at Life Magazine* (Washington, DC: Smithsonian Institution Press, 2001), p. 18.

를 자르는 일반적인 이미지를 재현하고자 했다. 파파라치 샷은 정치인, 프로 운동선수, 일반적인 유명 인사의 삶을 관음증적으로 엿볼 수 있는 기회를 제공했다. 이러한 사진들은 나중에 유명 인사 저널리즘의 표준이 될 '매복' 샷과는 달랐다. 처음에 ≪피플≫의 피사체들은 사진작가를 위해 자세를 취했고 결코 방심하지 않으면서 분명히 연기를 하고 있었다. 그러나 결국 두 스타일 모두 오래 가지 못했다. ≪라이프≫와 달리 ≪피플≫은 기억할 만한 사진을 제작하지 않았고 시도도 하지 않았다. ≪피플≫이 쏟아낸 사진들은 눈요깃감에 지나지 않았다.

심지어 사진이 물리적으로 더 작지 않았을 때도, 새로운 이미지 문화는 속도가 더 빨랐고 더 정신없었다. 1940년대 영화, 즉 '활동사진'은 매끄럽게 흘러가는 것을 의미했으나, 새로운 이미지 문화는 앞뒤가 잘 맞지 않고 더 변화무쌍했다. 점차 어떤 이야기나 신화가 아닌 움직임 그 자체가 사람들의 마음을 사로잡았다.

특수 효과가 폭증했다. 물론 〈바람과 함께 사라지다(Gone with the Wind)〉(1939)에서 애틀랜타(Atlanta)가 불타는 장면, 〈오즈의 마법사〉(1939)에서 에메랄드(Emerald)시의 화려함, 심지어 D. W. 그리피스가 감독한 〈인톨러런스(Intolerance)〉(1916)의 거대한 동양적인 세트와 같이, 스펙터클(spectacle)[34]은 항상 영화의 일부였다. 그러나 첫 번째 제임스 본드 영화 〈007 살인번호(Dr. No)〉(1962), 〈우리에게 내일은 없다(Bonnie and Clyde)〉(1967)의 시적인 슬로 모션 죽음 장면이나 〈와일드 번치(The Wild Bunch)〉(1968)의 발레와 같은 대학살 장면, 그리고 〈2001: 스페이스 오디세이(2001: A Space Odyssey)〉(1968)의 동굴 같은 우주 공간의 묘사를 시작으로 할리우드는 놀랄 만큼 아름다운 폭력, 대혼란, 환상적인 것에 대한 이미지를 만들어내는 새로운 방

---

34 특별하게 준비되거나 배치된 화면을 의미한다. _옮긴이

법을 찾아내는 데 더 많은 시간(과 엄청난 돈)을 썼다.

서서히 진행되던 추세가 1970년대에 질주로 바뀌었다. 인기 있는 재난 영화들[1970년부터 1979년까지의 〈에어포트(Airport)〉 시리즈나 1974년의 〈타워링 (The Towering Inferno)〉]의 대혼란 장면은 새로운 특수 효과 없이 제작되었지만, 엄청난 폭발적인 반응을 불러일으켰다. 두 편의 1977년 영화 〈스타 워즈(Star Wars)〉와 〈미지와의 조우(Close Encounters of the Third Kind)〉는 광학 합성[35]과 모형 만들기 같은 이전 기술의 새롭고 정교한 사용과 혁신적인 초기 컴퓨터 애니메이션이 결합해 우주 공간에서 모든 종류의 행동이 가능한 것처럼 보이게 만들었다. 그리고 이러한 영화들은 특수 효과의 역사에서 전환점으로 널리 알려져 있지만, 잘 알려지지 않은 다른 혁신도 있었다. 첫 번째 〈대부(Godfather)〉(1972)의 관객들은 슬로 모션 사진과 총탄을 맞고 살과 피가 터지는 효과를 매우 사실적으로 시뮬레이션하는 가짜 피부 아래에 놓인 작은 스퀴브(squib)[36]의 완벽함 덕분에 소니 콜레온[Sonny Corleone: 제임스 칸(James Caan) 분]의 살인 장면을 역겨울 정도로 자세하게 지켜봤다. 1970년대 말에 이르러서는 특수 효과 아티스트가 배우만큼이나 중요했다.[37] 1981년에는 소름끼치는 효과의 필수 부분인 분장 부문에 대한 아카데미상 (Academy Award)이 처음으로 수여되었다.

1990년대에는 디지털 혁명이 일어났다. 다른 많은 사람들도 관련되어 있었지만, 조지 루카스(George Lucas)의 회사인 인더스트리얼 라이트 앤드 매

---

35 결합하고자 하는 두 장의 필름에 빛을 투과시켜 최종적인 이미지를 만들어내는 것을 말한다. _ 옮긴이

36 특수 효과에서 군용 응용에 이르기까지 다양한 산업 분야에서 사용되는 소형 폭발 장치이다. _ 옮긴이

37 "Hollywood's Secret Star Is the Special-Effects Man," *New York Times*, May 1, 1977; "The Black Hole Casts the Computer as Movie Maker," *New York Times*, December 16, 1979.

직(Industrial Light and Magic)은 새로운 기술의 중심이 되었다. 〈터미네이터 2 (Terminator 2)〉(1991), 〈쥬라기 공원(Jurassic Park)〉(1993), 〈포레스트 검프 (Forrest Gump)〉(1994) 같은 영화에서 디지털 영화 제작이 원숙해졌다. 이제 전체 캐릭터가 디지털 방식으로 만들어지기도 했다. 디지털 배경은 아주 흔한 일이 되었다. 역사적인 인물이 허구의 캐릭터와 상호 작용하는 장면에 나타나기도 했다. (〈터미네이터 2〉의 중요한 부분인) 하나의 형체에서 다른 형체로 매끄럽게 변형시키는 모핑[38]과 같은 화려한 새 기술도 가능했다. 그 당시 그와 같은 기술이 얼마나 색다르고 대단했는지 우리가 분명히 이해하는 것은 쉽지 않은 일이다.

아마도 가장 중요한 것은 영화의 디지털 편집이었을 것이다. 일단 영화 콘텐트를 컴퓨터로 옮겨서 편집한 다음, 품질 저하가 전혀 없는 상태로 필름에 되돌려놓을 수 있게 되면서 영화 제작자가 묘사할 수 있는 놀라운 것에 사실상 한계가 없어졌다. 디지털 기술은 프레임 간 편집뿐만 아니라 프레임 내 편집을 의미했다. 제임스 캐머런(James Cameron)의 1997년 장편 서사 영화 〈타이타닉(Titanic)〉의 멋진 틸팅[39]은 완벽한 예이다. 수백 명이 갑판에서 바다로 미끄러지며 빠지는 장면은 디지털 발명품이었다. 이 모든 것이 실재 세계를 충실하게 묘사하기 위한 것이었는지는 많은 사람들이 던지는 질문이었다.

1990년대가 되자 새로운 기술적 가능성이 대중 영화 제작을 바꾸고 있었

---

38 하나의 형체를 전혀 다른 이미지로 변화시키는 기법이다. 즉, 두 개의 서로 다른 이미지나 3차원 모델 사이의 변화하는 과정을 서서히 나타내는 것을 모핑이라 한다. 특수 효과 전문 회사 ILM이 개발한 기법이다. 모핑(morphing)은 변형(metamorphosis)이라는 단어에서 유래되었다. _옮긴이

39 틸팅(tilting)은 카메라를 위에서 아래로, 아래에서 위로 촬영하는 것이며, 진행 방향이 수평이 아니라 수직인 점이다. 카메라를 위에서 아래로 촬영하는 것을 틸트 다운이라고 하고 아래에서 위로 촬영하는 것을 틸트 업이라고 한다. _옮긴이

다. 일부 비평가들은 컴퓨터 기술이 영화를 얼마나 많이 바꿔놓았는지를 지나치게 강조하기도 했다. 폭력과 스펙터클은 1970년대부터 엄청난 인기의 열쇠였다. 할리우드의 전 세계적 영향력이 증가하는 것도 한몫을 했다. 할리우드의 액션 드라마는 유머나 로맨스보다 국경을 가로질러 이동하는 데 더 수월한 것으로 널리 알려져 있는데, 이는 아마도 자동차 추격과 주먹 싸움이 문화, 역사, 또는 언어에 대한 배경 지식이 거의 필요하지 않기 때문일 수 있을 것이다. 그렇다 하더라도 1990년대까지는 미국에서 가장 인기 있는 영화에 놀라운 폭발과 디지털 외계인, 기괴한 짓을 하는 자, 혹은 공룡이 지나치게 많이 등장했다.[40]

더욱이 그러한 효과가 주는 '놀라움' 자체가 흔히 캐릭터 전개[41]를 대체했다. 스펙터클이 스토리를 압도했다. 국가적 신화가 매끄러운 편집과 맞물려 돌아갔던 고전적인 할리우드 영화와는 달리, 이러한 영화의 경우 스토리는 바로 특수 효과였다. 영화학자 스콧 부캣먼(Scott Bukatman)은 〈딕 트레이시(Dick Tracy)〉(1990)나 〈쥬라기 공원〉(1993) 같은 영화를 "테마 파크" 영화라고 불렀다. 놀이 기구를 탈 때 우리는 스토리가 아닌 스릴에 관심이 있다. 이 새로운 영화들도 똑같았다. 적대적인 비평가들은 형편없는 플롯과 1차원적인 등장인물들의 "뿌리도 없고 질감도 없는 이미지"에 대해 불평했다. 1980년대와 1990년대 초반의 독립 영화 운동[42]은 대부분 흥미로운 캐릭터

---

40 1970년대에서 1990년대로의 대중 영화 제작 변화에 대해 증거 자료도 없이 건성으로 한 주장을 보려면 다음 참조. Jose Arroyo, "Introduction," in Jose Arroyo(ed.), *Action/Spectacle Cinema* (London: British Film Institute, 2000), pp. x~xi. 그렇지만 〈죠스(Jaws)〉, 〈죠스 II〉, 〈스타 워즈〉, 〈엑소시스트(The Exorcist)〉, 〈문레이커(Moonraker)〉, 〈나를 사랑한 스파이(The Spy Who Loved Me)〉와 같은 영화는 1970년대에 가장 인기 있는 영화 가운데 하나였다는 점을 기억할 가치가 있다.

41 작가나 감독이 캐릭터에 대한 배경 정보를 제공해 과거 경험이 캐릭터와 행동에 어떤 영향을 미치는지 이해할 수 있도록 하는 것을 말한다. _옮긴이

그리고 화려한 효과가 없는 작은 영화를 만들어 주류 할리우드에 맞서는 데 전념했다(또 다른 종류의 틈새 마케팅). 그러나 주류 영화 관객, 다른 무엇보다도 가장 중요한 젊은 남성 관객은 새로운 영화를 무척 좋아했다. 크고 현란하며 활기 있는 영상들(예를 들면, 우리를 향해 질주해 오는 컴퓨터로 처리된 공룡, 엄청난 폭발을 피해 불가능해 보이는 높이를 뛰어오르는 잘생긴 터프 가이, 무술 영웅, 나무에 뛰어오르는 여걸)은 이제 스크린에서 가장 인기 있는 이미지가 되었다.[43]

새로운 현란함은 텔레비전에도 침투했다. 20세기 중반의 영화처럼 초기 텔레비전은 '인공적인' 품질에 거의 관심을 기울이지 않았다. 초기 텔레비전은 '0도' 스타일 혹은 눈에 띄지 않는 스타일[44]을 선호했다. 그러나 1970년대와 1980년대에는 전자 비선형 편집기, 새로운 고감도 필름, 그리고 편집

---

42 독립 영화 또는 인디 영화는 일반 상업 영화의 체계, 영화의 제작·배급·선전을 통제하는 주요 제작사의 소수 독점의 관행으로부터 벗어나 제작된 영화를 의미한다. 즉, 자본과 권력으로부터 독립해 작가 정신에 충실한 작품을 추구해 만들어지는 영화이다. _옮긴이

43 '테마 파크' 영화에 관해서는 다음 참조. Scott Bukatman, "The End of Offscreen Space," in Jon Lewis(ed.), *The New American Cinema* (Durham, NC: Duke University Press, 1998), p. 266. "뿌리도 없고 질감도 없는 이미지"에 관해서는 다음 참조. Warren Buckland, "Between Science Fact and Science Fiction," *Screen*, 40, 1999(Summer), p. 178. 새로운 특수 효과 기술에 대해 가장 잘 개괄적으로 설명해 놓은 것을 보려면 다음 참조. Richard Rickitt, *Special Effects: The History and Technique* (New York: Billboard Books, 2000). 기타 유용한 문헌으로는 다음과 같은 것들이 있다. Stephen Keane, *Disaster Movies: The Cinema of Catastrophe* (New York: Wallflower Press, 2001); Yvonne Tasker, *Spectacular Bodies: Gender, Genre and the Action Cinema* (London: Routledge, 1993); Michelle Person, *Special Effects: Still in Search of Wonder* (New York: Columbia University Press, 2002); Brooks Landon, *The Aesthetics of Ambivalence: Rethinking Science Fiction Film in the Age of Electronic Reproduction* (Westport, CT: Greenwood Press, 1992).

44 '눈에 띄지 않는 스타일'이란 고전적인 할리우드의 형식적 패러다임을 말하는데, 이는 영화 제작이 스크린 등장의 소재와 방식에 대한 기본적인 선택을 감추기 위해 체계적으로 개발된 수단이다. '눈에 띄지 않는 정도(invisibility)'는 영화 제작자의 '인위적인' 선택을 감추는 동시에 관객에게 '자연스럽고' 수용 가능한 작품을 보여줄 수 있는 능력에서 비롯된다. _옮긴이

실에서 이미지를 워핑(warping)하고,[45] 이미지의 위치를 바꾸며, 편리한 대로 수정하는 기능이 새로운 가능성을 열어주었다. 1980년대에 텔레비전 제작은 0도 미학에서 벗어나기 시작했다. 멋지고 활기 넘치는 〈마이애미 바이스(Miami Vice)〉와 같은 프로그램은 새로운 기술을 사용해 매우 세련된 스타일에 주목하게 하는 이미지를 만들어내면서 그것이 새로운 뮤직 비디오 장르와 닮아 있음을 보여주었다. 인기를 끌었던 〈힐 스트리트 블루스(Hill Street Blues)〉와 이후의 〈NYPD 블루(NYPD Blue)〉 같은 다른 프로그램들은 과장된 시네마 베리테(cinema verité)[46] 스타일을 채택했다. 소형 휴대용 카메라와 좌우로 흔들린 초점을 사용해 만든 이러한 변화무쌍한 이미지는 매우 자연스럽게 보이는 동시에 시청자들이 분명 그것을 TV 프로그램을 위해 예술적으로 구성된 것으로 생각할 정도로 매우 색다르게 보이게 하는 역설적인 효과를 불러일으켰다.[47] 위의 두 프로그램의 프로듀서인 스티븐 보츠코(Steven Bochco)가 자신의 목표는 "지저분하게 만드는 것"이라고 한 말은 유명하다. 한 관측자는 "현대의 텔레비주얼러티(televisuality)[48]는 텔레비전 초창기에 매우 중요했던 '세상을 향한 창'의 개념이 아닌 세상의 '비디오그래픽 아트-오브제들'을 자랑삼아 보여준다"고 말했다.[49]

새로운 특수 효과는 모든 수준에서 TV 시청 경험을 바꿔놓았다. 심지어

---

45 이미지를 기하학적으로 변형하는 것의 한 종류로 간단하게 (x, y)의 위치에 있는 픽셀을 (x', y')로 대응시키는 작업을 통해 이미지를 변형하는 것을 의미한다. _옮긴이

46 영화 카메라 및 렌즈의 기록성을 최대한 발휘해 현실 속에서 새로운 진실을 발견하고자 하는 영화 작법이다. 더 좁은 의미로는 1950년에서 1970년 사이에 나타난 기록 영화적 경향을 보이는 영화를 일컫는다. _옮긴이

47 John Thornton Caldwell, *Televisuality: Style, Crisis, and Authority in American Television* (New Brunswick, NJ: Rutgers University Press, 1995), 예를 들면, p. 64 참조.

48 시청자들이 텔레비전을 보게 만드는 시각적 미학과 스타일적인 요소를 말한다. _옮긴이

49 Caldwell, *Televisuality*, p. 152.

광고와 프로모션도 그러한 변화의 일부였다. 1960년대에 NBC의 로고는 유명한 공작새였는데, 이것은 네트워크를 식별하기 위해 몇 초 동안 스크린 위에 표시되는 움직이지 않는 단순한 그림이었다. 무지개 색깔은 이 로고에서 시각적으로 가장 주목을 끄는 부분이었다. 그러나 1970년대 후반에는 그와 같은 로고들이 움직이기 시작했다. 이제 네트워크 프로모션, 모든 종류의 광고, 뉴스와 스포츠 이벤트에서 이미지, 그래픽, 그리고 로고들이 떠다니고, 갑자기 바뀌고, 뒤로 휘어지고, 스크린 안팎을 미끄러지듯 날아다녔다. 시청자들은 흔히 바뀐 것을 인식하지 못했다. 시청자들은 그들의 텔레비전 경험(프라임 타임, 뉴스, 광고, 네트워크 프로모션, 스포츠)이 이전과 얼마나 다른지, 갑자기 바뀌는 영상과 그래픽이 이제 그들의 주목을 얼마나 끌고 있는지 깨닫지 못했다. 그러나 내부자들은 무슨 일이 일어나고 있는지 알고 있었다. 1980년대 초가 되자 많은 베테랑 기자들이 분개했다. 한 기자는 "벨이 울리고, 영상이 공중제비를 넘으며, 모든 사람이 나에게 고함을 지르는 것 같다… 뉴스는 주목을 끌기 위해 반복적으로 울리는 소리와 과시적인 이미지를 추가하지 않아도 충분히 나쁘다"고 말했다.[50]

비디오테이프는 새로운 시각 문화에 굉장히 중요했다. 그것은 뮤직 비디오, 정치적 사운드 바이트, 포르노그래피 제작을 가능하게 했다. 이러한 장르의 이미지들은 고전적인 할리우드 영화의 매끄러운 편집이나 고전적인 포토저널리즘의 종합 충동과는 뚜렷이 달랐다. 비디오테이프는 1950년대

---

50 네트워크 로고에 관해서는 다음 참조. Margaret Morse, *Virtualities: Television, Media Art, and Cyberculture* (Bloomington: Indiana University Press, 1998), pp. 74~80. 그 분개한 기자에 관한 인용 출처는 다음과 같다. Charles Kuralt, "The New Enemies of Journalism," in Les Brown and Savannah Waring Walker(eds.), *Fast Forward: The New Television and American Society* (Kansas City, MO: Andrews and McMeel, 1983), p. 95. 또한 다음 참조. Av Westin, *Newswatch: How TV Decides the News* (New York: Simon and Schuster, 1982), p. 51.

부터 시작되었지만, 그것의 편집은 영화처럼 물리적이었다. 처음에 비디오 테이프는 생방송 뉴스보다는 주로 녹화된 프로그램에 사용되었다. 1960년 대 후반과 1970년대 초반에 테이프의 크기가 더 관리하기 쉬운 크기가 되었고, 비용은 줄어들었으며, 일반적인 사용 편의성이 크게 향상되었다. 1974년에 최초의 상업용 컴퓨터 비디오테이프 편집기가 시장에 출시되었다. 텔레비전 뉴스의 최초 라이브 비디오 피드는 1974년 로스앤젤레스에서 벌어진 공생 해방군(Symbionese Liberation Army)[51] 총격전이었다. 베트남 전쟁에 대한 모든 보도는 미국으로 돌아오는 비행기로 공수된 필름 캔을 통해 이루어졌지만, 머지않아 비디오가 그 모든 것을 바꾸어놓게 되면서, 즉각적인 실시간 피드가 뉴스 보도의 표준이 되었다. 한 논평가는 텔레비전 그래픽을 1975년을 기준으로 BC(before computer)와 AD(aided design)의 두 시대로 나누자고 제안했다.[52]

동시에 뉴스 미디어도 비교적 가벼운 비디오카메라를 이용할 수 있게 되었다. 이제 비디오와 인공위성이 연결된 덕분에 '현장에서 생방송' 보도가 가능해졌다. 뉴스는 내부자들이 ENG(electronic news gathering)라고 불렀던 것 덕분에 덜 편집되어 더 시네마 베리테에 가까운 스타일을 취할 수 있었다. 지역 텔레비전 뉴스는 1970년대에 돈을 까먹는 정체된 사업에서 시각적으로 화려하고 수익성 있는 사업으로 엄청난 변화를 겪었다. (네트워크 프로그래밍과 달리 지역 방송국은 모든 광고 수입을 지역 뉴스 방송을 통해 얻었다.) 이것을 선도한 회사는 프랭크 매지드 어소시에이츠(Frank Magid Associates)[53]와

---

51 1973년에서 1975년 사이에 은행 강도, 살인 및 기타 폭력 행위를 저지른 미국의 조직으로, 19세의 상속녀 패트리샤 허스트(Patricia Hearst)를 캘리포니아주 버클리에 유괴, 납치한 전력으로 국제적으로 악명이 높다. _옮긴이

52 Douglas Merritt. Morse, *Virtualities*, p. 74에서 재인용.

53 시장 조사 회사이다. _옮긴이

같은 소위 뉴스 닥터들이었는데, 이 회사는 지역 뉴스 프로그램을 위한 처방전을 제공하기 위해 신경 주의 패턴에 대한 사회 과학 연구와 육감과 경험에 의한 땜질 처방을 혼합해 사용했다. 이 회사는 더 많은 세그먼트,[54] 더 짧은 뉴스 기사, 새로운 마케팅 태그라인[〈더 랠프 레닉 리포트(The Ralph Renick Report)〉[55] 대신 '액션 뉴스(Action News)'], 패키지화된 건강 또는 소비자 특집 기사 도입과 같은 구조적인 변화 등을 권고했다. 다른 권고 사항으로는 더 멋있는 헤어컷, 뉴스 기사 사이에 아나운서들 간의 농담이나 '해피 톡(happy talk)',[56] 강아지나 아이들에 대한 더 많은 이야기와 같은 외형적인 변화였다. 뉴스 닥터들은 심지어 뉴스 방송 중에 연필 잡는 방법에 대한 조언도 제공했다. 멋진 날씨 그래픽, 도플러(Doppler) 레이더,[57] 헬리콥터가 그 뒤를 이었다.[58]

1970년대 초 텔레비전 제작에서 비디오가 필름을 대체하면서, 이미지를 빠르게 병치(倂置)[59]할 수 있는 가능성이 기하급수적으로 높아졌다. 뉴욕과 로스앤젤레스의 비디오 편집자들은 퀵 커팅(quick cutting)[60]의 장점을 생각

---

54 세그먼트(segment)란 시장을 인구 통계학적 요인에 따라 세부 구획으로 쪼개는 것을 의미한다. _옮긴이

55 랠프 레닉(1928~1991)은 플로리다(Florida) 최초의 텔레비전 방송국인 마이애미(Miami) WTVJ의 선구적인 미국 텔레비전 저널리스트였다. 1957년, 레닉은 오후 6시 뉴스 캐스트인 〈더 랠프 레닉 리포트〉에서 거의 30년 동안의 야간 논설 프로그램 가운데 첫 방송을 했다. _옮긴이

56 뉴스 진행자들 사이의 화제를 중심으로 한 가볍고 부드러운 이야기를 말한다. _옮긴이

57 도플러 효과를 이용해 특정한 거리의 물체의 빠르기 데이터를 만들어내는 특수 레이더로 항공, 탐측 위성, 기상학, 스피드 건, 영상 의학, 바이스태틱(bistatic) 레이더에 이용된다. _옮긴이

58 Michael D. Murray, *The Encyclopedia of Television News* (Phoenix, AZ: Oryx Press, 1999), p. 140. 사회 과학 연구의 좋은 예를 보려면 다음 참조. Byron Reeves and Esther Thorson, "Watching Television: Experiments on the Viewing Process," *Communication Research*, 13 (3), 1986, pp. 343~361.

59 병치는 둘 이상의 사람이나 물체가 나란히 비교되어 색상, 모양, 선 등에서 흥미로운 대조를 만들 때 발생한다. _옮긴이

하기 시작했다.[61] 전자 편집의 용이성 덕분에 심지어 일일 뉴스 프로그램에서도 실험을 해볼 시간이 충분했다. 뉴스는 10년 전 광고와 스포츠에 등장했던 것과 동일한 움직임과 동일한 기교성을 갖게 되었다. 1970년대 중반에 컴퓨터화된 비디오 편집기가 시장에 나오자, 뉴스 편집자들은 이미지와 사운드를 쉽게 재배열할 수 있었다. 필름 편집은 (비디오테이프와 반대로) 실제 필름을 자르고 접합해야 했는데, 이는 마감 시간에 대한 압박이 있는 저녁 뉴스에 맞지 않는 시간 소모적인 투박한 과정이었다. 이 새로운 편집기는 버튼을 눌러 이미지를 편집할 수 있게 되어 있었다. 더욱이, 쉽게 되돌릴 수 없었던 필름을 이어 붙이는 것과는 달리 디지털 편집은 한 번의 마우스 클릭만으로 금방 뒤로 돌릴 수 있었다.

그 결과, 이미지와 사운드가 점점 더 매끄럽게 맞물려 돌아가면서 편집 컷과 몽타주는 이전보다 훨씬 더 많았고 연속된 대화는 훨씬 더 적었다. 한 테이프에서 가져온 단어가 이제 다른 테이프에서 가져온 그림과 연관시킬 수 있는 새로운 편의성으로 인해 사운드 바이트가 증가했다. 뉴스 제작진은 간결한 말과 현란한 이미지를 혼합하는 것에 대해 훨씬 더 남의 시선을 의식하게 되었다. 1968년에 네트워크 뉴스에서 정치인의 말이 잘리지 않고 방송된 평균 시간은 약 40초였는데, 20년 후에는 불과 9초로 줄어들었다. 정치인들은 특정 부분이 전체와의 연결 고리를 잃은 제유처럼 하나의 기억하기 쉬운 '사운드 바이트'가 생성되어 뉴스거리가 될 수 있도록 그들의 연설을 바꾸었다. 그러한 새로운 스타일은 기자가 일하는 방식도 바꾸어놓았다.

---

60 패스트 커팅(fast cutting)이라고도 하는데, 일련의 짧은 화면들을 연속적으로 병치하는 편집으로 긴박하거나 혼란스러운 상황이나 심리를 표현하는 데 사용한다. _옮긴이

61 I. E. Fang, *Television News* (New York: Hastings House, 1972), pp. 300~317; Ivor Yorke, *The Technique of Television News* (New York: Focal Press/Hastings House, 1978), pp. 31~33, 84~91 참조.

CBS 뉴스의 한 수석 프로듀서는 새로운 진행 속도로 인해 "뉴스 중간에 어떤 사운드가 삽입되기 전에 기자가 12~15초 이상 말하는 것이 허용되지 않는다"고 말했다. NBC의 한 기자는 카메라 기자에게 지시를 내리고, 이미지가 예시로 들어가는 대본을 작성하며, 정작 정보를 찾는 데는 훨씬 더 적은 시간을 쓰게 되면서, 자신은 이제 "작은 영화를 만들고 있다"고 말했다.[62]

비용 감소와 이동성 증가로 새로운 이미지들이 급증했다. 오로지 1970년대와 1980년대의 비디오테이프 혁명으로 인해, O. J. 심슨(O. J. Simpson) 자동차 추격전(1994)[63]과 로스앤젤레스 경찰에 의한 로드니 킹(Rodney King) 구타 사건(1991) 같은 전 국민의 시선을 사로잡는 보기 드문 (불행한) 미디어 이벤트를 볼 수 있었다.[64] 인공위성 덕분에 전 세계는 1991년 페르시아 걸프전 당시 이스라엘에 스커드(Scud) 미사일이 떨어진 곳 근처에서 이루어진 CNN의 생방송 보도를 볼 수 있었다. 잠재적인 시청자들 가운데는 물론 미사일을 발사한 이라크군 인사들도 포함되어 있었다. CNN은 본의 아니게 이라크군에 귀중한 정찰 정보를 제공하고 있었다. 객관적 거리 유지와 전장 교전 사이의 경계가 무너졌다. 일부 평론가들은 이러한 이미지에 책임을 지

62 Kiku Adatto, *Picture Perfect: The Art and Artifice of Public Image Making* (New York: Basic Books, 1993), p. 2, 25, pp. 62~67; Adatto, "The Incredible Shrinking Sound Bite," *New Republic*, May 28, 1990; Adatto, "Sound Bite News: Television Coverage of Elections, 1968-1988," *Journal of Communication*, 42, 1992(Spring), pp. 5~24; Thomas Patterson, *Out of Order* (New York: Vintage, 1994), pp. 74~75, 159~161; Lawrence Lichty, "Video versus Print," *Wilson Quarterly*, 6(5), 1982, p. 52.

63 1994년 6월 12일, 유명 프로 미식축구 출신 배우였던 O. J. 심슨의 이혼한 전처인 니콜 브라운 심슨(Nicole Brown Simpson)과 식당의 종업원이었던 론 골드먼(Ronald Goldman)이 살해된 채로 발견되자 범인으로 지목된 심슨은 약 1주일 만에 체포되었고, 그 과정에서 벌어진 차량 추격전이 CNN 등을 통해 방송된 바 있다. _옮긴이

64 Frank Davidoff, "Digital Recording for Television Broadcasting," *Journal of the SMPTE*, 84, 1975(July), p. 552; Thomas Battista and Joseph Flaherty, "The All-Electronic Newsgathering Station," *Journal of the SMPTE*, 84, 1975(December), pp. 958~962.

는 사람이 있는지 궁금했다. 전통적으로 공개 결정을 책임져 온 보도국장은 어디에 있는가?[65]

　20세기 말에 가장 눈에 띄는 새로운 비주얼 장르 가운데 하나는 할리우드의 연속 편집(continuity editing)[66]을 직접 공격했다. 뮤직 비디오는 1981년 8월 MTV가 첫 방송을 내보내던 순간에 처음 소개되었다. 몇 년 지나지 않아 MTV는 큰 성공을 거두었는데, 이는 당시 전반적인 케이블의 성장을 잘 보여준다. 처음부터 뮤직 비디오는 연속 편집을 그냥 무시해 버렸다. 각각의 비디오는 일반적으로 세 종류의 샷, 즉 연주하는 뮤지션, 초현실적인 꿈같은 판타지 모티프 한두 개, 미모의 여성을 외견상 무작위적으로[67] 혼합해서 사용했다. 개별 샷들은 극도로 짧아서 적어도 2~3초마다 편집 컷을 했으며, 갑자기 장면이 바뀌었다. 점프 컷(jump cut)[68]은 당연한 것이었다. 관점 역시 갑작스럽게 바뀌었다. 고전적인 할리우드 영화와 달리 뮤직 비디오는 마치 하나의 샷이 '자연스럽게' 다른 샷으로 이어지는 것처럼 보이도록 접합되지 않았다. 오히려 그 반대로 불연속성이 목표였다. 음악과 비디오 사이의 내러티브 연결은 흔히 지나치게 느슨했다. 시작, 중간, 끝이 뚜렷한 내러티브가 있는 보기 드문 비디오였다. 대신, 비디오 제작자가 분위기를 만들어냈다. 뮤직 비디오의 중요한 시각적 조상(祖上)은 초현실주의였다.[69]

65　Elihu Katz, "The End of Journalism," *Journal of Communication*, 42, 1992(September), pp. 5~13.

66　화면 속에서 발생하는 사건, 주인공들의 행동, 공간 등을 일관되게 유지시켜 영상 속에서 펼쳐지는 일들이 실제라는 느낌을 전달하는 것이 연속 편집의 효과이다. _옮긴이

67　외견상 무작위성(apparent randomness)은 개인이 어떤 일단의 행동 규칙에 따라 환경적 단서와 자신의 내적 상태에 반응하는 결과일 수 있다. 따라서 실제적 무작위성(actual randomness)과는 거리가 있다. _옮긴이

68　자연스럽게 흘러가던 영상을 일부러 흐름이 끊어지게끔 보이도록 편집하는 것을 말한다. _옮긴이

69　MTV의 배경에 관해서는 다음 참조. R. Serge Denisoff, *Inside MTV* (New Brunswick, NJ:

올리비아 뉴튼-존(Olivia Newton-John)의 「피지컬(Physical)」이나 브루스 스프링스틴(Bruce Springsteen)의 「글로리 데이즈(Glory Days)」처럼 영상은 흔히 음악과 '모순되었다'. 「피지컬」은 1981년 라디오 방송으로 처음 소개되었는데, 외설적인 가사("내가 당신을 무드 있는 식당으로 데려갔죠 / 그리고 나서 외설적인 영화도 보았죠 / 이제 같이 자는 것 말고는 / 더 이상 얘기할 게 없어요")로 인해 즉시 논란이 되었다. 솔트 레이크 시티(Salt Lake City)의 KSL-AM은 이 노래를 전면 금지했고, 유타(Utah)주 프로보(Provo)의 KFMY-FM은 불만을 접수한 후 이 노래를 방송에서 제외했다. 1983년에 비디오 부문 그래미(Grammy)상을 수상한 뮤직 비디오 영상에는 뉴튼-존이 과체중 남성들을 근육질로 바꾸기 위해 그들의 운동 세션을 지도하는 장면이 담겨 있었다. 노래는 섹시하고 유혹적이지만 비디오는 코믹하다. 그러나 이제 분명해진 게 이 코드(뉴튼-존의 훈련 요법에서 나온 근육질 남성들은 그녀보다 서로에게 더 관심이 있음)를 감안할 때, 만약 이 노래가 라디오에서 방송되는 데에 화가 난 사람들이 그러한 게이 코드를 이해했다면 그들은 아마도 그 비디오 역시 라디오 방송만큼이나 좋아하지 않았을 것이다.

마찬가지로 「글로리 데이즈」는 고령화와 성 역할로 힘들어하는 패배자들에 대한 두 개의 비네트(vignette)[70]를 제공하지만, 이 비디오는 스프링스틴의 사회 비판을 약화시킨다. 노래 가사는 아마 고등학교 시절 승리에 대한 취담으로 친구를 지루하게 하는 완전히 실패한 야구 선수를 그리고 있지

Transaction Books, 1988). 비디오 분석에 대해서는 다음 참조. Patricia Aufderheide, "Music Videos: The Look of the Sound," *Journal of Communication*, 36, 1986(March), pp. 57~78; Marsha Kinder, "Music Video and the Spectator: Television, Ideology, and Dream," *Film Quarterly*, 34, 1984, pp. 2~15; E. Ann Kaplan, *Rocking around the Clock: Music Television, Postmodernism, and Consumer Culture* (New York: Methuen, 1987), pp. 33~88.

70 대상(주로 작가가 말하는)의 대표적 성질을 간략하게 설명, 사진, 그림, 행동 따위로 나타낸 것을 말한다. _옮긴이

만, 비디오는 동일한 등장인물이 아버지로서 더 새로운 영광과 전통적인 가정생활을 시작하는 모습을 묘사한다. 비디오는 결국 사라져가고 있는 스타들을 구출하지만, 노래 가사는 그들이 과거의 영광에 빠져 있게 내버려두었다. 물론 모든 뮤직 비디오가 비관적이거나 추파를 던지는 노래를 시각적으로 행복한 결말 속에 억지로 집어넣은 것은 아니며, 많은 비디오가 단순히 음악과의 우연한 시각적 연결을 즉석에서 만들어내는 데 만족했다. 요점은 사운드와 이미지가 단절되어 있었다는 것이다.

스킵 프레이밍(skip framing)[71]과 모핑 같은 1980년대 후반에 개발된 다른 기법들은 이미지의 광란적 돌연변이에 더욱더 힘을 보탰다. 광고주들도 팝 아티스트 및 저널리스트와 함께 '이미지 폐품 수집자'가 되는 데 합류했는데, 이들은 온라인에서 이런 일을 쉽게 할 수 있게 되기 훨씬 전부터 문화 경관을 어지럽히는 이미지들을 닥치는 대로 이용해 왔다. 그와 같은 시각적 스릴이 우리를 감질나게 하는 동시에 조롱하기도 하는 상황에서 듀이가 생각한 우리의 경험을 요약해 줄 완성된 형태의 예술을 위한 여지가 있었을까?[72]

새로운 기술은 이러한 새로운 이미지를 가능하게 해주었지만, 1930년대와 1940년대 포토저널리즘의 신화를 만들어내고자 하는 야망이 라이카에 의해 결정되지 않은 것처럼 새로운 이미지 역시 그러한 새로운 기술에 의해

---

71 프레임을 생략하면서 프린트하는 프린팅 기법으로, 동작을 빠르게 하기 위해 이용하는 데 속도를 두 배로 하려면 한 프레임씩 생략하면서 프린트하고, 세 배 빠르게 하려면 한 프레임을 프린트하고 두 프레임을 생략하고 다음 프레임을 프린트한다. 스킵 프레임 프린팅(skip-frame printing), 스키핑 프린팅(skipping printing), 스킵 아웃(skip out)이라고도 한다. 반대로 한 프레임을 반복 프린트해 액션을 느리게 하는 것을 스트레칭 프린팅(stretching printing)이라 한다. _옮긴이

72 Randall Rothenberg, *Where the Suckers Moon: The Life and Death of an Advertising Campaign* (New York: Vintage, 1995), pp. 211~212; Jim Collins, "Appropriating Like Krazy: From Pop Art to Meta-Pop," in James Naremore and Patrick Brantlinger(eds.), *Modernity and Mass Culture* (Bloomington: Indiana University Press, 1991), pp. 201~223.

결정되지 않았다. 새로운 이미지는 새로운 스타일, 새로운 미학의 일부였다. "특수 효과는 더 이상 어렵거나 불가능한 샷을 만들어내는 방법이 아니었다. 그것은 영화와 TV 프로그램의 스타가 되었으며, 수용자들은 더 많은 특수 효과를 보고 싶어 했다."[73] 초기 텔레비전의 0도 스타일과 달리, 1990년대가 되자 많은 보도국장들이 "'그림을 만들어내는 데'에 능숙함을 '뽐내는' 데 전념했다".[74]

매끄러운 편집, 환상적인 특수 효과, 시네마 베리테, 그리고 연속 편집에 대한 직접적인 공격은 모두 20세기 중반의 대중적 시각 문화의 수월한 느낌을 부정했다. 그러나 마지막 혁신(즉, 연속 편집에 대한 직접적인 공격)은 새로운 이미지 문화의 불연속성과 불안함을 높이는 데 다른 어떤 것들만큼이나 큰 역할을 했다. 1980년대 중반에서 1990년대 중반 사이에 TV 리모컨을 사용하는 가구 수가 29%에서 90%로 증가했다. 이 기기는 시청 습관을 극적으로 바꿔놓았다. '그레이징'(grazing: 더 재미있는 프로그램을 찾기 위해 채널을 이리저리 돌리기), '재핑'(zapping: 광고가 방송되는 채널 건너뛰기), '지핑'(zipping: 비디오 시청 시 재미있는 부분 골라보기), '서핑'(surfing: 전체 채널 빠르게 훑어보기)과 같은 새로운 전문 용어들은 전체 채널을 빠르게 훑어보고, 복수의 프로그램을 동시에 시청하고, 소리가 나지 않게 하고, 광고를 피하는 것과 같은 리모컨의 특징적인 사용을 묘사했다. 납득이 필요한 사람들을 위해 연구를 실시한 결과, 남성이 여성보다 리모컨을 통제하기를 더 원하며 채널을 훨씬 더 자주 바꾸는 것으로 나타났다. 그 결과, 리모컨을 가진 남성들과 그들을 사랑한 (또는 그냥 참아준) 여성들은 이미지가 이미지들 사이의 연속성을 신경 쓰지 않고 빠르게 건너뛰면서 불규칙하게 이동하는 또 하나의 방법을 갖게

---

73 Rickitt, *Special Effects*, p. 33.

74 Caldwell, *Televisuality*, p. 152.

되었다.[75]

새로운 시각 문화에서 이미지는 열심히 주시하는 것이 아니라 무심히 흘 낏 훑어보는 것이었다. ≪라이프≫와 ≪피플≫의 차이점을 파악하면 더 많 은 사진이 있었지만 도상적 사진은 하나도 없었음을 분명히 알 수 있다. 너 무 많은 우리의 이미지가 무작위적이고 덧없어서 우리는 덜 주의 깊게 바라 보게 되었다. 새로운 시각 문화는 산만함의 문화, 시각적 뮤자크의 문화였 다. 그것은 우리의 정신을 집중시키지 못한 채 우리의 눈을 사로잡았다.

이미지의 분산이 전례가 없는 것은 아니었다. 이와 동일한 여러 상황이 앞선 청각 문화에서도 펼쳐진 바 있다. 1910년대의 레코드와 1930년대의 주크박스(jukebox)는 1970년대 말 VCR에서 영상물을 직접 선택해서 보는 것의 전조였다. 엘리베이터 음악은 주변 텔레비전(ambient television)[76]의 전 조였다. 트랜지스터라디오와 개인용 스테레오는 휴대전화와 랩톱 컴퓨터로 가능해진 모바일 시청의 전조였다. 1960년경이 되자 사운드가 모든 곳에서 우리를 뒤덮었으며, 이미지가 곧 그 뒤를 따랐다.

발터 벤야민은 유명한 1936년 에세이 「기술복제시대의 예술작품(The Work of Art in the Age of Mechanical Reproduction)」에서 현대 산업 세계에서 우리는 산만한 상태에서 영화를 본다고 주장했다. 몽타주를 많이 사용하는 아방가 르드적 소비에트 영화를 기억하고 있던 벤야민은 적어도 미국의 시각 문화 와 관련해서는 이 점에서 대해 완전히 잘못 알고 있었다. 그가 글을 쓰고 있 었을 당시, 할리우드 촬영 감독들은 관객의 시선을 스크린으로 끌어들이고 계속해서 눈을 뗄 수 없게 만드는 내러티브, 편집 및 조명 기법을 완벽하게

---

75 Robert Bellamy Jr. and James Walker, *Television and the Remote Control: Grazing on a Vast Wasteland* (New York: Guilford Press, 1996). 리모컨 소유 가구에 관해서는 같은 책, pp. 1~2를 참조.

76 주변 미디어(ambient media)란 어디든지 우리 주위에 존재하는 미디어를 말한다. _옮긴이

수행했다. 아름다운 세트, 아름다운 스타, 그리고 시작, 중간, 끝으로 멋지게 패키지화된 스토리는 모두 우리를 산만하게 만들기 위한 것이 아니라 우리의 주의를 끌기 위해 고안되었다. 더욱이 이 모든 것은 어둡고 조용한 극장, 때로는 굉장한 영화 궁전(movie palace)에서, 조용히 화면을 응시하는 것이 규범인 상황에서 소비되었다. 당시 심리학자들은 영화 관람에 집중하는 강도를 집에서 대충 라디오를 듣는 것의 산만함과 대비시켰다. 고전적인 할리우드 영화는 우리를 그들의 세계로 끌어들이고 우리가 시간을 집중된 경험에 바칠 수 있기를 원했다. 고전적인 할리우드 영화는 우리가 주의를 기울이게 하기 위한 기업가, 심리학자, 예술가, 도덕주의자들의 지속적인 노력의 일환이었다. 리하르트 바그너(Richard Wagner)의 어두워진 공연장을 배경으로 한 종합 예술은 하나의 원조였다.[77]

그러나 비록 벤야민이 1936년에는 틀렸다 할지라도, 새천년에 이르러서는 그가 옳았는데, 이는 그의 사후 명성에 도움이 되었다. 우리는 점점 더 주의가 산만한 상태에서 이미지를 보았다. 우리는 스포츠 바와 엘리베이터 또는 공항에서 텔레비전을 힐끗힐끗 쳐다보았다. 집에서 우리는 시청하면서 동시에 수다도 떨었다. 뮤직 비디오를 볼 때, 우리의 귀는 음악을 찾으면서도 우리의 눈은 음악과 연결이 되지 않는 이미지에 사로잡혔다. 어떤 초기 비평가들은 텔레비전이 더 깊은 주의를 요구한다고 생각했지만, 다른 비평가들은 그것을 달리 보았다. 영화 평론가 폴린 케일(Pauline Kael)은 "내내 중

---

77 Walter Benjamin, "The Work of Art in the Age of Mechanical Reproduction," in *Illuminations: Essays and Reflections* (New York: Schocken Books, 1969), pp. 217~251; Hadley Cantril and Gordon Allport, *The Psychology of Radio* (New York: Harper, 1935), pp. 14~16; Jonathan Crary, *Suspensions of Perception: Attention, Spectacle, and Modern Culture* (Cambridge: MIT Press, 2000); Noam M. Elcott, *Artificial Darkness: An Obscure History of Modern Art and Media* (Chicago: University of Chicago Press, 2016).

단되고 끊어지며, 액션물을 제외하고는 주의를 기울이지 않는" TV 시청은 "서사적 의미를 파괴하는 데" 일조하고 있다고 주장하면서 많은 사람들을 대변했다.[78] 이따금 눈에 띄는 '반드시 시청해야 할 TV 프로그램'을 제외하고는 2000년 즈음에 몰입적 시청은 더 이상 전형적인 TV 시청 행태가 아니었다. 움직이는 이미지가 온갖 종류의 공공장소로 확산되었고, 디지털 편집의 속도는 미친 듯이 빨라졌으며, 리모컨으로 채널을 재빨리 바꾸고 컴퓨터 마우스를 클릭만 하면 되는 상황으로 인해 그와 같은 산만한 시청이 일상이 되어버렸다. 한 가지 중대한 예외는 비디오 게임으로, 집중력이 강한 사람이 게임의 대가가 되었다. 그러나 그것을 제외하고는 건너뛰기는 훨씬 더 심했고 이미지를 놀란 듯 응시하는 것은 훨씬 덜했다. (고화질 텔레비전 몰아보기가 등장하면서 몰입적인 시청이 되살아났지만, 그와 같은 집중은 여전히 방대한 산만함의 바다 위에 떠 있는 상대적으로 작은 섬에 불과하다.)

사라지는 검열

1970년대 시각 문화의 새로운 무질서감은 검열이 계속해서 약화하면서 더 고조되었다. 한 세대 전에는 불법이었을 이미지에, 특히 사람들의 성행위 이미지에, 이제 너무 쉽게 접근할 수 있어서 과거로부터의 시간 여행자라면 경악했을 것이다. 그와 같은 이미지를 수용(收容)하지 못하는 것은 이미지를 통제하는 것이 불가능하다는 의식이 광범위하게 확산하는 데 중대한 원인으로 작용했다.

1960년대 중반에 이르러 낡은 영화 검열 시스템이 붕괴하자 MPAA는 자발적인 등급 시스템을 개발했다. 외적 통제의 불확실성이라는 위험을 무릅

---

78 Marshall McLuhan, *Understanding Media* (London: Routledge and Kegan Paul, 1964); Pauline Kael, *I Lost It at the Movies* (Boston: Little, Brown, 1965), p. 9 참조.

쓰기보다 자율 규제를 선택한 것은 전략적인 조치였다. 1960년대 후반과 1980년대 중반 사이에 MPAA는 G(제한 없음), M(부모 지도 권장), R(부모를 동반하지 않은 16세 미만 관람 금지) 및 X(16세 미만 관람 금지) 범주로 시작해, PG,[79] PG-13, NC-17[80]과 같은 여러 다른 범주로 등급제를 발전시켜 나갔다. 이전 영화 제작 규정과 달리 새로운 제도에서는 영화가 검열되는 것이 아니라 등급이 매겨졌다. 한 가지 결과는 〈파리에서의 마지막 탱고(Last Tango in Paris)〉 (1972)와 〈뒤돌아보지 마(Don't Look Back)〉(1973) 같은 영화에 섹스 장면이 등장하기 시작한 것인데, 〈파리에서의 마지막 탱고〉에서는 항문 섹스가 묘사 되었다. 그 후 수십 년에 걸쳐 점점 더 많은 금기가 사라졌다. 1990년대 초반 에 할리우드는 처음으로 남성[〈마지막 사랑(The Sheltering Sky)〉(1990)]과 여성 [〈원초적 본능(Basic Instinct)〉(1992)]의 생식기를 언뜻 보여주기도 했다.[81]

그러나 주류 할리우드는 못된 사촌인 음란물 산업에 비해 길들여진 것처 럼 보였다. 러스 메이어(Russ Meyer)의 〈빅슨(Vixen)〉(1968)이나 저스트 잭킨 (Just Jaeckin)의 〈엠마뉴엘(Emmanuelle)〉 시리즈(1974~1977) 같은 소프트 코어 포르노의 인기는 일반인들의 눈에는 이례적으로 보였을 대단한 일이었다. 그러나 1971년에는 실제 성교와 구강성교를 보여주는 하드코어 포르노를 영화관에서 많은 관객이 쉽게 이용할 수 있게 되었다. 1972년과 1973년에 제작된 '빅 3', 즉 〈딥 스로트(Deep Throat)〉, 〈녹색 문 뒤에서(Behind the Green Door)〉, 〈미스 존스의 악마(The Devil in Miss Jones)〉는 모두 1972년 6월과 1973년 6월 사이에 거의 모든 주류 영화보다 더 많은 흥행 수익을 올렸다.[82]

오늘날 영화관에서 포르노가 상영되고 있다고 상상해 보면 1970년대 초

---

79 PG는 'Parental Guidance'의 약어이다. _옮긴이

80 NC는 'No Children'의 약어이다. _옮긴이

81 Lewis, *Hollywood v. Hard Core* 참조.

82 Lewis, 같은 책, p. 192.

반 이후의 변화를 어느 정도 가늠해볼 수 있다. 1970년대 후반부터 포르노 산업은 텔레비전 뉴스처럼 필름에서 비디오테이프로 전환함으로써 더 확고한 발판을 마련했다. 용의주도하게 팔리지만 널리 판매되는 포르노 테이프는 시청자가 자신의 VCR에서 재생할 수 있음을 의미했다. 사람들은 더 이상 초라한 시내 극장에 가서 낯선 사람들과 함께 볼 필요가 없어졌다. 도대체 누가 포르노를 보고 있는지 잘 아는 사람은 없었지만 그것이 바로 핵심이었다. 포르노는 은밀하게 즐기는 탐닉물이 되었다. 1985년까지 매년 6500만 개의 X 등급 비디오테이프가 미국 가정에서 재생되었을 것이라는 추산은 신빙성 있다.[83]

남성의 관음증을 겨냥한 잡지 역시 아주 유사한 변화를 겪었다. 1969년에 ≪플레이보이≫는 미국에서 더 노골적인 ≪펜트하우스(Penthouse)≫(1965년 영국에서 처음 출판됨)의 도전을 받았다. ≪펜트하우스≫는 1970년대와 1980년대에 인기가 절정에 달했다. 1971년 8월에는 처음으로 여성의 생식기를 보여주었다. 5개월 후 ≪플레이보이≫가 그 뒤를 따랐다.[84] 1980년대에 ≪펜트하우스≫는 래리 플린트(Larry Flint)의 훨씬 더 노골적인 잡지 ≪허슬러(Hustler)≫에 서서히 선수를 빼앗기기 시작했다. 이에 대한 대응으로 1990년대 후반 ≪펜트하우스≫는 남성의 생식기, 구강성교, 여성 생식기에 삽입되는 남성 생식기의 클로즈업 사진을 추가했다. 한편 ≪플레이보이≫는 시대에 뒤진 채 희망이 없어 보였다.[85] 핀업 이후 상황이 많이 바뀌었다.

---

83 비디오테이프로의 이동에 관한 매우 훌륭한 논의를 보려면 다음 참조. Carolyn Bronstein, "Have You Seen Deep Throat Yet?: The Growth of the Commercial Sex Industry in the 1970s," in *Battling Pornography, 1976-1986* (Cambridge: Cambridge University Press, 2011), pp. 63~82. 포르노 비디오 유통에 관한 추정치를 보려면 다음 참조. Edward de Grazia, *Girls Lean Back Everywhere: The Law of Obscenity and the Assault on Genius* (New York: Random House, 1992), p. 583.

84 DeGrazia, *Girls Lean Back*, p. 578.

다양한 요인이 이러한 새로운 음란성에 영향을 미쳤다. 먼저, 기술이 하나의 요인이었다. 위에서 언급했듯이, 비디오테이프는 포르노 산업을 변화시켰다. 규제 환경도 한몫을 했다. 약간의 누드와 섹스가 포함된 영화를 제공하는 채널인 HBO와 시네맥스(Cinemax)[86]는 1972년에 연방 커뮤니케이션 위원회(FCC: Federal Communications Commission)가 그렇게 할 수 있도록 케이블 TV 산업에 길을 열어줌으로써 비로소 상업적으로 성공할 수 있었다.[87] 마찬가지로 연방 대법원도 성적인 이미지가 일반 문화에서 과거보다 더 많은 공간을 차지할 수 있도록 쉽게 허용해 버렸다. 음란성에 대한 획기적인 사건인 밀러 대 캘리포니아(Miller v. California, 1973) 소송에서 법원은 음란성은 헌법적 보호를 받을 자격이 없다는 생각을 지지하긴 했지만, 포르노의 유통을 막는 데 거의 도움이 되지 않을 정도로 매우 까다롭게 음란성을 정의했다. 상업적 압력은 음란물을 새로운 노골성으로 몰고 간 세 번째 힘이었다. 남성 잡지들은 경쟁지에 뒤져서는 안 된다는 압박과 포르노 영화에 독자를 빼앗겨서는 안 된다는 압박을 받고 있었다.

텔레비전은 더 오래 참아왔고 다른 미디어들만큼 그리 멀리까지 가지 않았지만, 1990년대에 이르자 그들의 오래된 규정도 흔들리고 있었다. 1950년대에 텔레비전은 영화 산업에서 사용하는 것과 동일한 제작 규정을 채택

---

85 이것은 안드레아스 수드만(Andreas Sudmann)과 프랑크 켈레터가 "연쇄적인 한 발 앞서기(serial one-upmanship)"라고 부르는 것에 대한 교재의 예이다. 다음 참조. Andreas Jahn-Sudmann and Frank Kelleter, "Die Dynamik serieller Uberbietung: Zeitgenossische amerikanische Fernseh-serien und das Konzept des Quality TV," in Frank Kelleter(ed.), *Populare Serialitat: Narration — Evolution — Distinktion. Zum seriellen Erzahlen seit dem 19. Jahrundert* (Bielefeld: Transcript, 2012), pp. 205~224.

86 미국의 유료 영화 전문 채널로 1980년 8월 11일 개국했다. _옮긴이

87 William Donnelly, *The Confetti Generation: How the New Communications Technology Is Fragmenting America* (New York: Henry Holt, 1986), p. 80.

했다. 1960년대에는 검열과의 마찰이 그리 심하지 않았지만, 1970년대 초반에는 논란이 실제로 가속화되었다. 〈올 인 더 패밀리(All in the Family)〉(1971년 1월에 첫 방송)와 이 프로그램에서 파생된 〈모드(Maude)〉(1972년 가을에 첫 방송)를 시작으로 프라임 타임 TV는 논란의 여지가 있는 새로운 영역에 기꺼이 맞서고 있었다. 1972년, ≪타임≫은 "지난주에 시작된 새 시즌 동안 프로그램 편성 담당자들은 실제로 가장 많은 수의 민감한 (그리고 지금까지 금지된) 민족적·성적·심리적 주제들을 추적하기 위해 서로 경쟁할 것이다. 종교적 기행(奇行), 아내 교환, 아동 학대, 성병 등 모든 오래된 금기들이 무너질 것이다"라고 숨 가쁘게 보도했다.[88] 몇 년 후 새로운 주제의 노골성이 새로운 시각적 요소와 결합되었다. 〈미녀 삼총사(Charlie's Angels)〉와 같은 '지글(Jiggle)'[89] 또는 'T&A'[90] 프로그램들이 프라임 타임대에 편성되어 청소년들을 조금씩 자극하기 시작했다. 1950년부터 1970년까지 TV 프로그램의 내용을 바꾸려 노력한 주요 압력 단체들은 폭력을 줄일 뿐만 아니라 더 많은 흑인 등장인물과 인종 차별이 없는 프로그램을 요구한 진보주의자들이었다. 1960년대 말에 페미니스트들은 여성을 더 좋게 묘사해 줄 것을 계속 요구하며 이러한 진보적 노력에 동참했다. 그러나 그 후 10년 동안은 보수주의자들이 TV의 지배적인 비평가 자리를 물려받았다. 주로 기독교 목사가 이끄는 새로운 조직들은 TV의 "새로운 시대"에 대해 "도덕, 종교, 결혼, 자유로운 기업, 가족 및 국가에 향한 무모한 쾌락주의와 적대감"에 대해 불만을 제기했다.[91]

---

88 "The Team behind Archie Bunker & Co.," *Time*, September 25, 1972.

89 여성의 육체를 볼거리로 내세우는 것 혹은 여배우가 도발적 몸놀림을 하는 장면을 말한다. _옮긴이

90 'tits and ass'의 약어로, 여성의 신체 형태를 고의적으로 자극적으로 묘사하는 것을 특징으로 하는 TV 프로그램이나 영화와 같은 오락물을 말한다. _옮긴이

이러한 가능성의 확장에는 한계가 있었다. TV 이미지는 영화나 잡지만큼 노골적이지 않았다. 그럼에도 1970년대의 변화는 논쟁을 일으켰으며 복음주의 기독교인들이 1970년대 후반에 보수 정치로 전환한 요인 가운데 하나였다. 주류 시각 문화의 새로운 허가증은 분명 1980년 로널드 레이건 (Ronald Reagan)의 대통령 당선을 위해 그들을 결집시킨 것 가운데 하나였다. 그것은 그들이 TV 전도사이자 진행자로서 TV에 대대적으로 진출하게 만든 원인 가운데 하나이기도 했다. 1950년대에 주류 개신교 교회들은 TV를 종교 지원 활동 및 교육 매체로 생각했다. 그들은 어느 정도 고심 끝에 설득력 면에서 비효율적일 뿐만 아니라 복음을 전하는 수단으로도 가치가 없다고 생각하고 제리 폴웰(Jerry Falwell), 짐 바커(Jim Bakker)와 태미 페이 바커(Tammy Faye Bakker), 팻 로버트슨(Pat Robertson), 패트릭 뷰캐넌(Patrick Buchanan) 같은 덜 온화하고 더 공격적인 기독교 방송인들이 독차지할 수 있도록 내버려둔 채 TV를 대체로 포기했다.[92]

그러나 20세기 마지막 수십 년 동안 볼 수 있었던 한 가지 역설은 보수주의자들이 점점 더 많은 선거에서 승리할 수 있었음에도 전반적인 시각 문화를 바꾸지는 못했다는 것이다. 그들은 더 많은 틈새 콘텐츠들을 추가하면서 새롭게 혼합할 수는 있었지만 그것이 전부였다. 로널드 레이건의 1980년 대선 승리도 TV를 1950년대로 되돌려놓지는 못했다. 대신 1980년대에

---

91 Mary Leis Coakley, *Rated X: The Moral Case against TV* (New Rochelle, NY: Arlington House, 1977), p. 13. 보수적인 TV 비평가 등장에 대한 논의를 보려면 다음 참조. *Target: Prime Time: Advocacy Groups and the Struggle over Entertainment Television* (New York: Oxford University Press, 1989), pp. 27~50, 154~173.

92 Michele Rosenthal, *American Protestants and TV in the 1950s: Responses to a New Medium* (New York: Palgrave Macmillan, 2007); Heather Hendershot, *What's Fair on the Air?: Cold War Right-Wing Broadcasting and the Public Interest* (Chicago: University of Chicago Press, 2011).

는 불과 몇 년 전에만 해도 생각할 수 없었던 이미지가 매스 미디어에 등장했다. 기본 케이블(basic cable) 패키지에 속해 있지 않은 채널에는 누드, 모의 섹스 및 욕설이 포함될 수 있었다. 케이블 텔레비전이 더 많은 시청자를 차지하자 지상파 네트워크들도 같은 식으로 대응했다. 1992년, 인기 코미디인 〈사인펠드(Seinfeld)〉는 친구들끼리 누가 가장 오랫동안 자위를 하지 않고 버틸 수 있는지 시합을 하는 내용의 에피소드를 방송했다. 그다음 해에 미국 가족 협회(American Family Association)의 도널드 와일드먼(Donald Wildmon) 목사는 인기 있는 경찰 드라마 〈NYPD 블루〉의 나체 상태의 엉덩이가 보이는 시그니처 샷과 (가슴과 생식기는 적절하게 흐리게 처리한) 간헐적인 짧은 섹스 장면을 두고 "소프트 코어 포르노"라고 비난했다. 1994년, 〈로잔느 아줌마(Roseanne)〉는 여성 동성애자 간의 키스를 방송했다. (이것은 1990년대에 방송된 몇몇 프로그램 가운데 하나였으며, 이들 가운데 대부분은 아마도 스윕스[93] 주간 동안 등급을 급등시키기 위한 전략이었을 것이다.) 이 모든 것이 지상파 네트워크의 프라임 타임 프로그램에 등장했다. 〔록펠러 센터(Rockefeller Center) 로비에서 NBC는 그 〈사인펠드〉 에피소드를 기념하는 티셔츠를 기꺼이 팔았다.〕 2003년이 되자 ≪TV 가이드(*TV Guide*)≫는 "얼마나 많은 자유가 주어져야 너무 많다고 할 것인가?"라고 물었다.[94] 1975년부터 1977년까지 잠시 동안 FCC가 시행한 바 있는 음란물로부터 안전한 저녁 '가족 시청 시간대' 아이디어는 시청자들이 케이블로 채널을 돌리는 것을 막으려는 지상파 네트워크들의 몸부림 때문에 뜻을 이루지 못했다.

---

93 스윕스(sweeps)란 닐슨 미디어 리서치(Nielsen Media Research)사의 시청률 조사 기간을 의미하는 용어이다. 보통 매년 2월, 5월, 7월, 11월에 한 주를 잡아서 우편 설문을 사용하는 아날로그 방식과 시청률 기록 장치를 사용하는 디지털 방식을 병행해서 진행되며, 이 기간에 산정된 시청률에 따라 해당 프로그램의 다음 시즌 광고료가 책정된다. _옮긴이

94 Steven Daly, "Blue Streak," *TV Guide*, August 2~8, 2003, p. 28.

1990년대에 TV 프로그램의 '품위' 손상보다 훨씬 더 중요한 것은 인터넷 포르노의 출현이었다. 1992년부터 1996년까지 월드 와이드 웹이 폭발하면서 말 그대로 수백만 개의 상상할 수 있는 모든 종류의 포르노 이미지가 이제 가정, 학교, 공공 도서관의 컴퓨터에 파고들고 있었다. 아이들도 대단히 쉽게 접근할 수 있었다. 맞벌이 가구가 흔했기 때문에 방과 후 시간이 포르노를 볼 수 있는 주된 시간이었다! 의회는 인터넷 포르노를 차단하기 위해 학교와 공공 도서관 컴퓨터에 필터 설치를 의무화하기를 기대하면서 1990년대에 두 차례나 인터넷 포르노 규제를 시도했다. 1996년 커뮤니케이션 품위법(Communication Decency Act of 1996)은 의회와 클린턴 행정부의 적극적인 지지를 받았지만, 1997년에 연방 대법원은 '음란성'을 지나치게 광범위하게 정의했고 부모와 미성년자 모두의 표현의 자유 권리를 침해했다는 이유로 이 법의 폐기를 결정했다. 좀 더 초점을 좁힌 1998년 아동 온라인 보호법(Child Online Protection Act of 1998)도 제안된 지 몇 달 만에 연방 법원에 의해 폐기되었다. 두 법 모두 피임이나 낙태에 대한 정보가 있는 웹 사이트와 심지어 금욕을 역설하는 사이트도 차단하려 했다. 1990년대 후반에 그러한 새로운 이미지들은 수백만 가정과 지역 공공 도서관에서 쉽게 이용할 수 있었다. 2004년에 합헌 결정이 내려진 2000년 아동 인터넷 보호법(Children's Internet Protection Act of 2000)은 연방 자금을 지원받은 학교와 도서관이 아동 포르노를 포함한 음란물에 대한 필터를 유지하도록 의무화함으로써 마침내 상황을 통제하는 데 성공했다. 그럼에도 그러한 노력을 무력화할 수 있는 기술적 노하우를 가장 잘 아는 사람은 젊은이들이었다.

변화하는 태도

2000년에 이르자 미국의 시각 문화는 1945년의 시각 문화와 근본적으로 달라졌다. 이제 시각 문화는 더 혼란스럽고, 더 통제 불가능하며, 더 광기 어린 이미지로 가득 찬 것처럼 보였다. 시각 문화는 통합의 힘보다 조각화의 힘이 더 센 것처럼 보였다. 그리고 이야기를 복잡하게 만드는 상반되는 경향도 늘 존재했지만, 동시에 이미지를, 정확하게 말하면 이미지의 본질을, 인식하는 방식에 중요한 변화가 있었다.

시각 문화는 이제 파괴적인 것처럼 보였다. 19세기 중반부터 사진은 시간을 멈추고, 경험의 흐름을 방해함으로써 경험의 흐름에 순서를 잡아주기까지 하는 것으로 널리 여겨졌다. 사진은 찰나의 순간을 영원히 포착했다. 심지어 20세기의 새로운 '활동사진'조차도 그러한 주류적 인식을 극적으로 바꾸어놓진 못했다. 특히 검열 체계가 구축되자, 할리우드 영화는 신화를 강화하는 경향이 있었다. 퍼블리시티 스틸(publicity still)[95]에는 꿈꾸었던 순간들이 고스란히 담겨 있었다. 그러나 우리가 보았듯이 20세기의 마지막 수십 년 동안에 제작 방법, 새로운 기술, 변화하는 태도로 인해 시각 문화는 덜 진정되고 훨씬 더 변덕스러워졌다. 사진은 사회를 안정시키는 대신 사회 전반을 어지럽히는 것으로 점점 더 자주 사람들의 입에 오르내렸다.

새로운 관행은 이미지가 사실을 기록하는 힘에 대한 믿음을 약화시켰다. 1978년 영화 〈카프리콘 프로젝트(Capricorn One)〉는 달 착륙이 가짜라는 대중적인 음모론을 바탕으로 영화 스튜디오에서 NASA가 계획했던 실패한 화성 탐사 임무를 그려냈다. 포토저널리즘으로 오랫동안 존경받았던 ≪내셔널 지오그래픽(*National Geographic*)≫은 일찍이 1982년부터 더 매력적인 표지 사진을 만들기 위해 디지털 기술을 이용해 기자(Giza)에 있는 피라미드들의 간격을 줄여 피라미드들이 한데 모여 있는 것처럼 조작했다는 사실이

---

95 영화의 한 장면을 보여주는 사진으로, 촬영장에서 촬영이 이루어질 때 스틸맨(still man)이 촬영한다. 언론 홍보를 위한 보도 자료나 인쇄 광고용 원고로 쓰인다. 광고용으로 촬영할 때는 영화 콘셉트에 어울리는 분위기를 만들어내기 위해 연출을 가해 촬영하기도 한다. 프로덕션 스틸(production still)이라고도 한다. _옮긴이

그림 5-1 ≪TV 가이드≫ 표지에 등장한 오프라 윈프리(1989.8)

밝혀지면서 논쟁에 휘말렸다. 1989년 8월, ≪TV 가이드≫는 몸이 드러나는 드레스를 입고 돈더미 위에 있는 오프라 윈프리(Oprah Winfrey)를 묘사했다. 그즈음 식이요법을 통해 약 30kg을 감량한 그녀는 정말 같지 않을 정도로 날씬한 몸매를 보여주었는데, 이 몸매는 배우 앤-마거릿(Ann-Margret)의 것으로 밝혀졌다. ≪TV 가이드≫는 어디에서도 이 표지 사진이 합성물임을 밝히지 않았다. 오프라의 대변인은 오프라가 그런 야한 드레스나 천박한 포즈에 결코 동의한 바가 없었을 것이라고 말했다. 이 같은 비판에 대해 ≪TV 가이드≫ 편집인은 그 이미지에 대한 책임이 있는 아티스트에게 "다시는 그런 짓을 하지 말라"고 말했다.

1989년 그해에 ≪월 스트리트 저널(Wall Street Journal)≫은 '포토샵(photo-shop)'이 일상 용어가 되기 훨씬 전에도 미국에서 출판된 컬러 사진의 10%가 디지털 기술을 이용해 조작한 것으로 추정했다.[96] 이것은 루스의 속임수였지만, 여기에는 진실에 대한 충실함이 없었다.[97]

한 이론가는 "컴퓨터 이미지는 위조를 통해 구현된 것"이라고 단호하게 말했다.[98] 분명 카메라의 마법의 힘을 보여주는 트릭 영화(trick films)[99]는 영화만큼이나 오래되었으며, 에어브러싱에 관한 〈사이드바 2-3〉에서 본 것처럼 사진 조작은 디지털 이전부터 시작되어 그 역사가 깊었다.[100] 그러나 사진 속임수는 순전한 환상을 만드는 것이 아니라 실재성의 일부 산물을 조

---

96 ≪내셔널 지오그래픽≫, ≪TV 가이드≫, ≪월 스트리트 저널≫에 관해서는 다음 참조. Vicki Goldberg and Robert Silberman, *American Photography: A Century of Images* (San Francisco: Chronicle Books, 1999), p. 224. 또한 다음 참조. Paul Martin Lester, *Photojournalism: An Ethical Approach* (Hillsdale, NJ: Lawrence Erlbaum, 1991); "Guide Puts Oprah's Face on Ann-Margret's Body," *Tulsa World*, August 29, 1989; "Going Too Far with the Winfrey Diet," *New York Times*, August 30, 1989.

97 4장에서 헨리 루스는 "좀 더 솔직하게 사진 찍는 사람은 '진실에 충실하게끔 속임수'를 써야 한다"고 말한 바 있다. _옮긴이

98 Friedrich A. Kittler, "Computer Graphics: A Semi-technical Introduction," trans. Sara Ogger, *Grey Room*, 2, 2001(Winter), p. 32.

99 영화 역사 초창기인 1898~1908년 사이 촬영 속도, 다중 노출, 스톱 모션 등을 적절하게 사용해서 카메라 변칙을 시도한 영화 장르로 촬영 속도를 가감시켜 느린 움직임과 빠른 움직임, 여러 대의 카메라를 동원한 다중 노출 등을 통해 관객에게 경이로움을 불러일으켰다. _옮긴이

100 1950년대 초반에 진보적인 상원 의원 밀러드 타이딩스(Millard Tydings)는 자신이 공산주의자인 얼 브라우더(Earl Browder)와 함께 서 있다는 것을 보여주는 "작화 사진(composograph)"이 유포된 후 선거에서 패했는데, 타이딩스는 브라우더와 함께 서 있은 적이 없었다.

작하는 것으로 일반적으로 이해되어 왔었다. 그런데 이제는 군중, 폭발, 완벽한 캐릭터가 원본과 아무런 연관이 없는 컴퓨터에서 마법처럼 만들어졌다. 영화와도 교묘하게 잘 어울리는 이러한 디지털 가공물들은 실재성과 꾸며낸 이야기가 난잡하게 뒤섞일 수 있는 영화 장면에 삽입되었다. 디지털 사진은 거친 부분을 점점 더 매끄럽게 처리했고, 흠집을 제거했으며, 사진을 더 보기 좋게 만들어낸 동시에 '실재성(realness)'에 대한 의문을 야기했다. 1985년, ≪홀 어스 리뷰(Whole Earth Review)≫의 편집인들은 디지털 조작이 "그 어떤 것의 증거로서의 사진의 종말"을 의미한다고 공언했다.[101]

1960년대 말이 되자 지식인들은 리얼리즘의 개념을 공격하기 시작했다. 1968년, 프랑스 문학 평론가인 롤랑 바르트는 '리얼리즘'과 같은 것은 없다고 주장하는 영향력 있는 에세이를 썼다. 대신, 거기에는 '실재성(reality) 효과',[102] 즉 기교가 실재적이라고 착각하게 만드는 갖가지 기법이 있을 뿐이었다. 그는 (포토저널리즘이나 신화를 만드는 할리우드에 존재했던 것과 같은) 참조[103]의 완전성이 "퇴행하고 있다"고 통명스럽게 말했다. 대신, 그는 재현이라는 개념 자체에 문제를 제기하기 위해 텍스트를 비워내는 것을 옹호했다.[104] 영어로 번역된 이 에세이는 시각 문화에 대한 동시대의 토론에 크게

---

101 Stewart Brand, Kevin Kelly, and Jay Kinney, "Digital Retouching: The End of Photography as Evidence of Anything," *Whole Earth Review*, 47, 1985(July), pp. 42~50.

102 영화는 이음새 없는 편집을 통해 일반적으로 그것이 실재 자체가 아니라, 단지 스크린상에서의 실재의 재현에 지나지 않는다는 사실에 주목하지 못하게 하는 것을 '실재성 효과'라고 한다. _옮긴이

103 특정 대상을 비교하고 대조해 보는 것을 의미하며, 따라서 '어떤 대상을 참고한다'는 정도라는 의미로 이해하면 된다. _옮긴이

104 롤랑 바르트는 "문학은 더 이상 세계의 재현과 모방인 미메시스(Mimesis)도, 세계의 인지 수단인 마테시스(Mathesis)도 될 수 없으며, 그것은 다만 언어의 불가능한 모험인 세미오시스(Semiosis), 즉 텍스트가 될 수밖에 없다"고 말했다[『롤랑 바르트 평전(R. Barthes par lui-meme)』, p. 123]. 바르트에게 텍스트란 "작가와 독자가 만나는 구체적이고 관능적인 공간이고, 비로소

기여했다. 그것은 어쩔 수 없이 필름에 음화로 포착되는 실재 세계의 흔적 덕분에 사진술과 영화 모두 어느 정도 리얼리즘적인 경향을 가지고 있다는 지식인들의 오랜 입장에 반하는 하나의 획기적인 사건이다. 더욱이 이러한 '실재'와의 연관성은 비난받을 것이 아니라 찬양되어야 할 것이었다.[105] 바르트의 반리얼리즘(antirealism)은 수많은 미국 학자들이 "실재성의 사회적 구성(social construction of reality)"[106]에 대해 글을 쓰고 있던 시기와 그때를 같이한다. 학자들의 입장만 그런 것은 아니었다. 1990년대 초가 되자 ≪뉴욕 타임스≫와 기타 주류 언론 매체에서 이 주제를 변형시킨 것들을 쉽게 찾을 수 있었다.[107]

1970년대의 새로운 사고는 불안정한 새로운 이미지 문화에 반대하는 또 다른 주도적인 목소리인 복음주의자들과 어색한 동반자 관계를 유지하면서 일반적으로는 이미지, 구체적으로는 영화에 대해 훨씬 더 악의에 찬 이해를 제공했다. 광범위한 영향력을 가지고 있는 영국 잡지 ≪스크린(Screen)≫은 영화를 "주체 형성(subject formation)"의 대리인으로 보면서 영화에 대해 꽤 비관적인 시각을 제공했다. ≪스크린≫은 마르크스주의 사상과 정신 분석

그 둘은 경이롭고도 소중한 욕망의 여행을 시작"하는 '빈' 공간이다. 따라서 독자는 해독해야 할 의미가 사라진 텍스트의 자유로운 공간 속에서 텍스트를 만난다. _옮긴이

105 예를 들면, 다음 참조. Siegfried Kracauer, *Theory of Film: The Redemption of Physical Reality* (New York: Oxford University Press, 1960).

106 실재성의 사회적 구성을 주장하는 학자들은 주어진 사회와 제도가 사실은 인간에 의해 만들어졌으며, 그렇게 만들어진 사회는 인간의 행위를 통해 변화 가능하다고 본다. _옮긴이

107 Roland Barthes, "L'effet de reel," *Communications*, 11, 1968, pp. 84~89. ≪뉴욕 타임스≫에서 그러한 사례들을 보려면, 다음 참조. "New Picture Technologies Push Seeing Still Further from Believing," *New York Times*, July 3, 1989; Andy Grunberg, "Ask It No Questions: The Camera Can Lie," *New York Times*, August 12, 1990. 다른 주류 미디어에 나온 사례들을 보려면, 다음 참조. Jonathan Alter, "When Photographs Lie," *Newsweek*, July 30, 1990, pp. 44~48; Robert Mathews, "When Seeing Is Not Believing," *New Scientist*, October 16, 1993, pp. 99~104.

학 사상을 세련되고 자극적이면서도 무서운 느낌이 들게 혼합함으로써 영화를 보러 가는 것이 해로운 것처럼 들리게 만들 수 있었다. 시네마(이 잡지는 권력 장치로서의 지위를 강조하기 위해 좀 더 지위가 낮은 것처럼 들리는 '무비'나 '필름'보다 이 용어를 선호했음), 즉 영화는 부르주아 사회의 심리적 구조를 드러냈을 뿐만 아니라 그러한 심리적 구조와 공모했다. 관객들은 기막히게 좋은 지배적인 위치에서 이미지를 마주 보고 앉았는데, 따라서 이것은 거울에 비친 것처럼 자아(ego)가 전체로 투사되는 것을 보고자 하는 원시적인 자기도취적 충동을 충족시켜 주었다. '르네상스 관점'(나쁜 것)은 관객들이 자신을 우주의 주인으로 착각하게끔 만들었다. 스크린에 투사되는 하나의 완전한 이미지에 대한 환상은 자아를 강화시켜 주었다. 가족, 학교, 노동조합, 교회처럼 영화는 사람들을 가부장적 자본주의 질서에 순응하는 주체로 훈련시켰다('만들어냈다'). 영화에 몰입하는 것은 그러한 질서에 대한 암묵적인 동의이자 그것에 대한 훈련이었다. 1970년대 영화 이론에서 관객들은 때때로 거의 병적인 사람, 즉 소외되고 억압되어 있으며 강박적인 절시증(窃視症)[108] 환자처럼 보일 수 있었다. ≪스크린≫의 이론은 그 후 20년 동안 출구가 없다는 느낌과 반포퓰리즘적 관점으로 인해 수용-지향적인(reception-oriented) 영화 학자들[109]의 비판을 받긴 했지만, 그것은 정확히 이미지가 가진 잠재력 때문에 야기된 이미지에 대한 1970년대판 의심 가운데 하나였다.

영화 이론의 역사에서 가장 영향력 있는 에세이 가운데 하나인 로라 멀비(Laura Mulvey)의 「시각적 즐거움과 내러티브 시네마(Visual Pleasure and Narrative Cinema)」는 영화를 보는 것이 재미있거나 영화를 보는 것에 몰입해야

---

108 나체, 성기, 또는 성적 장면을 보는 것에서 성적 쾌감을 얻는 증상을 말한다. _옮긴이
109 수용 이론은 수용자의 관점에서 수용하는 방법과 과정을 중시하는 상호 소통의 이론을 말한다. 상호 소통의 수용 이론을 문학예술에 적용한 미학적 관점을 흔히 콘스탄츠(Konstanz)학파의 '수용 미학'이라고 한다. _옮긴이

한다는 생각을 직접 공격했다. 1975년에 ≪스크린≫에 처음 게재된 이 에세이는 "근본적인 무기로서의 쾌락의 파괴"를 요구했다. "내러티브 시네마"는 할리우드를 의미했고 시각적 쾌락은 여성의 성적 대상화를 의미했다. 그녀는 고전적인 할리우드의 카메라 워크가 남성의 관점을 취하고 있다고 주장했다. 영화는 관객을 여성에게 욕망을 느끼고 그런 남성과 동일시하는 남성의 입장에 서게끔 만들어졌다. 관객이 영화에서 어떤 쾌락을 얻든 그것은 다른 사람을 희생시킨 끝에 얻은 것이었다. 남성은 마음 편한 환상의 길을 걸었지만, 여성의 쾌락은 고작 피학적일 수밖에 없었다. (그리고 남성과 여성 모두 이성애자로 그려졌다.) 편안함은 지배였다. 그녀의 에세이는 할리우드에 깊이 뿌리박혀 있어서 영화의 심층 구조 속에 드러날 수밖에 없는 성 차별주의에 대한 폭로의 전형이 되었다.[110] 누구도 이 에세이를 읽은 후에는 읽기 전과 같은 방식으로 영화를 볼 수 없었다. 실제로 많은 사람이 이 에세이를 읽은 후 즉각적이고도 철저하게 영화를 보는 방식을 새롭게 바꾸었다. [영화 학교에서 멀비의 에세이를 읽은 영화 제작자와 비디오 제작자들은 이후 성 차별적인 응시(gazing) 관행에 대해 생각해보기 시작했다.] 그것은 1945년경에 일반적이었던 영화의 재미에 대한 주류의 자신감과 핀업 같은 것이 건강하고 순수할 수 있다는 관념이 변했음을 보여주는 한 가지 징후였다. 1970년대의 영화 이론가들 가운데 영화에 대해 '건전한'이라는 단어는 사용하고 싶어 한 사람은 거의 없었다.

물론 ≪스크린≫이 1970년대 이미지 문화에 반대하는 주된 목소리는 결코 아니었다. 주된 반대 목소리는 정치적 스펙트럼의 오른쪽에서 나왔다.

---

110 Laura Mulvey, "Visual Pleasure and Narrative Cinema," in Philip Rosen(ed.), *Narrative, Apparatus, Ideology: A Film Theory Reader* (New York: Columbia University Press, 1986), pp. 198~209.

그러나 영상에 대한 의심은 곳곳에서 터져 나왔다. 1980년대에는 일부 기독교인과 일부 페미니스트 사이에서 포르노 반대를 위한 연합이 이루어졌다. 1990년대 초반에는 뮤직 비디오와 비디오 게임이 미국 예술과 오락물의 상태와 미래에 대한 문화 보수주의자와 문화 진보주의자 간의 일련의 충돌을 일컫는 '문화 전쟁(culture war)'에서 충돌의 빌미가 되었다. 1990년대 중반이 되자 시각 문화에 대한 공공연한 반대는 1970년대 후반에 그랬던 것처럼 더 이상 우파로부터 압도적으로 제기되지는 않았다.

특히 탈근대의 시각 문화에 대한 반대에서 지적 생활의 이러한 새로운 방향 전환은 이미지가 더 밀도 높은 실재성을 포착한다는 이전의 아이디어를 거부했다. 탈근대적 미학의 중심은 일상적인 경험이나 상식으로 이해되는 리얼리즘에 대한 불신이었다. 탈근대적 영화와 건축은 환상의 비행에 균형을 맞추기 위한 저장된 경험의 밸러스트(ballast)[111]를 거의 가지고 있지 않다. 이것이 탈근대주의를 스릴 넘치게 만들었으며, 또한 사람들이 느끼는 정치적 불신과 다른 형태의 소외를 해결하기 위해 아무것도 하지 않았다. 프랭크 게리(Frank Gehry) 같은 탈근대주의자가 건축에서 성취한 것은 보통 사람들을 정치에서 멀어지게 한 것과 같은 것, 즉 일상적 경험과의 단절이었다.[112] 대신 이미지는 자기만의 삶을 살았다. 문학 평론가 프레드릭 제임슨에 따르면, 우리는 "실재성이 이미지로 탈바꿈하는 것"을 목격하고 있었다. 역사가 마틴 제이(Martin Jay)는 탈근대주의가 이미지에 대한 깊은 회의론과 이미지의 힘에 대한 경외심을 결합했다고 지적했다. 그는 탈근대주의는 역설적이게도 "시각의 비대"인 동시에 "시각의 폄하"라고 주장했다.[113]

---

111 배나 열기구에 무게를 주고 중심을 잡기 위해 바닥에 놓는 무거운 물건을 말한다. _옮긴이

112 Cmiel, "The Swirl of Image and Sound."

113 Fredric Jameson, "Postmodernism and Consumer Society," in Hal Foster(ed.), *The Anti-aesthetic: Essays on Postmodern Culture* (Port Townsend, WA: Bay Press, 1983), p. 125;

신화적 이미지의 요약하는 힘은 그것의 비실재성(unreality)의 일부였다. 신화적 이미지는 외부의 그 어떤 것을 참조 대상으로 삼는 대신 다른 이미지를 가리키기만 할 뿐인 것으로 재해석되었다. 많은 사람이 로널드 레이건의 미디어 정치에 대해 널리 논평한 바 있는데, 그의 미디어 정치에서 그가 본 영화들은 그가 경험했던 것을 기억하는 '실재성'이 되었다.[114] 그러나 20세기 후반은 훨씬 더 큰 이미지 정치에 사로잡혀 있었는데, 이미지 정치에서는 스핀 닥터와 미디어 컨설턴트가 중요한 행위자들로 이들은 모두 드라마틱한 이미지에 선호하는 정책을 덧붙여서 정치적 추세 전환을 바라는 사람들이었다. 비평가들은 빌 클린턴의 보스니아 정책[115]이 TV 뉴스에 보이는 이미지에 사로잡혀 있다고 불평했다. 1994년 말의 고아원 부활에 대한 논쟁은 고아원에 대한 두 가지 허구적 이미지, 즉 디킨스의 소설 『올리버 트위스트(Oliver Twist)』와 〈소년의 거리(Boys Town)〉[116]의 스펜서 트레이시(Spencer Tracy)에 의해 프레임이 씌워졌다. 클린턴 정부의 백악관 구성원들은 디킨스의 소설을 언급하면서 고아원에 대한 논의를 그럴싸하게 무시했다. 뉴트 깅리치(Newt Gingrich)는 테드 터너(Ted Turner)의 케이블 네트워크에서 방송된 트레이시 주연의 그 영화를 꽤 편향적으로 소개했다.[117] 우리는

Martin Jay, *Downcast Eyes: The Denigration of Vision in Twentieth-Century French Thought* (Berkeley: University of California Press, 1993), p. 546. (마틴 제이는 UC 버클리 학부 시절 케니스 커밀의 논문 지도 교수였다.)

114 Adatto, *Picture Perfect*, p. 123, pp. 171~172; Michael Rogin, *Ronald Reagan, the Movie* (Berkeley: University of California Press, 1988).

115 1995년 11월 21일, 세르비아·보스니아·크로아티아 지도자들은 미국 오하이오주 데이턴(Dayton)에 모여 42개월 동안 25만 명의 목숨을 앗아간 민족 분규에 종지부를 찍는 평화 정착안에 가조인했다. 그 후 클린턴 대통령은 전국에 생방송된 텔레비전 연설을 통해 미군 지상군 2만 명을 보스니아에 파병해야 하는 당위성을 설명한 바 있다. _옮긴이

116 미국에서 제작된 노먼 터로그(Norman Taurog) 감독의 1938년 영화로, 스펜서 트레이시 등이 주연으로 출연했고 존 W. 콘시딘 주니어(John W. Considine Jr.) 등이 제작에 참여했다. _옮긴이

실재성이 구경거리에 몽땅 바쳐지는 모조 펀 하우스(fun house)로 가는 길을 교묘히 유도한다고 주장한 장 보드리야르(Jean Baudrillard) 같은 이론가들은 우리의 상태를 과장했을 수도 있지만, 그것은 O. J. 심슨의 화려한 쇼[118]를 이해하는 것처럼 나쁘게 들리진 않았다. 미디어 환경 속의 많은 것이 그와 같은 아이디어에 외견상 타당성을 부여했다.

새로운 반리얼리즘의 한 가지 척도는 1930년대와 1940년대의 도상적 다큐멘터리 이미지에 대한 학문적 재평가였다. 1980년대가 되자 연구자들은 FSA가 제공한 사진의 신화적 지위를 조금씩 무너뜨리고 있었다. 진본성과 정직한 재현은 의심스러운 명제였기 때문에, 이러한 이미지들은 시대를 초월한 기록이나 고난 속의 역사적 고귀함에 대한 증언이 더 이상 아니었다. 의회 도서관에 보관되어 있는 음화(陰畵) 증거는 워커 에번스와 도로시아 랭 같은 FSA 사진작가들이 의식적으로 특정한 미적 효과를 추구했음을 보여주었다. 랭의 〈이주민 어머니〉는 한 순간에 포착된 탁월한 이미지가 아니라 일련의 포즈 끝에 찍은 여섯 번째 사진인 것으로 밝혀졌다. 더욱이 랭은 그 어머니의 자녀 모두를 묘사하지는 않기로 결정했는데, 그것은 아마도 적절한 가족 규모에 대한 중산층의 감수성을 호소하기 위해서였을 것이다. 그러한 역사 파헤치기의 동기는 예술을 이해하려는 노력이라기보다는 인위성을 드러내려는 노력이었다. 한때 예술가적 기교가 다큐멘터리 장르의 일부로 공공연하게 받아들여졌던 적이 있긴 하지만, 이제 그것은 조작으로 의심을 받았다. 이것이 역사가 마틴 제이가 말한 이미지의 비대와 폄하의 결합이다.

이것은 1980년대에 도상적 이미지에 대한 대대적인 폭로의 일부에 불과했다. 이오지마에서 조 로젠살이 성조기를 게양하는 사진은 그가 이 사진을

---

117 고아원 논쟁에 관해서는 다음 참조. Cmiel, *A Home of Another Kind*, pp. 187~188.

118 이 장의 앞부분에서 언급된 O. J. 심슨의 전처 살해 사건을 말하는 것으로 보인다. _옮긴이

찍은 날 이전에 이루어졌던 실제 성조기를 올리는 모습을 재연한 것으로 드러났다. 로버트 카파(Robert Capa)가 스페인 내전 중에 찍은 쓰러지는 병사는 카파가 원하는 샷을 얻을 때까지 카메라 앞에 몇 번이고 넘어졌던 것으로 드러났다. 두 명의 여성과 거의 10여 명의 남성은 자신들이 대일 전승일(VJ Day)[119]에 타임스 스퀘어에서 찍은 알프레드 아이젠스타트(Alfred Eisenstaedt)의 키스 사진에 나오는 간호사와 해군이었다는 그럴듯한 주장을 했다.[120] 그와 같은 역사적인 작은 스캔들은 사진의 증거 능력을 거의 신뢰하지 않았던 당시 분위기를 보여주는 것들 가운데 하나였다. 기교가 사실을 몰아냈으며, 바르트가 말했듯이 실재성은 하나의 결과였다. 1980년에 개최된 한 전시회에서 해설 없이 전시된 워커 에번스의 사진을 찍은 예술가 셰리 레빈(Sherrie Levine)[121]의 사진들은 다큐멘터리적 진실을 아이러니한 차용으로 표현했다. 이 모든 것들은 시각적 제유의 힘에 대한 믿음이 무너지는 것을 보여주는 예였다.

1978년에 한 AP 통신 기자는 그러한 명예 실추 사건을 마무리 지으면서 그 이주민 어머니의 이름이 플로렌스 오언스 톰슨(Florence Owens Thompson)이라고 밝혔다. 로이 스트라이커가 불렀던 것처럼, 그녀는 "불멸의 인물"이 아니라 캘리포니아주 모데스토(Modesto)에 있는 이동식 주택에 살고 있는 특정 인물로, 자신의 사진이 유명한 사진으로 영원히 남겨지게 되었음에도 자신은 어떤 이득도 얻지 못했다고 몹시 불평했다. 〔그녀는 흔히 생각하듯이 가

---

119 'VJ'는 'Victory over Japan'의 약자이다. _옮긴이

120 https://en.wikipedia.org/wiki/V-J_Day_in_Times_Square#Identity_of_the_kissers 참조. 좀 더 최근에 그 사진은 성폭행 증거 자료로 새 생명을 얻었다.

121 셰리 레빈(1947~)은 미국의 사진작가이며 개념주의 예술가이다. 차용이라는 방식을 통해 예술의 독창성과 원본의 가치에 대해 의문을 제기했다. 워커 에번스의 흑백 사진들을 재촬영하고 자신의 이름을 써넣은 〈워커 에번스를 따라서(After Walker Evans)〉 같은 재사진 작업으로 유명하다. _옮긴이

난한 백인이 아니라 체로키(Cherokee)[122] 혈통이었다.] 불멸의 아이콘은 평범한 인간일 수도 있었다.[123] 한때는 실제 사람들의 곤경에 대한 다큐멘터리적 진실로 이해되었던 것이 계산된 미학과 정치적 술책 혹은 부당한 이용으로 재해석되고 있었다. 요약은 국가 건설의 한 형태가 아니라 상처에서 떼어낸 딱지였다.

20세기 초의 도상적 이미지에 대한 지식인들의 태도 변화를 보여주는 또 다른 예는 미국 자연사 박물관의 아프리카 홀에 대한 도나 해러웨이(Donna Haraway)의 비판적 해석이었는데, 아프리카 홀의 디오라마는 1930년대 시각적 합성 예술의 놀라운 예였다. 1985년에 처음 발표된 해러웨이의 논문 「테디 베어 가부장제(Teddy Bear Patriarchy)」는 아프리카 홀 이름[124]의 주인공인 칼 에이클리에 초점을 맞추었다. 그녀는 이 홀을 젠더, 인종 및 계층 정체성을 만들어내는 "시각 기술"로 보았다. 멀비처럼 그녀는 "리얼리즘의 미학적 이데올로기"를 공격했다. 그녀는 요약이라는 표현 전략이 복잡한 권력 관계 네트워크를 미봉책으로 가리고 있다고 주장했다. "모든 박제된 동물, 청동 조각, 또는 사진 뒤에는 엄청나게 많은 오브제와 사회적 상호 작용이 놓여 있다." 리얼리즘은 편파적 관점을 감추었다. 즉, "그냥 거기서 바라보기만 한다면, 그렇게 고통스럽게 만들어진 것들이 힘들이지 않고 자연스럽게 발견되는 것처럼 보인다"는 것이다. 그러나 그와 같은 무기교성은 일종의 속임수였다. 동물을 죽이고 박제하는 것이 해러웨이에게는 시각 문화적

---

122 북아메리카의 원주민족이며, 이로쿼이(Iroquois) 어족에 속하는 언어를 사용한다. _옮긴이

123 James Curtis, *Mind's Eye, Mind's Truth: FSA Photography Reconsidered* (Philadelphia: Temple University Press, 1989), pp. vii~ix. 〈이주민 어머니〉에 관해서는 다음 참조. Robert Hariman and John Louis Lucaites, *No Caption Needed: Iconic Photographs, Public Culture, and Liberal Democracy* (Chicago: University of Chicago Press, 2007), pp. 53~67.

124 이 홀의 이름은 'Carl Akeley Hall of African Mammals(칼 에이클리 아프리카 포유류 홀)'이다. _옮긴이

요약의 적절한 상징 역할을 했다. 말하자면, "박제술은 전체를 대표하고자 하는, 전체가 되려는 숙명적인 욕구를 충족시킨다"는 것이다. 시각적 제유는 더 이상 민주적이지 않았고, 잔인했다. 해러웨이의 해석에서 에이클리는 자신의 불확실한 남성성을 강화하기 위해 아프리카 동물, 그의 대필 작가 아내, 흑인 하인을 똑같이 먹잇감으로 삼았다. 해러웨이가 잘못을 입증하는 증거로 제시한 인용문에서 에이클리가 자랑했던 것처럼, 그는 "… 흡사 권총을 조준하는 것처럼 쉽게 겨냥할 수 있는" 카메라를 설계하기까지 했다. 박물관 오브제를 바라보는 것이 그렇게 잘못된 짓인 것처럼 들리는 경우는 좀처럼 없었다.[125]

20세기 후반에 이미지에 대한 의심을 거스르는 역류도 물론 나타났다. 로드니 킹 재판은 주의를 환기하는 하나의 사건이었다. 1991년 3월, 로스앤젤레스 경찰이 흑인 운전자 킹의 차량을 검문하기 위해 차를 길 한쪽으로 대게 한 다음 그를 잔인하게 때리는 장면을 한 구경꾼이 비디오에 담았다. 이 경찰관들의 재판에서 변호인들은 그 비디오테이프를 보면 실제로는 킹이 공격자임을 알 수 있다고 주장했으며, 배심원들에게 정상적인 속도가 아닌 프레임 단위로 그 비디오를 보여주면서 킹의 방어 몸짓을 공격적인 것으로 만들었다. 당시 일부 학자들이 거의 참회하듯 인정했듯이, 그것은 마치 변호인단이 영화 이론을 읽고 비디오테이프의 진실 내용(truth content)[126]이 변하기 쉽고 사회적으로 구성된다는 교훈을 마음에 새겼던 것 같았다.[127] 변

---

125 Donna Haraway, "Teddy Bear Patriarchy: Taxidermy in the Garden of Eden, New York City, 1908-1936," in *Primate Visions: Gender, Race, and Nature in the World of Modern Science* (New York: Routledge, 1989), p. 54, 45, 27, 38, 30, 43. AMNH의 진보적인 보아스식 유산에 초점을 맞추고 있는 해러웨이의 여러 주장에 대한 철저한 비평을 보려면, 다음 참조. Michael Schudson, "Paper Tigers," *Lingua Franca*, 7, 1997(August), pp. 49~56.
126 철학에서 '진실 내용'이란 진리를 진술과 사실의 일치가 아니라 실현되어야 할 것으로 이해하는 실용적인 진실 개념에 적용된다. _옮긴이

호인단이 그 비디오의 해체(deconstruction)를 통해 전부 백인으로 구성된 배심원단은 설득했지만, 경찰이 무죄 평결을 받자 폭동을 일으킨 수천 명이나 경악과 분노를 공감하며 지켜본 수백만 명은 설득하지 못했다. 아마도 사진 속에는 어쨌든 어떤 움직일 수 없는 사실의 핵심, 즉 사진이 보여주는 고통과의 관련성과 신체와의 관련성이 존재했을 것이다.

1990년대에 영화 학자들은 그들 분야의 기반이 되는 문제로서 이미지의 '지표성'(indexicality: 이미지가 사건의 흔적이 될 수 있다는 개념)에 대한 그들의 관심도를 높였다. 아마추어의 이미지 만들기와 전문가의 이미지 만들기 모두에서 디지털이 승리를 거두었던 바로 그 역사적 순간에 학자들은 발터 벤야민이 "우연의 작은 불꽃"이라고 불렀던 이미지에서 놓친 진실의 흔적을 새롭게 찾기 시작했다.[128] 지표로 되돌아간 것은 이미지 회의론이라는 큰 바다 위에 떠 있는 작은 배였다. 사진 감상자의 시선을 끄는 아주 작은 진실의 조각 혹은 "우연성(having-happenedness)"을 의미하는 바르트의 '푼크툼(punctum)'[129]이라는 개념이 그랬던 것처럼, 흔적으로서의 사진 이미지에 대한 바쟁의 관심은 신선하게 평가되었다.[130]

---

127 예를 들면, Judith Butler, "Endangered/Endangering: Schematic Racism and White Paranoia," in Robert Gooding-Williams(ed.), *Reading Rodney King, Reading Urban Uprising* (New York: Routledge, 1993), pp. 15~22. 또는 Mike Mashon, "Losing Control: Popular Reception(s) of the Rodney King Video," *Wide Angle*, 15, 1993(April), pp. 7~18.

128 Walter Benjamin, "A Little History of Photography," in Michael W. Jennings, Howard Eiland, and Gary Smith(eds.), *Walter Benjamin: Selected Writings, 1927-1934* (Cambridge, MA: Belknap Press, 1999), 2, pp. 507~530. 바르트의 푼크툼 개념도 중요했는데, 그것은 아마도 벤야민에게 무언가 영향을 받은 것 같다.

129 바르트가 말하는 '푼크툼'이란 일반적인 이해 방식이 아닌 개인의 취향이나 경험, 무의식 등과 링크해서 순간적으로 확 오는 강렬한 자극을 말한다. 푼크툼은 우리가 당연히 사진을 보듯이 보는 것을 뜻하는 스투디움(studium)이었을 때와 달리 더는 기호로 환원될 수 없는 그 이상의 의미를 가진다. 푼크툼이란 쉽게 말하면 '주관적 해석'이다. _옮긴이

130 Dudley Andrew(ed.), *The Image in Dispute* (Austin: University of Texas Press, 1997) 참조.

이미지의 새로운 느슨함/유연성[131]에 대한 태도는 물론 훨씬 더 다양했다. 1980년대와 1990년대에 다른 문화 분야에서는 시각성[132]이 학습과 관련이 있다는 관념이 더 존중을 받았다. 그것은 단순한 단순화가 아니라 실제 학습이었다. 인지 심리학자들 사이에서 시각 지능(visual intelligence)[133]에 대한 관심이 크게 증가했다. 이러한 마샬 맥루언(Marshall McLuhan)[134]의 메아리는 이미지를 무시한 20세기 초의 행동주의자들과 대조를 이룬다. 깅리치의 토플러식(Toffleresque)[135] 미래주의는 새로운 컴퓨터 그래픽이 가져다 줄지도 모르는 정보의 민주화에 대해 매우 낙관적이었다. 개인용 컴퓨터 분야에서의 그래픽 사용자 인터페이스 개발과 윈도우즈(Windows) 운영 체제는 사진을 일상적인 작업 도구로 만들었다. 마우스가 있는 개인용 컴퓨터를 사용하는 모든 사람은 리모컨을 가지고 있는 TV 시청자만큼 스크린상에 있는 것을 편집하고 제어할 수 있었다. 고정된 기념비적인 이미지나 손이 닿을 수 없는 거리에 멀찍이 떨어져 있는 스크린은 사라졌다.

---

131 홉스테드(Geert Hofstede)는 문화를 그 경직성(tightness)과 유연성(looseness)의 정도에 따라 구분하는데 문화의 경직성과 유연성이란 특정 문화 내에서 '규범'이 명백하게 정의되고 신뢰할 수 있게 집행되는지의 정도를 지칭한다. 따라서 여기서 이미지의 유연성이란 이미지에 대한 사회의 규범이 엄격하게 혹은 느슨하게 집행되는 정도를 말한다. _옮긴이

132 우리 시각은 그저 자연적인 것이 아니라, 언제나 역사적/사회적 담론의 산물인 '시각성(visuality)'으로 나타나는데, 이 '시각성'은 특정한 시기에 주체와 권력이 형성되는 과정과 하나가 되어, 그 자체가 하나의 '체제'를 이루게 된다. _옮긴이

133 시각적 지각과 인지는 우리가 어디에 있는지, 어떤 물체가 주변에 있는지, 어떻게 영향을 미치고 영향을 받는지에 대한 정보를 제공함으로써 현실 세계에서 이해하고 기능하는 인간 지능의 핵심이다. _옮긴이

134 맥루언의 저술들은 미디어와 커뮤니케이션에 대한 전통적인 관념에 도전했기 때문에 획기적이었다. 즉, 그는 미디어가 단순히 정보를 전달하는 도구가 아니라 우리가 생각하고, 인식하고, 주변 세계와 상호 작용하는 방식을 형성하는 강력한 힘이라고 주장했다. _옮긴이

135 앨빈 토플러(Alvin Toffler, 1928~2016)는 뉴욕시에서 출생한 미국의 작가이자 미래학자 겸 저술가로, 디지털 혁명, 통신 혁명, 사회 혁명, 기업 혁명과 기술적 특이성 등에 대한 저작으로 유명하다. _옮긴이

이미지 제작의 변화는 이론을 훨씬 뛰어넘는 이미지에 대한 지적 관심을 불러일으키는 데 도움을 주었다. 이미지는 한때 인쇄가 대권을 장악했던 곳으로 계속해서 침투했는데, 이것은 이미지 시대를 놓치지 말아야 한다는 20세기 말의 부르주아들을 괴롭히던 의식의 일부로 해석될 수도 있는 추이였다. ≪미국 역사 리뷰≫는 1979년에, 그리고 ≪미국 역사 저널(*Journal of American History*)≫은 1986년에 그림과 사진을 사용하기 시작했다. 두 학술지 모두 조심스럽게 시작했지만, 이후 그림과 사진은 매호마다 규칙적으로 실렸다. 1980년대에는 두 학술지 모두 영화 비평을 시작했다. 대학 강의실은 '스마트'해지기 시작해서, 그림과 사진, 사운드, 인터넷과 연결되었다. 1980년대에 개발된 마이크로소프트(Microsoft)의 파워포인트는 새천년 초에 이르러 많은 대학 강의실에서 표준이 되었다. 그것의 치명적인 결과에 대한 학생과 교사 모두의 불만이 만연해 있음에도, 텍스트, 이미지, 단어 및 사운드를 통합하는 단일 패키지인 파워포인트는 교육자들에게 거부할 수 없는 제안을 했다.[136] 1990년대에 인쇄의 발전으로 6색 이미지를 만들어내는 것이 훨씬 덜 어려워짐에 따라, 밀도 높은 사실의 문화의 마지막 보루 가운데 하나인 교과서를 시각적으로 활기차고 가끔은 심지어 매력적이게 디자인할 수 있게 되었다. 일부 교과서는 1980년대 초 ≪USA 투데이(*USA Today*)≫에 사용된 호칭인 "인쇄된 텔레비전"처럼 보였다. 랑델의 어수선한 판례집은 최소한 학부 수준에서는 교과서로 사용할 수 없었다.

≪USA 투데이≫의 그래픽뿐만 아니라 더 진지한 출판물이 매력적인 모습으로 바뀐 것(≪뉴욕 타임스≫는 1997년에 컬러화되었음)은 시각적인 것과 사실적인 것의 융합을 암시한다.

새천년이 되자 이미지의 신경과민증이 문화에 만연해 있었다. 인터넷 포

---

136 Julia Keller, "Is PowerPoint the Devil?" *Chicago Tribune*, January 23, 2004.

르노를 아이들에게서 떼어 놓으려는 노력에 대한 폭넓은 지지가 하나의 신호였다. 아이를 키우는 것이 얼마나 힘든지 그리고 매스 미디어가 어떻게 도움이 되지 않는지에 대한 신경질적인 토론은 또 다른 신호였다. 최근 여론 조사는 매스 미디어 이미지가 통제를 벗어났다는 생각에 대한 확고한 지지를 보여주었다. 가수 재닛 잭슨(Janet Jackson)이 2004년 수퍼 볼(Super Bowl) 중간 휴식 시간 쇼에서 잠시 가슴을 드러냈을 때, 분명 더 많은 사람이 생방송 도중에 언뜻 보기보다 사후 다시 보기를 통해서 재닛의 '의상 불량'을 보았기 때문에 어디에서 진짜 분노가 끝나고 거울의 방(hall-of-mirrors) 미디어 서커스[137]가 시작되었는지 말하기는 어렵지만, 전국적인 분노가 있었던 것은 사실이다.[138] 그것은 거의 보이지 않는 것에 대한 메타-격분[139]이었다. 보드리야르가 각본을 짰을 법한 일이다.[140]

　그러한 폭넓은 우려가 어떤 극적인 문화적 역행으로 이어지지는 않았다. 정확히 말하면, 꽤나 보수적인 연방 대법원조차 만족시킬 수 있는 법을 만들지 못한 것이 한 가지 이유였다. 무슨 일이 있어도 정부 검열은 좋은 것이 아니라는 의심이 또 다른 이유였다. 많은 성인이 포르노를 조용히 은밀하게 즐기는 것이 세 번째 이유였다. 마지막으로, 뮤직 비디오, 인터넷, 할리우드

137　사방이 곡면 거울로 둘러싸인 관람자의 모습을 왜곡시켜 보여주는 거울 방으로, 여기서는 서로 경합하는 실재의 버전들로 인해 진실과 환상을 구별하기 어려운 혼란스럽고 방향 감각이 상실된 상황을 말한다. _옮긴이

138　일부 여론 조사 데이터를 보려면 다음 참조. Daly, "Blue Streak," p. 34.

139　접두어 'meta'는 '~에 대한'의 의미로 여기서는 '격분에 대한 격분', 즉 의상 불량에 대한 격분이 거의 보이지 않는 것에 대한 격분으로 이어졌음을 의미한다. _옮긴이

140　이 개념은 초현실과 시뮬라크르에 관한 이론으로 유명한 보드리야르와 관련이 있다. 재닛 잭슨의 옷이 찢어진 사건의 경우 실제 사건은 짧고 사소한 것이었지만("거의 보이지 않는"), 미디어의 광범위한 보도와 분석으로 인해 중요한 문화 현상("메타-격분")으로 바뀌었다. 이는 미디어와 표현이 원래의 현실을 가리는 '초현실적' 버전의 사건을 만들 수 있다는 보드리야르의 생각과 일치한다. _옮긴이

의 폭발, TV의 과시적인 이미지, 비디오 게임, 이 모든 것의 순전한 현란함도 부인할 수 없는 이유였다. 그것들의 에너지는 엄청났고 그것들의 창의성은 무시할 수 없었다. 그것들의 결점이 무엇이든 간에 그것들은 사람들을 매우 즐겁게 해줄 수 있었다. 미국 미디어는 저속하고 천박함에도 수백만 명의 사람들에게 사랑받았다.

시각적 요약의 실패

1993년에 ≪타임≫은 한 여성의 얼굴에 각기 다른 민족성을 합성한 컴퓨터 생성 이미지를 표지에 실었다. 보편적 합성이라는 목적에 있어 파이어니어(Pioneer) 명판[141]보다는 덜 야심 찬 이 사진은 온 인류가 아닌 오직 한 국가만을 대표하고자 했다. 각 인종 및 민족 집단은 2050년 미국에서 예상되는 인구 점유율과 일치하는 최종 합성 비율을 부여받았다. ≪타임≫ 편집인은 '미국의 새로운 얼굴'인 이 초상화에 흥분을 감추지 못했다. 그러나 이 이미지는 좌파 문화 연구자들로부터 맹렬한 공격을 받았다. 이 사진은 흰색이 너무 두드러졌고, 앞으로도 계속 이어질 실재의 민족성 문제를 덜 진지하게 다루었으며, 그러한 교묘한 합성이 재생적 혼혈(regenerative miscegenation) 이라는 오래된 꿈을 영속화함으로써 실재하는 인종 및 민족 간 갈등을 지워 버렸다. 또한 이 사진은 여느 때와 같이 국가를 대표하는 인물로 여성을 사용했으며 젊음과 아름다움이라는 전통적인 규범을 이용했다.[142]

---

141 1972년과 1973년에 발사된 우주 탐사선 파이어니어 10호·11호에 장착된 명판으로, 인류로부터의 메시지를 그림으로 적은 것이다. 탐사선에 의한 능동적 외계 지능 찾기(Active SETI)의 최초 사례로 명판에는 인간 남녀의 모습과 함께, 탐사기의 고향인 지구에 관한 정보를 나타내는 기호가 그려져 있다. _옮긴이

142 Lauren Berlant, "The Face of America and the State of Emergency," in *The Queen of America Goes to Washington City* (Durham, NC: Duke University Press, 1997), chap. 5; Evelynn Hammond, "New Technologies of Race," in Jennifer Terry and Melodie Calvert

그림 5-2 "미국의 새로운 얼굴", ≪타임≫(1993.11.18)

(eds.), *Processed Lives: Gender and Technology in Everyday Life*, (London: Routledge, 1997), p. 113; David Theo Goldberg, *Racial Subjects* (London: Routledge, 1997), chap. 4; Michael Rogin, *Blackface, White Noise* (Berkeley: University of California Press, 1998), chap. 1; Donna Haraway, *Modest Witness* (London: Routledge, 1997), pp. 259~265; Shawn Michelle Smith, *American Archives* (Princeton, NJ: Princeton University Press, 1999), p. 223; Caroline Streeter, "The Hazards of Visibility: 'Biracial' Women, Media Images, and Narratives of Identity," in Loretta I. Winters and Herman L. DeBose(eds.), *New Faces in a Changing America: Multiracial Identity in the 21st Century* (Thousand Oaks, CA: Sage, 2003), pp. 301~322.

좌파 다문화 운동가들은 이미지를 요약하는 것이 미국 사회의 진정한 '차이들'을 포착하기에 충분하다는 주장에 맞서 싸웠다. 더 큰 총체성을 향한 해상도 낮은 제스처는 억압적인 것으로 널리 간주되었다. 전형적인 예로, 1997년 버지니아 대학교(University of Virginia) 법학 전문 대학원 학생들은 모두 백인이었던 전 대학원 원장들의 유화 초상화 여덟 점을 다른 곳에 건 것에 항의했다. 이전에는 도서관의 잘 보이지 않는 곳에 걸려 있던 이 초상화들은 법학 전문 대학원이 대대적인 보수를 마친 후 새로운 복도의 눈에 잘 띄는 장소로 옮겨졌다. 일부 학생들은 그 복도를 '죽은 백인 남성의 홀'이라 불렀다. 한 학생은 그 초상화들에 대해 다음과 같은 핵심적인 질문을 던졌다. "소수자와 여성의 초상화는 어디에 있는가?"[143] 당시 학장은 일련의 초상화들이 전체 공동체가 자랑스러워할 수 있는 집단이라고 옹호했으며 버지니아 법학 전문 대학원의 최초 여성 졸업생과 최초 아프리카계 미국인 졸업생의 초상화뿐만 아니라 훨씬 더 다양해진 재학생 전체의 사진도 거는데 동의했다.[144] 대표들에 의한 요약이라는 오래된 논리는 통하지 않았다. 많은 사람에게 이러한 변화는 백인과 남성의 정통성을 강화하기 위해 고안된 (빙산의 일각에 불과한 이미지를 가진) 문화에서 벗어나게 해주는 일종의 위안이자 그러한 문화에 대한 저항이었다.

1997년에 프랭클린 델라노 루즈벨트 기념관은 전 국가적인 논쟁의 대상이었다. 루즈벨트의 주(主) 동상은 그가 사랑했던 스코틀랜드 테리어(Scottish terrier) 품종의 반려견 팔라(Fala)를 발밑에 두고 하체를 덮는 아주 큰 망토

---

143 아이오와 대학교 영문학·철학 빌딩의 회의실에는 1980년대 중반 내내 은퇴한 영문학과 구성원들의 흑백 사진이 오랫동안 전시되어 있었다. 대학원생들은 이를 가부장제의 벽이라고 부르기도 했다. 최근에 새로 바꿈으로써 좀 더 다양성이 높아졌다.

144 Ian Zack, "Deans' Pictures Open Debate in Virginia," *New York Times*, February 12, 1997, p. A15.

를 걸치고 앉아 있는 루즈벨트의 모습을 묘사했다. 문제는 그의 장애를 그가 살았을 때처럼(망토로 가린 상태) 묘사하느냐 아니면 일부 사람들이 그를 기억하기를 바랐던 대로(망토를 치운 상태) 묘사하느냐 하는 것이었다. 이 기념관에는 1921년 이후에는 누군가의 도움 없이는 걸을 수 없었다는 것을 설명하는 화강암 비문뿐만 아니라 휠체어를 타고 있는 그의 모습이 담긴 현재까지 남아 있는 유일한 두 장의 사진 가운데 하나도 전시되어 있었다.[145] 이 기념관에는 그의 소아마비와 그로 인한 이동에 제한이 있었다는 사실에 대한 많은 기록이 있었기 때문에, 문제는 정보의 가용성이 아니었다. 문제는 도상적 이미지가 포함할 수 있는 것과 포함할 수 없는 것이었다. 많은 사람이 휠체어에 탄 FDR의 추가 동상을 요구했다.

이 논란은 공중을 둘로 갈라놓았다. ≪뉴욕 타임스≫의 같은 지면에서 장애 운동가들은 그 문제에 대한 양쪽 입장 모두를 대변했다. 어떤 운동가들은 휠체어를 보여주는 것이 장애인을 억압하는 사회에 대한 루즈벨트의 승리를 더럽힐 것이라고 주장했다. 또 어떤 운동가들은 그 휠체어를 정말로 볼 필요가 있는 사람은 바로 비장애인들이라고 주장했다.[146] 전반적으로 운동가들은 포드(Gerald Ford), 카터(Jimmy Carter), 레이건, 클린턴 대통령과 마찬가지로 추가 동상을 강력하게 지지한 데 반해, 여론의 대의는 이들과 반대편에 있었다. 25명의 루즈벨트 손주들 사이에서도 의견이 갈라졌다. 결국 그가 사용한 휠체어에 타고 있는 FDR을 묘사한 또 다른 동상이 기념관 입구에 추가로 설치되었다. 하나의 동상으로는 더 이상 FDR의 전체적인 복잡성

---

145 David Stout, "Clinton Backs Sculpture of Roosevelt in Wheelchair," *New York Times*, April 26, 1997, p. A16.

146 "F.D.R.'s Progressive Spirit Is Vote for Wheelchair," *New York Times*, April 26, 1997, p. 22; "F.D.R.'s Legacy of Hard-Won Goals Helps the Disabled Achieve," *New York Times*, May 5, 1997, p. A14.

사이드바 5-2 외계인에게 보내는 이미지

1972년, 천문학자 칼 세이건(Carl Sagan)은 두 번째 부인인 예술가 린다 샐즈먼 세이건(Linda Salzman Sagan)과 동료 천문학자 프랭크 드레이크(Frank Drake)와 함께 우주 탐사선 파이어니어 10과 파이어니어 11에 붙일 명판을 디자인했다. 그것은 외계의 지적 존재에 전하는 인류의 인사로 여겨졌으며, 일종의 병 속에 담긴 우주 메시지였다. 그들은 미지의 지적 존재에게 가장 잘 도달할 수 있는 메시지의 종류에 대한 그들의 판단이 틀릴 위험을 분산하기 위해 다양한 재현 매체를 사용했다. (이후의 시도에는 선별된 사운드를 담은 비닐 LP가 포함되었을 것이다.[1]) 세이건이 활기차게 "수신자와 공유하는 유일한 언어: 과학"이라고 불렀던 바로 그 언어로 천체에서 지구의 위치를 제공하는 추상적인 준수학적 그림과 함께 그 명판에는 오른팔을 직각으로 들어 올려 인사를 하는 벌거벗은 남자의 이미지와 이 남자 옆에서 이 남자 방향으로 몸을 약간 돌린 채 바라보는 벌거벗은 여자의 모습이 담겨 있었다. 만약 요약하고 있는 이미지에 어떤 의도가 있었다면, 그것은 아마 이러했을 것이다. 송신자: 인류 전체. 수신자: 알 수 없음. 메시지: 안녕하세요. 그림은 (인류 전체가 알아들을 수 있는) 보편적 번역이라는 언제나 받아들이기 어려운 프로젝트에 많은 장애물이 있다는 것을 처음부터 알았지만, 그 명판은 그것을 발견하는 어떠한 지적인 생명체도 쉽게 이해할 수 있는 종합적인 이미지여야 했다.

그것은 즉각적으로 논란이 되었다. 그 명판은 외계에서 "(그 메시지를) 낚아채는 자들의 사회(interceptor societies)"[2]는 말할 것도 없고 지구인들에게조

---

1   Luke Stacks, "Planetary Consciousness and the Voyager Golden Record," Seminar Paper, Department of Communication Studies, University of Iowa, Spring 2007 참조.

2   명판의 메시지의 정확한 도착지가 없기 때문에 우주 공간을 지나가는 메시지를 '낚아채는 자 (interceptor)'라고 표현했고 외계 사회가 여러 개 존재할 수도 있으니까 복수(societies)로 표현

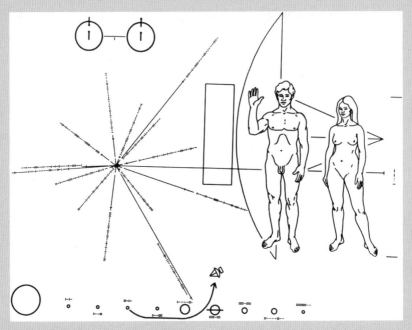

그림 5-3 파이어니어 명판의 삽화(1972)

차도 하나의 명확한 메시지를 전달하는 데 곧바로 비참하게 실패했다. 위대한 시각 이론가인 E. H. 곰브릭(E. H. Gombrich)은 당시에 "만약 우주에 있는 '과학적으로 교육받은' 우리의 동료 생명체들이 그 숫자들을 구조물과 구조물 사이에 이런저런 것들이 엉성하게 널려 있는 선(線) 구조물로 보는 것도 무리가 아닐지도 모른다"고 지적했다. 이 이미지는 전제들로 가득 차 있었다. 그리고 지구상의 우리 동료 생명체들과 관련해서도 그는 중국인과 인도인도 그 남자의 몸짓을 인사라고 이해조차 하지 못할 것이라고 지적했다.[3]

한 것으로 보인다. _옮긴이

3 E. H. Gombrich, "The Visual Image," *Scientific American*, 227, 1972(September), p. 92.

대신, 세이건은 나중에 이 명판을 유감스럽다는 듯이 "우주 로르샤흐 테스트"라고 불렀다. 주된 불만 사항 가운데 하나는 누드였다. ≪사이언티픽 아메리칸≫ 편집인에게 보낸 편지에서 독자들은 왜 NASA가 "우리의 태양계 너머로까지 이런 추잡한 것을 퍼뜨리고" 싶어 했는지 궁금해했다. 그리스 조각의 규범을 따르듯, 남성의 생식기는 묘사되었지만 여성의 생식기는 묘사되지 않았다. 페미니스트들과 ≪플레이보이≫ 모두 한결같이 이러한 왜곡을 비판했다. 세이건은 여성의 음부에 작은 수직선을 추가하는 것을 고려했지만 NASA와 더 불화를 일으키는 위험을 감수하고 싶지 않았다고 말했다. 행성 간의 커뮤니케이션조차도 지구상의 세속적인 양심의 가책에서 벗어날 수 없었다. 인간을 이해하려고 노력하는 외계인에게 아마도 이 그림에 대해 알아야 할 가장 중요한 것은 하나의 작은 선이 그렇게 큰 문제를 일으킬 수 있는 이유였을 것이다. 작은 선의 부재로 인간의 해부학적 구조를 제멋대로 묘사하게 되었지만, 그것은 인간 문화에서 오랫동안 지속되어 온 금기 사항을 정확하게 재현했다. 만약 외계인이 우리 종을 이해하는 데 관심이 있다면, 모든 인간의 기원을 표현하는 관행이 왜 그렇게 논쟁적인지 이해하는 것이 그들에게 매우 많은 도움이 될 것이다.

다른 비평가들은 그 여성이 너무 수동적이라고 불평했다. 여자의 자세는 마치 발끝으로 바닥을 쓸 듯이 약간 균형이 맞지 않는 반면, 남자는 중앙에 똑바로 서 있다. 그는 손을 흔들지만, 그녀는 같이 인사를 하는 대신 남자를 옆으로 바라본다. 그녀는 그에게 허락을 구하고 있는가, 그의 리더십을 예찬하고 있는가, 아니면 그를 가볍게 조롱하고 있는가? 이미지의 경우 항상 그렇듯이, 의미의 불순물을 제거하는 것이 불가능하지만, 이 그림은 분명 어떤 종류의 젠더 이데올로기로 가득 차 있다. 왜 그녀의 몸이 중심에서 벗어나 있었는가? 왜 그녀는 손을 흔들고 있지 않았는가?

다른 사람들은 이미지의 인종 차별에 대해 불만을 제기했다. 인간종 가운데 백인은 소수일 뿐인데 왜 그 커플은 백인이었는가? 이 이미지는 NASA가 실제 흑인에 대한 관심보다 잘 알지도 못하는 외계의 지적 존재에 더 관심이 있는 백인 프로젝트라는 아프리카계 미국인들 사이에서 흔히 볼 수 있는 비판을 더 부채질했다.[4] 세이건은 자신을 방어하면서 이 이미지를 '범인종적'으로 묘사하려 했다고 말했다. 그는 원래 디자인에 있었던 그 남자의 "짧은 '아프로(Afro)' 헤어스타일을 유지하지 못했고 또한 머리의 윤곽선으로만 표현했기 때문에 이 여성의 머리카락이 금발처럼 보일 수 있다는 점을 아쉬워했다. (어쨌든 그녀의 머리카락은 직모였다.) 최종 버전의 희미한 아몬드 모양의 눈과 납작한 코에도 불구하고, 이 아담과 이브에서 비백인의 특징을 발견한 비평가는 거의 없었다.[5]

인간의 본질을 아우르는 이미지를 만들기 위한 노력에 대해서는 이쯤 해두자. 그 팀이 처음부터 인정했듯이, "그 메시지에는 의도치 않게 인간 중심적인 내용이 포함되어 있다".[6] 오늘날 이 이미지는 보편적이거나 시대를 초월한 것과는 거리가 멀어 보이며, 1970년대의 먼 행성에서 전송된 것처럼 보인다. 벌거벗었든 옷을 입었든 오늘날은 아무도 꽤 그런 모습을 하고 있지는 않을 것이다. 그것은 1970년대의 자유주의적 다문화주의 비전을 담은 기록이다. 아마도 그 시기임을 보여주는 가장 명백한 증거는 헤어스타일일 것이다. 오늘날 우리는 나중에 보이저(Voyager) 무인 우주 탐사선에 실어 보낸 금도금을 한 구리 LP를 재생할 전축을 찾는 것만큼이나 이 이미지의

---

4   Lynn Spigel, *Welcome to the Dream House* (Durham, NC: Duke University Press, 2001), pp. 141~185.

5   이 사이드바에 인용되어 있는 글은 모두 다음에서 가져온 것이다. Carl Sagan, *The Cosmic Connection: An Extraterrestrial Perspective* (New York: Doubleday, 1973), pp. 18~33. 따라서 존 더럼 피터스는 어머니의 불평을 기억한다.

6   Carl Sagan, Linda Salzman Sagan, and Frank Drake, "A Message from Earth," *Science*, 175, 1972(February 25), pp. 881~884, at 881.

의미를 자동적으로 알아차리는 데 많은 어려움을 겪을 것이다. (이후에 외계인에게 보내는 메시지를 위한 음향 매체 선택은 파이어니어 경험을 토대로 했을 수도 있다. 소리는 그림보다 논란이 적은 경향이 있다.)

그러한 종류의 공격은 앞으로 일어날 일을 예고했다. 문화-정치적 우파들은 음란성에 대한 전통적인 우려를 제기했고, 좌파들은 재현물이 인종과 젠더에 어떻게 모욕하는지에 대한 좀 더 새로운 의혹을 제기했다. 20세기 말에 이 이미지에 반대하는 집단들은 그러했다.

을 아우를 수 없었으며, 따라서 무대 앞은 더 이상 적절한 요약의 무대 뒤를 함축할 수 없었다. 단 하나의 이미지가 모든 이야기를 전달한다고 믿는 사람은 없었다. 엘리트들 사이의 언쟁은 기념비적인 요약 문화가 위협을 받고 있음을 보여주었다. 포드, 카터, 레이건, 클린턴 대통령이 모두 추가 동상 건립을 지지한 것에서 볼 수 있듯이, 문화적 요약에 동의하지 않는 것은 정치적 좌파만이 아니었다.

그러나 FDR의 전매특허인 담배 파이프가 새로운 이미지에서 제외된 것에 대해 이의를 제기한 사람은 거의 없었다.[147] 운동가들은 실제 상황에 충실한 새로운 FDR의 동상이 필요하다고 주장했지만, 담배에 관해서는 '역사'가 현재의 의견을 당해 내지 못했다.

2002년 1월, 뉴욕시 소방국(FDNY: New York City Fire Department)은 2001년 9월 11일에 파괴된 트윈 타워스(Twin Towers) 근처의 잔해 더미에 성조기를 게양한 세 명의 소방관을 기념하는 동상을 브루클린 본부 외부에 건립하기로 결정했다. 뉴저지의 사진작가인 토머스 프랭클린(Thomas Franklin)이 찍은 그 사진은 이오지마에서 게양된 성조기에 대한 기억을 불러일으켰으며, 곧 가장 많이 유포된 9·11 테러 공격 이미지 가운데 하나가 되었다. 그것은 극적인 사진을 통해 더 복잡한 이야기를 하려는 또 다른 노력이었다. 그 사진은 2001년 후반과 2002년 초반에 수많은 상을 수상했고 신문, 잡지, 백과사전, 웹 사이트, 커피 머그, 티셔츠, 데칼(decal)[148] 등 문화 구석구석으로 퍼져 나갔으며, 2002년 수퍼 볼에서 재연되었다.[149]

---

147 그렇지만 다음 참조. Blynn Garnett, "Agreeing to Pretend," *New York Times*, April 26, 1997, p. 22.

148 모형에서 보다 실제에 가깝게 묘사하기 위해서는 숫자, 마크 등의 표현이 필요한데, 이러한 것들을 작은 사이즈인 모형에서 도색으로 표현하기에는 어려움이 있기 때문에 그것을 옮겨 붙일 수 있도록 미리 전사(轉寫) 인쇄하는 것, 또는 그렇게 제작된 전사지(轉寫紙)를 말한다. _옮긴이

그러나 FDNY가 제안한 동상은 거의 즉시 논란이 되었다. 조각상의 실물 모형은 전문 모델을 사용했는데, 그 가운데 한 사람은 백인, 한 사람은 흑인, 또 한 사람은 남미계였다. 원본 사진에 있는 세 명의 백인 소방관의 얼굴과 몸매는 사용되지 않았다. 소방국 관리들은 이 디자인이 모든 소방관을 대표한다고 옹호했다. "궁극적으로는 특정한 한 사람이 아니라 가장 큰 희생을 치른 모든 사람을 기리기로 결정했다"고 FDNY 대변인은 말했다.

하나의 이미지가 모든 사람을 포괄할 수 있다는 도박은 실패했다. 비판의 물결이 이어졌다. 사진 속 소방관들은 변호사를 고용해 제안된 동상이 역사를 위반했다고 주장했는데, 휠체어에 탄 FDR 동상을 반대한 사람들도 이러한 고발을 한 바 있었다. [다시 말하지만, 과거는 현재의 요구에 지배를 받는다. 즉, 소방관 가운데 한 사람이 수정주의적(revisionist)[150] 조각상에 불룩한 뱃살이 없다고 불평할 만큼 역사적 정확성에 관심을 가진 사람은 아무도 없었다.] 소방관 노동조합(Firefighters Union)은 제안된 조각상을 "'정치적 올바름(political correctness)'[151]이 지장을 초래할 정도로 통제 수준을 벗어난 상태라고 비난했다".[152] 또 다른 소방관은 "이오지마 사진은 바꾸려 하지 않을 거면서, 그건 왜 바꾸려드느냐?"고 불평했다.[153] (역설적으로 그는 원래 사건과 관련해 똑같이 비난을

---

149 Hariman and Lucaites, *No Caption Needed*, p. 128 ff.

150 원래의 모양이나 현재의 상태를 바꾸는 행위를 말한다. _옮긴이

151 사회의 특정 집단 구성원에게 불쾌감이나 불이익을 주지 않기 위한 언어, 정책, 또는 조치를 설명하는 데 사용되는 용어이다. 1980년대 후반부터 이 용어는 포용적인 언어를 선호하고 특히 인종, 성별, 젠더, 성적 지향성, 또는 장애로 정의되는 집단 등 불이익을 받거나 차별받는 집단을 배제, 소외, 또는 모욕하는 것으로 보일 수 있는 언어나 행동을 피하는 것을 설명하는 데 사용되어 왔다. 공공 담론과 미디어에서 이 용어는 일반적으로 이러한 정책이 과도하거나 정당하지 않다는 의미의 경멸적인 표현으로 사용된다. _옮긴이

152 Lynne Duke, "Red, White, and Blue, for Starters: Firefighters Memorial Sparks a Diverse Debate," *Washington Post*, January 18, 2002, p. C1.

153 Donna Britt, "It's the Actions, Not the Actors, We Will Remember," *Washington Post*, January

받는 한 도상적 이미지를 들먹었다.) 제안된 기념 조각상의 옹호자들은 그 조각상의 포용성을 칭찬했다. 이미지를 바꾸고 싶다면 실재성을 바꿔야 한다는 옛말을 따르는 다른 사람들은 FDNY가 채용 관행에서 덜 백인 위주로 채용을 했더라면 그 사진이 인종적으로 다양할 가능성이 더 높았을 것이라고 지적했다. FDNY 관리들은 결국 그 계획을 취소했고, 기부자도 손을 뗐다.

1945년-스타일의 영웅주의를 기념하려던 2002년의 노력은 완전히 실패했다. 1장과 2장에서 논의한 것처럼, 그림의 사실성과 사진의 정확성에 대한 관심으로 거슬러 올라간 논쟁의 핵심에는 엄청난 모호성이 자리하고 있었다. 튤립 그림, 구름 사진, 혹은 두개골의 엑스레이는 흔히 지나치게 자세하다. 특수자들이 엄청나게 많은 것은 어떤 유형이나 본질을 재현하고자 하는 욕구에 반할 수 있는데, 이것은 해부학 교과서에 흔히 손으로 그린 삽화가 사용되는 한 가지 이유이다.[154] 9·11 사건의 경우, 기념관의 주제가 매우 명확하지 않았다. 그러한 혼란이 프로젝트를 망쳐놓았다. 즉, 그 이미지는 사진작가가 포착한 세 남자가 성조기를 게양하는 단 한 순간의 특정한 행위를 재현했는가 아니면 사진으로 훨씬 더 담기 어려운 9월 11일에 343명의 소방관이 사망했다는 사실을 재현했는가? 단 하나의 이미지로 모든 이야기를 전할 수는 없었다. 어느 누구도 작은 승리의 드라마가 전체를 대표하는 일부가 될 수 있다고 주장하지는 않는 것 같다.

일종의 역설적인 결론으로, 그 이미지는 마침내 2002년 3월에 공개 추모식에서 그 모습을 드러냈는데, 그것은 다름 아닌 45센트짜리 기념 우표였

25, 2002, p. B1. 두 이미지에는 차이점도 있었다는 점에 주목하라. 로젠살의 이오지마 이미지는 얼굴은 보여주지 않고 국가적 목적으로 뭉친 익명의 군대 합창단만 보여주었고, 프랭클린의 9·11 이미지는 노동이 아니라 바라보는 행위로 뭉친 세 명의 민간인 얼굴을 보여주었다. Hariman and Lucaites, *No Caption Needed*, pp. 133~134 참조.

154 Daston and Galison, *Objectivity* 참조.

그림 5-4 2002년 6월 7일에 발행된 "2001년의 영웅들" 우표

다. 작은 사진의 해상도가 너무 나빠서 얼굴에 나타난 민족성을 자세하게 파악할 수는 없었지만, 적어도 그 불룩한 배는 복원되었다. 아마도 우표는 새 천년 초기의 도상적 이미지의 마지막 피난처, 단 한 번 사용되면 다시 사용할 수 없게 되는 소품이었다.

시각적 제유의 도덕적 권위는 1990년대에 들어 완전히 무너졌다. 단 하나의 이미지가 더 큰 사회적 총체성을 요약해서 담아낸다는 개념은 완전히 불신에 부딪혔다. 개울에서 노는 네 명의 백인 소녀을 담은 노먼 락웰의 그림이 '미국 젊은이들의 본질'을 재현한다는 생각은 다양성을 찬양하는 문화에 대한 저주에 지나지 않는다. 추수 감사절에 식탁에 둘러앉은 백인 시골 가정이 '미국'을 대표할 수 있다는 생각도 마찬가지로 의심스러워졌다. 루즈벨트의 '결핍으로부터의 자유' 약속을 극화한 락웰의 1943년 이미지는 당시에 극도의 주류 렌더링[155]을 사용했다는 이유로 공격을 받았다. 그러나 전 국민을 대표하는 문제는? 1940년대에는 그것이 문제가 되지 않았다. 락웰의 작품은 20세기 중반의 요약 문화에 대한 완벽한 예이다. 우리의 좀 더 빈틈없는 눈은 그의 그림을 백인성[156]이나 가부장제를 찬양하는 것으로 보고 싶어 하지만, 당시 비평가들은 그의 그림에서 배제된 주제가 아니라 과도한 노력을 필요로 하지 않는 쉬워 보이는 그의 스타일에 대해 불평했다. 몇 개의 상징이 전체를 대표할 수 있었다. 그러나 2000년 즈음의 사회적 재현물에서는 부분이 더 이상 전체를 감당할 수 없었다. 오늘날 우리가 화이트워싱(whitewashing)[157]으로 간주하는 것은 이미지에 대한 태도의 혁명에서 비롯된다. 좀 더 지쳐 있던 시기에 락웰의 겉모양만의 순수함은 해체되고자 하는 유혹이자 보는 것의 위험에 대한 경고로 읽힌다.

지적 생활에서 문화 개념의 한 차원인 '국민성'에 대한 관념의 붕괴 역시 동일한 변화를 반영한다. 2000년 즈음, 국민성이라는 개념은 학술 포럼에서 웃음거리가 되었다. 시각적 제유 자체에 대한 이러한 불안감은 이미지의 불안정성의 원인이 된다. 재현은 늘 선택적임에 틀림없다. 1990년대에 이미

---

155 색채 렌더링(rendering)이란 사물의 형태를 잘 관찰한 후 대상의 특징을 강조해 컬러(수채화 물감, 아크릴, 색연필, 색 콩테)로 실물 사진보다 더 현실감 있어 보이도록 표현한 그림을 일컫는다. _옮긴이

156 사회학에서 백인성(whiteness)은 백인 종족과 흰 피부에 붙어 있는 일련의 특징과 경험으로 정의된다. 따라서 미국과 유럽의 상황에서 백인성은 정상, 소속, 출생지로 표시하고 다른 인종 범주의 사람들은 비정상적인 것으로, 외래로, 이국적으로 취급된다. _옮긴이

157 미국 영화 산업에서 쓰이는 용어로 백인이 아닌 캐릭터인데도 백인 배우를 캐스팅하는 행태를 말한다. _옮긴이

지 재현을 둘러싼 몇몇 논쟁(샌프란시스코의 버스들에 부착된 AIDS 예방 포스터는 백인 남성을 주된 인물로 표현해야 하는가 아니면 다른 조합을 주된 인물로 표현해야 하는가? 대학 홍보 소책자에 대학 공동체를 어떻게 시각화할 것인가? TV 프로그램과 영화에서 모든 종류의 소수자들을 어떻게 혼합해 재현해야 하는가?)은 이미지에 대한 포괄적인 접근 방식에 내재된 긴장을 반영한다. 그와 같은 이슈들에 대한 '해결책'은 없었다. 끊임없는 변화와 논쟁만 있을 뿐이었다. 어떤 프레임도 그러한 흐름을 관리할 수 없었다.[158] 휠체어를 탄 FDR로 할 것인가 아니면 담배 파이프를 문 FDR로 할 것인가? 성조기를 게양하는 소방관으로 할 것인가 아니면 사망한 소방관으로 할 것인가? 합의는 불가능했다.

우파들은 제안된 소방관 기념관에 대해 가장 두드러진 비판자였긴 하지만, 1990년대의 포괄적인 이미지 추구가 다양성에 대한 새로운 관용적 표현 형식에 설교하듯 적대감을 드러내고 재현에 대한 제유적 접근 방식에 대해 계속해서 입에 발린 말만 했던 보수 집단에게 어떻게 환심을 샀는지를 보면 놀랍다. 뉴트 깅리치 같은 인물은 여성과 아프리카계 미국인을 찾아 그의 직원, 특히 TV 카메라 앞에 서게 될 수도 있는 직원으로 뽑았다. 정장을 입은 백인 남성들이 밀집해 있는 집단의 이미지를 여전히 볼 수 있긴 했지만, 그와 같은 집단으로 재현되는 것은 뭔가 잘못되어 '보였다'. 보수주의자들은 클래런스 토머스(Clarence Thomas)[159]와 같은 '상징'을 원했다. 조지 W. 부시는 자신의 이데올로기를 공유하는 흑인, 남미계 및 여성을 임명했지만, 다양성 자체가 좀 더 진보적 전망을 가능하게 할 것이라는 실현되기 힘든 기대를 저버렸다. 나는 한때 시카고 교외에서 온 한 보수적인 공화당원 은행

---

158 빅 데이터에서 틀 없음의 횡포를 비교해 보라. 다음 참조. Mark Andrejevic, " 'Framelessness,' or the Cultural Logic of Big Data," in Michael S. Daubs and Vincent R. Manzerolle(eds.), *Mobile and Ubiquitous Media* (New York: Peter Lang, 2018), pp. 251~266.

159 클래런스 토머스(1948~)는 미국 역사상 두 번째 아프리카계 미국인 대법관이다. _옮긴이

가와 이야기를 나눈 적이 있었는데, 그는 자신의 은행이 보낸 크리스마스 파티 만화 초대장에 유색 인종이 포함되지 않은 것에 매우 당황했다고 말했다. 그는 특별히 감수성이 있어서 그랬던 것이 아니라, 그의 직원들에게 '옳게 보이기'를 원했던 것이다.

백인 얼굴이 더 이상 미국 전체를 요약할 수 없지만, 유색 인종의 얼굴은 흔히 미국 전체를 요약한다. 오늘날 제품, 대학, 혹은 회사의 어떠한 홍보 사진에도 유색 인종이 적어도 한 명, 아마 그 이상 포함될 것이라는 것이 사실상 보장된다. 락웰 스타일의 오직 백인 얼굴만 있는 것은 미국 공동체를 나타내는 사진으로서 결코 옳은 사진으로 보이지 않을 것이다. 폴 라이언 (Paul Ryan) 전 하원 의장(공화당, 위스콘신주)은 2016년 7월에 올린 백악관 인턴 수십 명과 함께 찍은 셀카 사진으로 곤란에 처했는데, 왜냐하면 모두 공화당원이었던 데다가 누가 봐도 모두 백인이었기 때문이다.[160] 그러나 유색 인종으로만 구성된 단체 사진은 이상하게 보이지 않았을 것이며 심지어 축제를 즐기거나 축하하는 사진처럼 보일 수도 있었을 것이다. 실제로 린-마누엘 미란다(Lin-Manuel Miranda)의 랩 뮤지컬 〈해밀턴(Hamilton)〉(2015)은 유색 인종 배우로만 구성된 캐스트가 출연하며 수십 년 동안 미국에서 가장 인기 있는 뮤지컬이었다. 캐스팅 섭외에 대해 비웃는 사람도 일부 있었지만, 이제 온갖 민족성을 가진 초등학생들이 연극의 상당 부분을 노래할 수 있고 미국 건국의 아버지들에 대해 신이 나서 말할 수 있다. 로버트 해리먼 (Robert Hariman)과 존 루카이츠(John Lucaites)가 언급했듯이, "이제 우리는

---

160 Shannon Barber, "Paul Ryan 'Selfie' with Young Republicans Backfires When Internet Notices One Very Telling Detail," *If You Only News*, http://www.ifyouonlynews.com/racism/paul-ryan-selfie-with-white-young-republicans-backfires-when-internet-notices-one-very-telling-detail/(접속일: 2016.7.19).

사이드바 5-3 셀카

2013년 11월, 옥스퍼드 사전은 'selfie'를 올해의 단어로 발표했다. 그들의 연구에 따르면, 이 단어의 사용이 전년도에 비해 1만 7000% 증가한 것으로 나타났다! 말하기와 같이 모호함이 있는 영역에서 그들이 어떻게 그렇게 정확할 수 있었는지는 의문이지만, 사전 편집자들조차도 오늘날은 빅 데이터 사업을 하고 있다. 옥스퍼드 사전은 ['바비큐(barbiecue)'를 뜻하는 '바비(barbie)'처럼] ~ie로 끝나는 이 단어가 호주에서 유래되었다는 사실이 그렇지 않았더라면 꽤 자기중심적인 행동[1]으로 보일 수도 있는 것을 부드럽게 만들었다고 적었다.[2]

실제로 소셜 미디어 사이트에 업로드되는 디지털 자화상 붐은, 대중을 두려움과 혼란의 소용돌이에 빠지게 만들었다. 스마트폰은 통탄할 지경으로 대면 대화를 나누는 능력을 파괴했을 뿐만 아니라, 스마트폰의 내장 카메라는 자기도취적인 세대를 낳았다. 다른 비평가들은 관음증과 노출증이라는 툭하면 제기되는 오래된 비판을 반복했다. 심리 치료사들도 신체 이미지와 우울증에 대해 이야기하면서 가세했다. 디즈니랜드와 베이징(北京) 자금성은 셀카봉이 방문객과 전시물 모두에 위해를 가하지 않도록 하기 위해 셀카봉 사용을 금지했다. 새로운 하지(Hāji) 세대의 행실을 우려하는 일부 무슬림 성직자들은 메카에서 셀카를 찍는 것이 이슬람 행동 규범에 위배된다는 의견을 내비쳤다.

사실 셀카를 찍는 행위에는 훨씬 더 미묘한 차이가 있다. 셀카는 또한 사회성에 관한 것이기도 하며 비언어적 커뮤니케이션의 원초적 코드에 의해 지

---

1   아마도 '이기적인'이라는 의미의 영어 단어 'selfish'를 염두에 둔 것으로 보인다. _옮긴이

2   "Word of the Year 2013," English: Oxford Living Dictionaries, http://blog.oxforddictionaries. com/press-releases/oxford-dictionaries-word-of-the-year-2013/.

배된다. 이것을 지적한 사람은 폴 프로쉬(Paul Frosh)인데, 그는 셀카에 깃들여 있는 "애정의 몸짓 경제"[3]를 그 증거로 제시했다. 모든 셀카의 프레이밍과 시야는 인체 계측학적으로 정해진다. 셀카는 셀카를 보는 사람과 카메라 모두에게 관심이 있는 듯 손짓을 하면서 초대한다. 보는 사람은 누군가가 사진을 찍기 위해 포즈를 취하는 것을 보는 은밀한 순간에 참여하게 된다. 프레임 안에 있는 사람과 카메라까지의 거리는 팔을 편하게 뻗을 수 있는 거리이다. 각각의 이미지는 우리가 우리 자신을 바라보듯이 우리를 보도록 다른 사람을 초대하는 행위를 기록하며 또한 연락을 유지하자는 "사교적인 교감"을 시사한다. 셀카는 닌텐도(Nintendo)의 위(Wii)에서 포르노에 이르기까지 살아 있는 몸을 움직이게 하는 많은 디지털 장르 가운데 하나이다.[4]

셀카는 매우 자기 참조적인 장르로, 감독과 배우가 한 사람이다. 대부분의 사진 역사에서 사진을 찍는다는 것은 통상 (삼각대와 타이머 같은 특수 장비가 있거나 이미지를 조작하지 않는 한) 그 안에 있지 않음을 의미했다. 그러나 셀카에서는 뻗은 팔이 장비임을 가리킨다. 카메라와 카메라를 잡고 있는 손이 이미지 '뒤에서' 소실점을 형성한다. 셀카는 그림보다는 거울의 계보에 속한다. 셀카로 우리는 다른 사람들의 거울을 들여다보고 그들이 보는 것을 본다.

셀카는 감각 운동적 조정을 필요로 하며, 2014년과 2018년에 아무나 참가할 수 있는 모의 행사(mock event)[5]인 '셀카 올림픽'에서 참가자들의 손재주

---

3   폴 프로쉬는 셀카는 제스처 이미지로서 자신의 신체를 먼 타인과의 새로운 형태의 매개적이고 표현적인 사교성에 새겨 넣는 것으로, 이것은 우리가 기기 및 인터페이스와 상호 작용하는 반사적인 신체 반응, 즉 일상적인 손과 눈의 능숙한 손과 눈의 움직임으로서의 '애정의 몸짓 경제'로 구현된다고 말한다. _옮긴이

4   Paul Frosh, "The Gestural Image: The Selfie, Photography Theory, and Kinesthetic Sociability," *International Journal of Communication*, 9, 2015, pp. 1607~1628, at 1622.

5   규정된 일련의 활동으로 구성된 시뮬레이션 이벤트를 수행하기 위한 과정을 매뉴얼에 따라 실

는 극단으로 치닫는다. 이 행사에서 참가자들은 목록에 제시된 동작 가운데 어처구니없는 자기 조롱, 남자 대학생 클럽 멤버들의 장난, 그리고 벨라스케스(Velázquez)의 1656년 회화 〈시녀들(Las Meninas)〉에서와 같이 거울을 사용한 고전적인 놀이 사이를 오가면서 곡예사 같은 익살스런 동작으로 상대를 이기려고 노력한다. 어떤 이미지는 거울 속과 체조 동작 뒤의 에스허르(Escher)[6] 같은 미로에 있는 반영 속에서 만들어지면서 카메라 뒤의 소실점을 여러모로 활용한다.[7] 이 셀카는 무언가 신체적 극한 동작으로 환심을 사려 하고 있다. 2014년, 한 영국인 관광객은 스페인 팜플로나(Pamplona)에서 열린 산 페르민(San Fermín) 연례 축제에서 황소와 함께 달리는 셀카를 찍었다는 이유로 3000유로의 벌금을 물었다.[8] 2011년부터 2017년까지 250명이 넘는 사람들이 셀카를 찍다가 사망했다. (인도는 셀카 사망자 수 세계 1위를 차지했다.[9]) 널리 퍼져 있는 통계를 인용하자면, 셀카는 상어 공격보다 더 위험하다. 많은 이론가들은 사진과 죽음 사이의 깊은 연관성에 주목했지만, 매우 구체적으로 설명하는 경우는 드물었다!

셀카는 속임수와 외로움에 대한 비난에서 벗어나 디지털 삶을 되찾고자 노력한다. 스마트폰과 교감하는 보편적인 구부정한 자기 몰입적 자세의 상응물인 셀카는 그 순간에 존재하는 것을 (남 앞에 내놓을 만한 자세로) 기념하는

행하는 이벤트를 말한다. _옮긴이

6   에스허르(Maurits Cornelis Escher, 1898~1972)는 기하학적 원리와 수학적 개념을 토대로 자신의 상상에서 비롯된 내적 이미지를 표현한 네덜란드의 판화가이다. _옮긴이

7   Jakob Schiller, "The 10 Best Photos from the Selfie Olympics," *Wired*, January 10, 2014, https://www.wired.com/2014/01/the-10-best-photos-from-the-selfie-olympics/.

8   Alex Dunham, "Risky Business: Man Snaps Bull Run Selfie," *Local*, July 11, 2014, http://www.thelocal.es/20140711/is-this-the-most-dangerous-selfie-ever(접속일: 2016.7.19).

9   Allyson Chiu, "More Than 250 People Worldwide Have Died Taking Selfies, Study Finds," *Washington Post*, October 3, 2018.

것이다. 셀카는 또한 주목할 만한 랜드마크를 배경으로 포함하는 위치를 나타내주는 미디어이기도 하다. 셀카는 디지털 자기 몰입의 변증법적 정반대[10]라고 주장하는데, 즉 셀카는 소셜 미디어 밖에 있는 사람과 장소를 가리킨다. 셀카는 순례를 의미한다. 셀카는 약간의 '현존재(being there)'[11]를 다시 소개한다. 그것은 자기(self)와 장소 모두를 나타낸다. 그것은 "나 여기 있어"라고 말한다. 릴리 출리아라키(Lilie Chouliaraki)가 지적하듯이, 그것은 실존적 장르('나' 여기 있어)이자 동시에 위치를 알려주는 장르(나 '여기' 있어)이다. 셀카는 살아 있음(being alive)을 알리기 때문에 자신의 생존을 널리 알리고 기념하는 데 활용할 수 있는 이주자들에게 필수적인 장르다. 셀카는 하나의 도덕적 관행[12]이 될 수 있다.[13]

물론 많은 셀카는 '어시(ussie)'[14] 또는 '그루피(groupie)'[15]라고도 하는 단체 셀카이다. 단체 셀카를 찍는 경우는 사람들이 서로 친밀하게 밀착할 수 있는 핑계를 제공하는데, 가상 사진 부스와 같은 셀카 프레임은 합법적인 포옹, 옆으로 몸을 접촉할 수 있는 기회를 제공한다. 2016년 여름, 시카고의

---

10 '정(thesis)'과 그것과 반대되는 '반'(antithesis, 안티테제)의 갈등을 통해 정과 반이 모두 배제되고 합(synthesis)으로 초월하는 정반합의 변증법적 과정을 의미한다. _옮긴이

11 현존재(現存在, das Dasein)와 관련해서는 다음 참조. 박영욱, "[박영욱의 생활에서 만난 철학] 하이데거: '고흐의 구두는 세계를 담고 있다'," ≪온라인 중앙일보≫, 2014.6.30, https://www.joongang.co.kr/article/15114212#home. _옮긴이

12 이 인용문의 원저자는 자신의 논문에서 기술-사회적 관행의 미학으로서의 셀카라는 현재의 접근 방식을 확장해 '도덕적 관행'으로서의 셀카에 대한 새로운 이해를 제안하면서 그 이유들 가운데 하나로 셀카가 보는 사람에게 자신의 존재와 위치를 타인의 얼굴을 대면하게 하는 기능과 그것을 통해 '도덕적 반응'을 요구하는 기능한다는 점을 들었다. _옮긴이

13 Lilie Chouliaraki, "Symbolic Bordering: The Self-Representation of Migrants and Refugees in Digital News," *Popular Communication: The International Journal of Media and Culture*, 15 (2), 2017, pp. 78~94.

14 두 사람이 함께 찍은 셀카를 말한다. _옮긴이

15 단체 셀카를 뜻한다. _옮긴이

그림 5-5 언스플래쉬(Unsplash)[16]에 있는 로픽셀(rawpixel) 사진

오헤어(O'Hare) 공항은 음식 서비스, 수하물, 보안 분야의 다문화 근로자 팀을 보여주는 대형 사진 디스플레이들로 보란 듯 도배되어 있었다. 각각의 이미지는 단체 셀카로, 한 팔을 뻗고 팀은 어깨나 팔꿈치를 맞댄 채 나란히 밀착해 있었다. 오헤어 공항은 왜 더 전통적인 인물 사진을 의뢰하지 않았는가? 그 기운이 얼마나 오래 지속될지는 모르겠지만, 셀카는 '자연스럽고' '신선함'을 의미하기 때문이다. 우리와 함께 셀카에 등장하는 사람은 우리가 삶을 공유하기로 선택한 사람이어야 한다. 이들은 동료가 아니라 반려자이거나, 셀카가 그렇게 말해준다.

셀카의 가장 중요한 파생물 가운데 하나는 그냥 어시가 아니라 어시를 찍는 사람들의 이미지이다. 이 장르가 내세우는 즉흥적인 재미와 진정한 결속은 PR 목적에 사용하고자 하는 유혹을 거의 뿌리칠 수 없게 만든다. 〈그림 5-5〉는 요즈음 함께하기(togetherness)를 의미하는 일을 하고 있는 쾌활하고

---

16 저작권이 없는 고해상도 사진을 무료로 제공하는 인터넷 사이트이다. _옮긴이

멋진 다문화 젊은이들을 보여주는 무료 온라인 이미지이다. 다음에 단체 셀카를 위해 포즈를 취하는 사람들의 이미지를 보게 된다면, 그 이미지가 어떻게 문명의 이기를 이용하지 않은 채(off the grid)[17] 자유와 재미를 외치고 싶어 하는지 주목하라. 위의 이미지는 마침내 우리는 소속감을 가지게 되었다고 말한다. 그와 같은 이미지가 다시 업로드되어 디지털 공간에 유포될 것이라는 것은 테오도어 아도르노[18] 같은 문화 불평가가 불평했을 법한 피곤한 진실이다.

---

17 'off the grid'는 신조어로 전기, 수도, 가스 등 공공시설을 이용하지 않고 살아간다는 의미이다. _옮긴이

18 아도르노는 문화 산업이라는 관점에서 비판을 받는 대중문화는 대량 생산 체제를 바탕으로 한 기계적 생산에 문화적 의미가 변질되기 때문에 진정으로 문화가 담고 있는 본질이 파괴되며 이를 수용하는 대중은 표준화·규격화·상업화된 문화에 종속되는 존재에 불과하다고 본다. _옮긴이

적어도 시각적으로는 모두 다문화주의자이다".[161] 다양성은 최소한 미학적으로 반드시 따라야 할 원칙이 되었다.

2000년 무렵이 되자 모든 정파들은 시각적 제유를 의심하게 되었다. 좌파 비평가들은 ≪타임≫ 표지의 합성된 '새로운 미국인'과 대학 강의 계획서에서 포함되어 있는 이미 고인이 된 백인 유럽인 남성들의 면면을 공격했고, 우파 비평가들은 현상 변경적인 소방관 기념관을 공격했으며, 좌파 및 우파 비평가 모두 단 하나뿐인 FDR 동상을 공격했다. 모든 경우에서 비평가들은 그들 역시 역사를 왜곡한다는 것을 의식하지 못한 채 역사적 부정확성에 대해 불평했다. 적절한 축약의 문화는 과거의 일이었다. 응축은 불안정한 진실 게임이 되었다.

커뮤니케이션 채널이 폭증하고 사람들이 점차 그 어느 때보다 적은 수의 수용자(아마도 대부분 그들 자신)에게 그들 자신이 미디어 제작자나 큐레이터 역할을 할 수 있게 되자마자, 재현의 중심 공간에 대한 큰 싸움이 벌어졌다. 버지니아 법학 전문 대학원의 초상화가 도서관의 눈에 잘 띄지 않는 구석에 그대로 두었다면 논란이 벌어지지 않았을 것이다. 초상화의 위치가 새로운 중심 공간으로 격상된 것이 기관 전체의 성격을 피력하는 것처럼 보였다. 마찬가지로 누구도 FDR 기념관에 그의 장애에 대한 정보와 이미지가 많이 포함되어 있어야 한다는 사실을 부인하지 않았다. 아무도 역사적 은폐를 요구하지 않았다. 20세기의 가장 강력한 권력자 가운데 한 명이 그의 생애의 마지막 20년 동안 도움 없이는 걸을 수 없었다는 것은 누구나 알고 있는 사실이었다. 그러나 모든 사람이 커뮤니케이션 전문가가 된 나머지, 이미지가 '다른' 사람들에게 어떤 메시지를 전달할지 걱정했다. (9·11과 같은 참사나 올림픽과 같이 이따금씩 열리는 미디어 이벤트에 국한된) 일반적인 관심을 끄는 미

---

161 Hariman and Lucaites, *No Caption Needed*, p. 119.

디어 콘텐트가 점점 더 드물어짐에 따라, 포괄적 재현과 중심적인 공적 공간이 될 만한 자원의 부족을 둘러싼 싸움은 점점 더 격해져 갔다. 단 하나의 도상적 이미지에는 별표 표시와 각주가 필요했다. 응축하고 압축할 수 있는 이미지의 힘은 위험한 독점으로 간주되었다. 그것은 더 이상 많은 하위 텍스트[162]를 수용하는 친절한 종합이 아니라 고압적인 형태의 삭제였다. 다원성(plurality)을 보장하기 위해 이미지는 나뉘어야, 즉 하나의 FDR 동상이 아니라 두 개로 분할되어야 했다. 모든 사람이 중심 공간을 차지하기를 원했지만, 그것이 적합하다고 생각하는 사람은 아무도 없었는데, 이는 전반적인 불행을 초래하는 지름길이었다.

요약에 대한 비판은 동료 시민들의 역량에 대한 다소 암울한 논평이자, 사실이 자유롭게 이용 가능하다면 사람들이 스스로 찾아낼 수 있다는 민주적 신념에 대한 공격처럼 느껴질 수 있었을 것이다. 다른 사람들이 배경을 파악하고 있다고 믿을 수 없었기 때문에, 우리는 모든 사람이 보게 될 이미지에 전달하고자 하는 메시지가 포함되도록 싸워야 했다. 요약에 대한 비판은 그 나름대로 이미지가 잘하는 것, 즉 말없이 총체성을 극적으로 보여주는 것을 이유로 이미지를 벌주려는 노력이기도 했다. 이미지가 통제할 수 없을 정도로 빠르게 퍼져 나갔던 때에는 아무도 전체 스토리를 이야기해주는 단 하나의 이미지를 믿지 않았다. 우리는 이미지를 깊이 불신하면서도 이미지에 필사적으로 의존했다.

처음부터 민주주의는 늘 대표성 문제에 좌우되었다. 아마도 해당 선거구의 특유한 견해를 대표하는 의회의 하원 의원들에 대해 이야기할 때처럼,

---

162 연극이나 영화 언어의 이면에 감추어져 표현되지 않는 극적인 함축적 의미를 나타내기 위해 사용되는 용어로, 이러한 의미는 직접적으로 표현되지는 않지만 흔히 언어적 또는 사회적 맥락에서 결정될 수 있다. _옮긴이

대표성은 응축을 의미할 수 있었다. 모집단 내의 모든 개체가 선택될 확률이 동일한 대표성 있는 표본에 대해 이야기할 때처럼, 대표성은 또한 각양각색의 개체를 포함하는 것을 의미할 수도 있었다. 대표성은 엘리트주의적일 수도 있고 동시에 포퓰리즘적일 수 있고, 통합할 수도 있고 흩어지게 할 수도 있으며, 명확하게 할 수도 있고 모호하게 할 수도 있었다. 20세기 후반의 응축에 대한 저항은 모든 오래된 긴장을 고조시켰다.

1990년에 밀란 쿤데라(Milan Kundera)[163]는 이데올로기가 사실에 패했기 때문에 공산주의는 실패했다고 썼다. 동유럽 사람들은 프롤레타리아가 서구 자본주의에서는 점점 더 가난해지지만 국가 사회주의하에서는 점점 더 나아진다는 사실을 더 이상 믿지 않았다. 쿤데라는 실재성이 이데올로기보다 더 강하다는 것이 입증되었다고 주장했다. 그러나 쿤데라는 '실재성'이 서구 사회를 지배했다고 주장할 만큼 경박하지는 않았다. 오히려 우리는 그가 "이마골로기(imagologie)"[164]라고 부르는 것, 즉 우리의 마음과 매스 미디어를 관통하는 이미지의 유희에 시달렸다. 실재성이 이데올로기보다 더 강하다는 것이 입증되었지만, 이미지는 실재성보다 더 강한 것으로 드러났다.[165] 20세기 중반의 응축되는 재현의 문화의 비문(碑文)으로 나쁘지는 않았다.

---

163 밀란 쿤데라(1929~)는 체코슬로바키아 브르노(Brno) 태생의 소설가로 체코가 소련군에 점령된 후 시민권을 박탈당하자 프랑스로 망명했다가 이후 1989년 체코 민주화 이후 본국으로 임시 귀국했다. 『참을 수 없는 존재의 가벼움(The Unbearable Lightness of Being)』이 대표작이다. _옮긴이

164 쿤데라가 작품 『불멸(L'immortalité)』에서 사용한 신조어로, 심상을 뜻하는 이미지(image)에 이념이나 관념의 표상인 이데올로기(ideologie)를 덧붙인 합성어이다. 현대에 대중은 논리나 이성적인 생각보다 감성적인 이미지, 혹은 암시에 의거해 판단한다는 생각을 함축한 용어로 '이미지에 지배당하는 세상'을 의미한다. _옮긴이

165 Milan Kundera, *Immortality: A Novel*, trans. Peter Kussi (New York: Grove Weidenfeld, 1990), pp. 114~115.

이미지가 더 이상 사실을 수용(收容)할 수 없는지 아니면 사실 자체가 감당할 수 없을 만큼 너무 많아서 수용될 수 없는지에 대한 의문은 여전히 남아 있다. 이미지를 해체하는 것은 다른 많은 종류의 파편화의 징후였으며, 그것은 공동생활의 하부 구조 속에서 훨씬 더 큰 일단의 변화가 일어나고 있음을 보여주는 문화적 표현이다. 이러한 변화는 여러 가지 방식으로 특징지을 수 있는데, 예를 들면 성공한 자들의 분리,[166] 산업 자본주의에서 금융 자본주의로의 전환, 혹은 복지 국가의 해체와 같은 것들이다. 우리의 요점은 공적 생활의 심리적 부동산(psychic real estate)[167]에서 마땅히 누려야 할 자리를 차지하기 위해 싸운 사람들을 비난하려는 것이 아니다. 솔직하게 말해 미국이라는 복지 국가가 마치 백인 남성들을 돕기 위해 설계된 것처럼, 요약 문화는 분명 다른 정체성보다 일부 정체성을 선호했다. 정의와 민주주의는 잊힌 얼굴에 대한 지속적인 설명을 필요로 한다. 우리의 요점은 1970년대 이후 아무도 국가나 지구를 하나로 묶을 새로운 틀을 구축하는 방법을 생각해내지 못했다는 것이다. 20세기의 어느 한때에 지식인, 예술가, 큐레이터, 사서, 정치인들은 기관, 이미지, 정보를 요약하는 방법을 통해 그렇게 하려고 시도한 바 있다. 1970년대 이후로 대부분의 사람들은 그 프로젝트를 포기했는데, 어떤 사람은 기뻐하면서 또 어떤 사람은 세상살이에 지쳐서 포기했다. 이제야 우리는 그러한 노력을 포기하는 데 얼마나 엄청난 대가를 치렀는지 분명히 알기 시작했다.

---

166 여기서 분리(secession)는 예를 들어 부자들이 전통적인 공동체에서 이탈해 자기네들만의 거주 지역을 만들어 따로 사는 것을 말한다. _옮긴이

167 성공한 사람들이나 부자들이 심리적 안정이나 조용함과 같은 눈에 보이지 않는 심리적 실물 자산이 주는 가치를 누리기 위해 환경이 열악한 지역에서 멀리 떨어져 사는 것과 같은 상황을 이렇게 표현한 것으로 보인다. _옮긴이

6장

난잡한 지식,
1975~2000년

디지털 시대에 대한 주장은 많다. 디지털 시대는 계몽주의의 이행이다. 디지털 시대는 근대성의 비대이다. 디지털 시대는 개인적인 성취와 풍부함의 새로운 세계를 불러올 것이다. 디지털 시대는 정보 부자와 정보 빈자 사이에 새로운 격차를 만들어낸다. 종이가 쓸모없어질 것이고 무뚝뚝한 관료주의는 허물어질 것이다. 디지털 시대는 창의성을 촉발한다. 디지털 시대는 새로운 선전 수단을 가능하게 해준다. 디지털 시대는 정신을 마비시킨다.

우리는 이 목록에 다음과 같은 우리 자신의 주장을 추가한다. 디지털 시대는 난잡한 지식의 시대이다. 최근 수십 년 동안 가장 중요한 경향 가운데 하나는 대중의 지식과 전문가의 지식을 구분하는 경계가 뒤엉켜 흐릿해지는 것이다. 경계선이 지워진 것이 아니라, 경계선이 끊임없이 도전에 직면하고 있다는 것이다. 전문가의 지식과 점점 더 대중의 감성이 정면으로 부딪히고 있지만, 지식 엘리트를 제거하는 것이 목표는 아니다. 그렇다고 난잡한 지식이 단순히 형식적 지식에 대한 대중의 저항이나 상식의 저항으로 특징지어지는 것도 아니며, 그것은 영원히 지속되어 온 것이다. 난잡한 지식은 엘리트 지식 생산자들과 형식 체계[1] 외부에 있거나 공식적으로 인정받지 못한 사람들 간에 계속 진행 중인 협상이다. 그것은 전문성에 대한 의존인 동시에 전문성에 대한 의심이다.

몇 년 전, 영향력 있는 인류학자 클리퍼드 기어츠(Clifford Geertz)는 「구별이 잘 안 되는 장르들(Blurred Genres)」이라는 에세이를 썼다. 이전에는 분리되어 있던 학문 분야들이 서로 병합하고 차용하며 거래하고 있다고 기어츠

---

1 형식 체계(formal system)란 공리들로부터 추론 규칙들을 통해 정리를 이끌어낼 수 있는 논리적 체계를 가리킨다. 또한 이를 표기하기 위한 기호와 그로부터 문장을 구성하기 위한 문법을 필요로 한다. 형식 체계는 20세기 초 수학 기초론을 세우는 과정에서 성립했으며 현대 기호 논리학의 기초적 개념으로 쓰인다. 이를 모든 논리의 기초로 보는 입장을 형식주의(formalism)이라 한다. _옮긴이

는 주장했다. 사회 과학자들은 문학적 기법을 채택해 범죄 소설이나 여행기처럼 들리는 형식으로 연구를 발표하고, 역사가는 회고적인 문화 인류학자로 변모하고 있다.[2] 기어츠의 세련된 이 에세이는 인문학과 사회 과학의 일부 영역에서 당시 진행되고 있던 변화를 다루었다. 그러나 이 에세이는 좀 너무 일찍 써진 나머지 형식적 지식 분야들과 대중의 지식 간의 경계가 희미해지는 것은 파악하지 못했다. 그것은 다름 아닌 새로운 단계로의 이동이었다. 이후 그것은 20세기 후반의 미국과 새로운 천년에 지적 생활의 한 가지 중요한 경향으로 진화했다.

난잡한 지식은 전문가가 수행한 프로젝트에 대한 불신, 전문가에 대한 신망 저하와 함께 나타났다. 난잡한 지식은 정말 말 그대로 전문 지식이 없는 사람과 전문 지식이 있는 사람, 외부자와 전문가의 위태로운 혼합이다. 그것은 지식 생산의 '순수성'이 계속해서 필요한 가운데서도 전문가들이 그러한 순수성을 유지하지 못하는 것으로 특징지어진다. 1970년대 초반에 처음으로 그러한 문제가 제기된 이후로 그것은 지난 수십 년 동안 좀 더 중요한 추이 가운데 하나가 되었다. 지식은 그것을 수용하는 용기(容器)를 완전히 잃어버리지는 않았지만, 그러한 용기는 점점 더 부식되었다. 거대 서사(grand narrative)[3]는 무너졌을 수도 있지만, 많은 사람이 실험실에서 이루어지는 과학적 연구 실험을 매우 느리지만 꾸준히 발전시켰다. 탈근대적 파국을 예언한 자들과 다 괜찮을 것이라는 기술 유토피아(techno-utopia)를 예언

---

2   Clifford Geertz, "Blurred Genres: The Refiguration of Social Thought," in *Local Knowledge: Further Essays in Interpretive Anthropology* (1979; repr., New York: Basic Books, 1983).

3   프랑스의 철학자이자 사회학자이자 문학 이론가인 장 프랑수아 리오타르가 사용한 용어로 어떤 사회적 행동과 실천을 합법화하기 위한 기능을 수행할 수 있는 생각, 개념, 관념, 혹은 신념을 뜻한다. '거대 서사의 종언'을 이야기하는 리오타르는 현대 세계가 단일한 중심에 의해 지배되는 총체성이 아니라 이질적 다양성을 지향하는 사회라고 말한다. 메타 서사(metanarrative)라고도 한다. _옮긴이

한 자들 둘 다 틀렸다. 그것은 만연한 냉소주의 속에서의 지식 주장[4]의 지속성에 관한 이야기였다. 난잡한 지식은 민주주의나 진보에 대한 믿음이 없는 상태에서 밀도 높은 사실의 흐름의 부활이었다.[5]

1970년대의 전문성에 대한 공격: 의학계, 법조계, 대학교

1970년대는 난잡한 지식이 증가한 전환점으로 간주되어야 한다. 형식적 지식과 비형식적 지식의 경계가 희미해지는 데에는 디지털 기술을 훨씬 능가하는 문화적 이유가 있었다. 1970년대 초반에 전문가들은 존경을 받지 못했다. 1967년과 1974년 사이에 워터게이트(Watergate)[6] 영웅주의에 힘입은 언론을 제외한 모든 부분의 상위 중산층의 평판이 땅에 떨어졌다. 변호사, 정치인, 교수, 군 지도자, 의사 등 모두가 인기 하락으로 어려움을 겪었다. (언론도 그 후 몇 년 안에 비슷한 추락을 경험했을 것이다.) 그 시대의 냉소주의는 주요 기관을 운영하는 모든 전문가들의 평판에 영향을 미쳤다.

중앙 정부가 부패할 수 있다는 워터게이트의 폭로가 그런 분위기를 조성했다. 합리적인 계획된 미래를 만들어낼 수 있다는 관리자 계층의 주장은 크게 손상되었다. 경제학자들이 가장 먼저 추락했다. 1970년대의 스태그플

---

4 지식론(theory of knowledge)에서는 지식을 하나의 주장(knowledge claim)으로 표현하며 개방적이고 일반적인 지식 질문(knowledge question)을 통해 지식의 속성과 지식이 구축되는 과정, 지식의 의의 등에 대한 폭넓은 성찰을 꾀한다. _옮긴이

5 이러한 정신으로 쓴 좀 더 최근의 저작물을 보려면, 다음 참조. Naomi Oreskes and Erik M. Conway, *Merchants of Doubt: How a Handful of Scientists Obscured the Truth on Issues from Tobacco Smoke to Global Warming* (London: Bloomsbury, 2010); Lucas Graves, *Deciding What's True: The Rise of Political Fact-Checking in American Journalism* (New York: Columbia University Press, 2016).

6 1972년부터 1974년까지 미국 닉슨(Richard Nixon) 행정부가 베트남전 반대 의사를 표명했던 민주당을 저지하려는 과정에서 일어난 불법 침입과 도청 사건, 이를 부정하고 은폐하려는 미국 행정부의 조직적 움직임 등 권력 남용으로 말미암은 정치 스캔들을 말한다. _옮긴이

레이션은 정확히 '미세 조정된' 경제에 대한 꿈을 망가뜨렸고, 케인스 경제학[7]의 흔들리는 모습은 1970년대에 시장 사고(market thinking)로의 복귀를 뒷받침하는 데 도움을 주었는데, 이러한 시장 사고는 영국의 새처(Margaret Thatcher) 총리와 미국의 레이건 대통령 시기에 폭풍 성장했다. 경제적 혼란은 전문가들이 근대성을 효과적으로 관리할 수 있다는 추정을 약화시켰다. 이반 일리치(Ivan Illich)의 저서들의 인기는 의료 전문직과 교육 전문직에 대한 새로운 회의론을 시사했다. 그의 글은 미래를 합리적으로 관리할 수 있다는 근대성의 주장에 대한 또 하나의 문제 제기였다. 그는 헤르베르트 마르쿠제(Herbert Marcuse), 노먼 O. 브라운(Norman O. Brown), 앤젤라 데이비스(Angela Davis), 슐라미스 파이어스톤(Shulamith Firestone), 수전 브라운밀러(Susan Brownmiller) 같은 학자들과 함께 더없이 거세게 몰아치는 파도와도 같았던 급진적 비판 대열에 합류했다.

그러나 지식인들의 반추보다 훨씬 더 중요한 것은 운동가의 활동이었다. 1970년대의 첫 몇 해 동안 형식적 지식에 대한 문제 제기가 갑자기 터져 나온 곳은 바로 거기였다. 페미니스트, 게이 인권 운동가, 아프리카계 미국인 운동가, 아메리카 원주민 운동가, 환경 운동가, 정신과 환자 등 모두가 탐사 저널리즘의 지원을 받아 지식 전문가의 권위에 도전하기 위해 나타났다. 1970년대는 흔히 미국인의 삶에서 개혁 충동이 소멸된 순간으로 취급되지만, 이러한 행동주의의 폭발은 다른 이야기를 들려준다. 1970년대는 자유주

---

7 영국의 경제학자 존 메이너드 케인스(John Maynard Keynes)의 사상에 기초한 경제학 이론으로 여러 경제학자들이 방임주의의 실패로 인한 것으로 여기는 문제점들을 해결하기 위해 개발되었다. 케인스의 이론은 거시 경제적 흐름이 각 개인들의 미시적 행동을 압도할 수 있다고 말한다. 경제적 과정을 잠재 생산의 지속적인 성장으로 보는 18세기 후반 이후 고전파 경제학자들의 관점과는 달리, 케인스는 (특히 불황기에) 경제를 이끌어 가는 요소로서 상품에 대한 총 수요를 강조했다. _옮긴이

의적 에너지가 쇠퇴하는 시기도 아니고 그렇다고 단순히 1960년대에 뒤이은 시기도 아닌, 지식 생산을 정치의 중심에 두는 더 기본적인 정치적 구조 조정의 시기로 간주되어야 한다.[8]

의학계가 주된 표적이었다. 1970년 5월, 동성애를 정신 질환으로 정의한 정신과 의사들을 공격하는 운동가들은 처음으로 미국 정신 의학회(APA: American Psychiatric Association) 학술 대회 세션을 방해했다. 운동가들은 발표자의 발표가 들리지 않도록 소리를 질렀고, 설명을 조롱했다. 정신과 의사들에게 "고문 기술자", "사악한 자", "후레자식"과 같은 욕설을 퍼부었다. 운동가들은 적어도 한 패널을 엉망으로 만들면서 문제가 된 논문에 대한 대응을 요구했다. 한 정신과 의사에게는 "전문의 자격을 어디에서 땄는가, 아우슈비츠(Auschwitz)?"라고 고함쳤다.

분노의 중심에는 미국과 세계에서 가장 중요한 진단 검사 핸드북인 APA의 「정신 장애 진단 및 통계 매뉴얼(DSM: Diagnostic and Statistical Manual of Mental Disorders)」에 동성애가 포함되어 있다는 사실이 자리하고 있었다. 바꾸어 말하면, 1970년대 초반까지 APA는 공식적으로 동성애자는 정신병자라고 단언했다. 그 후 몇 년 동안 운동가들은 계속해서 정신과 의사들의 모임에 끼어들어 정신과 전문의들이 그러한 편견에 맞설 것을 강요했다. 정신과 의사 집단 내에는 약간의 지지자가 늘 있기 마련이어서 운동가들은 그 기간 동안 다른 의사들을 그들 편으로 끌어들였다. 1973년 5월에 APA는 동성애를 정신 장애 목록에서 제외하기로 표결했다.[9]

정신 질환자들이 보호 시설에서 나와 스스로 생활하는 것이 더 나을 것이

---

8 Kenneth Cmiel, "The Emergence of Human Rights Politics in the United States," *Journal of American History*, 86, 1999(December), pp. 1231~1250.

9 이에 대한 탁월한 설명으로 다음 참조. Ronald Bayer, *Homosexuality and American Psychiatry: The Politics of Diagnosis* (Princeton, NJ: Princeton University Press, 1981).

라고 주장하는 탈시설화 운동(deinstitutionalization movement)도 비슷한 방식으로 의료 당국에 문제를 제기했다. 곳곳에 흩어져 있던 지식인들은 1960년대에 널리 보급되었던 정신과 진료에 대해 적대감을 표시한 바 있다. R. D. 랭(R. D. Laing)과 토머스 사스(Thomas Szasz) 같은 반정신 의학자,[10] 켄 키지(Ken Kesey)와 실비아 플래스(Sylvia Plath) 같은 작가, 미셸 푸코(Michel Foucault)와 어빙 고프먼(Erving Goffman) 같은 사회 이론가들은 모두 1960년대 초반에 정신과 진료를 공격하는 비판적인 글을 썼다. 그러나 정신 의학에 대한 반감이 지적 탐구에서 정치적 행동주의로 옮겨간 것은 1960년대 말과 1970년대 초가 되어서였다. 1967년에 캘리포니아주는 랜터먼·페트리스·쇼트 법(Lanterman-Petris-Short Act)[11]을 통과시켜 반정신 의학 운동의 영향을 받은 최초의 주(州) 정신 건강 시스템을 만들었다. 1968년에 미국 시민 자유 연합(American Civil Liberties Union) 뉴욕 지부는 정신 질환자의 권리를 보호하기 위한 캠페인을 시작했다. 1968년 5월의 파리 봉기에서 학생 급진주의자들은 정신과 약물 클로르프로마진의 공동 발명자인 장 들레(Jean Delay) 박사의 사무실 점거를 가장 먼저 해야 할 일로 정했다.[12] 이전에 환자였던 사람들은 1970년대 초반에 강제 치료에 반대하는 독자적인 정치적 조직화에 착수했다. 1972년에 그러한 시스템을 바꾸기 위해 노력하는 변호사들은 위스

---

10 1960년대 이후에 나타난 정신 의학의 하나의 입장으로 인습적인 정신 의학 이론과 치료법에 반대하는 운동을 이끈 자들이다. _옮긴이

11 법안 작성자인 프랭크 랜터먼(Frank Lanterman) 주 의회 의원, 그리고 캘리포니아주 상원 의원인 니컬러스 페트리스(Nicholas Petris)와 앨런 쇼트(Alan Short)의 이름을 따서 붙여진 이 법이 추구한 것은 "정신 건강 장애를 가진 사람들이 부적절하게, 무기한으로, 본인의 의지에 반해 입원당하는 것을 막는 것"이었다. 또한 이 법은 정신과적인 평가 및 치료를 시작할 수 있는 권리도 확립시켰고, 어떤 상황에서는 정신 건강 환자들을 위해 엄격하고 정당한 보호 절차를 지정했다. _옮긴이

12 David Healy, *The Creation of Psychopharmacology* (Cambridge, MA: Harvard University Press, 2002).

콘신주의 치료 감호법을 무효화하기 위한 소송을 제기했고, 이것은 그들의 첫 번째 주요 성공 사례가 되었다. 이것은 1970년대 초중반에 강제 입원에 반대하기 위해 제기되었거나 치료를 거부할 권리를 위해 제기되었던 수백 건의 소송 가운데 하나에 불과했다. 1970년대 말이 되자, 정신과 진료는 정신 의학 분야 내부의 발전 때문이 아니라 외부 운동가들(이전 환자와 인권 변호사들)에 의해 야기된 정치적 압력 때문에 크게 바뀌었다.[13]

1973년에 ≪사이언스(*Science*)≫에 발표된 이후 수십 년 동안 반복해서 인용된 「정신 병원에서 제정신으로 지내기(On Being Sane in Insane Places)」라는 연구는 정신 의학의 합법성에 결정타를 날렸다. 스탠퍼드 대학교(Stanford University) 심리학과의 데이비드 로젠한(David Rosenhan) 교수는 '가짜 환자들'을 모집해 웨스트 코스트(West Coast)의 정신 병원에 보냈고, 그곳에서 그들은 '공허한', '허허로운', '쿵'과 같은 소리가 들리는 '환청'이라는 비교적 가벼운 단일 증상을 호소했다. 한 명을 제외한 모든 연기자(연구자 본인 포함)가 입원해 정신 분열증 진단을 받았다. 환자로 받아들여진 후 잠입한 연기자들은 어떤 증상이 있는 것처럼 가장하는 것을 멈추었고 (의사와 간호사가 자신의 질병 탓으로 돌린 것을) 끊임없이 메모하는 것을 제외하고는 정상적으로 행동했다. 가짜 환자들은 7일에서 52일 동안 입원해 있다가 "정신 분열증 호전 중"과 같은 진단을 받고 나서야 퇴원했다. (사람들은 로젠한이 위장 환자들에게 이러한 엄청난 불편함을 끼친 데 대해 어떻게 보상했는지 궁금해한다.) 대단한 아이러니는 추정컨대 정신이 온전한 정신과 의사들은 연기자들이 정상이라고 말하지 못했지만, 동료 환자들은 예외 없이 그들이 정상이라는 것

13 Rael Jean Isaac and Virginia C. Armat, *Madness in the Streets: How Psychiatry and the Law Abandoned the Mentally Ill* (New York: Free Press, 1990). 또한 다음 참조. Maria Farland, "Sylvia Plath's Anti-psychiatry," *Minnesota Review*, 55-57, 2002, pp. 245~256.

을 알았다는 것이다. 정신 질환자 보호 시설은 그들이 치료해야 할 정신 이상을 야기하는 것으로 여겨졌으며, 정신 이상자들이 의사보다 더 식별력이 있는 것으로 나타났다. 이 연구의 결과가 좀 더 제한적인 것, 즉 의사도 우리와 마찬가지로 사기당할 수 있다는 것을 보여주었음에도 불구하고, 정신 의학이 오도 가도 못하고 갇힌 그 질병과 한통속이라는 전반적인 결론은 그대로였다.[14] 이 실험은 정신 의학의 권위의 심장을 찌른 단검으로 널리 받아들여졌다.

공식적으로 인정된 지식과 오랫동안 문제를 겪어온 또 다른 집단은 아프리카계 미국인들이었다. 1860년대에 프레더릭 더글러스는 당시의 인종 차별적 사회 과학에 대해 강연한 바 있다. 재건 시대(Reconstruction era)[15]를 백인 중심으로 묘사하는 것에 대한 W. E. B. 두 보이스의 반대는 이제 (적어도 전문 역사가 집단 내부에서는) 잘 알려져 있다. 1960년대 후반에 백인 중심의 사회 과학에 대한 불신은 아프리카계 미국인 공동체에서 흔히 볼 수 있는 일이었다. 20세기의 마지막 20년 동안 크랙 코카인[16]과 AIDS의 급속한 확산이 CIA나 다른 인종 전쟁 대리인으로 추정되는 자들에 의해 의도적으로 조작되었다는 소문이 이러한 공동체 내에 지속적으로 떠돌았다. 공식적 지식(official knowledge)[17]에 대한 모든 외부자의 의심 가운데 아프리카계 미국

---

14 David L. Rosenhan, "On Being Sane in Insane Places," *Science*, 179, 1973(January), pp. 250~258; Isaac and Armat, *Madness in the Streets*, pp. 53~57. 또한 정신 병원 수감자들이 외부 사람들보다 더 합리적이고 더 재미있다는 것이 입증된 1970년대 컬트 영화 〈킹 오브 하트(King of Hearts)〉에 대한 논의를 보려면, 다음 참조. Roger Brown and Richard J. Herrnstein, *Psychology* (Boston: Little, Brown, 1975), pp. 628~629, 680~681.

15 재건 시대는 미국의 역사에서 두 가지 의미로 해석할 수 있다. 첫째는 남북 전쟁에 이은 1865년부터 1877년까지 전국에 걸친 재건 시기, 둘째는 1863년부터 1877년까지 미국 남부의 변화를 뜻한다. _옮긴이

16 흡연 형태의 강력한 코카인으로 흡연 후 10초 이내에 극적인 쾌감이 나타나서 3~5분간 지속하는 것으로 알려져 있다. _옮긴이

인의 불신은 아마도 가장 깊은 뿌리를 가지고 있을 것이다.

1972년 여름은 그러한 의심에 큰 힘을 실어주었다. 그해 여름은 앨라배마주 터스커기 연구소(Tuskegee Institute)의 매독 치료제 및 치료법 개발 장기 연구 프로젝트를 둘러싼 분노로 들끓었다. 1972년 7월 25일, AP 통신은 수십 년 동안 매독에 걸린 아프리카계 미국인 남성이 코호트(cohort)[18]에 속해 있었지만 치료를 받지 못했고, 따라서 치료를 받은 다른 사람들을 위한 대조군, 즉 통제 집단 역할을 했던 것이라는 암울한 사실을 보도하는 기사를 전송했다. 약 600명의 남성이 이런 식으로 고통을 겪었다. 관련 의료 전문가들은 매독 환자들이 치료를 받지 못해 서서히 고통스럽게 죽어갔거나 실명과 같은 증상이 나타났다는 사실을 수십 년 동안 알고 있었다. 그러나 '과학'이라는 미명하에 통제 집단은 계속해서 치료를 받지 못했다. 록펠러 재단은 1929년부터 이 연구에 자금을 지원했으며, 미국 공중 보건국(US Public Health Service)은 1932년부터 자금을 지원했다.

1960년대 중반부터 전문가 집단 내에서 터스커기 연구에 대한 산발적인 우려가 제기되었다. 그러나 그러한 우려는 실행에 옮겨지지 않은 채 내부 검토 과정에 머물러 있었다. 하지만 1972년에 그것에 관한 기사가 전국지를 장식하자, 엄청난 분노가 공개적으로 표출되었다. 아프리카계 미국인의 생명을 쉽게 처분해 버리는 것에 대한 혐오는 아프리카계 미국인 공동체 훨씬 너머에까지 퍼져 나갔다. 윌리엄 프록스마이어(William Proxmire) 상원의원

17　미국의 교육학자 마이클 애플(Michael W. Apple)은 다른 집단의 지식은 거의 빛을 보지 못하는 반면 일부 집단의 지식을 가장 합법적인 것, 공식적 지식으로 규정하는 결정은 사회에서 누가 권력을 가지고 있는지에 대해 매우 중요한 것을 말해준다고 한다. _옮긴이

18　질병의 원인에 관해 공통적인 특성을 갖고 있는 인구 집단을 말하며, 코호트 연구란 특정 코호트로부터 질병 발생에 관여하리라 의심되는 어떤 특성이나 원인 인자에 노출된 정보를 수집한 후, 이 코호트에서 해당 질병이 발생될 때 까지 추적·관찰함으로써 요인에 노출되지 않은 집단에 비해 노출된 집단에서의 질병 발생률을 비교하는 역학적 연구 방법이다. _옮긴이

은 그것을 "도덕적·윤리적 악몽"이라고 불렀고, 테디 케네디(Teddy Kennedy) 상원 의원은 "너무 충격적이고 참을 수 없다"고 말했다. 그 프로그램을 관리했던 정부 관계자들은 처음에는 변명하려고 애썼으나 뉴스 미디어의 압박은 계속되었다. 8월에 보건 교육 복지부(Department of Health, Education, and Welfare)는 그 연구를 심사할 집단을 지명했다. 그 프로젝트는 1973년 봄에 중단되었다.[19]

상당수의 아프리카계 미국인들은 과학이라는 미명하에 흑인의 신체를 학대하는 것에 놀라지 않았다. 1972년에 새로웠던 것은 그들의 분노에 대한 백인의 지지와 그 문제를 무시하지 않기로 한 주류 미디어 편집인들의 결정이었다. 터스커기 연구는 용인될 수 없었고 터스커기 연구소가 자체적으로 적절하게 모니터링하지 않았다는 주장에 대한 지지는 상당했다.

의학적 권위에 대한 마지막 공격은 1970년대 여성 건강 운동에서 의학, 특히 산부인과에 대한 페미니스트들의 비판이었다. 1971년에 출판되어 베스트셀러가 된 『우리 몸, 우리 자신(Our Bodies, Ourselves)』은 그 이후로 여러 판이 발행되면서 고전의 반열에 올랐다. 이 책은 산부인과가 임신을 질병처럼 취급하고 양육적 관계보다 비인간적인 기술을 선호한다고 공격했다. 이 책은 남성주의적인 의학적 권위에 맞서 여성 경험의 관련성을 지키고자 했다. 의학은 여성이 신체에 대한 지식에 접근하는 것을 거부하고 그러한 무지로 인한 부담을 여성에게 떠안기는 전반적인 사회 체계에 연루되어 있었다.

법정은 과학적 권위의 순수성이 엄청난 스트레스에 직면하는 또 하나의

---

19 케네디는 James H. Jones, *Bad Blood: The Tuskegee Syphilis Experiment* (New York: Free Press, 1981), p. 214에서 재인용; 프록스마이어는 Susan Reverby(ed.), *Tuskegee's Truths: Rethinking the Tuskegee Syphilis Study* (Chapel Hill: University of North Carolina Press, 2000), p. 117에서 재인용.

장소였다. 분명 법정은 특히 증거 및 증언 채택이라는 소송 절차에서 항상 난잡한 지식의 현장으로, 여기에는 대중적인 양식과 엘리트적인 양식이 늘 혼합되어 있었다. (고대 수사학은 부분적으로 이러한 결합에서 탄생했다.) 전문가 증언의 역설은 (일반 시민으로 구성되는)[20] 배심원단이 학식 있는 자들 사이의 언쟁의 시시비비를 가려내야 한다는 것이다. 그러나 전문가가 필요한 이유는 배심원단이 특정한 전문적 문제를 결정할 자격이 없기 때문이다.[21] 이로 인해 배심원단은 전문가의 지식과 일반인의 지식이 충돌하는 주요 현장이 된다.

1970년대 초반까지 미국 법원의 전문가 증언에 관한 기본적인 기준은 1923년 프라이 대 미국 정부(Frye v. United States) 사건[22]으로 거슬러 올라가는데, 이 사건에서 연방 대법원은 과학계에서 일반적으로 인정하는 전문 지식만이 법정에서 받아들여질 수 있다고 판결했다. 이 소송은 19세기 후반에 명확한 기준 없이 돌팔이와 전문가를 뒤섞어놓음으로써 흔히 볼 수 있었던 전문가 증인에 대한 혼란을 바로잡았다. 프라이 사건은 근대 세계를 적절하게 관리하기 위해 전문 지식의 권위, 전문가 지식에 대한 의존을 확립하는 전환점이 되었다.

그러나 지식 엘리트와 전문가의 권위에 대한 믿음이 전반적으로 약화함

---

20 괄호 안은 옮긴이가 덧붙인 것이다. _옮긴이

21 Gary Edmond, "Whigs in Court: Historiographical Problems with Expert Evidence," *Yale Journal of Law and the Humanities*, 14, 2002(Winter), pp. 123~175; Mark Essig, "Poison Murder and Expert Testimony: Doubting the Physician in Late Nineteenth-Century America," *Yale Journal of Law and the Humanities*, 14, 2002(Winter), pp. 177~210.

22 이 사건에서는 수축기 혈압 검사를 이용한 거짓말 탐지기의 증거 능력이 주요 쟁점이었다. 재판부는 전문가 증언은 "충분히 확립되고(sufficiently established)" "일반적으로 수용되는(general acceptance)" 과학적 방법에 근거해야 한다고 판시했고, 미국에서 오랫동안 이 기준(프라이 기준)이 사용되었다. _옮긴이

에 따라, 그러한 재판부의 의견에 대한 존중도 약해졌다. 1967년에서 1974년 사이에 그러한 의견에 대한 문제 제기가 여러 차례 있었다. 그러자 1975년에 새로운 연방 증거 규칙(Federal Rules of Evidence)이 새 기준을 선포했다. 이제 전문가 증언은 '관련성이 있고' '신뢰할 만하기'만 하면 되었다. 더 이상 증언이 일반적으로 받아들여지는 규범과 관련될 필요가 없었다. 대신 전문가들은 비정통적인 의견도 소개할 수 있었다. 1990년대가 되자 신보수주의적인 맨해튼 연구소(Manhattan Institute)는 '정크 사이언스(junk science)'[23]가 법정에 침입하는 것에 맞서 싸우기 위해 캠페인을 조직했는데, 이 캠페인은 충분한 자금 지원도 받았다.[24]

운동가들이 대학교 내의 이질적인 특정 집단으로 이동한 것은 1970년대 이야기의 또 다른 한 부분이다. 1970년 즈음의 새로운 번역물의 물결을 포함해 프랑크푸르트학파 마르크스주의의 부활과 이후 영국의 문화 연구 도입과 푸코식 문화 분석의 부상은 진실이 반드시 지배 계층의 발톱에 갇혀 있는 것은 아니라는 것을 보여주는 분석의 예들이다. 진실 게임은 이제 더 넓은 분야에서 펼쳐졌다. 이러한 이론들은 형식적 지식에 대한 외부자들의 문제 제기가 '성공했음'을 의미했다. 진실로 간주되는 것에 대한 엘리트들의 지휘가 미덥지 못하다는 것이 더 전통적인 버전의 마르크스주의 이론에서 항상 인정되었던 것은 아니지만, 「정신 장애 진단 및 통계 매뉴얼」에서 동성애를 제외하기 위한 캠페인과 같은 사례는 운동가들에게 지식 공동체에

---

23 특정 이익을 추구하기 위한 잘못된 과학적 자료와 분석을 의미한다. _옮긴이

24 Carol Jones, *Expert Witnesses: Science, Medicine, and the Practice of Law* (New York: Oxford University Press, 1994); Daniel Farber and Suzanna Sherry, *Beyond All Reason: The Radical Assault on Truth in American Law* (New York: Oxford University Press, 1997); Tal Golan, "Revisiting the History of Scientific Expert Testimony," *Brooklyn Law Review*, 73(3), 2008, pp. 879~942 참조.

대한 특정한 개입이 사회적 관행과 개념을 바꿀 수 있다는 것을 가르쳐주었다. 비록 지배적인 기득권이 존재하긴 했지만, 성공적인 전략적 급습의 여지도 존재했다. 스튜어트 홀(Stuart Hall)과 샹탈 무페(Chantal Mouffe) 같은 후기 마르크스주의 이론가들은 상향식 선동에 대한 새로운 확신과 장단을 맞추면서 1970년대와 1980년대에 대중적 지식을 찬양하기 시작했다.

페미니스트 학자들의 등장은 아마도 1970년대의 학문적 지형에서 가장 두드러지고 성공적인 변화였을 것이다. 앨리스 에콜스(Alice Echols)가 멋지게 보여주었듯이,[25] 페미니스트 급진주의는 1971년과 1974년 사이에 허물어졌을 수도 있지만, 이러한 붕괴에 뒤이어 바로 여성의 역사, 여성 연구 프로그램, 타이틀 IX(Title IX)[26] 스포츠 개혁, 성희롱 법이 등장했는데, 이러한 1970년대의 산물들은 모두 연구와 지식 생산에 의한 것이었다.

푸코는 또한 지식이 사회에서의 진지전[27]과 깊이 관련되어 있다고 보았지만, 적어도 1970년대 중반까지 그는 모든 인식론적 질서의 궁극적 우연성[28]을 주장했다. 『사물의 질서(*The Order of Things*)』(1970; *Les mots et les chooses*,

---

25 Alice Echols, *Daring to Be Bad: Radical Feminism in America, 1967-1975* (Minneapolis: University of Minnesota Press, 1989).

26 1972년 미국에서 제정된 법률로 미국 내 교육계에서 성차별을 없애기 위해 제정되었다. 미국 연방 정부의 지원을 받는 모든 교육 기관들은 타이틀 IX에 따라, 남녀 상관없이 동일한 과목, 상담, 경제적 지원, 건강 보험, 주거, 그리고 운동 기회를 제공해야 한다. _옮긴이

27 안토니오 그람시(Antonio Gramsci)의 진지전 혹은 기동전(war of movement)과 관련해서는 다음 참조. "그람시 이론따라… 대한민국 헤게모니 장악 위해 '진지' 구축", ≪국민일보≫, 2020. 6.2, http://news.kmib.co.kr/ARTICLE/view.asp?arcid=0924140540&code=23111111&sid1=all. _옮긴이

28 푸코의 주된 관심사는 '현재의 역사'였고 담론적 사건의 우연적 발생을 강조했다. 그는 우리가 당연하게 생각하고 받아들이는 현재를 문제로 바라보고, 그 우연성을 밝히고자 한 것이다. 즉, 그는 어떤 사고나 행동 유형이 특정 시기에는 문제로 규정되어 분류되는 반면에, 다른 시기에는 철저히 무시된 이유를 묻는다. 이를 '문제화(problematization)'라고 하는데, 현재에 대한 문제화가 푸코의 관심사였다. _옮긴이

6장 난잡한 지식, 1975~2000년 **451**

1966)의 첫 페이지에서 그는 동물계를 "방금 꽃병을 깨뜨린 동물"과 같은 터무니없는 범주로 분류한 소위 중국의 한 백과사전에 대해 논의한 것으로 유명하다. 그가 17세기의 거친 경험주의에 관한 호르헤 루이스 보르헤스의 에세이[29]를 참조하고 있었다는 것을 알아차린 독자는 거의 없었다.[30] 푸코는 합리적인 계획이 세상의 질서를 만들 수 있다고 믿는 사람들을 신랄하게 비판하고 있었는데, 보르헤스가 쓴 에세이의 주인공인 존 윌킨스(John Wilkins)는 지식에 질서를 가져다줄 명명법 체계를 찾으려 노력하고 있었다. 1960년대와 1660년대의 사상가들은 개념 체계에 빈 구멍이 많다는 사실을 우려했고 그것을 해결하기 위해 매진했다. 권력의 도구로서의 과학적 학문에 대한 푸코의 이야기는 반전문가적 분위기를 부추겼다. 그러나 1970년대 초반의 공격은 전문직 계층을 파괴하려는 의도는 없었다. 오히려 그러한 공격은 끊임없는 연구와 만성적인 불신을 결합시켰다.

이러한 모든 행동주의는 1960년대의 반체제적 불법 행위를 부추겼다. 그러나 그것은 새로운 무언가를 알리는 징후이기도 했다. 지식 전문가들은 외부로부터의 문제 제기에 직면할 수 있었으며, 그들의 권위는 신성불가침이 아니었다. 근대화 이론가들이 제안한 것처럼, 진실은 전문가들의 담론이 내부적으로 발전해서 나온 것이 아니었다. 동료 심사가 타당성의 유일한 결정자는 아니었다. 진실은 정치적이었고 정치적으로 도전받을 수 있었다. 불과 10년 전, 토머스 쿤의 유명한 『과학혁명의 구조』는 과학이 어떻게 작동하는지에 대한 아주 차분하고도 완벽한 그림을 제시했다. 쿤의 설명에 따르면, 과학자들은 자신들의 학문 분야를 자신들이 지휘해 왔기 때문에, 거기에 유

---

29 보르헤스가 쓴 짧은 에세이 「존 윌킨스의 분석적 언어(El idioma analítico de John Wilkins)」를 말한다. _옮긴이

30 Jorge Luis Borges, "John Wilkins' Analytical Language," in Eliot Weinberger(ed.), *Selected Non-fictions* (New York: Penguin, 1999), pp. 229~232.

사이드바 6-1 1970년대 지식 사회에 관한 벨과 리오타르

지식 혁명에 대한 새로운 논의의 물결은 1960년대에 시작되었다. 프리츠 매클럽(Fritz Machlup), 칼 포퍼(Karl Popper), 데릭 드 솔라 프라이스(Derek de Solla Price) 같은 저자들은 정보의 쇄도가 사회를 재구조화하고 지식의 생산이 경제적 성과를 규정하는 방식을 살펴보았다.[1] 여기에서 정보 혁명은 산업 문명의 필수 부분으로 단순히 그려지는 것이 아니라 산업 문명의 원동력으로 그려졌다.

처음에 이 문헌들은 연구의 사회적 계획의 강점에 대한 찬사로 가득 찬 채 매우 낙관적이었다. 1970년대에는 좀 더 회의적인 목소리가 나타나기 시작했다. 특히 두 이름이 눈에 띈다. 하버드 대학교 사회학과 교수인 대니얼 벨(Daniel Bell)은 1950년대 후반에 그가 "지식 사회"라고 부른 것에 대해 생각하기 시작했다. 1973년에 그는 방대한 개설서인 『탈산업 사회의 도래(The Coming of Post-industrial Society)』를 출간했다. 6년 후, 프랑스 철학자 장 프랑수아 리오타르는 20세기 후반의 가장 유명한 에세이 가운데 하나인 『포스트모던의 조건(The Postmodern Condition)』을 출간했다. 두 저서 모두 지식 환경을 바꾸는 데 있어서의 컴퓨터의 역할을 강조했다. 그러나 두 저서 모두 지식과 정보를 통제 불가능한 것으로, 계몽이나 사회적 평화를 가져올 수 없는 것으로 이해하기 시작했다. 두 저서 모두 사후 관리적 의미의 지식을 지향했다. 무정부주의자인 리오타르는 그것을 찬양했지만, 문화적 보수주의자인 벨은 그것을 몹시 싫어했다.

두 사람 간의 명백하고 뚜렷한 차이점에도 불구하고, 특히 1940년대에 그

---

1   Fritz Machlup, *The Production and Distribution of Knowledge in the United States* (Princeton, NJ: Princeton University Press, 1962); Karl Popper, *Objective Knowledge: An Evolutionary Approach* (New York: Oxford University Press, 1972); Derek de Solla Price, *Big Science, Little Science* (New York: Columbia University Press, 1963).

들이 지녔던 관점에 비해 그들의 유사점은 놀라웠다. 두 사람 모두 사회 질서에서 지식과 정보가 차지하는 위치에 대한 새롭고도 좀 더 복잡한 태도들을 수용했으며, 인간성 향상을 위해 지식이 이끄는 세계에 대한 계몽주의적 꿈과는 거리를 두었다. 두 사람 모두 건강한 계획 사회의 꿈을 거부했다. 벨에게 그것은 한탄해야 할 실패였고, 리오타르에게 그것은 피해야 할 전망이었다. 그럼에도 두 사람 모두 배너바 부시나 J. D. 버날 같은 이전의 지식 몽상가들과는 전혀 달리 지식과 사회 질서 간에는 근본적인 적대감이 있다는 것을 믿게 되었다.

벨을 살펴보자. 1970년대에 그는 자신이 정보의 합리적인 계획에 대한 1940년대의 생각에서 매우 멀어져 있다는 것을 깨달았다. 그에게 지식은 산업 문명의 충실한 하인이 아니었다. 지식은 경제의 엔진이 되어 있었다. 그는 "사회 구조 변화의 주요 원천은 지식의 성격 변화"라고 썼다.[2] 그러나 그는 지식을 구체적으로 이해하고 있었다. 『탈산업 사회의 도래』는 데이터에 대해서는 거의 말을 하지 않았다. 결정적인 것은 이론적 지식이었으며, 정보는 상대적으로 중요하지 않았다. 벨에게 있어 이론적인 지식이란 형식적 연구에 의해 생성된 일반화를 의미했다. 강력한 형식 모델과 수학적 방정식은 유전학에서 미시 경제학, 회계학에서 정보 이론에 이르기까지 거의 모든 분야의 핵심이었다. 그와 같은 지식은 관리 역량, 과학적 능력, 기술적 기량, 경제적 생산성을 확장시켰다. 지식의 중요성은 과소평가될 수 없었다. 왜냐하면, "실제로 이론적 지식은 점차 사회의 전략적 자원, 사회의 중심축이 되는 원리가 되기" 때문이다.[3]

---

2   Daniel Bell, *The Coming of Post-industrial Society: A Venture in Social Forecasting* (New York: Basic Books, 1973), p. 389, 44.

3   Bell, 같은 책, p. 26.

벨은 관리주의[4]를 신봉하긴 했지만 기술 관료는 분명 아니었다. 실제로 그는 거의 100쪽을 기술 관료주의[5]에 대한 반대론을 펼치는 데 할애했다. 그는 과학자와 정치인 사이에는 근본적인 차이점이 있다고 주장했다. 과학자는 증거와 기술적 합리성에 의해 움직였지만, 정치인은 가치와 이해관계에 의해 움직였다. 그에게 지식과 정치는 결코 밀접한 관련이 없었을 것이다. 벨에게 있어 과학은 정치와 끊임없이 충돌했지만, 과학은 기본적인 문화적 가치와도 충돌했다. 1960년대의 여파로 벨은 평등주의와 자기실현에 대한 욕망이 미국인의 생활에 만연해 있다고 믿었다. 이러한 경향으로 인해 벨은 1970년대 중후반에 신보수주의에 빠져들었다(1980년대 초반에 그는 신보수주의 집단에서 나왔음). 이제는 모든 사람이 온갖 종류의 권리를 주장한다고 벨은 비웃듯 말했다. 정당한 권리에 대한 의식이 새롭게 생겨나기 시작했다. 사람들은 거리낌 없이 "자신이 좋아하는 것"을 했다. 존 롤스(John Rawls)와 같은 철학자들이 그와 같은 정서를 부추겼다. 헤르베르트 마르쿠제와 노먼 O. 브라운 같은 정신적 지도자들이 그러한 정서를 직접 설파했다. 이러한 도덕률 폐기론적이고 반제도적인 가치들은 탈산업 사회를 위한 지식을 생산하는 데 필요한 끈기 있는 냉철한 합리성과 날카롭게 충돌했다. 벨의 지식 사회는 정치 및 광범한 자기중심주의와 끊임없는 갈등을 겪었다.

『탈산업 사회의 도래』가 출간된 후, 몇 년 동안 벨은 미국인의 삶이 변화하는 방향에 점점 더 환멸을 느꼈다. 자기실현의 문화와 지식 기반 경제 사이

---

4   관리주의란 활동을 관리하거나 계획할 때 전문 관리자의 사용에 대한 믿음 또는 의존을 의미한다. 시민과 그들의 필요와 바람이 아닌 기업과 조직을 사회의 핵심 구성 요소로 보는 이데올로기적 접근 방식이다. _옮긴이

5   기술 혹은 전문 지식을 갖춘 관료가 국가를 통치해야 한다는 신념을 의미하며 중앙 집권적 권력의 확대를 주장한다. 이에 반해 관리주의는 중앙 집권적 국가 통제와 양립할 수 없으며 오히려 관리주의는 효율적 운영을 위해 조직화할 필요가 있는 다양한 삶의 영역을 인정한다는 점에 관리주의와 기술 관료주의는 차이가 있다. _옮긴이

의 긴장은 그의 다음 저서인 『자본주의의 문화적 모순(*The Cultural Con-tradictions of Capitalism*)』(1976)을 하나로 묶어주는 주제가 되었다. 1970년 대 후반에 벨은 신보수주의적인 모습을 가장 노골적으로 보여주었다. 이 시점에 그는 지식 사회에 대한 또 하나의 에세이를 썼다. 「텔레텍스트와 기술: 탈산업 사회의 새로운 지식 정보 네트워크(Teletext and Technology: New Networks of Knowledge and Information in Postindustrial Society)」(1977)에는 1973년 저서보다 컴퓨터에 대한 훨씬 더 날카로운 논평이 포함되었다.[6] 『탈산업 사회의 도래』에서 그는 컴퓨터의 중요성을 지나치게 강조하는 다른 저자들을 비판했다. 그는 전산화가 더 나은 모델링 능력에 기여하는 조력자로, 기껏해야 "형식적 이론의 본체와 최근 몇 년 동안의 대규모 데이터베이스"를 이어주는 "가교"로 생각했다. 벨에게는 모델 자체가, 즉 이론적 지식이, 중요했다. 모델은 탈산업 사회의 삶의 중추였다.[7]

그러나 1977년에 벨은 전자 제품, 특히 컴퓨터의 소형화가 진행 중인 미디어 혁명의 중심이라고 주장했다. 무엇보다도 이것은 전 세계로 즉시 보낼 수 있는 엄청난 양의 정보를 만들어내고 있었다. 지금은 다소 이상하게 들리는 벨의 사례들 가운데는 UPI(United Press International) 통신의 새로운 온라인 시스템이 포함되어 있었다. 이 시스템을 이용해 전 세계에서 전송되어 뉴욕에서 편집된 기사를 어디에서나, 즉 홍콩에서부터 유럽 그리고 미국 전역에 걸쳐 있는" 800개 은행과 250개 기업에서, 다운로드할 수 있었는데, 이들 은행과 기업들은 이제 "전산화된 변동 환율 모니터링 서비스에 연결되어 있었다. 벨은 컴퓨터가 생성할 수 있는 엄청난 양의 데이터에 깊은

---

6   Daniel Bell, "Teletext and Technocracy: New Networks of Knowledge and Information in Postindustrial Society" (1977), in *The Winding Passage: Essays and Sociological Journeys, 1960-1980* (New York: Basic Books, 1980), pp. 34~65.

7   Bell, 같은 글, p. 38, 28.

인상을 받았다. 벨은 "어떠한 유인 우주 비행이든 비행이 이루어지는 동안 1초당 52킬로비트의 속도로 데이터 전송이 이루어지는데, 이는 1분에 『브리태니커 백과사전』하나를 보내는 속도와 맞먹는 수준"이라고 적었다. (이 속도가 엄청나긴 하지만 현재 속도에 비하면 많이 늦어 보인다.) 이러한 정보의 폭발이 계속되고 있었기 때문에, "홍수처럼 밀려드는 혼란"을 체계적으로 정리할 방법을 반드시 찾아야 한다고 그는 생각했다.[8]

그러나 벨은 모든 것이 체계적으로 정리될 수 있을지 확신하지 못했다. 그는 과학의 통일성,[9] 일관성 있는 백과사전, 또는 "세계의 모든 기록된 지식"을 포함하고 있는 도서관에 대한 더 낡은 생각들이 이제는 쓸모없다고 확신했다. 이제는 그러한 유령을 포기해야 할 때였다. 왜냐하면 "인간의 지식을 규율하고 광대한 통일된 체계를 만들어내려는 시도는 … 실패할 수밖에 없었고, 지식을 형식화하거나 '인공' 언어를 고안하려는 노력은 부적절한 것으로 드러났기" 때문이다.[10] 그가 자랑하는 "이론적 지식"[11]은 현재 우리의 컴퓨터들 사이에 쏟아지는 정보의 물결에 질식당하고 있었다.

과학은 그러한 흐름을 조절할 수 없었으며, 유일한 희망은 인간의 관리였다. 그러나 여기가 바로 1970년대에 벨이 더 시큰둥해하고 있던 그 지점이었다. 문화적 가치들이 성공적인 관리와 맞부딪히고 있었다. 통신 및 정보혁명은 국가에게 "감정의 변덕, 선동의 강조, 국민 투표식 민주주의[12]"로 가

---

8   Bell, 같은 글, pp. 39~40, p. 61, 57.

9   과학의 통일성은 모든 과학이 통일된 전체를 형성한다고 말하는 과학 철학의 한 명제이다. _옮긴이

10   Bell, 같은 글, p. 58, 59.

11   벨은 탈산업 사회에서 정보는 질적으로 독특한 특성, 즉 '사회의 중심적 원리'로서의 성질을 지니는데 이것을 벨은 '이론적 지식(theoretic knowledge)'이라 부른다. 전문직 종사자의 확산이 이론적 지식을 사용하고 그것을 만드는 사람의 수를 증가시키는데 이러한 이론적 지식은 탈산업 사회를 다른 체계와 구별 짓는 중요한 특징이다. _옮긴이

는 길을 열어주었다. 그는 다음과 같이 요약했다. "거리의 축소로 인해 분명 정치 체제가 매우 불안정해질 수 있는 가능성이 있음을 처음으로 알게 되었다."[13]

벨의 엄청난 저서 『탈산업 사회의 도래』가 출간된 지 6년 후 그리고 벨의 에세이 「텔레텍스트와 기술」이 발표된 지 2년 후, 리오타르는 그의 선구적인 저서인 『포스트모던의 조건』을 출간했다. 1977년의 벨과 마찬가지로 리오타르는 전산화를 최근 사회 변화의 출발점으로 보았다. 탈근대주의는 흔히 이미지 정치와 관련이 있지만, 이 책의 부제가 "지식에 관한 보고서"라는 점에 유의할 필요가 있다. 지식의 성격 자체가 변하고 있었지만, 더 나은 쪽으로의 변화는 아니었다. 가장 큰 변화는 리오타르가 "지식의 상품화"[14]라고 불렀던 것이었다. 지식은 금전적 가치가 있었다. 기업은 이미 정부의 통치 역량을 약화시키고 있는 거대한 데이터 은행을 구축할 수 있었다. 리오타르는 "갈수록 누가 정보에 접근할 수 있는가가 핵심 문제가 된다"고 썼다.[15]

그러나 리오타르는 동시에 다른 일도 일어나고 있다고 생각했다. 메타 서사

---

12   숙의 민주주의자들은 참여자들의 숙의 능력이 그 결과를 좌우한다는 점에서 다소 엘리트주의적 편향성을 띠기도 하지만, 국민 투표, 국민 소환, 국민 발안 등을 직접 민주주의로 보는 것도 잘못이라고 지적한다. 정치학에서는 이를 국민 투표식 민주주의 혹은 우파 포퓰리즘(right-wing populism)으로 부른다. _옮긴이

13   Bell, "Teletext and Technocracy," p. 61.

14   the mercantilization of knowledge을 지식의 장사화로 번역하는 경우도 있으나, 리오타르는 "컴퓨터로 인해 지식이 데이터베이스에 저장되고, 이동하고, 사고팔 수 있는 정보가 되면서 우리의 태도가 근본적으로 변화된 것"을 두고 이렇게 표현했기 때문에 지식의 상품화로 번역하는 것이 더 적절해 보인다(출처: Salirick Andres, "Jean-François Lyotard," October 1, 2017, https://salirickandres.altervista.org/jean-francois-lyotard/). _옮긴이

15   Jean-Francois Lyotard, *The Postmodern Condition: A Report on Knowledge*, trans. Geoff Bennington and Brian Massumi (Minneapolis: University of Minnesota Press, 1983. originally published 1979), p. 14.

(metanarrative)[16]에 대한 믿음이 무너지고 있었다. 탈근대성은 역사적 진보에 대한 믿음의 상실과 지식이 우리를 자유롭게 해줄 것이라는 의식에 대한 믿음의 상실 모두를 의미했다. 탈근대적 상황은 역설적이었는데, 왜냐하면 과학에 대한 불신과 과학에 대한 전적인 의존이 공존했기 때문이다.[17]

리오타르는 길을 찾을 수 있는 방법을 제안했다. 과학적 메타 서사에 대한 믿음이 무너졌기 때문에, 이제 "논증 방법이 증가했고 진실을 확립하는 과정이 더 복잡해졌다"고 그는 생각했다.[18] 지식에 대한 화용론(pragmatics)[19]은 우리가 단순히 과학을 신뢰했을 때보다 한없이 더 복잡했다. 이제 우리는 이야기를 하거나, 통계를 나열하거나, 논쟁을 벌일 수 있게 되면서 다수의 언어 게임(language game)[20]을 할 수 있게 되었다. 진실을 확립하기 위한 토대가 단 하나만 존재하지는 않았다.

증가하는 지식의 상품화에 반대하기 위해 리오타르는 "탈근대적 과학"을 제안했는데, 그는 이를 통해 무질서를 만들어내고, 문제를 제기하고, 진실

---

16 리오타르가 말하는 '메타 서사'란 인간의 역사, 인간의 경험, 인간의 지식을 모두 포괄하고 통합하려는 목적을 가진 설명을 의미한다. _옮긴이

17 많은 탈근대주의 작가들처럼 리오타르는 탈근대적인 것을 새로운 역사적 상황에서 비롯된 것으로 보기도 하고 인식론적 돌파구에서 비롯된 것으로 보기도 한다. 『포스트모던의 조건』에서 리오타르는 전자를 강조했다.

18 Lyotard, *The Postmodern Condition*, p. 41.

19 화용론은 언어학에서 '말하는 이, 듣는 이, 시간, 장소 따위로 구성되는 맥락(context)과 관련해 문장의 의미를 체계적으로 분석하려는 의미론의 한 분야'를 가리킨다. 그러나 이러한 정의는 화용론적 입장에서는 사전적 정의의 하나일 뿐이며 '맥락적인 의미 전달을 위한 정보의 구조 가운데 하나'라고 할 수 있다. 리오타르는 언어에 대한 화용론적 접근 방식을 사회 연구에 적용했다. 리오타르는 『포스트모던의 조건』에서 언어 화용론적 연구 방법을 도입해 탈산업 사회에서 이루어지고 있는 메타 서사의 붕괴를 설명했다. _옮긴이

20 리오타르는 담론을 과학적 지식과 서사적 지식으로 구분한다. 상이한 담론들에서 사용되는 서사의 상이한 유형들은 상이한 규칙들을 따르는데, 리오타르는 이러한 상이한 담론들을 가리켜 언어 게임이라 부른다. 서사와 언어 게임의 규칙을 설정하는 것이 바로 위에서 말한 메타 서사이다. _옮긴이

에 이의를 제기하고자 했다. 최고의 언어 게임은 논쟁을 좋아했으며, 최고의 과학은 "안정된 체계에 대한 반모델(antimodel)[21]"이었다. 그는 "일치는 시대에 뒤떨어진 의심쩍은 가치가 되었다"고 주장했다.[22] 진실은 이제 맥락에 따라 유용한 화용론으로 정의되어야 했으며, 과학은 확립된 진실을 찾기보다는 그것을 못 쓰게 만드는 데 전념함으로써 일치가 아닌 불일치를 만들어내야 한다.

마침내 리오타르는 전산화가 "시장 체계를 통제하고 규제하는 꿈의 수단"이 될 수 있다고 생각했다. 그런 경우에 "그것은 불가피하게 두려움을 수반했을 것이다". 그러나 전산화는 또한 "대개 식견 있는 결정을 내리는 데 필요한 정보가 부족한 운동가들에게 정보를 제공함으로써" 그들을 도울 수 있었을 것이다. 위의 책의 마지막 단락에서 리오타르는 마지막 처방을 제시했는데, 그 자신의 말을 빌리면 그 처방전은 "아주 간단한 것으로 공중에게 메모리와 데이터 뱅크에 대한 무료 접근을 제공하는 것"이었다.[23]

벨과 같이 리오타르도 세계가 갈등을 겪고 있는 것으로 보았다. 두 사상가 모두 체계 이론가도, 기술 관료도, 기능주의자도 아니었다. 벨에게 갈등은 비극적인 것으로, 문화와 기술 사이의 유감스럽지만 피할 수 없는 긴장을 반영했다. 반면에 리오타르는 갈등을 좋아했다. 갈등은 자유 사회임을 보여주는 징후였다. 갈등이 '없는 것'이 진짜 위험이었다. 리오타르는 일치를 다름 아닌 전체주의적인 것으로 보았다.

벨은 심지어 1970년대 중반에도 1960년대의 정치에 갇혀 있었다. 그에게 과학적 합리성은 히피의 도덕률 폐기주의에 맞서는 것이었다. 리오타르는

---

21 모델의 반대 역할을 하는 누군가나 무언가로, 사람들이 되고 싶지 않거나 달성하기를 원하지 않는 것을 나타낸다. _옮긴이

22 Lyotard, *Postmodern Condition*, p. 64, 66.

23 Lyotard, 같은 책, p. 67.

환경 운동가, 페미니스트, 인권 운동가들이 대안적 지식 체계를 만들어내기 시작했던 1970년대에 새로운 종류의 행동주의가 등장할 것을 직감했다. 사회를 합리화하기 위해 노력하는 과학자들뿐만 아니라 사방에서 연구를 주도했다. 정보는 문제를 해결하는 것만큼이나 일치를 무효로 만들 수도 있었다. 정치적 행위자들은 모든 종류의 언어 게임을 사용했는데, 왜냐하면 그것이 실용적으로 그들에게 적합했기 때문이다. 탈근대주의는 과학에 대한 적대감을 의미하는 것이 아니며, 전근대에 대한 향수는 거의 끝났다고 리오타르는 주장했다. 탈근대주의는 논쟁에서 다수의 언어 게임을 의미했다. 두 사상가 모두 정보의 폭발이 지식이 사회를 질서 정연하게 한다는 주장을 뒤집었을 뿐만 아니라 지식은 합리적으로 정리될 수 있다는 의식을 약화시켰다고 믿었다. 벨에게 있어 지식이 우리를 자유롭게 해줄 것이라는 꿈은 정보의 홍수 속에 파묻혀버렸다. 백과사전에 대한 벨의 잃어버린 믿음은 모든 종류의 전투적인 과학의 새로운 출현에 대한 리오타르의 희망이었다.

일하게 정치가 작용한다면 그것은 내부적인 것이었다. 지식은 전문가들의 전문적인 논의의 결과물이었다. 연구 '패러다임'(이 단어의 인기는 쿤 덕분임)에 대한 이의 제기는 외부의 압력이 아닌 예외적인 증거의 증가에서 비롯되었다. 1970년대 초반의 사건들은 다른 무언가를, 즉 중요한 순간에 대중, 외부자, 또는 정치인(이 세 용어 가운데 당신이 하나를 선택하라)이 전문가의 자율성에 개입하는 과학의 패턴을, 제안했다.

더욱이 이러한 문제 제기는 형식적 지식이나 전문가의 권위에 대한 반대 그 이상의 것이었다. 그와 같은 반대는 역사를 통틀어 권리를 박탈당한 사람들 사이에서 널리 찾아볼 수 있다. 그러나 이러한 항의는 전문적 지식에 대한 '성공적인' 문제 제기였다. 중요한 것은 동성애 운동가들이 APA 진단에 항의한 것이 아니다. 중요한 것은 그들이 전문가들의 대열 속에 들어가서 우리가 실제로 지식으로 간주하는 것에 변화가 일어나도록 압박을 가한 것이다.

엘리트의 지식에 대한 그와 같은 공격은 1960년대의 정서가 그 기원이긴 했지만, 그러한 공격에는 1960년대의 더 유토피아적이고 낭만적인 차원이 결여되어 있었다(이념적으로 늘 그렇지는 않았지만 실제로는 그랬음). 그러한 공격은 정신 의학이라는 전문직을 쓰러뜨리거나 과학적 연구를 끝장내기 위한 기도(企圖)가 아니었다. 그것은 운동가들이 원하는 실질적인 개혁이었다. 이반 일리치와 같은 사람은 "탈학교 사회(deschooling society)"나 "의학적 재앙(medical nemesis)"[31]을 약화시키는 것을 꿈꾼 한편, 동성애, 탈시설화, 아프리카계 미국인 및 페미니스트 운동가의 목표는 더 날카로웠다. 그들은 범

---

31 일리치는 전문가의 의료 통제가 낳은 파괴적 영향이 이제 유행병이 되기에 이르렀다면서 그 새로운 유행병을 병원병(病院病, iatrogenesis)이라 불렀다. 진찰과 치료가 도리어 병을 만들어 낸다는 것이다. _옮긴이

주들이 바뀌고, 실험이 중단되며, 환자의 의견을 듣기를 원했다. 이렇듯 낭만적인 자세가 줄어듦으로써 난잡한 지식은 더 냉정한 실증주의적 과거와 연결되었다. 그러나 그러한 연결은 지식 계층의 손상된 평판을 반영했기 때문에 과거 실증주의와는 차이가 있었다.

1970년대에 변화하는 전문가의 권위를 이해하기 위한 한 가지 마지막 맥락은 밀려드는 정보의 물결이었다. 20세기 초, 월터 리프먼과 같은 사상가들은 싱크 탱크 내의 정치 관측통이 사용할 더 많은 데이터를 요구했다. 이제 정책 입안자들은 방대한 양의 데이터에 질식하지 않고 그것을 소화하는 방법을 배워야 하는 새로운 관리 과제에 직면했다. 큰 정부의 출현으로 워싱턴 DC 같은 도시는 보고서, 뉴스레터, 지표, 청문회 및 기타 인쇄된 단어와 숫자로 넘쳐나게 되었다. 입법자와 정책 입안자들은 이 모든 것을 처리하는 데 도움이 필요했다. 기관들은 대응할 방법을 찾아야 했다. 워싱턴의 싱크 탱크들은 이제 쇄도해 들어오는 엄청난 양의 정보를 의회의 다양한 이념 진영들이 정리하는 데 도움을 주기 위해 1970년대 초반에 그 수와 중요성이 폭발적으로 증가했다고 데이비드 리치(David Ricci)는 주장했다. 그리고 리치는 특정 싱크 탱크, 특히 보수적인 헤리티지 재단(Heritage Foundation)이 어떻게 수준 높은 공중 관계 부문을 빠르게 발전시켰는지 보여준다. 싱크 탱크들은 정보 게임과 이미지 게임을 동시에 하는 것을 배웠다.[32]

인권 운동의 경우도 마찬가지이다. 국제 앰네스티(Amnesty International)는 1961년 런던에서 설립되었으며 시작은 불안정했다. 내부 다툼으로 1967년에 이 새로운 계획은 거의 파국을 맞을 뻔했고, 미국 사무실은 재정 문제로

---

32 David Ricci, *The Transformation of American Politics* (New Haven, CT: Yale University Press, 1993). 아동 복지 통계 관리에서 같은 경향을 보려면 다음 참조. Cmiel, *Home of Another Kind*, p. 185.

1970년에 문을 닫기 일보 직전까지 갔다. 그러나 1970년에서 1976년 사이에 회비를 내는 회원이 6000명에서 3만 5000명으로 늘어났고, 정규 직원을 보강했으며, 1977년에는 노벨 평화상을 수상했다. 앰네스티 성공의 핵심은 방대하고 신뢰할 수 있는 사실 확인이었다. 앰네스티 정관에 이 전략을 요약되어 있다. "정보는 인권 운동 활동의 핵심이다." 그러나 앰네스티 성공의 또 다른 측면은 이미지라는 새로운 공통어를 능숙하게 구사했다는 것이다. 앰네스티는 유명인들을 동원했고, 기억하기 쉬운 슬로건("고문은 치료할 수 있는 질병")을 만들어냈고, 인상적인 로고를 디자인했고, 티셔츠를 배포했으며, 그들의 운동이 눈에 잘 띄게 하려고 매우 적극적으로 노력했다. 앰네스티는 보수적인 헤리티지 재단 못지않게 관심을 끄는 방대한 정보와 이미지를 다루는 법을 배웠다. 권력-지식[33]의 시대에는 모두가 그러한 게임을 하고 있었다.[34]

1970년대에 도서관은 많은 양의 정보를 처리하는 최전선에 있었다. 사서들 사이에는 정보 저장소가 터무니없이 거대해져서 거시적 순서[35]가 그야말로 적절하지 않다고 생각하는 이들도 있었다. 듀이 십진분류법과 맞먹는 20세기 후반의 어떤 분류법을 찾는 대신, 개인과 조직이 필요할 때 정보에

---

33 예를 들면, 푸코는 권력과 지식이 상호 작용해 사회를 형성하고 지배하는 것을 강조했다. 그는 권력의 구조와 작용을 탐구하면서, 어떻게 지식이 특정한 권력 구조를 유지하고 뒷받침하는지 분석했다. _옮긴이

34 Cmiel, "Emergence of Human Rights Politics in the United States." 또한 다음 참조. Peter Simonson, "Social Noise and Segmented Rhythms: News, Entertainment, and Celebrity in the Crusade for Animal Rights," *Communication Review*, 4(3), 2001, pp. 399~420; Lilie Chouliaraki, *The Ironic Spectator: Solidarity in the Age of Post-humanitarianism* (Cambridge: Polity Press, 2012).

35 문헌 분류에서 주제 분석의 거시적 순서와 관련해서는 다음 참조. 오동근, 「분석적 합성식 문헌분류법에 관한 연구」, ≪한국문헌정보학회지≫, 32권, 2호(1998), https://www.koreascience.or.kr/article/JAKO199825720323757.pdf. _옮긴이

접근할 수 있게 해주는 방법을 찾는 데 에너지를 쏟았다. 전반적인 지적 질서를 완전히 불필요하게 만드는 월드 와이드 웹이 이러한 계획의 가장 최근 사례이다. 1970년대와 1980년대의 렉시스넥시스(LexisNexis) 개발은 더 이전의 버전이었다. 대부분의 미국 사서들이 자신들이 하는 일을 바라보는 방식에 변화가 생긴 것은 또 하나의 변화였다.

1970년대 중반 이후 이루어진 도서관의 대규모 전산화는 '정보 검색'에 초점이 맞추어졌다. 예를 들면, 1950년대에 미국 국방부는 온라인 서지 검색 시스템 연구에 자금을 지원했다. 1968년까지만 해도 사서들은 대부분 도서관 관리의 주요 변화에 대해 여전히 회의적이었지만, 그러한 검색 시스템은 1960년대에 몇몇 주요 도서관에 실험적으로 설치되었다. 그러나 1970년대에 걸쳐 상당수의 도서관들이 자동화를 시작했다. 1970년대에는 도서관에 온라인 시스템을 설치하는 상업 시장이 등장했다.[36]

1970년대 말이 되자 사서들은 '정보 사회'로의 전환이라는 측면에서 이러한 변화들에 대해 정례적으로 논의하고 있었다. 문헌 정보학과는 1980년대에 그들의 명칭에 '정보'라는 용어를 사용하기 시작했다. 새로운 도서관에 대한 그들의 설명은 도서관에 대한 이전의 설명과는 분명 거리가 있었다. 1977년, 두 명의 사서는 "우리 문명에서 정보가 문화를 대체한다"고 표현한 바 있다. 우리는 또 다른 문헌 정보학자가 책의 보고가 아니라 학문적 '정보' 네트워크 역할을 할 LOTF(library of the future), 즉 미래의 도서관이라고 불렀던 것의 탄생을 지켜보고 있었다. 그와 같은 LOTF는 심지어 단 하나의 장소에만 있거나 단 하나의 도서관과 제휴하고 있지 않을 수도 있었다. 도서

---

36 Dorothy Lille, *A History of Information Science, 1945-1985* (San Diego, CA: Academic Press, 1989), pp. 52~53, pp. 84~92; Dennis Reynolds, *Library Automation: Issues and Applications* (New York: R. R. Bowker, 1985), pp. 64~65.

관이 집중된 연구를 위해 책을 모아놓은 곳이 아닌 다양한 개인적 활용을 위한 정보 센터를 지향하는 추이가 그때 이후 지속되어 왔다. 물리적 건물에 있는 책이 아니라 온라인 저장 장치의 소위 '클라우드'를 기반으로 하는 구글 북스 프로젝트(Google books project)는 이러한 추이를 이어가고 있다.[37]

20세기 후반의 지식 논쟁

1970년대에 난잡한 지식이 증가하기 시작했다면, 1980년대와 1990년대에는 난잡한 지식의 증가가 가속화되었다. 20세기의 마지막 20년 동안 가장 눈에 띄는 지식 논쟁 가운데 하나는 AIDS 연구에 관한 것이었다. 1980년대 초반에 이 질병이 처음 표면화된 직후, 연구를 어떻게 진행하고 어떤 치료법을 승인해야 하는지를 둘러싼 격렬한 논쟁이 벌어졌다. 아마도 가장 잘 알려진 운동 단체는 액트-업(ACT-UP: AIDS Coalition to Unleash Power, 힘을 발휘하기 위한 AIDS 연대)이었을 것이다. 이 단체는 전적으로 연구 기관과 연방 정부에 압박을 가하기 위해 느슨하게 조직된 급진적인 남성 및 여성 동성애 운동가들의 조직체였다. 액트-업의 첫 번째 지부는 1987년에 설립되었다. 두 가지 이슈가 특히 중요했는데, 하나는 FDA(Food and Drug Administration, 식품 의약청)가 HIV 양성인 여성과 남성을 위한 AZT '칵테일'[38]을 승인하도

---

37 William Ready and Tom Drynan, *Library Automation: A View from Ontario* (Halifax, NS: Dalhousie University, 1977), p. 1; Earl Joseph, "Twenty-First-Century Information Literacies and Libraries," in Virgil Blake and Renee Tjoumas(eds.), *Information Literacies for the Twenty-First Century* (Boston: G. K. Hall, 1990), p. 8. 또한 다음 참조. Kenneth Dowlin, *The Electronic Library* (New York: Neal-Schuman, 1984); Daniel Carter, "The Library Charter: Is It Time for a Rewrite," *Library Journal*, 106, 1981(July), p. 117; Gerald R. Shields, "The New Role of the Librarian in the Information Age," in E. J. Josey(ed.), *The Information Society: Issues and Answers* (Phoenix, AZ: Oryx Press, 1978), p. 75l; Kenneth Cmiel, "Libraries, Books, and the Information Age, 1945-2000," in *The Cambridge History of the Book in America*, vol. 5 (Cambridge: Cambridge University Press, 2014), pp. 325~346.

록 하는 것이었고, 다른 하나는 맹검 임상 시험(blind clinical trial)[39]을 엄격하게 고수하는 규범을 완화하는 것이었다. 이 연구 규범은 1980년대 후반 이전에 확고하게 자리 잡은 것으로 표준 의료 행위의 중요한 핵심이었다. AIDS 운동가들은 그러한 것들이 폐지되기를 원했다.

액트-업이 주목을 끌었던 것은 효과적인 거리 연극과 관련 이슈에 대한 내부자들의 탄탄한 지식을 결합시킨 덕분이었다. 이 단체는 하루는 FDA를 당혹스럽게 만들었다가, 그다음 날엔 자리에 앉아 협상을 한 적도 있었다. 1988년이 되어 액트-업 운동가들이 정부 관리와 함께 앉아 '있었다는' 것 자체가 이야깃거리 가운데 하나가 되었다. 그들은 사실상 AIDS 연구가 수행될 방식을 결정하는 데 영향을 미친 집단 가운데 하나였다. 과학자들의 내부자율성에 지배되어 왔던 과정은 한 학자가 "불순한 과학(impure science)"이라고 부른 것의 한 형태가 되어버렸다.[40]

꼭 배심원들이 늘 대중의 지식과 엘리트의 지식을 섞어 사용했듯이, 분명 의학 연구에도 항상 일정 수준의 '불순물'이 섞여 있었다. 의학과 법은 법칙과도 같은 일반화의 과학이 아니라 실제 경험과 판단에 입각한 과학이다. 우리는 입증된 사실이 아니라 법적 혹은 의학적 '의견'을 얻는다. 진단은 비전문적인 언어로 제공된 환자의 자기 보고에 부분적으로 의존해야 한다는 점에서 의학적 지식은 항상 난잡했다. 그리고 의학 연구는 위험성이 너무

---

38 1990년대 이후 뉴클레오사이드 역전사 효소 억제제(NRTI), 비뉴클레오사이드 역전사 효소 억제제(NNRTI), 단백 분해 효소 억제제(PI) 등 세 계열의 제제를 두 종류 이상 병용하는 것을 칵테일 요법이라고 하며 이 요법이 적용되면서 HIV 양성 환자의 생존율이 크게 증가했다. AZT(azidothymidine)는 NRTI 계열 약물이다. _옮긴이

39 맹검법이란 실험을 수행할 때 편향의 작용을 막기 위해 실험이 끝날 때까지 실험자 또는 피험자에게 특정한 정보를 공개하지 않는 것을 말한다. _옮긴이

40 Steven Epstein, *Impure Science: AIDS, Activism and the Politics of Knowledge* (Berkeley: University of California Press, 1996).

커서 표본의 크기를 작게 한 나머지 엄격한 실험 설계가 거의 항상 위태로운 상황에 처하게 되는 임상 시험에 의존하기 때문에 본질적으로 실제 경험을 바탕으로 한다. (터스커기 사태는 임상 시험 남용을 극명하게 보여주는 예였다.) 반면에 절망적인 환자들은 심지어 큰 위험을 무릅쓰고 의학 실험 참여를 요구할 수 있다.

20세기의 마지막 수십 년 동안에는 법과 의학의 권위에 대한 새로운 수준의 공격이 있었다. 또 다른 규제를 둘러싼 싸움은 1990년대에 있었다. 1992년에 FDA 책임자인 데이비드 케슬러(David Kessler)는 실리콘 유방 보형물을 금지하기로 결정했다. 당시 의사이자 ≪뉴 잉글랜드 저널 오브 메디슨(New England Journal of Medicine)≫의 편집인인 마샤 에인절(Marcia Angell)은 아연실색했다. 그녀는 보형물이 조직 질환을 유발한다는 확실한 역학적 증거는 단 하나도 없다고 주장했다. 에인절은 FDA가 실리콘 유방 보형물을 금지한 것에 깜짝 아연실색했을 수도 있지만, (그녀의 판단으로는 상당히 느슨한) 새로운 증거 기준 때문에 법원이 모형물을 삽입한 여성들에게 막대한 보상금 지급 판결을 내리고 있다는 사실에 대해서도 못지않게 우려했다. 에인절이 생각하기에 문제는 유효한 과학적 증거가 없다는 것이었다. 이러한 모든 일련의 사건들은 과학적 권위에 대한 거부의 표시였다.[41]

1990년대 초가 되자 의회는 전문가 지식 공동체를 불신하는 추세에 동참했다. 1992년, 아이오와주 톰 하킨(Tom Harkin) 상원 의원의 노력 덕분에 국립 보건원(NIH: National Institutes of Health)은 대체 의학국(Office of Alternative Medicine)을 만들었다. 처음부터 반체제적인 대체 의학국이 실제로 어떻게 될 것인지에 대한 논쟁이 있었는데, 상어 연골을 사용한 암 치료, 원격 정신

---

41   Marcia Angell, *Science on Trial: The Clash of Medical Evidence and the Law in the Breast Implant Case* (New York: W. W. Norton, 1996).

치유, 그리고 '생체장 치료(biofield therapeutics)'[42]를 지원한다는 이야기에 대부분의 과학자들은 진저리를 쳤다.

오랜 기간에 걸쳐 확립된 지식 공동체에 대한 불신은 좌파만의 독점물은 아니었다. 서로 밀치며 힘겨루기가 시작되자, 보수주의자들도 좌파들만큼이나 집요하게 전문가 공동체가 실질적인 진실의 결정자가 아니라고 주장했다. 예를 들어, 1980년대 후반에 과학의 주류를 거부한 것은 AIDS 운동가들뿐만이 아니었다. UC 버클리(University of California, Berkeley)의 바이러스학자 피터 듀스버그(Peter Duesberg) 같은 변절한 과학자들[43]도 그러한 거부에 동참했는데, 그는 아무리 생각해봐도 좌파는 아니었다. 그는 AIDS 운동가들에게 일부 핵심 연구와 논거를 제공했으며 '또한' AIDS는 행동 선택, 특히 불법 약물 사용의 결과라고 주장하면서 HIV가 AIDS를 유발한다는 사실을 부정했다. 처음에 AIDS 운동가들은 AIDS에 대한 과학적 합의에 기꺼이 도전한 그에게 영웅이라는 찬사를 보냈지만, 그가 "수십 년 전만 해도 범죄"였던 남성 동성애가 어떻게 AIDS를 유발했는지에 대한 실언이 알려지면서 그러한 환영은 곧 식어버렸다. 그는 또한 AZT가 AIDS를 유발한다고 비난했다. 1996년에 출간된 책에서 그는 AIDS 바이러스가 수사적으로 만들어진 것, 즉 다수의 오래된 질병에 대한 새로운 이름이라고 주장하면서, 전 세계적으로 AIDS를 부정하는 사람들에게 방어 수단을 제공했다. 로드니 킹 비디오에서와 마찬가지로 진보주의자들은 철두철미한 사회 구성주의의 결과임을 암시하는 것에 반발했다. 바이러스가 '날조'되었다는 생각은 사람들이 죽어가면서 매력을 잃었다. 운동가 래리 크레이머(Larry Kramer)가 "이 괴물 같

---

42 생체장 치료의 예로는 대상자의 생체장에서 불균형을 식별하고 복구하기 위해 치료사의 치유 에너지(생체장)를 사용하는 것을 들 수 있다. _옮긴이

43 여기서 변절(renegade)이란 반항적이고 관습에 얽매이지 않는 방식으로 행동하는 사람을 뜻한다. _옮긴이

은 죽음의 해일"이라고 부른 AIDS는 분명 어떤 종류의 실재하는 잔인한 사실이었다.[44]

마찬가지로 흥미로운 것은 탈규제에 관심이 있는 보수적인 정책 운동가들이 주류 과학을 비난하는 데 합류했다는 것이다. 헤리티지 재단의 지식인들과 ≪월 스트리트 저널≫ 사설 면은 특정 정책 이슈에 대해 액트-업 운동가들과 매우 유사한 의견을 정기적으로 표명했다. (5장에서 우리는 1970년대에 복음주의자들과 비판적 영화 이론가들이 똑같이 이미지의 힘을 공격했을 때 이와 유사한 동조를 보았다.) 1990년, 헤리티지 재단의 저널인 ≪정책 리뷰(Policy Review)≫의 한 기사는 ≪미국 의학회 저널(Journal of the American Medical Association)≫이나 ≪사이언스≫ 같은 게이트키퍼 의학 저널에서 그 순간까지 금지되어 왔던 의견을 표명하면서 FDA와 기존 연구를 공격했는데, 이것은 FDA와 기존 연구에 대한 가장 잘 알려진 공격 가운데 하나로 밝혀졌다. 1988년에 액트-업에 매우 호의적인 뉴욕시의 좌파 주간지 ≪빌리지 보이스(Village Voice)≫는 이것을 다음과 같이 요약했다. "나쁜 과학은 이상한 패거리들에게 도움이 된다."[45]

지식 논쟁의 또 다른 장소는 박물관이었다. 1990년대에 박물관 전시를 둘러싸고 일련의 논란이 분출되었다. 20세기 동안 박물관에 대한 많은 논란이 있었지만, 이번 논란은 강도, 초점, 공중의 반향에 있어 새로웠다. 이전의 논란이 대체로 어떤 오브제가 포함되는지에 대한 것이었다면, 1990년대

---

44 Jon Cohen, "The Duesberg Phenomenon," *Science*, 266, 1994(December 9), pp. 1642~1644; Epstein, *Impure Science*; Peter Duesberg, *Inventing the AIDS Virus* (Washington, DC: Regnery, 1997); Larry Kramer, "The F.D.A.'s Callous Response to AIDS," *New York Times*, May 23, 1987, p. A19.

45 Epstein, *Impure Science*, p. 118. 더 최근 연구로는 Alice Dreger, *Galileo's Middle Finger: Heretics, Activists, and the Search for Justice in Science* (New York: Penguin Press, 2015) 참조.

의 논란은 어떤 주제가 제외되는지에 대한 것이었다. 한때는 외설적인 것 (누드)이나 이해할 수 없는 것(추상 표현주의)이 공중을 짜증 나게 했지만, 이 제는 주변화된 집단의 재현이 주요 이슈였다. 1960년대 이후 박물관에 대한 대대적인 재정의가 하나의 배경이었다. 박물관 관리자들은 주요 재정원을 기부금에서 머천다이징(merchandising)[46]으로 바꾸고 있었고, 따라서 시장 의 포퓰리즘 세력에게 자신을 개방하고 있었다. 박물관은 여가 활동의 장소 가 되었으며, 공정한 연구의 보루로서의 위상은 약화되었다.[47] 박물관 지도 자들은 "이것이 히트를 칠 것인가?"라고 묻기보다는 먼저 "이것이 사실인 가?"라고 물었다는 마거릿 미드의 주장은 더 이상 유효하지 않았다.

1990년대의 박물관 논쟁에서 일련의 전시회가 외부자들의 공격을 받았 는데, 이들은 거의 모두가 포퓰리즘적 수사를 사용했으며 모두가 전시회를 개최하려는 전문가들에 맞서 싸울 태세가 되어 있었다. 박물관을 둘러싼 20 세기 후반의 첫 번째 주요 논쟁은 1989~1990년에 전 세계에서 온 이민자들 로 가득 찬 국제 도시 토론토(Toronto)에서 벌어졌다. 로열 온타리오 박물관 (Royal Ontario Museum)의 〈아프리카의 심장 속으로(Into Heart of Africa)〉라 는 전시회에서 큐레이터들은 1875년부터 1925년까지 개신교 선교사들과 캐 나다 군대가 아프리카에서 수집한 물품을 전시했는데, 여기에는 이들이 아 프리카 사람들과 유물에 관해 쓴 편지와 기타 문서도 포함되어 있었다. 이 러한 텍스트들은 인종에 대한 감수성이 달랐던 시대의 것이어서 현대인의 귀에는 솔직히 인종 차별적으로 들렸다. 제국주의, 재현, 역사성에 관한 논

---

46 물리적 공간 및 디지털 플랫폼에서 제품을 판촉하고 판매를 증대시키기 위한 모든 전략 및 행 위 등을 일컫는 개념이다. _옮긴이

47 Neil Harris, "Exhibiting Controversy," *Museum News*, 74, 1995(September-October), pp. 36~ 39, pp. 57~58; Harris, "Museums and Controversy: Some Introductory Reflections," *Journal of American History*, 82, 1995, pp. 1102~1110.

쟁에 정통한 큐레이터와 학자들에게 이 전시회는 제국주의에 대한 비판이자 아프리카 예술에 대한 찬미이자 박물관학 내에서의 메타 논의(meta-discussion)[48]였다. 그들은 그들의 내부자 지식[49]을 바탕으로 한 거리 두기 프레임과 맥락화 프레임을 통해 이러한 전시의 노골적인 인종 차별주의를 찾아낼 수 있었다. 기록 문서가 스스로 말하도록 하는 역사학의 규범에 덜 익숙한 공중에게 이 전시회는 아프리카인들의 삶을 식민적인 백인의 편향된 글을 통해 그려냄으로써 그들을 목소리를 내지 못하는 수동적 오브제로 묘사했다. 큐레이터들은 그들의 반대 항의에도 불구하고 전시회를 외부자들이 이해할 수 있도록 설계하는 데 실패했다. 더 폭넓은 관객을 대상으로 그들의 의식을 고양한다는 이 전시회의 사명은 초점이 빗나갔다. 하나만 건립했던 루즈벨트 조각상처럼, 너무나 많은 것이 분명하게 표현되지 않았다. 설명이 필요했음은 분명 말할 나위가 없었다.

아프리카인의 재현은 미국 박물관에서도 논란이 되었다. 1980년대에 아프리카에 관한 전시회에 대해 지역 사회 구성원들로부터 주도면밀한 비판을 받은 바 있는 스미소니언 협회(Smithsonian Institution)는 1993년에 워싱턴 DC 지역에서 협회 내외부의 학자와 아프리카 이민자 팀으로 구성된 협업 활동을 시작했다. 학자들은 한층 더 상세함과 내적 다양성을 원한 반면, 공중은 단 하나의 서사적 줄거리를 제공하는 전시회를 선호하는 것 같았다. 아프리카계 미국인들은 낙후되거나 미개한 아프리카의 이미지가 영속화되지 않도록 도시 아프리카 지역을 강조해 주기를 원했다. 많은 요구에 직면한 박물관은 계속 바뀌는 일련의 전시회를 제공하기로 결정했다.[50] 전문가

---

48 논의에 대한 논의라는 의미이다. _옮긴이

49 내부자(insider)란 집단이나 조직의 일원으로 집단이나 조직에 대해 특별하거나 비밀스러운 지식을 가진 사람이나 인맥이나 지식으로 인해 특정 분야나 산업에서 다른 사람보다 유리한 사람을 일컫는다. _옮긴이

와 대중 간의 이해 충돌로 견실한 요약을 할 수 없었다. 1990년대에 이르러 박물관을 전문가를 위한 세부적인 연구 컬렉션과 공중을 위한 매력적인 전시 공간으로 나누는 초기 전략은 실패로 돌아갔다. 모든 사람이 전시되는 것을 결정할 자격이 있다고 느꼈다.

박물관에 대한 포퓰리즘적인 공격은 이번에도 좌파에 의해서만 이루어진 것은 아니었다. 보수주의자들도 1990년대 초반의 몇몇 박물관 논쟁을 주도했다. 한 악명 높은 캠페인은 신시내티 현대 미술 센터(Cincinnati Contemporary Art Center)에서 열린 로버트 메이플소프(Robert Mapplethorpe)의 1990년 사진 전시회를 공격했는데, 이 전시회에는 동성애와 가피학증 주제가 포함되어 있었다. 메이플소프와 국립 예술 기금(National Endowment for the Arts)의 메이플소프에 대한 자금 지원을 앞장서서 비판해 온 제시 헬름스(Jesse Helms) 상원 의원은 (사진이 스스로를 대변하기라도 한 것처럼) 대중을 향해 "사진들 좀 보세요!"라고 큰 소리로 알렸다. 그 사진들이 박물관을 벗어나면서 사진의 프레이밍 맥락이 사라졌다.

또 다른 공격은 스미소니언에서 개최하자고 제안된 '에놀라 게이' 전시회에 대한 공격인데, 이것은 역사학계에 경종을 울린 사건이었다.[51] 1994년, 원폭 투하 50주년을 기념해 히로시마에 원자 폭탄을 투하한 폭격기의 동체 일부가 국립 항공 우주 박물관(National Air and Space Museum)에 전시될 예정이었다. 재향 군인 단체들과 단체 지지자들은 이 전시회를 막기 위해 로비를 벌였는데, 이 전시회를 통해 일본 희생자들의 고통을 계속해서 다루는

---

50 Mary Jo Arnoldi, "From the Diorama to the Dialogic: A Century of Exhibiting Africa at the Smithsonian's Museum of Natural History," *Cahiers d'etudes africaines*, 39(3-4), 1999, pp. 701~726.

51 1980년대 독일의 역사학자 논쟁(Historikerstreit)과 1990년대 호주의 역사 전쟁(history wars)을 비교해 보라.

것이 모욕적이고 비애국적이라고 생각했기 때문이었다. 그럼에도 이 전시회는 전문 역사가들의 최고의 작업을 기반으로 했다. 탄탄한 연구(정보)가 반드시 진실의 영역을 확립하는 것이 아니라 오히려 전문가의 오만함에 대한 불만을 야기한다는 것이 분명해졌다. 역설적이게도 1970년대 이후 역사가들은 다른 상황에서 공중에게 전문 지식을 불신하고, 정보가 해석에 따라 편향될 수 있고 출처에 영향을 받아 형성될 수 있는 것으로 보도록 가르치는 데 도움을 준 사람들 가운데 두드러진 역할을 해왔다.

'에놀라 게이' 사건은 보수 세력이 진보적 지식 생산자를 어떻게 공격할 수 있는지와 외부자들이 지식 공동체에 어떻게 압박을 가할 수 있는지를 보여준 유명한 예이다. 전문 역사가들은 미국 재향 군인회(The American Legion)의 공격을 받았다. 당시 신임 하원 의장인 뉴트 깅리치는 "대부분의 미국인"이 "일부 문화 엘리트로부터 그들의 조국을 부끄럽게 여겨야 한다는 말을 듣는 것에 진절머리를 낸다"고 말하면서 그 전시회에 반대한다고 밝혔다.[52] 역사가들은 사실은 자신의 편이라고 주장했지만 헛수고였다. 마샤 에인절이 증거와 유방 보형물에 대해 논쟁을 벌이고 있던 때와 정확히 같은 시기에 역사가들은 원자 폭탄 투하 증거에 대한 자신들의 해석을 옹호하고 있었다. 에인절과 마찬가지로 역사가들은 그들의 의견에 따라야 한다고 생각했다. 에인절과 역사가들 모두 외부자들이 정보를 갖고 있지 않다고 생각했고, 둘 모두 졌다. 결국 전문 역사가 공동체의 단결된 노력에도 불구하고, 스미소니언 운영 이사회 임원들은 그 전시회를 취소했다. 몇 년 전 AIDS 연

---

52 David Thelen, "History after the Enola Gay Controversy: An Introduction," *Journal of American History*, 82, 1995(December), pp. 1029~1035 참조. 특집호 전체에는 사려 깊으면서도 유감스러워하는 여러 에세이가 담겨 있다. 깅리치 인용 출처는 다음과 같다. Richard H. Kohn, "History and the Culture Wars: The Case of the Smithsonian's Enola Gay Exhibition," *Journal of American History*, 82, 1995(December), p. 1056.

구에서와 마찬가지로, 관련 전문가 공동체의 합의는 무시되었다. 외부 운동 가들은 직업의 자율성을 침해했다. 그것은 난잡한 지식의 또 다른 예였다. 지식의 가치가 점점 줄어들고 있는 와중에도 지식은 극심한 논쟁이 벌어지는 현장이 되었다.

'에놀라 게이' 논란은 또한 좀 더 미묘한 점을 시사하기도 하는데, 바로 전문직 내부에서도 싸움이 벌어졌다는 것이다. 더 이상 진부한 인문주의자가 영혼 없는 과학주의에 대해 불평한 것이 아니라, 이제는 지나칠 정도로 무정부주의적인 과학 철학자 파울 파이어아벤트가 그러한 불평을 제기했다. 어떤 개신교 목사가 찰스 다윈의 진실 주장에 맞서 싸운 것이 아니라, 브뤼노 라투르가 루이 파스퇴르(Louis Pasteur)의 진실 주장에 의문을 제기한 것이었다.[53] 역사 분야 내에서도 1980년대와 1990년대에 역사학의 사명에 대한 지속적인 논쟁이 있었다. 1986년에 ≪미국 역사 저널≫은 가르치는 사람으로서의 역사가의 일반주의자적[54] 사명과 학자로서의 역사가의 전문가적 사명 사이의 간극이 점점 벌어지고 있다고 개탄했다.

같은 호에 발표된 다음과 같은 새로운 정책은 어쩌면 훨씬 더 중요했음에도 덜 눈에 띄었다. 본 학술지는 더 이상 모든 각주의 정확성을 확인하지 않을 것이다. 대신, 각주들은 임의 추출 조사를 받게 될 것이었는데, 이것은 학문적 증거의 부담을 개별 역사가에게 전가하는 것이다. 중앙에서 이루어지는 품질 관리는 느슨하게 하는 대신 그 책임이 개별 학자에게 돌아갔다. 더 이상 역사학 분야의 주력 출판물이 역사적 진실을 중앙에서 모니터링하

---

53 라투르는 1988년에 출간한 『프랑스의 파스퇴르화(*The Pasteurization of France*)』라는 책에서 파스퇴르가 세균에 대한 자신의 이론을 프랑스 전역에 확장시키기 위해 관련 행위자들을 어떻게 적절히 동원하고 설득했는지를 보여주었다. _옮긴이

54 일반주의자(generalist)란 다방면에 걸쳐 총체적인 부분을 연구하고 습득한 사람을 말한다. _옮긴이

지 않고, 스스로의 책임 아래 연구하는 학자들에게 외부 위탁되었다.[55] 그것은 개인들이 감독 기관에서 벗어나 스스로를 지켜야 하는 거대한 문화적 변화의 한 작은 에피소드에 불과하다.

전문직 내부의 또 다른 걱정은 과학 출판물에서 동료 심사의 효율성에 대한 의심이 커지고 있는 것이었다. 전문직업성(professionalism)의 본질은 항상 공중이 아닌 동료들이 정한 기준을 따르는 자율 규제였다. 동료 심사는 오랫동안 학술지와 과학 저널의 전문 지식을 인증하는 표준이었다. 그러나 의학과 다른 전문직에서는 그러한 보증이 작동하지 않았다. 첫 번째 문제는 저자권[56]에 대한 공로를 공정하게 할당하는 것이었고, 두 번째 문제는 관련성이라는 엄격한 과학적 기준을 따르기보다는 자신의 분야에서 자신의 언어로 수행된 연구와 권위 있는 저자와 대학에서 수행한 연구 쪽으로 편향된 인용이었다. 세 번째 문제는 확증되지 않은 결과를 과소 보고하는 경향이었다. 네 번째 문제는 대규모 제약 회사의 막대한 연구 자금 지원에 따른 잠재적 편견이었다. 그 결과, 일부 비판자들은 의학 지식 체계가 위험할 정도로 허약하다고 우려했다.[57] 다른 분야에서도 비슷한 우려가 제기되었다. 그러나 전문 지식을 찍어내는 기계는 결코 멈추지 않았다. 그 기계는 전문직의

---

55 David Thelen, "The Profession and the Journal of American History," *Journal of American History*, 73, 1986(June), pp. 9~14. 또한 다음 참조. Kenneth Cmiel, "John Higham: The Contrarian as Optimist," *Intellectual History Newsletter*, 24, 2003, pp. 134~138; Cmiel, "The Hidden Meaning of Blasphemy," *Intellectual History Newsletter*, 20, 1998, pp. 42~50; Cmiel, "History against Itself," *Journal of American History*, 81, 1994(December), pp. 1169~1174.

56 저자권(authorship) 또는 저자 자격은 저작권(copyright)과 유사하게 논문의 저자에게 귀속되는 권리로 원칙적으로 양도가 금지된다. 저작권과는 다르게 학계 내부의 저자 자격 관련 규정을 충실히 따라야 하는데, 왜냐하면 저자권은 논문의 저자, 동료 연구자는 물론 학술 저널, 나아가는 학계 전체의 신뢰와도 관련이 있기 때문이다. _옮긴이

57 Joan Stephenson, "Medical Journals Turn Gaze Inward to Examine Process of Peer Review," *Journal of the American Medical Association*, 278, 1997(November 5), pp. 1389~1391.

자율 규제가 점점 더 많은 진실을 만들어낼 것이라는 오래된 확신 없이 계속 돌아갔다.[58]

전문가의 지식과 대중의 지식 사이의 희미해지는 경계에 초점을 맞춤으로써 우리는 흔히 별개로 취급되는 일련의 현상들을 연결했다. 액트-업에서 전문가 증인에 대한 법률 개정 그리고 '에놀라 게이' 논란에 이르기까지 우리는 외부자의 감성이 형식적 학습(formal learning)[59] 영역으로 침범하는 것을 본다. 난잡한 지식은 정치적 스펙트럼의 어느 한쪽 끝에 의해 단독으로 '소유'되거나 실천되지 않는다. 그것은 양쪽 모두에게 이용 가능하다. 정치 세력들은 이제 그들이 어떤 지식 주장에 위협을 받을 때 반대 세력을 동원해 그 과정에 그들 자신이 직접 끼어들 수 있는 선택권이 생겼다. 좌파와 우파 모두 이 전술을 사용할 것이라는 사실 자체가 이러한 지식 체제가 현재 지배하고 있음을 보여주는 확실한 신호이다. 우리가 현재 직면하고 있는 것은 지식 생산자들의 공신력 부족, 그들의 에토스[60]에 대한 조롱이다.

그러나 이러한 싸움이 어디에서나 발생하지는 않는다. 모든 종류의 과학과 연구는 공개적인 논란 없이 계속된다. 이러한 싸움이 벌어지려면 두 가지 서로 다른 조건이 필요하다. 첫째, 논란은 운동가, 정책 입안자, 혹은 더 많은 공중이 어떤 문제가 진정으로 중요하다고 확신할 수 있을 때만 발생한

---

58 Andrew Abbott, "Publication and the Future of Knowledge," lecture to the Association of American University Presses, June 27, 2008, http://home.uchicago.edu/aabbott/Papers/aaup.pdf 참조.

59 학교, 교육 훈련 기관, 직장에서의 체계적인 교육 프로그램을 통해 학습하고 거기에 대해 학위, 자격증, 수료증 등의 형태로 사회적인 공식 인정을 받는 학습을 말한다. _옮긴이

60 아리스토텔레스는 수사학에서 에토스(ethos)라는 단어에 철학적 의미를 부여했다. 그의 정의에 따르면 에토스는 화자(話者) 고유 성품을 뜻한다. 말하는 사람의 체형, 자세, 옷차림, 목소리, 단어 선택, 시선, 성실, 신뢰, 카리스마 등이 모두 에토스에 속한다. 오늘날 이 단어는 민족 혹은 사회별로 특징지어지는 관습 혹은 특징을 지칭하는 데 사용되고 있다. _옮긴이

다. 내가 학술지에서 19세기 문화사에 관해 말하는 것은 그것이 무엇에 관한 것이든 무시될 텐데, 왜냐하면 그것은 그다지 중요하지 않아 보이기 때문이다. 둘째, 논란은 의학 연구, 법원, 혹은 박물관과 같은 맥락에서 지식이 전문가 공동체를 떠나는 지점에서 가장 흔히 발생한다. 이곳은 공중과 논쟁이 벌어지는 곳이지만, 전문적으로 생성된 지식이 전문가 공동체를 떠나 더 큰 세계로 향하는 곳이기도 하다. 지식 생산자가 보수적인 의학 연구자이든 진보적이거나 급진적인 인문학 교수이든, 그 지점에서 지식 생산자에 대한 회의론이 불거진다. (물론 강의실은 난잡한 지식의 또 다른 장이다.)

우리는 이러한 싸움들을 '문화 전쟁'으로 여기지 않는다. 그 같은 명칭은 그것이 좌파와 우파의 싸움이라고 생각하게 만든다. 이것은 (흔히 좌파 대 우파의 형태인) 특정한 싸움을 더 큰 문화적 패턴으로 착각하게 만든다. 그러한 싸움은 형식적 지식에 대한 훨씬 더 만연해 있는 불신과 관련된 것이다. 그와 같은 불신의 역사는 미국에서 널리 알려져 있다. 그러나 1970년대 이후 그것은 새로운 형태를 띠었다. 전문가들은 제자리에 그대로 머물러 있다. 그들의 연구는 계속해서 국민의 세금으로 지원된다. 그러나 요소요소에서 외부자들은 진실의 공적 재현을 공격하고 그것에 관여한다. 이러한 싸움은 예전의 정치적 싸움과 달라서, 탈근대적 편집증(postmodern paranoia)[61]이라는 더 큰 맥락과 잘 어울린다. 그러한 싸움들은 엘리트의 지식과 일반인의 지식의 구분에 대한 믿음이 무너진 징후들이다.

---

61 탈근대주의자들의 글은 고정성(fixity)에 대한 불신, 특정 장소나 정체성에 국한되는 것에 대한 불신, 사회가 개인에 대해 음모를 꾸미고 있다는 확신, 타인의 계략에 대항하기 위해 스스로 만든 음모의 증식을 포함해 여러 가지 방법으로 편집증적 불안을 반영한다. _옮긴이

디지털 난잡성과 에토스의 점진적 손상

20세기 후반에 새로운 정보 숭배 현상이 나타났다. 1983년에 처음 출시된 〈트리비얼 퍼슈트(Trivial Pursuit)〉 게임이나 ≪USA 투데이≫가 만든 신조어인 '팩토이드(factoid)'[62] 같은 대중문화 현상, 도서관의 '정보 과학'으로의 전환, '정보 시대'에 대한 사회학적 논평의 폭발, 그리고 모든 종류의 '빅데이터'로 정점을 찍은 새로운 형태의 데이터 연구의 출현과 같은 다양한 조짐이 있었다. 그것은 밀도 높은 사실의 흐름을 강조한 시기로의 복귀였다.

적절한 요약의 문화는 전문가의 권위를 강화해 준 반면, 1990년대에 더 밀도 높은 사실의 문화로의 복귀는 그러한 권위를 뒤흔들었다.[63] 충격을 완화해 줄 전문가도 없이 사람들은 대량의 정보에 더 갑작스럽게 맞부딪혔다. 전문가들이 요약을 했다는 부분적인 이유로 문화 요약은 의심을 받았다. 새로운 일단의 정보와 정보 채널들로 인해 자가(do-it-yourself) 지식 생산이 가능해졌다. 인터넷 대화방을 통해 환자들은 의사가 없는 곳에서 치료에 대해 논의할 수 있게 되었고, 일중 매매 거래[64]를 통해 중개인의 조언 없이도 주식 시장에 투자할 수 있게 되었으며, 블로그는 누구나 출판할 수 있게 한다는 점에서 편집 통제를 우회했다. 이러한 것들은 모두 탈중개화, 즉 중개인 배제를 보여주는 예들이다.[65]

1950년대 이후로 '정보'는 두 가지 서로 매우 다른 의미를 갖게 되었다.

---

62 의사(擬似) 사실이라는 뜻으로, 근거가 없는데도 인쇄·발간되어 일반에게 사실처럼 인정되고 있는 것을 말한다. _옮긴이

63 Eliot Freidson, *Professionalism: The Third Logic* (Chicago: University of Chicago Press, 2000); Nikolas Rose, *Powers of Freedom: Reframing Political Thought* (Cambridge: Cambridge University Press, 1999) 참조.

64 해당 주식의 하루 중 가격 등락에서 차익을 얻을 목적으로 하루 동안 동일 종목 주식이나 주가지수 선물 등을 매도·매수하는 기법을 말한다. _옮긴이

65 Elihu Katz, "Disintermediation," *Intermedia*, 16(2), 1988, pp. 30~31.

첫 번째는 정보 이론의 획기적 발전과 관련이 있다. 여기서 정보는 전화와 컴퓨터 같은 인간이 아닌 기술을 통해 이동하는 비물질로서, 엔트로피(entropy),[66] 즉 불확실성의 감소라는 꽤 불가사의한 용어로 이해된다. 이것은 좀 더 일반적으로 사용되는 두 번째 의미와 상당히 다른데, 두 번째 것은 세상을 탐색하는 데 유용한 사실을 가리킨다. 두 번째 의미에서 보면, '정보 시대'는 기하급수적으로 증가하는 전 세계의 데이터 저장소에서 모든 종류의 사실과 사실의 군집들의 이용 가능성이 증가하는 것과 관련 있다.

우리가 3장과 4장에서 기술한 문화가 요약에 의존했다면, 20세기 후반에는 이미지와 정보가 서로 독립적으로 우리 주위에서 미친 듯이 소용돌이치는 가운데, 이미지나 정보가 이들의 특정한 힘에 대한 최신 지식을 가지고 있는 사람들에 의해 잘 조작된다는 의식이 매우 중요하게 자리 잡았다. 레이건 시대에는 많은 사람이 이미지가 정보를 가려버릴 수 있다고 우려했다.[67] 인포머셜(informercial),[68] 다큐드라마, 그리고 주류 언론의 타블로이드 수준으로의 질적 하락은 사실과 이미지 간의 새로운 관계, 즉 이미지가 정

---

66 정보 이론에서 엔트로피는 '어떤 상태에서의 불확실성', 또는 이와 동등한 의미로 '평균 정보량'을 의미한다. 이 용어를 직관적으로 이해하기 위해 선거를 예로 들어보면, 선거는 우리가 선거 결과를 모르기 때문에 실시한다. 즉, 선거 결과는 상대적으로 '불확실'하다. 그리고 실제로 선거를 시행하고 선거 결과를 얻는 것은 우리에게 '새로운 정보'를 제공한다. 이 말은 선거 결과에 대한 엔트로피가 크다는 말과 같다. 이제, 첫 번째 선거가 실시되고 난 후, 두 번째 선거가 실시되었다고 가정해 보자. 첫 번째 선거 결과를 이미 알기 때문에, 우리는 두 번째 선거 결과를 예측할 수 있고, 두 번째 선거 결과의 엔트로피는 첫 번째 것보다 작다. _옮긴이

67 Michael Warner, "The Mass Public and the Mass Subject," in Craig Calhoun(ed.), *Habermas and the Public Sphere* (Cambridge, MA: MIT Press, 1992), pp. 377~401, at p. 378; Michael Schudson, "Trout or Hamburger: Politics and Telemythology," *Tikkun*, 6, 1991(March), pp. 47~51.

68 정보와 광고의 합성어로, 일반 TV 프로그램과 유사하지만 제품, 서비스, 또는 아이디어를 홍보하거나 판매하기 위한 TV 광고의 한 형태이다. 여기에는 일반적으로 무료 전화번호나 웹 사이트가 포함된다. _옮긴이

보를 요약하는 것이 아니라 이미지가 정보를 아무런 관련이 없는 것으로 만들면서 이미지가 주가 되는 관계를 시사했다. 그러나 학계, 사회 복지 서비스, 기업 및 정치 분야의 내부자들은 누구도 통제하거나 정복하지 않을 정보의 쇄도에 계속해서 직면했다. 정보는 확실한 경계가 없는 다루기 힘들정도로 넘쳐나는 자원으로 남아 있으며, 요동치며 끊임없이 확장하는 거대한 덩어리로 적절한 기술을 가진 사람들이 도구적 목적에 이용할 수 있다. 20세기 후반에는 공공 생활을 하거나 기관에서 일하는 그 누구도 이미지나 다른 어떤 것이 결정화된 본질이라는 생각을 믿지 않았다.

일반적으로 말하자면, 새로운 정보 흐름은 두 가지 매우 다른 용도를 가지고 있다. 첫째, 새로운 정보 흐름은 수많은 개인 역량 강화 프로젝트에 사용되었다. 아이오와시티에 제대로 갖춰진 지역 상점이 없더라도 아마존(amazon.com)을 통해 나는 원하는 음악은 그것이 어떤 것이든 구입할 수 있다. 또한 온라인을 통해 휴가를 계획하거나 은퇴 포트폴리오를 따라 할 수 있다. 그러나 데이터 수집은 새로운 관리주의를 조장하기도 했다. 이제 대학 학장은 지난 5년 동안 내 수업에 등록한 학생 수를 보여주는 데이터베이스를 손쉽게 확보해서 이 정보를 기반으로 교육과 관련된 결정을 내릴 수 있다. 학장들은 온라인 학술 검색을 통해 학과 위원회가 내린 결정을 사후에 비판할 수 있다. 의사들은 위험 분석 데이터를 사용해 HMO[69] 대리인이 그들의 의견을 뒤집은 것을 찾아낸다. 새로운 회계 절차는 20세기 중반의 목표인 전문가의 자율성을 강화하는 대신 전문가에 의한 관리가 아닌 전문가 관리로 이어진다.

---

69 Health Maintenance Organization의 약어로, 미국의 의료 보험 플랜 가운데 가장 보편적인 형태의 플랜으로 정해진 월 보험료를 납부하고 정해진 병원과 의사 진료에 대해서만 보험 혜택을 주는 플랜이다. _옮긴이

사이드바 6-2 〈사랑의 전주곡〉

월터 랭(Walter Lang)의 1957년 영화 〈사랑의 전주곡〉은 정보 시대로 가는 가교이다.[1] 이 영화에서 MIT에서 교육을 받은 '메소드 엔지니어'[2]인 리처드 섬너(Richard Sumner. 스펜서 트레이시 분)는 '페더럴 브로드캐스팅 네트워크'(Federal Broadcasting Network. NBC를 모델로 했음이 분명함)의 참고 자료 및 연구 부서의 책임자인 버니 왓슨[Bunny Watson. 캐서린 헵번(Katharine Hepburn) 분]과 대립하는데, 이 영화는 여성 노동과 기계 노동 사이의 대결 구도를 보여줌으로써 컴퓨터 사용의 역사에 페미니즘적 해석을 추가한다. 리처드는 참고 자료 부서에 새 컴퓨터를 설치하라는 요청을 받았다. 이곳은 버니와 다른 세 명의 여성이 연필과 종이, 책상, 서류 캐비닛, 지도, 대형 참고 문헌 도서관, 그리고 이 시스템에 대한 그들 자신의 엄청난 지식을 사용해 전화 문의에 답하는 여성들의 공간이다. 이러한 정보 문의는 그 범위가 넓으며 아마 주로 문의를 하는 곳은 이 네트워크의 뉴스 부서와 제작 부서일 것 같다. 이 여성들은 본질적으로 구글의 1950년대 버전인 참고 자료 사서[3]이며 여성들이 '컴퓨터' 역할을 했던 오랜 역사의 예이다.[4] 이 빌딩에서 네 명의 여성은 입소문과 전화를 통해 비밀스러운 소통을 이어왔는데, 해고될 것을 두려워하던 그들은 "우리는 우리 자신의 네트워크를 개통하겠

---

1   Nathan L. Ensmenger, *The Computer Boys Take Over: Computers, Programmers, and the Politics of Technical Expertise* (Cambridge, MA: MIT Press, 2010), pp. 137~140의 좋은 논의 참조.

2   메소드 엔지니어링(method engineering)이란 관리 및 생산 부문에서 사무 개선을 목표로 하는 방법 또는 개선 기술을 이르는 말이다. _옮긴이

3   참고 자료 사서(reference librarian)는 이용자들이 특정한 자료의 서지 사항을 찾고, 적절한 출처를 식별하는 정보 서비스를 제공하고 도서관의 정보 시스템, 서비스 및 수집에 대한 일반적인 개요를 제공한다. _옮긴이

4   Jennifer S. Light, "When Computers Were Women," *Technology and Culture*, 40, 1999(July), pp. 455~483 참조.

다"고 다짐한다. 어떤 의미에서 그것은 그들이 이미 가지고 있는 것, 즉 리처드에 의해 소개된 새로운 정보 기계에 맞서 싸우는 지식과 실무의 네트워크이다.

대학원에 다닐 형편이 되지 않았던 박사 지망생 버니는 (그녀의 지적 능력을 의심할 만한 멍청함을 보여준 순간도 몇 차례 있긴 했지만) 지적 능력이 매우 뛰어났다. 그녀의 계산 능력은 놀라웠고, 헌신 공포증[5]이 있는 남자 친구를 대신해 회계 처리를 해 그를 부사장으로 승진시키며, 암산으로 덧셈을 한다. 리처드는 그녀와의 관계 초반에 어떻게든 로맨틱하게 들리도록 애쓰며 "계산을 참 빨리 하네요"라고 그녀에게 말한다. 그녀는 습관적으로 단어를 숫자로 변환하며, 성격 검사에서 리처드를 완전히 능가하는데, 그녀는 수수께끼 같은 일련의 질문들에 즉시 대답한다.

그러나 그녀는 색다른 컴퓨터이다. 리처드의 질문 가운데 하나는 "당신은 사람을 볼 때 무엇에 가장 먼저 주목합니까?"이다. 우리는 당연히 그녀가 눈, 코, 혹은 신발이라고 대답할 것이라고 생각하지만, 그녀는 "그들이 남자인지 여자인지"를 먼저 본다고 대답한다. 그가 그녀에게 회문(回文)[6](나폴레옹이 말했다고 하는, "able was I ere I saw Elba") 하나를 제시하자, 그녀는 즉시 하나의 회문으로 응수한다(아담이 말했다고 하는, "Madam, I'm Adam"). 그의 회문은 패배한 위인과 관련 있으나, 그녀의 회문은 생산적인 남녀 간의 파트너십을 시작하는 것과 관련이 있다. 그리고 그가 그녀에게 항상 단어를 숫자로 그리고 숫자를 단어로 변환하느냐고 묻자, 그녀는 마치 컴퓨터에 일

---

5 연인 관계에서 책임지는 것이 두려워 헌신적인 관계로 발전시키거나 미래에 대한 약속을 피하는 경향을 헌신 혹은 약속 공포증(commitment-phobia)이라고 한다. _옮긴이

6 'eye'나 'Madam, I'm Adam'처럼 앞뒤 어느 쪽에서 읽어도 같은 말·구·문을 회문(palindrome)이라 한다. "able was I ere I saw Elba"(내가 엘바를 보기 전에는 유능했다)라는 문장은 나폴레옹이 엘바섬으로 도망가면서 한 말로 유명한데, 이 문장 역시 회문이다. _옮긴이

종의 대정보(counterintelligence)[7]를 제공하는 것처럼 "나는 많은 것을 많은 것과 연관시켜요"라고 대답한다. 젠더 차이는 영화 전체에서 그런 것처럼 그들의 대화에서 반복적으로 확인된다. 〈사랑의 전주곡〉은 연관시키는 여성적인 스타일의 지적 능력을 찬양할 뿐만 아니라 고정 관념화된 젠더 차별적 노동 분업을 영속화하기도 한다.

컴퓨터만 아는 괴짜라기보다는 엉뚱한 매력을 여러모로 활용하는 리처드가 처음 참고 자료 부서에 와서 여기저기 거리를 재기 시작하자, 이 여성들은 자신이 컴퓨터나 '전자두뇌'로 대체될 것이라고 생각하게 된다. 리처드는 이 네트워크의 사장에게 비밀을 지키겠다고 맹세했고, 사무실 정치의 전형적인 편집증에 빠진 이 여성들은 다음에 일어날 일에 대해 온갖 종류의 걱정스러운 시나리오를 만들어낸다. 리처드는 컴퓨터가 누군가를 대체하기 위한 것이 아니라 "연구에 더 많은 시간을 할애할 수 있게 하기 위한" 용도일 뿐이라고 설명하면서 이야기는 약간의 반전과 혼란 끝에 해피 엔딩으로 마무리된다. 이 영화는 본질적으로 전산화에 보내는 러브 레터이다. 오프닝 크레딧이 요란하게 증명하듯이, IBM은 이 영화 제작에 적극적으로 협력했으며, 이 영화는 업무용 컴퓨터 시대의 출현을 앞두고 펼치는 일종의 판매 홍보 역할을 한다. 〈사랑의 전주곡〉에는 〈금지된 행성(Forbidden Planet)〉(1956)이나 〈신체 강탈자의 침입(Invasion of the Body Snatchers)〉(1958)과 같은 현대 영화나 TV 시리즈 〈환상특급(The Twilight Zone)〉에서 볼 수 있는 기술로 인한 불안감이 없다. 이 영화는 1950년대 후반의 기술 공포증적인 우려를 덜어주었다.

---

7 적의 조직이나 개인이 아군에 수행하는 정보 수집, 태업, 전복, 군사 테러 및 암살 등을 사전에 탐지해 이를 무력화하거나 거부하는 모든 활동(인간, 영상, 신호 정보 수집 수단에 대한 방어 방책)을 말한다. _옮긴이

그 컴퓨터 자체는 방 전체를 채우고 상태가 좋지 않을 때는 [〈금지된 행성〉의 로비(Robbie)처럼] 우주 시대의 소음을 방출하는 거대한 장치이다. EMERAC,[8] 때로는 '에밀리(Emily) EMERAC'이라 불리는 그 컴퓨터는 명백하게 여성이다. 앨런 튜링(Alan Turing)의 기념비적인 에세이 「계산 기계와 지능(Computing Machinery and Intelligence)」(1950)에서와 같이 젠더 문제는 인공 지능과 결코 멀리 떨어져 있지 않다. 버니는 리처드가 컴퓨터만 사랑하고 결코 그녀를 사랑할 수 없을까 봐 우려한다. 버니와 EMERAC은 항상 비교된다. 리처드는 버니에게 그녀와 EMERAC 둘 다 "매우 민감하고" "외골수적인 면이 있다"고 말한다. 이 영화는 지식과 사랑이라는 두 가지 면 모두에서 그들을 경쟁자로 설정한다. 그들의 첫 번째 대화에서 리처드는 전형적인 괴짜들이 꾸는 유성 생식[9]의 종말에 대한 꿈을 털어놓으면서 "그들이 아이를 낳는 것을 중단하더라도" 그는 놀라지 않을 것이라고 말한다. 버니는 이것이 소년 같은 허무주의인지 아니면 성적 관심이 완전히 결핍된 것인지 알 수 없다는 듯 그를 바라본다.

버니는 완전히 육감적인 지식은 아니라 하더라도 분명 체화된 지식을 가지고 있는 반면, 컴퓨터는 '정보'를 '공급'받아야 하고 '모든 것을 소화하느라' 바쁘다. (새 컴퓨터는 오래된 참고 자료집에 쌓인 먼지를 참지 못한다.) '인간적 요소'와 '잘못된 분류'가 계속해서 실수를 하는 경향은 있지만, 그 컴퓨터는 일련의 우스꽝스런 오류를 통해 '이용 가능한 통계'를 뱉어낼 수 있음을 입증해 보인다. 여기서는 사람이 대체될 위험은 없다(〈신체 강탈자의 침입〉의 우려 사항). 그 컴퓨터가 리처드가 버니에게 한 청혼을 중재할 때, 자비로운 최후의 일격이 가해진다. EMERAC이 그들이 결혼해서는 안 된다고 말하

---

8   1세대 컴퓨터 ENIAC과 UNIVAC을 암시하는 이름이라고 한다. _옮긴이
9   암수의 구별이 있는 두 생식 세포가 결합해 새로운 개체를 만드는 생식법을 말한다. _옮긴이

자, 리처드는 그 컴퓨터가 실수를 했다고 단호하게 말하면서 버니의 마음을 사로잡는다. 어느 순간 버니는 그 컴퓨터를 힘차게 토닥이며 "아유 착해"라고 말한다. 거대하고 무시무시한 자동화의 짐승이 길들여졌다.

〈사랑의 전주곡〉은 떠오르는 컴퓨터 과학자 세대가 제기하는 불안감을 바탕으로 제작되었다. 이 기계는 정보만 뱉어낼 뿐이다. 남자들은 경영 기획과 컴퓨터 설계 모두에 대한 기술적 지식을 가지고 있다. 여성은 그 사이에 있으면서, 훌륭한 인간 정보 제공자일 뿐만 아니라 어떤 의미에서든 컴퓨터가 대체할 수 없는 현실에 기반을 둔 인식 주체이기도 하다. 정보가 도래하고 있지만, 그것은 보완재에 불과하며 고된 일에서 우리를 자유롭게 해줄 것이다. 여기서 이 영화는 풍요를 통한 노동의 종식이라는 1950년대의 꿈에 가깝다.

디지털 문화는 이러한 위험한 혼합물, 즉 '순수한 것'과 순수하지 않은 것, 대중적인 것과 전문적인 것, 운동가와 객관적인 것을 구분하는 것을 싫어하는 경향을 구체적으로 보여준다. 1990년대 중반의 강력한 검색 엔진의 등장보다 더 좋은 예는 없다. 분명히 서로 다른 '지식'의 종류를 깔끔하게 분류하기 위해 설계된 1870년대의 듀이 십진 분류 체계와 극명하게 대조적으로, 구글이나 야후!(Yahoo!)의 검색은 결과적으로 권위 있는 지식과 대중적인 지식, 즉 진실과 환상, 잡동사니와 본질, 진지함과 선정주의의 혼합을 야기했다. 구글의 "나는 운 좋은 느낌이 든다(I'm Feeling Lucky)" 버튼을 클릭하는 것은 정보 슬롯머신의 레버를 당기는 것이었으며, 따라서 어떤 일이든 일어날 수 있었다. (이제 우리는 자주 위키피디아 페이지를 방문한다.) 우리는 두꺼운 정보 명부의 세계로 돌아왔다. 그것에 대해서는 의심의 여지가 없다.

그러나 그 밖에도 19세기 말기와 매우 두드러진 차이점들이 더 있다. 첫째, 검색 매개 변수는 정교한 지식의 나무 구조 대신 약간의 정보(키워드 입력)에 의해 설정된다. 둘째, 검색 엔진은 언급한 바와 같이 공식적인 것과 종잡을 수 없는 것 사이에 방화벽을 구축하려 노력하는 대신 진지한 것과 이상한 것, 참과 거짓의 샐러드를 만들어낸다. 셋째, 그러한 결과는 전문가보다 기업가에게 더 매혹되고 흔히 확립된 지식 위계질서에 노골적으로 적대적인 문화[실리콘 밸리(Silicon Valley)]에서 나온다. 듀이 십진분류법을 만든 지 몇 년 후, 멜빌 듀이는 미국 도서관 협회(American Library Association)를 결성했다. '캠퍼스'와 색다른 창의성 문화를 가지고 있는 구글은 엘리트 대학교의 문화를 그들 문화의 모델로 삼고 있긴 하지만, 야후!와 구글 창립자들은 대학교의 핵심 책무를 버리고 위험이 일상적으로 발생하는 더 거친 세상을 택하면서 대학교와 반대 방향으로 나아갔다.[70] 실리콘 밸리의 실질적

---

70 John Durham Peters, "Should Universities Be More Like Businesses? Some Businesses Are

환경은 항상 지식에 대한 반권위주의적 태도를 선호해 왔다. [스튜어트 브랜드(Stewart Brand), 피터 시엘(Peter Thiel), 지미 웨일스(Jimmy Wales), 크레이그 뉴마크(Craig Newmark), 제프 베이조스(Jeff Bezos)를 포함해 몇몇 하이테크 전문가들은 어느 시점에서 아인 랜드(Ayn Rand)[71]의 철학에 매료되었다.] 이들은 전문가 울타리를 개방하는 기관을 세운 반면, 듀이는 문을 걸어 잠그기 위한 기관을 만들었다. 듀이는 지식을 체계적으로 정리하기 위한 거대한 계획을 가지고 있었던 반면, 구글은 수백만 명의 검색자들이 남긴 디지털 부스러기(digital crumb)를 독차지하고 계속해서 업데이트되는 그들의 귀중한 인터넷 지도를 남에게 제공하지 않는다.

디지털 문화는 전문 지식 생성자의 에토스에 대한 존중이 줄어들도록 부추긴다. 아리스토텔레스가 『수사학(*Rhetoric*)』에서 설득의 세 가지 원천('에토스', '로고스', '파토스')이 있다고 주장한 것은 유명하다. 전문가에 대한 불신은 로고스의 포기라기보다는 에토스에 대한 의심을 의미했다. 권위 있는 주장은 늘 제시되겠지만 설득력은 떨어졌다. 어떤 사람이 단순히 전문가'였다는' 이유만으로 그 사람을 덜 신뢰하게 되었다. 그러나 우리는 지식 생산자들을 제거한 것이 아니라 그들을 평가 절하했을 뿐으로, 문화는 여전히 합리적('로고스') 주장에 경의를 표한다. 그와 같은 주장은 어떤 관점 쪽으로 우리의 마음을 움직이도록 고안된 정서적 호소(예, 광고 세계의 파토스)와 자유롭게 뒤섞인다. 난잡한 지식의 모든 지표들인 이러한 추이는 디지털 문화에 반영되어 있고 디지털 문화에서 장려된다.

Learning to Be More Like Universities," culturedigitally.org/2015/09/should-universities-be-more-like-businesesbusinesses/.

71 아인 랜드(1905~1982)는 러시아계 미국인 소설가·극작가·영화 각본가로, 객관주의(objectivism)라는 철학적 시스템을 발전시킨 것으로 가장 잘 알려져 있다. 그녀의 사상의 중심이 되는 객관주의란 이성이 직관과 본능, 선험적 지식보다 우선시되는 입장을 말한다. _옮긴이

1960년대의 비판적 문화와 1970년대의 절실한 필요성에 대한 굴복이 온실 속에서 교배되면서 생겨난 대중적인 것과 전문적인 것의 위험한 혼합은 디지털 문화 속으로 쉽게 통합되었다. 권위에 대한 불신은 많은 디지털 혁신가를 거세게 잡아당겼고 민주적 공동체 스타일의 대화방과 검색 엔진 속으로 흘러 들어갔다. 1968년에 스튜어트 브랜드가 첫 출간한 책자인 『홀 어스 카탈로그(*The Whole Earth Catalog*)』[72]는 자조(自助), 기술 미래주의(techno-futurism), 그리고 혁명적인 꿈이 난잡하게 뒤섞여 있었다. 그것은 앞으로 일어날 일들의 전조였다. 1971년 발행호는 전체 면수가 448쪽으로 늘어났다. 독자들이 많은 글을 기고하면서, 인터넷의 '사용자 생성 콘텐츠'의 등장을 예고했다. 정확히 말하면, 그것은 독자들이 사용할 수 있도록 준비된 풍부한 '목록'이지 간결한 종합은 아니었다. 프레드 터너가 잘 보여주었듯이, 이 풍부한 DIY 정신은 사이버 문화의 이데올로기와 실천 속에 그리고 사이버 문화 사람들 안에 살아 숨 쉬고 있다.[73] ≪와이어드(*Wired*)≫[74] 또한 지식 전문가가 진실에 대한 어떤 특별한 접근권을 갖고 있다는 주장을 그다지 중요하게 여기지 않았다. 공공 도서관의 인터넷 포르노는 권위에 대한 디지털 불신의 또 다른 예인데, 이번에는 부모들에 의한 불신이었다. 정보 시대는 에토스에 대한 강한 불신으로 특징지어진다고 우리는 주장한다. 전체 웹이 그러하듯 그것은 화자의 평판을 판단하는 우리의 능력을 저하시켰다.

　　1990년대에 들어서자 거의 모든 주제에 관한 채팅 그룹이 등장해 정보를 주고받는 능력은 급격히 향상되었지만 동시에 참여자들에 대한 모든 통제

72　스티브 잡스(Steve Jobs)는 이 잡지를 35년 전의 구글이라 칭한 바 있다. _옮긴이

73　Fred Turner, *From Counterculture to Cyberculture: Stewart Brand, the Whole Earth Network, and the Rise of Digital Utopianism* (Chicago: University of Chicago Press, 2006).

74　정치, 문화, 경제 등에 영향을 미치는 새로운 기술들과 발명 등에 대한 내용들을 주로 다루는 미국 잡지이다. _옮긴이

력이 사라져버렸다. 심지어 관리자가 있는 토론방조차도 전문성보다는 예의를 지키는지 살펴보기 위해 순찰을 했는데, 특정 주장을 하는 사람들이 실제로 자신이 무슨 말을 하고 있는지 제대로 감을 잡고 있는지 누가 알았겠는가? 나는 약 1년 동안 전문적 관심사와 관련된 몇몇 대화방에 들어가 있었지만 기본적으로 콘텐트 통제가 충분하지 않아 그만둔 적이 있다. 자기가 무슨 말을 하고 있는지 아는 사람들조차도 그들이 결코 생각해보지 않을 것 같은 말을 뻔뻔하게 내뱉는 경우가 많았다.

필터링 결여는 웹의 일반적인 문제이다. 현재 진행 중인 저널리즘의 위기는 단순히 사람들이 온라인 뉴스에 비용을 지불하도록 하는 문제(좋은 뉴스는 생산 비용이 많이 듦)가 아니라, 정당한 지식을 선별하는 권한을 정당화하는 문제이다. 소셜 미디어 플랫폼에는 신뢰받는 기관들의 보도 자료와 그러한 기관들을 비난하는 댓글이 나란히 자리하고 있다. 똑같은 채널에 공식적인 것과 걸러지지 않은 것이 위계적 배열 없이 동시에 제공된다. 인터넷은 출판 진입 장벽을 낮췄다. 블로고스피어(blogosphere)[75]에서는 누구나 저널리스트가 될 수 있지만, 편집인, 즉 더 많은 공중에게 중요한 것을 체계적으로 정리하고 우선순위를 정하는 게이트키퍼는 거의 없다. 정보 세계의 평준화로 인해 어떤 것을 믿어야 할지를 선별해 내는 일이 더 어려워졌다. 이러한 공적 공간에 대한 접근의 평준화는 역량을 강화해 주기도 하지만 동시에 혼란을 불러일으킬 수도 있다. 검색 엔진과 뉴스 애그리게이터는 이러한 "편집인의 실종"으로 인해 생긴 빈 공간을 노력하지 않고 손에 넣으려 했을 것이다.[76]

위키피디아(wikipedia.com)의 일부 악명 높은 잘못된 표제어로 인해 문제

---

75 커뮤니티나 소셜 네트워크 역할을 하는 모든 블로그들의 집합을 말한다. _옮긴이
76 Elihu Katz, "The End of Journalism," *Journal of Communication*, 42(3), 1992, pp. 5~13.

가 더욱 두드러졌다. 표제어들은 때로 교묘해서, 우리들 가운데 누군가는 한때 위키피디아에 "조지 W. 부시는 미국의 43대 대통령이라고 전해지고 있다"고 적혀 있던 것을 읽은 적이 있을 것이다. 위키피디아의 편집 자원봉사단 가운데 한 명이 수정하기 전에 "~라고 전해지고 있다(alleged to be)"와 같은 악의적이지 않은 문구가 잠시 동안 레이더에 포착되지 않은 것이다. 저명한 미국 저널리스트인 존 사이건탈러(John Seigenthaler)의 경우처럼 그같은 잘못된 표제어가 악의적일 때도 있었는데, 그의 위키피디아 페이지에는 그가 존 F. 케네디와 로버트 케네디 암살의 용의자였다는 내용이 사실에 근거하지 않은 채 제시되었다. 사실을 날조한 자가 페이지를 변경한 것으로 밝혀졌는데, 이 페이지는 몇 달 동안 발견되지 않은 채 있다가 2005년 여름에 마침내 수정되었다. 사람들에게 다른 사이트를 평가하는 방법을 가르치는 일련의 사이트가 등장한 것은 놀라운 일이 아니다. 나는 웹 검색을 통해 엄청난 양의 잘못된 정보를 발견했다(나는 이 일을 일반적으로 즐기는 편임!). 그러나 정보의 원천으로서 웹에는 인쇄 프로토콜,[77] 동료에 의한 반복 연구, 과학적 평판, 학술 인증, 동료 심사 등 지식의 안전을 도모해 주는 진본 인증 관행이 없다.

내 어머니가 자신의 선천성 심장 질환에 관한 대화방에서 프린터로 출력한 메시지를 보고 나는 만연해 있는 온라인 의견의 진정한 위협을 뼈저리게 느꼈다. 온라인에 떠도는 의견들은 서로 매우 달랐고, 모두가 복음서의 진실처럼 진술되어 있었다. 어머니의 건강에 대한 중대한 결정이 걸려 있었기 때문에 그 문제는 나에게 훨씬 더 가까이 다가왔다. 그것은 더 이상 존 듀이

---

77 클라이언트 장치(컴퓨터, 휴대 전화, 태블릿 등)와 프린터(또는 인쇄 서버) 간의 커뮤니케이션을 위한 프로토콜을 말한다. 클라이언트가 하나 이상의 인쇄 작업을 프린터 또는 인쇄 서버에 제출하고 프린터 상태 쿼리, 인쇄 작업 상태 가져오기, 또는 개별 인쇄 작업 취소와 같은 작업을 수행할 수 있다. _옮긴이

사이드바 6-3 구글과 보편적 도서관의 꿈

1970년대 후반에 벨과 리오타르는 더 높은 수준의 지식 정리에 대한 희망을 버렸다. 2000년이 되자 보편적 도서관[1]에 대한 꿈이 다시 불타올랐다. 구글은 이러한 변화와 상당한 관련이 있다.

역사적으로 보편적 도서관은 이집트, 바빌론, 중국, 그리고 헬레니즘 시대의 그리스 등의 황제들이 추구한 제국주의적 프로젝트였다. 그리스의 고대 도시 국가나 심지어 로마 공화국도 공공 도서관을 만들지는 않았으며, 알렉산드리아(Alexandria)에 도서관을 지은 것은 이집트 알렉산더(Alexander) 대왕의 후계자인 프톨레마이오스(Ptolemaeos) 왕조의 통치자들이었다. 한 국가에 한정된 도서관을 두고 보편적 도서관이라고 주장할 수는 없었다. 많은 사람이 지적했듯이, 구글은 그 야망에 있어 분명 제국주의적이다. 구글의 도메인은 월드 와이드 웹이며, 알고리즘이 구글의 거버넌스[2] 및 통제의 수단이다. 특히 중국과 강력한 데이터 보호법이 있는 유럽 국가에는 규모는 작지만 여전히 저항하는 집단이 있으며, 예를 들어 페이스북과 애플(Apple)의 암호로 보호되는 거대한 정원[3]이나 다크 웹[4]처럼 웹의 많은 부분이 여전

---

1   보편적인 소장품을 가지고 있는 도서관을 말한다. 이것은 도서관이 기존의 모든 정보, 유용한 정보, 모든 책, 모든 작품(형식에 관계없이), 또는 심지어 모든 가능한 작품을 소장한다는 의미이다. 이 이상은 비록 실현할 수 없지만 사서와 다른 사람들에게 영향을 미쳤고 계속 영향을 미치며 열망하는 목표가 된다. 보편적 도서관(universal library)은 흔히 (찾기 보조 도구, 번역 도구, 대체 형식과 같은) 모든 유용한 기능들을 갖추고 있다고 가정한다. _옮긴이

2   다양한 의미로 쓰이고 있으나 주류 학자들은 거버넌스(governance)를 '자율적이고 독립적인 행위자들의 외부 권위 또는 내부의 자기 조절 기제에 의한 조정과 관리'라고 일반적으로 정의한다. _옮긴이

3   '월드 가든(walled garden)'이라고도 하는데, 이는 곧 웹 콘텐트와 서비스에 대해 사용자 접근을 제한하는 인터넷 환경을 말한다. 월드 가든은 미리 엄선된 자료에 대해서만 사용자가 볼 수 있도록 허용하고, 다른 자료에 대해서는 접근을 통제하는 등 특정 지역 내에서 사용자 이용을 감독한다. _옮긴이

4   접속 허가가 필요한 네트워크나 특정 소프트웨어로만 접속할 수 있는 오버레이 네트워크를 다크

히 구글 스파이더(spider)[5]의 접근이 금지된 상태로 남아 있다.

지식의 수학적 체계화는 오래된 꿈이다. 라이프니츠는 자신의 다른 활동 가운데 보편적 도서관이라는 르네상스 시대의 이상을 구현하기 위해 왕실 사서를 맡기도 했다. 그와 같은 도서관이 가지고 있는 문제는 소장 목록이다. 도서관에 모든 것이 있다면, 거기에는 어떤 검색 도구들이 있는가? 보편적 도서관 목록의 소장 자료에 대한 기술(記述)은 잠재적으로 무궁무진하고 무한하기 때문에, 보편적인 도서관은 무한한 현기증에 직면할 것이다.[6] 미적분학은 무한소[7] 개념을 도입함으로써 무한히 세분할 수 있는 함수를 계산하는 까다로운 문제에 대한 답을 제공한다.

보편적인 도서관에 대한 가장 유명한 상상은 호르헤 루이스 보르헤스의 단편 소설 「바벨의 도서관(The Library of Babel)」이다. 이 소설은 알파벳 문자의 모든 가능한 조합으로 구성되어 있는 모든 것을 망라하고 있는 가상의 도서관에 관한 것이다. 이 도서관의 거대한 소장고(이 도서관은 알려진 우주보다 거의 무한히 더 클 것임) 어딘가에 도서관의 목록이 있었지만, 그 목록 역시 거의 무한대의 겉으로만 그럴싸한 버전으로 존재해야 했을 것이다. 당연한 일이지만 보르헤스의 소설도 「완전한 도서관(The Total Library)」(1939), 「바벨의 도서관」(1941), 그리고 최근의 「바벨의 도서관에 대한 서시(Prologue to the Library of Babel)」와 같이 복수의 버전이 존재한다.[8]

넷(darknet 또는 dark net)이라 하며 다크넷 가운데, 웹만을 따로 다크 웹이라 부른다. _옮긴이

5 스파이더 혹은 크롤러(crawler)라고도 불리는 로봇은 인터넷에 있는 웹 페이지(웹 문서)를 방문해서 수집하는 일을 한다. 이때 한 페이지만 방문하고 마는 것이 아니라 그 페이지에 링크되어 있는 또 다른 페이지를 차례로 방문한다. 이처럼 링크를 따라 웹(거미줄)을 돌아다니는 모습이 마치 거미와 비슷하다고 해서 스파이더라고 부른다. _옮긴이

6 Siegert, *Passage des Digitalen*, pp. 156~190.

7 수학에서 무한소(infinitesimal)란 일반적으로 모든 양수보다 작지만 0보다는 큰 상태를 가리킨다. _옮긴이

보르헤스는 구글의 수호성인들 가운데 한 명이다. 구글의 꿈은 인류가 남기는 문헌을 완전하게 기록하는 것이다. 물론 그 꿈은 결코 이뤄지지 않겠지만 꿈 자체는 주목할 만한 가치가 있다. 구글의 기업 사명은 "전 세계의 정보를 체계적으로 정리하고 그것을 보편적으로 접근 가능하고 유용하게 만드는 것"이다. (기업 사명에 사용된 용어가 '지식'이 아니라 '정보'라는 점에 유의하라.) 구글의 알고리즘과 서버가 웹의 혼란스러운 저장소를 가지고 할 수 있는 것은 정말 놀랄 만하지만, 구글은 진실은 고사하고 지식의 궁극적인 체계적 정리도 결코 제공하지 않는다. 대신, 검색 결과를 한 번에 하나씩 찔끔찔끔 주면서 구글 이용자들의 다채로운 삶의 프로젝트에 서비스를 제공한다. 구글은 하루에 수십억 건에 이르는 검색에 대해 아무도 가지고 있지 못한 특별한 접근 권한을 가지고 있기 때문에 아마도 인간의 집단적 욕구를 알아낼 수 있는 (그리고 조작할 수 있는) 엄청난 힘을 가지고 있을 것이다. 구글은 독감이 어디에서 발병하고 있는지 그리고 '이용자들'이 언제 임신을 하는지 알려줄 수 있다. 구글은 아마도 개인의 기호(嗜好)에 대한 지식을 페이스북보다 훨씬 더 많이 가지고 있을 것이다. 구글의 축적된 데이터는 21세기의 보물 창고이다. 그러한 보물 가운데 일부는 온라인 세계에 대한 접근이며, 그것은 온라인 세계에서 사람들이 검색하는 것을 채굴하는 데이터 안에 있다.

그러나 구글의 부와 권력은 인위적으로 지어낸 어떤 야망도 없이, 최소한 일반에게 공개된 어떤 야망도 없이 주어졌다. 이것은 구글이 야심적이지 않다는 뜻은 아니며, '죽음을 해결하기를'[9] 원하는 회사라면 분명히 야심이 있

---

8   William Goldbloom Bloch, *The Unimaginable Mathematics of Borges' Library of Babel* (New York: Oxford University Press, 2008).

9   2013년 9월 ≪타임≫의 커버스토리는 "구글이 죽음을 해결할 수 있을까?(Can Google Solve Death?)"였다. 구글이 죽음을 해결하는 데 앞장설지도 모른다는 ≪타임≫의 예상은 구글의 의

을 것이다! 여기서의 핵심은 구글이 지식의 체계적 정리에 대한 어떤 종합적인 비전도 없다는 것이다. 구글은 하이퍼링크들이 뒤엉켜 있는 혼란스런 인터넷의 무질서 속에서 엄청나게 성장하고 있으며, 잡동사니 '클릭스트림'[10]과 검색어를 통해 즐겁게 이익을 챙기고 있다. 구글은 우리의 데이터 흔적을 온라인 금으로 바꾼다. 그것은 우리가 필요로 하는 것을 분류해 주는 서비스이긴 하지만 결코 전체를 체계적으로 정리하지는 않는다. 구글은 신의 전지성이라는 오래된 개념을 환기시키기를 좋아하는데, 이 회사의 공동 설립자인 세르게이 브린(Sergey Brin)은 완벽한 검색 엔진을 "신의 마음"에 비유한 바 있다. 그러나 이것은 뉴스, 지도, 날씨, 포르노에서 무심하게 떠돌아다니는 우스갯소리로 말하는 그런 종류의 신성이다. 구글은 휘몰아치는 혼란의 덩어리로 통하는 단 하나의 관문을 제공한다. 구글은 난잡한 지식의 새 얼굴이다.

학적 지식이 아닌 구글이 처리하고 있는 데이터 크기에서 근거하고 있다. 이러한 구글의 엄청난 데이터 크기가 의료 기업을 제치고 구글을 죽음 해결사에 가장 근접한 기업으로 만들었다는 것이다. 그리고 실제로 2014년 3월 1일 세계 트랜스휴먼 협회는 이제 말로만 영생을 할 수 있다고 주장하는 것이 아니라, 행동으로 트랜스휴먼으로 가기 위한 조치를 취해 달라고 요구하기 시작하면서, 특히 구글에게 죽음 해결(solve death)이라는 집단 요구를 하기도 했다. _옮긴이

10 웹 사이트상에서의 사용자들의 행위 패턴을 파악할 수 있는 정보로 웹 브라우저에서 사용자가 취하는 동작의 복합체라 할 수 있다. 클릭스트림(clickstream)에는 실제 클릭과 그 요청에 대한 서버의 반응 모두가 포함된다. _옮긴이

에 대한 가장 최근의 해석에 관해 계속되고 있는 어떤 불꽃 튀는 논쟁이 아니라 내 어머니의 생명이 달린 문제였기에, 이것이 지나치게 극적인 표현 방식이라고 생각하지는 않는다.

우리 시대의 진실

전문직은 붕괴하지 않았는데 전문가의 권위가 약화된 것은 난잡한 지식, 즉 형식적 지식과 비형식적 지식의 불분명함, 권위 있는 학식과 대중적인 학식의 불분명함을 야기했다. 새로운 기술이 이러한 상황을 야기한 것이 아니다. 새로운 기술은 그저 영향을 미쳤을 뿐이다. 경계를 유지하지 못하는 전문가의 무능력이 그리 새로운 일은 아니지만, 그것은 우리 시대에 새롭게 중요하며 17세기의 경험주의의 무질서한 확장을 떠올리게 한다. 우리는 늘 난잡한 지식을 가지고 있었다. 법원, 병원, 신문, 그리고 실험실은 그들의 이념이 시사하는 것만큼 성공적으로 참된 것과 대중적인 것을 구분한 적이 결코 없었다.

17세기와 18세기는 통제되지 않는 사실이 주는 압박감을 느꼈다. 19세기는 통제되지 않는 사실을 갈망했고, 그런 다음 그것을 체계적으로 정리하려고 애썼다. 20세기 초반은 전문가와 예술가들이 그것을 정제해 줄 것으로 믿었다. 새천년으로 바뀔 무렵, 우리는 이성, 진보, 혹은 지식의 성장에 대한 희망 없이 사는 법을 배웠지만, 그렇다고 그것은 모든 것이 무너졌음을 의미하는 것은 아니었다. 사실의 밀도가 낮은 문화와 사실의 밀도가 높은 문화가 나란히 공존한다. 이런 점에서 "우리는 결코 근대적이었던 적이 없다"는 브뤼노 라투르의 주장은 확실히 옳다. 근대의 여명기에는 실험에 대한 새로운 이념들이 괴물에 대한 고대의 믿음과 뒤섞여 있었다. 같은 마음속에 뉴턴의 물리학과 연금술이 공존했다. 한 세대에 걸친 과학사 연구의 취지는 17세기의 과학 '혁명'이 실제로 옛것과 새것을 나누지 않았으며, 당시에는 과학이 무엇인지에 대한 명확한 정의가 존재하지 않았다고 주장하려는 것이었다. 후기 계몽 시대[78]의 살롱에서 최면술 사기꾼들은 당대 최고의 과학자들과 어울렸다. 빅토리아 시대 미국에서는 문화 비평가들이 과학을 기업가적 문화, 좋게 말하면 진실에 대한 엄격함이 충분하지 않은 문화, 나쁘게 말하면 바넘의 뉴욕 '박물관'에 가짜 인어를 보기 위해 기다리는 열광적인 멍청한 구경꾼들로 가득 차 있는 문화와 분리되지 못하는 것에 대해 늘 개탄했다. 경계가 완벽하게 확보된 적은 없었다.

그렇다면 우리에게 새로운 것은 무엇인가? 그것은 태도다. 최근 세대에게서 새롭게 볼 수 있었던 것은 현상을 '비교적' 느긋하게 받아들이는 태도였다. 학계는 박물관 진열품 구성에 대중이 참여하는 것에 대한 이론을 펼치기도 했다. 법원은 형식적 과학과 함께 대중적 지식에 증거 능력을 부여하는 것을 잠시 생각해보기도 했다. 보수주의자들은 좌파 지향적인 박물관 전시회에 대해 외부인들이 문제를 제기하는 것에 박수를 보냈다. 진보주의자들은 액트-업의 과학의 전당 진입을 인정했다. 미국 상원은 '대체' 의료 서비스에 관한 연구에 자금을 지원했다. 각각의 예에서 전문가들의 판단의 자율성은 줄어들었지만 전문가의 직무는 계속되었다. 1990년대의 위대한 검색 엔진인 야후!와 구글이 만들어낸 결과는 모두에게 이용 가능한 방대한 지식에 대한 더 큰 규모의 문화적 추정들을 분류했을 뿐, 진보나 정리에 대한 약속은 없었다.

우리는 결코 근대적이지 않을 뿐만 아니라 앞으로도 결코 근대적'이지' 않을 것이다. 난잡한 지식은 영원히 혹은 적어도 가까운 미래에는 우리와 함께 여기 있을 것 같다. 우리가 '저 너머'를 상상할 수 없다는 점이 당연히 이 모든 것에 대한 새로운 것의 핵심일 수도 있을 것이다. '더 순수한' 미래에 대한 꿈은 없다. 좌파와 우파는 외부자들이 그들에게 소중한 것의 뒤를 추

---

[78] 1730년에서 1780년 사이를 말한다. _옮긴이

적할 때 짜증을 내지만, 좌우 전반에 걸쳐 새로운 관행에 대해서는 아무도 이의를 제기하지 않는다. 운동가들의 압력은 이제 민주주의의 한 형태이다. 과거와 달리 대중적인 것과 전문적인 것의 혼합, 정치 행위자와 자격을 갖춘 전문가의 혼합 그 이상은 아무것도 상상할 수 없다. 이것이 현시대의 지식의 체계화'이다'. 이것이 우리가 처해 있는 상황이다.

과거에는 상황이 매우 달랐다. 과거에는 미래에 대한 확신이 있었다. 스피노자는 "진실은 밝혀진다"고 썼고, 이 말로 그는 그 시대를 대변했다. 마찬가지로 1860년대부터 1960년대까지 전문가 공동체 내에는 근대적 전문가주의(professionalism)가 더 낫고 더 정확하고 지식을 확보해 줄 것이라는 강한 믿음이 있었다. 물론 반대하는 사람들도 있었다. 프리드리히 니체는 "지식을 날조해 낸 영리한 동물"인 '호모 사피엔스(Homo sapiens)'를 잘난 체하며 날아다니는 모기에 비유했다.[79] 그러나 그러한 반대자들은 드물었다. 꼭 17세기 때처럼 새로운 기관들은 신뢰할 수 있는 진실을 만들어내야 했다.

우리 시대는 또한 20세기 중반의 적절한 요약과 신화적 사진의 문화와 전혀 다르다. 우리는 과도한 정보를 만들어내고 그것을 순식간에 전 세계적으로 빠르게 몰래 실어 나를 수 있는 강력한 기계를 가지고 있다. 1930년대에는 컴퓨터가 없었으며, 컴퓨터는 기껏해야 선지자들의 막연한 생각에 지나지 않았다. 돈, 음악, 사진, 단어를 나타내는 디지털 펄스(digital pulse)를 실어 나를 수 있는 하부 구조도 존재하지 않았다. 웹의 전 세계적 도달범위에도 불구하고 우리는 디지털 정보 문화의 세분화 경향을 놓치지 말아야 한다. 20세기 후반의 지역 사회 조사는 국가, GNP, 또는 전국 여론 조사의 축소판으로 고안된 것이 아니었다. 그것은 '차이', 틈새 마케팅, 그리고 우리를

---

79 Friedrich Wilhelm Nietzsche, "Truth and Lie in an Extra-moral Sense," in Walter Kauffmann (ed.), *Portable Nietzsche* (New York: Penguin, 1954), pp. 42~50, at 42.

점점 더 작은 집단으로 나누는 데이터 수집 형태를 만들어냈다. 우리 거주지는 아홉 자리 우편 번호로 분류되고, 우리의 온라인 검색은 쿠키로 추적되며, 우리의 쇼핑은 마케팅 소비자 정보 파일(MCIF: Marketing Consumer Information Files)[80] 시스템의 항목별로 기록된다. 내가 슈퍼마켓에서 구매한 것은 나에 대한 다른 정보와 결합된 데이터베이스에 입력된 다음, 나에게 쿠폰을 보내고 판매를 극대화하기 위해 매장 레이아웃을 재구성하는 마케터에게 판매된다. 사회에 대한 종합된 정보를 찾는 대신 이것은 특정 사람들에 대한 대량의 정보 수집이다. 데이터는 돈과 권력의 새로운 통화가 되었다.

그러나 아마도 가장 중요한 것은 '사실'과 '지식'의 느슨한 연결일 것이다. 최신 주식 시세이든, 전 세계의 인권 침해에 대한 최신 보고서이든, 아니면 여름휴가 계획에 필요한 경로 지도와 호텔 예약이든, 정보는 중요한 개인의 삶의 프로젝트에 사용되는 일단의 실용적인 자료이다. '지식'은 분명 여전히 중요하지만, 가장 중요한 것은 '정보의 흐름'이다. 위태로운 것은 권위에 의해 받아들여지는 사회적 세계와 자연계에 대한 절제된 일반화로 이해되는 지식에서부터 정보, 즉 분산된 집단별 특정 토픽에 사실들을 집결해 놓은 것으로 표류하는 것이다.

좋든 나쁘든, 분명 사이버 문화의 결과가 기술적 합리성[81]이 가장 최근에 발현된 것, 계몽주의의 극치, 또는 근대성의 빛나는 승리로 묘사되는 것은 적절치 않다. 그와 같은 평가는 그 시대를 선택적으로 보고 우리 주변 어디서나 일어나는 변증법을 놓치고 있다. 디지털 문화는 우리의 기존 분류 메커

---

80 은행을 이용하는 고객들의 정보를 가구 단위로 통합 구축한 데이터베이스이다. _옮긴이

81 기술적 합리성(technological rationality)은 공공 문제에 대한 효과적인(effective) 해결 방안의 선택과 관련이 있다면, 경제적 효율성(economic rationality)은 공공 문제에 대한 효율적인(efficient) 해결 방안의 선택과 관련이 있다. _옮긴이

니즘을 약화시키는 동시에 자체적인 몇 가지 분류 메커니즘을 제공했다. 정보 시대는 초합리적인[82] 것과 대중적인 것이 이상하게 혼합되어 있는 시대이다. 전문성의 지속적인 중요성이 전문성에 대한 불신이 함께 부각되어야 한다. 지식은 점점 더 이상하고 특이한 것과 혼합되는 특징을 보이고 있다. 전문가의 분류는 웹상의 '포크소노미(folksonomy)'[83]와 서로 다툰다.

그리고 이러한 포퓰리즘적인 소동은 페이스북, 아마존, 구글 및 애플이 그들의 전문 데이터 분석가 덕에 돈을 벌고 권력을 휘두르는 데 필요한 원재료를 제공할 뿐이다. 그와 같은 컴퓨터 코드의 1인자들은 확실히 전문 지식을 가진 전문가들이고, 때로는 스스로를 인류의 집사라고 생각할 수도 있지만, 그들은 전문성에 대한 더 이전의 비전과는 다르다. 20세기 후반의 지식 생산 및 사용에 관한 담론은 합리적 계획 수립에 대한 근대의 높은 신뢰에서 점차 멀어져 갔다. 이것은 지식에서 정보로의 이동과 관련이 있었다. 우리는 일관된 지식에 대한 신뢰 없이 우리의 성향에 따라 우리 자신의 의제를 추구하거나, 의미를 찾거나, 균형을 유지하려고 노력하거나, 국가의 보호를 기대했다. 열성 지지자들의 수사(修辭)에서 기술에 대한 신뢰가 사람들을 묶어주는 사회적 접착제로서의 절제된 지식 추구를 대체했다.

정보 시대는 분명 계몽 시대의 전례를 따랐지만, 두 시대 간에는 미묘한 차이가 있다. 20세기에 백과사전이 대체했던 지식 생산의 사회적 체계화가

---

82 의사 결정에서 지나치게 논리적이고 분석적인 사람이나 감정이나 직관을 고려하지 않고 이성과 논리에만 근거한 상황이나 결정을 의미한다. _옮긴이

83 포크소노미(대중 분류법)는 민중, 대중을 뜻하는 'folks'와 분류학을 뜻하는 'taxonomy'라는 두 단어를 합쳐서 만든 말로, 자유롭게 선택된 키워드를 이용해 이루어지는 협업적 분류를 뜻하는 신조어이다. 이것은 정보를 분류하기 위해 사람들이 자발적으로 협력하는 것을 의미한다. 정보의 분류자는 보통 최초의 사용자이며, 포크소노미를 사용하는 사람들은 그것이 더 정확하게 정보에 대한 대중적인 개념 모델을 반영한다고 믿는다. 포크소노미는 도서관학의 분류법과 직접적인 관련은 없다. _옮긴이

그랬던 것처럼, 백과사전도 대부분 사라졌다. 새천년에 볼 수 있었던 가장 근접한 것은 동료 제작 온라인 백과사전인 위키피디아로, 이것은 유용한 내용과 이따금 터무니없는 큰 실수(백과사전의 이전 역사에서 이러한 실수는 늘 있었음)로 채워져 있다. 이것은 칸트의 계획이 정확히 둘로 나뉜 것이었다. 개인의 자율성[84]의 정치적 가치와 윤리적 가치는 여전히 남아 있었지만, 오성[85]의 보편적 원칙에 대한 약속은 없었다. 정보 시대는 지식을 통한 사회적 조화의 꿈은 거부하지만 개인의 자율성과 기술을 통한 구원에 대한 믿음은 그대로 둠으로써 계몽주의에 대한 양면적 태도를 반영한다.

결국 세상은 풍부한 낯선 곳이며, 사실을 정리하고 사실에 대한 그림을 그리려는 우리의 모든 노력은 실패할 것이다. 그러나 그러한 노력은 각 시기마다 각기 다른 방식으로 실패할 것이다. 우리 시대의 특이한 특징은 바로 진실의 궁극적인 수용기를 찾는 일을 포기하는 것이다. 지식을 통한 해방이라는 메타 서사를 대변하는 가장 유명한 사람들은 망명 중이거나[NSA 내부 고발자 에드워드 스노든(Edward Snowden)], 괴롭힘을 당하거나[영화 제작자 로라 포이트라스(Laura Poitras)[86]], 사망했다[정보 활동가 에런 스워츠(Aaron Swartz)[87]]. 역사적 힘으로서의 지식에 대한 거대 서사가 이따금씩 실리콘

---

84 칸트의 실천 철학의 핵심 원리인 자율성(autonomy)과 관련해서는 다음 참조. 임미원, 「칸트의 실천철학의 기초: 자율성과 사회계약론을 중심으로」, 《법철학연구》, 22권, 3호(2019), 191~224쪽. _옮긴이

85 칸트가 말하는 오성(understanding)이란 규칙의 능력으로서, 자신의 규칙에 따라 현상들을 통일하는, 즉 이론적으로 입법하는 사고 능력을 말한다. _옮긴이

86 오스카 수상작 〈시티즌포(Citizenfour)〉의 감독으로 이 영화는 에드워드 스노든이 폭로한 프리즘 폭로 사건에 대한 과정과 뒷이야기를 담은 다큐멘터리이다. _옮긴이

87 미국의 컴퓨터 프로그래머이자 인터넷 활동가로 크리에이티브 커먼즈(Creative Commons) 조직에 관여했고, 소셜 북마크 사이트 레딧(Reddit)의 공동 설립자로 웹 2.0 운동에 크게 기여했다. 이후 인터넷상의 정보 공유 운동에 주력해, 온라인 활동가 모임인 디맨드 프로그레스(Demand Progress)를 조직했다. 2011년 1월, 학술 저널 데이터베이스인 JSTOR에서 다량의 저널 문

밸리의 판촉 문화[88]에서 나타나기도 하지만, 그러한 서사는 일반적으로 여전히 단편적이거나 우리 귀에 무의미하게 들리는 것 같다. 많은 사람이 지식의 중심이 없어도 두려움 없이 그들의 삶을 살아간다. 다른 사람들은 반란, 지구 종자 은행, 기계 학습, 지구 공학,[89] 또는 종교 부흥에서 구원을 꿈꾼다. 진정한 믿음을 가지고 있는 강경한 소수를 제외하고는 아무도 지식의 전문적인 성장에서 구원을 기대하지 않는다.

막스 베버가 알고 있었듯이, 관료주의는 근대인이 정리 정돈을 위해 지불한 대가였다. 지식을 정리 정돈하기 위해 근대인들은 분류 체계, 대중적인 전시 전략, 결정화된 본질, 전문가 계급 등을 구축했다. 지난 수십 년 동안 많은 사람들이 그러한 구조들을 조금씩 무너뜨렸다. 그러한 구조들은 물이 새기는 하지만 여전히 물 위에 떠 있으며, 곧 가라앉을 것처럼 보이지는 않는다. 전문가의 지식이 공중의 압력에 대해 설명할 책임을 지게 하고 일반인의 언어를 통한 지식 제공도 받아들임으로써 많은 이점을 얻었다. 실제로 다양한 종류의 운동가들이 지식을 통한 해방이라는 오래된 메타 서사를 그다지 큰 규모는 아니지만 그들의 목적에 맞게 거의 고쳤다.

그러나 좀 더 치명적인 형태의 그러한 이야기에 우리는 잠시 걸음을 멈추고 진지하게 생각해보지 않으면 안 된다. 탈근대주의자와 기술 자유주의자

서를 내려받은 일 때문에 체포되었으며, 2년 후인 2013년 1월, 26세의 나이로 자살했다. _옮긴이

88　판촉 문화는 우리를 둘러싼 문화이며, 만연하고 피할 수 없는 문화이다. 21세기의 글로벌 문화는 자본주의 문화로 자본주의는 이윤을 목표로 생산을 지향하는 사회 경제적·정치적 이데올로기로 구성된다. 더 나아가 이윤의 수단을 위해 모든 것에 가격과 가치를 부여하는 상품화는 자본주의에 자리를 내준다. 자본주의의 글로벌 문화에 연료를 공급하는 핵심 요소는 판촉이며, 판촉은 다양한 형태와 형태를 띨 수 있다. _옮긴이

89　최근 지구 온난화를 막기 위해 인위적으로 기후 시스템 조절 및 통제를 목적으로 하는 새로운 과학 기술의 한 분야이다. 대표적인 예로 해양 비옥화, 인공 구름, 인공 나무, 우주 거울, 이산화탄소 제거 등이 있다. _옮긴이

(technolibertarian)[90] 모두 정보 시대에는 열려 있는 위험과 창의성의 미개척 지를 위해 진부한 규칙과 절차를 버리자고 제안하기를 좋아했다. 우리는 모두 자신만의 백과사전의 저자가 될 수 있었을 것이다. 그와 같은 견해는 2015년 영국의 브렉시트 투표 그리고 2016년 미국 대통령 선거를 계기로 세계 무대에서 아주 드러내놓고 분출된 포퓰리스트들의 전문성에 대한 오랜 불신과 기관에 대한 경멸의 기묘한 도플갱어(doppelgänger)이다. 보수 정치 전략가인 스티브 배넌(Steve Bannon)의 표현대로, "행정 국가를 해체하려는" 최근의 노력에 비추어볼 때, 우리는 관료주의 체계가 아무리 불완전하더라도 일상생활의 폐해를 바로잡는 방식에 대한 새로운 인식을 키우고 싶어 할 수도 있을 것이다.[91] 지식의 수용기는 만약 그렇지 않으면 통제할 수 없는 것들에 경계와 한계를 지워줌으로써 세상을 안정시킨다. 지식 수용기는 화려하지는 않지만 우리의 존재를 단단히 붙잡아준다.

물론 세상의 그 어떤 수용기도 완전히 적절했던 적은 없다. 누수가 있다는 것은 우리가 파악할 수 있는 것보다 더 큰 세계가 존재함을 가리킨다. 세상이 너무 잘 정리되어 있다고 이해하는 것은 아마도 세상에 충실하지 않은 이해일 것이다. 세상에는 정리 정돈 이상의 더 많은 것들이 존재한다. 진실은 바로 우리의 최고의 아이디어들과 우리가 가장 소중히 간직해왔던 편견을 계속해서 깨뜨리는 것이다. 그러나 그러한 수용기들을 너무 많이 부숴버리면 우리 모두가, 특히 약자들이, 취약해진다. 그러한 정리 정돈이 숨 막히게 하면서도 동시에 소중할 수 있다는 것은 아마도 다음에 일어날 일을 초조하게 기다리는 우리에게 묘한 위안을 줄 것이다.

---

90 1990년대 초 실리콘 밸리의 인터넷 초기 해커 사이버펑크 문화와 미국 자유 지상주의에 뿌리를 둔 정치 철학으로, '무료' 월드 와이드 웹을 통해 정부 규제, 검열, 또는 기타 사항을 최소화하는 데 중점을 둔다. _옮긴이

91 Cmiel, *Home of Another Kind*, 결론 참조.

후기

켄 커밀의 난잡한 지식

켄의 서재 공개하기

너새니얼 호손의 『주홍글씨(*The Scarlet Letter*)』는 세일럼(Salem) 세관에서 시작되는데, 이곳은 자신의 이야기가 전해지기를 기다리는 죽은 자들의 꿈틀거림으로 가득 찬 서류들로 둘러싸여 있다. 나는 케니스 커밀이 한때 가지고 있던 수십 권의 책이 있는 방에 앉아 있으며, 내가 글을 쓰는 집 지하실에는 수백 권이 더 있다. 여기서 나는 켄이 쓴 앞의 글의 일부를 내가 어떻게 가지게 되었는지 설명하고자 한다.

켄이 떠난 지 얼마 되지 않아 나는 그가 소장했던 방대한 분량의 책들 상당 부분을 물려받았다. 듣자 하니 그는 한때 자신의 아내 앤 더건(Anne Duggan)에게 자신에게 무슨 일이 생기면 자신의 책을 내게 주라고 말한 적이 있다고 한다. 언젠가 그는 내게도 비슷한 말을 한 적이 있었는데, 나는 그 말을 대수롭지 않게 여기며 그가 장수할 것이라고 장담했다. 켄은 자신의 건강(그는 그의 건강에 대한 이야기를 피했음)과 가족 가운데 남자들이 일찍 죽는 것을 늘 염려했지만, 아무도 이것에 대해 준비가 되어 있지 않았다. 그가 떠난 후 앤은 그 책들을 가지고 있고 싶어 하지 않았고, 그들의 세 자녀 윌라(Willa), 코딜리아(Cordelia), 노아(Noah)도 원하지 않았다. 켄은 많은 책을 소장하고 있었기 때문에 그의 장서들을 물려받는 것은 엄청난 횡재인 것 같았다. 그의 책들 가운데 일부는 아이오와 대학교 인권 센터(Center for Human

Rights)로, 일부는 그의 친구들에게로 보내졌다. 그의 서재는 미국 음악, 정치사상의 역사, 문화사, 사회 이론, 시각 문화, 그리고 일일이 열거할 수 없을 정도로 많은 다른 관심사와 기발한 작은 표본과 같은 그의 특별한 취향과 호기심의 보고였다. 어떤 순간에 그의 시야 안에 들어오지 않은 것은 거의 없었다. 전체를 다 세어본 적은 없지만, 기증한 책들까지 감안해 내 지하실에 있는 그의 책 목록에 있는 수에다 두세 배 곱해서 대충 셈해본 결과, 그는 수천 권의 책을 가지고 있었던 것으로 짐작된다.

나와 내 아들 대니얼(Daniel)은 아이오와시티, 이스트 블루밍턴 스트리트(East Bloomington Street)에 있는 커밀의 집 책장에 꽂혀 있던 책들을 그 집 거실 바닥에 펼쳐놓고 가지고 있을 책과 나눠 줄 책을 분류했다. 그런 다음, 나눠 줄 책은 아이오와시티 공공 도서관(Iowa City Public Library)의 중고 서적 판매점에 보냈고 가지고 있을 책은 아이오와시티에 있는 우리 집 지하실[산자들(the living)이 늘 모이는 곳인 거실(the living roon) 아래]의 여러 책장에 정리해 두었다. 대니얼과 나는 켄의 넓은 학교 연구실에 있는 책들도 분류했다. 나는 마치 수많은 도서 목록 사이에 자리 잡은 채 전리품을 나누고 한때 켄의 매우 특이한 정신세계 속으로 들어와 그러한 정신세계를 형성한 것들을 신속하게 분류하는 독수리가 된 것 같은 느낌이 들었다. 그러나 나는 어떤 책과 내가 앞으로 함께할 가능성이 없다는 확신이 들 때는, 그 책이 그 책을 위한 공간을 마련할 다른 누군가와 만나기를 바라며 그 책을 기증했다. 아르투르 쇼펜하우어(Arthur Schopenhauer)는 책을 살 때 읽을 시간도 살 수 있다면 좋겠다고 말했다.[1] 모든 새 책은 유토피아적 유치권,[2] 미래 시점의 꿈,

---

1   Arthur Schopenhauer, *Parerga und Paralipomena: Kleine philosophische Schriften* (1851; repr., Leipzig: Brockhaus, 1874), 2: 596.

2   유치권(留置權, lien)이란 채권자가 채무자의 재산을 담보 삼고, 유치권을 걸어두면 채무자는 자기 마음대로 그 재산을 팔 수 없고, 제3자 또한 합법적으로 살 수도 없게 하는 권리를 말하는

가능한 세계에 대한 투자이며, 켄은 결코 오지 않은 미래에 아낌없이 투자했다. 그러한 미래가 아무리 양도할 수 없는 것이라고 해도 나는 그 책을 통해 그 미래를 물려받았다.

서재는 영혼과 육체 사이, 살아 있는 자와 한때 살아 있던 자 사이에 의견을 교환하는 장소이다. 이 책의 출간을 위해 수정·보완 작업을 하는 동안 나는 철학자이자 비평가인 발터 벤야민의 1928년 강연 "나의 서재 공개하기(Unpacking My Library)"에 대해 자주 생각했다. 그 강연에서 벤야민은 자신을 2년 동안 창고에 보관되어 있다가 막 도착한 열린 책 상자 옆에서 환희에 찬 모습으로 서 있는 사람으로 묘사한다. 희귀 서적 수집가이자 판매자로 불규칙하게 생계를 유지하던 벤야민은 크리스마스 아침에 어린아이처럼 행복하게 그 보물들을 분류하면서 기억을 마구 쏟아낸다.

벤야민은 책을 정리하는 것은 기억 속으로의 모험이라는 점에 주목하면서 강연을 시작한다. 그는 그러한 기억이 인쇄된 내용 속에 있는 것이 아니라 각각의 책에 대한 특유의 시공간적 여행 속에 존재한다고 말한다. 전자책에는 남아 있지 않을 것들, 즉 제본, 책 표지, 흠집 자국, 낙서, 책 사이에 끼워져 있는 종이쪽지, 요리책 안의 얼룩, 성경 속에 적어놓은 가계도, 그리고 각각의 책에 우연히 남아 있을 수도 있는 모든 물질적 세부 사항은 개인 서재에서 가장 중요한 것이다.[3] 소장자에게는 우연한 사건이 본질인데, 왜냐하면 우연한 사건은 한 책을 다른 책과 구별하고 책을 기억의 안식처로 만들어 너무 많은 책 전반으로 기억이 흩어져 사라져버리지 않도록 해주기 때문이다. 각각의 책은 다른 어느 누구도 사용할 수 없는 역사를 묻어두면

데, 여기서는 책을 구입해서 언젠가는 읽겠다고 유치해 두는 상황을 의미하는 것으로 보인다. _옮긴이

3 Garrett Stewart, *Bookwork: Medium to Object to Concept to Art* (Chicago: University of Chicago Press, 2011) 참조.

서 책 소유자에게 벤야민이 말하는 "마법의 백과사전" 역할을 한다. 서재는 기억 증진 장치(수집은 회상을 의미함)이자 소장자의 마음속에 미묘하게 질서를 이루고 있는 하나의 열역학계[4]이다.

기억의 극장으로서의 서재는 주인이 죽으면 사라지면서 엔트로피가 방출된다. 이것이 벤야민의 핵심 포인트였다. 책에 있는 상형 문자 같은 표시는 오직 한 사람만 해독할 수 있어서, 서재에 정리되어 있는 작은 섬들 사이를 다른 사람들은 항해할 수가 없다. 이것은 벤야민과 나의 결정적인 차이점이었는데, 왜냐하면 그는 자신의 서재를 공개하고 있었기 때문에 그의 책과 그의 기억 속에 함께 사는 '작은 정령들(Geisterchen)'에게 쉽게 접근할 수 있었던 반면, 켄의 서재를 공개하는 나는 한때 켄의 책 안에 살았던 영혼이 아닌 책의 몸체에만 접근할 수 있었다. 책은 거기에 있었지만, 나는 남아 있는 의미의 아지랑이 같은 흔적을 이따금씩 보았을 뿐이다. 요정이건 악마이건 간에 책에 사는 작은 정령들은 종이 은신처로 도망쳤거나 완전히 사라진 것 같았다. 서재처럼 매우 적나라하게 주체와 객체 사이에 다리를 튼튼하게 놓아주는 것은 거의 없다.

나는 왜 켄의 책에서 그의 기억을 찾을 수 있다고 생각했을까? 어제 혹은 심지어 1분 전에 나에게 일어난 대부분의 일은 이미 흔적도 없이 사라진다. 그런데 왜 우리는 세상을 떠난 사람의 기억을 되찾아올 수 있다고 생각할까? 나의 한 절친은 최근 다음과 같이 쓴 적이 있다. "나이 드신 어머니가 마음속에서 사라지고 있다. 때때로 어머니를 생각하지만 요즘은 점점 그 횟수가 줄어들고 있다. 기억과 개념이 서서히 사라지는 것을 지켜보는 것은 무

4　계(system)는 열역학에서 다루는 중요한 개념 중 하나로, 관찰자가 우주로부터 관심 있게 관찰하려는 공간을 의미한다. 또한 이 계를 제외한 영역은 환경(surroundings)이라 부르고, 이 계의 테두리는 경계(boundary)라 한다. _옮긴이

서운데, 왜냐하면 이것이 전부가 아니면 전무라는 명제가 아니라는 점을 상기시켜 주기 때문이다. 완전한 기억의 안전한 기반은 결코 존재하지 않는다. 단지 우리는 조각보 같은 기억에 매달릴 뿐이며, 이러한 조각보 같은 기억은 고르게 닳지 않아 마침내 우리는 해진 구멍으로 빠지기 시작한다. 어머니가 이 구멍들을 임시방편으로 막으려 해도 계속해서 실패하는 것을 지켜보면서 나는 아찔한 생각이 든다."[5]

실제로 우리 모두는 임시방편으로 그 구멍을 막아도 어쨌든 그 구멍으로 빠지고 만다. 이따금씩 켄의 서재에 있는 작은 정령들이 아직 완전히 사라지고 싶지 않은 것처럼 잠자는 숲속의 미녀 단계에 완전히 들어가지 않은 채 떠오르곤 했다. 그것들은 책들 페이지 사이에서 켄의 삶과 시대를 찔끔찔끔 보여주는 일종의 조각보 같은 기록 형태를 취하는 것을 특히 좋아했다. 나는 새로운 종이쪽지들과 책 속에 끼워져 있는 종이들이 밤에 번식하기라도 하는 것처럼 수년 뒤에도 그것들을 계속해서 발견했다. 그의 책들은 내가 평소에는 알아차리지도 못했을 정도로 미묘하게 장난을 걸고 있는 것 같았다. 그의 책들은, 신이 그들에 대한 인식을 멈출 때 하던 일을 마치고 자유롭게 노는, 조지 버클리(George Berkeley)[6]의 관념론적 우주에 사는 잠시도 가만히 있지 못하는 거주자들 같았다. 오래된 문서들은 무인 지대에서 오랫동안 잠복해 있다가 다시 나타나는 경향이 있다. 아리스토텔레스의 『아테네 헌정(Constitution of Athens)』은 1879년에 선보였고, 최초의 사해(死海) 두루마리[7]는 1946년에 발견되었다. 에비타 페론(Evita Perón)[8] 사망 후 시신

5   Mark B. Andrejevic, personal correspondence, April 4, 2016. 이후 그의 어머니 헬렌 바딘 안드레예비치(Helen Bardeen Andrejevic)는 세상을 떠났다.

6   조지 버클리(1685~1753)는 아일랜드의 철학자이자, 성공회 주교이다. 그의 주관적 관념론에 따르면 우주의 모든 것은 마음이거나 마음속의 관념이며 물질은 존재할 수 없다. _옮긴이

7   사해 두루마리 또는 사해 사본(寫本), 쿰란 문서라고도 하는 사본 문서는 히브리 성서를 포함한

방부 처리가 이루어진 해와 같은 해인 1952년에야 비로소 링컨의 시신 안치 사진이 나타났고,[9] 베토벤(Ludwig van Beethoven)의 자필 악보 하나는 2005년에 갑자기 나타났다. 이전에 알려지지 않은 셰익스피어 희곡 모음집인 「퍼스트 폴리오(first folio)」는 1623년에 처음 출간된 지 수 세기 후인 2014년과 2016년에 발견되었다. 과거는 어떻게 그토록 많은 새로운 옛것(new old thing)을 계속 만들어낼 수 있을까?[10]

켄의 책 속에 무심코 끼워져 있는 종이들은 역사적 기록의 풍부함을 보여주는 하나의 국소적 사례였다. 최근에 나는 켄이 1995년 11월에 노스웨스턴 대학교(Northwestern University) 커뮤니케이션학과에서 강의 요청을 받은 편지를 발견했다. 그곳에서 그는 러시 림보(Rush Limbaugh),[11] 자크 데리다(Jacques Derrida)[12] 및 ACLU(미국 시민 자유 연합)에 대해 이야기했는데, 켄만이 이 셋을 하나로 묶을 수 있었을 것이다(그는 이 셋을 "개혁 성향의 냉소주의의 도박"으로 함께 묶을 수 있는 것으로 보았음). 그 편지는 루틀리지(Routledge) 출판사가 보낸 편지 봉투 안에 있었고, 봉투 뒷면에는 켄이 연필로 복잡한

900여 편의 다양한 종교적인 문서들을 아우른다. 1947년에서 1956년경까지 사해 서쪽 둑에 있는 와디 쿰란(사해의 북서쪽 해변에 있는 고대 키르벳 쿰란 근처) 주변과 열한 개 동굴에서 발견되었다. _옮긴이

8   마리아 에바 두아르테 데 페론(María Eva Duarte de Perón, 1919~1952)은 아르헨티나의 대통령을 지낸 후안 페론의 두 번째 부인으로, 애칭인 에비타로 불린다. _옮긴이

9   Margaret Schwartz, *Dead Matter: The Meaning of Iconic Corpses* (Minneapolis: University of Minnesota Press, 2015), p. 32.

10   나는 이 질문을 다음에서 계속 이어간다. "History as a Communication Problem," in Barbie Zelizer(ed.), *Explorations in Communication and History* (London: Sage, 2008), pp. 19~34.

11   러시 림보(1951~2021)는 미국의 보수주의 방송인, 정치 평론가이다. 그는 자신의 방송 〈러시 림보 쇼(*The Rush Limbaugh Show*)〉로 알려져 있다. _옮긴이

12   자크 데리다(1932~2004)는 알제리 태생의 프랑스 철학자이다. 철학뿐 아니라 문학, 회화, 정신분석학 등 문화 전반에 관한 많은 저서를 남겼으며, 특히 탈근대주의로 특징지어지는 현대철학에 해체 개념을 도입한 것으로 유명하다. _옮긴이

계산을 한 흔적이 있었다. 그 계산은 아마도 그와 앤이 블루밍턴 스트리트에서 더 넓은 새집을 구입하면서 받은 담보 대출에 관한 것으로 보이는데, 그 집에는 1970년대에 유행했던 아보카도 그린색 카펫이 깔려 있었고 이웃에는 군데군데 나체주의자들이 살고 있었다.

나는 마감 기한이 있는 원고의 진행 상태에 대해 조심스럽게 묻는 동료들의 이메일을 인쇄한 용지, 지금은 없어진 아이오와 주립 은행(Iowa State Bank)의 빈 예금 전표, 중이염을 치료하기 위해 들렀던 병원의 진료비 청구서를 발견했다. ("미국 사상의 문화 개념"에 관한) 대학원 종합시험을 위한 독서 목록은 이언 해킹의 『무엇의 사회적 구성?(*The Social Construction of What?*)』이라는 책 속에 끼워져 있었다. 때때로 그 서류들은 르네상스 시대의 천재 레온 바티스타 알베르티에 관해 쓴 앤서니 그래프턴(Anthony Grafton)의 책 안에 끼워져 있는 미슐랭(Michelin) 가이드(지적 감식안 내의 요리 감식안)나 신자유주의적 자본주의가 (다른 형식들 사이에서) 재정적 책임을 어떻게 재분배했는지에 관한 책인 니콜라스 로즈(Nikolas Rose)[13]의 『자유의 힘(*Powers of Freedom*)』(1999)에 끼워져 있는 월별 담보 대출 명세서와 같이 그것들이 끼워져 있는 책에 대한 아이러니한 논평을 제공하기도 했다.

켄이 가지고 있던 한나 아렌트(Hannah Arendt)의 『정신의 생활(*Life of the Mind*)』에서 나는 1997년 6월 6일 그가 섀퍼 홀(Schaeffer Hall)에 있는 그의 연구실에서 한 블록 정도 떨어진 아이오와시티 다운타운과 캠퍼스 사이의 번화가에 있는 인기 많은 펍이자 버거 전문점인 에어라이너(Airliner)에서 먹은 점심 식사비를 지불한 흰색과 밝은 노란색 영수증을 발견했다. (유일한 다른 품목은 시카고 대학교의 전설적인 세미너리 코-옵 북스토어(Seminary Co-op

---

13 영국의 사회학자이자 사회 이론가로 호주 국립 대학교의 예술 및 사회 과학 대학의 명예 교수이다. _옮긴이

Bookstore)에서 구입한 책갈피였는데, 그는 틀림없이 그곳에서 책을 구입했을 것이다.] 영수증들을 보니 그는 스위스 치즈, 감자튀김, 물, 콜라, 커피와 함께 (약간 덜 익힌) 치즈버거 하나를 샀다. 총 금액은 8.75달러였고, 웨이트리스 크리스티(Christy)에게 팁 1.50달러를 지불했는데, 크리스티는 그녀가 그린 웃는 얼굴 옆에 손으로 직접 "고맙습니다"라고 썼다. 그의 서명은 흰색이 아닌 밝은 노란색 영수증 사본에 선명히 남아 있었다. 그의 신용 카드 영수증에 오후 2시 7분이라고 적혀 있는 걸 보면, 방과 후의 늦은 점심이었고 아마도 6월의 어느 더운 날 많은 수분 섭취가 필요했던 것으로 보인다. 책에 있는 켄의 연필 자국은 그가 적어도 이 책의 서론의 일부를 가까스로 읽었음을 보여주며, 아마도 그는 에어라이너에서 그 자국을 남겼을 것이다.

케니스 J. 커밀, 『정신의 생활』, 6월 아이오와의 어느 더운 날 구입한 감자튀김, 물, 그리고 카페인 음료를 곁들인 치즈버거. 여기에서 우리는 우주 역사에서 하나의 특이한 사건을 만난다. 딱 한 번 일어난 일이고, 다시는 일어나지 않을 일이며, 나는 그것에 대한 유일한 증거 서류를 가지고 있다. 역사에 대한 나의 책임은 무엇인가? 영수증에 그의 서명이 남아 있고 이 서명이 역사 탐정에게는 현상금이 될 수 있기 때문에 그것을 보존하는 문제가 더 난감해졌다. 미국 독립 선언서 서명자와 같은 유명인의 서명을 거래하는 열성적인 수집가들의 시장이 존재한다.[14] 한때는 비교적 알아볼 수 있을 정도로 "Kenneth Cmiel"이라고 켄이 휘갈겨 쓴 서명을 수표, 추천서, 신용 카드 영수증 등 여러 곳에서 찾아볼 수 있었다. (그는 그의 이름 전체를 쓴 서명을 좋아했지만, 그나 다른 누군가가 "Kenneth"라는 이름을 사용한 것은 책을 출간할 때를 제외하고는 그때가 유일했다.[15]) 그의 서명은 세상이 굴러가게 하는 활력이

---

14   Josh Lauer, "Traces of the Real: Autographomania and the Cult of the Signers in Nineteenth-Century America," *Text and Performance Quarterly*, 27(2), 2007, pp. 143~163.

었다. 그는 한때 캠퍼스와 가족 사이를 오가며 살았지만, 지금은 망각의 강이 그가 남긴 공백을 메워버렸고 그의 서명은 인공물로서의 효력을 제외하고는 모든 효력을 잃었다.

그런데 서명에는 이상한 힘이 숨어 있다. 무슨 말인고 하니, 켄과 앤은 자녀 가운데 한 명의 대학 등록금을 충당하기 위해 은행 대출을 준비했으나 어떤 이유로 마지막 순간에 앤은 그날 서명을 하지 않았고 그래서 결국 켄이 유일한 서명자가 되었다. 그가 사망하자 은행은 관대하게 대출을 탕감해주었다. 그의 서명은 한때 수만 달러의 가치가 있었다. 시간이 흐를수록, 한때 매우 훈훈하게 팁을 주었거나, 대학원생들을 받아들였거나, 장학금을 확보했거나, 일을 끝냈음을 보여주는 이 마법의 징표가 발견되어 돌아다니는 경우는 점점 더 줄어들 것이다.

또 다른 독특하면서도 조화된 일치의 흔적은 그가 가지고 있던 리사 자딘(Lisa Jardine)[16]이 쓴 르네상스 시대의 물질문화에 대한 명쾌한 연구서인 『상품의 역사(*Worldly Goods*)』(1996)에서 찾을 수 있다. 이 책에는 파리 근교에 있는 유로 디즈니(Euro Disney) 테마파크에서 차로 5분 거리에 있는 호텔 산타페(Hotel Santa Fe)가 발행한 1998년 6월 21일 자 다국어 주차권이 끼워져 있었다. 디자인 국제 공통어로 '멕시코'를 의미하는, 지금은 색이 바랜 빨간색과 녹색 패턴으로 장식된 이 에너지 넘치는 주차권에는 6개 언어로 주차지침이 적혀 있는데, 이것은 자딘이 오스만 제국의 술탄과 이탈리아 영주가 건축가와 화가의 노역을 두고 협상하는 것에 대해 논의하는 페이지에 끼워져 있었다. 어찌 되었든 책과 주차권 모두 재물(財物)의 국제 교역과 관련된

---

15 『민주적 웅변』의 표지에 대한 출판사 윌리엄 모로우(William Morrow)의 편집자와의 협상, 케니스 커밀의 논문들, 아이오와주 아이오와시티 소재 아이오와 대학교 도서관 특별 소장품 부서에 있는 상자 3, "민주적 웅변-계약" 파일을 참조.

16 리사 자딘(1944~2015)은 영국의 초기 근대 역사학자이다. _옮긴이

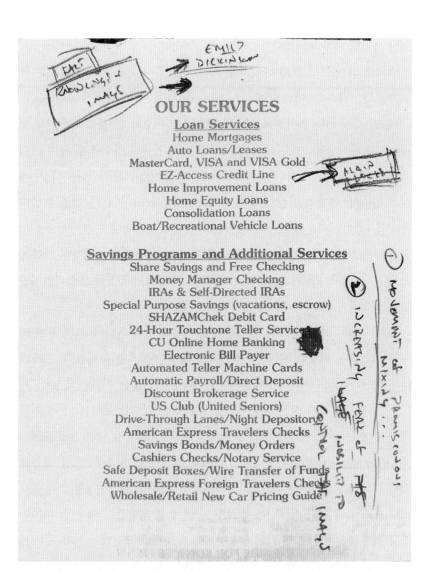

그림 7-1 케니스 커밀의 책에서 발견된 은행 영수증의 낙서

것이었다. 고상한 것과 대중적인 것, 영원한 것과 일시적인 것의 병치는 켄의 전형이다. 그는 베네치아(Venezia)의 중개상이 한때 오스만 제국의 술탄과 이탈리아 반도의 지배자들 사이에 있었던 것처럼, 리사 자딘과 유로 디

즈니 사이의 사자(使者)였다.

때때로 나는 그의 책에 끼워져 있는 종이에서 이 책을 미리 예고하는 글 귀들을 발견했다. 조너선 크레리(Jonathan Crary)의『지각의 보류(*Suspensions of Perception*)』에는 켄이 2000년 5월 24일에 아이오와 대학교 지역 신용 조합(University of Iowa Community Credit Union)에 입금한 영수증 두 장이 끼워 져 있었다. 그 가운데 하나는 이 책에 대한 메모지로 사용되었다. "사실. 지 식과 이미지. 에밀리 디킨슨. 알레인 로크(Alain Locke).[17] ① 난잡한 혼합의 움직임. ② 이미지를 통제할 수 없다는 두려움 증가." 둘을 연결시켜 우리의 공감을 불러일으키고자 한 화살표가 정확히 의미하는 바는 영원히 사라지 고 없는데, 왜냐하면 디킨슨은 내가 마무리 지은 버전에 결국 포함되었지만 로크는 그렇지 않았기 때문이다.

아마도 그의 책 속에 끼워져 있는 것들 가운데 가장 흔한 것은 책 구매 영 수증이나 켄이 열렬히 지원한 아이오와시티의 전설적인 독립 서점 프레리 라이츠(Prairie Lights)의 책갈피일 것이다. 다른 것들로는 이따금씩 3 × 5 카 드,[18] 사용하지 않은 작은 봉투 네 개, 오후에 쓴 것으로 보이는 더 이상 알 아볼 수 없는 메모가 적혀 있는 커피 묻은 냅킨,『미국사 사전(*Dictionary of American History*)』에서 나온 150달러짜리 개인 수표 영수증, 기말 시험을 위해 강의실을 예약하는 데 필요한 역사학과의 양식, 2000년 1월 그가 플로 리다(Florida)에 있는 어머니에게 보낸 속달 소포 영수증이 있는데, 마지막 소포 영수증은 로베르트 미헬스(Robert Michels)[19]의 고전적인 1915년 저서 『정당론(*Political Parties*)』의 번역판에 끼워져 있었다. 모리스 메를로퐁티

---

17 알레인 로크(1885~1954)는 미국 작가·철학자·교육자이자 예술 후원자였다. _옮긴이

18 북미와 영국의 색인 카드의 가장 일반적인 크기는 3 × 5인치(7.6 × 12.7cm)여서 일반적으로 3 × 5 카드(three-by-five card)로 불린다. _옮긴이

19 로베르트 미헬스(1876~1936)는 독일의 정치학자이자 사회학자이다. _옮긴이

(Maurice Merleau-Ponty)[20]의 에세이 컬렉션 『기호들(*Signes*)』(1960) 안에서는 이 책만큼이나 사용되지 않은 빈 종이쪽지 하나가 발견되었다. 커피, 가르침, 역사학계와 그의 가족에 대한 봉사, 프랑스 사상, 이것들은 켄의 활동에 대한 형편없는 요약은 아니다.

알베르토 망겔(Alberto Manguel)[21]의 『나의 그림 읽기(*Reading Pictures*)』 (2000)에 끼워져 있는 네덜란드어와 프랑스어로 인쇄된 빈 영수증에 켄이 쓴 것이 아닌 두 개의 필기체 메모인 "priceline.com"과 "lastminute.com"처럼 가끔씩 머리를 긁적이게 만드는 것들도 있다. (이것은 그가 6장에서 논의한 개인적인 프로젝트를 위해 사용한 인터넷 사이트였다.) 브뤼셀(Brussels)이나 안트베르펜(Antwerp)의 어떤 호텔 직원이 머물 곳을 찾는 켄에게 도움을 주기 위해 빈 영수증에다 옵션으로 두 웹 사이트를 적어준 것일까? 글을 쓰거나 가르치거나 여행을 하거나 그 어떤 것을 하건, 그는 적시 생산의 대가여서, 어느 여름 벨기에 어딘가에서 우아한 책을 손에 들고 호텔을 찾아 헤매고 있었을지도 모르지만, 아무도 모를 일이다. 앤은 기억하지 못하고 나는 어떤 실마리도 찾지 못하기 때문에 이것은 영원히 알 수 없다. 일부 사실은 결코 복구할 수가 없다.

제임스 J. 오도넬(James J. O'Donnell)의 『문자 언어의 아바타들(*Avatars of the Word*)』에 끼워져 있는 프레리 라이츠의 책갈피 외에도 나는 극비 문서도 찾았는데, 그것은 아이오와시티 고등학교(Iowa City High School) 소프트볼 팀의 언어적 사인과 시각적 사인이 적혀 있는 접힌 종이였다[2 = 페이크 번트 및 도루; 코 = 슬랩 번트(slap bunt); 나는 내가 여기에 있는 현재의 비밀을 누설

---

20 모리스 메를로퐁티(1908~1961)는 프랑스의 철학자이다. 장폴 사르트르(Jean-Paul Sartre)와 함께 프랑스 현대 철학의 양대 산맥으로, 현상학과 실존주의에 천착했다. _옮긴이

21 알베르토 망겔(1948~)은 아르헨티나 출신으로, 작가, 번역가, 편집자, 국제 펜클럽 회원 등으로 활동하며 아르헨티나 국립 도서관장으로 재직하기도 했다. _옮긴이

한 적 없다고 믿음]. 멀티태스커인 켄은 한때 열정적인 야구 선수였는데, 방과 후 연습이나 자녀 중 한 명이 경기를 할 때 이 책을 가지고 간 것임에 틀림없고, 거기에서 또다시 가족 경험과 덤으로 약간의 독서를 동시에 했을 것이다.

지금까지 나는 책 속에 끼워져 있는 관련 없는 종이들에 대해서만 언급했지만, 그의 책들 속에서 단연코 가장 흔히 볼 수 있는 종류는 독서 메모가 적혀 있는 노란색(혹은 가끔씩 흰색)의 접힌 종이로, 인용문과 자료를 모으면서 대부분 대문자로 휘갈겨 쓴 것들이었다. 같은 메모라도 종이에 메모하는 것은 책 페이지 위에 메모하는 것(서문 〈그림 0-1〉 참조)과는 달리 메모한 종이를 책에 끼웠다 뺐다 할 수 있다는 점에서 차이가 있다. 그리고 나는 '그의' 책뿐만 아니라 아이오와 대학교 도서관 소유의 책에서도 그가 연필로 여백에 쓴 것이 틀림없는 글을 계속 발견했다! 켄은 거의 모든 입장이나 관점에 대해 억누를 수 없는 공감을 느끼며, 그가 말하곤 했던 대로, '엄청나게 많은' 책을 읽었고, 그의 손을 거친 글들의 경계에서 그가 긁적인 자국을 발견하는 것은 때로 그가 이 책에서 말하고자 했을 수도 있는 것을 내가 추측하는 데 도움을 주었다. 그는 무엇이든 잘 흡수하는 흔치 않은 주석가였다. 그가 휘갈겨 쓴 글씨는 주로 그가 나중에 사용하거나 인용하고 싶은 부분을 빨리 기억해 낼 수 있게 하기 위한 것으로 보인다. 그의 메모에서 논쟁적인 성향은 찾을 수 없었으며, 그는 주제를 요약하고 강조하는 표시를 하면서도 글을 반박하거나 비꼬는 말은 좀처럼 하지 않았다. (그는 대화를 위해 그것들을 아껴두었다.) 그의 독서 노트는 좋게 말하면 그의 기억의 궁전에 대한 짧은 메모였고, 생경한 사상을 흡수하려는 그의 노력의 표시였다.

그가 가지고 있던 그 어떤 책에서도 책을 처음부터 끝까지 다 읽었다는 증거를 찾기는 어려운데, 왜냐하면 그가 연필로 쓴 글씨는 맑은 하늘에 구름처럼 간헐적으로 나타나기 때문이다. 그는 바보가 아닌 이상 책을 처음부터 끝까지 읽는 사람은 없다는 새뮤얼 존슨(Samuel Johnson)[22]의 말을 인용하기를 좋아했다. 그러나 그의 서재를 토대로 판단한다면, 그는 실제로 아렌트의 『인간의 조건(*The Human Condition*)』과 같은 몇몇 책들은 처음부터 끝까지 읽었음을 알 수 있는데, 그의 책에 있는 모든 표시들이 그것을 말해주고 있다. 그렇지만 그는 대부분 굶주린 잡식성 동물처럼 글을 건너뛰고, 훑어보고, 그 순간 자신의 입맛에 맞는 간식을 고르듯 읽었다. 전혀 메모 흔적이 없는 100쪽에 이어 갑자기 굉장히 많은 주석이 달린 다섯 쪽을 찾는 것은 드문 일이 아니다.

예를 들어, 슬라보예 지젝(Slavoj Žižek)[23]의 『환상의 돌림병(*The Plague of Fantasies*)』(1997)에는 환상의 베일에 대한 1장과 사이버 공간에 대한 4장에 연필로 휘갈겨 쓴 글씨가 있다. 켄은 강조하기 위해 낙서 같은 장식으로 선을 그려 넣기도 했다. 그는 맹점이 어떻게 보기(seeing)의 필수 조건인 것처럼 보이는지에 대한 지젝의 사상과 인간의 속임수(faking)가 실제로 속임수의 속임수라는 라캉(Jacques Lacan)의 사상에 관심이 있었다. 이 책에는 켄이 무언가를 딱 두 번만 썼는데, 뒤표지 안쪽에는 소크라테스 이전의 밀도(density)[24] 높은 문장에 후대의 정신 분석가들이 찬사를 보냈던 프로이트의 금언 가운데 하나를 그가 엉터리[25] 독일어로 바꾸어 표현한 것이 다음과 같이 적혀 있다.

---

22 새뮤얼 존슨(1709~1784)은 영국의 시인이자 평론가이다. _옮긴이

23 슬라보예 지젝(1949~)은 유고슬라비아 출신의 대륙 철학자이자 헤겔, 마르크스, 자크 라캉 정신 분석학에 기반한 비판이론가이다. 그는 정치 이론, 영화 이론, 이론 정신 분석학에 공헌을 해왔다. _옮긴이

24 앞의 'thickness'에 대한 각주에서도 설명했듯이, 'density'는 'thickness'와 같은 의미로 사용되었으며 'conciseness' 혹은 'compression'과도 유사한 의미이다(출처: 저자와의 이메일). _옮긴이

25 여기서 엉터리라고 한 이유는 영어의 'id'에 해당하는 독일어 'es'를 의도적으로 영어식인 'id'로 표기했기 때문이다. _옮긴이

Wo id war

Zoll ich verden[26]

〔어디였더라

내가 있어야 했던 곳[27]〕

(es를 id로 바꾼 것은 좋았다!) 켄은 32쪽에 지젝의 요점 가운데 하나에 대해 다음과 같은 긴 주석을 남겼다. "충동이 법망에 걸리면 욕망이 생긴다; 환상은 (완전하게 읽어낼 수 없는) 법의 출현을 표현하기 때문에 이러한 상실에 대한 서사이다. 그래서 환상은 욕망(desire)과 욕동(drive)[28] 사이의 칸막이이다. 환상은 욕망의 내재된 교착 상태에 대한 근본적인 이유를 제공한다. 장애, 즉 '주이상스(jouissance)'[29]의 출현을 목격하는 지점."

켄은 자신의 책에 여백에 그어놓은 수직선, 그러한 선 아래에 직선 및 물결 모양 밑줄, 중요한 문장 주위에 괄호, 그리고 때로 흥미로운 점이 있을 때 표시해 놓은 이중 밑줄 등의 연필(그는 펜을 좀처럼 사용하지 않았음) 자국을 남겨놓았다. 켄은 『문자 언어의 아바타들』에 포함되어 있는 다음 문장의 여백

---

26 프로이트의 원문은 다음과 같다. "Wo es war, soll ich werden." 켄이 책에 이 글을 썼을 때 내도 그 자리에 있었다고 생각하는데, 그것은 기억의 착각일 수도 있다.

27 프로이트는 자신의 『정신분석 강의(Vorlesungen zur Einfuehrung in die Psychoanalyse)』 말미에 자아, 초자아 설명을 하면서 "Wo es war, soll Ich werden"이라는 문구를 남겼는데, 프랑스의 정신 의학자이자 정신 분석학자인 자크 라캉은 이것을 "자아가 이드를 대신해야 한다"라고 해석하지 않고, "진정한 주체인 내가 그것이 있던 곳에 도달해야만 한다"라고 해석한다. _옮긴이

28 라캉의 욕동과 관련해서는 다음 참조. 박찬부, "〈정신분석강의 20〉 욕망(Desire)의 변증법, 욕동(Drive)의 저돌성: 욕망/욕동의 뿌리는 실재(the Real)다", 2020.3.10, https://blog.naver.com/parkchanbu/221847115834. _옮긴이

29 라캉의 주이상스는 일반적인 쾌락이 아니라 강렬한 성적 쾌락인 동시에 쾌락 원리(pleasure principle)를 넘어서고 언어 상징도 넘어서는 전복(顚覆)의 충동이다. _옮긴이

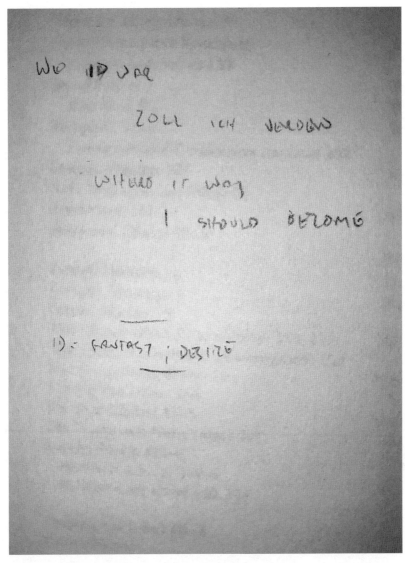

그림 7-2 지젝의 『환상의 돌림병』에 남겨져 있는 케니스 커밀의 메모

에 이중 세로 줄무늬, 첫 번째 절 아래에 밑줄, 그리고 "유동적인 장소(fluid place)"라는 표현 아래에는 이중선을 표시했다. "그러나 세상은 유동적인 장

소이며, 세상을 혹은 세상의 일부를 얼어붙게 해서 고정시키려는 사람들을 항상 친절하게 대하지는 않는다."[30] (1990년대 인터넷에 대한) 다음 두 문장에서 첫 번째 문장에는 물결 모양의 밑줄이 쳐져 있었고 두 번째 문장에는 이중 밑줄이 쳐져 있었다. "거기에는 체계적으로 정리된 카탈로그 작업이 없고, 보존에 대한 약속도 없으며, 찾기 어렵거나 누락된 자원을 찾는 데 도움을 주는 지원 체계도 없다. 마지막으로, 거기에는 필터가 없다."[31] 그는 더 이상 거의 존재하지 않는 인터넷 버전의 난잡한 지식의 증거를 찾고 있었다.

이 책 쓰기

켄의 집과 사무실에서 내 지하실까지 책을 실어 나르는 것이 간단한 작업이 아닐 것이라는 예감은 들었지만, 처음에는 갑자기 그렇게 많은 책을 물려받는 것이 정말 큰 선물이라고 생각했다. 켄은 유언장에 유작 관리자에 대한 조항을 남기지 않았으며 아마도 그의 글이 어떻게 될 것인지에 대해 생각하지 않았을 것이다. 그는 그다지 뛰어난 장기 계획 수립자는 아니었다. 세상을 떠나기 몇 달 전에 그는 마치 내일 죽을 것처럼 사는 윤리를 거부한다고 나에게 말했다. 그는 그것이 이기적이고 무책임하다고 생각했다.

켄과 나는 이 책에 대해 자주 토론했다. 켄의 작업 방식을 고려할 때 '꾸준히'라는 단어가 아마도 적절한 단어는 아니지만, 그래도 그는 약 2002년까지는 꾸준히 작업을 했다. 다시 말해, 그는 분명 꾸준히 책을 읽으면서 이 책을 쓰는 데 필요한 정보도 수집했고 이 책에 대해 이야기도 나누었고 생각도 했지만, 그가 적어놓은 메모는 드물었다. 내 작업 습관을 토대로 일반적인

---

30   James J. O'Donnell, *Avatars of the Word: From Papyrus to Cyberspace* (Cambridge, MA: Harvard University Press, 2000), p. 10.

31   O'Donnell, 같은 책, p. 70.

추론을 하면서 그의 컴퓨터에서 이 책과 다른 많은 것들에 대한 자세한 메모를 찾을 것으로 기대했지만 파일과 메모는 거의 없었다. (서문에서 내가 언급했듯이, 그의 파일과 메모는 https://doi.org/10.17077/ocj3-36ob에서 볼 수 있다.)

나는 곧 내가 이미 알고 있어야 했던 것이 있다는 것을 깨달았는데, 켄은 동료와 학생, 친구, 그리고 가족과 이야기하면서 그의 가장 창의적인 작업의 상당 부분을 완전히 정리되지 않은 상태로 수행했다는 것이다. 그는 확실히 많은 글을 썼지만, 그의 글쓰기는 독서, 대화, 가족생활 및 근무 사이사이 막간을 이용해 가끔씩 때로는 매우 고통스럽게 이루어지는 작업이었다. 그는 키보드로 자신의 생각을 펼치지는 않았지만, 대학교 도서관에서 지역의 도넛랜드(Donutland)[32]에 이르기까지 다양한 곳에서 폭넓게 독서하고, 메모를 하고, 대화를 이어가며, 글쓰기 준비를 하곤 했기 때문에, 그가 어디에서 나타날지 알기 어려웠다. 켄은 마지막 순간에 카페인으로 찌든 머리카락을 잡아 뜯으며 괴로운 육체노동과 영감을 쏟아부으면서 원고 마감일(때로는 기한을 한참 넘긴 경우도 있음)이나 잔소리를 하면서 오래 참아온 동료들의 요구에 맞추기 위해 글을 써 내려가곤 했다. (10년이 넘는 기간 동안 작업 끝에 완성된 이 책은 고통스럽게 출간이 연기된 것에 대한 켄의 기억을 추모한다.) 그가 이 책을 마지막으로 업데이트한 것은 2000년부터 2003년까지 역사학과 학과장을 지낸 후 2004년 초에 아이오와 대학교 인권 센터 센터장을 맡아 행정 업무로 정신이 없었을 뿐만 아니라 그의 집필 계획이 인권과 전쟁 사진의 역사로 바뀌었을 때 이루어졌다. 우리는 함께 이 책을 쓰는 것에 대해 이야기한 적이 없었고, 내가 그와 함께 작업해 주기를 원한다고 그가 말한 적도 없었다.

내가 어떻게 이 프로젝트를 맡게 되었는지 더 이상 기억나지 않는데, 그

32　도넛과 커피 등을 파는 매장이다. _옮긴이

것은 나의 건망증 때문일 가능성이 있다. 나는 켄이 나에게 진 빚과 켄에 대한 나의 애도의 비율을 다른 사람들이 계산해 내도록 할 것이다. 큰 프로젝트는 처음에는 간단하고 재미있어 보인다. 그 결과(논문에 얽힌 많은 이야기와 결혼에 얽힌 많은 이야기)에 대해서는 조금도 생각해보지 않고 겉으로 고귀해 보이는 대의명분에 모든 것을 맡기기 쉽다. 아마도 나는 2008년부터 2011년까지 아이오와 대학교 커뮤니케이션학과 학과장으로 재직하면서 강의 일정과 끝없이 쏟아지는 이메일, 불만스러워하는 부모들, 그리고 동료 간의 갈등으로 정신이 없었을 때 '켄의 책' 작업을 하는 것이 즐거운 기분 전환을 제공할 것이라고 생각했던 것 같다. 사실 내가 자원해서 학과장직을 맡은 것은 아마도 일정 부분 고귀하면서도 약간은 자기 처벌적인 대학 봉사의 모범을 보여준 켄에 경의를 표한 것이었을 것이다. 왜 그런지 모르겠지만 나는 이 책이 고통스러운 결정을 거의 요구하지 않을 것이며 탐험할 흥미로운 웜홀[33]에 대한 이미 정해진 의제를 매끄럽게 펼쳐 나갈 것이라고 착각했다. 사이드바에 관해서는 분명 후자에 해당하는 것이 사실이어서, 때로 나는 이 책을 일련의 사이드바에 불과하게 바꿔놓는 것은 아닐지에 대해 생각한 적이 있다. 그리고 켄의 산문이 나의 카덴차(cadenza)[34]를 위한 여지를 남겨두었던 몇몇 지점이 있긴 했지만, 주요 장들은 자주 나를 몹시 고통스럽게 만들었다. 글을 쓴 지 몇 년이 지나자 이러다간 이 일을 영원히 할 수도 있겠다는 생각이 분명해지기 시작했다.

---

33 웜홀(wormhole)은 멀리 떨어진 두 공간에 중력을 가해 공간을 휘어지게 만들어 공간상의 한 지점과 다른 지점을 연결해 주는 지름길을 말한다. _옮긴이
34 흔히 고전 음악 작품 말미에서 연주가의 기교를 보여 주기 위한 화려한 솔로 연주 부분을 말한다. _옮긴이

죽은 자의 대변인

한 가지 문제는 적절한 목소리[35]를 찾는 것이었다. 처음에 내 계획은 정말 문자 그대로 대필에 공을 들이면서 나는 배경 속으로 사라지고 켄의 목소리를 투명하게 전달하는 것이었다. 켄은 찰스 디킨스의 으스스한 유머와 넉넉한 감성이 조합된 『크리스마스 캐럴(A Christmas Carol)』을 좋아했는데, 나는 디킨스가 이 소설에서 묘사한 오랜 동업자들의 호환성을 달성하고 싶었다. "그들의 사무실에 처음 방문한 사람들은 스크루지(Scrooge)를 때로는 스크루지로 때로는 말리(Marley)로 불렀지만, 그는 두 이름에 모두 대답했다. 그것은 말리의 경우도 마찬가지였다."[36] 내가 쓴 첫 번째 버전에서는 비록 내가 문장을 썼더라도 텍스트에 '나는(I)'이라는 단어가 나타날 때마다 그것은 켄이 쓴 것이어야 했다. 그것이 실패한 실험이라는 것을 내가 알기까지는 몇 년이 걸렸다. 복화술을 하려고 해도 입술을 움직이지 않을 수가 없었다. 우리 둘은 관점은 말할 것도 없고 스타일도 너무 달라서 아무도 속일 수 없었다.

죽은 자에게 생명 유지 장치를 제공하는 동시에 즐거운 마음으로 죽은 자에게 권능을 부여하면서 나 자신은 지워버리는 것이 내 계획이었다. 실제로 역사의 창조적인 작업은 대부분 저자의 영광 없이 이루어졌다. 인간 드라마에서 가장 중심이 되는 창작 작업인 출산과 육아는 거의 제대로 조명받지 못한다. 요리사, 농부, 가수, 시인, 그리고 모든 종류의 제작자의 노동도 마찬가지이다. 저자 표시는 인간 창조의 역사의 스크린에서 짧은 순간 스쳐 지나갈 뿐이다. 봉사하고자 하는 의지는 인간의 진정한 동기이다. 렘브란트

---

35 목소리와 관련해서는 다음 참조. 정희모, "[정희모의 창의적 글쓰기] 글쓰기와 보이스", ≪세계일보≫, 2021.12.16, https://m.segye.com/view/20211216514351. _옮긴이

36 이 소설에서 스크루지는 동업자 말리와 '스크루지와 말리' 회계 사무실을 운영한다. _옮긴이

의 공방에서 일하는 조수는 스승의 서명이 들어간 그림을 작업하고 거기에서 명예를 얻을 수 있었을 것이다. 생각이 깊은 농구 선수는 멋진 슛보다 훌륭한 패스를 하려고 할 것이다. 최근에 탐욕스러운 정동(affect)[37]의 힘에 대한 이론들이 난무하는 가운데 누군가는 봉사의 순수한 기쁨, 정의롭다고 확신하는 대의를 위해 보병으로 행군하는 즐거움을 잊었다. 사람들은 지휘권만 추구하는 것이 아니라 동시에 뭔가 더 위대한 것 속으로 사라지는 안도감도 추구한다. 데이터 채굴 산업은 공유하려는 인간의 의지를 이용해 현금을 축적한다. 국민들은 항상 복종할 왕을 갖기를 원했다. 공공복지에 자기주장 경향이 더 위험한지 아니면 복종하는 경향이 더 위험한지는 여전히 해결되지 않은 문제이다.

어쨌든 죽은 자를 대변하는 것은 다양한 형태로 이루어질 수 있다. 플라톤은 자신을 위해 글을 쓴 것이 아니라 항상 스승인 소크라테스의 이름으로 글을 쓰면서, 독미나리 독[38]으로 사라진 스승의 목소리를 후대에 전했으며 따라서 그러한 글과 자신의 생각과의 관계는 여전히 논란의 여지가 있다. 공자(孔子)는 자신이 구술로 가르치고 그를 따르는 자들이 받아 적은 자신의 학설을 기록하는 데 학문적 에너지를 쓴 것이 아니라 중국 고전을 편집하는 데 썼다. 플라톤은 적어도 자신의 철학적 대화에 대한 저자권을 주장했으며 흔히 해설자라기보다는 질문자에 더 가까운 소크라테스의 가르침을 충실하게 설명하는 척하지는 않았지만, 동서양을 막론하고 고문(古文)들은 위서, 즉 익명의 작가가 자신의 존재를 숨기고 이전의 저명한 사람이 쓴 것으로 둔갑시킨 책들이 많은데, 때로는 그러한 일이 있은 지 수 세기 후에 위서임

---

37 '정동'이란 심리학에서 감정(feeling), 정서(emotion), 기분(mood)에 대한 잠재된 경험을 말한다. _옮긴이
38 소크라테스의 사형 집행에 사용된 독이다. _옮긴이

이 밝혀지기도 한다. 호메로스(Homeros)의 찬가는 호메로스(미스터리 작가의 전형적인 사례)가 쓴 것이 아니라 수 세기 후 (그리스가 아닌) 알렉산드리아에서 쓰였다.[39] 전통적으로 성경책의 저자권이 모세(Moses), 다윗(David), 솔로몬(Solomon), 다니엘(Daniel) 등에게 부여되어 있음에도, 우리는 바울(Paul)의 서신을 제외하고 서구 세계에서 가장 중요한 이 책을 누가 썼는지 거의 알지 못한다. 심지어 바울의 서신의 경우에도 그가 쓴 것으로 알려진 신약성서의 몇몇 서신은 그와 가까운 사람들이 썼거나("제2바울" 서신) 그가 말했어야 한다고 생각하는 것을 흉내 내서 말한["위(僞) 바울"] 사람들이 썼다. 프톨레마이오스(Claudios Ptolemaeis)의 천문학 저작물에는 비잔틴 학자들이 그가 저술한 지 수 세기 후에 추가된 데이터가 포함되어 있다. 약 300년 전에 근대 유럽이 저자권, 저작권 및 지적 재산권이라는 개념을 만들어내기 전에는 그러한 얽히고설킨 관계가 일상적이었다. 그리고 그러한 개념들도 새로운 얽히고설킨 관계를 위해 만들어졌을 뿐이다.

때때로 나는 켄의 저서의 용의주도한 유작 편집자 역할을 하는 것을 고려했다. 많은 책이 유산을 남길 수 있었던 것은 협업자, 기록 보관 담당자, 편집자들의 자기희생적인 노동 덕분이다. 프리드리히 엥겔스(Friedrich Engels)는 마르크스의 미완성 『자본론(*Capital*)』이 출간될 수 있도록 도와주었지만, 이 거장의 많은 초기 원고를 무시했는데, 이 초기 원고들은 엥겔스가 살았던 시대[40]에는 가질 수 없었던 관련성으로 빛이 났던 1930년대가 되어서야 비로소 출간되었다. 아리스토텔레스, 헤겔, 페르디낭 드 소쉬르(Ferdinand de Saussure), 조지 허버트 미드(George Herbert Mead), 루트비히 비트겐슈타인

---

39 James Porter, "Homer: The Very Idea," *Arion: A Journal of Humanities and the Classics*, 3rd ser., 10(2), 2002, pp. 57~86.

40 마르크스는 1883년에 작고했고 엥겔스는 1895년에 작고했다. _옮긴이

같은 많은 학자의 제자들과 다른 많은 제자는 그들 스승의 기록되지 않은 가르침을 논쟁의 여지가 없을 정도로 충실히 담아 불멸의 명저로 남겼다. [하비 색스(Harvey Sacks)[41]와 솔 크립키(Saul Kripke)[42]같이 녹음기 앞에서 강의한 사람들은 아마도 더 신뢰할 수 있는 작품을 남겼을 것이다.] 새뮤얼 존슨에게는 보스웰(James Boswell)이 있었고, 요한 볼프강 폰 괴테(Johann Wolfgang von Goethe)에게는 에커만(Johann Peter Eckermann)이 있었다. 켄은 재기 넘치는 대화와 '오랫동안 진득하게 앉아서' 글을 쓰지 못하는 것으로 유명한 아이제이아 벌린(Isaiah Berlin)[43]에 관한 책과 벌린이 쓴 책을 많이 소장하고 있었는데, 벌린의 지적 사후 세계는 헨리 하디(Henry Hardy)의 헌신적인 편집 노력으로 보존되고 있다.

유작 편집자들은 도덕적으로 곤경에 처할 수 있다. 프란츠 카프카(Franz Kafka)는 친구 막스 브로트(Max Brod)[44]에게 원고를 태워달라고 부탁했는데, 브로트는 대신 그것을 편집해서 출간했다. 래퍼 투팍 샤커(Tupac Shakur)[45]와 마찬가지로 카프카는 사후에 훨씬 더 많은 작품을 출간했다. 어니스트 헤밍웨이(Ernest Hemingway), 랠프 엘리슨(Ralph Ellison),[46] 데이비드 포스터 월러스(David Foster Wallace)[47] 등은 편집의 마술과 노고 덕분에 사후에 소설

---

41 하비 색스(1935~1975)는 민속 방법론(ethnomethodology) 전통에 영향을 받은 미국의 사회학자이다. _옮긴이

42 솔 크립키(1940~)는 미국의 철학자이자 논리학자이다. 수리 논리학과 언어 철학에 기여했다. _옮긴이

43 아이제이아 벌린(1909~1997)은 영국의 철학자이다. _옮긴이

44 막스 브로트(1884~1968)는 프라하 출신의 작가이자 비평가, 작곡가, 문화 철학자이다. _옮긴이

45 투팍 샤커(1971~1996)는 미국의 래퍼 겸 배우이자 시인이었다. _옮긴이

46 랠프 엘리슨(1914~1994)은 미국의 흑인 작가이며, 1952년에 발간된 소설 『투명 인간(Invisible Man)』으로 유명해졌고 이로 인해 1953년 전미 도서상(National Book Award)을 수상했다. _옮긴이

47 데이비드 포스터 월러스(1962~2008)는 미국의 작가이자 포모나 대학(Pomona College) 교수

을 출간했다. 수십 년 동안 작가의 벽(writer's block)[48]으로 고생했던 스위스 언어학자 페르디낭 드 소쉬르는 제자 샤를 바이(Charles Bally)와 알베르 세슈에(Albert Sechehaye)가 그의 강의 노트를 추려 출간한 『일반 언어학 강의 (*Cours de linguistique générale*)』로 영원히 이름을 남기게 되었는데, 두 제자 가운데 누구도 이 책의 기반이 된 원래의 세 강의 시리즈에 한 번도 참석한 적이 없었다. 이것은 '저자의 죽음'을 기렸던 소쉬르의 후기 구조주의자 팬들이 그들이 기렸던 저자가 쓰지 않은 책에서 영감을 받았다는 것을 의미한다.

이와 같은 사례들은 당혹스러움과 가끔씩 논쟁을 촉발하는데, 왜냐하면 그러한 사례들이 내일은 끝없이 이어진다는 것에 대한 삶의 평범한 환상이 가려버릴 수 있는 불편한 사실, 즉 작업은 항상 협업이며 불완전하다는 불편한 사실을 드러내 보여주기 때문이다. [데이비드 포스터 월러스가 생전에 출간한 짜임새 없는 『끝없는 농담(*Infinite Jest*)』이 사후의 『창백한 왕(*The Pale King*)』보다 더 완벽한 책인가?] 자신의 책이든 다른 사람의 책이든 책을 편집하려면 때로는 지루할 정도로 세심한 주의가 필요하다. 최선의 의도에도 작업은 항상 의도한 것과 다른 어떤 것이 되어버린다.

충분한 주의를 기울이면 어떤 종잇조각이든 의미를 지닌 수많은 것들이 될 수 있다. 체코의 위대한 소설가 보후밀 흐라발(Bohumil Hrabal)은 세탁소에서 받은 전표에서 농담 삼아 자신의 삶의 철학을 끌어낸다. "어떤 얼룩은 재료 자체를 파괴해야만 제거할 수 있다." 쇠렌 키르케고르(Søren Kierkegaard)의 낙서는 철학적 분석의 대상이었다.[49] 자질구레한 종이들에 계시가 숨어 있

였다. _옮긴이

48 작가가 글을 전혀 쓰지 못하게 되는 증상을 말한다. _옮긴이

49 Mark C. Taylor, *Altarity* (Chicago: University of Chicago Press, 1987), pp. 308~314. 또한 David M. Levy, "Meditation on a Receipt," in *Scrolling Forward: Making Sense of Documents in the Digital Age* (New York: Arcade, 2001), pp. 7~20 참조.

다면 우리는 모든 것을 보관해야 하는가? 다행스럽게도 작가들은 자신이 쓰는 것의 대부분을 버린다. 〔찰스 샌더스 퍼스(Charles Sanders Peirce)[50]의 혼란스러운 논문 편집자들은 무엇을 버릴 것인지와 같은 가장 골치 아픈 기록 보관 문제를 처리하는 방법을 결정할 때 이 철학자의 원칙을 따르고 있다.〕 푸코가 "저자는 의미의 확산에 있어 절약주의자[51]이다"라고 한 말은 유명하다.[52]

어쩌면 사후 명성을 얻거나 잃는 데 대한 후계자의 책임을 의식하는 것이 부담을 가중시켰을지도 모른다. 예술적 명성에 대한 사회학적 연구들에 따르면, 작품이 망각 속으로 가라앉는 것을 방지하기 위해서는 몇 가지 요소가 필요하다고 한다. 사후 가치는 저작물의 한정된 수량에 좌우되기 때문에 후계자는 고인의 말뭉치[53]를 책임지고 보호해야 한다. 유산의 분산은 일반적으로 유산에 좋지 않기 때문에 작품의 임계량[54]을 함께 유지해야 하며, 이러한 수고는 흔히 미망인이나 다른 후계자가 하게 된다. 〔아, 주목하라! 남성 위주였던 몇몇 페이지를 지나 마침내 등장한 여성! 문서 유산을 기록하고 보존하는 것이 일종의 생식 선망(reproduction envy)[55]에 해당한다는 페미니스트의 합리적 의

---

50 찰스 샌더스 퍼스(1839~1914)는 미국의 철학자이다. 현대 분석 철학 및 기호 논리학의 뛰어난 선구자 중 한 사람이다. _옮긴이

51 푸코의 절약주의자와 관련해서는 다음 참조. 요하나 옥살라(Johanna Oksala), 『How to read 푸코』, 홍은영 옮김(웅진지식하우스, 2008). _옮긴이

52 Andre De Tienne, "The Peirce Papers: How to Pick Up Manuscripts That Fell to the Floor," *Text*, 10, 1997, pp. 259~282; Michel Foucault, "What Is an Author?" in Donald F. Bouchard (ed.), *Language, Counter-Memory, Practice* (Ithaca, NY: Cornell University Press, 1977), pp. 113~138 참조.

53 코퍼스(corpus), 즉 말뭉치는 자연어를 포함하고 있는 관련 문서들의 집합을 말한다. _옮긴이

54 원래 핵물리학 용어로 핵분열 연쇄 반응을 유지하는 데 필요한 최소 질량, 즉 '임계 질량 (critical mass)'을 말하나, 일반적으로는 특정 결과를 생성하기에 충분히 큰 크기, 수, 또는 양을 말한다. _옮긴이

55 자궁 선망(womb envy), 질 선망(vagina envy) 혹은 유방 선망(breast envy)이라고도 하는데 이것은 여성주의 정신 분석학에서 남성이 느끼는 불안감은 여성의 생물학적 기능(임신, 수유

심에 일리가 있을지도 모른다.[56] 유산은 박물관이나 도서관과 같은 문화 기관에 안정적인 발판을 가지고 있어야 한다. 작품에 대한 비판적이거나 학술적인 글은 평판 및 감상 네트워크를 통해 그것이 확산하는 데 도움을 준다. 예술 사회학자들은 작품의 내재적 질에 대한 감상적인 생각을 가지고 있지 않으며, 작품의 생존은 그러한 네트워크가 얼마나 잘 구축되어 있고 배치되어 있는지에 달려 있다고 믿는다.[57]

유산 문제에서는 세심한 선택에 대한 압박이 대단하다. 사회 구성주의가 게으르거나 부도덕한 철학이라고 불평했던 비평가들은 뭔가를 전혀 모르는 사람들이었다! 실재성은 구성된다는 생각은 우리가 긴장을 풀고 세상이 돌아가는 것을 지켜보게 만드는 것이 아니라 우리를 두려움에 떨리게 만들 것이다. "이 법이 느슨하다고 생각하는 사람이 있다면 언젠가는 그 계명을 지키게 하라"는 에머슨의 말이 맞았다.[58]

산 자들은 흔적을 자유롭고 쉽게 만들어내지만, 죽은 자들은 대단한 노력을 기울여야만 흔적을 남길 수 있다. 죽은 자들의 말은 존재의 다른 질서에 속한다. 죽은 자들의 말은 갑자기 희귀하고 소중해진다. 켄은 "새장행(for the birdcage)"과 같은 자기 비하적인 표시가 되어 있는 에세이의 초안을 나에게 주곤 했지만, 내가 아이오와 대학교 도서관의 특별 소장 자료실에 있

따위)을 선망하기 때문에 발생한다고 주장하는 해석이다. 이것은 프로이트 심리학의 음경 선망(penis envy) 개념을 그대로 성별만 바꾼 것이다. 이 용어를 처음 고안, 제안한 사람은 독일의 신프로이트주의 정신 분석학자 카렌 호나이(Karen Horney)이다. _옮긴이

56 예를 들면, 다음 참조. Page DuBois, *Sowing the Body: Psychoanalysis and Ancient Representations of Women* (Chicago: University of Chicago Press, 1988).

57 Michael Thompson, *Rubbish Theory: The Creation and Destruction of Value* (Oxford: Oxford University Press, 1979); Gladys Engel Lang and Kurt Lang, *Etched in Memory: The Building and Survival of Artistic Reputation* (Chapel Hill: University of North Carolina Press, 1990), 특히 chap. 9 참조.

58 Emerson, "Self-Reliance," in *Selected Writings of Emerson*.

는 그의 자료들을 참고하고자 했을 때, 단 하나의 자료도 복사하기 위해 가지고 나올 수조차 없다. 한때 그가 재활용했을 신성한 종이들에 잉크가 묻을까 봐 나는 연필과 노트북을 가지고 일해야만 한다. 산 자의 작품을 편집하는 것과 죽은 자의 작품을 편집하는 것은 전혀 다른 일이다.

아마 켄이 아이제이아 벌린과 함께 (자료를 수집하기 위해) 가장 열심히 읽었던 작가인 한나 아렌트는 1941년 유럽에서 무국적 난민으로 미국에 도착한 후 편집 동료들의 도움을 받았다. 그녀의 협업자들은 잡지 및 책 편집인부터 친구에 이르기까지 다양했으며, 그들은 모두 부사의 위치를 바로잡아주고 적절한 전치사를 제공하며 관용구를 완벽한 형태로 되돌려놓음으로써 그녀의 특이한 영어를 바로잡는 데 도움을 주었다. 그녀의 절친한 친구이자 포켓볼 파트너이자 유작 관리자인 메리 매카시(Mary McCarthy)[59]는 특히 몇몇 주요 저술에서 아렌트와의 '협업과 교류'에 참여했다.

1975년, 아렌트가 심장 마비로 갑작스럽게 사망한 후 상황이 바뀌었다. 아렌트의 마지막이자 미완성 저서인 『정신의 생활』을 편집하면서 매카시는 때때로 자신이 "일종의 독심술사나 영매(靈媒)[60]"인 것처럼 느꼈다. "눈을 감은 채 나는 매우 활기찬 유령과 이야기하고 있다. 그녀는 끊임없이 나타나서, 나의 연필을 잠시 멈추게 하고, 지우고 또 지우기를 반복하게 했다." 여기서 매카시는 죽은 자의 영혼과 소통하고자 했던 19세기 운동인 심령주의의 언어를 불러낸다. "나는 그녀가 죽었다는 것을 알고 있지만, 동시에 그녀가 내가 글을 쓰는 동안 내 말을 듣고, 아마도 생각에 잠긴 채 고개를 끄덕이며 동의하거나 어쩌면 숨이 막힐 듯 하품을 하며 이 방에 분명히 존재한다고

---

59   메리 매카시(1912~1989)는 미국의 소설가이자 평론가이다. _옮긴이

60   신령이나 죽은 사람의 영혼과 의사가 통해, 혼령과 인간을 매개하는 사람 또는 그 의식을 말하며 미디엄(medium), 채널링(channeling)이라고도 한다. _옮긴이

의식한다." 매카시의 이러한 묘사는 나의 경험을 정확하게 표현하고 있다. 켄도 틀림없이 내가 일을 하는 동안 자주 하품을 했을 것이다. 그는 정말 하품을 하면서 그가 지루하다는 것을 상대에게 알려주곤 했다.

매카시는 아렌트의 죽음 후 자신의 삶이 매우 유동적이었던 것에 당황해하면서 자신이 곤경에 처해 있음을 깨닫게 되었다. 고인이 된 저자와 협업해 편집하는 것은 살아 있는 저자와 암묵적으로 공동 저작하는 것과는 매우 다른 것을 알게 되었다. 아렌트가 살아 있을 때는 그녀의 초안에서 'trigger'라는 단어를 빼고 그것을 'set in motion'으로 대체하는 것을 주저하지 않았을 매카시도 지금은 자신이 선호하는 특이한 스타일을 강요하는 것에 대해 걱정했다.[61] 근대 역사주의[62]의 죽음의 경제학[63]에서 문서는 작성자가 사망한 후 엄청난 변화를 겪는다. 문서는 한정되고 희귀해지며 고정되어, 오싹할 정도로 정확한 단어를 사용하자면 '사체(corpus)'가 된다. 죽음은 말에 의한 창작 활동과 글을 통한 창작 활동의 미묘한 균형을 끊어버리며 작품의 가치와 존재론을 보장한다. 기록 보관소 같은 기관도 마찬가지이다. 저자는 더 이상 이전의 저작물을 철회하거나 수정할 수 없다. 마치 고인에 대한 경의가 (예를 들면, 고인과 고인의 글을 보호하기 위한)[64] 법률 정책과 편집 정책에까지 이어져 있는 것처럼, 유작 부당 변경에 대한 무시무시한 금기가 존재한

---

61 Mary McCarthy, "Editor's Postface," in Hannah Arendt, *The Life of the Mind*, one-volume edition (New York: Harcourt, Brace, Jovanovich, 1978), 2: 241~254, at p. 250, p. 244, p. 247, p. 248.

62 근대 역사주의(historicism)와 관련해서는 다음 참조. 김기봉, 「우리시대 역사주의란 무엇인가」, ≪한국사학사학보≫, 23호(2011), 369~401쪽. _옮긴이

63 죽음의 경제학(obituary economics)은 죽음과 관련해 발생하는 다양한 경제적 거래, 이를테면 잔여 재산의 적절한 처리, 죽음에 이르기까지 경험할 질병에 대한 대처, 살아 있는 날들 동안 얻고자 하는 즐거움 등등에 대한 금전적 지출을 어떻게 해결하는 것이 보다 바람직할 것인가를 다루는 경제학 분야이다. _옮긴이

64 괄호 안은 옮긴이가 덧붙인 것이다. _옮긴이

다. 저자가 죽으면 단어가 기체와 액체 상태에서 너무 단단한 고체 상태로 갑자기 바뀐다.

켄이 눈썹을 치켜올리거나 웃는 얼굴로 직접 편집했다면 어떻게 했을까 하는 생각 때문에 나는 내가 편집한 부분에 대해 여러 차례 다시 생각해볼 수밖에 없었다. 사실에 담겨 있는 복잡한 정서적 색조에 대해 그는 다음과 같이 썼다. "언젠가 시카고 컵스가 월드 시리즈에서 우승했다는 소식(프레스터 존 전설 같은 느낌을 주는 주장)을 듣는 것은 중립적이지도 않고 명백하지도 않은 사실이지만 오랫동안 마음고생을 해온 팬들에게 엄청난 기쁨을 주는 사실일 것이다." 여기에서 켄은 2016년에 마침내 월드 시리즈에서 우승하기 전에 컵스 팬이 됨으로써 우승이 무한히 연기된 데 따른 오랜 불운에서 오는 기쁨을 자축하며 그가 시카고 컵스의 진정한 팬임을 드러낸다. 월드 시리즈 우승은 사실 기쁨의 군림(a reign of joy)을 가능하게 했을 것이기 때문에, 그러한 표현에 기여한 'reigning'을 내버려두어야 할까 아니면 (결국 내가 한 것처럼) 그것을 그가 분명히 말하고자 했던, 같은 발음의 'raining'으로 바꿔야 할까? 켄이 살아 있다면 아무 생각 없이 그러한 변경을 승인했겠지만, 죽은 자는 산 자와 다른 의무를 부여한다.

켄은 무엇보다도, 표현 형식과 음악에 대한 예리한 살아 있는 감각을 가진, 스타일의 역사를 연구한 학자였기 때문에 그의 목소리와 어느 정도 비슷함을 유지하는 것이 쉽지 않았다. 언젠가 그는 노래할 수 있는 여건이 되었다면 음악을 전공했을지도 모른다고 내게 말한 적이 있다. 드물게 노래 한 곡 하라는 권유를 받을 때 그는 멋진 시나트라(Frank Sinatra)풍의 중저음으로 노래를 부르곤 했으며, 톰 웨이츠(Tom Waits)[65]와 같은 가수를 생각하

---

65 미국의 싱어 송 라이터이자 배우로 1930년대부터 1950년대까지 유행한 블루스나 재즈를 기초로 한 악곡과 특유의 쉰 가성, "위스키와 담배가 숙성시킨" 보컬로 유명했으며 특기인 피아노

면 우리 시대의 더 나은 쉰 목소리를 가진 가수 하나를 놓쳤을 수도 있다고 나는 확신한다. 켄은 가볍고 경쾌한 음악을 선호했으며, 조스캥 데 프레(Josquin des Prez),[66] 아레사 프랭클린(Aretha Franklin), 버트 배커랙(Burt Bacharach)[67]의 팬이었다. 그에게 스타일은 거의 윤리적인 문제였다. 한번은 그가 좋아할 것이라고 생각한 작가의 에세이를 그에게 전달한 적이 있는데, 그는 "그것은 나와는 맞지 않는 글이네"라며 난색을 표했다.

그리고 켄은 문장을 짧게 쪼개어 쓰는 것을 좋아했다. 19세기 미국의 정치 스타일을 둘러싼 싸움에 관한 그의 첫 번째 책인『민주적 웅변』의 3장에서 그는 링컨이 윌리엄 수어드(William Seward)[68]가 쓴 그의 첫 취임 연설의 초안에서 어떻게 '군살을 잘라냈는지' 자세히 보여준다. 수어드는 "우리는 이방인이나 적이 아니며, 이방인이나 적이 되어서도 안 된다. 우리는 동포이자 형제다"라고 썼다. 링컨은 이를 "우리는 적이 아니라 친구다. 우리는 적이 되어서는 안 된다"로 바꾸었다.[69] 그 시대가 추구하는 숭고한 미니멀리즘적인(minimalist) 표현!

어쩔 수 없이 나는 몇 군데를 잘라냈는데, 대부분 통상적인 반복의 제거였다. 나는 그 가운데 일부를 다시 생각해보았다. 초기 MTV와 관련해 켄은 MTV 이미지의 지배적인 요소 가운데 하나가 "남자가 보기에 예쁜 여성(good looking women for men to look at)"이라고 썼는데, 나는 여기에서 "남자가(for men)"를 제거했다. 그의 표현은 지저분한 남성의 시선에 대한 비판적

에 의한 음유 시인 이미지로 많은 인기를 모았다. _옮긴이

66 조스캥 데 프레(1440?~1521)는 르네상스 시대 프랑스 플랑드르 악파의 작곡가이다. _옮긴이

67 버트 배커랙(1928~2023)은 미국의 피아니스트 겸 작곡가, 음악 프로듀서이다. _옮긴이

68 윌리엄 수어드(1801~1872)는 에이브러햄 링컨과 앤드루 존슨(Andrew Johnson) 정권 아래 국무 장관(1861~1869)을 지낸 미국의 공화당 정치인으로 미국 남북 전쟁 시기를 통해 중요한 정치적 인물이었다. _옮긴이

69 Cmiel, *Democratic Eloquence*, p. 116.

이지만 동정적인 관점을 취했지만, 나는 MTV가 누가 누구를 보고 있는지를 적극적으로 뒤섞고 있다는 일반적인 문화 연구 결과를 존중하고 싶었다. 젠더 가지치기는 한 차례 더 있었다. 포르노 잡지의 새로운 수준의 생생한 표현을 기술하면서 켄은 "남자의 성기"가 보이기 시작했다고 썼다. 나는 그것이 불필요하다고 생각해 "남자의"를 삭제했다(아무도 모르긴 하겠지만).[70]

인터넷상의 품위를 단속하려는 1990년대 중반의 노력에 대해 그는 이렇게 썼다. "불행하게도 이러한 필터는 피임, 낙태에 대한 정보가 있는 사이트는 물론 금욕을 역설하는 사이트까지 차단했다." 이 정치적으로 양립할 수 없는 혼란스러운 이슈에 대해 그가 어떤 판단을 내리고 있는지가 명확하지 않았기 때문에 나는 '불행하게도'를 '그럼에도(yet)'로 바꾸었다. 그의 에세이 「그림에 압도당하기」는 4장과 5장의 근간을 이루었으며 다음과 같이 끝을 맺었다. "미국 미디어는 저속하고 천박함에도 수백만 명의 사람들에게 사랑받았다(American media, with all their vulgarity and crassness, was loved by millions)." "미디어들은 ~이다(media are)"라고 말하는 것은 미디어 연구에서 사용되는 전문적인 진부한 문구로, 부분적으로는 각각의 미디어가 자체의 문법이 있음을 상기시켜 주기 위해 사용된다. 그래서 나는 수동태와 사람들이 대중적인 취향에 반대 의사를 나타내는 방식에 대한 켄의 센스는 그대로 둔 채 "미국 미디어들은 저속하고 천박함에도 수백만 명의 사람들에게 사랑받았다(… were loved by millions)"로 바꾸었다.

내가 편집한 각각의 내용은 물론 켄과 내가 철저하게 상의할 수 있었다면

---

70 뉴욕 낙태 비용 지원 기금(New York Abortion Access Fund) 운영 위원회는 2014년 5월에 만장일치로 임신한 사람에 대해 '여성'이라는 용어만을 사용하지 않기로 결정했다. "우리는 자신을 남성이라고 밝히는 사람들도 임신할 수 있고 낙태를 요구할 수 있다는 점을 인정한다." Michelle Goldberg, "What Is a Woman? The Dispute between Radical Feminism and Trans-genderism," *New Yorker*, August 4, 2014, pp. 24~28.

결코 그렇지 않았을 수도 있었을 것이라는 점에서 논란의 여지가 있을 수 있다. 실제로 아이오와 대학교 웹 사이트에 있는 그가 남긴 원자료를 참조하면 알 수 있듯이, 문서로 된 기록은 애벌레와 번데기 단계의 생각을 고치는 것에 매우 냉혹하다. (반면에 서재는 역동적으로 진화하는 물질로 가득하다.) 우리가 우리 자신을 정당화하려고 할 때 늘 그렇듯이, 여기서 나의 선택을 설명하는 것은 덜 정당한 것처럼 보이게 만들 뿐이다. 이제 여러분은 나의 선택을 볼 것이기 때문에, '불행하게도'라는 용어는 실제로 성과 공공 생활에 대한 뜨거운 쟁점이 되는 세 가지 이슈에 대한 서로 매우 다른 정치적 입장을 포괄하면서 동시에 화해시키기도 하는 좋은 켄의 용어처럼 보인다.

나는 때때로 저자권에 대해 더 자유로운 자연 과학 모델을 사용해야 하는지 궁금했다. 자연 과학 분야에서는 학과장[71]이 되거나, 실험실을 운영하거나, 연구비 신청서를 작성하거나, 현장 조사를 지휘하거나, 컴퓨터 작업을 제공함으로써 과학 출판물에 이름을 올릴 수 있다. 과학 논문의 공동 저자들은 19세기 소설 속에 등장하는 부자(富者) 장례식에서 상속자가 되려는 사람들처럼 (공저 지분을 챙기기 위해) 나도 여기 있다고 말할 수 있다. 익살스러운 우주학자인 조지 가모프(George Gamow)는 그들의 획기적인 논문에 물리학자 한스 베타(Hans Bethe. beta로 발음됨)의 이름을 넣어 베타가 그 논문을 쓰지 않았음에도 저자들의 이름이 알파(Alpher), 베타(Bethe), 감마(Gamow)로 적히게끔 했다.[72] (그 장난 이후로 저자권 인정이 엉망이 되어버렸다.) 항상 팀으로 일했던 의학 연구자인 내 아버지는 저자를 결정하는 평균적인 규칙보다

---

71 실제로 의학 저널의 경우 학과장은 그들의 리더십 위치와 위상으로 인해 학술 의학계의 많은 학자들에게 '본보기'가 될 가능성이 있기 때문에 공동 저자로 이름을 올렸다고 한다. _옮긴이

72 가모프에게는 또한 랠프 앨퍼(Ralph Alpher)라는 제자가 있었는데, 가모프는 이 제자와 연구를 하면서 앨퍼(알파)와 가모프(감마)라는 이름을 제대로 맞췄다는 참 부질없는 이유로 한스 베테(베타)를 영입하기로 했고, 결국 그들의 이론을 '알파·베타·감마 이론'으로 불렀다. _옮긴이

더 엄격한 규칙을 가지고 있었는데, 저자에 포함된 사람이 낯선 생물 통계나 대기 화학 분석 이면의 전문적인 부분들을 때로 기억해 내지 못하는 것은 인정하지만 전체 논문은 설명할 수 있어야 한다는 것이다. (나는 여러 지점에서 소로가 표현했던 대로 "얇은 얼음" 위에서 놀고 있었는데) 얇은 얼음 위를 얼마나 멀리 걸어갈 수 있을지 살피면서 여기 있는 모든 것을 설명할 수 있어야 한다는 기준에 내가 얼마나 부응할 수 있을지 의심스럽다. 나는 켄이 말하고자 한 바를 설명할 수 있지만, 그것의 의미에 항상 동의하거나 의미를 이해하고 있는지는 확신할 수 없다. 답변할 수 없는 사람에게 동의하지 않는 것은 완전히 불공정한 시합이다. 가장 불편한 점은 이 책이 내가 믿지 않는 것을 켄이 말하지 않았을 방식으로 말하고 있을까 봐 두렵다는 것이다.

나는 켄의 스타일에서 귀중한 교훈을 얻었다. 한때 유행을 따랐던 일부 학자들은 과거를 "실제 있던 그대로" 서술하는 소위 역사가의 꿈(실제 활동하는 역사가들은 거의 고백하지 않는 꿈)을 비웃었지만, 켄의 방식으로 글을 쓰려고 노력하면서 나는 기분 좋게 회피하는 요령을 배웠다. 켄에게 역사학은 세부 사항에 대한 강박적 집착일 뿐만 아니라 주변 정황에 대한 스케치이기도 했다. 켄은 모호함의 예술을 좋아했다. 그는 과도하게 자세히 설명하는 것을 피했다. 그는 6장의 한 단락을 다음과 같이 시작한다. "몇 년 전, … 클리퍼드 기어츠는 '희미해진 장르'라는 에세이를 썼다." 정말 편안하고 가벼운 서술이다! 켄은 날짜(만약 물어본다면, 1979년)를 제공하지 않으며, 위의 "몇 년 전"이란 문구에서 '몇'이라는 단어를 시간을 뒤로 거슬러 올라가기에 충분할 만큼 탄력적으로 사용한다. 나는 셈을 해서 시간 차이를 구체적으로 밝히고 싶은 유혹을 잠깐 받았지만, 그렇게 하면 그 서술문이 거의 즉각적인 종결로 내몰았을 것이다. 그의 "몇 년"은 사물을 얽매는 것을 거부한다는 점에서 품격 있다.

나는 또한 과거 시제가 주는 조용한 기쁨도 배웠다. 나는 학생들에게 사건에는 과거 시제를 사용하고 텍스트에는 현재 시제를 사용하라고 일반적인 문체에 대해 조언한다. 따라서 셰익스피어는 『햄릿(*Hamlet*)』을 '썼지만', 햄릿은 사느냐 죽느냐의 문제로 '고민한다'. 여기서 현재 시제는 텍스트의 영원한 현재를 나타낸다. 그러나 사건이나 텍스트로 확실히 분류할 수 없는 중간 영역이 존재한다. 고도의 지성을 지닌 역사가는 암시적인 인용 부호로 누군가가 생각했던 바를 설명하기 위해 과거 시제를 사용할 수 있으며, 켄은 이것을 능숙하게 해냈다.[73] 과거 시제는 반드시 실제로 일어난 일을 가리키는 것이 아니라 기묘하게도 반사실적인 추정과 가정의 세계를 가리킨다. "바쟁에게 카메라는 그것의 피사체와 동일한 존재의 성질을 지녔다." 여기에서 과거 시제는 가정법 또는 간접 화법의 일종이며, 실제로 영어 문법에서 과거 시제와 가정법은 흔히 바로 옆집에 사는 이웃과도 같은 관계이다 ("If I were a rich man …"). 과거는 실제로 현재보다 덜 고정되어 있는데, 과거는 고정된 불변의 영역이 아니라 가능성의 보고이기 때문이다. 역사가의 재주는 과거에서 항상 새로운 것을 끄집어내는 데 있다. 심지어 현재에 대해서도 과거 시제로 이야기하면서 절정감이나 이야기를 한다는 느낌을 줄 수도 있다. "2016년 미국 대선에서 버니 샌더스(Bernie Sanders)를 제외하고는 진정한 대중적 호소를 지녔던 후보는 거의 없었다." (물론 독자들이 이 문장을 읽을 즈음에는 정말로 과거 시제가 된다.)

시차 문제

해석의 충실도란 무엇인가? 나는 켄의 비전에 충실한 것이 무엇을 의미하

---

73 역사학자 존 하이햄(John Higham)은 켄이 자신의 작업에 대한 에세이를 쓴 것에 감사를 표하면서 그가 아직 살아 있고 아직 과거형을 쓸 자격이 없다고 책망할 정도였다! 커밀 서류의 상자 3, 폴더 H 참조.

는지 판단하는 데 어려움을 겪었다. 언젠가 한 성서 학자는 "번역본은 원본보다 훨씬 더 즐겁게 읽을 수 있는데, 왜냐하면 번역본에는 원본에서 누락된 것이 많기 때문이다"라고 재미있게 말한 적이 있다.[74] "모든 단단한 것은 흔적도 없이 사라진다"는 확실히 카를 마르크스의 원문 "alles Ständische und Stehende verdampft(모든 신분제적이고 정체된 것은 증발한다)"보다 훨씬 나은 번역이다. 우리는 '호메로스가 오늘날 살아 있다면 『일리아드(*Iliad*)』를 어떻게 쓸까?'라든지 '모차르트(Wolfgand Amadeus Mozart)에게 현대 교향악단과 같은 자원이 주어진다면 그의 음악은 어떻게 들릴까?'와 같은 어리석은 질문을 할 수도 있을 것이다. 그러나 오늘날 호메로스가 살아 있다면 그는 호메로스가 아닐 것이고, 모차르트가 최고의 연주곡을 만드는 대신 과거 곡에 대한 정확성을 신경 쓴다면 그는 모차르트가 아닐 것이다. 충실도는 변형과 조정을 의미한다. 과거와 현재의 격차는 긍정적인 결과를 야기할 수 있으며, 따라서 충실도는 이 격차에 좌우된다. 과거에 대한 절대적인 충실함은 사물 그 자체일 뿐이며, 우리는 타임머신에 의해 지워지는 우리 자신을 발견하게 될 것이다.

나는 켄이 이 책을 구상하면서 그 배경으로 삼은 역사적 맥락을 제대로 옮겨낼 수 있을지 고심했다. 벤야민이 말하기를 좋아했듯이, 가까운 과거는 흔히 먼 과거보다 접근하기가 더 어렵다. 정보 시대에 대한 켄의 주장 가운데 많은 것이 더 이상 유효하지 않다. 학문적 유행이 변하는 세계에서 1999년과 2004년은 이미 몇 세대 전이며 컴퓨터 세계에서는 분명 태곳적이다. 켄이 이미지나 인터넷의 대혼란에 압도당하는 것에 대한 글을 쓴 이후로 많은 것이 변했다. 모든 단어는 그것의 역사적 순간과 생태적 연관성이 있으

---

74 E. A. Speiser, *Genesis: A New Translation with Introduction and Commentary* (New Haven, CT: Yale University Press, 1963), p. lxiv.

며, 모든 단어는 다른 모든 단어와 비록 미미하기는 하지만 관련이 있다. 아이폰(iPhone), 도널드 트럼프, CTE,[75] 지카(Zika) 바이러스, 시리아 난민의 존재는 2016년에 쓰인 모든 문장에 비록 미미하지만 어느 정도 원격 압력을 가했다. 호르헤 루이스 보르헤스의 유명한 예를 사용해서 표현하자면, 17세기 세르반테스와 20세기 프랑스 시인이 쓴 같은 단어는 같은 것을 의미하지 않는다.[76] 켄이 2002년에 쓴 단어들이 특별히 보관되어 있다가 2004년에 출판되었다면 여전히 거품이 일 수도 있다. 우리는 작고한 저자들이 알 수 없었던 것을 몰랐던 것을 용서하며 우리에게 매우 신선한 이야기를 해준 그들을 소중하게 생각한다. 작고한 예술가나 저자는 지금 일어나고 있는 일을 잘 알 수 없으며, 이에 대해 우리는 그들에게 뜨거운 고마움을 표한다.

그러나 켄이 2002년에 쓴 것이 (예를 들면, 2002년에 그가 생각하고 있던 것에 대한 기록 문서로서가 아니라) 오늘날 원작대로 수정되지 않고 바로 출판된다면, 그것은 하루가 지난 루트 비어(root beer)[77]처럼 밋밋할 것이다. 그는 '우리의 시대'에 대해 그리고 2000년의 닷컴 버블 붕괴를 통해 '우리'가 배운 교훈에 대해 글을 썼다. 그는 새천년을 내러티브의 핵심으로 사용하는 것을 좋아했다. 그는 그의 초안들 가운데 하나를 이렇게 시작했다. "지금은(This is) 정보 시대이다. 지구를 둘러싸고 있는 인터넷, 월드 와이드 웹, 데이터베이스. 정보는 우리를(us) 가득 채우고 있다. 그러나 이 시대는 또한 이미지의 시대이기도 하다. MTV, 나이키 스워시, 우상적 스포츠 영웅, 문학의 몰락."

---

75 CTE는 'Chronic Traumatic Encephalopathy'의 약어로 '만성 외상성 뇌병증'을 말한다. 2013년, 미국 프로 야구 선수와 풋볼 선수가 지속적인 외부 충격으로 인한 뇌신경 손상으로 잇따른 권총 자살을 하면서 미국 스포츠계와 팬들 경악시킨 바 있다. _옮긴이

76 Jorge Luis Borges, "Pierre Menard, Author of the Quixote," in Eliot Weinberger(ed.), *Selected Non-fictions* (New York: Penguin, 1999), pp. 88~95.

77 식물의 뿌리(root)나 열매 과즙에서 추출한 향유를 탄산수, 설탕이나 액상 과당 등과 섞어 마시는 형태의 음료이다. _옮긴이

'this'와 'us'라는 단어는 "폐허가 되어 지붕이 없어진 교회의 성가대석(bare ruined choirs)"[78]처럼 서 있다. 노후화는 때때로 빠르게 진행되며, 우리는 이러한 풍화 작용을 역사라고 부른다. '정보 시대'는 진부하게 들리며 켄이 그 단어를 사용하고 있었을 당시에 아마도 이미 유통 기한이 훨씬 지났을 것이다. 그는 야후!를 놀라운 검색 엔진으로 여겼으며(오늘 내가 그것을 반복한다면 확실히 웃음을 자아낼 사실), 전 세계의 이 신문 저 신문을 넘나들며 볼 수 있게 해준 초기 애그리게이션 서비스인 야후! 뉴스에 매료되었다. 오늘날은 아무도 야후!, MTV, 또는 월드 와이드 웹을 이미지와 정보의 주요 예로 사용하지 않을 것이다. 우리는 ISIS 비디오, NSA 감시, 트롤, 기업 데이터 마이닝, 또는 비트코인(bitcoin)에 대해 이야기할 수도 있을 텐데, 이 가운데 대부분은 장차 시대에 뒤진 것이 될 것이다.

사람과 책의 노화는 예고 없이 다가온다. 어떤 사람들은 그럴 나이가 되기도 전에 흰머리와 주름이 생기는 반면, 어떤 사람들은 늦은 나이까지 젊음을 유지한다. 심히 불공평하다! 학문적 주제도 마찬가지이다. 특정 구역들이 서서히 버림을 받고, 그러한 움직임은 도시의 다른 구역으로 번져 간다. (켄이 이전에 말했듯이, "20세기 지적 생활에서 결코 소멸되는 것은 없다. 단지 그들 자신의 학술지를 가질 뿐이다".[79]) 세상은 더 이상 그렇게 선명하게 보이지 않는다. 한때는 그토록 긴급했던 일이 역사 속에 묻히고 만다. 우리의 농담은 아재 개그가 되고, 우리가 아는 문화 지시체들[80]에 공감하는 사람의 수는

---

78 윌리엄 셰익스피어 소네트 73번(Shakespeare's Sonnet LXXIII)에 나오는 구절로, 헨리 8세에 의해 해체된 후의 수도원의 폐허를 회상하는 것으로, 여기서 성가대는 성가대 자체가 아니라 성가대가 노래한 장소를 의미한다(출처: Internet Shakespeare Edition, "Bare, ruined choirs …," https://internetshakespeare.uvic.ca/Library/SLT/life/youth/ruinedchoirs.html). _옮긴이

79 Kenneth Cmiel, "The American Scholar Revisited," *Iowa Review*, 19, 1989(Winter), pp. 175~180, at 178.

80 문화 지시체(cultural references)란 사람들이 한 나라의 문화와 관련된 것을 언급하는 것을 말

점점 더 줄어들 것이다. 사담 후세인(Saddam Hussein)과 2000년 대선에 대한 나의 아주 재미있는 농담은 이제 골동품 신세다.

메타 논픽션: 이 책 편집하기

나는 분명 이 책의 꼼꼼한 편집자가 되는 것을 포기했다. 2006년인가 2007년에 그의 원본 자료에 관한 작업을 시작한 이후로 수행한 모든 편집 내용을 나는 거의 기억하지 못한다. 일을 하면 할수록 더 얽히고설켰다. 이 시점에서 나는 어떤 단어를 추가했는지 그리고 그가 원래 사용한 단어가 무엇인지 정확히 알지 못하며, 켄의 단어와 나의 단어를 언어학적으로 정확하게 비교하는 것은 힘들고 아무도 그것에 관심을 가지지 않을 것이다. 내 아내 마샤 폴센 피터스(Marsha Paulsen Peters)는 박물관이 고전 조각품을 재건할 때 나중에 덧붙인 부분에 대해 다른 색상의 석고를 사용하는 것과 유사한 방법으로 켄이 쓴 부분을 다른 글꼴이나 이탤릭체로 표시할 것을 제안한 적이 있다. 그러나 이 책에 관해 적어둔 켄의 메모는 고전 조각품과 비슷하지도 않았고 그렇다고 나의 방법이 사료 비판적인 역사주의[81] 가운데 하나도 아니었다. 2016년 초 어느 시점에 나는 마침내 그 책을 완전히 포기할 수도 있는 가능성에 직면했다. 그것을 그만둘 수 있다는 생각이 내 마음을 자유롭게 해주었고 마침내 이 책의 편집을 마무리 지을 수 있었다. 이 책의 존재는 매몰 비용(sunk cost)을 포기하지 않으려는 나의 의지에 대한 헌사라 생

하는데, 그것은 얼마 전에 그 나라에서 일어난 역사적인 사건일 수도 있고 그날 뉴스에 보도된 내용일 수도 있다. _옮긴이

81 '사료 비판(source criticism)'은 정보의 근원을 해당 업무를 위해 어떻게 평가할 것인가에 대한 학제 간의 연구이며, 역사주의(historicism)란 현상의 역사를 연구함으로써, 즉 현상이 발생하는 과정을 연구함으로써 현상의 존재, 특히 사회적·문화적 관행(사상과 신념 포함)을 설명하는 접근 방식을 말한다. _옮긴이

각해도 좋다.

다행히도 우리 시대에는 책 쓰기 어려움에 관한 책들이 매우 풍부해서, 고인이 된 내 친구와 편집자 더그 미첼(Doug Mitchell)이 권했던 것처럼, "메타로 가기(going meta)"[82]에 대한 모델이 많이 있었다.[83] 그리고 디지털 시대에 책이 설 자리에 대한 많은 성찰도 존재한다. 실제로 최근 미국 문학의 대부분은 디지털 세계에 책이 어떤 것이 될 수 있을지에 대한 확장된 포괄적인 실험이라고 할 수 있다.[84] 나는, 예를 들면, 제프 다이어(Geoff Dyer)의 『미루고 짜증 내도 괜찮아(Out of Sheer Rage)』(1997)를 즐겨 읽었는데, 이 책은 그가 D. H. 로렌스(D. H. Lawrence)에 관한 전기를 쓰려다 실패한 것에 대한 고백적 회고록이다. 이 책은 로렌스가 즐겨 썼던, 중첩되고 자기 훼손적[85]이며 장황하게 이어지는 아이러니하고도 반복적인 문장으로 쓰여 있다. 다이어는 어떻게 해서든 책을 쓸 수 없는 상황에 대해 몇 쪽에 걸쳐 글을 이어간다. 특히 재미있는 것은 그리스에 있는 한 섬으로 여행을 갈 때 부피가 큰 『D. H. 로렌스 시 전집(Complete Poems of D. H. Lawrence)』을 가져갈지 말지에 대한 다이어의 장황하게 이어지는 익살스런 고민인데, 왜냐하면 우산을 가지고 다니는 것이 비를 막아주듯이, 항상 가지고 다니는 책은 필요하지 않지만 정작 필요한 책은 늘 가지고 있지 않기 때문이다.

매우 이상하게도 실제로 다이어에게서 로렌스에 대해 많은 것을 배우게

82　여기서 '메타'는 자기 참조적(self-referential)을 의미한다. 따라서 '메타로 간다'는 의미는 '글쓰기의 어려움에 대한 글을 쓴다'는 의미이다. _옮긴이

83　칼 오베 크나우스고르(Karl Ove Knausgard), 크리스 크라우스(Chris Kraus), 벤 러너(Ben Lerner) 등의 책을 참조.

84　Alexander Starre, *Metamedia: American Book Fictions and Literary Print Culture after Digitization* (Iowa City: University of Iowa Press, 2015) 참조.

85　자기 훼손적(self-undermining) 행위는 "성과를 저해할 수 있는 장애물을 만드는 행동"으로 정의된다. _옮긴이

된다. 다이어는 자신이 굳이 애써 읽으려 하지 않은 로렌스의 부수적인 글, 그에 관한 언행록, 사진, 메모가 그의 소설보다 더 흥미롭다는 것을 알게 된다. 사진 한 장과 600쪽짜리 소설 한 권 가운데서 선택하라고 한다면 누가 사진을 선택하지 않겠는가? 나는 켄의 책과 에세이를 다시 읽는 것보다 그의 치즈버거 영수증에 대해 생각하는 데 더 많은 시간을 보냈을 수도 있다. 진부한 표현대로, 우리의 집단 두뇌는 책 한 권 분량의 거리를 달릴 수 있는 유산소 운동 능력을 상실하면서 디지털 태양 아래에서 시들어가고 있는가? 이것은 물론 켄이 답하려고 했던 질문이었다〔그리고 아우구스티누스(Augustinus)와 몽테뉴가 우리에게 상기시켜 주려 했듯이, 주의 산만은 늘 호기심 많은 동물이 의미하는 바의 일부라는 것은 분명한 사실임〕.

쓰지 못한 책에 대한 또 하나의 책은 내 동료 주디스 파스코(Judith Pascoe)의 『사라 시돈스 오디오 파일(*The Sarah Siddons Audio Files*)』이다. 이것은 기발한 탐구 대상을 훌륭하게 조사한 책으로, 낭만주의 시대에 가장 찬사를 받은 영국 여배우 시돈스가 어김없이 청중을 히스테리적 감정에 휩싸이게 한 목소리가 실제로 어땠는지 찾아내는 것이 목적이었다. 파스코는 녹음이 존재하기 훨씬 이전에도 기발한 조사자를 위한 음향 단서에 대한 풍부한 기록이 남아 있음을 보여준다. 파스코는 학문을 경시하지 않으면서 메타 픽션[86]의 기법을 사용해 자신의 탐구가 불가능함을 받아들이고 자신의 주제를 유쾌하고 재미있게 처리하는 방법을 새롭게 만들어낸다.

그러나 이러한 모델들 가운데 켄의 책에 적합한 것은 하나도 없었다. 다이어는 로렌스에 관한 책을 쓰지는 않았지만, 나는 켄이 시작한 역사를 완

---

86 메타 픽션(metafiction)은 작가가 의도적으로 독자에게 책의 창조자의 존재를 의식시키면서 책 속의 이야기가 허구임을 드러내는 것이다. 메타 픽션은 그것이 픽션임을 의도적으로 독자에게 알리면서 허구와 실재의 관계에 대한 문제를 제시한다. _옮긴이

성하려고 노력했다. 파스코는 자신이 다루고 있는 주제의 대가로, 시돈스와 영국 낭만주의 연극에 관한 학문을 완전히 장악하고 있다. 나는 시각 문화나 정보 관리의 역사에 관한 전문가가 아니다. 파스코는 아무런 기록도 남아 있지 않은 먼 옛날의 소리를 들으려 했지만, 나는 많은 주제에 대해 아직 사람들이 들어본 적이 없는 목소리에 생기를 불어넣으려 했다. 켄의 책은 해석학의 오래된 과제를 뒤집어놓았다. 나는 역사적·문화적 상황이 전위된 가운데서 텍스트를 해석하는 것이 아니라 텍스트를 그것도 생경한 텍스트를 써야만 했다. 나를 피에르 메나르(Pierre Menard)[87]라 불러달라.

경외의 변증법

내가 생각지도 못했던 추모 모델이 적어도 하나는 있었는데, 그것은 빅토리아 시대의 가장 특징적인 시(詩)인 알프레드 테니슨 경(Alfred, Lord Tennyson)의 「A. H. H.를 추모하며(In Memoriam A. H. H.)」(1849)였다. 동료 시인이자 자신의 여동생과 결혼을 약속한 트리니티 대학(Trinity College) 사도회(the Apostles) 회원인 아서 헨리 할람(Arthur Henry Hallam)이 22세의 젊은 나이에 갑작스럽게 세상을 떠나자 망연자실한 테니슨은 슬픔과 애도의 의식으로 16년에 걸쳐 긴 시를 썼다. 그 시는 당시 문화 전반에 깊은 울림을 주었으며, 빅토리아(Victoria) 여왕도 자신이 사랑하는 알버트(Albert) 왕자가 1861년에 사망한 후 그 시에서 위안을 찾았다(그녀는 40년 후 그녀가 죽을 때까지 매일 그의 면도 도구들을 정리하며 그를 애도했음). 마침내 테니슨은 심연에서 빠져나와 계관 시인으로서 공직 생활을 계속 이어나갔는데, 빅토리아 시대 사

---

87 「피에르 메나르, 『돈키호테』의 저자(Pierre Menard, Author of the *Quixote*)」는 1941년에 출간된 호르헤 루이스 보르헤스의 단편 소설집인 『갈림길의 정원(*El jardín de senderos que se bifurcan*)』에 수록된 작품이다. 이 작품에서 보르헤스는 가상의 인물 피에르 메나르가 어떻게 세르반테스의 『돈키호테』를 다시 썼는지에 대해 상세하게 묘사하고 있다. _옮긴이

람들은 슬픔을 견뎌낼 수 있는 체력이 대단했다. 나는 그와 같은 깊은 감정을 유지할 수 없었다. 나는 테니슨의 시를 사랑하고 몇 번이나 읽었지만 내 슬픔의 빈약함이 슬프다. 그와 같은 신파극은 정말 켄에게 어울리지 않았을 것이다. 그는 낭만적인 우울증이나 지속되는 침울함을 거의 참지 못했다. 정신적으로 교감하면서 영혼을 나눈 친구를 잃은 것에 대한 경건한 경외심은 적절한 표현이 아니었다. 켄은, 에머슨의 에세이 구절을 빌려 표현하자면, 테니슨이 "실을 너무 가늘게 뽑아내고 있다"[88]고 생각했을 것이다.[89]

실제로 켄의 말과 글을 경건하게 받아들이고 싶은 마음은 그가 얼마나 무자비한 청소 작업을 했는지에 대한 기억 때문에 누그러졌다. 그는 거의 모든 것을 내던져버리곤 했다. 어느 토요일 아침, 내가 초청 편집장(guest-editor)을 맡았던 학술지의 운영자들이 특별호의 지면 예산을 심각하게 과대평가했기 때문에 어떻게든 지면수를 250쪽에서 150쪽으로 줄여야 한다는 소식을 듣고 켄은 나와 함께 컴퓨터 앞에 앉았다. 그는 사무실이나 침실을 청소할 때처럼 단호하고 무자비하게 그의 60쪽 분량의 멋진 에세이를 줄여버렸다.[90] 그는 분명 자신의 글을 보물처럼 취급하지 않았다. 여러분은 그에게

---

88 에머슨은 자연에 비유한 은유를 사용하기로 유명한데, 이 표현은 시인이 옷감(우정)의 재료인 실을 너무 가늘게 (우아해 보일 수는 있지만 너무 약하게, 너무 섬세하게) 뽑아내서 '우정을 너무 약하고 감상적이며 실용적이지 않게' 묘사하는 것에 대한 은유이다. 이해를 돕기 위해 그가 쓴 '우정'에 관한 에세이의 전후 구절을 살펴보면 다음과 같다. "… we cannot forgive the poet if he 'spins his thread too fine' and does not substantiate his romance by the municipal virtues of justice, punctuality, fidelity and pity. I hate the prostitution of the name of friendship to signify modish and worldly alliances …"(시인이 실을 너무 가늘게 뽑고 정의, 시간 엄수, 충실함, 연민이라는 도시적 미덕으로 그의 로맨스를 입증하지 않는다면 우리는 그 시인을 용서할 수 없다. 나는 유행을 좇고 세속적인 동맹을 상징하기 위해 우정이라는 이름을 남용하는 것을 싫어한다). _옮긴이

89 Emerson, "Friendship," in *Selected Writings of Emerson*, p. 214.

90 다음과 같이 출판되었다. "On Cynicism, Evil, and the Discovery of Communication in the 1940s," *Journal of Communication*, 46(3), 1996, pp. 88~107.

정리를 도와달라고 요청하고 싶지 않았을 것이다. 한번은 켄의 가족이 이사를 갔을 때 켄은 이사 짐 싸는 것을 도우러 온 친구의 스웨터를 아무렇지도 않게 버렸다. (아마 그날은 따뜻했던지) 그는 그 스웨터가 주위에 아무렇게나 놓여 있는 것을 보고 막판에 정신없이 잡동사니 물건을 치우는 과정에서 그것을 버려버렸다.

켄은 어쩌면 역사가로서는 이례적일 정도로 오래된 종이나 물건에 대한 감상적 애착에 전혀 부담을 느끼지 않는 것 같았다. 그에게 지구는 충분히 가득 차 있었던 것이다. 그는 자신이 가진 것에 집착하지 않았다. 책을 사는 것을 좋아함에도 그는 이 책과 그 밖의 많은 것을 명상을 할 때처럼 울림이 있는 무(無)의 상태로 비워버리는 것에 행복해하곤 했다. 그렇다면 나는 왜 애착이 느껴지는 그의 유품들이 눈에 밟히는 걸까? 그가 버린 것들은 가시처럼 내게 붙어 있었다. 한 번도 자신의 서류를 정리하는 데 성공한 적은 없었지만 더 다급한 사람과 일을 늘 돌보았던 한 사람의 서류들이 마음에 걸리는 아이러니한 느낌이 나를 떠나지 않았다.

심령술사 옵션

글을 보강하기 위해 자주 시도되는 한 가지 방법은 작가를 저승에서 초대해 글을 구성하게 하는 것이다. 사후 공동 저작 '영매들'은 19세기 말부터 아주 많아졌다. 셰익스피어, 벤저민 프랭클린, 오스카 와일드(Oscar Wilde), 레프 톨스토이, 퍼시 셸리(Percy Shelley),[91] 헨리 제임스와 윌리엄 제임스 같은 작가들은 모두 저승에서 구술을 통해 다작을 한 작가들이다. 비서들은 자신을 고용한 작가의 말을 받아 적겠다고 자진해서 도와주는 경우가 많았는데, 이들의 생산성은 작가의 죽음으로 인한 불편함에 방해를 받았다. 영매 역할은

---

91 퍼시 셸리(1792~1822)는 영국의 낭만파 시인이다. _옮긴이

작가의 죽음으로 홀로 남게 된 여성들이 작가로서의 지위를 활용할 수 있는 한 가지 통로였다.[92]

일종의 재귀적 반전(recursive twist)[93]으로 자신들이 살아 있을 때 죽은 자와 소통하기를 열망했던 심령 연구자와 심령술사들 역시 자신들이 저승에 갔을 때 유난히 말이 많은 것으로 드러났다. 예를 들어, 타이타닉호 침몰로 사망한 영국의 저널리스트이자 개혁가이자 심령술사인 W. T. 스테드(W. T. Stead)는 생전에 자신의 말을 기록했던 (딸을 포함한) 같은 비서들에게 계속해서 받아 적게 했다. 윌리엄 제임스의 친구이자 동료 심령 연구자인 리처드 호지슨(Richard Hodgson)은 제임스가 거의 25년 동안 관찰해 온 (또는 방조해 온) 영매인 레오노라 파이퍼(Leonora Piper)를 통해 정기적으로 말했다. 호지슨은 때때로 파이퍼를 통해 "나는 쓰레기가 아니다!"라고 말하면서 그의 사후 진본성을 호소하곤 했다. 제임스는 그것이 정말로 호지슨의 영혼이 뚫고 나오는 것이라는 것을 완전히 믿지 않았으며, 설령 그렇다 하더라도 파이퍼의 극적인 감각이 주된 구성 요소가 되면서 제임스는 그러한 전언(傳言)에 간섭 현상이 일어나는 것을 알았다.

심령술사들은 죽은 자와 통하는 깨끗한 채널을 찾는 데 좀처럼 성공하지 못했다. 그들은 의사소통이 마음과 마음의 맞닿음이라는 이상을 만들어내는 데 도움을 주긴 했지만, 실제 결과는 항상 잡음이 들어가 있었고 단편적이었다. 제임스의 친구이자 '텔레파시(telepathy)'라는 용어를 처음 사용한 또 다른 심리학자 프레더릭 W. H. 마이어스(Frederic W. H. Myers)는 1901년

---

92 Bette London, "Secretary to the Stars: Mediums and the Agency of Authorship," in Leah Price and Pamela Thurschwell(eds.), *Literary Secretaries/Secretarial Culture* (Burlington, VT: Ashgate, 2005), pp. 91~110.

93 '재귀적'이란 죽은 자와 소통을 열망했던 심령 연구자나 심령술사가 죽어서 자기 자신을 다시 불러내는 상황을 말한다. _옮긴이

에 '사망한' 지 30년이 지난 1932년에 『영생에 이르는 길(*The Road to Immortality*)』이라는 책 전체를 구술했다. 그는 사후에 이 책을 대필한 아일랜드 출신의 비서 겸 저자인 제럴딘 커민스(Geraldine Cummins)에게 이렇게 말했다. "영매는 매개체가 아니다. 그녀는 '통역사'이다."[94] 영매 이론의 두 가지 핵심 원칙, 즉 영매는 늘 편향되어 있을 뿐만 아니라 젠더화된다는 이 훌륭한 진술은 화강암 위에 새겨질 수도 있겠지만, 죽은 자는 의사소통이 서툴다는 것은 심령 연구에서도 잘 알려져 있는 사실이다. 죽은 자들은 언젠가는 반드시 죽을 그들의 대변자와 같은 수준이 된다. 그들은 때로는 한 단어나 일련의 단어를 반복하고 흔히 구문 규칙을 무시하면서 말하는 법을 다시 찾아가는 실어증 환자 같다. 죽은 자들은 말을 할 수도 있지만 산 자들처럼 말하지는 않는다. 산 자들이 그들의 망령보다 훨씬 더 흥미롭다는 것은 흔히 언급되지는 않지만 당연한 결과이다.

이것은 분명 윌리엄 제임스 자신의 사후 작업에도 해당된다. 그의 영혼 역시 저승에서 침묵을 지킬 수 없었다. 아쉽게도 아무리 많은 그의 주제들이 여전히 유효하다 하더라도, 그는 기껏해야 다원적 우주를 이해하려고 애쓰는 다소 고뇌하는 천재라기보다는 시간이 흘러도 변치 않는 조언을 해주는 사려 깊은 아저씨 같다. 미국의 시인이자 심령술사인 제인 로버츠(Jane Roberts)가 제임스 채널[이 TV 은유는 그녀의 영적 세계의 중개자인 '세스(Seth)'가 사용한 것임]을 통해 제작한 내용에 의거해 판단해 보면, 제임스는 사후에 심각한 쇠퇴를 겪었다. 그의 독창성, 활기, 길들지 않은 천재성, 이 모든 것이 사라졌다. 작가이자 사상가로서 그의 작업은 정확히 인간이 알 수 없는 질문들을 춤추듯 풀어내는 그의 능력에 좌우되었는데, 저 세상에서 말함으로써 제임스의 가장 시급한 질문들은 저 세상에서 말한다는 그 사실 때문에

---

94 London, "Secretary to the Stars," p. 106.

그가 어떤 말을 하기도 전에 이미 대답이 나와 있는 것이나 다름없었다. 육신의 죽음에도 영혼은 살아 있는가라는 수수께끼는 그가 다음과 같이 말한 바로 그 사실만으로 풀린다. 그것은 가능성으로의 여행을 위해 어떤 여지를 남겨두는가?

그리고 육신이 없는 저자는 어떤 존재였을까? 현대판 예언자 조셉 스미스(Joseph Smith)는 육신이 없는 영혼은 속박되어 있다고 가르쳤으며, 따라서 육신은 영혼의 감옥이라는 서양 사상의 통념을 뒤집었다.[95] 심령술의 결과로 미루어 볼 때 죽은 자의 영혼들은 적어도 우리와 이야기를 할 때 따분해한다. 그들은 해결해야 할 다가오는 위기도, 주의를 기울여야 할 신체적 필요의 주기도, 읽어야 할 헤드라인이나 주의해야 할 마감일도, 내려야 할 결정도, 환영하거나 무시할 사람도, 죽음의 지평선도 없기 때문이다. 유한성은 마음을 집중시킨다. 사후 영혼은 불안하게 다가오는 죽음의 필연성을 포함해 필멸하는 육신에서 나오는 많은 힘을 박탈당했을 것이다. 그렇다면 우리는 어떻게 그와 같이 틀 없음(framelessness)으로 인해 고통받는 존재와 소통할 수 있었는가? 죽음에 대한 전망만큼 스타일을 날카롭게 만드는 것은 없다.

물론 켄은 그 어떤 것도, 심지어 사후 접촉도, 배제하지 않았다. 이 책의 서문에서 그는 "'호라티오, 하늘과 땅에는 자네의 철학에서 꿈꾸는 것보다 더 많은 것이 있네'라는 햄릿의 유명한 조언은 유령을 본 직후에 나왔다는 것을 기억하라"고 썼다. 그리고 윌리엄 제임스는 그의 영웅들 가운데 한 명이었다. 켄이나 제임스의 영혼으로 볼 때 나는 시공간 구조에 파문이 이는 것을 배제할 수 없거나 켄의 유령이 나를 찾아와 책을 받아 적게 하는 것이

---

95 Terryl L. Givens, *Wrestling the Angel: The Foundations of Mormon Thought; Cosmos, God, Humanity* (New York: Oxford University Press, 2015), pp. 209~214 참조.

불가능하다고 단언할 수 없다. 그가 나타나 나를 찾아온다면, 그는 나에게 모든 것을 내려놓으라고 말할 것이라고 확신한다. 만약에, 그가 여기 있다면, 그가 이 책을 마무리할 것이기 때문에 내가 마무리할 필요가 없을 것이다. 그가 여기에 없으니 지시할 권리를 상실했다. 그래서 나는 아무런 통제도 받지 않고 앞으로 나아갔다.

심령술사 옵션은 메리 매카시의 경우만큼이나 내게도 닫힌 문이었다. 죽은 자와 어떤 종류의 대면 만남이나 마음과 마음의 만남을 통해 의사소통하는 꿈은 지적으로 그리고 종교적으로도 재고할 가치가 없는 생각이었다. 그것은 죽은 자가 자신을 무시해도 좋다는 비공개 계약서에 서명하는 것처럼 보인다.[96] 어떤 종류의 종교 신자들에게 심령술은 이미 거기 있는 표적(標蹟, sign)[97]을 엉뚱한 곳에서 찾는 것이나 다름없다. 유물론자에게 죽은 자가 산 사람처럼 행동할 것이라고 생각하거나 죽은 자가 어쨌든 간에 행동할 것이라고 생각하는 것은 어리석은 짓이다. 영매 이론가에게 비매개성(immediacy)의 꿈에 홀딱 빠지는 것은 바보 같은 짓이다. 나는 "비매개성 이론은 무력해지는 방법에 대한 설명이다"라는 플로리안 스프렝거(Florian Sprenger)[98]의 말에 동의한다.[99] (그리고 심령적 교감을 위한 노력은 항상 매개의 층들이 얼마나 깊은지 우리에게 가르쳐준다.) 내가 속해 있는 몇몇 집단들이 집결하면서 펼치는 협공 작전은 유대교·기독교 전통과 그리스·로마 전통이 구름 속에서도 얼굴이나 동물 형상을 찾지 말라고 우리에게 경고하는 것과 같은 방식으로 마

---

96   나는 이 점에 대해 대니얼 피터스에게 도움을 받았다.

97   여기서는 신의 표시 흔적을 의미한다. _옮긴이

98   독일 보훔 루르 대학교(Ruhr-Universität Bochum) 가상 인문학 교수이다. _옮긴이

99   Florian Sprenger, *The Politics of Micro-decisions: Edward Snowden, Net Neutrality, and the Architectures of the Internet*, trans. Valentin A. Pakis (Luneburg, Germany: Meson Press, 2015), p. 107.

음과 마음의 만남에 대한 심령술의 야망을 짓밟는다.

유물론자나 합리주의자들이 심령적 접촉에 반대하는 이유는 분명하지만, 종교적 반대도 마찬가지로 그 근거가 충분하다. 누가복음 16장에 나오는 나사로(Lazaros)와 부자의 비유는 서구 세계에서 죽은 자와의 의사소통에 대해 생각하는 한 가지 전통의 기반을 보여준다. 생전에 그 부자는 호화롭게 살고 가난한 거지 나사로는 문 앞에 누워 개가 자신의 종기를 핥는 동안 부자가 먹는 맛있는 음식을 갈망하듯 멀리서 쳐다보고 있다. 둘 다 죽은 후, 다음 생에서 상황은 역전된다. 지옥 불에 구워지고 있는 부자는 아버지 아브라함(Abraham)에게 나사로가 손가락에 물 한 방울을 찍어 틈새로 손을 뻗어 그의 혀에 대게 해달라고 간청한다. 먼 내세에서는 욕망이 훨씬 더 소박해져 성찬에서 물 한 방울로 바뀐 것이다. 아버지 아브라함이 그의 요청을 거절하자, 그 부자는 나사로를 부활시켜 그의 다섯 형제에게 자신과 같은 운명을 겪지 않도록 회개하도록 경고해 달라고 부탁한다. 아브라함은 또다시 거절하면서, 그들에게는 모세와 예언자들의 말이 있으니 그들의 말을 들려주면 될 것이라고 말한다. "그들이 모세와 예언자들의 말을 듣지 않으면, 비록 죽은 자들 가운데서 누가 다시 살아난다 해도 그들은 믿지 않을 것이다." 그들은 이미 죽은 자들로부터 메시지를 받았지만 그것을 알아듣지 못했던 것이다.

아버지 아브라함은 성경 구절과 무덤에서 부활한 자의 말은 같다고 주장한다. 물론 모세와 예언자들은 구약 성서의 세 가지 핵심 부분 가운데 두 부분이다. 저승에서 살아 돌아온 자는 표적과 이적(wonder)일 수 있지만 일출보다 더 경이롭지는 않으며, 우리 모두는 그와 같은 경이로움이 얼마나 빨리 그 시대의 규범과 표준 속으로 섞여버리는지 안다. 산 자는 산 자의 세계에 살며, 심지어 저승에서 살아 돌아온 자도 이 밀폐되어 봉인된 세계에 순응해야 한다. 마치 친교를 금지하는 법이라도 있는 것처럼 죽은 자가 돌아올 수 없다는 것이 아니다. 산 자들 가운데서 죽은 자가 더 이상 죽어 있던 것이 아니라, 자신의 미라를 두른 천을 벗겨낸 다른 신약(New Testament)의 나사로처럼 순식간에 현세로 내려와 우리 가운데 또 한 사람이 되었을 것이라는 것이다. 켄이 유품들을 살펴보고 우리가 나눴던 많은 대화를 회상하는 것은 아버지 아브라함의 기준에서 볼 때 그와 대화하는 것과 크게 다르지 않았다. 두 사람 모두 말대답을 할 수 없는 사람을 이해하려는 노력이 필요했다. 그러나 다른 면에서 보면 세상을 떠난 켄을 이해하는 것은 훨씬 더 힘든 일이었다. 우리의 디지털 기술은 흔히 현존감과 텍스트를 혼동하도록 설계되었을 수도 있지만, 이 두 양식에는 근본적으로 다른 점이 있다. 현존감은 산 자들 사이에서만 발생할 수 있기 때문에 중요하다. 켄과의 대화는 가볍고 재미있었지만, 이 책을 쓰는 작업은 무겁고 부담스러운 경우가 많았다. 자신들이 제공하는 것이 사교성인 것처럼 보이게 하려는 페이스북과 같은 플랫폼의 노력을 내가 의심하는 것과 마찬가지로, 나는 텍스트와 현존감이 같다는 나사로와 부자의 비유도 의심한다. 산 자의 마음은 텍스트와 다른 형태를 취한다. 죽음은 공존하는 소통과 (영매에 의해) 매개된 소통을 구분하는 선이다.

켄은 늘 육체적 존재감을 가지고 있었다. 그는 활력이 넘치는 체격, 그 자체의 의지가 느껴지며 자주 약간의 과도한 전압이 흐르는 것처럼 보이는 가는 머리카락, 그리고 이야기를 할 때 매우 괴짜 같은 풍부한 표정의 얼굴을 가졌다. 어린 시절 재능 있는 야구 선수였던 그는 체중이 얼마나 나가든 항상 발이 가벼웠고 지칠 줄 모르는 에너지로 가득 차 있었다. 그는 한쪽 발목을 다른 쪽 무릎 위에 올려놓고 바닥에 누워서 자신의 몸을 삼각형 프레첼 모양으로 바꾸곤 했는데, 그는 그 자세가 편안하다고 주장했다. (나는 그의 딸들이 이 곡예사 같은 재능을 물려받았을 수도 있다고 생각한다.) 그는 쉼 없이 좌우를 쳐다보면서 약간 안짱다리로 발을 끌며 빠르게 걸었고, 때로 재미있는 것을 발견하거나 재미있는 생각을 할 때는 우스꽝스럽게 퉁방울눈이 되었다. 그는 맛있게 식사를 했고, 때때로 전화로 그와 이야기할 때 전화기 너머로 텔레비전과 아이들 소리가 들렸고 컴퓨터로 타이핑을 하면서 뭔가를 씹어 먹는 소리를 들을 수 있었다. 그가 존재하지 않아도 세상은 크게 줄어들지 않는다고 나에게 말하지 않으면 좋겠다. 나는 육체가 없는 켄은 정말 그라고 생각하지 않기 때문에 이 책을 쓰면서 그의 영혼을 불러내는 그와 같은 색다른 수단에 의존하지 않았다.

(무서운) 커소번 옵션

19세기 소설은 유산의 정신적 대가(代價)를 이해하는 데 도움을 주는 지침서들이었는데, 그 가운데서도 조지 엘리엇(George Eliot)[100]의 위대한 『미들마치(*Middlemarch*)』가 으뜸이었다. 켄은 이 책을 다 읽지는 않았지만 무척 좋아했다. 경솔하고 거의 삶을 망가뜨릴 정도로 이상주의적인 이 소설의 여주인공 도로시아(Dorothea)는 나이가 훨씬 더 많은 노쇠한 학자 에드워드 커소번(Edward Casaubon)과 결혼한다. 그녀는 자신이 상상하기에 남편의 위대한 연구 프로젝트를 자신이 도와주면 자신의 삶에 초월적인 목적이 생길 것이라는 망상을 하고 있다. 도로시아는 곧 남편의 일이 전혀 가망이 없다는 것을 깨닫는다. 그녀는 남편의 원고를 완성해야 하는 일에 갇힐 것을 예상하고 "결코 빛을 보지 못할 것을 만들어내는 끔찍한 노동 도구들이 있는 사실상의 무덤"에 갇히는 신세가 될까 봐 두려워한다.

보다시피 독일에서 발달하기 시작한 새로운 비교 문헌학이라는 새로운

---

100 조지 엘리엇(1819~1880)은 19세기 영문학사상 중요한 작가이다. 흔히 조지 엘리엇을 "4월은 잔인한 달"이라는 구절이 나오는 『황무지(*The Waste Land*)』를 쓴 T. S. 엘리엇과 혼동하기 쉬운데, 전자는 19세기 영국의 여류 소설가이며 후자는 20세기 미국 시인이다. _옮긴이

과학에 대한 감이 전혀 없는 커소번은 『모든 신화의 열쇠(A Key to All Myth-ologies)』를 쓰려고 했지만, 결국 성서와 고전 자료를 무비판적으로 뒤섞은 그의 프로젝트는 전혀 엉뚱한 것이 되어버리고 만다. 전지적 관점과 그 책의 등장인물을 판단하고 심지어 험담하기까지 하는 태도를 매우 유쾌하게 결합한 그 책의 내레이터는 어느 시점에서 그가 "학자적인 실수를 되새김질하기 위해" 그의 서재로 물러나는 것을 심술궂게 지켜본다. 경험적 엄밀함이 부족했기 때문에 커소번은 "별들을 서로 연결하려는 계획처럼 어떤 방해도 받지 않는" 사람이 되어버렸는데, 이것은 다른 많은 형태의 연구에도 적용될 수 있는 말이다! 도로시아는 커소번이 죽으면 그녀가 선별해야 할 "뒤섞여 있는 자료 더미"를 남겨놓을까 봐 두려워했다. 그녀는 "산산이 조각난 미라라고 할 수도 있는 것들을 분류하는 데 보내야 할 며칠, 몇 달, 몇 년을 속으로 상상해 보았다". 그녀가 요약하고 있듯이, "산 자에 대한 그러한 헌신과 죽은 자에 대한 그러한 무한한 헌신의 약속 사이에는 큰 차이가 있었다".[101]

도로시아는 평생 모아온 잘못된 배움의 조각들을 지켜내는 후견인이 되는 것을 피했다. 우리는 커소번이 죽은 후 그의 서류들이 어떻게 되었는지 정확히 알지 못하지만, 도로시아가 자신의 인생을 아이제이아 벌린의 편집자인 헨리 하디처럼 커소번의 충실한 편집자로 보내지 않았다는 것을 우리는 안다. 물론 켄은 커소번이 아니었다. 아마도 자신이 그런 학식 있는 바보가 되지 않기 위해 켄만큼 빨리 학식 있는 바보를 진단할 수 없었으며, 내 기억에 따르면 언젠가 켄은 공개되지 않은 동료 한두 명을 커소번에 비유했을 수도 있다. 〔켄은 '얼간이(chowder head)', '뚱보(chub boy)', '더러운 인간(slime bucket)'과 같은 저급한 모욕 기술에서 놀랍도록 독창적이었다. 이것은 사람의 품성

---

101 George Eliot, *Middlemarch* (New York: Penguin, 1994), p. 475, 478, 479.

을 평가하는 그의 관심사의 일부였다.〕

소설 장르의 뛰어난 기술자였던 조지 엘리엇은 종잇조각들이 플롯의 중요한 전환점 역할을 할 수 있다는 것을 잘 알고 있었다. 〔잃어버리거나 잘못 보내진 편지는 에우리피데스(Euripides)와 셰익스피어에서 토머스 하디(Thomas Hardy)와 이언 매큐언(Ian McEwan)에 이르기까지 내러티브의 전환점이 되었다.〕『미들마치』는 종잇조각들에 의해 야기되는 작은 운명의 전환을 반복해서 보여준다. 한 하녀는 자신의 두 유언장 가운데 하나를 불태우라는 부자의 임종 직전의 지시에 따르기를 거부하지만, 그렇게 하는 것이 자신에게 도움이 될 수도 있다는 것을 알고 있다. (이것은 다른 사람에게 문서를 태워달라고 요청하는 또 하나의 어리석은 경우이다.) 그 남자는 곧 사망하고, 모든 돈은 개구리 같은 얼굴의 낯선 사람에게 돌아가는 것으로 끝이 나는데, 피지배자의 인식론적 특권을 행사한 몇몇 눈썰미 있는 하인들을 제외하고는 아무도 그가 그 남자의 아들이라는 것을 미리 눈치 채지 못했다. 그 하녀가 지시대로 유언장을 불태웠다면, 많은 사람의 삶이 반드시 더 나아지지는 않았겠지만 달라는 졌을 것이다.

엘리엇은 다시 이렇게 썼다. "여러 세대의 광대들이 발로 차버린 돌이 한 학자의 눈에 들어와 그 학자의 노력으로 마침내 침략 날짜를 수정하고 종교의 비밀이 밝혀질 수도 있듯이, 오랫동안 단순히 포장을 하거나 임시로 벌어진 틈을 막는 데 사용되었던 잉크 묻은 종이 쪼가리가 마침내 충분한 지식을 가지고 있는 한 사람의 눈에 들어와 그것을 재앙의 시작으로 바꿔놓을 수도 있다."[102] 기록된 그 어떤 것도 세상을 기울어지게 할 잠재력을 가지고 있다. 인간의 것과 유사한 대퇴골의 DNA가 갑자기 과거 시대를 혁명적으로 바꿔놓을 수 있다. 역사가들은 미량의 조각이 가지고 있는 풍부함을 알

---

102 Eliot, 같은 책, p. 412.

고 있다. 로마 황제의 대변 샘플이나 아즈텍(Aztec) 농부의 식사 잔해가 묻은 도자기 냄비 또한 그렇다! 너무 많은 잠재적인 보물을 숨기고 있는 켄의 유품들로 나는 무엇을 해야 했을까?

켄은 분명 단순히 포장을 하거나 임시로 벌어진 틈을 막는 데 사용되었던 잉크 묻은 종이를 많이 남겼지만, 나는 그러한 잃어버린 고리를 규명해 주는 숨길 수 없는 증거를 아직 찾지는 못했다. 그의 프로젝트에 대한 적절한 요약도 없고, 그의 프로젝트에 대한 시각적 제유도 없다. 그의 책은 표본들이 유리 진열장에 줄을 맞춰 정리되기 '전'인 빅토리아 시대 박물관처럼 우리 집에 펼쳐져 있다. 나는 지식의 열쇠를 찾기 위해 그가 버리고 간 소장본들의 페이지를 샅샅이 뒤졌지만, 내가 찾은 것이라고는 1997년 6월 6일에 그가 먹은 치즈버거만큼이나 소화되고 대사 작용이 일어나 사라져버린 작은 요약들뿐이었다.

마음과 뇌

뇌는 신체 기관이지만, 마음은 다양한 모양과 크기, 형태를 띤다. 우리는 생태계의 피드백 루프(feedback loop)[103]에서, 줄지어 늘어선 옥수수 줄기에서, 혹은 음악 소리에서도 마음을 찾을 수 있다. 나의 한 친구는 뉴욕시는 마음이 외재화된[104] 것이라고 말한다. 『실낙원(*Paradise Lost*)』에서 존 밀턴(John Milton)이 천상의 영혼에 대해 말한 것처럼, 켄의 책과 논문은 '과즙 같은 유머'가 뚝뚝 떨어지는 그의 마음의 잔재였다. 나는 정말 불안정한 관리자였다! 종착역에 도달한 그의 죽음은 아직 도달하지 않은 나의 죽음과 비

---

103 개체의 행위가 인과 관계를 거쳐 자기 자신에게로 되돌아오는 현상을 말한다. _옮긴이

104 외재화(externalization)란 개인의 내적 현상을 외부 세계로 옮겨놓는 정신 과정을 나타내는 일반적인 용어이다. _옮긴이

교되었다. 책은 인간을 위해 만들어지지만, 동시에 인간이 감당할 수 없을 정도로 많기도 하다. 책의 가치는 우리가 읽지 않기로 선택한 다른 모든 책에 의해 평가된다. (기회비용은 문학의 비밀스러운 논리이다.) 최근 소설 속에 등장하는 한 인물은 이렇게 말한다. "그것이 우리가 세상을 책으로 채우는 이유일지도 모른다. 아주 많은 사람이 세상을 떠났다. 그럼에도 책은 매우 부족하다. 그렇지 않다면 우리는 왜 그렇게 많은 책을 쓰겠는가?"[105] 삶이 짧아서 읽을 수 있는 것과 알 수 있는 사람을 제한하긴 하지만 그럼에도 짧은 삶은 의미 있는 것들을 보장해 준다. 우리의 생이 영원히 지속되고 그러한 생을 낭비하는 것에 대해 어떠한 대가도 치르지 않을 것이라는 것을 우리가 안다면, 우리의 생을 의미로 채우는 것이 얼마나 힘들까?

내가 이 책을 쓰는 동안 그러한 중압감이 어디에서 왔는지를 말하기는 어렵다. 나는 앤의 허락하에 2002년 여름 켄 부부가 성전 공개 기간에 들렀던 성스러운 건물인 예수 그리스도 후기 성도 교회(Church of Jesus Christ of Latter-day Saints)[106]의 노부 성전(Nauvoo Temple)에서 켄을 대신해 침례를 받으면서 죽은 자의 영혼을 달래기 위해 내가 할 수 있는 모든 노력을 다했다. 나는 죽은 자에게 예배를 드리기 위해 내게 주어진 의식을 치렀고 그것은 만족스러웠다. 그 성전과 산 자가 죽은 자의 입장에서 죽은 자에게 접근할 수 있게 하는 종교 체계를 설계한 조셉 스미스는 인류 가족 전체를 마음속에 새기는 (새길 뿐만 아니라 영원히 묶는) 메시아 같은 종류의 책[107]을 고대했다. 그는 호손, 마르크스, 멜빌, 토크빌과 같은 그의 동시대 사람들을 짓눌렀던 통제 불능의 문서라는 음산한 저주에 대한 해독제로서 유령이 없는 책에 대

---

105 George B. Handley, *American Fork* (Winchester, UK: Roundfire Books, 2018), p. 316.

106 모르몬교라고도 불린다. _옮긴이

107 조셉 스미스는 『모르몬경: 예수 그리스도의 또 하나의 성약』을 번역한 것으로 알려져 있다. _옮긴이

한 비전을 제시했다. 그리고 그가 남긴 종교적 의식들은 한 번으로 끝나고, 잊어버리기 쉬우며, 좀비처럼 제자리에 머물러 있지 않으려 하는 역사적 기록의 거부를 무효화시키는 봉인이 되어야 했다. 문서 작업을 통해 죽은 자를 구속(救贖)[108]하겠다는 그의 비전은 산 자를 죽은 자의 손아귀에서 벗어나게 하려는 것이었다.[109] 문서 작업은 항상 "엔트로피와의 싸움"이었다.[110] 노부 성전에서 과거는 참으로 가정법적이다.

그러나 죽은 자를 침묵시키는 것은 어려운 기술인데, 왜냐하면 우리는 그들이 두 번 죽지 않고 편히 쉬기를 원하기 때문이다. 나는 나를 둘러싸고 있는 종이들이 수다를 멈추고 무덤이 방해받지 않고 누워 있게 할 방법을 찾아야 했다. 때로는 이 프로젝트에 파묻혀 있을 때 나에게 조언을 줄 완벽한 사람에 대한 좋은 생각이 문득 떠오르곤 했지만, 그러다가 마치 꿈에서 깨어난 듯 그 사람의 부재가 처음에 내가 의문을 가지게 된 바로 그 이유라는 것을 기억해 내곤 했다. (우리의 꿈은 우주의 부당함에 대해 도덕적 배상을 요구한다.) 이 책을 쓰면서 관심, 야망, 그리고 꿈꾸었거나 약속한 프로젝트의 과도함, 봉사하려는 열의, 시간 부족, 몇 피트에 달하는 흥미로운 논문, 그리고 내가 완전히 소화하기를 결코 바랄 수 없었던 노후화되고 있는 서재 등과 같은 켄이 익히 알고 있던 문제들이 제기되었다. 그것은 현지 버전의 난잡한 지식이다.

켄의 책들이 왜 나를 호스트로 선택했는지 나는 아직도 잘 모른다. 성 바울(Saint Paul)은 죄가 은총에 이르게 한다고 가르쳤지만, 많은 종교적 경험이 분명히 보여주듯이, 그 반대도 마찬가지이다. 그 선물은 의무였다. 말도

---

108 예수가 십자가에 못 박혀 인류의 죄를 대속해 구원하는 것을 의미한다. _옮긴이

109 나의 다음 글 참조. "Recording Beyond the Grave: Joseph Smith's Celestial Bookkeeping," *Critical Inquiry*, 42(4), 2016, pp. 842~864.

110 "Aktenarbeit ist Kampf gegen Entropie." Siegert, *Passage des Digitalen*, p. 79.

못 하고 읽히지도 그의 많은 책들은 불교에서 말하는 초연함을 위한 그 어떤 노력도 거부했다. 켄은 표현의 형태와 방식에서 『난잡한 지식』이 방대한 양의 정보를 결정화된 본질로 종합하기를 원했다. 그는 그것이 무거운 학문적 작업이 아니라 한 번만 읽어도 소화할 수 있고 일련의 깨달음을 줄 수 있는 가벼운 책, 즉석 스케치가 되기를 원했다. 서문에 인용된 한 긴 단락에 따르면, 그는 "그 유명한 고양이처럼 미소만 남을 때까지 각 프로젝트에 점점 더 적은 사실만 남게 되기를" 원했다. 그는 자신의 업적에 대해 지나치게 냉소적이었을 뿐만 아니라 책이 무(無)로 사라질 것이라는 선(禪)과 같은 개념을 가지고 있었다. 미소만 남기는 가장 좋은 방법은 책을 쓰지 않는 것일 것이다!

애도는 지나치게 자의적일 수 있다. 그것은 분명 충격적인 그의 갑작스런 죽음과 관련이 있었다. 그의 죽음은 가벼운 상태에서 무거운 상태로 위상 전이가 이루어지는 특별한 연주였다. 그렇게 뛰어난 뇌에 종양이 있었다는 것은 정말 잔인한 일이다! 어떻게 인간이 이런 것, 즉 뇌로 귀결될 수 있을까? 어떻게 하나의 장기가 우주를 담을 수 있을까? 쿠르트 괴델(Kurt Gödel)은 송과선[111]에서 수학적 직관을 찾아내는 것에 대해 다소 화난 것처럼 보일 수도 있지만, 그는 다른 방법으로는 우리가 직면하지 않았을 수도 있는 더 큰 질문을 다음과 같이 제기했다. 어떻게 지능이 생물학적 장기에 존재할 수 있는가? 영혼을 뇌가 아닌 송과선에서 찾아내는 것이 더 미친 짓인가?[112]

2006년 2월 초, 많은 켄의 가족과 친구들이 오가는 가운데 슬픔을 함께 나누고 결실은 없지만 결연한 기도를 올리면서 이틀의 대부분을 병원에서

---

111 송과선(松果腺) 또는 송과체(松果體)는 척추동물의 뇌 시상 상부에 위치하고 있는 작은 내분비 기관으로, 세로토닌에 의해 분비 신호를 받아 멜라토닌을 만들어내는데, 이렇게 만들어진 멜라토닌 호르몬은 계절과 일주기 리듬에 대해 수면 패턴의 조절에 영향을 미친다. _옮긴이

112 Pierre Cassou-Nogues, *Les demons de Godel: Logique et folie* (Paris: Seuil, 2007) 참조.

보낸 후, 그가 공식적으로 사망 선고를 받은 2006년 2월 4일 토요일 아침에 나는 배려심 많은 한 친구와 함께 마지막으로 켄의 시신을 보러 갔다. 나는 그곳에 오래 머물 수가 없었다. 나는 장기 기증을 위해 선에 연결된 채 아직 살아 있는 희끄무레한 존재에 힐끗 눈길을 주었다 피했다 하면서 그와 작별 인사를 했다. 그의 얼굴은 평평해 보였다. 그는 켄이 아니라 모형, 스핑크스처럼 보였다. 그는 죽은 것처럼 보였다. 나는 재빨리 그 방을 빠져나왔다.

내 집에 있는 음산한 느낌을 주는 그의 책들은 그날 이후로 계속해서 내 주변에서 웅성거리며 소리를 냈다. 그 책들은 손실의 전조가 되는 이득이었다. 나는 켄의 책들 역시 뇌가 죽은 시체라는 잔인한 사실을 직시해야 한다. 이 책을 완성하는 것은 오직 신만이 할 수 있는 부활을 이루기 위한 노력이었다. 그것은 분명 켄이 쓴 책은 아니지만, 미소보다 더 많은 것이 확실히 남아 있기를 바랐던 그런 책이다.

감사의 글

켄 커밀은 우정에 대단한 재능을 가지고 있었고, 나는 그를 나의 가장 친한 친구로 생각하고 싶었지만 이미 많은 사람들이 그렇게 느끼고 있다는 것을 알았다. 그런 사람들에 속하는 데이비드 드퓨(David Depew), 톰 러츠(Tom Lutz), 마크 사이들(Mark Sidel), 그리고 피터 시먼슨은 내가 이 책을 마무리하는 데 물질적으로 그리고 정신적으로 도움을 주었다. 아이오와 대학교 인권 센터에서 켄의 연구 조교로 일했고 켄 사후에 그의 논문과 컴퓨터 파일을 정리한 알렉시스 부시넬(Alexis Bushnell)의 노력이 없었다면 이 모든 것은 불가능했을 것이다. 대니얼 피터스는 켄의 서재에 있는 책들을 분류하고, 옮기고, 선반에 정리하면서 실질적인 도움을 주었다. 마샤 폴센 피터스는 특히 내가 여러 차례 이 프로젝트를 포기하고 싶었을 때, 벤저민 피터스(Benjamin Peters)가 그래주었던 것처럼, 이 책에 쏟은 시간들을 지지해 주었고 현명한 조언을 해주었다.

시카고 대학교 출판부의 더글러스 C. 미첼(Douglas C. Mitchell)은 내 원고를 어떻게 인도해야 할지 알고 있었고, 그가 검토자로 초대한 피터 시먼슨과 프레드 터너는 크고 작은 부분에 걸쳐 이 책이 잘 만들어질 수 있도록 도와주었다. 세 사람 모두(두 검토자는 켄의 좋은 친구이기도 함)와 시카고 대학교 출판부의 카일 애덤 와그너(Kyle Adam Wagner)에게 감사드린다. [그가 지금까지 편집한 모든 책은 가장 방대한 가상 볼륨(virtual volume)에 포함되어 있기는 하지만!] 더그의 은퇴를 맞아 나는 그의 '기념 출판물'용으로 이 책을 그에게 선물했다. 더그는 내 책 네 권 모두를 편집했으며, 그의 죽음으로 이 책은 이중으로 애도하는 작품이 되었다. 이 책은 두 위대한 시카고 사람을 애도하는 동시에 기리는 책이다.

초안에 도움이 되는 조언을 해준 다른 독자로는 1장에 대해 조언을 해준 벤저민 피터스, 2장에 대해 조언을 해준 닉 야블론(Nick Yablon), 그리고 1장에서 4장에 대해 조언을 해준 차드 볼러스(Chad Vollrath)가 있다. 나의 2014년 가을 세미나에서 박사 과정 학생들은 특히 4장에 대해 유용한 제안을 많이 해주었다. 구체적인 사항에 대한 도움과 조언을 준 마크 안드레예비치(Mark Andrejevic), 더들리 앤드루(Dudley Andrew), 마리사 베이스(Marisa Bass), 마크 칸스(Mark Carnes), 릴리 출리아라키, 노엄 엘콧(Noam Elcott), 소린 고그(Sorin Gog), 마거리다 메데이로스(Margarida Medeiros), 데이비드 폴 노드(David Paul Nord), 주디스 파스코, 제니퍼 랍, 치트라 라말링감, 이그나시오 리돈도(Ignacio Redondo), 스테판 쇼벌린(Stefan Schöberlein), 잰 세패넨(Janne Seppänen), 그레그 시겔(Greg Siegel), 조해나 수미알라(Johanna Sumiala), 크리스티나 배트(Christina Vagt), 새라 와서먼(Sarah Wasserman), 유창민(Chang-Min Yu)에게 고마움을 전한다. 아이오와 대학교 특별 컬렉션 도서관의 데이비드 매카트니(David McCartney)는 이 프로젝트와 켄의 서류 보관을 적극적으로 지원했으며, 마크 F. 앤더슨(Mark F. Anderson)은 원본 문서 보관 준비를 도와주었다. 켐브루 매클러드(Kembrew McLeod)는 벤저민 피터스와 마찬가지로 전반적인 형태에 대한 핵심 조언을 해주었다. 앨리스 베닛(Alice Bennett)은 최고의 원고 검수자였다. 독일 뤼네부르크 로이파나 대학교(Leuphana University of Lüneburg)에 있는 디지털 문화 연구소(Digital Cultures Research Lab)의 동료들은 2016년 1월 중요한 순간에 유용한 제안을 해주었다. 프랑크 켈레터(Frank Kelleter)와 알렉산더 슈타레(Alexander Starre)도 2016년 여름 내가 베를린 자유 대학교(Freie Universität Berlin) 존 F. 케네디 북미학 연구소(John F. Kennedy Institute for North American Studies)에 머무는 동안 그렇게 해주었다. 프랑크는 전체 초고를 읽고 내가 생각해낼 수 있는 것보다 더 많은 중요하고 필수적인 제안을 해줌으로써, 책의 최종적인 모습을 크게 바꾸어놓았다. 어맨다 라게르크비스트(Amanda Lagerkvist)는 글 전체에 대해 열한 시간에 걸친 훌륭한 평가를 해주었다. 이 친구들이 이끌어주는 대로 모든 후속 조치를 잘 취할 수 있었더라면 좋았을 것이다.

이 책의 출판을 지원해 준 예일대 프레더릭 W. 힐스 출판 기금(Frederick W. Hilles Publication Fund)에도 감사드린다.

많은 연구 조교들이 이 프로젝트에 도움을 주었다. 스카티 미어(Scotti Myhre)는 아이오와 대학교에서 4학년 학생이었던 2008~2009년에 아이오와 학부생 연구 센터(ICRU: Iowa Center for Research by Undergraduates) 연구 조교로 일했다. 그녀는 문장의 의미가 통하는지 확인했고 이 난잡한 지식의 디지털 세계에서 그 어떤 사실도 틀림없이 찾아냈다. 서맨사 쿠퍼(Samantha Cooper)는 2011~2012년에 ICRU 펠로우로 활동하면서 많은 부족한 부분을 메우는 데 도움을 주었다. 2년 이상 이 책을 묵혀두고 있다가, 나는 야니 아티아이넨(Jani Ahtiainen)의 연구 지원을 받아 고등 학술 연구를 위한 헬싱키 콜레지움(Helsinki Collegium for Advanced Studies)의 친절한 환경에서 2013~2014년에 다시 작업을 시작했다. 마지막으로 2016~2017년에 ICRU 펠로우였던 모건 존스(Morgan Jones)는 책의 구조적 측면을 빈틈없이 살펴봐주었고 세부적인 조언도 해주었다. 그녀가 매의 눈으로 편집해 준 덕분에 많은 오류를 줄일 수 있었는데, 2018년 여름과 가을에 다시 한 번 더 나서서 예리한 편집 재능을 발휘해 줌으로써 한 차례 더 오류를 줄일 수 있었다. 그녀는 출판 분야에서 훌륭한 경력을 쌓아 나갈 것이다.

지나 지오타는 아이오와 대학교 연구 부총장을 지낸 제이 세멀(Jay Semel)의 지원 덕분에 이 책 출판 과정의 매우 중요한 순간에 연구 조교로 일할 수 있었다. 역사적인 보석을 찾아내 그것을 아름다운 문장으로 표현하는 지나의 뛰어난 재능 덕분에 텍스트가 크게 향상되었으며 밀도 높은 사실의 흐름을 제공할 수 있었다. 특히 그녀는 2장에서 세 개의 사이드바를 썼으며 베데커의 그리스, 은판 사진술과 사진술, ≪리더스 다이제스트≫, 영화 궁전, 로버트 프랭크, MTV, 〈욕망〉, 피터 듀스버그, 토론토 박물관 논쟁에 관한 부분의 초안을 썼다. 그리고 모건 존스에게 지휘봉을 넘기기 전, 마지막 순간에 그녀는 다시 책에 사용할 이미지를 찾는 작업을 나서서 도와주었다. 지나와 모건은 이미지를 찾고 이미지 사용 허가를 받아내는 과정에서 이미지와 이미지 소유자들이 얼마나 기이하게 행동하는지에 대한 흥미로운 사실을 많이 발견했다. 그것에 관한 또 하나의 사이드바를 만들 수도 있었을 것이다! 그러나 괴짜 수집가, 먼지투성이 다락방, 불합리한 법률, 탐욕스러운 재산과 같이 들려주지 않는 것이 상책인 이야기들도 있다.

앤 더건은 처음부터 이 책의 출간을 매우 지지해 주었으며, 케니스 커밀이 남긴 최고의 유산인 월라, 코딜리아, 그리고 노아 커밀에게 이 책을 바친다.

찾아보기

주제어

인명은 성(last name), 이름(first name)의 순서대로 나열했다.

책, 잡지, 영화, 노래 등

인명

지은이　케니스 커밀(Kenneth Cmiel, 1954~2006)

아이오와 대학교의 역사학 교수이자 같은 대학의 인권 센터(UICHR) 센터장을 역임했다. UC 버클리를 졸업하고, 시카고 대학교에서 역사학 박사 학위를 받았다. 그의 폭넓은 연구 분야는 미국 정치 사상사를 비롯해 매스커뮤니케이션, 대중문화, 인권의 역사를 넘나든다. 저서 『민주적 웅변(*Democratic Eloquence: The Fight over Popular Speech in Nineteenth-Century America*)』(1990)으로 1987년 미국 역사가 협회(Society of American Historians)의 앨런 네빈스(Allan Nevins) 상을 수상했다. 그가 남긴 또 다른 책으로는 『다른 종류의 집(*A Home of Another Kind: One Chicago Orphanage and The Tangle of Child Welfare*)』(1995)이 있다.

존 더럼 피터스(John Durham Peters)

예일 대학교의 영화, 미디어, 영문학 마리아 로사 메노칼(Maria Rosa Menocal) 교수로, 미디어 역사와 이론을 강의, 연구한다. 유타 대학교를 졸업하고 스탠퍼드 대학교에서 박사 학위를 받았다. 1986~2016년 아이오와 대학교에서 강의했고, 지은이 커밀의 동료이자 친구였다. 저서로 『허공에 말하기(*Speaking into the Air: A History of the Idea of Communication*)』(1999), 『심연과의 만남(*Courting the Abyss: Free Speech and the Liberal Tradition*)』(2005), 『자연과 미디어(*The Marvelous Clouds: Toward a Philosophy of Elemental Media*)』(2015) 등이 있다.

옮긴이　배현석

1984년 연세대학교 사회과학대학 신문방송학과를 졸업하고, 1986년 연세대학교 동 대학원(신문방송학 전공)에서 석사 과정을 마쳤다. 1989년부터 1993년까지 방송위원회(현 방송통신위원회) 연구원을 거쳐, 1998년 미시건 주립대학교 텔레커뮤니케이션학과에서 박사 학위를 받았다. 1998년 영남대학교 미디어커뮤니케이션학과 객원교수를 지낸 후, 1999년부터 지금까지 동 대학에서 교수로 재직하고 있다. 주요 관심 분야는 미디어의 효과, 특히 교육적 오락물(Entertainment-Education)과 보건 커뮤니케이션이며, *Asian Journal of Communication* 편집자문위원으로 활동하고 있다.

• 주요 논문

Bae, H.-S., D. Lee, and R. E. Bae. 2014. "Emotional engagement with the plot and characters:

A narrative film on hearing-impaired sexual assault victims." *Narrative Inquiry*, 24(2), 309~327.

Bae, H.-S., W. J. Brown, and S. Kang. 2011. "Social influence of a religious hero: The late Cardinal Stephen Kim's impact on cornea donation and volunteerism." *Journal of Health Communication*, 16(1), 62~78.

Kang, S., S. Gearhart, and H.-S. Bae. 2010. "Coverage of Alzheimer's disease from 1984 to 2008 in television news and information talk shows in the United States: An analysis of news framing." *American Journal of Alzheimer's Disease and Other Dementia*, 25(8), 687~697.

Bae, H.-S. 2008. "Entertainment-education and recruitment of cornea donors: The role of emotion and issue involvement. *Journal of Health Communication*, 13(1), 20~36.

Bae, H.-S. and S. Kang. 2008. "The influence of viewing an entertainment-education program on cornea donation intention: A test of the Theory of Planned Behavior." *Health Communication*, 23(1), 87~95.

Lee, B. and H.-S. Bae. 2004. "The effect of screen quotas on the self-sufficiency ratio in recent domestic film markets." *The Journal of Media Economics*, 17(3), 163~176.

Bae, H.-S. and B. Lee. 2004. "Audience involvement and its antecedents in entertainment-education: An analysis of bulletin board messages and drama episodes on divorce in Korea." *Asian Journal of Communication*, 14(1), 6~21.

Bae, H.-S. 2000. "Product differentiation in national TV newscasts: A Comparison of the cable all-news networks and the broadcast networks." *Journal of Broadcasting & Electronic Media*, 44(1), 62~77.

Bae, H.-S. 1999. "Product differentiation in cable programming: The case in cable all-news networks." *The Journal of Media Economics*, 12(4), 265~277.

Bae, H.-S. and T. F. Baldwin. 1998. "Policy issues for cable startup in smaller countries: The case in South Korea." *Telecommunications Policy*, 22(4/5), 371~381.

• 주요 역서

체니-리폴드, 존(John Cheney-Lippold). 2021. 『우리는 데이터다: 알고리즘이 만들어내는 우리의 디지털 자기(*We are data: Algorithms and the making of our digital selves*)』. 한울

뉴먼, W. 러셀(W. Russell Neuman). 2020. 『디지털 디퍼런스: 미디어 기술과 커뮤니케이션 효과
　　이론(*The digital difference: Media technology and the theory of communication effects*)』.
　　한울(뉴스통신진흥회 번역지원 서적).

키턴, 조앤(Joann Keyton). 2020. 『커뮤니케이션 연구방법: 질문하기와 답 찾기(*Communication
　　research: Asking questions, finding answers*)』. 박영사.

존, 니컬러스 A.(Nicholas A. John). 2019. 『공유시대(*The age of sharing*)』. 한울.

차이코, 메리(Mary Chayko). 2018. 『초연결사회: 인터넷, 디지털 미디어, 그리고 기술-사회생활
　　(*Superconnected: The internet, digital media, and techno-social life*)』. 한울(방송문화진흥
　　회 번역지원 서적).

하우드, 제이크(Jake Harwood). 2018. 『노화와 커뮤니케이션 이해하기(*Understanding communi-
　　cation and aging*)』. 영남대학교 출판부(영남대학교 인문학육성기금 번역지원 서적).

자피, 로저 클레라(Clella Jaffe). 2017. 『퍼블릭 스피치: 대중 앞에서 말하기(*Public speaking: Concepts
　　and skills for a diverse society*)』. 영남대학교 출판부.

한울아카데미 2518

난잡한 지식
역사 속의 정보, 이미지, 그리고 기타 진실 게임

지은이 케니스 커밀·존 더럼 피터스 ㅣ 옮긴이 배현석
펴낸이 김종수 ㅣ 펴낸곳 한울엠플러스(주) ㅣ 편집 김우영

초판 1쇄 인쇄 2024년 5월 31일 ㅣ 초판 1쇄 발행 2024년 7월 5일

주소 10881 경기도 파주시 광인사길 153 한울시소빌딩 3층 ㅣ 전화 031-955-0655 ㅣ 팩스 031-955-0656
홈페이지 www.hanulmplus.kr ㅣ 등록 제406-2015-000143호

Printed in Korea.
ISBN 978-89-460-7518-4 93300 (양장)
　　　978-89-460-8310-3 93300 (무선)